일상 속 사물이 알려주는

웹 API 디자인

저자 아르노 로렛 **번역** 황건구

The Design of Web APIs

일상 속 사물이 알려주는

웹 API 디자인

ISBN 978-89-314-6322-4

독자님의 의견을 받습니다.

이 책을 구입한 독자님은 영진닷컴의 가장 중요한 비평가이자 조언가입니다. 저희 책의 장점과 문제점이 무엇인지, 어떤 책이 출판되기를 바라는지, 책을 더욱 알차게 꾸밀 수 있는 아이디어가 있으면 이메일, 또는 우편으로 연락주시기 바랍니다. 의견을 주실 때에는 책 제목 및 독자님의 성함과 연락처(전화번호나 이메일)를 꼭 남겨 주시기 바랍니다. 독자님의 의견에 대해 바로 답변을 드리고, 또 독자님의 의견을 다음 책에 충분히 반영하도록 늘 노력하겠습니다.

이메일 : support@youngjin.com
주　소 : (우)08507 서울특별시 금천구 가산디지털1로 128 STX-V 타워 4층 401호
등　록 : 2007. 4. 27. 제16-4189호

파본이나 잘못된 도서는 구입하신 곳에서 교환해 드립니다.

STAFF
저자 아르노 로렛 | **역자** 황건구 | **책임** 김태경 | **진행** 이민혁 | **표지 디자인** 임정원 | **내지 디자인·편집** 김소연
영업 박준용, 임용수, 김도현 | **마케팅** 이승희, 김근주, 조민영, 김민지, 김도연, 김진희, 이현아 | **제작** 황장협 | **인쇄** 제이엠

추천사

지난 10여 년 간 개발자에게 API 디자인이란 REST를 의미했습니다. 많은 책과 API 주제 블로그에서 RESTful 디자인을 신봉하자 REST에 대한 믿음은 너무 깊다 못해 맹신하는 수준으로까지 이어졌습니다. 아르노 로렛의 저서인 《웹 API 디자인》은 차세대 API 디자인 지침의 첫 물결과 같은 존재로, 새로운 미래를 제시해 줍니다. API 디자인 접근 방식은 REST에 뿌리를 두지만 맹목적이지는 않도록, 실무에 적용할 수 있는 API 디자인 방법을 여러분의 손끝에 닿을 수 있도록 만들기 위해 최선을 다했습니다.

로렛은 API를 이루는 기본 구성 요소에 대해 광활한 대지를 발맞추어 여행하듯 여러분에게 친근하고 편안한 방식으로 안내합니다. 제가 개인적으로 아는 아르노는 API를 기술적으로 수행하는 방법을 이해하고 있을 뿐 아니라 API를 사람 중심으로 구성하고 이런 API 사용 경험이 개발자들에게 어떠한 영향을 주는지 오롯이 이해하고 있는 몇 안 되는 훌륭한 디자이너입니다. 그런 아르노가 본인만의 기술 연마를 넘어 자신이 알고 있는 깊은 지식과 그만의 특별한 API 디자인 접근 방식을 책의 형태로 묶어 세계와 공유하는 모습을 보게 되어 기쁩니다. 아르노는 다른 사람들의 의견을 듣고, 사용자를 배려하며, API를 이해해 실제 비즈니스에 유용한 구성 요소로 탈바꿈시키는 보기 드문 API 분석가이기도 합니다.

2012년 이후 API 디자인 세계가 탄력을 받기 시작하고 OpenAPI 가 우위를 점하기 시작한 무렵, 아르노는 API 전문가로서 이 규격의 잠재력을 이해하기 위해 열심히 노력했고 OpenAPI 규격 표준을 중심으로 혁신적인 도구를 만들어 내고 시각화하기도 했습니다. 명세를 이해하는 수준을 넘어서 업계에서 성공하기 위해 필요한 API 디자인 원리를 구현하고, 표현하며, 운영할 수 있도록 열심히 노력하길 바랍니다. OpenAPI가 단순히 문서화를 의미하는 게 아니라는 사실을 이해하기 위해서는 많은 노력이 필요합니다. 아르노는 OpenAPI가 단순 문서가 아니라, 단순한 API 명세를 넘어서 모든 플랫폼에 대한 API 디자인의 기본 토대이며, 모든 API 라이프사이클에서 고민하게 되는 순간마다 도움을 받을 수 있는 중요한 결정 사항이라는 사실을 이해하고 있습니다. 《웹 API 디자인》은 API 디자인과 OpenAPI에 관한 설명을 병합한 첫 번째 API 디자인 책입니다. 이 책에서 API와 OpenAPI는 매우 사려 깊고 현실적인 방식으로 함께 다뤄집니다. 이는 많은 개발자들의 API로의 여정에 큰 도움이 될 것입니다.

《웹 API 디자인》은 가볍게 훑어보는 종류의 책도 한 번 읽는다고 가치를 잃는 책도 아닙니다. 이 책은 안내서입니다. 이 안내서는 당신의 API를 한 단계 높은 수준으로 이끌어 줄 것입니다. 이 책은 당신에게도 익숙할 API와 관련된 개념이 가득 들어 있는 양동이를 쥐여 주고, 밀레니엄 팔콘을 만들거나 (다른 선택지인) 데스 스타를 만들 수 있도록 청사진을 제공할 겁니다. 한 번 읽은 뒤 한 달 정도는 이 책을 잊고 지내길 바랍니다. 그 뒤 실제 API를 구축해 보고 공개적으로 사용할 수 있도록 공개해 소수의 개발자에게 공유하시기 바랍니다. 그리고 그들의 피드백을 기다리며 느긋하게 앉아 이 책을 한 번 더 읽어보시기 바랍니다. 그쯤이면 아르노가 나누고자 했던 지식의 가치와 당신의 손에 쥐어진 이 책의 깊이가 어느 정도인지 가늠할 수 있을 겁니다. 그때부터는 완벽한 API가 아니라, 컨슈머에게 올바른 API를 디자인하고 제공할 수 있을 때까지 이 과정을 반복하시기 바랍니다.

API 에반젤리스트 킨 레인
Kin Lane

작가의 말

제 경력의 대부분은 다양한 소프트웨어 인터페이스 기술을 활용하여 소프트웨어 토막들을 연결하는 것이었습니다. 단순한 파일과 데이터베이스의 조합부터 RPC, Corba, Java RMI, SOAP 웹 서비스 및 웹 API 기반 원격 소프트웨어 인터페이스^{Remote Software Interface}에 이르기까지 다양한 인터페이스를 활용했습니다. 운이 좋게도 지난 몇 년 동안 오래된 메인프레임 기술과 최첨단 클라우드 시스템이 혼합된 분산 시스템에서 작업할 수 있었습니다. 더 운이 좋았던 점은 소프트웨어 인터페이스의 프로바이더와 컨슈머의 입장으로 다양한 일을 하며 양측의 입장을 다 경험했다는 것입니다. 거대한 서비스 지향 아키텍처 시스템 위에 구축된 IVR^{Interactive Voice Response}, 웹 사이트, 모바일 응용 프로그램 작업을 했고 프론트엔드 및 백엔드 응용 프로그램 대상으로 내부용^{private} 및 공용^{public} 웹 서비스와 웹 API를 모두 구축하기도 했습니다. 그 사이 끔찍한 소프트웨어 인터페이스를 만나 많은 불평을 하게 되었으며, 많은 함정에 빠져 스스로 끔찍한 소프트웨어 인터페이스를 만들어 내기도 했습니다.

그렇게 몇 년이 지나는 사이, 기술은 RPC에서 SOAP 웹 서비스 및 웹 API로 발전했고 소프트웨어를 연결하는 일이 기술적인 관점에선 점점 더 단순해져 상대적으로 별거 아니게 느껴졌습니다. 그렇지만 여러 가지 기술을 거쳐오면서, 소프트웨어 인터페이스는 불가피한 잡무나 소프트웨어 프로젝트의 단순 부산물이 아닌 그 이상이라는 사실을 알게 되었습니다.

그러다 2014년 처음으로 API 컨퍼런스인 파리의 "API Days"에 참여하며 저처럼 API로 인해서 어려움을 겪는 사람들이 많다는 사실을 깨달았습니다. 그리하여 2015년부터 API Handyman이란 블로그를 시작하였고 API 컨퍼런스에 적극적으로 참여하기 시작했습니다. 다른 사람들에게 제 경험을 나누어 제가 빠졌던 함정에 빠지지 않도록 돕고 싶었습니다. 웹 API에 대한 글을 쓰고 발표를 하다 보니 저 스스로도 더 많은 것을 배우는 계기가 되었습니다.

블로그에 글을 쓰고 컨퍼런스에서 발표를 한 지 2년 후, 이 책에서 다룰 내용이 정리됐습니다. 많은 함정에 빠졌던 과거의 저를 위한 책을 쓰고 싶었습니다. 처음에는 도널드 노먼 Donald Norman의 디자인 개념서 《Design of Everyday Things MIT Press, 1998》을 따라 Design of Everyday APIs란 제목으로 집필을 시작했습니다.

이 책의 내용은 애초 《Design of Everyday Things》의 핵심 내용과 API에 관한 설명, API 형식인 REST, gRPC, GraphQL에 관한 비교 분석으로 잡고 있었습니다. 책을 쓰는 입장에서도 소화하기 쉽지 않았지만 모든 타입의 API에 활용할 수 있는 원칙을 가진 책을 만들고 싶었습니다. 매달 시간이 지나면서 내용이 정제되고 개선되어서 현재의 《웹 API 디자인》이란 책의 구성이 되었습니다. 책의 내용을 REST API에 집중하기로 했고, 단순한 API 설계를 뛰어넘어 웹/원격 API 설계 원리를 학습하기 위한 지원 예시로 삼기로 했습니다. 과거의 제가 이 책을 읽으면 매우 기뻐할 거라 생각합니다. 여러분에게도 그런 책이 되기를 바랍니다!

아르노 로렛
Arnaud Lauret

옮긴이의 말

"아마도 올해 가장 후회하거나 가장 보람있는 일이 될 거 같습니다." 이 책의 번역 계약서에 사인을 하면서 드렸던 말씀입니다. 다행스럽게도 이 시점에서 정말 좋았던 선택이었다는 훈훈한 결론입니다. 이 책의 내용을 우리말로 옮기는 과정은 그야말로 멋진 여정이었습니다. 진심으로 감사합니다. 이 책을 펼쳐봐 주시는 여러분 모두!

여러분이 이 책의 앞부터 마지막까지 쭉 읽다 보면, 국내에선 아직까진 생소한 API 디자이너라는 직군과 그들이 수행하는 업무인 API 디자인에 대한 올바른 이해를 하게 될 것입니다. 제 생각엔 API 디자이너는 개발자, 기획자, 컨설턴트라는 직업군의 가운데 어딘가쯤에 있는 그런 직군입니다.

독자 여러분은 '내가 API 디자이너가 아닌데 이 책을 봐야 하나?'와 같은 걱정하실 필요 없습니다. 오히려 현재 본인이 API 디자이너가 아니라고 느끼신다면 더욱 이 책을 보시길 권합니다. 특히 젊은 기획자 분들께 이 책을 권하고 싶습니다. 이 책의 기획의도는 저자가 오만한 게 아닐까 싶었습니다. 저자가 원서의 제목으로 내 건 원제 The Design of Web APIs는 그가 독자인 여러분에게 제공코자 하는 소프트웨어 API 개발에 대한 "하나의 구체적인 예시일 뿐"입니다. 저자는 이 책에서 다루는 개념들만으로도 충분히 웹 API뿐만 아니라 일반적인 API 디자인 더 나아가서 소프트웨어 디자인에 대한 본질적인 깨달음을 충분히 공유할 수 있다고 말합니다. 이 얼마나 오만합니까?! 이 책을 읽다 보면 일상을 소프트웨어처럼, 소프트웨어를 일상처럼 바라보는 저자의 시각을 공유하게 됩니다. 그리고 그쯤 되서는 모든 것을 예전과 다르게 바라보는 자신을 발견할 수 있습니다. 그러니 REST라던가 API라는 단어 자체가 익숙지 않은 환경일지라도 독자 여러분이 그저 개발과 관련된 학습이나 일을 하고 계신다면, 이 책은 여러분을 다음 단계로 이끌어 줄 훌륭한 촉매가 되거나, 그간 결과만 받아들이고 있던 것들을 스스로 이끌어내는 과정을 체득할 수 있는 좋은 기회가 될 겁니다.

옮긴이로서 번역에 대해서 말씀 올리자면, 이 책에서는 일부 외래어가 우리말로 옮겨지지 않고 외래어 그대로 표현됩니다. 한 가지 예를 들자면 "디자인"이 그렇습니다. 이것을 굳이 우리말로 "설계"라고 표현하지 않은 것은 이 과정이 산업적이고 건조한 의미로 느껴지는 설계보다는, 일상 속에서 사용하는 사물(또는 예술)에 대한 디자인에 가깝기 때문입니다. 이외에도 서로 쌍으로 존재하는 개념들의 표현을 살리기 위해서라거나 이미 실무 환경에서 외래어가 업무 용어로 고착화되었거나, 우리말로 번역하면 단어의 의미가 퇴색하는 경우 등의 이유로 외래어 표기를 택한 경우가 있습니다.

이 책이 제공하는 가치는 현실 세계에 존재하는 상품을 디자인하는 디자이너처럼 어떤 종류의 API든 그것을 디자인하는 데 있어서 필요한 기반을 제시하고, 디자이너(여러분) 스스로가 실무에서 올바르게 쓸 수 있는 (교조적이지 않고 현실에 기반한) 지침을 제공해 준다는 것에 있습니다. 저자의 친밀한 글을 나침반 삼아 여러분만의 API 디자인 여정에 오른다면 타인과 나눌 수 있는 독창적인 디자인 철학을 발견할 수 있을 겁니다.

마지막으로 이 책이 나오게 도움을 주신 영진닷컴 이민혁 님. 베타리딩을 함께 해 주신 열정적인 마켓컬리 개발 팀 동료분들. 오늘날 저를 있게 해 주신 우리 가족 황홍남 님, 변희자 님, 황지윤 님. 그리고 마지막으로 제 베프이자 배필 강현주 님께 사랑과 감사의 말을 전합니다.

황건구

먼저 읽은 분들의 추천사

백엔드 서버를 개발한다고 할 때, API를 제공하는 일이 가장 중요합니다. 이때 당연히 내부적인 API의 구현은 중요하지만, 가장 중요하게 생각하는 일 중 하나가 이 API를 정의하는 과정입니다. 특히 외부에 공개된 API가 대충 정의되어 있다면 여러 문제가 발생하기도 합니다. API를 쓰기 위해 제공 조직의 비즈니스를 알아야 하거나, 응답으로 그룹화되지 않은 정보들이 가거나, 보안 위험이 있는 API가 제공된 후 수정하기는 쉽지 않은 일입니다. 이 책은 그런 문제들을 피하고, 좋은 API를 디자인하고 제공하기 위한 방법을 제공합니다.

beNX 소프트웨어 엔지니어 강대명

개발자들은 프로그래밍 언어의 API부터 수많은 웹 API까지, 무수히 많은 API를 소비하고 있지만, 정작 API를 만들어야 하면 굉장히 난감해집니다. 많은 책과 기사를 읽은 사람에게 주제와 종이를 던져주고 글을 써보라고 할 때의 아득함과 비슷하죠. 하지만 글쓰기 교재는 많아도 API 설계에 대한 친절한 교재는 거의 없기 때문에 첫 삽을 뜨기가 더욱 어렵습니다. 함께 프로덕트를 만들어야 하는 기획자도 API는 사용법이 생소할 뿐 아니라, 직접 사용하는 입장이 아니니 좋은 API 디자인에 대한 기준을 세우기 어렵습니다.

이 책은 저자가 경험하고 익힌 API 디자인의 정수를 보여 줍니다. 정확하고 흐트러지지 않게 소통할 수 있는 단단한 API를 디자인하는 방법을 친절하게 설명합니다. 사람 간의 대화도 이렇게 해야 하지 않을까 싶은 정도입니다. 거기에 역자의 공들인 단어 선택이 더해져 더없이 좋은 API 디자인 교재가 되었습니다. API를 잘 만들고 싶은 개발자와 API를 이해하고 깊이 있는 제품을 만들고 싶은 기획자 모두에게 추천합니다.

마켓컬리 개발자 박수석

현대의 프로그래머는 기술력뿐만 아니라 커뮤니케이션 능력이 중요한 시대에 살고 있습니다. 프로그래머에게 있어 훌륭한 API를 설계하는 부분도 커뮤니케이션의 일종입니다. 동료 프로그래머와 협업을 하면서 하나의 서비스를 만드는 과정에서 리뷰를 통해 상호 소통을 하게 됩니다. 이 과정에서 종종 발생하는 API 설계에 대한 논의는 굉장히 어렵습니다. 사용자 관점의 API 설계를 하면 개인의 경험에 기반해 주관적으로 변화는 경우가 많기 때문입니다.

저는 사용자 관점에서 API를 설계하는 것을 지향합니다. 하지만 표준 가이드 없이 상황에 따른 변수에 영향을 받아 동료 프로그래머와 리뷰를 하는 과정에서도 주관적인 측면의 피드백을 하는 경우가 많았습니다. 이 책을 통해 사용자 관점에서 API를 설계해야 하는 객관적인 근거와 효율적인 접근법을 알게 되어 기쁩니다. 사용자 관점에서 API를 설계를 하는 이유와 그 방법, 그리고 동료 프로그래머들과 소통하는 방법이 막연한 분들에게 이 책을 추천합니다.

마켓컬리 개발자 **박원영**

API 디자인이란 무엇인가? 첫 장의 질문부터 깊은 생각에 사로잡히게 만드는 책입니다.

개발자로써 API를 다루는 일은 숙명과도 같은 일인데요. 웹을 다루고, 사용자의 입맛에 맞는 좋은 데이터의 가공은 개발자로서 필수적인 덕목 중 하나입니다. 현대적인 개발서적들의 대부분이 새로 나오는 언어의 기술적인 부분에 집중하느라 API의 원론적이고 이론적인 내용처럼 깊이 있는 부분에 관심을 덜 가지게 되는데요. 이 책은 이런 의구심을 잠재워 줍니다. 다양한 방식으로 API를 요리한다는 느낌을 주는 책! 초보부터 약간 아는 사람까지 이 책을 읽고 API에 대한 다양한 관점들을 갖춰 실무적인 생각에 도움을 받으면 좋겠습니다. 꼭 읽어보면 좋겠네요.

개발자 커뮤니티 '치킨모임' 운영자, 아이고고 CTO **배진호**

프로그램 개발자라면 누구나 API를 알고 있으며 한 번 이상은 구현이나 사용을 해 봤을 것이다. 그만큼 애플리케이션 개발에 매우 중요한 부분이다. 하지만 생각보다 많은 개발자나 서비스가 API, 특히 웹 API를 사용하기 불편하고 변경에 취약하도록 디자인해 구현하는 모습을 자주 보게 된다. API는 특성상 공개되고 사용되기 시작하면 변경에 많은 비용이 발생한다. 그렇기에 가능한 처음 API를 정의하고 구현할 때부터 완벽하진 못해도 제대로 만들어야 한다. 이 책은 누구나 다 이해할 수 있는 비유를 통해 API의 정의와 사용목적/목표 등 배경지식, API 디자인과 구현 시 염두에 둬야 할 요소를 꼼꼼히 설명하고 있다. 누구나 쉽게 이해하며 사용하기 편한 API를 디자인하고 싶은 개발자에게 굉장히 많은 도움이 될 거라 생각한다.

NAVER 개발자 심천보

API에 관해 이토록 다양한 이야기를 풀어낼 수 있다는 것이 놀랍다. API뿐만 아니라 소프트웨어 메커니즘을 이해하는 데에도 친절한 책이다.

코드에프 소프트웨어 엔지니어 오세용

규모가 작은 서비스에서 API는 단순히 화면에 데이터를 노출하는 용도였습니다. 서비스가 커져 분산환경으로 전환되는 상황에서 더 이상 예전처럼 모든 데이터를 한 통의 DB에서 가져갈 수 없게 되었습니다. 그래서 API는 예전보다 훨씬 더 중요해졌는데요. 이 책은 단순히 화면에 노출하는 API를 개발하던 분들이 분산된 서비스들끼리 API 통신을 개발/설계해야 할 때 고려해야 할 많은 지침을 전달합니다. API 사용자(컨슈머)를 위한 직관적인 디자인 방법, 에러가 났을 때의 응답 디자인, 보안을 위한 Scope 등등 여러 관점에서 HTTP API를 설계/디자인 하는 방법을 소개합니다. 개인적으로는 꼭 이렇게 해야 한다는 식의 이야기보다 여러 답안을 두고 이 중에서 각 상황에 맞게 선택하면 된다 식의 열린 결말로 진행되어 여러 관점으로 고민하게 해 주었던 점이 좋았습니다. 특히 도중에 고민거리를 던지는 질문들 덕에 기존에 제가 했던 방식들을 재검토해 볼 수 있었습니다. 그간 API에 대해서 가볍게 생각하다가, 조금 더 규모가 있는 서비스에서 API를 개발해야 하는 난관에 부딪히신 분들 혹은 백엔드 API에 대해서 좀 더 깊게 공부해 보고 싶은 주니어 개발자분들께 추천하는 책입니다.

배달의 민족 개발자 이동욱

"API handyman" Arnaud Lauret의 《The Design of Web APIs》가 황건구 님에 의해 번역되어 기쁩니다.

이 책은 코드보다 개념을 설명하는 책입니다. 그런데도 재미있고 실용적인 보기 드문 책입니다. 어느 챕터나 마구 펼쳐서 읽어보면 풍부하고 적절하고 재치있는 다이어그램이 먼저 눈에 들어옵니다. 다이어그램만 그런 것이 아닙니다. 책 곳곳에 초심자와 중급자를 고려한 저자의 섬세한 설명과 배려가 들어 있어 읽으면서 편안함을 느낄 수 있었습니다. 수록된 모든 다이어그램의 화살표를 따라 읽고, 매 챕터 마지막에 딸린 '요약'만 꼼꼼히 학습해도 주니어 개발자들의 비밀 무기가 되기에 충분할 것이라 생각합니다. 웹 개발자들에게 영양제가 될 만한 API 설계 측면의 다양한 고려 사항과 원인, 이유 등도 충분히 설명하고 있어 근처에 두고 수시로 펼쳐봐도 좋을 것 같습니다.

마켓컬리 개발자 이종립

API 디자인부터 전략, 보안, 문서화까지 API와 관련된 폭넓은 주제를 다루고 있어서 API 백과사전과 같은 책입니다. API 개발에 처음 접하는 독자에게도 좋은 책이지만, 마이크로서비스 아키텍쳐 구현을 위한 API 개발의 전체적인 흐름을 이해하고 실제로 어떻게 도입하는지, 어떤 분야에 활용 할 수 있는지에 관한 지침서로 손색이 없습니다.

GS SHOP 소프트웨어 엔지니어 정은성

제가 회사에서 해온 업무 중 하나가 회사 내에서 쓰이는 API를 정의하고, 포맷을 변경하고, 수정된 혹은 새로 정의된 API가 기존 규격을 어기는지, 하위 호환성에 문제가 없을지 확인하는 일이었습니다. 이 책에선 저와 제가 속한 팀이 수년간 시행착오를 거치며 해왔던 작업과, 그 과정에서 했던 고민을 아주 자세하게 다루고 있습니다. API 디자인을 어떻게 할 것인가? 브레이킹 체인지를 어떻게 피할 것인가? 같은 API와 관련된 프로젝트에서 업무를 하게 된다면 반드시 겪는 다양한 문제와 그에 대한 해결책을 보여 주고 있습니다.

다만 책 자체가 실제 API의 구현이나 기술셋을 살펴보기보다 전체적인 관점에서 이야기를 하듯 진행되기 때문에 감안해서 읽기를 권합니다. API 설계 및 구현 등에 관련해 읽을 만한 책을 번역으로 만나 반가웠습니다. API 관련 업무를 하는 분들에게 추천합니다.

Blizzard Entertainment 시니어 소프트웨어 엔지니어 정원희

웹 API 디자인과 관련된 일을 하는 사람이라면 누구든 책장에 두고 봐야 하는 책이라 생각합니다. 저자는 모호할 수도 있는 웹 API 디자인 과정에 대한 원리를 조직화하고 체계화하여 제시합니다. 원리의 이해를 바탕으로 우리가 특정 기술이나 도구에 갇히지 않고 컨텍스트에 맞는 유연한 API를 디자인할 수 있도록 안내하고 있습니다. 앞으로 API를 개발하고 운영하며 나침반으로 삼을 수 있는 지침서 같은 책이 출간되어 기쁩니다.

마켓컬리 개발자 조우현

프로젝트 진행의 첫 단계는 API 디자인입니다. 인터페이스의 정의에 따라 소프트웨어가 어떻게 구현될지 상당 부분 정해지기 때문이죠. 특히나 요즘 퍼지고 있는 마이크로서비스 구조에서 전체 소프트웨어의 구조 대부분이 웹 API의 디자인에 따라 결정이 된다고 해도 과언이 아닙니다. 처음에 API를 디자인 하려고 하면 막막하기 마련이고 어떤 디자인이 좋은 디자인인지 알기 쉽지 않습니다. 이 책은 API 디자인을 시작하는 분들에게 매우 좋은 안내서가 될 겁니다. 이미 API를 디자인해 보신 분들께도 매우 많은 도움이 될 것입니다.

아마존 개발자 **최영훈**

바로가기

이 책을 읽는 법

이 책은 총 3부, 13장으로 구성되어 있습니다. 이 책은 각 장을 처음부터 끝까지 순서대로 읽어야 합니다. 각각의 장은 이전 장에서 배운 내용을 확장해 나갑니다. 즉, 1, 2, 3장을 마쳐야 디자인에 관한 주제를 다루는 장으로 이동할 수 있습니다.

1부. API 디자인 기초

API를 디자인할 때 필요한 기본 개념과 기술들을 다룹니다. 1장은 API가 무엇인지, 디자인이 왜 중요한지 API 디자인을 구성하는 요소가 무엇인지 설명합니다. 2장은 API 사용자의 관점과 API를 사용하는 소프트웨어의 관점에 초점을 맞추어서 API를 노출시키지 않는 소프트웨어를 만들고 API의 실제 목표를 결정하는 방법을 설명합니다. 3장은 HTTP 프로토콜과 REST API, REST 아키텍처 스타일을 소개합니다. 4장은 OpenAPI 명세를 소개하며 목표를 기반으로 API 설명 형태로 API를 구조화하는 방법을 알려 줍니다.

2부. 사용하기 쉬운 API 디자인

이해하기 쉽고 사용하기 쉬운 API를 설계하는 방법에 중점을 둡니다. 5장은 사람들이 즉시 이해하고 쉽게 사용할 수 있도록 간단한 데이터 표현, 오류 및 성공 피드백, API 호출 흐름을 디자인하는 방법을 설명합니다. 6장은 일관성 있고 적응 가능하며 검색 가능한 API를 만들어 작동 방식을 추측하기 쉬운 API를 설계하는 방법을 설명합니다. 7장은 API의 모든 측면을 이해하고 사용하기 쉽게 구성하고 크기를 조정하는 방법을 보여 줍니다.

3부. 상황에 맞는 API 디자인

API 디자이너가 API를 둘러싼 전체 컨텍스트와 API 디자인 프로세스 자체를 둘러싼 전체 컨텍스트를 고려해야 하는 이유를 알려 줍니다. 8장은 API 보안과 안전한 API를 디자인하는 법을 설명합니다. 9장은 사용자들에게 영향을 끼치지 않고 API를 수정하는 법과 버저닝하는 방법을 알려 줍니다. 업그레이드하기 좋은 API를 만드는 방법도 소개합니다. 10장은 네트워크에 효율적인 웹 API를 디자인하는 방법을 분석합니다. 11장은 API 설계자가 API를 설계할 때 고려해야 하는 전체 컨텍스트를 살펴봅니다. 여기에는 통신 메커니즘 조정, 소비자 또는 공급자의 한계에 대한 평가 및 조정, 적절한 API 스타일 선택이 포함됩니다. 12장은 API 설계자가 OpenAPI 사양과 같은 API 설명 형식을 활용하여 다양한 유형의 API 문서를 작성하는 방법을 설명합니다. 13장은 전체 API 라이프사이클을 살펴보고 API 디자이너가 여러 API에 참여해 다양한 API에 참여할 수 있는 방법을 소개합니다. 특히 API 설계 지침과 API 검토를 자세히 살펴봅니다.

목차

④

API 명세 포맷을 이용한
API 디자인

2부. 사용하기 좋은
API 디자인

⑤

직관적인
API 디자인하기

⑥

예측 가능한
API 디자인하기

7

간결하고 체계적인
API 디자인하기

3부. 상황에 맞는
API 디자인

8

안전한
API 디자인하기

9

API 디자인
발전시키기

1 부

API 디자인 기초

모든 여행은 언제나 첫걸음에서 시작합니다. API 디자인을 향한 여정도 마찬가지입니다. API 디자이너는 여러 기술과 많은 주제에 대해서 고려해야 합니다. 그렇지만 단단한 기초가 없다면, 모든 기술과 주제들이 무의미해집니다. 1부에서는 바로 기초를 다룰 겁니다.

처음에는 API가 무엇인지 다루고, API를 반드시 사전에 디자인해야 하는 이유와 API 디자인을 배우는 본질적인 의미를 다룰 겁니다. 여러분은 프로그래밍 인터페이스에 대해 배울 테지만, 단순한 "기술적인 배관" 작업을 넘어서 모든 유형의 API를 디자인하는 법에 대해서 배우게 될 겁니다.

프로그래밍적인 영역에 들어가기 전, API를 사용자 관점에서 고려되어야 한다는 점을 알게 될 겁니다. API는 제공하는 시스템이 아니라 사용자들이 목표를 쉽게 달성하도록 도와야 합니다. 사용자들이 원하는 목표를 파악하고 정확하게 묘사해야 REST API와 같은 실제 프로그래밍 인터페이스를 디자인해 낼 수 있습니다. 그리고 여타 프로그래밍과 마찬가지로, 프로그래밍 인터페이스에 대한 설명은 REST API를 위한 OpenAPI 명세와 같은 적절한 도구를 이용해 진행해야 합니다

1

API 디자인이란 무엇인가?

이 장의 내용
- API란 무엇인가?
- 왜 API 디자인이 중요한가?
- API 디자인은 무엇인가?

웹 애플리케이션 프로그래밍 인터페이스^{API, Application Programming Interface} 는 우리가 살고 있는 연결된 세상의 중추라 할 수 있습니다. 스마트폰에서 돌아가는 앱부터 깊이 숨겨진 백엔드 서버에 이르기까지 소프트웨어는 인터페이스로 커뮤니케이션합니다. API는 정말 모든 곳에서 쓰이고 있답니다. 단순히 기술적인 형태부터 제품의 형태까지 크기와 목적에 상관없이 모든 시스템은 인터페이스에 의존합니다. 그렇기에 기술 기반의 스타트업부터 인터넷 대기업, 비기술분야 중소기업에서 대기업 및 정부 기관에 이르기까지 모두가 인터페이스에 의존한다고 볼 수 있습니다.

API를 연결된 세상의 중추에 비유했다면, API 디자인 자체는 중추가 세워지는 토대라고 말할 수 있습니다. API 기반 시스템을 만들고 발전시킬 때 디자인은 가장 중요한 고려 사항이 되어야 합니다. 설령 사람들이 알지 못하는 API 단 한 개를 만들더라도 말입니다. 또 단순히 하나의 API를 만들 때나 여러 API를 만들 때나 디자인은 항상 중요한 고려 사항입니다. API 기반 시스템의 성공과 실패는 모두 API의 품질에 달려 있다고 해도 과언이 아닙니다.

이렇게 중요한 API 디자인에는 정확히 어떤 의미가 있을까요? API 디자인을 학습하기 위해서는 무엇을 해야 할까요? 이런 질문에 답하기 위해 우리는 API가 누구를 위해 디자인되는지 알아야 하며 또, 우리가 디자인하는 API는 단순히 애플리케이션 간의 인터페이스가 아니라는 점을 깨달아야 합니다.

1.1 API란 무엇인가?

많은 사람들이 스마트폰을 통해 소셜 네트워크에 사진을 공유합니다. API가 없다면 상상도 못 할 일입니다. 소셜 네트워크 앱에서 작동하는 사진 공유 기능은 그림 1.1처럼 목적에 맞는 다양한 형태의 API들을 사용해야 합니다.

▼ 그림 1.1 API의 세 가지 타입

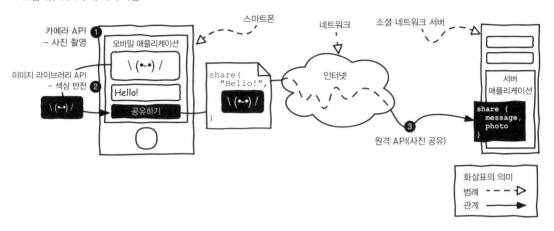

먼저 스마트폰에 설치된 소셜 네트워크 애플리케이션이 카메라 API를 이용해 사진 촬영을 합니다. 그다음 애플리케이션에 포함된 이미지 라이브러리 API를 써서 사진의 색상을 반전을 시킵니다. 마지막으로 편집한 이미지는 네트워크(주로 인터넷)를 통해 접근할 수 있는 원격 API를 사용해 소셜 네트워크 서버로 업로드됩니다. 이 시나리오에서는 하드웨어 API, 라이브러리 API, 원격 API까지 세 종류의 API가 사용됐습니다. 이 책은 마지막에 이야기한 원격 API를 다룹니다.

모든 API는 소프트웨어 개발을 단순하게 만들어 줍니다. 하지만 원격 API, 특히나 웹 API는 소프트웨어를 만드는 과정에 혁신을 일으켰습니다. 이제 누구나 원격 API를 통해 흩어져 있는 소프트웨어들을 조립하여 무엇이든 만들 수 있습니다. 원격 API들을 이용한 무한한 가능성에 관해서 이야기하기 전에 우선, 이 책에서 이야기하는 API란 무엇인지 명확히 하고자 합니다.

1.1.1 소프트웨어를 위한 웹 인터페이스

이 책에서 말하는 API는 원격 API를 의미합니다. 더 엄밀하게 말하자면 웹 API를 의미하는데 즉, 소프트웨어를 위한 웹 인터페이스를 말합니다. 어떤 타입이든 API의 주된 목적은 인터페이스입니다. 인터페이스란 두 개의 시스템, 대상, 조직, 또는 그 밖의 대상들이 만나고 상호작용하는 지점을 의미합니다. API에 대한 개념은 단숨에 이해하긴 어렵습니다만 그림 1.2의 애플리케이션의 사용자 인터페이스UI, User Interface와의 비교를 통해 좀 더 명확하게 할 수 있습니다.

▼ 그림 1.2 애플리케이션 사용자 인터페이스(UI)와 애플리케이션 프로그래밍 인터페이스(API) 비교

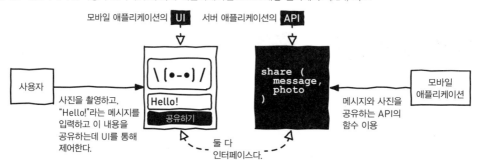

모바일 애플리케이션 사용자는 스마트폰의 화면(애플리케이션 UI)을 터치해 모바일 애플리케이션과 상호작용합니다. 모바일 애플리케이션의 UI는 버튼, 문자 입력 필드, 화면에 라벨과 같은 구성 요소로 이루어져 있습니다. 구성 요소들은 사용자에게 애플리케이션의 정보를 보여 주거나 제공하고, 또는 메시지나 사진을 공유하는 행위를 유도하기도 합니다. 사람들이 애플리케이션과 상호작용하듯, 애플리케이션이 다른 애플리케이션과 상호작용을 하려면 프로그래밍 인터페이스를 통해야 합니다. UI가 입력 필드와 라벨, 버튼 등을 제공하여 사용자의 피드백을 수용할 수 있게 한 것처럼, API는 함수를 통해서 데이터를 입력하고, 또는 출력하는 피드백을 제공합니다. 이러한 함수들은 애플리케이션끼리 정보를 검색, 전달하거나 특정한 작업을 유도할 수 있습니다.

엄밀하게 따지자면, API는 소프트웨어가 제공하는 인터페이스일 뿐입니다. **인터페이스란** API를 사용할 때 소프트웨어 내부에서 실제로 벌어지는 구체적인 구현을 의미하는 것이 아닌 추상화된 개념을 의미합니다. 그렇지만 종종 API라는 용어가 API의 구현까지 포함해 소프트웨어 제품 전체를 의미하는 경우도 있다는 점을 주의해야 합니다. API는 소프트웨어를 위한 인터페이스를 의미하지만, 우리가 이 책에서 다루는 API란 단순한 API가 아닌 웹 API를 의미합니다. 웹 API의 의미는 그림 1.3에서 확인할 수 있습니다.

▼ 그림 1.3 웹 API란 HTTP 프로토콜과 사용할 수 있는 원격 API이다.

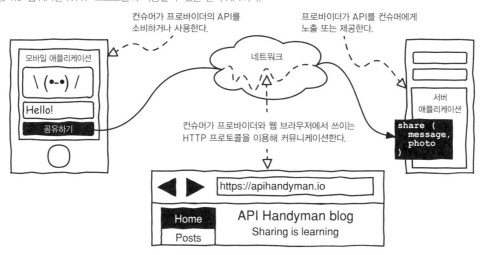

스마트폰에서 동작하는 모바일 애플리케이션은 서버 애플리케이션(백엔드 애플리케이션 또는 백엔드)이 외부에 노출하거나 제공하는 API를 사용하거나 소비합니다. 모바일 애플리케이션이 컨슈머consumer라고 불리는데 이 경우, 백엔드는 프로바이더provider라고 불립니다. 이 용어는 API를 제공하고 소비하는 회사부터 개인 개발자까지 모두 동일하게 적용됩니다. 부연하자면 모바일 애플리케이션의 개발자는 컨슈머고, 백엔드 애플리케이션 개발자는 프로바이더라는 의미입니다.

모바일 애플리케이션은 백엔드와 커뮤니케이션을 하기 위해서 가장 유명한 네트워크를 주로 사용합니다. 바로 인터넷이죠. 여기서 흥미로운 부분은 인터넷 자체가 아니라 두 애플리케이션이 네트워크로 커뮤니케이션을 하는 방식입니다. 인터넷은 로컬 네트워크로 대체할 수 있습니다. 위의 예시에서는 모바일 애플리케이션에서 사진과 메시지를 백엔드 애플리케이션에 전달할 때, Hypertext Transfer ProtocolHTTP을 사용합니다. 컴퓨터나 스마트폰에서 웹 브라우저를 이용해 본 사람들은 모두 HTTP를 직접적이든 간접적이든 이미 써본 것이나 다름없습니다. HTTP는 모든 웹 사이트에 적용하는 프로토콜입니다. 주소창에 http://apihandyman.io 또는 보안 연결 주소인 https://apihandyman.io를 입력하고 엔터를 칠 때, 브라우저에서 링크를 클릭하면 브라우저는 HTTP를 통해 웹 사이트를 호스팅하는 원격 서버로 사이트의 콘텐츠를 보여달라고 커뮤니케이션합니다. 이 책에서 다루는 원격 API는 웹 사이트처럼 프로토콜에 의존합니다. 그래서 웹 API라고 부르는 겁니다.

따라서 이 책에서 이야기하는 API란 웹 API만을 의미하며, 이는 곧 소프트웨어를 위한 웹 인터페이스를 의미합니다. 그렇다면 API는 왜 이렇게 흥미로운 주제가 될까요?

1.1.2 소프트웨어를 레고처럼 만든다

수천 어쩌면 수백만의 모바일 애플리케이션과 그 백엔드는 웹 API 탄생에 진심으로 감사해야 합니다. API 가 이들 간의 커뮤니케이션을 가능하게 만들었다는 이유만으로 감사하라는 말이 아닙니다. 웹 API는 소프 트웨어를 레고 블록처럼 쉽게 재조립할 수 있도록 만들어 그동안 속박되어 있던 창의성과 혁신성을 펼칠 수 있는 계기를 마련해 주었습니다. 위에서 언급한 소셜 네트워크의 사진 공유의 예시로 돌아가 봅시다.

소셜 네트워크의 백엔드가 사진과 메시지를 수신하면, 사진은 서버의 파일시스템에 저장되고, 메시지는 (사진과 메시지가 같이 표시되어야 하므로) 사진의 식별자와 함께 데이터베이스에 저장됩니다. 사진을 저 장하기 전에 직접 만들어 둔 얼굴 인식 알고리즘을 이용해서 사진 속에 친구가 포함되어 있는지 확인할 수 도 있습니다. 이런 예시를 확장하면 애플리케이션 하나가 여러 독립된 애플리케이션들을 다루는 상황도 상 상해 볼 수 있습니다. 그림 1.4와 같이 조금 다른 상황을 고려해 봅시다.

백엔드 API는 소셜 네트워크 모바일 애플리케이션과 웹 사이트에서 쓰일 수 있는데, 두 경우의 구현이 완전 다를 수 있습니다. 백엔드가 저장할 사진과 메시지를 전달받을 때, API를 통해 다른 회사의 서비스로 사진 을 저장할 수 있습니다. 뿐만 아니라 메시지와 사진 식별자의 저장도 API 호출을 통해 사내의 타임라인 소 프트웨어 모듈에 위임할 수 있습니다. 그럼 얼굴 인식은 어떻게 해결할 수 있을까요? 얼굴 인식 서비스 전 문 업체들이 제공하는 서비스를 사용하면 해결됩니다. 여기서도 짐작했듯... 바로 API를 사용합니다.

▼ 그림 1.4 여러 소프트웨어가 프라이빗, 퍼블릭 API를 통해 레고 블록처럼 연결되는 시스템의 예

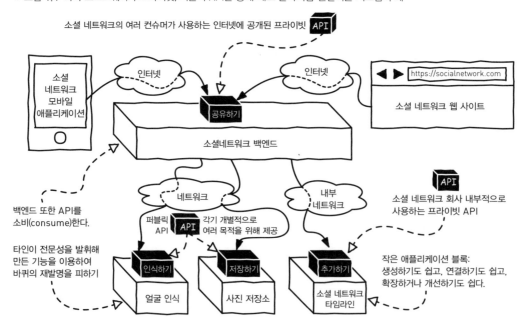

그림 1.4에 나온 API들은 각자 하나의 함수만 노출하고 있습니다. 이런 접근 방식은 시스템 구성을 단순하게 유지합니다. 하나의 API가 여러 함수를 노출할 수도 있습니다. 예를 들어 백엔드가 친구 추가나 친구 목록 또는 타임라인 가져오기 함수를 노출할 수 있습니다.

소프트웨어 버전의 레고 블록이라고 생각하면 됩니다. 다들 레고 블록으로 무언가 새로운 물체를 만든 경험이 있을 겁니다. 아마 아리스토텔레스도 레고 같은 물건을 가지고 놀다가 "전체는 부분의 합보다 크다"는 사실을 깨달았을 겁니다. API와 함께라면 가능성은 무한대를 향해 나갑니다. 여러분의 상상력 끝까지 표현할 수 있게 된 것입니다.

어렸을 적에는 레고 블록만 있으면 시간 가는 줄 모르고 하루를 온종일 보낼 수 있었습니다. 건물을 만들고 자동차, 비행기, 우주선, 제가 원하는 것은 무엇이든 만들어댔습니다. 그러다 제가 만든 창작물이 지루해지면 허물고 처음부터 새로운 것을 만들거나, 일부분만 변경해 다른 것으로 변신시키기도 했습니다. 심지어는 지금까지 만든 것들을 한데 모아서 거대한 우주선을 만든 적도 있습니다. API도 똑같은 일을 할 수 있습니다. 거대한 소프트웨어 시스템을 블록처럼 분해해 쉽게 조립하고 교체할 수 있게 만들 수 있지만, 물론 레고 블록과는 미묘한 차이가 있습니다.

소프트웨어 블록은 동시에 여러 곳에서 사용이 가능합니다. 예를 들자면 백엔드 API는 모바일 애플리케이션과 웹 사이트에서 동시에 사용할 수 있습니다. API는 보통 하나의 컨슈머가 아닌 여러 컨슈머에 의해서 소비됩니다. 다른 곳에서도 기존에 있는 API를 쓸 수 있기 때문에 이미 존재하는 기능을 매번 시시콜콜하게 다시 만들 필요가 없는 것입니다.

소프트웨어 블록은 인터넷에만 연결되어 있다면 API로 접근이 가능해 어디서든 실행할 수 있습니다. 이러한 점이 API로 하여금 성능과 확장성을 관리하는 데 유리하게 해 줍니다. 그림 1.4의 얼굴 인식 소프트웨어와 같은 소프트웨어 블록은 소셜 네트워크 타임라인보다 훨씬 많은 처리 리소스가 필요할 겁니다. 만약 얼굴 인식 소프트웨어를 소셜 네트워크 회사에서 같이 운영한다면, 고사양을 가진 전용 서버가 필요할 것입니다. 반면 소셜 네트워크 타임라인은 그보다 적은 사양을 요구합니다. 여기에 간단한 네트워크 연결을 더한다면 누구나 사용 가능한 여러 종류의 API를 제공할 수 있습니다.

API 세상에는 두 종류의 API 블록이 있습니다. 하나는 **퍼블릭 API**이며, 다른 하나는 **프라이빗 API**입니다. 얼굴 인식과 사진 저장 소프트웨어 블록은 소셜 네트워크 회사에서 만들거나 제공하지 않고 서드파티가 만들고 제공합니다. 서드파티가 제공하는 블록들은 퍼블릭 API인 것입니다.

퍼블릭 API는 외부에 서비스 또는 제품 형태로 제공됩니다. 이 덕분에 우리는 똑같은 소프트웨어 블록을 만들거나 설치할 필요가 없을뿐더러 실행할 필요도 없습니다. 오직 외부의 소프트웨어 블록들을 사용할 뿐입니다. 퍼블릭 API는 서드파티 제공자들이 제공하는 소프트웨어 블록이 필요하고, 약관에 충실하면 누구든 사용할 수 있습니다. 서드파티 API는 제공자의 비즈니스 모델에 따라서 무료일 수도 유료일 수도 있습니다. 퍼블릭 API는 창의성과 혁신을 촉발시키고 이를 통해 여러분이 꿈꾸던 창조를 크게 가속화시킬 수 있습니다. 스티브 잡스의 말을 살짝 따오자면, 이미 API가 있습니다. 왜 만족스럽게 둥글지도 않을 바퀴를 다시 발명하느라 시간을 낭비하나요? 다시 예시를 보면, 소셜 네트워크 회사는 본인들의 핵심 전문 분야에 집중하기로 한 겁니다. 사람 사이의 연결에 집중하고 얼굴 인식은 서드파티에 위임하는 방식으로 말입니다.

그렇지만 퍼블릭 API는 API라는 빙산의 일각에 불과합니다. 소셜 네트워크 백엔드와 소셜네트워크 타임라인 블록은 오직 소셜 네트워크 회사의 내부에서만 사용됩니다. 타임라인 API는 오직 소셜 네트워크 회사의 애플리케이션(그림 1.4의 소셜 네트워크 백엔드)에서만 소비됩니다. 이런 API를 프라이빗 API라고 합니다. 프라이빗 API는 말 그대로 지천으로 널려있습니다. 프라이빗 API는 오직 여러분을 위해서만 만든다고 생각하면 됩니다. 여러분이 만든 애플리케이션이나 부서 또는 회사를 위해서만 쓰이는 것이 바로 프라이빗 API입니다. 이러한 경우라면 여러분은 API 프로바이더인 동시에 API 컨슈머가 될 수도 있습니다.

> **Note** 퍼블릭 / 프라이빗 여부는 API 노출 방식(내부망, 인터넷)으로 결정되지 않습니다. API가 누구에게 제공되느냐가 관건입니다. 인터넷으로 연결되어 있다고 하여도 모바일 백엔드 API는 여전히 프라이빗 API입니다.

진정한 프라이빗 API와 퍼블릭 API 사이에는 다양한 종류의 상호작용이 발생합니다. 예를 들면, 콘텐츠 매니지먼트 시스템CMS, Contents Management System이나 고객 관리 시스템CRM, Customer Relationship Management System 같은 상용 소프트웨어를 여러분의 서버에 설치하는 경우(보통 온프레미스on-premise 라고 함)하면 대부분 (거의 분명히!) API를 제공합니다. 이런 API들은 프라이빗 API입니다. 그렇지만 API를 직접 만들 필요는 없습니다. 주어진 대로 그냥 사용도 가능하지만 원한다면 가지고 있는 소프트웨어 블록들을 더 연결할 수도 있습니다. 또 다른 예를 들자면, 여러분의 API를 고객들이나 특정한 파트너에게 노출할 수도 있습니다. 이럴 경우 퍼블릭 API로도 볼 수 있지만, 종종 파트너 API라고 불리기도 합니다.

상황이 어떻든, API는 기본적으로 소프트웨어를 재사용 가능한 블록으로 만들어 여러분이나 다른 사람이 손쉽게 조립해 무엇이든 할 수 있게 해 줍니다. 이것이 API가 흥미로운 이유입니다. 그렇다면 디자인은 왜 중요할까요?

1.2 API 디자인이 중요한 이유

단순하게 생각하면 API는 소프트웨어의 기술 인터페이스에 불과해 보입니다. 그렇다면 일개 인터페이스의 디자인이 그렇게 중요한가 의문이 듭니다.

API는 일반적으로 소프트웨어를 위한 것입니다. 그렇지만 소프트웨어를 만들고 사용하는 주체는 누구일까요? 바로 개발자이며 사람입니다. 사람들이 기대하는 프로그래밍 인터페이스는 유용하고 단순해야 합니다. 적어도 적절하게 디자인된 다른 인터페이스만큼 말입니다. 만약 여러분이 어설프게 디자인된 웹 사이트나 모바일 애플리케이션의 UI를 마주할 일이 있다고 가정해 봅시다. 만약 매일 같이 마주하는 물체가 이렇게 조악한 디자인으로 만들어져 있다면 어떻겠습니까? 가령, 현관문 손잡이가 문 가장 높은 곳에 달려있고, TV 리모컨의 +/− 버튼을 누를 때 채널 대신 화면 밝기가 변한다고 생각해 봅시다. 매일 사용하는 물건이 이렇다면 화를 안낼 수 있을까요? 또한, 어설프게 디자인된 인터페이스는 특정 상황에선 위험할 수도 있습니다. 인터페이스에 디자인이 중요한 이유입니다. API 역시 인터페이스이므로 예외는 아닙니다.

1.2.1 퍼블릭, 프라이빗 API는 다른 개발자들도 사용한다

1.1.1항에서 API 컨슈머가 API를 사용하는 소프트웨어뿐 아니라 회사나 소프트웨어를 개발하는 개인일 수 있다고 배웠습니다. 언급된 컨슈머 모두가 매우 중요하지만, 그중에서 가장 중요하게 여겨야 하는 컨슈머는 바로 개발자입니다.

앞서 예로 든 소셜 네트워크는 다양한 API를 사용했습니다. 타임라인 모듈은 데이터 저장소를 제어하며 프라이빗 API를 외부에 노출합니다. 그리고 다른 회사에서 제공하는 퍼블릭 API인 얼굴 인식과 사진 저장 API가 있습니다. 이 세 가지 API를 호출하는 백엔드는 갑자기 솟아난 것이 아니라 소셜 네트워크 회사에서 개발한 겁니다.

얼굴 인식 API를 사용하기 위해 개발자는 일반 소프트웨어 라이브러리를 사용하듯 소셜 네트워크 서비스의 코드를 작성해 얼굴 인식 처리를 하도록 사진을 전송합니다. 이 개발자는 얼굴 인식 API를 만든 개발자도 아니고, 실제 API 개발자와도 다른 회사에 있어 서로 누군지도 모를 겁니다. 모바일 애플리케이션, 웹 사이트, 백엔드, 그리고 데이터 저장 모듈 등을 담당하는 개발자들이 각자 서로 다른 팀에 있는 경우를 상상해 보겠습니다. 회사라는 공통분모에 속해 있어도 각 팀은 개별적으로 존재해 서로에 대해 잘 모르거나 전혀 모를 수도 있습니다. 만약 회사 내의 모든 개발자가 모든 API를 속속들이 알고 있는 상황을 가정해도 언젠가는 새로운 개발자가 입사할 겁니다.

그렇기에 퍼블릭이건 프라이빗이건, API의 목적이 무엇이든, 회사의 조직 구조가 어떻든 머지않아 API를 노출하는 소프트웨어의 개발 과정에 전혀 관련이 없는 개발자들이 API를 사용하게 됩니다. 그렇기 때문에 API를 사용하는 코드를 작성할 때는 새로운 개발자가 이해할 수 있도록 작성해야만 합니다. 개발자들은 이전에 상호작용을 경험한 다른 인터페이스처럼 API도 유용하고 단순하기를 기대합니다. 그렇기에 API 디자인이 중요합니다.

개발자 경험(Developer experience)

API의 개발자 경험(DX, Developer experience)이란 API를 사용하는 개발자들의 경험을 의미합니다. 이는 API 사용을 위한 등록 절차와 어떻게 API를 사용하는지에 관해 설명하는 문서화와 문제에 처했을 때 해결하는 것을 돕는 기술 지원 등을 의미합니다. 그렇지만 DX라 칭해지는 주제에서 가장 공을 들여야 하는 주제인 API 디자인을 소홀히 한다면 위에 언급한 노력은 모두 의미가 없어집니다.

1.2.2 API는 구현을 숨겨준다

API 디자인은 사람들이 API를 사용할 때 진가를 발휘합니다. 사용자는 자신들과 전혀 상관없는 사소한 세부 사항에 구애받지 않고 API를 사용하고 싶어 합니다. 그런 API를 만들기 위해서는 API를 디자인할 때 실제로 무슨 일이 벌어질 것인지 세부 구현을 고민해야 합니다. 이해를 돕기 위해 실생활을 예로 들어 보겠습니다.

여러분이 레스토랑에 가기로 했다고 생각해 봅시다. 프랑스 요리는 어떠세요? 여러분이 레스토랑에 방문하게 된다면 여러분은 "고객"이 됩니다. 레스토랑의 고객으로서, 여러분은 어떤 음식을 주문할 수 있는지 메뉴판에서 확인하게 됩니다. 여러분은 보르도 스타일 칠성장어 요리를 먹어보기로 정했습니다. 여러분이 선택한 음식을 주문하기 위해서라도, (매우 친절한) "웨이터" 또는 "웨이트리스"에게 말을 걸어야 합니다. 그러면 잠시 후에, 웨이터가 돌아와서 여러분이 주문한 보르도 스타일 칠성장어 요리를 주방에서 준비해 내어 줄 겁니다. 여러분이 이 맛있는 음식을 먹기 전에 두 가지 질문을 해 보겠습니다.

첫 번째 질문입니다. 보르도 스타일 칠성장어를 요리하는 법을 알고 계신가요? 아마 모를 겁니다. 그래서 레스토랑에 갔을 수도 있습니다. 또는 요리하는 방법을 알고 계시더라도 복잡한 데다가 재료를 구하는 것도 힘들기 때문에 손수 하고 싶진 않을 겁니다. 여러분이 레스토랑에 가는 이유는 그 요리를 할 줄 모르거나 직접 요리하고 싶은 마음이 없기 때문입니다.

두 번째 질문입니다. 웨이터가 여러분에게서 주문을 받고 여러분의 눈앞으로 요리를 가져오는 사이에 벌어지는 무슨 일이 벌어지는지 알고 계십니까? 웨이터가 주방으로 걸어 들어가서 홀로 일하는 요리사에게 여러분의 주문을 직접 전달하는 모습을 상상할 수 있습니다. 이 요리사는 여러분이 주문한 음식을 준비하고 웨이터에게 요리가 다 되면 벨을 울리고 소리칠 겁니다. "2번 테이블 요리 나왔습니다." 하지만 이런 시나리오는 살짝 달라질 수 있습니다.

웨이터는 스마트폰을 이용해서 여러분의 주문을 받고, 이는 즉시 주방의 터치스크린에 표시됩니다. 주방에는 홀로 일하는 요리사가 아닌 한 무리의 요리사들이 있습니다. 요리사들이 여러분의 주문을 준비를 마치고, 이 중 한 요리사는 여러분의 주문이 완료되었음을 주방의 터치스크린을 통해서 알립니다. 그러면 웨이터의 스마트폰에 알림이 갑니다. 주방에 있는 요리사가 몇 명이건 여러분의 요리를 만드는 레시피와 재료들에 대한 세부 사항은 알 수 없습니다. 어떤 시나리오를 따라도, 여러분이 웨이터를 통해 주문한 음식은 주방에서 요리될 것이며, 주문받은 음식이 주방에서 요리되면, 다시 웨이터를 통해 여러분에게 음식이 전달될 겁니다. 레스토랑에서는 여러분은 오직 웨이터(또는 웨이트리스)에게만 이야기할 겁니다. 주방에서 무슨 일이 벌어지는지는 여러분의 관심 대상이 아닙니다. 이게 API와 무슨 상관이 있는지 모르겠다고요? 모든 부분이 관련있습니다.

▼ 그림 1.5 레스토랑 주문과 API를 사용하는 상황의 비교

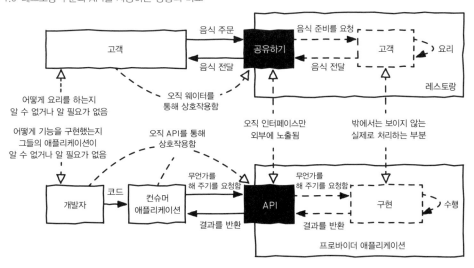

소셜 네트워킹 모바일 애플리케이션 개발팀에게 "사진을 공유하는 것"은 그림 1.5와 완전히 같은 일입니다. 다른 점이 있다면 백엔드를 구현해야 한다는 점입니다. 개발자는 요리법과 재료에 대해 알 필요가 없습니다. 단지 API에 사진과 메시지를 제공할 뿐입니다. 개발자들은 사진이 타임라인에 추가되기 전에 이미지

처리 과정을 거치는 데에는 관심이 없습니다. 마찬가지로 개발자들은 백엔드가 Go나 Java 언어로 작성된 단일 애플리케이션이건 NodeJS나 Python이나 기타 아무 언어로 작성된 API에 연계되건 백엔드에는 전혀 관심이 없습니다. 개발자가 컨슈머 애플리케이션(고객)을 만들었다면 프로바이더 애플리케이션(레스토랑)을 API(웨이터 또는 웨이트리스)를 통해서 무언가(음식을 주문하는 것)를 할 수 있습니다. 이 과정에서 개발자와 애플리케이션은 오직 API만 알고 있으면 됩니다. 이들은 앞서 언급한 무언가를 직접 해내는 방법이나 프로바이더 소프트웨어(주방)가 실제로 해내는 방법을 알 필요가 없습니다. 그렇지만 구현을 숨기는 것만으로는 충분치 않습니다. 구현을 숨기는 것이 중요한 건 사실입니다만, API를 사용하는 사람들이 목표로 하는 것은 아닙니다.

1.2.3 API를 어설프게 디자인하면 끔찍한 결과가 이어진다

만약 여러분이 한 번도 사용해 본 적이 없는 것을 처음 접한다면 어떻게 해 보시겠습니까? 먼저 여러분은 이 낯선 대상의 인터페이스를 가까이서 살펴보며 여러분이 과거에 보고 경험해 온 것을 바탕으로 이것의 목적과 사용 방법을 유추하려 들 겁니다.

가상의 예시를 또 들어 보겠습니다. 여기 UDRC 1138 이라는 기계가 있습니다. 이 기계가 하는 일은 무얼까요? 이 기계의 목적은 무엇일까요? 일단 이름만 가지고는 추측하기 어려워 보입니다. 인터페이스를 들여다 보면 단서가 나올 수도 있습니다. 그림 1.6을 들여다 봅시다.

▼ 그림 1.6 UDRC 1138 기계의 암호 같은 인터페이스

이 기기의 오른쪽에는 제대로 된 이름 표시도 없는 여섯 개의 버튼들이 있고 그중에는 삼각형, 사각형 버튼이 있습니다. 이 둘은 무언가의 시작이나 종료를 의미하는 걸까요? 여러분은 미디어 플레이어의 버튼을 연상해 볼 수도 있을 겁니다. 남은 네 개의 버튼들은 친숙한 모양도 아니고 그것들의 목적을 추측해 낼 그 어떤 단서도 없습니다. LCD 화면은 전혀 알 수 없는 숫자들과 ft, NM, rad, km/h 같은 단위들이 가득합니다. ft는 거리의 단위로 km/h는 시속의 단위로 추측해 볼 수 있습니다. 그렇지만 rad나 NM은 뭘까요? 그리고

LCD 화면 하단의 딱 봐도 문제를 일으킬 거 같이 생긴 경고문은 우리가 안전장치 없이 범위를 벗어나는 값을 입력할 수 있다고 하고 있습니다.

이 인터페이스는 분명히 이해하기 힘들뿐더러 전혀 직관적이지도 않습니다. 그렇다면 이 기계의 설명서인 그림 1.7을 봅시다. 이제야 이 기계가 실제로 무슨 물건인지 알 수 있습니다.

▼ 그림 1.7 UDRC 1138의 설명서

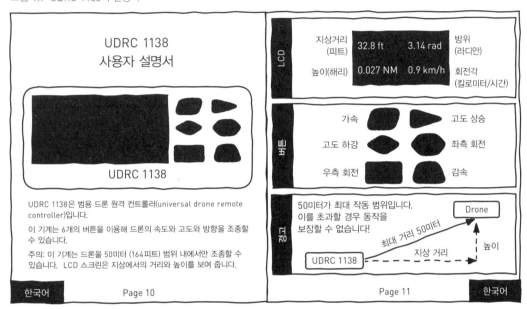

설명서를 보자면, 이 기계는 범용 드론 리모트 컨트롤러^{Universal Drone Remote Controller}입니다. 이런 연유로 UDRC 1138이라는 이름을 가진 것이었습니다. 아무 드론이나 조종할 수 있는 것으로 보입니다. 조금 흥미롭습니다. 페이지의 오른쪽에는 LCD 스크린, 버튼, 그리고 경고문에 대한 설명이 나와 있습니다.

LCD 스크린의 설명은 조금 난해하게 작성되어 있습니다. 지상 거리는 피트 단위로 되어 있으며, 높이는 해리^{nautical miles}로 되어 있습니다. 드론의 회전각은 라디안으로 표시하고 있으며, 속도는 시속으로 작성되어 있습니다. 저는 일단 항공 측량 단위에 대해서 문외한입니다. 그런데도 무언가 잘못되어 있다는 느낌은 듭니다. 일관성이 없어 보입니다. 피트 단위와 미터 단위를 혼용한다니요? 제가 그동안 봐왔던 비행기에 대한 영화들 그 어디에서도 해리로 높이를 재고, 피트로 거리를 재는 모습은 본 적이 없습니다. 오히려 반대였죠. 이 인터페이스는 확실히 직관적이지 않습니다.

이제 버튼 설명을 보겠습니다. 고도를 상승시키는 버튼은 우측 상단에 삼각형 모양으로 있으며, 고도를 하 강시키는 버튼은 둘째 줄에 다이아몬드 모양으로 있습니다. 이 버튼 간의 연관 관계는 유추해 내기 어렵습 니다. 왜 연관된 버튼끼리 같이 있지 않은 걸까요? 다른 버튼들의 모양도 아무런 의미도 없어 보일뿐더러 위치도 임의로 뒤죽박죽입니다. 제정신이 아닙니다! 어떻게 사용자가 이 기계를 쉽게 다룰 수 있겠습니까? 왜 전통적이고 좋은 조이스틱이나 방향키를 쓰지 않고 버튼을 썼을까요?

마지막으로 경고문을 보겠습니다. 경고문을 보면 드론은 오직 50m 범위에서만 조종이 가능한 것으로 보 입니다. 그런데 이 거리라는 것이 LCD에서 보이는 높이와 지상 거리를 바탕으로 계산해야만 알 수 있습니 다. 잠시만요, 뭐라고요? 지금 리모트 컨트롤러로 조종할 수 있는 거리를 피타고라스 정리를 이용해야만 알 수 있다는 겁니까?! 완전히 말도 안 됩니다. 거리는 기계가 계산해야지 우리가 직접 계산할 것이 아닙니 다. 여러분이라면 이런 기계를 사용해 보거나 살 생각이 들겠습니까? 아마 아닐 겁니다. 그런데 만약 이 기 계 말고 다른 대안이 전혀 없다면 어떻게 하시겠습니까? 저로서는 그냥 여러분의 행운을 빌 수밖에 없습니 다. 이런 형편없이 디자인된 인터페이스라도 필요하다면 쓸 수밖에 없습니다!

이런 말도 안 되는 인터페이스는 실제 세계에는 없다고 생각할지도 모릅니다. 당연하게도 디자이너들은 저 렇게 끔찍한 기계는 만들지 않습니다. 만약 그렇게 한 이들이 있을지언정, 품질 담당 부서에서 출시를 막았 을 겁니다! 그렇지만 불편한 진실을 마주할 때가 왔습니다. 어설프게 디자인되어 형편 없는 인터페이스를 가진 제품들은 시장에 늘 존재했습니다.

기계나 웹 사이트, 애플리케이션을 쓸 때 얼마나 자주 디자인적 결함에 대해 헤매거나 불평을 토로해왔었 는지 되새겨 봅시다. 또 얼마나 자주 디자인 문제로 구매를 포기하거나 사용을 하지 않기로 했는지 헤아려 봅시다. 얼마나 자주 무언가를 의도한 대로 사용할 수 없었거나 제대로 쓸 수 없었거나 원하는 방법으로 사 용할 수 없었는지 헤아려 봅시다. 이 모든 것들이 인터페이스가 이해할 수 없게 디자인되어 있었기 때문은 아니었습니까?

형편없이 디자인된 제품들은 잘못 쓰이거나 제대로 쓰이지 않거나 아예 쓰이지 않습니다. 이런 것들은 사 용자들에게만 위험한 것이 아니라 제품을 만든 조직에도 위험합니다. 그들의 평판이 백척간두에 서게 됩니 다. 만약 물리적인 실체가 있는 제품이라면, 시장에 한 번 풀리는 순간 사태는 돌이킬 수 없습니다.

끔찍한 디자인적 결함은 일상생활의 인터페이스에만 국한되지 않습니다. 불행하게도 API 역시 형편없는 디자인이 발생시키는 질병에 시달릴 수 있습니다. API는 개발자들이 그들의 소프트웨어에서 쓸 수 있도록 제공하는 인터페이스라는 점을 되새기시길 바랍니다. 디자인은 중요합니다. 어떤 종류의 인터페이스이건 말입니다. 따라서 API라고 예외는 없습니다. 형편없이 디자인된 API는 예시로 든 UDRC 1138만큼이나 끔찍할 수 있습니다. 형편없이 디자인된 API는 이해하기도 사용하기도 끔찍하게 어려울뿐더러 끔찍한 결과를 불러올 가능성이 높습니다.

사람들은 퍼블릭 API를, 제품으로서의 API를 어떻게 선택할까요? 우리가 접하는 다른 일상 속 물건들처럼 사람들은 API의 인터페이스와 문서를 바탕으로 API를 판단합니다. 사람들은 API 개발자 포털에 방문해 문서를 읽고 API를 직접 분석해 무엇을 제공하고 어떻게 쓸 수 있는지 파악하기도 합니다. 이 과정에서 사람들은 API가 그들의 목적에 얼마나 부합하고 효율적이고 명확한지 평가합니다. 아무리 빼어난 문서를 제공하더라도 사용하기 어렵게 하거나 위험하게 하는 디자인 결함을 숨길 수는 없습니다. 문서가 이런 결함을 잘 설명해도, 잠재적 사용자이자 잠재적 고객들은 이런 API는 선택하지 않을 겁니다. 고객이 없다면 수익도 없을 겁니다. 이런 일들이 회사를 파산으로 몰고 갑니다.

종종 사용자들이 단순히 숨은 결함을 눈치 못 채고 사용하는 경우도 있습니다. 때로는 끔찍한 API를 선택하는 것 외의 다른 방법이 없는 경우도 있습니다. 이런 일은 벌어질 수 있습니다. 예를 들자면 조직 안에서와 같은 상황에서입니다. 대부분의 사람은 다른 선택이 없어서 어쩔 수 없이 끔찍한 프라이빗 API를 사용하거나 시중에서 판매되는 끔찍한 API를 택하는 일이 벌어집니다.

상황이 어땠든지 간에, API의 디자인 결함은 이 API를 사용하는 소프트웨어가 들이는 시간과 노력과 비용을 증가시킵니다. 이런 API는 잘못 쓰이거나, 적게 쓰일 수도 있습니다. 이런 API를 사용하는 사용자들은 API 프로바이더들에게 추가적인 지원을 받게 될 가능성이 높습니다. 당연히 서비스를 제공하는 프로바이더 측의 비용도 증가하게 됩니다. 이런 경우 API의 종류에 관계없이 잠재적인 위협이 될 수 있습니다. 더 나가서, 퍼블릭 API라면 사용자는 공개적으로 불만을 알리거나, 사용을 중단할 수도 있습니다. 고객이 줄어들면 당연히 API 프로바이더의 수익도 줄어들 겁니다.

결함 있는 API 디자인은 API의 보안 측면 취약성을 야기시킬 수도 있습니다. 의도치 않게 민감한 정보를 외부에 노출할 수도 있으며, 접근 권한이나 그룹 권한 관리를 제대로 하지 않거나 너무 많은 권한을 컨슈머에게 부여할 수도 있습니다. 만약 악의적인 누군가가 취약성을 악용한다면 무슨 일이 벌어질까요? 거듭 말하지만 이런 일들은 API 컨슈머와 프로바이더 양측에 재앙을 불러오기에 충분합니다.

API 세상에서는, 종종 형편없이 디자인된 API가 시장에 공개된 이후라도 바로잡을 기회가 주어지기도 합니다. 그렇지만 세상에 공짜는 없는 법입니다. 프로바이더는 시간과 비용을 들여 그들이 만들어 낸 혼란을 바로 잡아야 하며, API 컨슈머들에게도 상당히 성가신 작업입니다.

언급한 예시들은 발생할 수 있는 해로운 영향에 대한 맛보기에 불과합니다. 형편없이 디자인된 API는 실패할 수밖에 없습니다. 이런 숙명에서 벗어나기 위해서는 어떻게 해야 하는 걸까요? 답은 간단합니다. API를 적절하게 디자인하는 법을 학습하면 됩니다.

1.3 API 디자인에 필요한 요소

API를 디자인하는 방법을 학습한다는 말은 단순히 프로그래밍 인터페이스를 디자인하는 법을 배우는 것만을 의미하진 않습니다. API 디자인을 학습하기 위해서는 기술뿐 아니라 API 디자인의 모든 측면을 이해해야 합니다. API를 디자인하려면 인터페이스 자체에만 초점을 맞출 게 아니라 인터페이스를 둘러싸는 전체 맥락을 알아야 하고 모든 사용자와 소프트웨어와 관련된 사항에 공감할 수 있어야 합니다. API 디자인에 원칙이 없다면 컨텍스트에서 벗어날 가능성이 매우 큽니다. 따라서 API 디자인을 할 때는 반드시 커스터머의 측면과 프로바이더 측면으로 인터페이스의 두 가지 면을 고려해야 합니다. 만약 이 두 가지 측면에 대한 고려를 소홀히 한다면 기다리는 결과는 실패뿐입니다.

1.3.1 프로그래밍 인터페이스 이상의 디자인 원리 이해

(뛰어난) 디자이너가 버튼을 특정 위치에 배치하거나, 특정한 입력 폼을 선택하거나, 붉은색 LED를 추가하는 데에는 다 이유가 있습니다. 이러한 이유를 이해하면 디자이너들이 일상의 물건들에 더 좋은 인터페이스를 만들어 주고, 이를 통해 사람들이 그들의 목표를 가능한 한 단순하게 이룰 수 있습니다. 이런 일상 속 사물의 예로는 문이나 세탁기, 모바일 애플리케이션 등 여러 가지가 될 수 있습니다. API도 같은 관점에서 볼 수 있습니다.

API의 목적은 사람들에게 이루고자 하는 바를 가급적 단순하게 이루게 해 주는 데 있습니다. 프로그래밍적인 부분은 잠시 잊으셔도 좋습니다. 소프트웨어 개발에도 오고 가는 유행이라는 것이 있습니다. 예로부터 매우 다양한 방법으로 데이터를 외부로 노출하고 처리하는 소프트웨어가 있었습니다. 네트워크를 이용한 소프트웨어 간의 커뮤니케이션 방법도 매우 다양했으며 앞으로도 다양해 질 겁니다. 아마 독자인 여러분도 RPC, SOAP, REST, gRPC, GraphQL 같은 것들을 들어봤을 겁니다. 어떤 것은 아키텍쳐적인 스타일에 불과하고 어떤 것은 프로토콜이나 쿼리 언어를 의미하긴 합니다만, 언급된 기술 중 어떤 것으로든 API를 만들 수 있습니다. 좀 더 단순하게 말하자면 API 스타일이라고 할 수 있습니다.

각각의 API 스타일은 여러분이 따라 할 수 있는 약간의 사용 예제가 있습니다만 예제만 가지고는 여러분이 특정 API 스타일을 쓰다가 겪게 될 시행착오를 막아 줄 수는 없습니다. 포괄적인 원리 이해가 없는 상태에서 소위 말하는 예제만으로는 부족합니다. 여러분이 일반적이지 않은 유즈케이스나 예제가 다루지 않는 컨텍스트를 마주치게 된다면 오랜 시간 동안 고생할 수밖에 없습니다. 하물며 새로운 API 스타일을 적용하겠다고 결심하게 되는 경우라면, 모든 것들을 새로 배워야 합니다.

API 디자인에 대해 포괄적인 원리를 이해하는 것은 어떤 스타일의 API를 선택하건, 어떠한 디자인적 결단이 필요하건 든든한 기초로 도움이 될 겁니다. 그렇지만 디자인의 원리를 이해하는 것은 API 디자인의 한 측면에 불과하다는 점도 명심해야 합니다.

1.3.2 API 디자인의 모든 측면

인터페이스를 디자인한다는 것은 사물의 표면에 버튼 몇 개를 설치하는 것보다 더 많은 것을 고려해야 하는 일입니다. 무언가를 디자인한다는 건, 예를 들어 원격 드론 제어 리모컨을 만든다고 치면, 리모컨을 사용할 사용자가 누구인지 그들이 이것을 사용하는 목적이 무엇일지 정확히 이해해야 합니다. 이 리모컨은 비행 물체의 속도, 방향을 조종할 수 있습니다. 이게 사용자가 원하는 쓰임새입니다. 이게 라디오 주파수를 사용해서 조종하는 건지 다른 무언가를 사용하는지 사용자들은 별반 관심이 없습니다.

이러한 동작들은 사용자 인터페이스상의 버튼, 조이스틱, 슬라이더, 아니면 또 다른 컨트롤러로 표현돼야 합니다. 이런 화면에 포함되는 제어 요소들은 반드시 납득할 수 있는 방식으로 표현되어야 합니다. 이것들은 사용자들이 쉽게 사용할 수 있어야 하며, 가장 중요하게도 안전해야 합니다. 앞서 예시로 언급한 UDRC 1138의 인터페이스는 분명히 이해하기도 쉽지 않고 안전하지도 않은 인터페이스로 당혹스러운 LCD와 버튼들로 안전장치의 부재를 여실히 보여 줍니다.

원격 제어를 위한 리모컨을 디자인한다면 모든 컨텍스트를 고려해야 합니다. 이 물건을 어떻게 사용될 것인가? 예를 들면 혹한의 지역에서 작동하게 될 경우, 조종할 때 매우 두꺼운 장갑을 끼고 다루게 될 가능성이 높습니다. 또한 기술적인 이유로 제약 사항이 생길 수도 있습니다. 예를 들면 기술적인 이유로 드론에 전달할 수 있는 명령 수가 초당 X회 이하가 될지도 모릅니다.

마지막으로, 어떻게 그런 끔찍한 디자인이 시장에 나올 수 있었던 걸까요? 아마 디자이너가 충분히 단련되지 않은 상태에서 적절한 도움을 받지 못했을 수도 있습니다. 어쩌면 디자인이 검증된 적이 없을지도 모르는 일입니다. 만약 일부의 사람들이, 어쩌면 잠재적인 사용자들이 이 디자인을 한 번만 검토해 봤더라도, 이런 노골적인 결함들은 대부분 고쳐졌을 겁니다. 아니면 디자이너는 제대로 좋은 모델을 디자인했으나, 종국에 가서 계획이 제대로 지켜지지 않은 것일 수도 있습니다.

기존에 만든 것의 품질이 어떻든지 간에 사람들에게 인터페이스로 선보였다면, 이걸 바꾸는 것은 대단히 많은 주의를 요구하는 작업입니다. 만약 완전히 새로운 버튼 조합을 가진 다음 버전의 원격 제어 리모컨이 등장하게 된다면, 새로운 버전을 구매하는 사용자들은 사용법을 처음부터 다시 배워야 할 것입니다.

이렇듯 무언가의 인터페이스를 디자인한다는 것은 단순히 버튼 이상의 많은 것들을 신경 써야 합니다. API 디자인도 이와 다르지 않습니다.

API를 디자인한다는 것은 여러분 혼자 이해하기 쉽고 사용하기 쉬운 인터페이스를 만드는 것을 의미하지 않습니다. 반드시 매우 안전한 인터페이스를 설계해야 합니다. 민감한 데이터나 동작을 컨슈머에게 과도하게 노출해서는 안 됩니다. 반드시 모든 컨텍스트를 염두에 둬야 합니다. 어떤 제약이 있는지, 어떻게 API가 누구에 의해 쓰일 것인지, 어떻게 API가 만들어질 것이며, 어떤 식으로 성장해 나갈 것인지 등을 말입니다. API의 모든 라이프사이클에 관여해야 합니다. 초기 논의부터 개발, 문서화, 지속적인 개선과 수명을 다해 제거되는 순간 사이의 모든 과정을 말입니다. 일반적으로 조직에선 매우 많은 API를 만들게 되기 때문에, 가능한 한 일관된 느낌의 API를 구축하기 위해서라도 다른 API 디자이너들과 함께 일해서 조직에서 만들어낸 API는 모두 유사한 모양과 느낌이 들도록 해 모든 API가 이해하기 쉽고 사용하기 쉽게 만들어야 합니다.

요약

- 웹 API는 HTTP 프로토콜을 사용하여 소프트웨어를 재사용 가능한 블록으로 변화시켰습니다.
- API는 애플리케이션을 개발하는 개발자들이 여러분의 서비스를 소비할 수 있게 해 주는 인터페이스입니다.
- 퍼블릭 API든 프라이빗 API든 어떤 API를 만들더라도 API 디자인을 고려해야 합니다.
- 형편없이 디자인된 API는 잘 쓰이지 않거나, 잘못 쓰이거나 전혀 사용되지 않을 수도 있으며, 더욱이 안전하지도 않습니다.
- 좋은 API를 디자인하기 위해서는 인터페이스뿐만 아닌 모든 컨텍스트를 고려해야 합니다.

② 사용자를 위한 API 디자인하기

> **이 장의 내용**
> - 어떤 관점으로 API를 디자인해야 하는가?
> - 사용자 인터페이스를 디자인하듯 API 디자인하는 법
> - API의 실제 목표를 정확하게 결정하는 법

곧바로 프로그래밍 인터페이스를 만드는 전장에 뛰어들길 기대하셨다면 진심으로 사과의 말씀을 드립니다. 이번 장의 내용을 보기 전까진 잠시 기다려 주십시오. 이번 장에서는 API를 사용하는 사람들이 원하는 것이 무엇인지 다룰 겁니다.

무언가를 짓거나 창조해 내기 전 우리는 먼저 계획을 세워야 합니다. 무언가를 하기 전에는 항상 하고 싶은 게 무엇인지 고민해야 하는 시기가 있습니다. API 디자인이라고 예외는 아닙니다.

맹목적으로 데이터와 기능을 노출한다고 API가 되는 게 아닙니다. API는 우리가 마주하는 모든 일상 속 사용자 인터페이스들이 그러하듯 사용자들의 목표를 달성하기 위해서 존재합니다. 소셜 네트워크 API를 예로 들면, 이 API는 사진 공유, 친구 추가, 친구 리스트 표시 등이 목표입니다. 이러한 목표들이 효과적인 API를 디자인하는 데 필요한 기능적 청사진 역할을 합니다. 그렇기에 목표 식별이야말로 API 디자인 과정에서 가장 중대한 단계라고 할 수 있습니다. 목표, 다시 말해 사용자가 API를 사용해 이룰 수 있는 바는 사용자들에게 일단 합리적이어야 할 뿐 아니라 오해의 여지도 없어야 합니다.

우리는 서로 연관된 포괄적인 요구 사항들을 정리할 수 있도록 **컨슈머의 관점**에 중점을 두어야 합니다. 즉, API 사용자의 관점과 API를 소비하는 컨슈머 소프트웨어의 입장으로 생각해야 합니다. 이런 관점은 API

디자인의 초석이자, API를 디자인하는 사람들에게 디자인 중에 반드시 따라야 하는 원칙입니다. 이러한 관점을 견지하기 위해서는 API 디자인의 관점을 이해해야 할 뿐 아니라, 반대로 API 디자인에 방해될 수도 있는 다른 관점에 대해서도 이해해야 합니다. 바로 (서비스를 제공하는 조직과 API를 제공하는 소프트웨어인) 프로바이더의 관점입니다.

2.1 일상 속 사용자 인터페이스를 디자인하는 올바른 관점

API 디자이너는 일상 속 사용자 인터페이스와 관련해 배워야 할 것이 많습니다. 디자인하는 대상이 실제의 존재인지 가상의 존재인지는 중요하지 않습니다. 문, 주방 용품, 티비 리모컨과 같은 일상의 물리적인 인터페이스부터 웹 사이트, 모바일 애플리케이션과 같은 가상의 인터페이스까지 모든 물체에는 공통된 디자인 원칙이 있으며 이 원칙은 API 디자인에도 반드시 적용되어야 합니다. 올바른 입장, 올바른 관점을 선택하는 것이 인터페이스와 API를 디자인하는데 있어서 가장 중요합니다.

> **Note** 장막 너머에서 벌어지는 일에 집중하는 순간 총체적 난국이 펼쳐집니다. 사용자가 얻을 결과에만 집중해야 일이 순탄하게 흘러갑니다.

API를 디자인할 때는 이 두 가지 관점을 분리해야 하는데 처음에는 쉽게 의식적으로 되지 않습니다. 그렇지만 현실 세계로 생각하고 따져 본다면, 노골적이다 싶을 정도로 명백해지고, 이 두 가지 관점이 API 디자인에 어떤 영향을 미칠 수 있는지 파악하기 쉬워집니다.

2.1.1 작업 방식에 집중하면 인터페이스가 복잡해진다

신사 숙녀 여러분, 소개하겠습니다. 열화와 같은 박수로 Kitchen Radar 3000(아래 그림 2.1 참조)을 맞아주시기 바랍니다. 광고에 따르면 이 주방용품은 "군사용으로도 적합 판정을 받은 부품으로 만들어, 무슨 요리를 하더라도 실패할 수 없고 여러분이 동네에서 제일가는 요리사가 될 수 있게 해 줍니다."고 합니다. 정말 끝내주지 않나요? 글쎄요, 저는 잘 모르겠습니다.

대체 Kitchen Radar 3000이 뭘까요? 일단 이름부터 기계의 목적을 제대로 설명하지 못합니다. 어쩌면 제어판에서 단서를 약간 얻을 수 있을지도 모르겠습니다... 아닐 수도 있겠지만요.

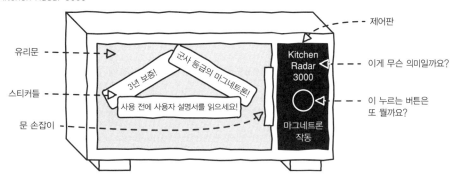

그림 2.1에서 본 제어판에는 마그네트론을 작동시키는 버튼만 하나 있을 뿐입니다. 마그네트론이라뇨? 이걸 켜면 어떻게 될까요? 이 기계는 하나도 알 수 없는 미스터리 그 자체입니다.

그렇지만 유리문에 스티커로 사용자 설명서(그림 2.2)를 보라고 나와 있습니다. 어쩌면 이 수상한 주방용품의 목적과 사용 방법을 설명서에서 찾게 될지도 모르겠습니다.

▼ 그림 2.2 Kitchen Radar 3000의 (정신나간) 사용자 설명서

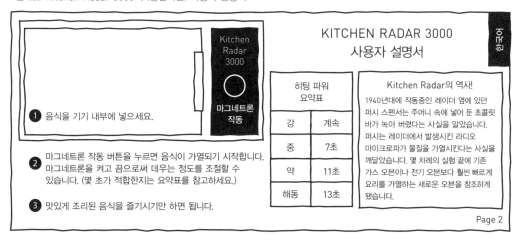

그렇군요. 사용자 설명서에 따르자면 Kitchen Radar 3000은 새로운 형태의 오븐으로 마이크로파를 쓰는, 그냥 전자레인지입니다. 음식을 데우는 주방기기일 뿐입니다. 레이더 기지에서 일했던 사람이 만들어 냈다는 사실 때문에 제품 이름이 이렇게 되어버렸습니다. 무슨 끔찍한 생각을 했는지 모르겠지만 제품이 지닌 역사에 치중한 나머지 진정한 목적을 잊어버리고 말았습니다!

하여튼 Kitchen Radar 3000은 어떻게 동작할까요? 사용자가 마그네트론의 전원 버튼을 누르면 마그네트론이라 불리는 부품이 켜집니다. 이 부품은 전원이 켜지면 라디오 마이크로파를 만듭니다. 내부에 음식을 넣으면 마이크로파가 음식을 통과하며 음식에 열을 발생시킵니다. 일단 요리가 원하는 만큼 조리가 되면 사용자는 누르고 있던 버튼에서 손을 떼고 마그네트론의 전원이 꺼집니다.

정말 불편한 제어판입니다. 강도를 최대로 이용하려면 조리하는 내내 버튼을 누르고 있어야 한다니 말이 됩니까! 적당한 온도를 원할 때는 어떻게 해야 할까요? 원하는 온도를 유지하려면 마그네트론 버튼을 일정한 간격으로 껐다 켜야 합니다. 그렇게 하면 마그네트론이 켜지고 꺼지고 마이크로파가 적게 발생할테니 계속 누르고 있는거 보다 열이 덜 발생할 겁니다. 정말 어처구니가 없습니다! 누가 이런 기계를 쓰고 싶어할까요? 공짜로 줘도 버릴 겁니다.

솔직히 말하자면 현실에서 이런 기계가 디자인된 적은 없습니다. 단순히 장치의 내부 동작 원리(마그네트론)와 그 유래(레이더), 사용자만 생각해 보시면 됩니다. 기계의 사용 목적을 알아내기는 상당히 힘들었을 겁니다. 마그네트론이 뭐고 어떻게 동작하는지를 알고 있는 사용자에게도 제어판을 보면 악몽을 꾸는 게 낫다고 느낄 겁니다. 이런 일은 디자이너가 장치의 동작 원리에 지나치게 몰입하고 있을 때 벌어집니다. 이런 상황에서 만들어진 기계는 이해하기도 어려울 뿐만 아니라 사용하기도 어렵습니다. 꼭 이런 물건이 세상에 나왔어야 할까요? 당연히 아닙니다! 이제 이 디자인적 재앙을 고치는 방법을 살펴보겠습니다.

2.1.2 사용자가 할 수 있는 일에 집중하면 인터페이스는 단순해진다

어떻게 해야 Kitchen Radar 3000을 이해하기 쉽게 만들고 사용하기 쉽게 만들 수 있을까요? 기계가 동작 원리에 치중해서 이해하기 어려워졌다면 생각을 바꿔서 다시 디자인하는 게 어떨까요? 사용자가 원하는 것에 집중하고 제어판을 명시적으로 다시 디자인해 보겠습니다.

Kitchen Radar 3000은 그냥 오븐입니다. 오븐을 사용하는 처지에서 기술을 배제하고 생각한다면 그들이 하고자 하는 바는 무엇일까요? 음식을 데우거나 조리하려 할 겁니다. 우리는 단순하게 접근해서 Kitchen Radar 3000의 이름을 전자레인지라고 리브랜딩하고, 마그네트론 켜기 버튼의 표시를 그림 2.3처럼 가열 또는 조리로 바꿔보겠습니다.

▼ 그림 2.3 Kitchen Radar 3000에서 전자레인지로 리브랜딩

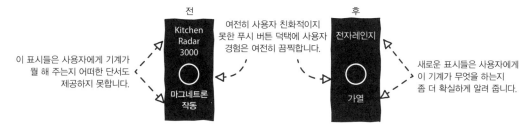

조금 나아졌습니다. 단순히 표시만 좀 바꿨을 뿐인데 사용자들에게 이 기계가 무엇을 하는 장치인지 알려 줄 수 있게 되었습니다. 누가 봐도 이제 요리를 데우는 오븐 같은 물건이라는 걸 알 수 있고, 버튼이 가열하는 동작을 시작하는 거라는 걸 알 수 있습니다.

그렇지만 이 전자레인지의 사용자 인터페이스는 여전히 끔찍합니다. 특히 최대 전원으로 일정 시간 요리를 데워야 할 때가 문제입니다. 사용자는 뭐든 제대로 데우기 위해서 여전히 버튼을 눌렀다 떼었다 하는 과정에 숙달되어야만 합니다. 그림 2.4는 이 문제를 어떻게 단순화할 수 있는지 보여 줍니다.

▼ 그림 2.4 단순화하여 다시 디자인한 제어판

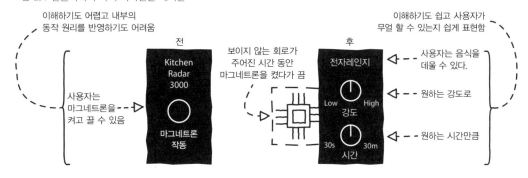

사람들이 보통 오븐이나 다른 조리도구로 음식을 데울 때 어떻게 하나요? 적당한 전원으로 적당한 시간 동안 가열합니다. 우리는 가열만 가능하던 버튼을 사용자가 초에서 분까지 시간을 선택하고, 강도를 강, 중, 약으로 선택할 수 있도록 바꿨습니다. 이제는 제어판 뒤에서 회로 같은 것들이 마그네트론의 켜고 꺼지는 시간을 사용자가 입력한 대로 제어해 줄 겁니다. 아주 멋지네요! 주방용품은 이제 새로운 제어판 덕에 이해하기도 쉬울 뿐 아니라 사용하기도 쉬워졌습니다. 새로운 인터페이스는 더 이상 알 수 없는 기계의 동작 원리에 의존하지도 않습니다. 상자 안에서 벌어지는 복잡한 일에 대한 힌트 따위 이제 필요하지 않습니다. 그저 사용자가 바라는 일에 집중하면 됩니다. 이 사용자 친화적인 생김새가 오븐을 통해 할 수 있는 일을 알 수 있도록 도와줍니다. 세부적인 내부 동작 원리는 그대로 안에 숨겨둔 채로 제어판 뒤에서 회로가 무엇을

하는지는 더 이상 사용자에게 귀찮게 설명할 필요가 없습니다.

지금까지 주방용품의 제어판을 새롭게 디자인해 봤습니다. 그래서 이게 API랑 무슨 관계가 있냐고요? 전부 다 관련 있습니다! 우리는 이해하기 쉽고, 사용하기 쉬우며, 사용자가 할 수 있는 일을 표현하는 인터페이스를 만들어 냈습니다. 번거롭게 사용자에게 내부 동작 원리를 설명하지도 않고 말입니다. 이 자세를 API를 디자인할 때마다 유념해두면 훌륭한 API 디자이너가 될 수 있습니다! 왜냐고요? API는 기본적으로 소프트웨어를 위한 제어판과 같아서 우리가 일상에서 접하는 인터페이스와 똑같은 규칙을 적용받기 때문입니다.

2.2 소프트웨어 인터페이스 디자인 방법

API는 소프트웨어에서 앞서 언급한 사물 제어판의 표시와 버튼 같은 존재입니다. 단번에 이해하거나 며칠을 고민해도 전혀 알 수 없거나 둘 중 하나일 겁니다. 따라서 API를 쓰는 일 역시 일상 속 사물들과 마찬가지로 엄청 명쾌해서 즐겁거나 난해한 나머지 끔찍한 고통이 될 수 있습니다. 사용하기 쉽고, 이해하기도 쉬운 API를 만드는 건 우리가 좋은 관점에 집중하고 있어야 가능합니다. 이 말은 곧 올바른 관점을 의미합니다. 사용자가 할 수 있는 일에 집중해야 합니다. 만약 소프트웨어가 어떻게 동작하는지에 집중하기 시작하면 재앙이 벌어집니다. 사용자가 무엇을 하는지에 중점을 두면 현실 세계 사물의 사례에서 봤듯이 모든 일이 부드럽게 흘러갈 겁니다.

2.2.1 API를 소프트웨어의 제어판처럼 바라보기

여러분은 전자레인지 같은 일상 속 사물들을 사용할 때 늘 제어판을 통해서 상호작용을 합니다. 그것이 바로 인터페이스입니다. 여러분은 표시를 읽고, 버튼을 누르고, 동그란 손잡이를 돌립니다. 소프트웨어와 여러분이 프로그래밍적으로 상호작용할 때도 마찬가지로 이런 일이 벌어집니다. 여러분은 소프트웨어의 API를 사용합니다. API란 소프트웨어의 제어판입니다. 그게 무슨 뜻일까요? 다시 우리가 새롭게 디자인한 Kitchen Radar 3000, 이젠 전자레인지라 불리는 기계의 내부 소프트웨어 (그림 2.5)를 보면 질문의 해답을 얻을 수 있습니다.

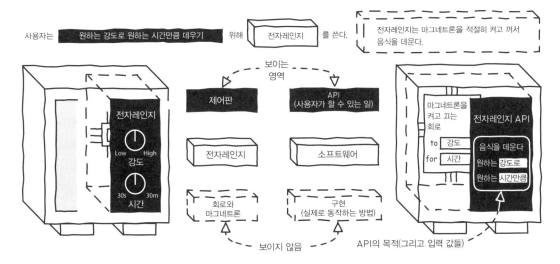

전자레인지가 소프트웨어로 바뀌었습니다. 이제 제어판은 소프트웨어의 API가 되었고, 제어판 뒤에 숨겨진 회로는 구현이 되었습니다.

이로써 사용자는 API만 볼 수 있게 됩니다. API는 소프트웨어가 무엇을 할 수 있는지 설명해 줍니다. 구현이란 API의 뒤에서 동작하는 코드로 실제 진행되는 과정이 모두 여기로 들어갑니다. 그렇지만 사용자는 이 부분을 볼 수 없습니다.

API는 API를 사용할 때 달성될 수 있는 목표들을 제공하고 있습니다. 전자레인지의 경우 API가 사용자에게 음식을 데울 수 있게 해 주는 겁니다. 이를 위해서는 목표가 정확히 어떻게 되는지 약간의 정보(입력)가 필요합니다. 사용자는 어느 정도의 강도로 어느 정도의 시간 동안 음식을 데울지 구체적인 목표를 제공해야 합니다. 이제 API를 통해 사용자가 제공한 정보를 구현이 전달받아 동작하게 됩니다. 이 경우에, 구현은 마그네트론을 전달받은 강도와 시간을 통해 적절한 속도로 켜고 끄게 됩니다. 그리고 목표에 도달하게 되면, 어떤 정보를 반환합니다.

API가 목표를 달성하기 위해 소프트웨어와 프로그래밍적인 방법으로 상호작용하는 과정을 보았습니다. 그렇지만 일상의 인터페이스와는 다르게, 컨슈머의 관점(음식을 데운다)이 아니라 프로바이더의 관점(마그네트론을 켠다)으로 표현되었습니다. 이런 게 일상의 인터페이스처럼 API에도 큰 문제가 될까요?

2.2.2 컨슈머의 관점에 집중해 단순한 API를 만들기

공급자의 관점에서 API를 설계한 결과(과도한 내부 작업 노출)를 이해하기 위해 Kitchen Radar 3000 API 와 전자레인지 API를 사용하는 데 필요한 의사 코드를 비교해 보겠습니다.

The Kitchen Radar 3000 API는 두 가지 목표를 제공하고 있습니다. 마그네트론을 켜거나 끄는 겁니다. 다음 예시는 이러한 컨트롤을 사용하여 음식을 데우는 방법을 보여 줍니다.

예제 2.1 Kitchen Radar 3000 API의 사용

```
if <power> is high  ◀──────── 강도(power)가 강인 경우 켜고 끄는 주기(cycle)가 없음
  turn magnetron on
  wait for <duration>
  turn magnetron off
else
  if <power> is medium  ◀──────── 강도(power)에 따라서 켜고 끄는 주기를 계산
    cycle = 7s
  else if <power> is low
    cycle = 11s
  else if <power> is thaw
    cycle = 13s
  end if
  for <duration>  ◀──────── 켜고 끄는 시간 변경
    turn magnetron on
    wait for <cycle>
    turn magnetron off
  end for
end if
```

만약 개발자가 이 API를 이용해서 음식을 데우는 프로그램을 만들고자 하면, 주어진(입력된) 시간 동안 마그네트론을 켜고 꺼야 합니다. 만약 최대 강도보다 약하게 가열을 하고 싶다면 원하는 세기에 맞추어서 마그네트론을 반복적으로 켜고 끄는 주기가 있어야 합니다.

결국, Kitchen Radar 3000의 API에도 현실 세계에서 발생했던 문제와 똑같은 악몽이 시작됩니다. 개발자들이 API를 사용하려면 복잡한 코드를 작성해야 합니다. 이러면 개발자들이 실수할 가능성도 함께 커집니다. 그런데 말입니다. 지금 적힌 의사 코드에도 이미 버그가 있습니다. 눈치채셨나요? 다음 예시에서 고쳐 보도록 하겠습니다.

예제 2.2 버그 수정하기

```
// alternating on/off cycle
for <duration>
  turn magnetron on
  wait for <cycle>
  turn magnetron off
  wait for <cycle> ◀──────── 이 라인이 빠졌었습니다.
end for
```

마그네트론을 켜고 *끄는* 주기를 바꾸는 for 반복문에서 wait for 〈cycle〉이 빠졌었습니다. 물론 이 역시 최선의 코드가 아닌 건 압니다만, 동작은 합니다. 이제 같은 동작을 전자레인지의 API가 어떻게 해결하는지 보겠습니다. 전자레인지 API도 마찬가지로 음식을 데운다는 하나의 목표만 갖고 있습니다. 음식을 데우는 방법은 단순합니다. 아래의 예시를 보겠습니다.

예제 2.3 전자레인지 API 사용하기

```
heat food at <power> for <duration>
```

개발자들은 오직 한 줄의 의사 코드를 작성하면 됩니다. 아까 전보다 훨씬 단순합니다. 음식을 데우는 소프트웨어를 제공하고자 하는 개발자라면 복잡하고 에러가 발생하기 쉬운 코드랑 에러 가능성이 전혀 없는 한 줄짜리 코드 중에 무얼 선택할까요? 이건 물어볼 가치도 없는 질문입니다. 제어판의 사례처럼, 복잡성 또는 단순성은 여러분이 API를 디자인할 때 무엇에 집중했느냐에 따라 달라집니다. 이 책을 읽기 전에 마그네트론이나 전자레인지의 발명에 대한 배경을 알고 계셨나요? 아마 아닐 겁니다. 왜냐고요? 전자레인지의 제어판은 사용자의 관점에서 만들어졌기 때문입니다. 이런 연관성 없는 내부 동작 원리를 밖으로 노출할 필요가 없었습니다. 사용자가 전자레인지를 사용하려면 마그네트론과 레이더의 전문가일 필요가 없게끔 했습니다. 전자레인지는 단순히 음식을 데우고 싶은 사람이면 누구든지 사용할 수 있게 만들었습니다. 기술이나 역사에 대한 무지가 전자레인지 사용을 방해한 적이 있습니까? 당연히 없겠죠. 제가 왜 단언할까요? 여태껏 여러분은 전자레인지 사용할 때 그저 음식을 데우고 싶었을 뿐 전자레인지가 어떻게 동작하는지는 전혀 신경 안 쓰고 잘만 써왔기 때문입니다.

이게 바로 API가 어떻게 디자인되어야 하는가를 생각해야 하는 이유입니다. API는 반드시 컨슈머의 관점에서 디자인되어야 합니다. 프로바이더의 관점이 아니라요. 그림 2.6은 이 두 가지 관점의 차이를 대비해서 보여 줍니다.

▼ 그림 2.6 컨슈머의 관점 vs 프로바이더의 관점

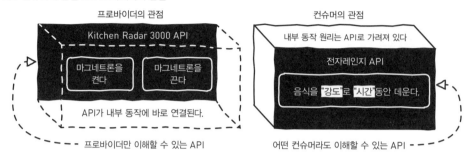

프로바이더 관점에서 디자인된 API는 내부 동작만을 보여 주고 제공되는 목표 또한 오직 프로바이더만 이해할 수 있게 되어 있습니다. Kitchen Radar 3000의 API를 통해서 보았듯이 저런 API는 사용하기에 불가피하게 복잡합니다. 또한, 사용자가 원하는 바를 쉽게 이룰 수도 없습니다. 대조적으로, 컨슈머 관점에서 디자인된 API의 경우 내부의 동작을 숨겨줍니다. 컨슈머 관점에서 디자인된 API가 보여 주는 목표는 어떤 컨슈머라도 이해하기 쉬우며, 사용하기에도 쉽습니다. 컨슈머 관점에 집중한 API는 자연스럽게 사용성이 좋아집니다. 훌륭하군요. API를 디자인할 때 컨슈머를 먼저 생각해야 한다는 사실을 이해했습니다. 이를 바탕으로 생각하면, 컨슈머가 이해하기 쉽고 사용하기 쉬운 API를 만들려면 컨슈머가 API를 사용할 때 달성할 수 있는 목표가 무엇인지 명확하게 식별하는 게 중요해 보입니다. 그렇지만 어떻게 컨슈머의 목표를 정확하고 철저하게 알아낼 수 있을까요?

2.3 API의 목표 식별 과정

전자레인지의 예를 통해 API 디자인은 사용자들이 API를 사용해 달성할 수 있는 게 무엇인지 결정하는 데서 시작한다는 걸 확신하게 되었기를 바랍니다. 그래야 API의 진정한 목표를 식별해 낼 수 있습니다. 전자레인지 API를 살펴보면 목표는 단순히 음식을 데우는 것이었습니다. 그렇지만 소셜 네트워크 API를 생각하면, 사진 공유하기, 친구 추가하기, 친구 목록 보여 주기와 같은 목표가 나타납니다. 하지만 그렇게 단순한 설명만으로는 목표가 무엇인지 정확하게 표현하기 힘듭니다. 사용자는 어떻게 친구를 추가할까요? 친구를 추가하기 위해 무엇이 필요할까요? 친구가 추가되면 사용자는 무슨 결과를 반환받을까요? API를 디자인할 때 기본적으로 다음과 같은 사항들을 깊이 있고, 정확하게 이해해야 합니다.

- 누가 API를 사용하는가?

- 무엇을 할 수 있는가?

- 어떻게 하는가?

- 하기 위해서 무엇이 필요한가?

- 끝나면 무엇을 반환하는가?

이 정보들은 여러분이 만들 API의 기초가 되며, 동시에 정확한 API 인터페이스를 디자인하기 위해 꼭 알아야 합니다. 이 장에서 언급한 방법과 묘사된 API의 목표들은 단순해 보이지만 필요한 모든 정보를 얻을 수 있도록 도와주는 강력한 도구입니다.

사용자의 요구를 충족해야 한다는 소프트웨어(또는 그 무엇이든) 디자인의 목표는 전혀 새로운 조건이 아닙니다. 소프트웨어가 생겨날 무렵부터 지금까지 계속 유지되어 온 목표입니다. 사용자들의 요구 사항을 수집하고, 그 요구 사항을 깊이 파고 들어가 정확히 이해하여, 마침내 그 목표를 조금이라도 효율적이며 정확하게 달성하는 소프트웨어를 만들기 위해 수많은 방법론이 발명되었고 지금도 여전히 만들어지는 중입니다. 이 모든 방법론은 API의 목표를 식별하기 위해 사용할 수 있습니다. 그러니 여러 방법론 중에서 여러분이 익숙한 것을 하나 택하거나 이 책에서 소개하는 새로운 방법을 적용해도 문제없습니다. 사용자가 누구인지, 무엇을 할 수 있는지, 어떻게 하는지만 알면 됩니다. 다음 절에서는 이 원칙에 대해 설명하겠습니다.

2.3.1 무엇을 어떻게 하는가

Kitchen Radar 3000을 전자레인지로 다시 디자인할 때, 그림 2.7처럼 두 가지 질문에 답했었습니다. "사람들이 오븐에 무엇을 원하는가?" 그 대답은 "음식을 가열하기를 원한다." 였습니다. 이 대답은 두 번째 질문으로 이어졌습니다. "사람들은 음식을 어떻게 가열하는가?" 그 대답은 "주어진 강도로 주어진 시간 동안 음식을 가열한다" 였습니다. 이 간단한 질문과정으로 전자레인지 API를 디자인할 때 필요한 음식을 가열한다는 간단하고 사용자 친화적인 목표를 얻을 수 있었습니다. '무엇을^{what}'과 '어떻게^{how}'를 말이죠. 이 예제는 API의 목표 목록을 결정할 때 자문해야 할 기본적인 질문 두 가지를 보여 줍니다.

- 사용자는 무엇을 할 수 있는가?
- 사용자가 어떻게 하는가?

▼ 그림 2.7 우리가 Kitchen Radar 3000의 제어판을 새롭게 디자인할 때 사용한 방법

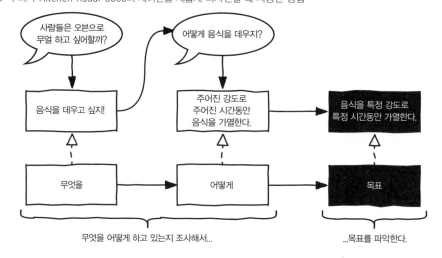

이 질문들을 통해 API로 **무엇**을 할 수 있는지 대략 알 수 있으며, **어떻게** 해내는지 단계별로 나눌 수 있습니다. 그리고 이 두 질문에 대한 답이 곧 API의 목표가 됩니다.

그렇지만 예제에서 알아낸 무엇을과 어떻게는 본질적으로 같습니다. 굳이 이 두 가지를 분리해 생각해야만 할까요? 네. 분리해야 합니다. 안타깝지만 전자레인지 예제는 너무 단순화시킨 탓에 분리해야 하는 이유를 설명하기에 적합하지 않습니다. 이를 설명하려면 더 복잡한 유즈케이스가 필요합니다. 그래서 이번에는 온라인 쇼핑 웹 사이트 또는 모바일 애플리케이션의 API를 예로 들겠습니다. 쇼핑 API에서 알아야 할 무엇을과 어떻게를 살펴보겠습니다. 다음 그림 2.8을 봅시다.

사람들은 온라인에서 쇼핑할 때 무엇을 할까요? 우선, 상품을 구입할 겁니다. 그렇다면 상품은 어떻게 구입할까요? 일단 상품을 쇼핑카트에 담은 뒤 결제를 합니다.

이런 식으로 상품을 구입한다는 과정은 두 단계의 목표로 나뉩니다. 상품을 카트에 담는 것과 결제를 하는 것으로 말입니다. 만약 이 두 과정을 분리하지 않았으면, 우리는 상품 구매라는 딱 하나의 목표만을 만들 뻔했습니다. 그러므로 어떻게를 생각할 때는 반드시 과정을 분해해야 합니다. 그렇지 않으면 일부 목표를 놓치게 될 가능성이 생깁니다.

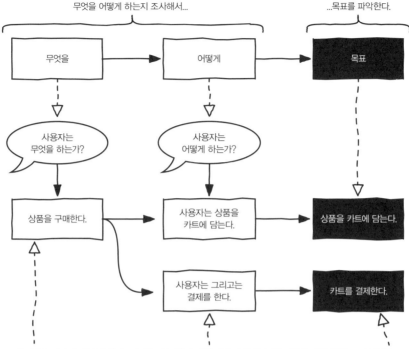

"무엇"은 여러 개의 "어떻게(또는 단계)"로 분리할 수 있습니다. 이렇게 분리된 것들은 개별적인 목표가 됩니다.

좋습니다. 드디어 API의 목표를 식별해 냈습니다! 단순하게나마 사용자가 할 수 있는 일을 관찰해서 어떻게 진행되는지 여러 동작으로 분해했습니다. 각 단계는 목표 하나에 해당합니다. 이제 다음 단계로 넘어가서 이러한 목표에 맞는 프로그래밍 인터페이스를 디자인해 봅시다. 그전에 잠시만요... 제가 뭔가를 빼먹었군요.

우리가 전자레인지를 다시 디자인했을 때, 우리는 단순히 음식을 데운다는 목표에서 더 나아가 다른 것들을 파악했습니다. 사용자의 입력을 받아 마그네트론의 강도와 지속 시간을 식별해 냈습니다.

그 결과 Kitchen Radar 3000의 제어판을 다시 디자인할 수 있었습니다. 그렇기에 목표와 연관된 입력과 출력을 식별하는 것 역시 흥미로운 주제입니다.

2.3.2 어떤 걸 입력하고 어떤 게 출력되는가

어떤 목표들은 달성하기 위해 입력(값)이 필요한 때도 있습니다. 앞에서 다룬 전자레인지 API의 경우, 음식을 데우기 위해서라도 강도와 시간이라는 입력이 필요합니다. 이러한 입력들은 우리가 전자레인지의 API와 제어판을 만들 때 도움이 됩니다. 마찬가지로 목표들은 달성되면 출력(값)이 필요한 때도 있습니다. 이런 출력도 마찬가지로 API 디자인에 영향을 줍니다. 그럼 그림 2.9를 통해서 쇼핑 API에서 목표를 다시 식별해 보겠습니다.

▼ 그림 2.9 무엇을, 어떻게와 입력과 출력

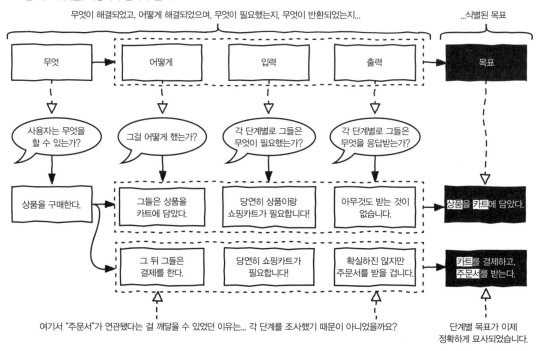

사람들이 온라인에서 쇼핑할 때 어떻게 하나요? 보통 특정 상품을 구입합니다. 그렇다면 어떻게 상품들을 구입할까요? 먼저 쇼핑 카트에 상품들을 담은 뒤에 결제를 합니다. 여기까지 보면 앞선 두 질문과 달리 새로울 게 없어 보입니다. 이제 입력과 출력을 결정하기 위해 각 단계를 좀 더 파고 들어가 보겠습니다.

카트에 상품을 담는 목표부터 시작하겠습니다. 사람들이 카트에 상품을 담으려면 무엇이 필요할까요? 분명 카트와 상품이 필요할 겁니다. 좋습니다. 그럼 카트에 무언가를 담을 때마다 반환해야 할 무언가가 있을까요? 아마 없을 겁니다. 질문에 대한 답을 보니 그렇게 유용한 정보를 제공하는 질문은 아닌 듯 합니다. 어쩌면 좀 더 흥미로운 부분은 결제 쪽에서 찾을 수 있을 것 같아 보이는군요.

사람들이 카트에 담긴 상품을 결제할 때 필요한 건 무엇일까요? 분명 (상품이 담긴) 카트가 필요할 겁니다. 여전히 뻔한 답이군요. 그럼 그 뒤에 반환받을 게 있을까요? 네, 바로 주문서가 있습니다. (이걸 뻔하다곤 할 수 없겠죠!)

API가 그저 카트에 담긴 상품을 결제하고 끝나는 것이 아니라 주문서에도 영향을 줄 수 있다는 걸 예측할 수 있었나요? 만약 단순한 API라면 쉽게 추측할 수 있었을지도 모르겠지만, 더 복잡한 API였다면 추측하기 어려웠을 겁니다.

정확한 버튼과 표시들로 구성된 소프트웨어 제어판을 디자인하는 데에는 단순히 정확한 목표에 대한 시야만 필요한 것이 아닙니다. 목표를 달성하기 위해서 무엇이 필요한지와 우리에게 어떤 것들이 반환되어 돌아올지도 알아야 합니다. API의 목표를 식별하는 것은 단순히 무엇을 할 수 있느냐로 끝나는 것이 아니라, 마찬가지로 과정 중 어떠한 데이터가 다뤄질 것인지도 함께 알아야 합니다. 그래서 질문 목록에 질문을 두 개 더 더해야 합니다.

- 사용자는 무엇을 할 수 있는가?
- 그들은 그걸 어떻게 하는가?
- 입력에 대한 새로운 질문: 그것을 하기 위해 무엇이 필요한가?
- 출력에 대한 새로운 질문: 그들은 무엇을 반환받는가?

멋지네요. 이제 정말 끝입니다! 이제 다음 단계로 넘어 가서 목표에 맞는 프로그래밍 인터페이스를 디자인해 보도록 합시다. 그전에 잠시만요… 뭔가를 또 놓친 것 같군요! 사용자는 상품을 어떻게 쇼핑카트에 담을까요? 어찌 보면 너무 당연한 질문 같지만 이 질문을 통해 누락되었던 목표를 찾아낸다면 꽤 흥미롭지 않을까요?

2.3.3 누락된 목표가 있는가

사용자들은 어떻게 상품을 가져와서 쇼핑 카트에 담았을까요? 이건 미스터리입니다. 즉 우리가 목표를 하나 놓쳤다는 의미입니다. 어쩌면 더 많은 것들을 놓쳤을 수도 있습니다. 어떻게 해야 이런 실수를 피할 수 있을까요? 안타깝지만 이를 모두 단번에 해결해 줄 은탄환은 없습니다. 그렇지만 입력이 발생하는 원천과 출력의 쓰임새를 살펴보면, 우리는 누락된 무엇을이나 어떻게를 찾을 수 있을 것이며, 더 나가서는 누락되거나 식별되지 않았던 목표 역시 찾아낼 수도 있습니다.

다시 돌아옵시다. 사용자는 상품을 어떻게 카트에 담았을까요? 아마 카트에 상품을 담기 전에 이름이나 설명으로 상품을 검색했을 겁니다. 따라서 우리는 상품 검색이라는 새로운 단계를 상품 구매의 무엇을에 추가할 수 있습니다. 이 새로운 단계에 대한 질문을 추가하는 것도 잊어서는 안 됩니다. 그림 2.10을 보겠습니다.

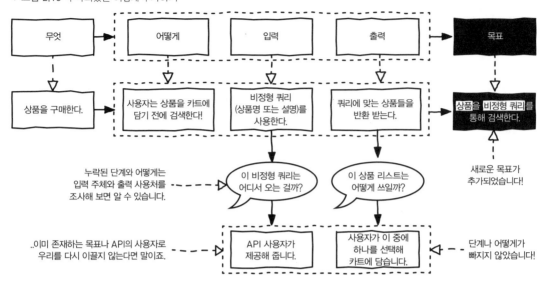

사용자가 상품을 검색하기 위해 무엇이 필요할까요? 아마 비정형 문자열 쿼리일 겁니다. 예를 들면 이름이나 설명 중 무엇이든 될 수 있을 겁니다. 조회 결과는 어떤 걸 반환할까요? 쿼리에 부합하는 상품 리스트일 겁니다. 사용자는 어디서 조회 쿼리를 구할까요? 아마 직접 입력할 겁니다. 상품 목록은 어떻게 쓰일까요? 사용자가 이 중 하나를 선택해 카트에 추가할 겁니다.

이제 모든 입력과 출력에 관한 답이 API의 사용자나 이미 식별된 목표로 연결될 만큼 파고 들어갔습니다. 이런 식으로 하면 됩니다. 이제 우리는 더는 이 과정에서 놓친 것이 없다고 확신할 수 있습니다. 훌륭합니다. 문제 하나가 해결됐습니다. 이제 다음 단계를 조사해 보겠습니다. 바로 카트를 결제하는 과정입니다. 그림 2.11을 보겠습니다.

▼ 그림 2.11 누락되었던 무엇을 추가하기

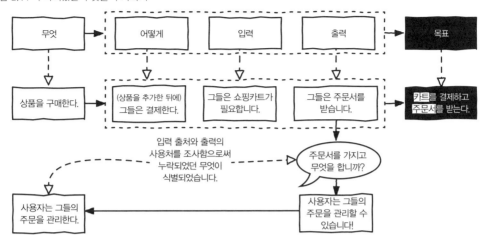

이 목표는 카트를 필요로 하고 주문서를 반환합니다. 우리는 아직 카트가 어디서 오는지 조사하지 않았습니다. (원한다면 먼저 연습해 보는 것도 좋습니다.) 그렇지만 주문서를 가지고 무엇을 할 수 있을까요? 이걸 왜 사용자에게 반환하는 걸까요? 사용자가 주문 상태를 체크할 수도 있기 때문일까요? 흥미롭게도 무언가 더 있음을 느낄 수 있습니다. 사용자가 자신의 주문을 관리할 필요도 있을지 모릅니다. 놓쳤던 무엇을 또 하나 찾아낸 거 같군요! 그러니 "사용자가 무엇을 하는가?"란 질문에 주문 관리라는 새로운 답을 추가하고 이에 대한 조사를 시작해야 합니다. 사용자는 어떻게 주문을 관리할까요? 우선 주문의 상태를 확인하기 위해 지금까지 한 모든 주문을 시간 순으로 나열할 수 있어야 할 겁니다. 따라서 두 가지 단계를 조사해 봐야 합니다. 이제 쇼핑 API의 목표 리스트는 그림 2.12와 같아집니다.

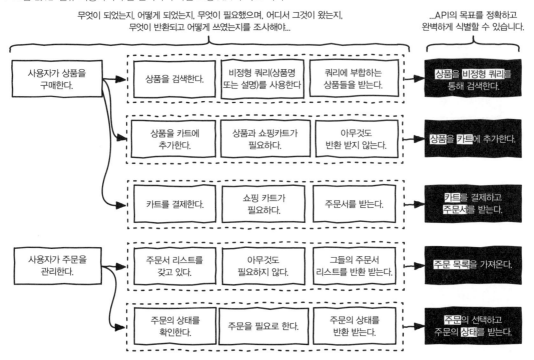

▼ 그림 2.12 신규 사용자의 주문 관리가 추가된 쇼핑 API의 목표 목록

첫 단계는 주문 목록입니다. 주문 목록을 가져오기 위해서는 어떠한 입력이 필요할까요? 아무것도 필요 없습니다. 무엇이 반환될까요? 주문 목록일 겁니다. 이 입력들은 어디서 들어오는 걸까요? 주문 목록을 가져오기 위해서는 별다른 입력은 필요가 없습니다. 따라서 입력이 어디서 들어오는지 생각할 필요는 없습니다. 이제 주문 관리의 첫 번째 단계가 마무리되었습니다.

두 번째 단계는 주문 상태 확인입니다. 주문의 상태를 확인하기 위해서는 어떤 입력이 필요할까요? 주문일 겁니다. 그럼 무엇이 반환될까요? 주문의 상태가 반환될 겁니다. 주문은 어디서 입력되어서 오는 걸까요? 결제 완료된 카트나 주문 목록 단계에서 올 겁니다. 주문 상태를 갖고 무엇을 할 수 있을까요? 그저 이 데이터를 사용자들에게 제공하길 기대할 뿐입니다. 그 외의 다른 작업이 필요하지 않습니다.

환상적입니다. 새로운 무엇을과 두 개의 어떻게와 목표를 식별해 냈습니다. 그러니 우리의 질문 목록에 질문 두 개를 추가해 입력 출처와 출력의 사용에 대한 질문을 더합시다.

- 사용자는 무엇을 할 수 있는가?
- 그걸 어떻게 하는가?
- 그것을 하기 위해 무엇이 필요한가?

- 사용자는 무엇을 반환 받는가?
- 누락된 목표를 식별하기 위한 새로운 질문: 입력은 어디를 통해서 들어오는가?
- 누락된 목표를 식별하기 위한 새로운 질문: 출력은 어디에서 어떻게 쓰이는가?

입력의 출처와 출력의 사용처를 조사하는 것은 분명히 API의 빠진 목표를 식별해 내는 데 도움이 됩니다. 그렇지만 여전히 우리는 프로그래밍 인터페이스를 디자인할 준비가 덜 되었습니다. 목표들의 목록은 여전히 불완전합니다. 왜냐하면 제가 의도적으로 또 다른 실수를 숨겨 두었기 때문입니다. 무엇인지 눈치채셨나요? 질문 목록에 새로운 질문을 추가하다가 눈치챘을 수도 있습니다. 사실대로 말하자면, 아직 많은 목표가 빠져있습니다. 우린 아직 쇼핑 API가 가진 목표들의 겉만을 훑어본 상황입니다. 그렇지만 이번 절에서 제가 염두에 두었던 것은 상품 검색 목표의 결과로 반환된 제품과 관련된 것뿐이었습니다. 다음 절은 지금까지 언급되지 않은 사항들에 대한 대답이 될 것입니다.

2.3.4 모든 사용자를 찾아냈는가

앞에서 사용자가 상품을 검색해 카트에 추가한다고 말했습니다. 그렇지만 이 상품은 어디서 오는 걸까요? 분명 상품 카탈로그에서 올 겁니다! 그런데 이 상품이 카탈로그에 스스로 마술처럼 추가된 건 아닙니다. 누군가가 상품을 카탈로그에 추가했을 겁니다. 고객 입장으로 생각하면 상품을 카탈로그에 직접 추가했을 리 없습니다. 관리자가 했을 겁니다. 그렇죠?

우리가 늘 하던 질문방식을 적용해 보니, 쇼핑 API 목표 리스트에서 또 다른 구멍을 발견하게 됐습니다. 굉장하지 않습니까! 그렇지만 이 사용자와 관련된 입력과 출력을 조사하기 이전에, 우리는 기존 공간에 새로운 영역을 추가함으로 효율을 더 할 수 있습니다. 그림 2.13을 보시기 바랍니다.

▼ 그림 2.13 누가, 무엇을, 어떻게, 입력, 출력을 조사하여 목표를 식별하기

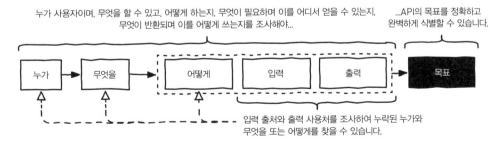

정확한 API를 만드는 데 있어 다른 타입의 사용자들을 식별하는 것은 필수적인 사항입니다. 따라서 질문을 모두 명시적으로 식별하려면 질문 목록에 또 다른 질문을 추가해야 합니다.

- 모든 사용자를 식별하고 다른 무엇을 누락시키지 않기 위한 새로운 질문: 누가 사용자인가?
- 그들은 무엇을 할 수 있는가?
- 그들은 그걸 어떻게 하는가?
- 그들은 그것을 하기 위해 무엇이 필요한가?
- 그들은 무엇을 반환받는가?
- 입력은 어디를 통해서 들어오는가?
- 출력은 어디에서 어떻게 쓰이는가?

만약 우리가 먼저 우리 API의 다른 타입의 사용자를 식별해 낼 수 있다면, 우리는 목표 리스트를 좀 더 포괄적으로 만들 수 있습니다. 주의할 점은 여기서 말하는 **사용자**는 좀 더 넓은 의미로 쓰였다는 점입니다. 여기서 말하는 사용자는 단순히 엔드 유저[End user]일 수도 있으며, API를 소비하는 컨슈머 애플리케이션일 수도, 또는 엔드 유저나 컨슈머 애플리케이션의 역할 또는 프로파일일 수 있습니다. 그래도 기억해야 할 점은 우리는 여전히 입력과 출력을 조사해서 모든 사용자를 찾아낼 수 있다는 점입니다.

이는 많은 질문을 던져야 한다는 의미입니다. 이 같은 질문들을 어떻게 좀 더 쉽게 정리할 수 있는지 API 목표 캔버스를 통해 살펴보겠습니다.

2.3.5 API 목표 캔버스

이제 API에 포괄적이고 정확한 목표를 식별하기 위해 어떤 질문을 해야 하며 어째서 이런 질문들이 필수적 인지 이해하게 되었습니다. 이러한 조사 과정을 진행할 수 있는 방법을 그림 2.14의 API 목표 캔버스를 통해 살펴보겠습니다.

API 목표 캔버스는 여섯 개의 열로 이루어진 표로, 우리가 지난 과정들을 통해 식별해낸 조사 과정을 대입 시킨 표일 뿐입니다.

- 누가 – API를 사용하는 사용자들 (또는 프로파일들)을 나열
- 무엇을 – API로 사용자들이 할 수 있는 것을 나열
- 어떻게 – 무엇을 단계별로 분해해 나열

- 입력(원천) – 각 단계를 진행하기 위해 필요한 요소들과 그것들의 원천을 나열 (누락된 누가, 무엇을, 또는 어떻게를 찾기 위함)
- 출력(사용처) – 각 단계의 반환과 그 쓰임새를 나열 (누락된 누가, 무엇 또는 어떻게를 찾기 위함)
- 목표 – 명시적이고 간결하게 각각의 어떻게 + 입력 + 출력을 재구성

▼ 그림 2.14 API 목표 캔버스

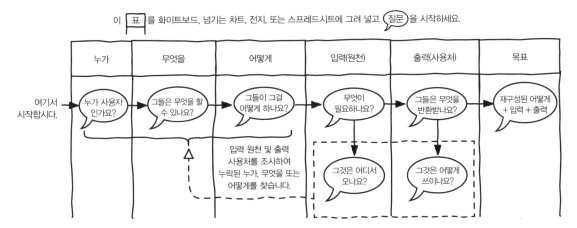

▼ 그림 2.15 쇼핑 API 목표 캔버스 (일부)

누가	무엇을	어떻게	입력(원천)	출력(사용처)	목표
고객	상품을 구입한다.	상품들을 검색한다.	카탈로그(카탈로그 관리), 비정형 쿼리(사용자 입력)	상품 (카트에 추가된 상품)	상품을 비정형 쿼리를 이용해서 카탈로그에서 검색한다.
		상품을 카트에 추가한다.	상품(상품 검색), 카트(사용자 소유)		상품을 카트에 추가한다.
관리자	상품을 관리한다.	카탈로그에 상품을 추가한다.	카탈로그(사용자 소유), 상품(사용자 입력)		상품을 카탈로그에 추가한다.

그림 2.15는 우리의 쇼핑 API 목표 캔버스의 일부분입니다. API 목표 캔버스와 그에 따른 질문을 통한 조사 방법은 누가 API를 사용하는지, 그들이 API로 무엇들을 할 수 있는지, 어떻게 할 수 있는지, 무엇이 필

요한지, 마지막으로 무엇을 반환 받는지를 머리 속에 그릴 수 있게 도와줍니다. 이게 바로 여러분이 식별된 목표들을 바탕으로 프로그래밍 인터페이스를 디자인하기 위해 필요한 기본 정보들입니다.

이쯤에서 눈치채셨겠지만 우리는 잘 정제된 데이터나 에러에 대한 논의는 한 적이 없습니다. 이와 관련해서는 후에 3장(3.3절)에서 잘 정제된 데이터를, 5장(5.2절)에서 에러에 대해 다룰 예정입니다. API 목표 캔버스는 조감도에 가깝습니다. 아직 세부 영역은 너무 깊은 영역이므로 서둘러 들어가실 필요는 없습니다.

앞서 경고했듯 너무 깊이 들어가지 않았을지라도, 복잡한 컨텍스트는 API 목표를 채우는 것도 어렵게 느껴질 수 있습니다. 너무 많은 사용자나 프로파일 또는 너무 많은 유즈케이스가 있는 경우가 그렇습니다. 이는 단순히 API 디자인에 국한된 문제가 아닙니다. 어느 소프트웨어 솔루션을 디자인하건 생길 수 있는 문제입니다. 한 번에 모든 유즈케이스를 다루려고 노력해선 안 됩니다. 대신 작은 유즈케이스 집합에 집중하기 바랍니다. 특정 목표가 지나치게 많은 단계를 포함하고 있거나 지나치게 많은 분기를 포함하고 있다면, 핵심 흐름Flow에 집중하기 바랍니다. 그런 뒤 다른 흐름Flow들에서 새로운 목표로 이어지는 변경 가능한 요소가 있는지 확인해 봅니다. 사용자의 경우도 마찬가지입니다. 모든 무엇들이 모두 어떤 사용자들 또는 프로파일들에 연결되는지 탐험하는 것은 어려울 수도 있습니다. 그럴 땐 핵심 사용자 또는 핵심 프로파일에 집중하기 바랍니다. 그런 뒤에 나머지 것들에 연결할 수 있는 변경 가능한 요소가 있는지 확인해 봅니다.

API의 목표를 나열하는 것은 반복적인 과정입니다. 이 과정은 한 단계씩 수행해야 합니다. 한번에 모든 것을 해결하려 하지 마시기 바랍니다. 이렇게 만들어진 리스트는 사용성, 성능, 보안성과 같은 고려 사항 또는 제약 사항에 따라 다듬거나 수정할 필요가 있습니다.

> **Note** 이 방법론과 도구를 적용하거나 익숙한 다른 도구를 사용하거나 API 목표 캔버스에 나열된 정보를 얻을 수만 있다면 좋습니다.

안타깝게도, 이 방법론 역시 여러분의 API 목표 리스트가 사용자 관점으로 정의되었다고 보장하기 어렵습니다. 그렇습니다. 첫 번째 질문이었던 "누가 사용자인가?"라는 질문은 여러분의 API 목표가 프로바이더의 관점으로 수박 겉핥기 같은 API 목표를 식별하는 것을 예방해 주지는 못합니다. 이러한 함정에 빠지지 않기 위해서라도 API 목표 리스트를 만들 때, 우리가 신뢰할 수 없는 프로바이더의 관점이라는 것을 명심하고 다양한 측면으로 조사를 해야 합니다.

2.4 API 디자인에서 피해야 할 프로바이더 관점

API를 처음부터 새로 설계하든 기존 시스템을 기반으로 하든 모든 디자인 단계에서 프로바이더의 관점은 나타납니다. 컨슈머의 관점을 유지해 이해하기 쉽고 사용하기 쉬운 API를 디자인하려는 API 디자이너라면 프로바이더 관점의 다양한 측면을 기본적으로 의식하고 있어야 합니다.

Kitchen Radar 3000의 API가 기억나나요? 이름은 쓸데없이 역사를 추억하고 마그네트론 켜고/끄기라는 사용자에게 배타적인 목표가 있었습니다. 내부 동작 원리를 노출하는 것은 프로바이더 관점에 크게 영향받은 API 디자인에서 마주할 수 있는 명백한 예시입니다. 불행하게도 이러한 프로바이더 관점은 항상 분명하게 식별할 수 없습니다. 그렇지만 프로바이더 관점이라는 어두운 구석에 한줄기 빛이 내려옵니다. 이는 콘웨이의 법칙이라고 알려진 소프트웨어 디자인 업계의 금언입니다. 콘웨이의 법칙은 종종 시스템 디자인이 어떻게 내부 동작에 영향을 받는지에 대한 설명으로 인용되곤 합니다.

> *"(어떤 형태이든) 시스템은 개발한 조직의 의사소통 구조를 닮아간다."*
>
> *"조직에서는 발명을 어떻게 하는가? How Do Committees Invent?"*
> Datamation, 1968년 4월
> 멜 콘웨이 *Mel Conway*

이 금언에선 시스템을 다양한 의미로써 언급하는데, 사람으로 구성된 조직부터 소프트웨어 시스템까지 포함하며 당연히 API도 포함합니다. 곧 API 디자인 역시 조직에서 행해지는 의사소통 구조에 영향을 받는다는 것을 의미합니다. 그림 2.16을 보겠습니다.

▼ 그림 2.16 프로바이더 관점의 다양한 측면들

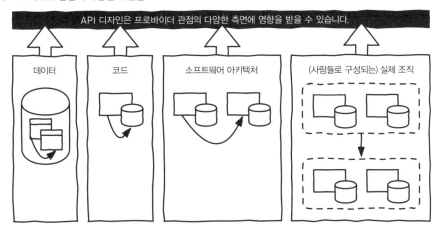

데이터, 코드와 비즈니스 로직, 소프트웨어 아키텍처, 그리고 사람들로 구성되는 실제 조직은 회사의 의사소통 구조를 형성하므로 API 디자인에 영향을 줄 수 있습니다.

2.4.1 데이터가 미치는 영향

API는 근본적으로는 컨슈머와 프로바이더라는 두 개의 다른 소프트웨어 간의 데이터를 교환하는 방법을 의미합니다. 그러므로 불행한 이야기지만 일반적으로 API 디자인은 데이터의 구조에 유사하게 표현되는 경향이 있습니다. 데이터의 체계^{Organization}라던가, 데이터와 관련된 요소들의 이름 등이 API 디자인에 영향을 미칩니다. 그림 2.17을 보겠습니다.

▼ 그림 2.17 API를 통해 데이터의 체계가 노출되는 경우

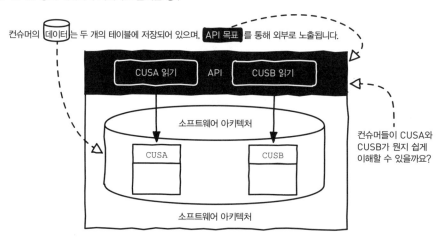

우리가 구현한 쇼핑 API는 고객의 정보를 CUSA와 CUSB라는 두 개의 테이블에 나누어 저장합니다. (이유는 저도 모릅니다!) API의 디자인이 이런 데이터 구조에 영향을 받으면 무책임하게 두 가지 목표를 노출하게 됩니다. CUSA를 읽고, CUSB도 읽습니다. 정말 이해하기 어려운 API입니다. CUSA와 CUSB는 대체 무얼 의미할까요? (머리 속에서 좀 더 선명한 이미지를 그릴 수 있도록 첨언하자면, 테이블들의 암호화된 컬럼 이름이 컨슈머에게 직접적으로 노출되는 상황입니다.) 게다가 쓰기도 어렵습니다! 컨슈머는 두 개의 목표를 사용해서 모든 고객의 데이터를 가져와야 하는 상황입니다.

> **Note** 만약 여러분의 API 목표 리스트와 데이터가 여러분의 데이터베이스와 구조나 이름 등으로 밀접하게 연관된 경우, API를 프로바이더의 관점으로 디자인하고 있을 가능성이 있습니다. 이런 경우, 즉시 API의 사용자들이 정말 이런 세부 요소에 접근할 필요가 있는지 재확인하기 바랍니다.

솔직히 말하자면 데이터베이스 모델이 외부로 노출되는 경우는 보통 안 좋은 아이디어가 만들어 낸 결과이며 사용자 경험을 불편하게 만듭니다. 다행스럽게도, 그림 2.18은 이런 문제를 어떻게 고칠 수 있는 방법을 제시하고 있습니다.

▼ 그림 2.18 데이터 체계의 외부노출을 바로잡기

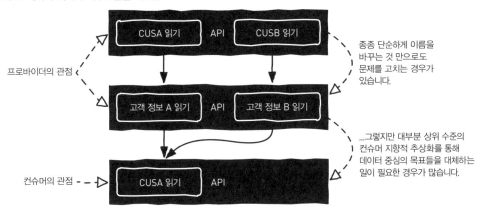

CUSA 읽기와 CUSB 읽기란 목표를 고객 정보 A 읽기와 고객 정보 B 읽기로 바꾸자는 아이디어가 있습니다. 그렇지만 사용자 경험 측면에서 이 정도로는 별다른 진전이 없습니다. 이런 목표는 의미가 이해하기 쉬워졌다고 할지라도, 여전히 프로바이더의 관점을 노출하고 있습니다. 여기서 한 발자국 더 나아가서 한 번 정리된 데이터 중심의 두 목표를 상위 수준의 컨슈머 지향적인 고객 정보 가져오기 목표로 대체하는 것이 이해하기도 쉽고 사용하기도 좋습니다.

데이터의 체계와 이름을 그대로 API 목표와 데이터에 매핑하는 것은 이해하기도 어렵고 사용하기도 어렵게 만듭니다. API 목표 캔버스를 이용하면 일반적인 디자인 문제들을 회피할 수 있지만, 여전히 디자인적 문제들은 발생합니다. 그래서 API의 목표를 식별하는 동안 무엇이나, 어떻게, 입력 또는 출력에서 불필요하게 데이터 모델을 사용자들에게 노출해 불편함을 유발하지 않도록 주의해야 합니다.

데이터 모델의 노출은 프로바이더 관점이 들어갔다는 매우 명백한 징후입니다. 그렇지만 데이터 모델만 노출하지 않는다고 해서 해결되는 문제는 아닙니다. 우리가 데이터를 어떻게 조작하는지 역시 API를 통해 노출될 수 있으며, 이 또한 몹시 끔찍한 상황입니다.

2.4.2 코드와 비즈니스 로직이 주는 영향

비즈니스 로직을 구현해 데이터를 조작하는 코드 역시 API 디자인에 영향을 줄 수 있는 요소입니다. 비즈니스 로직을 노출하면 API가 컨슈머를 괴롭힐 뿐만 아니라 프로바이더에게도 고통을 줍니다.

그림 2.19의 예제를 살펴보겠습니다.

▼ 그림 2.19 API를 통해 노출된 비즈니스 로직

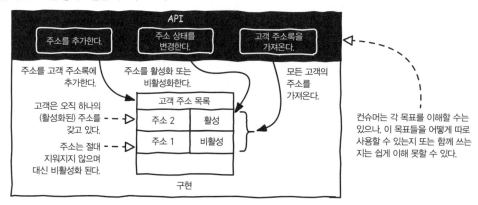

우리의 쇼핑 API의 구현을 살펴보면, 각각의 고객은 활성화된 주소를 하나씩 갖고 있습니다. 그렇지만 시스템 내부 주소들은 절대 삭제되지 않습니다. 대신에 주소들은 상태를 갖고 있어서 고객이 주소를 변경하면 비활성화됩니다. 비즈니스 로직에 영향을 받은 API 디자인이 프로바이더 관점에서 해결할 수 있는 목표들은 아래와 같습니다.

- 고객의 (활성화된 또는 비활성화된) 주소록을 가져온다
- 고객의 주소를 추가한다
- 주소의 상태를 수정(활성화 또는 비활성화)한다

문장을 사용하면 목표를 이해할 수 있도록 묘사할 수 있습니다. 하지만 API의 전반적인 목표는 컨슈머가 내부적으로 시스템이 어떻게 동작하는지 정확히 모르게 하는 것입니다. 위 목표들은 내부적으로 데이터를 어떻게 취급하는지 노출하고 있습니다. 그림 2.20을 보면 어떻게 쓰는 것이 올바른지 보여 주고 있습니다.

▼ 그림 2.20 비즈니스 로직의 외부노출 바로잡기

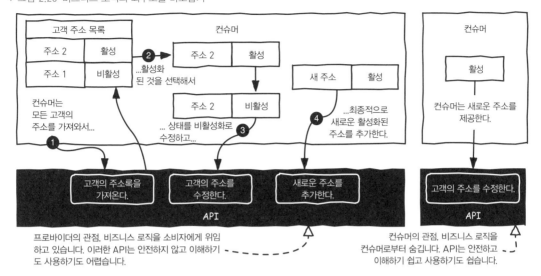

그림 2.20의 왼쪽은 이 API를 통해 어떻게 고객의 주소를 변경하는지 보여 주고 있습니다. 컨슈머는 존재하는 주소 목록을 가져와 활성화된 것을 찾아내 이를 비활성화 상태로 변경해 준 뒤 하나의 활성화된 주소를 추가해 줍니다. 참 쉽죠? 아뇨! 그럴 리가요! 만약 컨슈머가 주소를 추가하기 전에 이전 주소를 비활성화하는 걸 깜박한다면 어떻게 될까요? 이러면 끔찍한 데이터 정합성 문제를 일으킬 겁니다. 프로바이더에게 치명적인 상황이 오게 됩니다.

그러나 고맙게도, 그림 2.20에 아주 간단한 솔루션이 있습니다. 이 모든 복잡하고 위험한 덩어리를 단순한 고객의 주소를 수정하는 목표로 대체할 수 있습니다. 구현은 나중에 해도 됩니다. 앞서 다뤘던 Kitchen Radar 3000 API에서 마그네트론 켜고 끄는 주기를 회로로 제어하는 구현은 나중으로 미뤘던 것처럼 말입니다.

내부의 비즈니스 로직을 노출하는 것은 API의 컨슈머가 이해하기도 어렵고 사용하기도 어렵게 만들뿐더러 좀 전과 마찬가지로 프로바이더에게도 위험합니다. API 목표 캔버스를 이용하여 사용자들이 무엇을 할 수 있는지에 집중하면 쉽게 이러한 디자인 문제를 회피할 수 있습니다. 그렇지만 여전히 문제가 발생할 가능성은 존재합니다.

Tip ▶ API의 목표를 식별할 때, 우연이라도 내부 비즈니스 로직이 노출되는 경우가 있는지 항상 확인하기 바랍니다. 이는 컨슈머의 비즈니스도 아니고 노출될 경우 프로바이더에게 치명적일 수 있습니다.

여기서는 단일 소프트웨어의 구성 요소만 다루었습니다. 상호작용하는 여러 애플리케이션이 포함된 보다 복잡한 시스템을 기반으로 API를 구축하려는 경우에는 어떻게 될까요? 이 경우에도 여전히 프로바이더의 관점에서 문제가 발생합니다.

2.4.3 소프트웨어 아키텍처에서 받는 영향

API 덕에 소프트웨어끼리 커뮤니케이션하는 시스템을 구축하는 일이 흔해졌습니다. (1장의 1.1.2절을 참고하세요.) 그렇지만 소프트웨어 아키텍처 역시 내부 비즈니스 로직 때와 마찬가지로 API 디자인에 영향을 줄 수 있습니다. 그림 2.21의 예제를 보겠습니다.

▼ 그림 2.21 API를 통해 노출된 소프트웨어 아키텍처

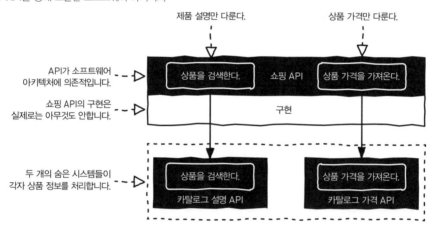

쇼핑 시스템을 위해 상품 정보와 상품 가격을 두 개의 다른 백엔드 시스템에서 처리하기로 정했다고 가정해 보겠습니다. 그렇게 하기까지 많은 좋은 (그리고 나쁜) 이유가 있었습니다만, 문제는 여기에 있지 않습니다. 이유야 어찌 됐건, 상품 정보가 카탈로그 설명과 카탈로그 가격으로 각기 다른 시스템에서 제공되고 있는 상황입니다. 프로바이더 관점으로 디자인된 쇼핑 API는 상품 설명과 상품 가격을 조회하는 상품 검색 목표와 상품 가격을 반환하는 상품 가격 목표를 통해 의도치 않게 두 시스템을 노출시켜 버렸습니다. 이게 컨슈머에게는 어떤 의미가 있을까요? 좋은 게 전혀 없습니다. 그림 2.22를 보겠습니다.

▼ 그림 2.22 소프트웨어 아키텍처 노출 바로잡기

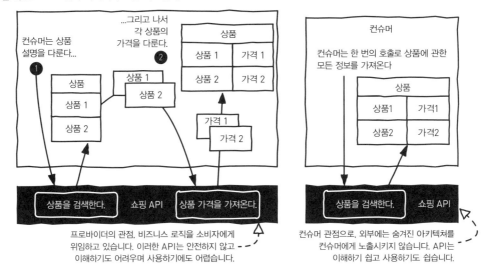

그림 왼쪽을 봅시다. 상품을 검색하고 상품 설명이나 가격 같은 고객에게 필요한 정보를 보여 주기 위해 먼저 제품 검색 목표를 통해서 설명을 가져와야 하고, 그 뒤에 찾아낸 상품의 가격을 가져오는 상품 가격 가져오기 목표를 통해 필요한 정보를 가져와야 합니다. 정말 컨슈머 입장을 전혀 고려하지 않은 구조입니다.

컨슈머들은 여러분의 소프트웨어 아키텍쳐적 선택에 대해 전혀 관심이 없습니다. 그들이 원하는 것은 그들이 검색한 상품에 대해서 필요한 정보들이 모두 나오는 것뿐입니다. 따라서 필수 정보인 카탈로그 설명과 카탈로그 가격 정보를 구현에서 합쳐 하나의 상품 검색 목표로 묶어 그림 오른쪽처럼 제공하는 것이 더 나을 것입니다.

드러나지 않아야 하는 소프트웨어 아키텍쳐와 API 디자인을 매핑시키는 것은 컨슈머가 API를 이해하기도 사용하기도 어렵게 만듭니다. 다시 말씀드리자면, API 목표 캔버스를 사용해서 사용자들이 무엇을 해야 하는지에 집중하면 이러한 디자인적 문제를 쉽게 회피할 수 있습니다. 그렇지만 이런 문제는 여전히 발생할 수 있습니다. 따라서 API 목표를 식별하는 동안에는 항상 여러분의 무엇들과 어떻게들이 여러분의 소프트웨어 아키텍쳐에서 만들어진 결과가 아닌지 확인해야 합니다. 소프트웨어 아키텍쳐는 항상 숨겨져야 합니다.

프로바이더 관점의 여러 가지 면들에 대한 탐험도 거의 끝나갑니다. 데이터 이후로 코드와 비즈니스 로직, 그리고 소프트웨어 아키텍쳐를 다뤘습니다. 이제 하나만 남았습니다. 가장 위험한 녀석입니다. 바로 인적 조직입니다.

2.4.4 인적 조직으로 인한 영향

API를 제공하는 조직이 한 명 이상으로 이루어진 이상, 여러분은 인적 조직 측면에서 프로바이더 관점과 맞서게 될 겁니다. 앞서 언급했던 콘웨이의 법칙의 근본적인 원인이기도 합니다. 사람들은 부서나 팀에 속해 있습니다. 각기 다른 모든 집단은 소통과 상호작용을 다양한 방법으로 수행하는데, 이는 필연적으로 제각기 다른 모든 시스템까지 조직에 속하게 만듭니다. 설령 그게 API라 할지라도 말입니다.

쇼핑 API를 제공하던 조직이 어느 날 세 개의 다른 조직으로 나뉘었다고 쳐봅시다. 주문 부서는 고객의 주문을 관리하고, 재고 부서는 상품의 재고와 포장을 관리하고, 배송 부서는 상품이 고객에게 배송되는 것을 관리합니다. 그림 2.23은 쇼핑 API가 프로바이더와 컨슈머 관점으로 디자인된 결과를 보여 주고 있습니다.

▼ 그림 2.23 인적 조직 노출 회피하기

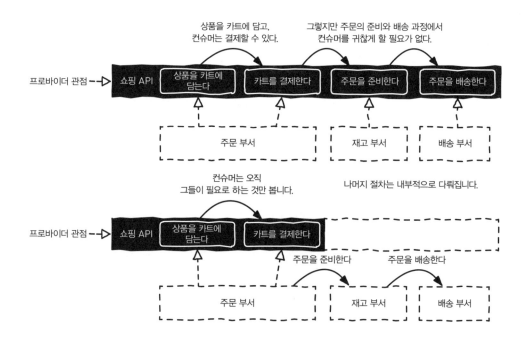

만약 프로바이더의 관점으로 디자인되었다면, API는 인적 조직의 목표를 노출할 수도 있습니다. 이런 API 목표가 가진 문제는 조직과 전혀 무관한 외부 인물에게 조직 내부의 업무 방법을 보여준다는 것입니다.

만약 컨슈머가 고객을 위해 상품 주문을 한다면, 그들은 상품을 카트에 담고, 카트를 결제하고, 주문을 준비하고, 주문을 배송하는 목표를 사용해야만 할 겁니다. 다시 한번 컨슈머와는 무관한 정보를 알려 주고 말았습니다. 컨슈머가 무슨 이유로 주문을 준비하고 주문을 배송하는 목표를 사용하겠습니까? 절대적으로 불필요한 일입니다. 컨슈머의 관점에서 보자면, 모든 것은 카트를 결제하는 목표를 달성하면 끝나야 합니다. 컨슈머가 카트를 결제할 때, 구현이 재고 관리 부서에 주문 준비를 발생시킬 것이고, 그런 뒤에 재고 관리 부서가 다시 배송 관리 부서에 주문 배송을 발생시킬 겁니다. 이 나머지 절차들은 내부에서만 다뤄져야 합니다.

숨겨야 하는 인적 조직을 API 디자인에 매핑시키는 것은 API를 이해하기 어렵고 사용하기 어렵게 만들뿐더러 전혀 관련없는 일입니다. API 목표 캔버스를 사용하여 사용자가 무엇을 해야 하는지에 집중을 하면, 누차 이야기 해왔듯 이러한 디자인·문제를 손쉽게 회피할 수 있습니다. 그렇지만 여전히 문제가 발생할 수 있습니다. 그래서 API 목표를 식별하는 동안에는 항상 여러분의 무엇들과 어떻게들이 정말 컨슈머의 관심사일지 확인할 필요가 있습니다.

결국, 모든 프로바이더 관점의 다양한 측면들로 인한 불필요한 외부 노출들은 컨슈머의 API에 대한 관심사와는 전혀 관계가 없습니다. 이런 사실들을 API 목표 캔버스에 포함할 수 있는지 살펴보겠습니다.

2.4.5 API 목표 캔버스에서 프로바이더 관점 찾기

지금까지 API 목표를 식별해 내는 법을 배웠습니다. 이제 여러분들은 누가, 무엇을, 어떻게와 원천, 입력, 마지막으로 출력과 사용처를 탐구할 수 있습니다. 이 방법을 통하여, 여러분들은 프로바이더 관점이 디자인에 침투하는 것을 별다른 고민없이 예방할 수 있게 되었습니다. 또한 프로바이더 관점이 위험할 수도 있으며 눈치채기 어려울 수 있다는 사실 역시 직접 목격했습니다. 다행스럽게도, 프로바이더의 관점이 지닌 다양한 측면들에 대한 조사를 통해 우리가 식별한 목표가 정말 컨슈머의 관심사인가라는 단순한 질문을 던져 확인할 수 있음을 확인했습니다. 그림 2.24는 API 목표 캔버스의 최종 형태로 포괄적이고 컨슈머 지향적인 API 목표 리스트를 만들 준비를 끝마친 상태입니다.

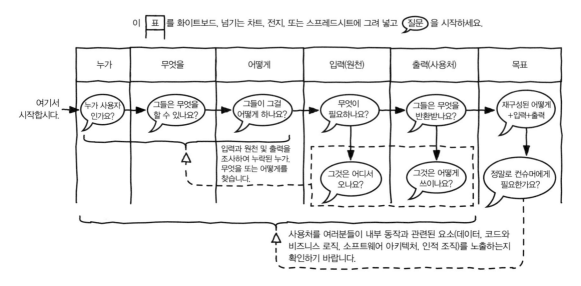

여러분이 보시다시피, 우리에게 필요했던 것은 마지막 질문 하나였습니다. "정말 컨슈머가 이런 걸 궁금해 할까?" 이 질문 하나로, 조금이라도 컨슈머 관점(데이터, 코드와 비즈니스 로직, 소프트웨어 아키텍처 또는 인적 조직)을 지니고 있는지 확인할 수 있습니다. 캔버스를 통해 설정된 API 목표 리스트는 프로그래밍 인터페이스 디자인을 위한 강력한 토대가 될 것입니다. 다음 장에서는 목표 리스트를 바탕으로 프로그래밍 인터페이스를 디자인하는 법을 다룰 예정입니다.

요약

- 컨슈머가 이해하고 사용하기 쉽게 해야 합니다. API는 반드시 컨슈머의 관점에서 디자인되어야 합니다.
- API를 디자인하는 도중 의도치 않게 프로바이더 관점이 내부 동작(데이터, 코드와 비즈니스 로직, 소프트웨어 아키텍처, 그리고 인적 자원)을 노출할 수 있으며, 이 경우 필연적으로 이해하기 어렵고 사용하기 어려운 API를 만들게 됩니다.
- 포괄적이고 컨슈머 지향적인 API 목표 목록은 API의 가장 강력한 기반입니다.
- 사용자들을 식별하고, 그들이 무엇을 할 수 있고, 그들이 어떻게 하는지 식별해 내고, 그들이 그것을 하기 위해 무엇이 필요한지, 그리고 그들이 무엇을 반환받는지 알면 포괄적인 API 목표 리스트를 만들 수 있습니다.

3

프로그래밍 인터페이스 디자인하기

이 장의 내용
- API 목표를 프로그래밍 인터페이스로 변형하기
- REST 리소스와 액션을 식별하고 매핑하기
- 컨셉으로 API 데이터 디자인하기
- REST API와 REST 아키텍처 스타일의 차이점
- API 디자인에서 REST 아키텍처 스타일이 중요한 이유

앞서 2장에서 여러분은 API 목표를 식별하고 목표로 할 수 있는 일들이 무엇인지 확인했습니다. 쇼핑 API 의 예에서 찾은 목표들은 상품을 조회하고, 가져오고, 카트에 담고, 카트를 결제하고, 주문 목록을 가져올 수 있습니다. 이 목표들은 우리가 실제 디자인할 프로그래밍 인터페이스의 청사진입니다. 이 프로그래밍 인터페이스는 우리의 API의 사용자(개발자)와 그들이 만든 소프트웨어가 앞으로 소비하게 될 겁니다. 이 프로그래밍 인터페이스를 디자인하기 위해서 우리는 기존 목표들의 입력과 출력을 API 스타일에 맞추어 변형할 것입니다. 그림 3.1을 보겠습니다.

▼ 그림 3.1 상품 가져오기 목표를 위한 REST 프로그래밍 인터페이스

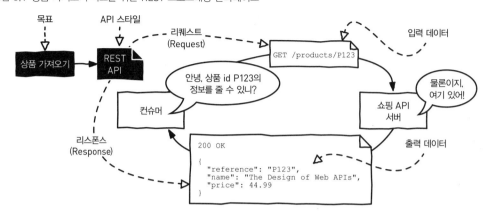

REST는 Representational State Transfer를 의미합니다. 여기서는 상품 가져오기 목표를 REST API 스타일 프로그래밍 인터페이스의 형태로 변형했습니다. GET /products/{productId}로 표현된 리퀘스트는 productId를 입력 파라미터로 취급하며(그림에서 파라미터값은 P123입니다), 데이터가 있는 경우 reference, name, price라는 프로퍼티들로 구성된 데이터와 200 OK라는 응답을 리스폰스해 줍니다. 이런 프로그래밍 인터페이스는 어떻게 디자인해야 할까요?

REST나 그 외의 다른 타입의 프로그래밍 인터페이스로 목표들을 표현할 때에는 우선 어떻게 동작하는지 이해해야 합니다. 대체 GET, /products/{productId}, 200 OK는 무엇을 의미하는 걸까요? 이런 이해 없이는 실제 프로그래밍 인터페이스를 디자인할 수 없습니다. 기초 지식을 쌓기만 한다면 여러분은 목표들을 분석하고 원하는 API 스타일로 표현할 수 있게 됩니다. 또한, API를 통해 오고 가는 데이터에 대해 디자인할 때는 API 목표 캔버스에 채워 넣은 것보다 더 자세하게 접근할 필요가 있습니다. 이 과정은 여러분이 프로그래밍하는 과정과 유사할 겁니다.

정말 간단한 것처럼 들리네요. 안 그런가요? 하지만 모든 일이 그렇듯 쉽지 않습니다. 먼저 기본적인 목표를 프로그래밍 인터페이스로 변형하는 법을 알게 된다면, 여러분은 몇몇 목표들이 프로그래밍 인터페이스로 표현하기 쉽지 않다는 사실을 깨닫게 될 겁니다. 이런 경우 여러분은 사용자 편의성과 API 스타일 준수라는 두 경우에서 최선의 절충안을 찾아내야만 합니다.

이런 과정들을 거친 후에는, Representational State Transfer라는 게 실제로 무엇을 의미하고 왜 이 책에서 다루는 주요 예제가 되었는지 이해할 수 있게 될 겁니다. API 디자인을 가르칠 방법도 많은데 왜 하필 REST API였을까요? REST API가 왜 다른 API들에 비해서 더 좋은 걸까요? 단순하게 보면 REST API가 널리 쓰이는 것도 이유가 될 수 있지만, 이런 결정에는 매우 중요한 이유가 숨겨져 있습니다.

REST API는 REST 아키텍처 스타일에서 기반하고 있기 때문입니다. REST 아키텍처 스타일은 어떤 타입의 API를 디자인할 때건 알아두면 유용한 확실하고 기초가 되는 원칙에 의존하기 때문입니다. 이에 대해서도 곧 다루겠지만, 모든 일이 그렇듯 첫걸음부터 시작해 봅시다. 기본적인 REST API 원칙에 대해서 이야기하겠습니다.

3.1 REST API 소개

REST API를 실제로 디자인할 수 있을 만큼 충분한 지식을 얻기 위해, 우리는 앞서 언급했던 컨슈머가 호출하면 상품 정보를 가져오는 REST API(그림 3.1)를 분석할 겁니다. 우선 REST 하게 표현된 목표가 GET /products/{productId}라는 걸 이해해 보겠습니다. 그리고 예제의 GET /products/P123으로 넘어가도록 하겠습니다. 혹시 1.1.1절을 기억하시나요? 그렇다면 이 요청이 HTTP 프로토콜과 모종의 관계가 있다고 추측하실 수 있을 겁니다. 이 분석은 실제로 HTTP가 어떻게 호출되는지 보여 줄 겁니다. 그 후에 우리는 HTTP 프로토콜과 REST API의 기본 원칙에 대해 더 깊이 알아볼 수 있을 겁니다.

3.1.1 REST API 호출 분석

컨슈머가 상품 정보 가져오기 목표를 달성하기까지 무슨 일이 벌어질까요? 또는 더 구체적으로 말해서, 상품 ID P123의 상품 카탈로그 정보를 REST 쇼핑 API를 통해 가져오고자 한다면 무슨 일이 벌어지는 걸까요? 컨슈머들은 서버가 제공하는 API를 그림 3.2처럼 HTTP 프로토콜을 이용해서 커뮤니케이션해야 합니다.

▼ 그림 3.2 HTTP 프로토콜을 사용한 REST API 호출

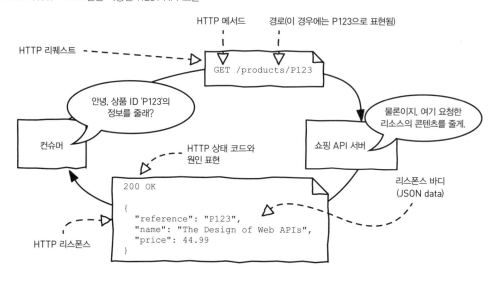

이 목표가 GET /products/{productId}로 표현되는 이상, 컨슈머는 쇼핑 API 서버에 GET /products/P123이라고 HTTP 리퀘스트를 보내야 합니다. 응답의 경우 서버가 HTTP 리스폰스로 요청한 상품 정보와 함께 200 OK를 리턴(반환)해 줍니다. (이 HTTP 요청과 응답의 교환에서 중요한 요소에만 집중하기 위해 단순화시켰습니다.)

리퀘스트는 GET HTTP 메서드와 /products/P123 경로의 조합으로 구성됩니다. 여기서 **경로**란 서버상의 리소스를 식별할 수 있는 주소를 의미합니다. 이번 경우에는 상품 중에 P123이라는 상품입니다. **HTTP 메서드**는 이 리소스를 가지고 무슨 행위를 하고 싶은지 표시해 주는 역할을 합니다. GET은 리소스를 가져오고 싶다는 의미입니다. 리퀘스트가 기능적인 관점에서 "안녕, /products/P123으로 알려진 리소스를 줄래?" 같은 의미를 가지면 HTTP 프로토콜의 관점에서는 "안녕, /products/P123 경로로 식별할 수 있는 리소스를 줄래?" 같은 의미를 갖습니다.

리스폰스의 첫 부분은 HTTP 상태코드 200과 원인을 알려 주는 문장 OK로 구성되어 있습니다. **HTTP 상태 코드**는 접수된 리퀘스트의 처리가 어떻게 되어가는지를 의미합니다. 원인을 나타내는 문장 덕분에 우리는 200 HTTP 상태 코드가 모든 게 정상^{OK}이라는 걸 알 수 있습니다. 리스폰스의 두 번째 부분을 **리스폰스 바디**$^{Response\ body}$라고 합니다. 리스폰스 바디는 리퀘스트의 경로로 식별된 리소스의 콘텐츠를 포함하고 있습니다. 이번 경우에는 JSON 데이터로 표현된 P123 상품 정보입니다. API 서버가 리턴하는 리스폰스는 기능적 관점에서 볼 때 "물론이지, 여기 요청한 상품의 정보를 줄게." 같은 의미라면 HTTP의 관점에서는, "문제없어, 여기 요청한 리소스의 콘텐츠를 줄게."로 이해할 수 있습니다.

JSON 데이터 포맷

JSON은 JavaScript 프로그래밍에서 데이터를 표현하기 위해 등장했던 텍스트 데이터 포맷이지만, 그 이름과 달리 언어와 상관없이 사용할 수 있습니다. (https://www.json.org/을 참고하세요) JSON을 사용하면, 여러분은 아래 그림처럼 정렬되지 않은 이름/값의 쌍으로 구성된 오브젝트와 정렬된 값들을 포함한 배열(Array)이나 목록(List)으로 표현할 수 있습니다.

오브젝트는 중괄호({})로 구분됩니다. 이름은 큰따옴표로 감싼 string("name")이고, 쌍이 되는 값은 콜론(:)으로 구분 지어 바로 옆에 붙습니다. 값은 string으로 "value"처럼 표시될 수 있고, 1.23 같은 숫자도 가능하며, Boolean(true 또는 false)도 가능하며, null 값이나 오브젝트, 배열도 가능합니다. 배열은 대괄호([])로 구분되며, 배열의 원소들은 콤마(,)를 통해 구분됩니다.

JSON 포맷은 어떤 프로그래밍 언어에서든 처리하기 용이합니다. 또한, 상대적으로 읽고 쓰기가 쉽습니다. 이러한 장점 덕에 JSON은 데이터베이스와 설정 파일 등에서 사용되며 당연히 API에서도 쓰이고 있습니다.

<table>
<tr><th>JSON 오브젝트</th><th>JSON 배열</th></tr>
</table>

```
{
  "aString": "a string value",
  "aNumber": 1.23,
  "aBoolean": true,
  "aNullValue": null
  "anObject": {
    "name": "value"
  }
}
```

```
[
  { "aString": "one",
    "aNumber": 1 },
  { "aString": "two",
    "aNumber": 2 },
  { "aString": "three",
    "aNumber": 3 }
]
```

이제 컨슈머가 어떻게 쇼핑 API를 호출해 상품 정보를 가져오는 목표를 달성하는지 알게 되었습니다. 그렇지만 HTTP 프로토콜은 단순히 JSON 데이터를 가져오려는 목적으로만 만들어진 게 아닙니다.

3.1.2 HTTP의 기초 사항

HTTP는 World Wide Web[WWW]의 기초입니다. 이는 프로그래밍 언어에 구애받지 않는 프로토콜로 애플리케이션 간 문서(리소스라고도 불림)를 인터넷을 통해 주고받을 목적으로 디자인되었습니다. HTTP는 광범위한 애플리케이션에서 쓰이고 있습니다. 그중에 가장 유명한 것은 웹 브라우저입니다. 웹 브라우저는 HTTP를 이용하여 웹 서버가 호스팅하는 웹 사이트와 의사소통 합니다. 예를 들어 http://apihandyman.io/about에 접속하려 하면 브라우저의 주소창은 apihandyman.io를 호스팅하는 서버로 GET /about HTTP

리퀘스트를 보냅니다. 마치 API 컨슈머가 REST API 서버에게 요청할 때와 같습니다. 서버가 보낸 리스폰스에는 200 OK 상태와 URL에 해당하는 HTML 페이지가 포함되어 있습니다. 브라우저는 HTTP 프로토콜을 사용하여 모든 유형의 리소스(문서)를 검색할 수 있습니다. HTML 페이지, CSS 파일, JavaScript 파일, 이미지 그 외에도 웹 사이트에서 필요로 하는 문서까지. 그렇지만 이게 프로토콜의 유일한 쓰임새는 아닙니다. 소셜 네트워크 웹 사이트에 사진을 업로드할 때, 예를 들자면 브라우저는 HTTP 프로토콜을 사용할 겁니다. 그렇지만 이번에는 서버에 도큐먼트를 전송하는 경우입니다. 이런 경우에는 브라우저는 POST /photos 리퀘스트를 요청 바디에 이미지 파일을 포함하여 보낼 것입니다. 그러므로 HTTP 프로토콜을 사용해서 리소스의 내용을 보낼 수도 있습니다.

HTTP 리퀘스트와 리스폰스는 무엇이 리퀘스트되었건 무엇이 처리된 결과이건 상관없이 항상 똑같이 보입니다. (그림 3.3)

▼ 그림 3.3 HTTP 요청과 응답의 기본 구조

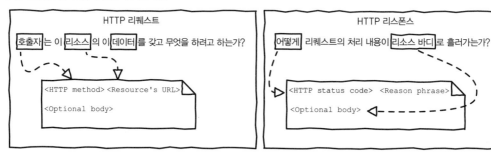

목적이 무엇이든 기본 HTTP 요청에는 HTTP 메서드와 리소스 경로가 포함됩니다. HTTP 메서드는 경로로 식별된 자원으로 수행할 작업을 나타냅니다. 여러분은 이미 두 가지의 HTTP 메서드를 봤습니다. GET이란 리소스를 가져오는 메서드와, POST라는 리소스를 보내는 요청입니다. 이번 장을 진행하다 보면 이 외의 다른 메서드들도 발견하게 될 겁니다.

리퀘스트의 첫 부분 뒤에는 리소스를 생성, 수정 또는 교체하기 위해 서버로 전송해야 할 리소스의 콘텐츠가 들어갈 수 있습니다. 이 콘텐츠는 어떤 타입이건 가능합니다. 예를 들자면, JSON 문서, 텍스트 파일이나 사진 파일 같은 것들입니다.

앞서 언급했던 것처럼 HTTP 리스폰스는 서버로부터 항상 상태 코드와 그 원인을 설명하는 문장이 함께 리턴됩니다. 이를 통해 리퀘스트가 어떻게 처리되었는지 성공 여부를 알 수 있습니다. 여태까지 이 책에선 HTTP 상태 코드의 예시로 200 OK만을 봤습니다. 그렇지만 이 책을 읽다 보면 조만간 새로운 코드도 발견하게 될 겁니다. (그 유명한 404 NOT FOUND에 대해서는 5.2.3절에서 만날 수 있습니다.) 리스폰스의 첫 부분 다음에는 리퀘스트로 인해 영향을 받은 리소스가 콘텐츠 바디에 포함되어 올 수 있습니다.

HTTP 프로토콜은 매우 단순해 보입니다. 그렇다면 HTTP 프로토콜을 사용하는 REST API도 똑같이 단순할까요?

3.1.3 REST API의 기초 원리

우리는 앞에서 상품 정보를 가져오는 목표를 실행하는 REST 쇼핑 API를 봤습니다. 컨슈머는 HTTP 리퀘스트를 API 호스팅 서버에 보내야 합니다. 이 리퀘스트는 GET HTTP 메서드를 사용해 /products/{productId} 경로로 식별되는 상품을 찾습니다. 아무 문제가 없다면 서버는 상품 데이터와 이를 나타내는 HTTP 상태가 포함된 리스폰스를 함께 리턴합니다. 여러분은 웹 브라우저로 제가 운영하는 apihandyman. io 블로그의 페이지를 가져오려는 경우도 봤습니다. 이때 역시 HTTP 리퀘스트를 사용합니다. 이 리퀘스트는 GET HTTP 메서드를 이용하여 경로에 해당하는 페이지(예를 들면, /about)를 가져옵니다. 마찬가지로 모든 것이 문제가 없다면 웹 서버는 리스폰스에 200 OK HTTP 상태 코드와 페이지의 내용을 리턴할 겁니다. 앞서 언급한 사례와 완전히 같은 일이 벌어지는 겁니다!

웹서버와 쇼핑 API 서버는 둘 다 HTTP 프로토콜이 기대하는 행위를 준수하는 HTTP 인터페이스를 외부로 노출합니다. 기본 REST API는 HTTP 프로토콜을 단순히 사용하는 정도가 아니라, 완전히 의존하고 있습니다. 그림 3.4를 보시겠습니다.

▼ 그림 3.4 HTTP 리퀘스트에 목표를 매핑하기

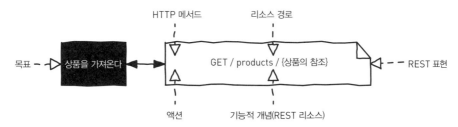

API의 사용자가 목표를 달성하게 하도록, REST API는 사용자들이 경로로 식별한 리소스를 HTTP 표준 메서드를 통해 조작할 수 있게 해 주어야 합니다. 리소스는 기능적 개념입니다. 예를 들자면, /products/{productId}는 상품 카탈로그에서 특정한 상품을 식별합니다. 이 경로는 상품 리소스를 식별합니다. GET HTTP 메서드는 이 리소스에서 실제로 상품을 찾아서 가져오는 것을 의미합니다.

REST API는 HTTP 호출 이상의 행위를 하지 않습니다. 이제 우리가 상품 정보를 가져오는 목표를 GET /products/{상품의 참조}로 변형하는 과정을 통해 우리가 어떻게 목표를 HTTP 메서드와 경로의 쌍으로 변형하는지 다뤄보겠습니다.

3.2 API 목표를 REST API로 변형하는 과정

REST API가 HTTP 프로토콜을 이용해서 목표를 표현한다는 점을 발견했습니다. API 목표는 리소스와 액션의 쌍으로 변형되었습니다. 리소스는 경로로 식별되며, 액션은 HTTP 메서드를 의미합니다. 그렇지만 어떻게 리소스와 액션들을 식별할 수 있을까요? 그리고 이것을 어떻게 경로와 HTTP 메서드로 표현할 수 있을까요?

우선, 소프트웨어 디자인에서 응당해야만 하는 일을 해야 합니다. 리소스를 프로그래밍적 표현으로 옮기기 전에 기능적 요구 사항을 분석하는 것입니다. 리소스를 식별하는 데 사용할 수 있는 많은 소프트웨어 디자인 방법과 명세에 따라 리소스를 사용하여 수행할 수 있는 작업이 있습니다. 앞 장에서 언급했던 API 목표 캔버스 같은 것이 그런 경우입니다. 그러나 이 책에선 매우 간단히 요약해 4단계로 보여드리겠습니다. (그림 3.5 참조)

▼ 그림 3.5 목표에서 REST API로 전환하기

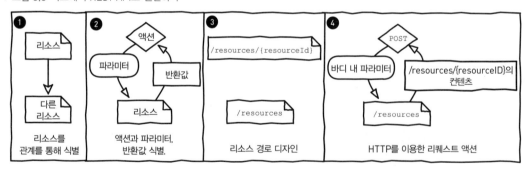

우선 리소스(기능적 개념)와 리소스 사이의 관계(어떤 식으로 구조화되었는지)를 식별해 내야 합니다. 그런 뒤에 리소스별로 가능한 액션과 파라미터, 무엇이 리턴되는지 식별해야 합니다. 여기까지 끝나면 리소스 경로와 HTTP 메서드를 통해 액션을 표현함으로써 HTTP 프로그래밍 인터페이스를 디자인할 수 있게 됩니다.

이번 절에서는 200 OK 같은 평범한 경우만 다뤘습니다. 다음 절에서는 이 과정을 좀 더 세부적으로 다뤄 볼 예정입니다. 에러 핸들링의 경우에는 5.2절에서 다룰 예정입니다.

Note 목표를 리소스 경로와 HTTP 메서드에 매핑하는 방법에 익숙해지면 동일한 결과를 얻어낼 수 있는 한 자유 롭게 적용하거나 선호하는 다른 소프트웨어 디자인 방법론을 사용해도 무방합니다.

3.2.1 API 목표 캔버스로 리소스와 리소스 사이 관계 식별

2장에서 본 API 목표 캔버스를 기억하시나요? API 목표 캔버스는 누가 사용자인가, 그들이 무엇을 할 수 있는가, 어떻게 해야 하는가, 무엇이 필요한가, 그리고 무엇을 리턴하는가를 묘사해 주었습니다. 우리는 이 정보를 이용하여 API 목표를 REST API로 바꿔볼 겁니다. 예제를 통해서 기본을 다루고 마무리를 지을 수 있도록 쇼핑 API 목표 캔버스에서 카탈로그 관리 부분을 2장에서 다뤘던 것보다 확장했습니다. (그림 3.6)

▼ 그림 3.6 카탈로그 관리라는 무엇을 위한 API 목표 캔버스

이 표는 API 목표 캔버스입니다(2장을 참고하세요).   우린 이 목표들을 REST API로 변형시킬 예정입니다.

누가	무엇을	어떻게	입력(원천)	출력(사용처)	목표
관리자 사용자	카탈로그를 관리한다.	상품을 추가한다.	카탈로그(API), 상품정보(사용자)	추가된 상품(가져오기, 수정, 교체, 삭제)	상품을 카탈로그에 추가한다.
		상품정보를 가져온다.	상품(검색, 추가)	상품정보(사용자)	상품을 가져온다
		상품정보를 수정한다.	상품(가져오기, 검색, 추가), 수정된 정보(사용자)		상품을 수정한다.
		상품을 교체한다.	상품(가져오기, 검색, 추가), 새로운 상품정보(사용자)		상품을 교체한다.
		상품을 삭제한다.	상품(가져오기, 검색, 추가)		상품을 삭제한다.
		상품을 검색한다.	카탈로그(API), 비정형 쿼리(사용자)(원천)	쿼리에 부합하는 상품(가져오기, 수정, 삭제, 교체)	비정형 쿼리를 통해 카탈로그에서 상품을 검색한다

이 그림을 통해 알 수 있듯 상품 카탈로그를 관리할 때는 관리자 사용자가 카탈로그에 상품을 추가할 수 있습니다. 이들은 또한 상품 정보를 가져오거나 수정하거나 교체하거나 삭제할 수도 있습니다. 이 과정을 통해 마침내 상품을 비정형 질의로 조회해 올 수 있게 되었습니다. 그림 3.7은 API의 목표를 간단히 분석하여 리소스를 식별할 때 적용되는 주요 동사에 명사를 나열하는 과정을 보여 줍니다.

▼ 그림 3.7 리소스 식별하기

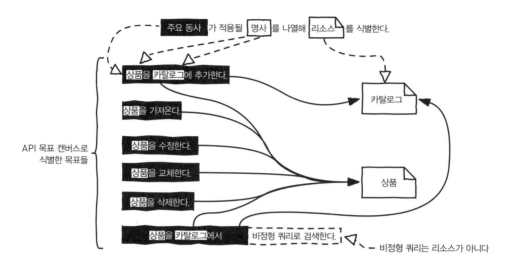

카탈로그에 상품을 추가할 때 주요 동사는 '추가한다'입니다. 이는 상품과 카탈로그 양쪽에 적용됩니다. 우리가 상품을 가져올 때, 주요 동사는 '가져온다'입니다. 이 경우엔 상품에만 적용됩니다. 그렇지만 우리가 상품을 비정형 질의를 통해서 조회할 때에는, 비정형 질의는 명사일 뿐 리소스는 아닙니다. 왜냐하면 '조회한다'라는 동사가 비정형 질의라는 표현에는 직접 적용되지 않기 때문입니다. 따라서 우리는 두 가지 리소스를 식별할 수 있습니다. 카탈로그와 상품입니다.

이제 리소스들끼리 어떻게 관계되어 있는지 보겠습니다. 리소스들 간의 구조를 발견하기 위해서는 하나 이상의 리소스를 다루는 목표를 나열해 봐야 합니다. (그림 3.8 참조)

▼ 그림 3.8 리소스 관계 식별하기

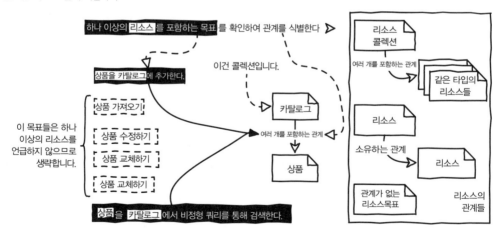

둘 이상의 리소스를 다루는 목표가 두 개 있습니다. 첫 번째 목표는 상품을 카탈로그에 추가하는 것입니다. 두 번째 목표는 카탈로그에서 상품을 조회하는 것입니다.

리소스들은 다른 리소스들과 관계가 있을 수도, 없을 수도 있습니다. 또한, 일정한 타입의 리소스 여러 개를 포함하는 리소스도 있습니다. 이런 리소스를 콜렉션 리소스라고 칭하거나 단순하게 콜렉션이라고 말합니다. 이 예시에서 카탈로그 리소스는 콜렉션입니다. 여기에는 상품 리소스가 포함되어 있습니다. 우리가 도시 계획과 관련된 API를 디자인하는 중이었다면, 도시는 분명히 많은 건물 리소스를 포함하는 콜렉션 리소스가 되었을 겁니다. 또한, 여러 리소스끼리 연결됐을 겁니다. 예를 들면 건물 리소스는 주소 리소스와 연결됐을 겁니다.

우리는 카탈로그와 상품 리소스를 식별했고 그들이 어떻게 관계되어 있는지도 이해했습니다. 이걸로 무엇을 할 수 있을까요?

3.2.2 API 목표 캔버스를 이용해 액션과 액션의 파라미터 그리고 반환값 식별

REST API는 액션과 리소스를 통해서 목표를 표현합니다. 우리는 액션을 식별하기 위해서 목표의 주요 동사가 적용되는 리소스에 연결하였습니다. 그림 3.9를 보겠습니다.

▼ 그림 3.9 액션 식별하기

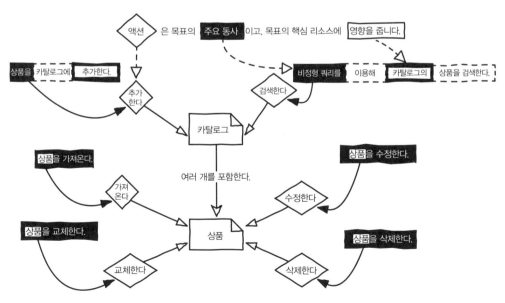

이 작업은 상품 가져오기 같은 단일 리소스만 사용하는 목표에 적용하기 쉽습니다. 동사인 가져온다가 상품 리소스에 영향을 미치는 건 쉽게 알 수 있습니다. 하지만 상품을 카탈로그에 추가하기나 상품을 카탈로그에서 비정형 질의를 통해 조회하기 같은 목표는 어떻게 될까요? 상품 추가와 조회를 상품이나 카탈로그로 연결해야 할까요? 우린 상품을 카탈로그 하위로 추가하며 카탈로그에서 상품을 조회합니다. 이런 경우에는 추가와 조회는 카탈로그 리소스로 연결되는 것이 맞습니다. 동사를 사용되거나 변경되는 핵심 리소스(여기서는 카탈로그)에 연결해야 한다는 의미입니다. 그렇지 않은 리소스(여기서는 상품)는 파라미터이거나 리턴입니다.

액션에는 추가적인 파라미터가 필요할 수도 있고 어떤 정보들을 리턴할 수도 있습니다. 다행스럽게도 우린 이미 이 파라미터들과 리턴값들을 알고 있습니다. API 목표 캔버스가 필요한 모든 입력(파라미터)과 출력(리턴)을 제공해 주기 때문입니다. 그림 3.10을 보겠습니다.

▼ 그림 3.10 액션 파라미터들과 리턴값들 식별하기

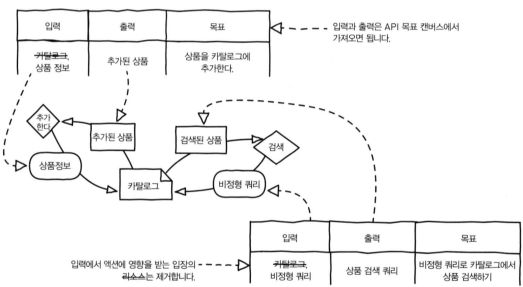

입력 중에서 일부를 무시해야 하는 때도 생기는데 이는 액션에 영향을 받는 입장의 리소스가 있기 때문입니다. 카탈로그 리소스에 추가하기가 적용될 때, 입력으로 상품의 정보가 필요하고, 출력은 새로 만들어진 상품의 리소스를 가져오게 됩니다. 우리는 비정형 질의를 제공해 조회 액션이 카탈로그 리소스에 적용이 되게 했습니다. 이 액션은 질의에 부합하는 상품 리소스를 리턴합니다. 그런 다음 상품 리소스에 적용되는 액션에 대해서도 정확히 동일한 작업을 해 주면 끝입니다! 지금까지 API 캔버스와 그 목표들을 분석해서 모든 리소스와 액션을 구분했습니다. 액션에서는 파라미터와 리턴까지 식별해 냈습니다.(그림 3.11)

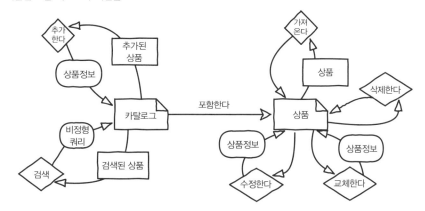

소프트웨어 구현을 디자인할 때와 크게 다르지 않습니다. 이 과정을 제대로 설명하려면 이 책의 많은 부분을 할애해야 합니다. 그렇지만 API 캔버스를 이용하면 몇 분 정도만 투자해도 됩니다. 이제 우리가 어떻게 HTTP 프로토콜을 이용해서 모든 것들을 표현하는지 살펴보겠습니다. 리소스를 경로와 함께 표현하는 것부터 시작해 보겠습니다.

3.2.3 경로를 포함한 리소스 표현

API 캔버스 목표 분석을 통해 우리는 카탈로그와 상품이라는 리소스를 식별해 냈습니다. 또한, 우리는 카탈로그의 리소스가 상품 리소스의 콜렉션이라는 것도 발견했습니다. 그렇다면 이 리소스들의 경로를 어떻게 디자인해야 할까요? 그림 3.12가 어떻게 해야 하는지 보여 줍니다.

▼ 그림 3.12 REST 리소스 경로. 제약 사항이 한 가지 있다면 유일성을 지녀야 한다는 점입니다. 명료성 역시 포기해서는 안 됩니다.

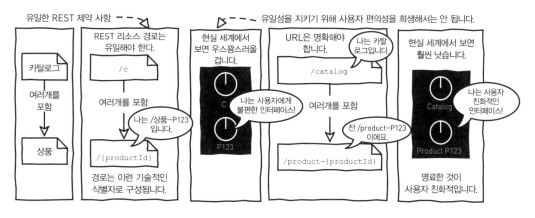

REST 리소스의 경로는 반드시 유일해야 합니다. 카탈로그를 식별하기 위해서는 경로 /c를 써야 합니다. 상품의 경우에는 상품의 참조를 이용하거나 기술적인 식별자인 ID를 이용해 /{productId} (예: /P123) 경로를 써야 합니다. 이처럼 경로에서 쓰이는 변수들은 경로 파라미터^{Path Parameter}라고 부릅니다. /c와 /{productId} 경로는 유일하므로 완벽하게 REST 경로에 부합합니다.

현실 세계에서 이런 인터페이스를 접하면 어떻게 생각하시겠습니까? 이런 인터페이스는 전혀 사용자 친화적이지 않습니다. 2장을 떠올려보면, API는 언제나 사용자를 우선해서 디자인해야 합니다. 무엇을 나타내는지 명시적으로 경로를 구성하는 편이 더 좋습니다. 그냥 단순하게 카탈로그 리소스에는 /catalog를, 상품 리소스로는 /product-{productId}를 사용하는 건 어떻겠습니까? 한결 나아 보이는군요. 그렇지만 그림 3.13에서 볼 수 있듯이 경로는 다른 방식으로도 표현할 수 있습니다.

▼ 그림 3.13 REST 리소스의 경로는 계층적 구조와 타입을 표현해야 한다

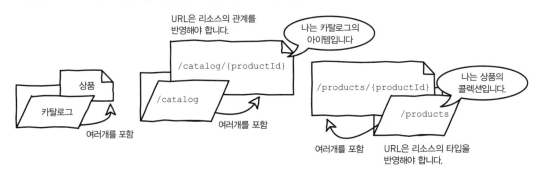

사용자 편의성을 향상시키기 위해서 카탈로그와 상품의 관계는 파일 시스템에서 볼 수 있는 폴더 같은 계층적 구조로 표현할 수 있습니다. 각각의 상품 리소스는 카탈로그 콜렉션에 속한 아이템으로 /catalog로 경로가 식별됩니다. 따라서 우리는 상품을 표현하는 경로를 /catalog/{productId}와 같은 형태로 취할 수 있습니다. 또 다른 방식으로 카탈로그를 상품 리소스들의 콜렉션으로 취급해 /products이라는 경로를 이용하는 수도 있습니다. 이러면 /products/{productId}로 이 콜렉션에 속한 상품을 표현할 수 있습니다. 정말 많은 옵션이 있습니다! 그림 3.14에서 모두 확인할 수 있습니다.

▼ 그림 3.14 리소스의 경로 포맷 선택하기

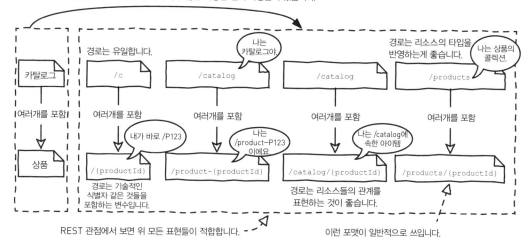

순수한 REST 관점에서 보자면 /c와 /{productId}의 암호 같은 조합은 분명히 컨슈머 친화적이지 않습니다. 우리에겐 여전히 많은 선택지가 남아있습니다. 카탈로그 리소스를 /catalog라고 표현하거나 /products로 표현할 수 있으며 상품의 리소스를 /product-{productId}, /catalog/{productID}, /products/{productId}로 표현할 수 있습니다.

Note 어떤 표현 방식이든 선택할 수 있지만, 리소스의 경로는 반드시 사용자 친화적이어야 함을 명심하기 바랍니다. API는 사용자들이 경로를 해석하기 쉬워야 하기에 경로에서 더 많은 정보를 제공할수록 더 좋습니다.

유일성에 대한 부분을 제외하면 리소스 경로를 디자인하는 방법에 대해 REST의 공식적인 규칙은 없습니다. 가장 일반적으로 쓰이는 포맷은 /{콜렉션의 아이템의 타입을 반영하는 복수형 이름}/{아이템의 id}입니다. 리소스 계층을 노출하는 리소스 경로를 사용하며 콜렉션에 속하는 아이템의 종류에 복수형을 이용해서 콜렉션을 표현하는 것이 사실상의 REST 표준에 가깝습니다.

카탈로그는 /products로 표현되며, 카탈로그에 속한 상품은 /products/{productId}로 표현됩니다. 이 구조는 확장해서 /상위리소스의-복수형/{상위리소스ID}/하위리소스의-복수형/{하위리소스ID} 처럼 더 깊은 계층을 표현할 때도 사용할 수 있습니다. 이제 거의 다 왔습니다! 우리는 리소스와 그들의 액션에 대해서 식별했으며 리소스 경로도 디자인했습니다. 이제 마지막 단계에 접어들었습니다. HTTP 프로토콜을 이용해서 액션들을 표현해 보겠습니다.

3.2.4 HTTP로 액션 표현

그림 3.15와 같이 카탈로그 리소스에 액션을 추가해 보겠습니다.

▼ 그림 3.15 HTTP 리퀘스트로 카탈로그에 상품 추가하기

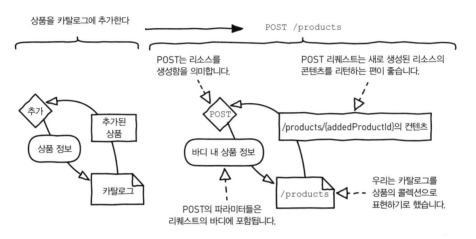

HTTP로 표현한 상품 카탈로그에 상품을 추가하는 목표는 POST /products입니다. 우리가 상품을 /products로 식별된 상품 카탈로그에 추가한다는 말은 실제로는 제공된 상품 정보를 이용해서 상품 리소스를 생성합니다. HTTP 메서드인 POST는 리소스의 생성을 의미합니다. POST 리퀘스트의 파라미터는 보통 리퀘스트의 바디에 포함되며, 따라서 상품 정보 파라미터는 바디에 들어가게 됩니다. 상품 정보가 생성되면, 액션은 새로 생성된 리소스를 리턴하는 것이 좋으며 리턴되는 리소스는 /products/{addedProductId} 와 같은 경로로 접근 가능해야 합니다.

카탈로그 리소스의 조회 액션에 대한 HTTP 표현은 무엇일까요? 카탈로그에서 비정형 질의를 이용해 상품을 조회하는 HTTP 표현은 그림 3.16에 적힌 것과 마찬가지로 GET /products?free-query={free-query}입니다.

▼ 그림 3.16 HTTP 리퀘스트로 표현한 비정형 질의를 통한 상품 조회

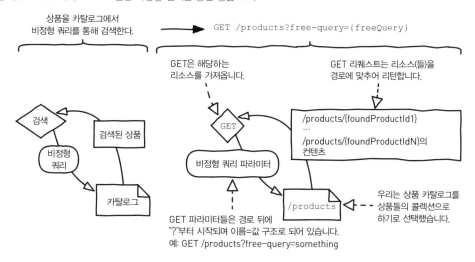

상품을 카탈로그에서
비정형 쿼리를 통해 검색한다.

GET /products?free-query={freeQuery}

GET은 해당하는
리소스를 가져옵니다.

GET 리퀘스트는 리소스(들)을
경로에 맞추어 리턴합니다.

검색

검색된 상품

GET

/products/{foundProductId1}
...
/products/{foundProductIdN}의
컨텐츠

비정형
쿼리

비정형 쿼리 파라미터

카탈로그

/products

우리는 상품 카탈로그를
상품들의 콜렉션으로
하기로 선택했습니다.

GET 파라미터들은 경로 뒤에
"?"부터 시작되며 이름=값 구조로 되어 있습니다.
예: GET /products?free-query=something

상품을 조회하면, 결과를 가져오고 싶으므로 /products 경로에서 GET HTTP 메서드를 이용해야 합니다. 상품명이나 설명의 내용같은 특정 질의어에 부합하는 상품만 필요한 경우, 리퀘스트에 파라미터를 함께 포함해 전달해야 합니다. 보통 GET HTTP 리퀘스트는 아래 예시와 같이 쿼리 파라미터라 불리는 질의어를 경로에 붙여서 보냅니다.

예제 3.1 쿼리 파라미터 예제

```
GET /example?param1=value1&param2=value2
GET /products?free-query=something
```

파라미터는 일반적인 경로 뒤 "?(물음표)' 다음에 있게 되는데, 이름=값의 형태(예: param1=value1)를 보입니다. 만약 쿼리 파라미터가 한 개가 아니라 여러 쌍이 존재한다면 &(앰퍼샌드)로 연결해 줍니다. 이런 리퀘스트를 바탕으로 조회가 완료되면, GET 리퀘스트는 질의 경로에 (free-query처럼 파라미터까지 포함된) 제대로 된 리소스들을 리턴해 줍니다.

상품 카탈로그 리소스와 관련된 모든 액션을 표현해 냈습니다. 그러니 이제 상품 리소스에도 같은 작업을 해야만 합니다. 먼저 상품을 가져오는 것부터 보겠습니다. 이는 HTTP 리퀘스트로 표현하기가 상대적으로 쉬운 편입니다. 그림 3.17을 보겠습니다.

▼ 그림 3.17 HTTP 리퀘스트로 표현한 상품 가져오기

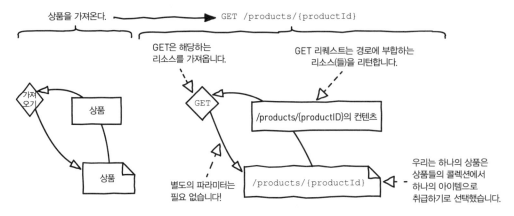

우리가 /products/{productId}로 식별 가능한 상품을 가져오고 싶다면, 다시 GET HTTP 메서드를 사용해야 합니다. 그러므로 HTTP 표현은 GET /products/{productId}가 됩니다. GET 리소스는 항상 리퀘스트 경로에 부합하는 리소스를 리턴해야 합니다. 따라서 이 액션은 리소스에 해당하는 콘텐츠를 리턴할 겁니다.

이제 새로운 HTTP 메소드를 맞이할 때가 왔습니다! 만약 HTTP 프로토콜을 이용해서 상품을 삭제해야 한다면 어떻게 해야 할까요? 단순히 HTTP 표현 DELETE /products/{productId}만 입력하면 됩니다.

▼ 그림 3.18 HTTP 리퀘스트로 표현한 상품 삭제하기

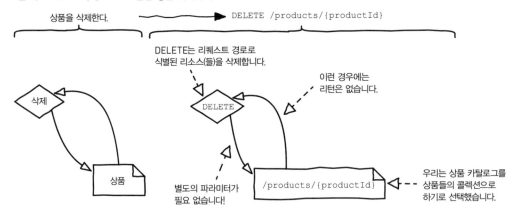

DELETE HTTP 메서드의 목적은 명백하게 리퀘스트 경로에 부합하는 리소스를 삭제하는 것입니다. 이 액션에는 별다른 리턴 정보는 없습니다.

수정은 어떨까요? 미리 말씀드리면 함정이 하나 있습니다. HTTP에서 상품을 수정하는 표현은 PATCH /products/{productId}이지, UPDATE /product/{productId} 가 아닙니다. 그림 3.19를 보시겠습니다.

▼ 그림 3.19 HTTP 리퀘스트로 표현한 상품 수정하기

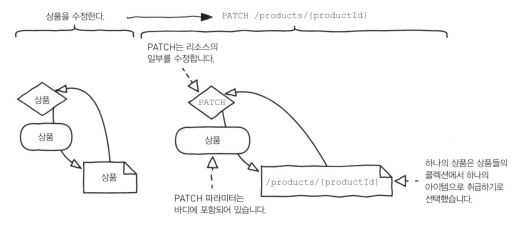

PATCH HTTP 메서드는 리소스의 부분 수정을 할 때 주로 쓰입니다. 리퀘스트 파라미터는 POST처럼 리퀘스트의 바디에 포함되어 전달됩니다. 예를 들자면 상품의 가격을 수정하고 싶은 경우, PATCH로 수정되는 상품의 리소스와 바디에 상품 가격에 대한 변경 사항을 포함해서 전달하면 됩니다. 이 경우에는 액션에 별다른 리턴 정보가 없습니다.

마지막으로 PUT /products/{productId} 을 통해 상품을 교체해 보겠습니다.

▼ 그림 3.20 HTTP 리퀘스트로 표현한 상품 교체하기

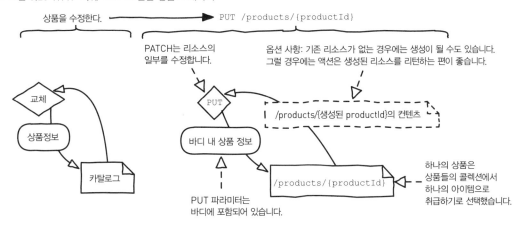

PUT HTTP 메서드는 경로에 부합하는 리소스를 완전히 교체하고, 없는 경우 새로 생성해 낼 수 있습니다. 후자 같은 경우에는 상품을 추가하는 액션과 완전히 동일한 효과가 발생해야 합니다. POST와 마찬가지로 리퀘스트의 파라미터들은 바디에 포함되어야 합니다. 이 액션에서 별다른 정보를 리턴할 필요는 없습니다. 그렇지만 PUT을 통해서 리소스를 생성하는 경우가 생긴다면, 생성된 리소스가 리턴될 겁니다.

이렇게 POST, GET, PUT, PATCH, DELETE라는 HTTP 메서드를 기본적인 CRUD[create, read, update, delete] 기능과 매핑시켜 봤습니다. 이 액션들이 컨슈머의 관점에서 만들어졌다는 점을 잊지 마시기 바랍니다. 여러분이 DELETE /orders/O123이라는 리퀘스트를 사용했다고 실제 데이터베이스에서 O123이라는 주문을 정말 삭제해야 한다는 의미는 아닙니다. 이럴 땐 단순히 주문상태를 CANCELED(취소됨)이라고 수정해 줄 수 있습니다. HTTP 메서드와 하고자 하는 액션을 매핑하는 과정이 단순 CRUD 기능과 매핑하는 것보다 어렵게 느껴지는 일도 있습니다. 표 3.1은 단순 CRUD 그 이상을 필요로 하는 액션들의 예입니다. 만약 정말 의도하는 리소스와 액션에 부합하는 HTTP 메서드를 찾기 어려울 경우에는, 최후의 수단으로 POST를 사용하는 방법이 있습니다. 여기에 대해서는 3.4절에서 이야기 하겠습니다.

▼ 표 3.1 단순 CRUD 이상의 HTTP

HTTP 메서드	액션
POST (및 PUT을 통한 생성)	고객 생성. 메뉴에 음식을 추가한다. 상품을 주문한다. 타이머를 시작한다. 블로그에 포스트를 저장한다. 메시지를 고객 서비스에 발송한다. 서비스를 구독한다. 계약서에 서명한다. 은행 계좌를 열람한다. 사진을 업로드한다. 상태를 소셜 네트워크에 공유한다. 등등
GET	고객 정보를 읽는다. 프랑스 음식 레스토랑을 검색한다. 새로운 친구를 찾는다. 최근 3개월 사이에 추가된 계좌를 찾아온다. 사인된 계약서를 다운로드 받는다. 베스트 셀러 책을 필터링한다. 흑백 사진을 선택한다. 친구 목록을 가져온다. 등등
PATCH/PUT	고객 정보를 수정한다. 주문서의 상품을 변경한다. 비행기 좌석을 변경한다. 주문 배송 방법을 변경한다. 주문의 환종을 변경한다. 신용카드 한도를 조정한다. 일시적으로 신용카드를 사용 중지한다. 등등
DELETE	고객을 삭제한다. 주문을 취소한다. 케이스를 종료한다. 절차를 종결한다. 타이머를 중지한다. 등등

3.2.5 REST API와 HTTP 치트시트

축하드립니다! 이제 여러분은 API 목표들을 REST 리소스와 액션으로 변환하는 법과 이를 HTTP 프로토콜로 표현하는 법을 배웠습니다. 이제 REST API의 리소스와 액션에 대한 개략적인 시야를 가졌을 겁니다. 이제까지 배운 모든 것들을 요약해서 치트 시트로 그려보겠습니다.

▼ 그림 3.21 REST API와 HTTP 치트 시트

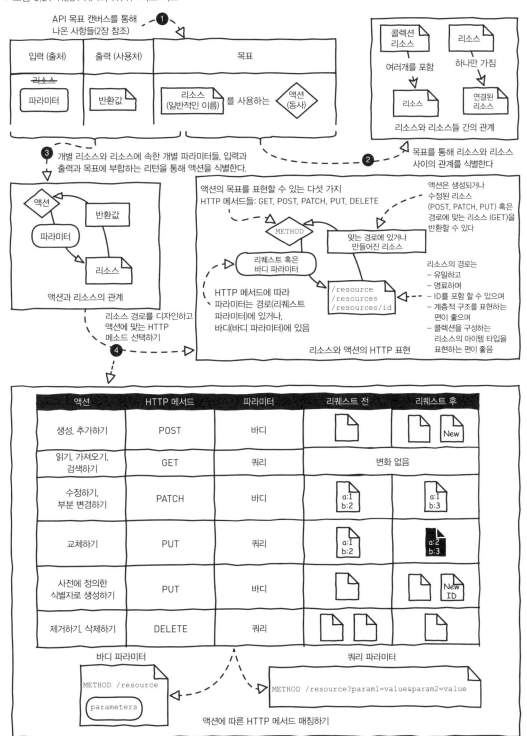

3.3 API 데이터 디자인하기

이제 API 목표를 REST 리소스와 액션으로 변형하는 법과 경로와 HTTP 프로토콜을 조합하여 프로그램적 표현을 제공하는 방법을 알게 되었습니다. 또한 액션의 파라미터들과 리턴에 대해서도 식별해 냈습니다. 그러나 여러분이 확인한 리소스, 파라미터 및 리턴 내용은 아직까진 모호하게만 설명되어 있을 뿐입니다. 이런 데이터의 아이템을 어떻게 디자인해야 할까요? 디자인 절차의 개략적인 모습은 그림 3.22와 같을 겁니다.

▼ 그림 3.22 API 데이터 디자인

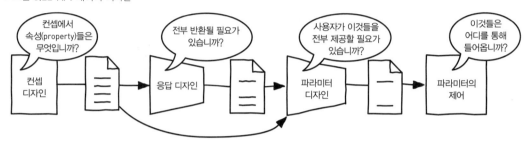

어떤 종류의 API라도 디자인은 데이터베이스, 구조체, 오브젝트 같은 여타 프로그래밍적인 표현과 똑같이 시작합니다. 단순히 속성^{Property}을 나열하고 컨슈머 관점을 고수하는 것입니다. 컨슈머가 반드시 데이터를 이해하도록 만드는 동시에 내부 동작 원리를 노출하지 않는 디자인을 만들어야 합니다. 핵심 컨셉을 디자인하는 과정이 끝났다면, 이 디자인을 적용해 파라미터와 리스폰스도 디자인할 수 있습니다. 마지막으로는 API를 사용할 컨슈머가 필요한 모든 데이터를 직접 제공하도록 만들면 됩니다.

> **Note** 상품 카탈로그 조회 액션 같이 비정형 질의를 사용하는 파라미터는 좀 더 단순한 디자인 프로세스가 필요할 수도 있습니다.

전에도 언급했듯 위와 같은 단순한 과정은 기본 개념을 알리기 위한 것일 뿐입니다. 같은 결과에 도달할 수만 있다면 여러분에게 친숙한 다른 소프트웨어 디자인 방법론을 얼마든지 적용하고 사용해도 됩니다.

3.3.1 컨셉^{Concept} 디자인

우리가 식별하고 REST 리소스로 변환시킨 컨셉들은 파리미터와 리스폰스가 되어 컨슈머와 프로바이더 사이를 오갈 것입니다. 컨셉의 목적이 무엇이건, API 목표를 디자인할 때와 마찬가지로 컨슈머 중심의 API를 제공하기 위해 데이터 구조를 디자인할 때도 주의를 기울여야 합니다. 그림 3.23은 상품의 경우에 컨셉을 어떻게 디자인해야 하는지 그림으로 보여 주고 있습니다.

먼저 데이터 구조에 포함되는 속성들을 나열하고 이름을 부여합니다. 상품은 참조나 이름 그리고 가격 속성을 가질 수 있습니다. 다른 예를 들자면 고객에게 상품이 카탈로그에 추가된 등록일자^{dateAdded}나 재고여부^{unavailable}에 대한 정보를 제공하는 것도 좋을 수 있습니다. 거기다가 창고별 재고 여부와 공급사에 대한 정보가 있으면 어떨까요? 최종적으로는 우리는 보다 상세한 상품 정보를 제공하고 싶을 것입니다.

▼ 그림 3.23 컨슈머 중심의 컨셉 디자인하기

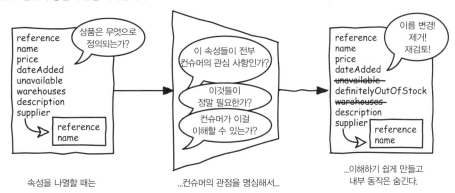

속성들을 열거할 때는, 반드시 2장에서 배웠던 컨슈머와 프로바이더 관점에 대해서 명심해야 합니다. 반드시 각 속성이 프로바이더 관점이 아닌 컨슈머 관점으로 디자인되도록 주의를 기울여야 합니다. 이를 식별하기 위해서 우리는 그림 3.23처럼 개별 속성을 컨슈머가 이해할 수 있는지, 컨슈머가 관심을 두는지, 실제로 컨슈머에게 쓸모있는 정보인지 판단을 해야 합니다. 예제 속 속성의 이름들은 이해하기 쉬워 보입니다. 우리는 참조^{reference} 대신 r을, 가격^{price} 대신 p를 사용하는 것처럼 암호 같은 이름을 사용하지 않도록 노력했습니다. 하지만 한편 창고^{warehouse}란 정보는 사용자에겐 별로 의미있는 정보가 아니라는 생각이 듭니다. 그래서 제거했습니다. 또한, 재고 여부^{unavailable}라는 이름은 품절 여부^{definitelyOutOfStock}라는 이름으로 훨씬 명확하게 변경했습니다.

가장 중요한 속성은 바로 이름일 것입니다. 보다 자신을 잘 설명하는 이름일수록 더 좋은 이름입니다. 그러나 속성을 이름만으로 정의한다면 프로그래밍 인터페이스를 설명하기에 부족할 수 있습니다. 그림 3.24를 확인합시다.

▼ 그림 3.24 속성(Property)의 특성

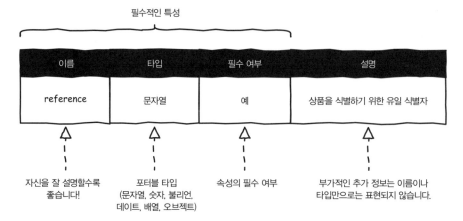

각 속성의 타입 역시 분명히 해야 할 필요가 있습니다. 예를 들자면, 참조 속성의 타입은 무엇일까요? 숫자일까요? 아니면 문자열일까요? 이번 경우에는 문자열입니다. 참조는 리퀘스트나 반환에 필수적인 속성일까요? 이번 경우는 그렇습니다. 이제 마지막 질문이 남았습니다. 참조는 구체적으로 무엇을 나타내는 걸까요? 참조란 상품을 식별할 수 있는 색인을 나타내는 고유한 값입니다.

그림 3.24에서 볼 수 있듯이 각 속성들에 대해 다음과 같은 특성을 수집해야 합니다.

- 이름
- 타입
- 필수 여부
- 필요한 경우 부가 설명

그림 3.25는 상품 리소스에서 속성으로 취급할만한 후보들의 목록입니다. 또한 속성 후보 목록의 오른쪽에는 JSON 문서의 예시도 포함되어 있습니다.

이름	타입	필수여부	설명
reference	문자열	예	상품을 식별 할 수 있는 고유 식별자
name	문자열	예	
price	숫자	예	상품 가격 (미국 달러)
dateAdded	날짜	예	상품이 카탈로그에 추가된 일자
definitelyOutOfStock	불리언	아니오	true면 품절인 상태
description	문자열	아니오	
supplier	오브젝트	예	상품의 공급자

상품 리소스의 속성들

상품 예시

```
{
  "reference": "R123-456",
  "name": "a product",
  "price": 9.99,
  "dateAdded": "2018-01-02",
  "definitelyOutOfStock": false,
  "supplier": {
    "reference": "S789",
    "name": "a supplier"
  }
}
```

오브젝트가 속성이 될 수도 있습니다.

이름	타입	필수여부	설명
reference	문자열	예	공급자를 식별 할 수 있는 고유 식별자
name	문자열	예	

상품은 위처럼 필수와 옵션 성격의 속성들이 조합되어 이루어져 있습니다. 이 중 일부는 (가령, reference, price, definitelyOutOfStock, dateAdded)는 기본 포터블 데이터 타입(문자열, 숫자, 불리언, 날짜)으로 이루어져 있습니다. (역주: 포터블 데이터 타입이란 어떤 데이터베이스에서나 보장해 주는 기본 데이터 타입을 의미합니다.) 또한 복합 속성으로 이루어진 것도 있는데, 객체로 이루어진 supplier가 그렇습니다. (오브젝트로 이루어진 프로퍼티는 내부적으로 프로퍼티나 배열을 포함할 수 있습니다.)

이름과 타입은 프로그래밍 인터페이스를 디자인할 때 속성으로 수집할 수 있는 가장 분명한 정보입니다. API는 하나만 만들어도 여러 언어로 작성된 소프트웨어에서 소비할 수 있습니다.

> **Tip** 속성의 타입을 정할 땐, 되도록 기본 데이터 타입을 써서 여러 프로그래밍 언어에서 지원할 수 있도록 해 주어야 합니다. 이를테면, 문자열, 숫자, 일자, 불리언 같은 타입들입니다.

속성 이름과 유형을 아는 것 외에도 이 속성이 항상 존재해야 하는지도 알아야 합니다.

속성이 필수적인지 또는 선택적인지 나타내는 것은 API 디자인에서 종종 간과되고는 하지만, 이 정보는 API 디자이너, 컨슈머 및 구현자의 파라미터와 리스폰스 컨텍스트 양쪽 모두에게 매우 중요합니다. 속성의 필수 또는 선택 사항 여부는 컨텍스트에 따라 다를 수 있습니다. 지금은 이 상태가 컨셉에서 필수 속성인 경우에만 필수 항목으로 설정하도록 하겠습니다.

종종 이름과 타입만으로는 속성을 충분히 설명하기 어려울 때가 있습니다. 이렇게 이름과 타입만으로 속성을 반영하기 어려울 때는 추가 정보로 설명을 더 하면 효과적입니다. 일단 우리의 컨셉이 무엇들로 구성되어 있는지 알게 되면, 그 속성들을 목표에 대한 리스폰스나 파라미터로 사용할 수 있습니다.

3.3.2 컨셉에서 리스폰스 디자인

그림 3.26을 보면 같은 컨셉이 다른 컨텍스트에서 등장합니다.

▼ 그림 3.26 서로 다른 리스폰스 컨텍스트에서 동일한 컨셉(개념)을 다르게 표현하는 상황

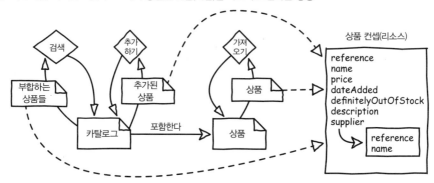

예를 들면, 카탈로그 리소스 액션에서 상품을 추가하는 것과 상품을 조회하는 것은 모두 상품을 반환합니다. (물론 후자의 경우에는, 하나 이상일 수도 있습니다.) 상품 가져오기 액션 역시 상품을 반환하기는 마찬가지입니다. 이러한 상품에 대한 표현방식들은 그림 3.27과 정확히 맞아떨어지지는 않을 수 있습니다.

▼ 그림 3.27 하나의 컨셉에서 서로 다른 리스폰스 디자인하기

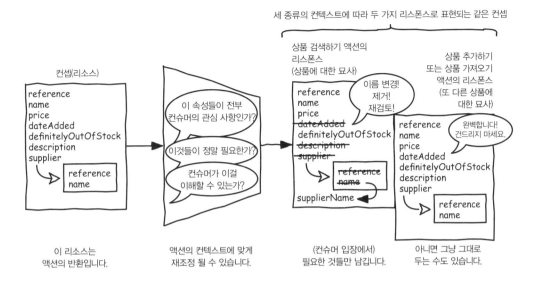

상품 추가하기와 상품 가져오기가 상품에 대한 모든 정보를 반환하는 반면, 상품 조회하기는 오직 상품의 참조reference, 이름name, 가격price, 공급사 이름supplierName만 반환합니다. 리스폰스를 디자인할 때, 수정된 리소스를 맹목적으로 매핑해서는 안 됩니다. 항상 컨텍스트에 맞게 속성을 제거하거나 이름을 변경하여 데이터 구조에 맞추어야 합니다. 파라미터도 마찬가지로 작업하면 될까요?

3.3.3 컨셉과 리스폰스에서 파라미터 디자인

상품을 추가하고, 수정하고, 또는 교체할 때, 상품 정보의 일부를 파라미터로 전달해야 합니다 (그림 3.28).

▼ 그림 3.28 서로 다른 파라미터 컨텍스트에서 같은 개념을 표현하기

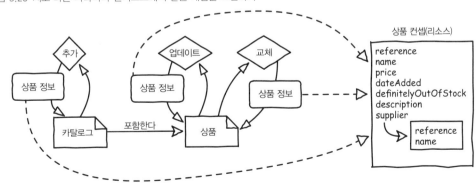

파라미터는 어떻게 구성됐을까요? 그림 3.29에서는 이러한 파라미터에 대한 보다 정확한 사항들을 보여 줍니다. 세 가지 경우에서 전달되는 상품 정보 파라미터는 전부 다를 수 있습니다. 지금까지 디자인한 리스폰스와는 좀 다른 것 같습니다. 또한 상품 컨셉을 정확하게 반영하는 것 같지도 않고 말입니다.

▼ 그림 3.29 하나의 컨셉에서 다른 파라미터 디자인하기

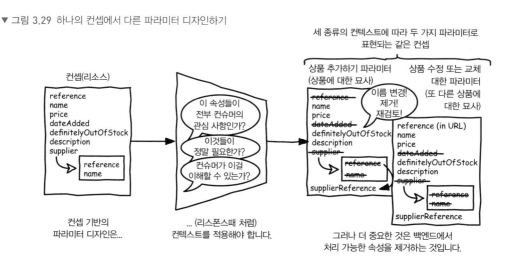

상품이 생성될 때, 상품의 식별자인 참조 정보는 백엔드에서 생성됩니다. 그래서 컨슈머가 상품을 추가할 때 리퀘스트에 참조 정보를 포함해서 전달할 필요가 없습니다. 그렇지만 상품을 수정하거나 교체할 때는 상품에 대한 참조 정보가 필요합니다. (여기서 언급하는 참조란 경로에서 파라미터로 /products/{reference} 형태로 쓰입니다.) 이런 모든 유즈케이스를 고려할 때, 컨슈머는 해당 리소스를 찾아가는 데 필요한 참조 정보가 이미 있으므로 supplier.name 같은 속성이 리퀘스트에 담길 필요가 없습니다. 백엔드는 참조 정보를 이용해 공급사의 이름을 가져올 수 있기 때문입니다. 데이터의 구조를 단순화하기 위해서라도, 우리는 supplier라는 오브젝트를 제거하고 대신에 supplierReference로 대체할 수 있습니다. 또한, dateAdded 역시 백엔드에서 상품이 카탈로그에 추가되는 시점에 알아서 생성되는 개념이므로 이 또한 리퀘스트에는 필요하지 않습니다. 리스폰스 때와 마찬가지로 같은 컨셉이더라도 컨텍스트에 따라 다른 API 파라미터 표현을 가질 수도 있습니다. (예를 들면, 생성과 수정처럼요.)

Note 파라미터는 반드시 필요한 데이터만을 제공해야 하고 불필요한 정보는 제공해서는 안 됩니다. 또한, 백엔드가 자체적으로 처리할 수 있는 데이터를 포함해서도 안 됩니다.

이러한 처리 과정을 통해서 우리는 상품 정보 파라미터를 컨텍스트별로 오직 필요한 것만 담을 수 있게 되었습니다. 그렇지만 컨슈머가 파라미터로 지정된 데이터들을 전부 제공할 수 있는지는 어떻게 확인할 수 있을까요?

3.3.4 데이터 소스에서 파라미터 확인

상품을 카탈로그에 추가할 때, 컨슈머는 name(이름)이나 price(가격), description(설명) 정도는 쉽게 파라미터로 제공할 수 있을 겁니다. 그렇지만 supplierReference(공급사 참조)는 어떨까요? 어디서 많이 본 질문처럼 느껴질지도 모르겠습니다. API 목표를 식별할 때 컨슈머가 모든 필요한 입력을 기존의 다른 API 목표에서 가져온다는 이야기를 풀어나간 적이 있기 때문입니다. 그렇지만 이번에는 입력 파라미터에 대해서보다 자세한 이야기를 해 보고자 합니다. 컨슈머는 반드시 파라미터로 필요한 데이터를 모두 제공할 수 있어야 합니다. 컨슈머 스스로 모든 정보를 알지 못하더라도 다른 API를 통해서 필요한 정보를 얻어올 수 있어야 합니다. 만약 데이터가 제공되지 않는다면, 목표를 놓쳤거나 프로바이더 관점이 남아있을 가능성이 큽니다. 따라서 필요한 모든 데이터가 컨슈머에 의해 제공될 수 있는지 다시 한번 확인해 봐야 합니다. 아래 그림 3.30은 컨슈머가 모든 파라미터 데이터를 제공할 수 있는지, 혹시라도 API에 접근 장벽이 있는지 검증하는 절차입니다.

▼ 그림 3.30 모든 파라미터의 데이터를 컨슈머가 제공할 수 있는지 검증하기

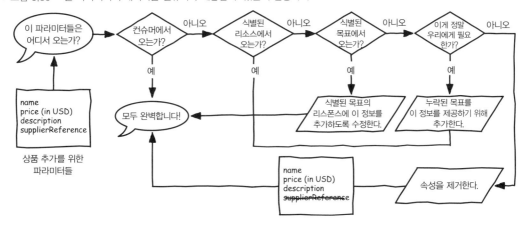

이 경우 컨슈머는 이미 supplierReference에 대한 정보를 알고 있습니다. 실제 상품의 라벨이나 이미 디자인한 리스폰스에 해당 정보가 포함되어 있을 수 있기 때문입니다. 혹은 또 다른 목표에서 가져올 수도 있을 겁니다. 이런 경우 목표에 컨슈머에게 제공해야 할 정보를 추가해 주기만 하면 됩니다. 어쩌면 단순히 목표만 하나 놓쳤을 수도 있습니다. 이 경우에는 API 목표 캔버스에 놓친 목표를 추가하고 다른 목표들과 마찬가지로 누가 쓸 것인지 식별하고, 입력과 출력을 정의하고, 프로그램적인 표현에 대해서 정의하면 됩니다. 또는 단순히 필요하다고 여겼던 정보가 필요 없을 가능성도 있습니다.

이런 미스터리를 지금 당장 해결할 수는 없습니다. 이번 검증은 파라미터를 자세히 검증해야 한다는 사실

과 API 디자인의 세부 정보를 바탕으로 빠진 기능을 몇 가지 발견할 수 있다는 것을 보여 주는 것을 목표로 합니다. 전혀 이상한 상황이 아닙니다. API 디자인이란 계속해서 발전해나가는 과정입니다. API 디자인은 한 번에 하나씩, 이런 반복적인 정제 작업을 통해 정확하고, 완벽하고, 효율적인 방향으로 나아갑니다.

3.3.5 그 외의 파라미터들 디자인

그렇다면 상품조회 목표에서의 비정형 질의 파라미터는 어떻게 해야 할까요? 비정형 질의에는 설명 일부나 이름이나 참조가 들어갈 수 있습니다. 이 파라미터들은 필수가 아닌 선택 사항입니다. 만약 아무 파라미터 도 주어지지 않는다면 가능한 모든 상품에 대한 정보를 반환하게 될 겁니다.

비정형 질의와 같은 쿼리 파라미터건 식별된 컨셉 기반으로 하지 않는 바디 파라미터건 파라미터가 무엇이 건 우린 같은 작업을 합니다. 컨슈머 중심의 표현을 쓰며, 필요한 데이터를 컨슈머가 리퀘스트할 때 제공할 수 있는지 확인해야 합니다.

지금까지 다룬 내용을 바탕으로 여러분은 기본적인 REST API를 디자인할 수 있게 됐을 겁니다. 그러나 때로는 디자인적으로 어려운 문제가 발생할 수 있으며 선택한 API 타입의 표현 방식을 고수하기 어려울 수 있습니다. API 디자인의 세상에서 완벽한 디자인이란 항상 가능한 것은 아닙니다.

3.4 디자인적 난관에 봉착했을 때 균형 유지하는 법

여러분이 특정한 API 타입을 선택했을 때, 종종 여러분은 한계에 부딪히곤 합니다. 이런 경우 여러분이 선 택한 API 모델에 부합하는 방식으로 목표를 표현하기 위해 한참을 고생하며 헤맬 수도 있습니다. 또한, 모 델에 맞게 표현하는 데 성공했더라도 사용자 편의성 측면에서는 여러분의 의도한 만큼 좋은 결과가 나오지 않을지도 모릅니다. 때로는 완벽한 표현이 없는 때도 있습니다. 그러므로 API 디자이너로서 여러분은 때론 절충안Trade off을 찾아야 할 때도 있습니다.

3.4.1 REST 절충안 예시

리소스에 관한 액션을 HTTP 메서드와 경로로 매핑하는 일은 늘 순탄하지만은 않습니다. 이러한 문제를 회 피할 수 있는 일반적인 기법이 있으며, 그리고 종종 다양한 해결 방법을 탐색하다 보면, 마침내 선택한 API 모델과 함께 사용할 수 있는 방법을 찾을 수 있을 겁니다. 그렇지만 때론 API 스타일 준수하기가 사용자 친 화적이지 않을 수도 있습니다.

눈치챘을지 모르겠지만 저는 사용자가 상품을 구매하는 목표와 관련된 부분은 변환을 신중하게 손대지 않았고, 카탈로그와 관련된 목표에만 집중했습니다. 카탈로그 관리와 관련된 목표는 HTTP 및 REST API의 기초를 보여 주기에 완벽했습니다. 리소스는 상대적으로 단순해서 식별하기 쉬웠으며, 목표인 추가하기나 가져오기나 조회하기, 수정하기, 삭제하기(CRUD랑 헷갈리지 마세요!)는 HTTP 메서드에 매핑하기도 쉬웠습니다. 그렇지만 일이 언제나 쉽게 풀리는 건 아닙니다.

사용자가 상품을 구입할 때, 카트를 결제하는 목표를 달성해야만 프로세스가 마무리됩니다. 이렇게 목표에서 경로와 HTTP 메서드로 표현 변환을 명확히 할 수 없을 때는 어떻게 나타낼 수 있을까요? 디자이너들이 REST 리소스의 액션을 HTTP 메서드와 연결 짓는 것에 실패할 때, 가장 먼저 해 볼 수 있는 선택지는 액션 그 자체를 의미하는 리소스를 만들어 보는 겁니다.(그림 3.31)

▼ 그림 3.31 액션 리소스 사용하기

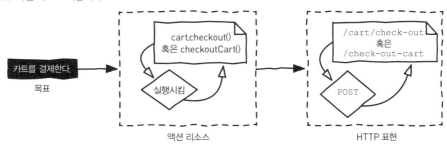

액션 리소스는 명사로 표현되지 않습니다. 액션을 표현하는 데는 동사가 쓰인다는 것을 명심하기 바랍니다. 즉, 액션 리소스는 함수를 표현한다고 보면 됩니다. 액션 리소스를 클래스에 속한 함수처럼 생각하고 보면, 리소스의 하위 리소스로 표현할 수 있습니다. 우리가 카트 리소스의 경로를 /cart이라고 정했다면, cart.checkout( ) 메서드는 /cart/check-out 으로 표현할 수 있습니다. 그렇지만 우리는 또한 단일 함수인 checkoutCart( )를 생각할 수도 있는데, 이러면 /check-out-cart처럼 단일 액션 리소스로 표현할 수도 있습니다. 이 두 가지 경우 모두 HTTP 메서드 POST를 이용해서 액션 리소스의 트리거를 발생시킵니다.

Note HTTP 메서드 POST는 유즈케이스에 적합한 다른 메서드가 없을 때 기본값으로 택하는 메서드입니다.

액션 리소스가 완벽하게 REST 모델에 부합하지는 않지만, 작동하는 데다가 컨슈머 입장에선 이해하는 데 전혀 지장이 없습니다. 그렇지만 여기서 REST 모델에 더 가까운 해법을 찾을 수 있는지 함께 찾아보겠습니다. 가능해 보입니다. 바로 다음 예시에서 카트를 결제할 때 어떤 상태가 변경된다고 간주하고 보겠습니다. (그림 3.32)

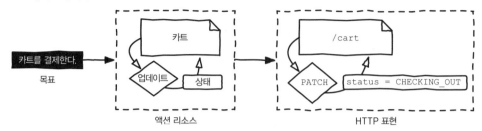

카트 리소스는 status(상태) 속성을 포함하고 있을 겁니다. 카트를 결제할 때, 우리는 PATCH를 이용해서 상태 값을 CHECKING_OUT으로 변경할 수 있습니다. 이 방법은 REST 모델에는 좀 더 부합하지만, 사용자 친화적인 면에서는 액션 리소스를 이용하는 방법보다 별로입니다. 카트 리소스의 변경을 통해 이루어지는 카트 결제 목표는 사용자에게 숨겨지기에 사용자가 이해하기에 어려워집니다. 이 상황에서 우리가 좀더 브레인스토밍Brainstorming한다면 REST API 모델에 부합하는 더 좋은 답을 찾을 수 있으리라 확신합니다.

다시 기본으로 돌아가 보겠습니다. 우리는 스스로 다음과 같은 질문을 할 수 있을 겁니다.

- 무엇을 표현하려 하고 있습니까?
- 유즈케이스에서는 무슨 일이 벌어집니까?
- 카트를 결제하면 무슨 일이 벌어집니까?

이제 카트에 담겼던 상품들이 포함된 주문이 만들어졌습니다. 그리고 카트는 이제 비워졌습니다. 이게 다입니다! 우리는 주문을 만들었습니다. POST /orders 리퀘스트를 이용해서 주문을 생성하고 카트를 결제할 수 있습니다. 그림 3.33을 보겠습니다.

▼ 그림 3.33 REST API 모델에 적합하게 하기

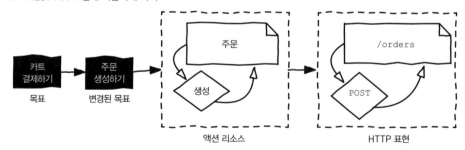

REST API 모델에 완벽하게 부합하는 방법입니다. 그렇지만 이게 정말 사용자 친화적일까요? 이 REST 표현의 목적이 모든 사용자에게 분명하게 전달될 거 같진 않습니다.

3.4.2 사용자 편의성과 규칙 준수 균형잡기

어떤 선택이 살아남을까요? 전혀 REST 하지 않지만, 사용자 편의적인 POST /cart/check-out 일까요 아니면 POST /check-out-cart 액션 리소스일까요? 좀 더 REST스럽지만 어딘가 좀 어색한 PATCH /cart는 어떨까요? 그리고 가장 REST스럽지만 전혀 사용자 친화적이지 않은 POST /orders일까요? 이건 여러분의 선택에 따라 달라질 수도 있고 (그림 3.34) 아니면 더 좋은 해답을 찾아낼 수도 있습니다.

▼ 그림 3.34 사용자 편의성과 API 타입 준수 사이의 균형잡기

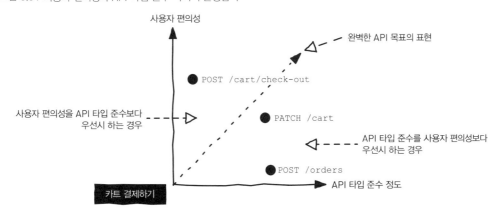

때로는 빡빡한 브레인스토밍을 하고 모든 팀원의 도움을 받아도 딱 알맞은 API 목표의 표현을 찾을 수 없을 때도 있습니다. 여러분이 디자인한 API에 만족하지 못하거나 실망스러울 때도 있을 겁니다. 애석하게도 이런 일들은 지극히 평범한 일입니다.

선택한 프로그래밍 인터페이스 모델이나 API 스타일에 대해 기본 원리에 숙달하고 가능한 제일 나은 방법을 선택해야 합니다. 그러나 API를 컨슈머 친화적으로 유지하고 API 모델에서 너무 많이 벗어나지 않도록 합리적인 균형을 유지하는 것 또한 중요합니다. 이러한 기술을 갈고 닦기 위해서는 다른 API들을 관찰하는 것도 중요하지만 가장 중요한 것은 여러분의 컨슈머와 대화하거나 다른 API 디자이너와 이야기를 나누는 것입니다.

축하드립니다! 여러분은 이제 어떤 API 목표이건 REST API로 바꿀 수 있게 되었습니다. 그러나 이제 우리는 REST API가 무엇이고 API 목표 캔버스에 기반해 REST API를 만드는 방법을 다루었으므로 HTTP

메서드와 경로 사이에 목표를 매핑하는 것 이상의 REST를 탐구해야 합니다. 탐구가 중요한 이유는 REST가 다른 모든 타입을 위한 API이기 때문입니다.

3.5 API를 디자인할 때 REST가 중요한 이유

T.S 엘리엇[T.S Eliot](여주: 미국계 영국 문인)의 말처럼 "여행에서 중요한 것은 목적지가 아닌 여행 그 자체"입니다. 저는 완전히 구식인 1970년대 Xerox Courier RPC 모델부터 20세기 말에 탄생한 경멸스러운 SOAP 모델, 지금은 광범위하게 쓰이는 REST, 더 최근에 등장한 gRPC나 GraphQL로도 이 책에서 다루는 모든 API 디자인 원리에 관해서 설명할 수 있습니다. 물론 더 많은 모델로도 설명할 수 있죠. 1장(1.3절)에서 설명했던 바와 같이 예로부터 지금까지 소프트웨어를 원격에서 커뮤니케이션할 수 있게 해 주는 프로그래밍 인터페이스는 늘 존재해왔습니다. 이것들은 각자 과거에도 그랬고, 현재에도 그렇고, 미래에도 그럴 것처럼, 자신만의 명세를 가질 것이며, 장단점도 있을 것이며, 저마다의 특정한 모양과 느낌을 지닌 API를 만들어 낼 것이 분명합니다. 그렇지만 타입이 무엇이든 간에, API를 디자인하는 행위는 같은 마음가짐을 가져야 합니다.

이 관점에서 본다면, REST API는 목표를 경로와 HTTP 메서드에 매핑할 수 있도록 고려해야 합니다. 그렇지만 REST는 그보다 더 이상의 것입니다. REST는 광범위하게 적용된 API 스타일입니다. 좀 더 정확하게는 REST 아키텍처 스타일의 견고한 토대를 기반으로 하므로 어떤 타입의 API를 생성하건 반드시 알아야 합니다. 이러한 연유로 REST를 이 책에서 프로그래밍 인터페이스의 핵심 예제로 삼았습니다. 이러한 REST 스타일이 무엇인지 API 디자이너뿐 아니라 API 프로바이더에게는 무슨 의미인지 살펴보겠습니다.

3.5.1 REST 아키텍처 스타일 소개

웹 브라우저에서 http://apihandyman.io/about 같은 URL을 칠 때, 주소창은 apihandyman.io 웹 서버로 GET /about 리퀘스트를 보냅니다. 웹 서버가 서버의 파일 시스템에 저장되어 있던 정적 HTML 문서를 반환해 주는 것은 상상하기 쉽습니다. 하지만 그렇지 않을 수도 있습니다. /about 리소스의 콘텐츠는 데이터베이스에 저장되어 있을 수도 있습니다. 그리고 소셜 미디어 웹 서버가 POST /photos 리퀘스트를 받는다면 무슨 일이 벌어질까요? 서버는 정말 서버상의 /photos 경로에 파일을 문서로 저장하는 것일까요? 어쩌면 그럴 수도 있습니다. 그렇지 않을 수도 있고요. 이 또한 데이터베이스에 저장될 수도 있습니다.

웹 서버와 상호작용하는 브라우저는 이러한 구현 세부 사항을 전혀 알지 못합니다. 브라우저는 오직 HTTP

인터페이스만을 바라보며, 그 조차도 서버가 수행할 수 있는 작업에 대한 추상화일 뿐, 서버에 의해 수행되는 방법에 대한 표시가 아닙니다. 웹 브라우저는 어떻게 HTTP 인터페이스를 구현하는 웹 서버와 상호작용할 수 있을까요? 그 이유는 모든 웹 서버가 정확히 동일한 인터페이스를 사용하기 때문입니다.

이런 마법같은 일은 HTTP와 REST 덕에 가능해집니다. REST 아키텍처 스타일은 2000년 로이 필딩[Roy Fielding]이 자신의 박사 논문 〈아키텍처 스타일과 네트워크 기반 소프트웨어 아키텍처 설계(Architectural Styles and the Design of Network-based Software Architectures)〉에서 소개한 바 있습니다. 필딩은 HTTP 프로토콜 버전 1.1을 만들던 시기에 이 아키텍처 스타일을 만들어 냈습니다. HTTP 1.1 표준화 프로세스 과정 중, 그는 수백 명의 개발자에게 추상적인 웹의 개념부터 HTTP 구문 세부 사항에 이르기까지 모든 것을 설명해야 했습니다. 그리고 이 연구를 통해 REST 모델이 만들어졌습니다. REST 아키텍처 스타일의 목표는 효율적이고 확장 가능하며 안정적인 분산 시스템을 구축하는 것입니다. 분산 시스템은 그림 3.35에 표시된 것과 같이 함께 작동하고 네트워크를 통해 커뮤니케이션하는 서로 다른 컴퓨터에 있는 소프트웨어 조각으로 구성됩니다.

▼ 그림 3.35 분산 처리 시스템

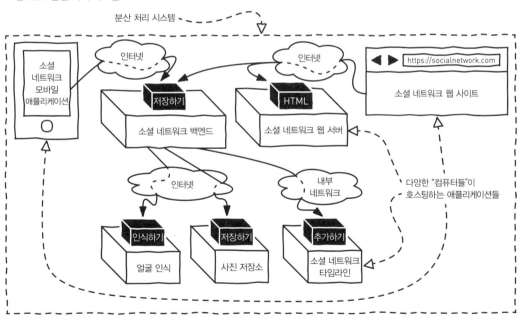

위의 내용은 어딘지 익숙할 겁니다. 사실 이 책의 처음에 다뤘던 그림입니다. 우리는 분산 처리 시스템에 대해서 다룬 적이 있습니다. 웹 브라우저 및 웹 서버는 각각 (모바일 애플리케이션 같은) 컨슈머와 API 서버처럼 하나의 시스템으로 구성됩니다. 이 시스템에는 반드시 빠른 네트워크를 통한 커뮤니케이션과 리퀘스트 처리 능력(효율성^{Efficiency})이 있어야 합니다. 또한, 갈수록 더 많은 리퀘스트를 처리할 수 있어야 하며(확장성^{Scalability}), 또한 결함에 대한 내성(신뢰성^{Reliability})도 있어야 합니다. REST 아키텍처 스타일은 컴포넌트의 이식성(재사용성^{Reusability}), 단순성^{Simplicity}, 변경 용이성^{Modifiability}의 증진도 고려하고 있습니다. 이 모든 것들을 충족하기 위해서는 (즉, RESTful하기 위해서는) 소프트웨어 아키텍처가 다음 여섯 가지 제약 사항을 충족할 필요가 있습니다.

- 클라이언트 / 서버 분리 : 서로 커뮤니케이션하는 클라이언트와 서버, 가령 모바일 애플리케이션의 동작 방식과 API를 제공하는 서버의 동작 방식에 대해 분리해서 생각해야 합니다.

- 스테이트리스^{Stateless} : 리퀘스트를 처리하는 데 필요한 모든 정보는 해당 리퀘스트에 포함되어 있어야 합니다. 서버는 리퀘스트를 처리하는 데 필요한 클라이언트의 그 어떤 컨텍스트도 서버의 세션에 담지 않습니다.

- 캐시 가능성^{Cacheability} : 리퀘스트에 대한 리스폰스는 저장 가능 여부(클라이언트가 동일한 요청을 다시 하지 않고 재사용할 수 있도록) 및 기간을 표시해야 합니다.

- 레이어드 시스템$^{Layered\ system}$: 클라이언트가 서버와 상호작용을 할 때, 오직 서버만을 알고 있어야 합니다. 서버를 이루는 인프라스트럭쳐는 계속 뒷단에 숨겨져 있어야 합니다. 클라이언트는 오직 시스템에서 하나의 레이어만 볼 수 있어야 합니다.

- 코드 온 디멘드$^{Code\ on\ demand}$: 서버는 필요하다면 클라이언트에 실행 가능한 코드를 전송할 수 있어야 합니다. (대표적인 예로 JavaScript가 있습니다.) 이 제약 사항은 선택적입니다.

- 유니폼 인터페이스$^{Uniform\ interface}$: 모든 상호작용은 식별된 리소스의 개념에 따라 이루어져야 합니다. 이는 식별된 리소스의 조작은 리소스의 상태 표현들과 표준 메서드들을 통해서만 이뤄짐을 의미합니다. 또한, 상호작용은 리소스의 표현이 무엇을 의미하는지와 이 리소스들로 무엇을 할 수 있는지 알려 줄 수 있는 모든 메타데이터를 제공해야 합니다.

위 사항들이 가장 근본적인 REST의 제약 사항으로, 이런 연유로 Representational State Transfer라는 이름을 지니게 된 것입니다. 실제로 REST 인터페이스를 사용하는 것은 리소스 상태의 표현을 전송하는 것으로 구성됩니다.

이것들은 API 디자인에 대한 고려 사항과는 거리가 멀게 느껴질 수 있지만, 이러한 제약들은 일반적으로 모든 API 프로바이더와 특히 모든 API 디자이너들이 이해하고 있어야 합니다.

3.5.2 API 디자인에서의 REST 제약 사항이 미치는 영향

REST 아키텍처 스타일은 본래 월드 와이드 웹$^{World Wide Web}$과 HTTP 프로토콜을 위해서 만들어졌었습니다. 그렇지만 그 외에도 동일한 요건을 지닌 소프트웨어 아키텍처에도 적용할 수 있습니다. REST API 또는 RESTful한 API는 (광범위한 의미로 인터페이스와 구현 모두를 포함) REST 아키텍처 스타일의 제약 사항을 순응(아니면 순응하려 노력이라도)합니다. 이러한 제약 조건은 REST API뿐만 아니라 모든 타입의 API에도 많은 영향을 미칩니다. 이 중에 어떤 것들은 당장 이해하긴 어렵겠지만, 우리는 API 디자인의 다양한 측면을 조사하면서 이 책을 통해 지속해서 탐구해 나갈 것입니다. 만약 제가 여러분에게 우리가 이미 그중 세 곳을 탐험하기 시작했다고 말한다면 어떨까요? 이미 여러분도 모르는 사이에 말이죠.

지난 장에서 컨슈머 관점에 대해서 다루었던 것을 기억하시나요? 그림 3.36에서 볼 수 있듯, 그림 속에는 두 가지 REST 제약 조건이 포함되어 있습니다.

컨슈머의 관점을 탐험할 때, 우리는 API 프로바이더가 스스로의 일을 API 컨슈머에게 위임해서는 안 된다는 것을 보았습니다. Kitchen Radar 3000에서 마그네트론을 켜고 *끄던* 것처럼요. (2.1절 참고) 이 예제는 클라이언트/서버 제약 사항입니다.

▼ 그림 3.36 REST 제약 사항과 컨슈머 관점

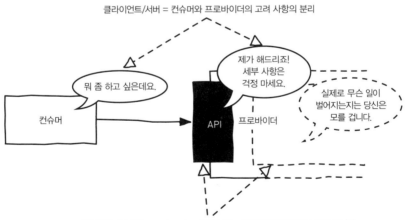

우리는 또한 API 컨슈머가 오직 프로바이더의 API만을 알고 인터페이스 뒤에서 무슨 일이 벌어지는지는 알 수 없다는 것을 봤습니다. 이전에 다루었던 레스토랑에서 음식을 주문한 고객이 부엌에서 무슨 일이 일어나는지 모르는 예시처럼 말입니다(1.2.2절 참조). 이는 레이어드 시스템$^{Layered system}$ 제약 사항이 무엇인

지를 보여 줍니다. 이러한 두 가지 제약조건과 대체적으로 컨슈머의 관점에 초점을 맞추면, 이해하기 쉽고, (재)사용이 용이하고, 발전하기 쉬운 API를 구축하는 데 도움이 될 것입니다.

또 그림 3.37에서 보여 주듯 3.2.3절과 3.2.4절에서 유니폼 인터페이스^{Uniform interface} 제약 사항을 살펴봤습니다.

▼ 그림 3.37 HTTP를 이용한 유니폼 인터페이스 API 생성하기

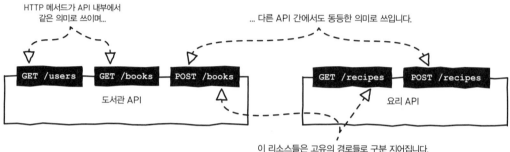

각 리소스는 고유한 경로로 구분됩니다. API 간에서 POST /resource-A 와 POST /resource-B는 같은 의미를 지닙니다. 무언가를 만든다는 뜻입니다. 고유한 경로와 가장 중요한 표준화된 HTTP 메서드들을 사용하여 목표들을 HTTP로 표현함으로써 유니폼 인터페이스를 만들게 되는데, 이는 해당 API 자체와 다른 API의 인터페이스와도 일치합니다. 이후 6장에서 유니폼 인터페이스의 다른 측면에 더욱 깊이있게 접근할 예정입니다. 다음 장에서는 REST 표현에 대해 더 논의할 것이며, 또 다른 제약 사항들(예를 들면, 스테이트리스, 캐시 가능성, 코드 온 디멘드)에 대해서도 이야기할 것입니다. 표 3.2는 이번 장에서 REST 아키텍쳐 스타일의 제약 사항에 관해 설명했던 사항의 복습 내용입니다.

▼ 표 3.2 웹 API 디자인의 REST 제약 사항

REST 제약 사항	책 속에서의 언급
클라이언트/서버 분리 제약 사항	2장. 2.1절
스테이트리스(Stateless) 제약 사항	5장. 5.3.4절
캐시 가능성(Cacheability) 제약 사항	10장. 10.2.2절
레이어드 시스템(Layered system) 제약 사항	1장. 1.2.2절
코드 온 디멘드(Code on demand) 제약 사항	5장. 5.3.2절
유니폼 인터페이스(Uniform interface) 제약 사항	3장. 3.2.3절. 3.2.4절, 6장

REST를 더 깊이 있게 다뤄보기

이 책은 여러분에게 API 디자인에 필요한 충분한 정보를 제공해 주지만 만약 REST 아키텍처 스타일에 더욱 깊이 이해하고 싶을 때 읽으면 좋은 문서가 두 개 있습니다. 첫 번째 문서는 필딩의 논문입니다. 〈아키텍처 스타일과 네트워크 기반 소프트웨어 아키텍처 설계〉는 캘리포니아 대학의 홈페이지(https://www.ics.uci.edu/~fielding/pubs/dissertation/top.htm)에서 제공하고 있습니다. 5장 "Representational State Transfer (REST)" 을 보시면 됩니다.

2000년대에 접어들면서 세상은 발전하기 시작했습니다. 그때부터 REST는 사용되기 시작해 오용되고, 남용됐습니다. 필딩과 다른 이들이 쓴 〈REST 아키텍처 스타일과 '모던 웹 아키텍처의 원칙적 디자인'에 대한 회고(Principled Design of the Modern Web Architecture)〉를 읽는 것도 추천합니다. (https://research.google.com/pubs/pub46310.html) 이 문서는 역사, 발전 그리고 REST의 단점과 여기서 파생된 다른 아키텍처 스타일들을 다룹니다.

미리 말씀드리면 이 문서들은 API 디자인에 관한 그 어떤 지침도 제공해 주지 않습니다.

다음 장에서는 프로그래밍 인터페이스를 구조적으로 묘사하는 방법을 탐험해 볼 겁니다. 이는 앞에서 디자인했던 사례처럼 API를 묘사하는 이유와 방법을 발견해가며 디자인한 것과 유사하게 진행할 것입니다.

요약

- REST API 표현은 목표와 리소스(경로)와 액션(HTTP 메서드)로 이루어집니다.

- 데이터를 디자인할 때는 반드시 object, array, string, number, date, boolean 타입 같은 포터블 데이터 타입을 사용해야 합니다.

- 하나의 API 개념은 컨텍스트가 다를 경우 마찬가지로 다른 데이터 표현을 가질 수 있습니다.

- 파라미터로 전달해야 하는 데이터를 컨슈머가 제공할 수 없다면, 여러분은 무언가를 놓친 겁니다.

- 종종 API 디자인을 하다가 사용자 편의성과 스펙 준수의 균형에서 디자인적 난관에 봉착하여 좌절하거나 실망하는 경우가 있을 겁니다. 이건 지극히 정상입니다.

4

API 명세 포맷을 이용한 API 디자인

> **이 장의 내용**
> - API 명세 포맷이란 무엇인가?
> - OpenAPI Specification(OAS)를 통한 REST API 설명

지난 장에서는 API 목표 캔버스를 통해서 수집했던 정보들을 이용해 기본적인 형태의 프로그래밍 인터페이스를 어떻게 디자인하는지 알아봤습니다. 쇼핑 API 예제에서 리소스, 액션, 파라미터, 리스폰스를 식별해 냈고 API의 데이터도 직접 디자인해 봤습니다. 이와 같은 작업들을 네모 박스와 화살표로 이루어진 그림과 표 몇 개로 해결했습니다.

이런 그림들과 표들은 브레인스토밍을 통해 API 목표를 프로그래밍 인터페이스에 어떻게 적용할 수 있는지에 대해 전반적인 아이디어를 얻을 수 있도록 도와줍니다. 그렇지만 프로그래밍 인터페이스에서 데이터를 정확하게 설명하고자 할 때는 API 명세 포맷을 이용하는 편이 더 간단하고 효율적입니다. 코드랑 유사한 표준화된 방법으로 API를 설명해 여러 가지 장점이 있기 때문입니다.

- 특히 프로젝트와 관련된 모든 사람들과 디자인을 공유할 때 좋습니다.
- 이 포맷을 아는 상태로 수많은 API 문서화 도구 중 하나라도 다뤄본 적이 있다면 쉽게 이해할 수 있습니다.

OAS^OpenAPI Specification는 널리 사용되는 REST 명세 포맷입니다. 이번 장에서는 우리는 OAS 포맷을 사용할 때 얻을 수 있는 혜택을 밝혀보기 위해서 기본적인 사항들을 함께 살펴볼 것입니다.

4.1 API 명세 포맷이란 무엇인가?

API 명세는 API의 세부 사항을 표현하기 위한 데이터 포맷입니다. 그림 4.1은 카탈로그에 상품을 추가하는 목표를 실행하는 프로그래밍 인터페이스가 명세 포맷을 통해 단순한 텍스트 파일 형태로 정리되는 모습을 보여 줍니다.

▼ 그림 4.1 API 명세 포맷을 이용해 프로그래밍 인터페이스 설명하기

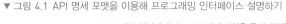
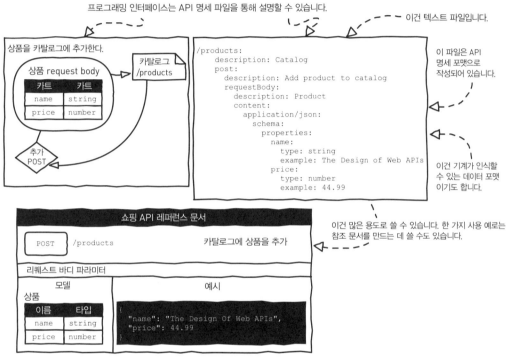

이 텍스트 파일은 데이터를 통해 우리가 표나 박스와 화살표 그림으로 설명했던 이야기를 해 주고 있습니다. 설명 문서의 상단에 따르자면, /products 리소스는 catalog 리소스를 표현하고 있음을 알 수 있습니다. 또한, 상품을 카탈로그에 추가하려면 POST를 이용하면 된다는 내용도 포함되어 있습니다. 마찬가지로 POST 동작의 requestBody(리퀘스트 바디)에 name과 price가 들어 있어야 한다는 내용도 포함되어 있습니다. 설명 문서에는 여기서 더 나아가 추가적인 정보도 포함하고 있습니다. 예를 들면 속성들의 예시 값을 포함하고 있습니다. 이러한 설명 파일을 단순한 텍스트 에디터로도 얼마든지 쉽게 만들 수 있습니다. 그렇지만 가장 중요한 점은 파일 자체가 데이터를 구조화해서 포함하고 있으므로 프로그램이 파일을 읽을 수 있고, 다른 무언가로 변환하기도 쉽다는 것입니다. 일반적인 사용 예시는 API 목표를 설명하는 참조 문서

를 생성할 때입니다. 여러분이 이 파일을 프로젝트에 연관된 사람들과 공유한다면 해당 인원들은 디자인 바탕으로 실제로 만들어져 나갈 것들에 대한 좋은 포괄적인 지식을 갖게 될 것입니다.

이 이야기만 하더라도 여러분의 흥미를 충분히 끌 수 있겠지만, 이건 빙산의 일각에 불과합니다. 이 간단한 텍스트 파일은 OAS를 사용하고 있습니다. API를 디자인할 때 이러한 포맷을 적용하는 것의 장점들을 다루기 전에 먼저 인기 있는 REST API 명세 포맷인 OAS를 좀 더 가까이서 살펴보겠습니다.

4.1.1 ⊡AS^{OpenAPI Specification} 소개

OAS^{OpenAPI Specificaction}는 프로그래밍 언어에 상관없이 사용하는 REST API 명세 포맷입니다. 이 포맷은 OpenAPI Initiative^{OAI}에서 내놓았으며, 포맷에 따르면, "…REST API를 기술하는 방법에 있어 표준화가 엄청난 가치를 가진다고 믿는 미래 지향적인 산업 전문가들로 구성된 컨소시엄에 의해 만들어졌다. OAI는 리눅스 재단 산하의 개방형 거버넌스 구조로서 벤더 중립적인 명세 포맷을 만들고, 발전시키고, 촉진하는 데 주력하고 있다."라고 합니다. OAS(https://openapis.org)는 커뮤니티가 만들어 가는 포맷입니다. 누구나 GitHub 레포지터리에서 기여할 수 있습니다.(https://github.com/OAI/OpenAPI-Specification).

OAS 대 스웨거(Swagger)

이전에는 스웨거라고 알려져 있던 명세는 2015년 11월 무렵 OAI로 기증되었고, 2016년에 OpenAPI Specification이라고 이름이 바뀌었습니다. 스웨거의 최신 버전(2.0)은 OpenAPI Specification 2.0입니다. 이후로도 계속 발전하여 이 책이 쓰이고 있는 시점인 현재에는 3.0 버전입니다.

스웨거 명세는 최초에 토니 탬^{Tony Tam}이 Wordnik에서 제품을 위한 API 문서화와 SDK^{Software Development Kit} 생성 자동화를 위해서 만들어졌습니다. 이 규격은 Swagger API라는 전체 프레임워크의 일부일 뿐이며, 코드 주석, 코드 생성기 또는 문서 사용자 인터페이스와 같은 도구와 스웨거 규격을 활용하는 도구로 구성되어 있습니다. Swagger 브랜드는 여전히 존재하며 OAS를 사용하여 API 도구를 제공하지만, 이 포맷에 대한 정보를 검색할 때 두 가지 이름이 모두 나올 수 있으니 참고하기 바랍니다.

그림 4.2 는 OAS 3.0 문서의 매우 기본적인 형태입니다. 이 OAS 문서는 YAML 데이터 포맷으로 작성되었습니다.

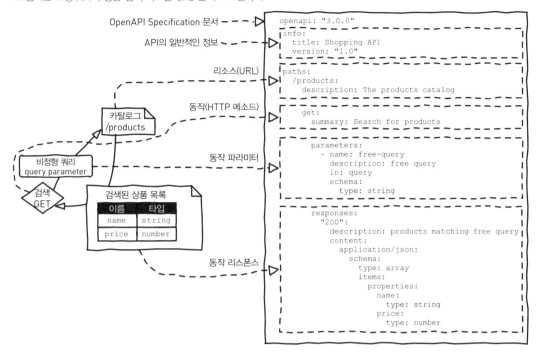

▼ 그림 4.2 쇼핑 API의 상품 검색 목표를 OAS 문서로 표현하기

OpenAPI Specification 문서

API의 일반적인 정보

리소스(URL)

동작(HTTP 메소드)

동작 파라미터

동작 리스폰스

```yaml
openapi: "3.0.0"

info:
  title: Shopping API
  version: "1.0"

paths:
  /products:
    description: The products catalog

    get:
      summary: Search for products

      parameters:
        - name: free-query
          description: free query
          in: query
          schema:
            type: string

      responses:
        "200":
          description: products matching free query
          content:
            application/json:
              schema:
                type: array
                items:
                  properties:
                    name:
                      type: string
                    price:
                      type: number
```

카탈로그
/products

비정형 쿼리
query parameter

검색
GET

검색된 상품 목록

이름	타입
name	string
price	number

YAML

YAML(YAML Ain't Markup Language)은 JSON처럼 사람이 이해하기 쉽게 쓰인 데이터 직렬화 포맷입니다. YAML(http://yaml.org)은 key / value 형태의 데이터 포맷입니다. 아래는 YAML과 JSON에 대한 비교입니다.

YAML

```
simple-property: a simple value

object-property:
 a-property: a value
 another-property: another value

array-property:
 - item-1-property-1: one
   item-1-property-2: 2
 - item-2-property-1: three
   item-2-property-2: 4
```

JSON

```
{
  "simple-property": "a simple value",

  "object-property": {
    "a-property": "a value",
    "another-property": "another value"
  },

  "array-of-objects": [
    { "item-1-property-1": "one",
      "item-1-property-2": 2 },
    { "item-2-property-1": "three",
      "item-2-property-2": 4 }
  ]
}
```

여기서 주의할 사항들은 다음과 같습니다.

- YAML에서 큰따옴표(" ")는 속성과 값에서 허용되지 않습니다.
- JSON의 구조는 중괄호({ })와 쉼표(,)로 구분 지어지지만 YAML에서는 줄바꿈과 들여쓰기로 대체됩니다.
- 배열에서 쓰던 대괄호([ ])와 쉼표(,)들은 YAML에서는 대시(-)와 줄바꿈으로 대체됩니다.
- JSON과 다르게 YAML은 문장의 시작에 해시마크(#)를 넣어 주석 처리가 가능합니다.

두 포맷 사이에서 전환하는 건 상대적으로 수월한 편입니다. 그렇지만 앞서 언급했던 것처럼 YAML을 JSON으로 변환하면 주석은 유실될 수 있습니다.

기본 OAS 문서는 API 이름이나 버전 같은 일반적인 정보를 제공합니다. 이 문서는 (경로를 통해 식별 가능한) 가용한 리소스와 리소스들의 가능한 HTTP로 메서드로 식별된 동작들(지난 장에서 다루었던 액션들), 그리고 파라미터와 리스폰스를 묘사합니다.

OAS 문서는 YAML이나 JSON으로 작성할 수 있는데, 어떤 포맷으로 작성하고 싶으십니까? 직접 문서를 작성하는 경우라면 개인적 의견으로 읽고 쓰기 좋은 YAML을 추천합니다.

이 책이 비록 OAS에 중점을 두고 있지만, 다른 REST API 명세 포맷도 존재합니다. OAS와 경쟁 구도에 있는 포맷으로 RAML과 Blueprint가 있습니다. 이 책에서는 OAS를 주로 설명하는데, 제가 늘 쓰는 포맷이기도 하며 동시에 커뮤니티 주도 프로젝트로 널리 쓰이고 있었기 때문입니다. 그래도, 이 책의 제목이 OpenAPI Specification in Action이 아니라는 점을 명심하기 바랍니다.

OAS와 그 생태계는 많은 기능을 제공하고 있으며, 이 책에서도 일부를 다룰 예정입니다만, 모든 내용을 다루기엔 지면이 부족합니다. 이 책에서 다루는 내용에 먼저 익숙해지고 난 뒤에 OAS 관련 문서(https://github.com/OAI/OpenAPI-Specification/tree/master/versions)를 읽어보시기를 권합니다. 그런 뒤에는 제가 만든 도구인 OpenAPI 지도(https://openapi-map.apihandyman.io/)를 이용해 명세를 이해하면 좋습니다.

여러분은 OAS와 같은 API 명세 포맷을 통해 텍스트 파일에 구조화된 데이터를 표현할 수 있습니다. 여전히 여러분은 워드프로세서나 스프레드시트 문서를 이용하여 같은 작업을 할 수도 있습니다. 그렇지만 저는 그런 선택은 하지 않길 권합니다. 그 이유를 같이 보겠습니다.

4.1.2 왜 API 명세 포맷을 사용해야 하는가?

실제로 여러분은 워드프로세서나 스프레드시트 문서를 사용해 프로그래밍 인터페이스를 설명할 수 있습니다. 이런 문서를 이용하면 다른 이들과 공유하기도 쉬울 겁니다. 그렇지만 이걸 쓰면 버전 관리를 쉽게 할수 있을까요? 이걸 쓰면 문서가 자동으로 생성될까요? 이걸 쓰면 문서에서 코드를 생성할 수 있을까요? 이걸 쓰면 문서를 바탕으로 API와 연관된 도구들을 설정할 수 있을까요? 이걸 쓰면...? 저는 이런 질문만으로도 한 페이지 이상을 채울 자신이 있습니다. API 설명 형식을 사용하면 특히 디자인 단계를 비롯한 API 라이프사이클 전체에 걸쳐 이점을 얻을 수 있습니다. 이런 장점은 단순히 프로바이더에게만 국한된 것이아니라 컨슈머들에게도 적용됩니다.

API를 코드를 작성하듯 효율적으로 쓸 수 있다

OAS 문서는 단순한 텍스트 파일로 코드처럼 Git 같은 버전 컨트롤 시스템에 쉽게 저장할 수 있습니다. 따라서 API 디자인을 반복하는 동안 간단하게 버전을 지정하고 수정 사항을 추적할 수 있습니다.

OAS 문서는 프로그래밍 인터페이스를 보다 효율적으로 설명할 수 있도록 도와줍니다. 여러분은 리소스, 동작, 파라미터, 리스폰스에 대해서 작성해야 합니다. 여러분은 재사용 가능한 컴포넌트(데이터 모델 등)를 정의할 수 있습니다. 이는 고통스럽고 위험천만한 API 명세의 복사 붙여넣기의 반복을 피하기 위함입니다.

OAS 문서를 작성할 때 선호하는 텍스트 에디터를 써도 좋지만, 특별히 OAS 포맷을 다루기 위해 만들어진 에디터를 추천합니다. 그림 4.3에 나온 온라인 스웨거 에디터^{Swagger Editor}(http://editor.swagger.io/)도 좋습니다.

▼ 그림 4.3 온라인 OAS 에디터인 스웨거 에디터

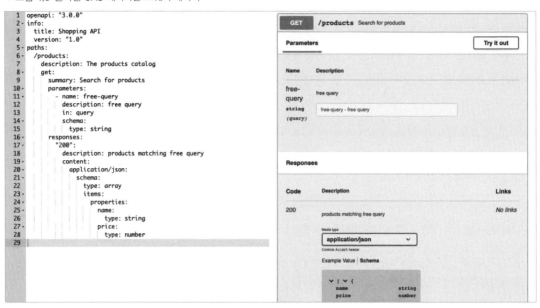

OAS는 기계가 해석할 수 있는 포맷으로 에디터가 자동완성이나 문서 검증 등을 해 주는 기능을 제공합니다. 또한, 오른쪽 패널에서는 보기 좋게 편집된 OAS 문서가 렌더링 되어 표시됩니다. 여기서는 사람이 읽기 좋은 표현으로 파라미터로 쓰이는 계층적인 데이터 구조나 리스폰스를 볼 수 있습니다. 여기서 제공되는 모델과 예시 값은 특히 유용합니다. 이 에디터는 오픈 소스 프로젝트이며, 소스 코드는 GitHub(https://github.com/swagger-api/swagger-editor)에서 보실 수 있습니다. 물론, 브라우저만 있으면 실행할 수 있다는 점이 아주 훌륭하지만 편집한 파일을 실제로 저장하거나 열고자 할 때 지속적으로 다운로드하거나 복사하여 붙여넣어야 해서 번거롭습니다. 그래서 저는 개인적으론 Microsoft Visual Studio Code 에디터에 Swagger Viewer 확장 프로그램(https://marketplace.visualstudio.com/items?itemName=Arjun.swagger-viewer)을 설치해서 쓰고 있습니다. 이 확장 프로그램은 스웨거의 UI 기반 미리 보기 패널을 제공하여 줍니다. 또 하나로 openapi-lint 확장 프로그램(https://marketplace.visualstudio.com/items?item-Name=mermade.openapi-lint)이 있습니다. 이 확장 프로그램은 자동완성과 검증 기능을 제공합니다. 이런 설정을 통해 온라인 에디터와 동일한 경험을 할 수 있을 뿐 아니라, 모든 작업을 여러분의 파일 위에서 즉각적으로 벌어지게 할 수 있습니다.

이렇게 프로그래밍 인터페이스를 어떤 코드를 작성할 필요 없이 만들어 낼 수 있는 API 디자인 도구들이 있다는 점에 주목하기 바랍니다. 이런 도구들은 협업을 위해서 흥미로운 기능들을 제공하곤 합니다. 이런 도구를 사용하고 싶으시다면, 그러셔도 좋습니다. 그러기 위해서는 여러분의 작업물이 알려진 API 명세 포맷으로 변환해 추출 가능한지 확인만 해 보시면 됩니다. 그렇지만 이런 도구가 있을지라도 OAS 문서 작성법을 알고 있다면 꽤 의미 있을 겁니다. 당장 필요가 없을지 몰라도, 언젠가 자신만의 도구를 만들기 위해 이런 포맷을 필요로 하는 날이 올 겁니다.

API 명세와 API 문서를 쉽게 공유할 수 있다

OAS 문서는 다른 팀이나 회사와 같은 타인에게 여러분의 디자인에 대해서 공유하고 피드백을 받기 쉬운 수단입니다. 내부에서만 통용되는 특정 포맷은 소수만 이해할 수 있지만, OAS 포맷은 널리 적용되어 많은 사람이 이해할 수 있습니다. 사람들은 온라인 스웨거 에디터나 그 외의 다른 API 도구들을 이용하여 문서를 불러와서 사용할 수 있습니다. 또는 반대로 OAS 문서에 친숙하지 않은 이들을 위해서 바로 이해하고 사용할 수 있는 친숙한 렌더링을 제공할 수도 있습니다. OAS 문서를 사용하여 사용 가능한 모든 리소스와 동작들을 보여 주는 API 참조 문서를 생성할 수도 있습니다. 그러기 위해서는 스웨거 UI(https://github.com/swagger-api/swagger-ui)를 사용하면 됩니다. 이는 기존에 스웨거 에디터가 오른쪽 패널에서 보여 주는 OAS 문서와 같습니다. 물론 스웨거가 아닌 OpenAPI 도구도 있습니다. 예를 들면 스웨거 UI의 대체재인 또 다른 오픈소스 프로젝트 ReDoc(https://github.com/Rebilly/ReDoc)이 있습니다. 그림 4.4는 ReDoc OpenApi 도구의 모습을 보여 줍니다.

▼ 그림 4.4 ReDoc을 통해 렌더링된 OAS 문서

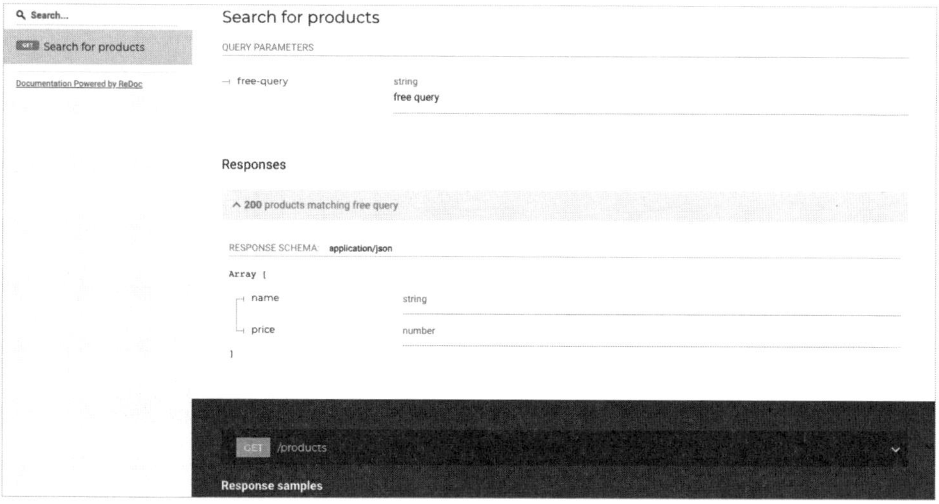

API 문서를 만드는 방법은 12장에서 OAS의 고급 사용법을 다루며 추가로 알아볼 예정입니다.

코드 생성 이상이 가능하다

API 명세 포맷으로 API를 표현했다면, 이 명세 포맷을 바탕으로 일부 구현 코드를 만들어 낼 수 있습니다. 여러분은 소스 코드의 내용이 없는 뼈대를 만들거나, 동작하는 목업을 만들 수도 있습니다. 컨슈머 역시 API를 소비하는 코드가 자동으로 생성되는 경험을 통해 기계가 읽을 수 있는 API 명세의 장점을 취할수 있습니다. 그리고 API 명세 포맷을 사용하게 될 경우, API나 보안 도구 테스트를 할 수 있으며, 이 외에도 다양한 API와 관계된 도구들을 쓸 수 있습니다. 예를 들면 API 게이트웨이 솔루션(보안성 있고 외부에 API를 제공하는 프록시 역할)은 OAS 같은 API 명세 파일로 설정할 수 있습니다.

> **Tip** ▶ https://openapi.tools/ 웹 사이트를 보시면 OAS 기반의 도구들을 통해 간단하게 OAS 생태계를 경험할 수 있습니다.

이러한 예제만 보아도 API 명세 포맷이 워드프로세서 또는 스프레드시트 문서보다 더 효율적인 방법임을 알 수 있습니다. OAS 문서는 그 외에도 여러 가지 다른 방법으로 사용될 수 있습니다.

4.1.3 API 명세 포맷을 사용해야 할 때

API 명세 포맷을 이용해서 API를 표현하기 전에, 그림 4.5처럼 지금이 API 명세 포맷을 사용하기 적절한 시기인지 한 번 생각해 봐야 합니다.

▼ 그림 4.5 API 명세 포맷을 사용해야 할 때

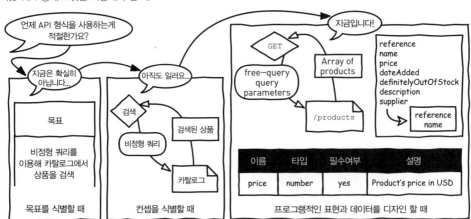

API 명세 포맷은 프로그래밍 인터페이스를 설명하기 위해 필요합니다. 그렇기에 API 목표를 식별하는 동안에는 필요하지 않습니다. 3장에서 배웠듯, API가 무엇을 제공할지 명확하게 모르는 상태로 프로그래밍 인터페이스를 디자인하겠다는 것은 끔찍한 생각입니다! 목표 뒤에 숨어 있는 컨셉들을 식별하려고 API 명세 포맷을 사용해서는 절대 안 됩니다. API 명세 포맷은 반드시 사용해야 합니다. 단, 목표와 컨셉, 데이터를 프로그래밍 가능한 표현으로 설계할 때 사용해야 합니다. REST API를 디자인할 때는, 리소스 경로와 HTTP 메서드로 액션을 묘사할 때 OAS를 사용할 수 있습니다. 이러한 요소만 포함하는 최소 파일을 만들 수 있습니다. 이 작업이 완료되면 API의 데이터에 대한 설명을 추가하여 문서를 완성할 수 있습니다. 그렇지만 프로젝트와 관련있는 모든 사람들이 코드와 유사한 형태의 포맷(가령 OAS)으로 API 디자인을 보는 데 익숙하진 않습니다. 그러므로 언제나 사람이 읽기 좋은 표현 수단으로 파일을 제공할 수 있는 방법을 제공해야 합니다. 이런 마음가짐으로 REST API 리소스들과 액션을 OAS를 이용해 표현해 보도록 하겠습니다.

4.2 OAS를 통한 API 리소스와 액션 설명

3장에서 프로그래밍 인터페이스로 API 목표를 변환할 때, 그림 4.6과 같이 리소스와 액션을 식별하고 경로와 HTTP 메서드로 표현했습니다.

▼ 그림 4.6 밑그림부터 OAS 문서까지

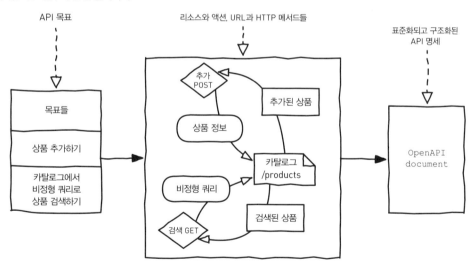

프로그래밍 인터페이스를 표현할 때는 박스와 화살표를 사용했습니다. 그렇지만 OAS를 이용하면 보다 구조화된 방법으로 표현할 수 있습니다. 완성된 문서는 그림과 정확히 같은 정보를 포함하고 있습니다. 다만, 이번에는 데이터가 구조화된 문서로 표현된다는 점이 다릅니다. 쇼핑 API를 설명하는 문서부터 시작해 보겠습니다.

4.2.1 OAS 문서 생성

다음 예시는 최소한의 내용만 포함되어 있어도 규격에 맞는 OAS 문서입니다. 이 문서는 OAS 문서 3.0.0 버전으로 작성되었습니다. 이 문서는 쇼핑 API 1.0 버전이란 API를 묘사하고 있습니다.

▼ 예제 4.1 규격에 맞는 최소한의 내용이 담긴 OAS 문서

```
openapi: "3.0.0"  ◀──────── OAS 버전
info:  ◀──────── API 일반 정보
  title: Shopping API
  version: "1.0"
paths: {}  ◀──────── 빈 경로
```

OAS 문서의 구조는 버전에 따라 발전하며, 파서는 openapi 버전 값을 이용해 적절한 방식으로 파싱합니다. 주의할 점은 명세^{openapi}의 버전과 API 버전^{info.version}의 숫자는 반드시 큰따옴표(" ")로 둘러싸야 합니다. 그렇지 않으면 OAS 파서가 이 숫자들과 문서를 검증하다 실패하게 되는데, 이는 두 속성이 문자열이어야 하기 때문입니다.

예시의 paths 속성은 문서를 규격을 맞추기 위해 들어갔습니다. (여기 값이 없으면 파서는 에러를 발생시킵니다.) path 속성은 API에서 리소스에 접근 가능한 값을 표현해 줍니다. 지금은 이 값을 { }로 지정했는데, 이를 통해 YAML로 어떻게 빈 객체를 묘사하는지 알 수 있습니다. 비어 있지 않은 오브젝트(예: info)들은 괄호가 필요 없습니다. 다음 절에서는 리소스를 추가하여 paths 속성을 채워 넣어 보겠습니다.

4.2.2 리소스 설명

상품 조회나 상품을 카탈로그에 추가 같은 목표를 다루기 위해 그림 4.7처럼 카탈로그 리소스를 식별했습니다. 이를 /products 경로를 이용해 표현하기로 했습니다.

▼ 그림 4.7 OAS 문서에 resource 추가하기

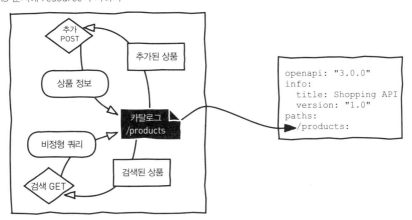

이 리소스를 OAS 문서로 설명하기 위해, 반드시 /products 경로를 paths 속성에 그림 4.7 (빈 괄호를 제거하는 것을 잊지 마세요!) 처럼 추가해야 합니다. 또한 다음 목록에 표시된 것처럼 리소스의 설명 속성을 사용하여 이 리소스 (제품 카탈로그)가 무엇인지 설명합니다.

예제 4.2 리소스 설명하기

```
openapi: "3.0.0"
info:
   title: Shopping API
   version: "1.0"
paths: ◀─────── API의 리소스
   /products: ◀─────── 리소스의 경로
      description: 상품 카탈로그 ◀─────── 리소스의 설명
```

description(설명)이 필수는 아닙니다. 하지만 API 리소스에 대한 설명을 제공하면 API의 전체 수명주기 동안 유용하게 쓰일 수 있습니다. 특히 코드를 작성할 때 좋습니다. 코드는 독자적으로도 이해할 수 있지만, 주석이나 JavaDoc, PHPDoc, JSDoc 이라던가 〈여러분이 좋아하는 언어〉의 Doc의 애노테이션들은 설명이 존재하면 자동으로 생성할 수 있으므로 코드를 읽는 다른 모든 이들이 환영할 것입니다.

API 명세의 설명은 다른 곳에서도 쓰일 것이기 때문에 문서화를 염두에 두고 API 명세 포맷을 작성하는 것은 매우 중요합니다. 디자인 단계와 이 전에 했던 작업을 연결을 유지하는 것은 특히 유용합니다. API 목표 캔버스나 식별된 컨셉이나 프로그래밍적으로 표현된 것들까지 모두 아울러서 말입니다. 또한, 이 디자

인을 공유하는 사람들이 더 쉽게 이해하도록 돕기도 합니다. (/products라는 리소스가 모두에게 카탈로그라는 의미로 받아들여지는 것은 아닐 것이기 때문입니다.)

OAS 문서에서 설명하는 리소스는 반드시 동작을 포함하고 있어야 합니다. 그렇지 않다면 문서는 유효하지 않습니다. 카탈로그의 리소스는 두 가지 목표를 지니고 있습니다. 상품을 검색하는 것과 상품을 추가하는 것입니다. OAS 문서에서 어떻게 동작을 설명할 수 있는지 살펴보도록 하겠습니다.

4.2.3 리소스의 동작 설명

우리는 3.2절에서 식별한 각 목표에 대한 모든 정보를 문서에 추가해 제공할 수 있습니다. 각각의 목표에 대해 우리는 그것이 실제로 사용하는 HTTP 메소드를 알고 있으며, 그림 4.8의 왼쪽에 표시된 것처럼 입력 및 출력에 대한 설명문이 있습니다.

▼ 그림 4.8 리소스의 액션을 추가하기

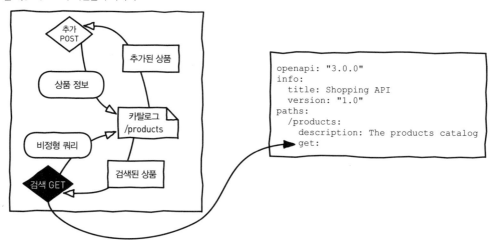

상품을 조회하는 것을 표현하기 위해서, 우리는 HTTP의 GET 메소드를 이용해서 카탈로그 리소스의 /products 경로를 사용하도록 선택했습니다. 이러한 액션은 비정형 질의 파라미터로 비정형 질의에 일치되는 상품을 찾아서 반환해 줍니다. 이 액션을 API 명세 포맷 상의 /products 리소스에 추가하기 위해서는 우리는 get 속성을 이용해야 합니다. 우리는 문서화 기능을 이용해서 GET /products 동작에 좀 더 자세한 정보를 제공할 수도 있습니다. summary 속성을 이용해서 상품을 조회한다 와 description 속성을 이용해서 카탈로그에서 비정형 질의를 이용해서 상품을 조회한다 라고 아래 예시처럼 표현할 수 있습니다.

예제 4.3 리소스의 액션을 설명하기

```
openapi: "3.0.0"
info:
  title: Shopping API
  version: "1.0"
paths:
  /products: ◄──────── 리소스
    description: 상품 카탈로그
    get: ◄──────── 액션의 HTTP 메서드
      summary: 상품을 검색한다 ◄──────── 액션의 짧은 설명
      description: | ◄──────── 액션의 긴 설명
        카탈로그에서 비정형 질의에 일치하는 상품을 찾는다.
```

summary 속성은 액션에 대한 짧은 설명이며, 구체적인 사항은 없습니다. API 목표 캔버스에서 식별된 목표에 대한 설명은 일반적으로 이 정도면 충분합니다. 그렇지만 description 속성을 이용해서 보다 상세한 설명을 제공해야 하는 액션도 간혹 있습니다. 여기에 비정형 질의를 파라미터로 이용한다는 사실을 써주면 됩니다. 주의할 점은 description 속성은 여러 행으로 존재한다는 점입니다. YAML에서 string 속성을 여러 행으로 작성 할 때 반드시 파이프(|) 문자로 시작해야 합니다.

OAS 문서에서 동작은 반드시 적어도 하나의 response 속성을 가지고 있어야 합니다. 예제 4.4처럼, 현재로서는 상품 조회 액션의 결과에 대한 틀에 얽매이지 않는 설명을 제공하기 위해 이 필수 응답을 사용할 것입니다. 우리는 responses 속성에 "200"이라는 응답 (HTTP 상태 코드 200 OK)를 추가할 것이고, 거기에 description으로 비정형 질의에 일치되는 상품들이라고 추가할 겁니다.

예제 4.4 액션의 리스폰스 설명하기

```
openapi: "3.0.0"
info:
  title: 쇼핑 API
  version: "1.0"
paths:
  /products:
    description: 상품 카탈로그
    get:
```

```
summary: 상품 조회
description: |
    카탈로그에서 비정형 질의 파라미터로
    조회한 상품들
responses:  ◄———— 액션 리스폰스 리스트
  "200":  ◄———— 200 OK HTTP 상태 리스폰스
    description: |  ◄———— 리스폰스의 설명
      비정형 질의에 일치하는 상품들
```

앞서 언급한 것처럼, 액션은 가능한 응답들을 responses 속성으로 표현합니다. 각 리스폰스는 HTTP 상태 코드로 식별되고 반드시 description 속성을 지니고 있어야 합니다. "200" 이란 속성은 HTTP 상태인 200 OK를 의미합니다. 이는 컨슈머에게 모든 것이 제대로 되었다는 의미를 말합니다. (상태 코드를 큰따옴표로 감싼 것을 눈치챘나요? YAML에서는 속성의 이름은 반드시 문자만 사용한다는 규칙이 있어 200도 문자로 표시했습니다.) 리스폰스의 description 속성은 모든 게 문제없는 상황일 경우, 비정형 질의에 일치하는 상품들이 반환됩니다. 가능한 액션을 통한 리스폰스들과 HTTP 상태 코드들에 대한 더 깊은 논의는 5장에서 다룰 예정입니다.

이 액션을 /products 리소스에 추가했습니다. 이제 OAS 문서가 유효합니다. 그렇지만 아직 끝나지는 않았습니다. 이 리소스에 대한 두 번째 액션이 남아있습니다. 상품을 추가하는 것입니다. 우리는 HTTP POST 액션을 상품을 카탈로그 리소스에 추가하는 액션으로 정했습니다. 이 액션은 약간의 상품 정보를 바탕으로 새로운 상품을 카탈로그에 추가하고 추가된 상품을 반환합니다. (그림 4.9 참조)

▼ 그림 4.9 리소스에 또 다른 액션 추가하기

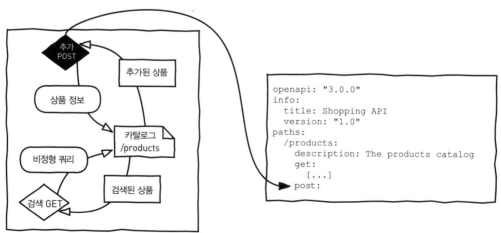

이 액션을 추가하기 위해서는, 앞서 했던 것과 거의 동일한 작업을 해야 합니다. 아래 예시는 이번에는 어떻게 해야 하는지를 보여 줍니다.

예제 4.5 다른 액션 설명하기

```
openapi: "3.0.0"
info:
  title: 쇼핑 API
  version: "1.0"
paths:
  /products: ◀──────── 리소스
    description: 상품 카탈로그
    get:
      summary: 상품 조회
      description: |
        카탈로그에서 비정형 질의 파라미터로
        조회한 상품들
      responses:
        "200":
          description: |
            비정형 질의에 일치하는 상품들
    post: ◀──────── 액션의 HTTP 메서드
      summary: 상품 추가 ◀──────── 액션의 요약 설명
      description: | ◀──────── 액션의 자세한 설명
        상품 정보 파라미터에 해당하는
        상품을 카탈로그에 추가
      responses: ◀──────── 액션의 응답 리스트
        "200": ◀──────── 200 OK 응답에 대한 설명
          description: | ◀──────── 카탈로그에 상품이 추가되었음
            카탈로그에 상품이 추가됨
```

우리는 /products 경로로 식별되는 카탈로그 리소스 하위에 post 속성을 추가했습니다. 우리는 요약^{summary} 속성을 이용해서 상품 추가와 설명^{description}을 통해 상품 정보 파라미터에 해당하는 상품을 카탈로그에 추가라는 설명을 달았습니다. 우리는 responses 속성 내부에 "200"을 추가했고 이것이 카탈로그에 상품이 추가되었음을 의미한다는 설명을 추가했습니다.

/products 리소스의 post 동작에 대한 설명이 이제 OAS 문서에 추가되었습니다. 이제 누구라도 이 문서를 본다면 요약, 설명, 그리고 리스폰스의 설명을 통해서 어떤 동작들이 가능한지 말할 수 있을 겁니다. 그림 4.10 에서 볼 수 있듯이 문서는 앞선 3.2절에서 식별된 정보와 동일한 내용을 포함하고 있습니다.

▼ 그림 4.10 초기 그림에 부합하는 OAS 문서

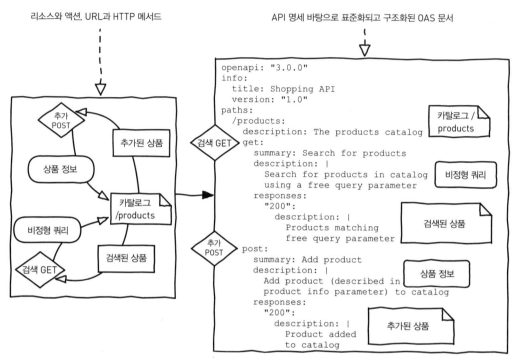

축하드립니다! 이제 리소스와 그 안에 속한 액션들을 OAS로 표현하는 기초적인 방법을 알게 되었습니다. 아직 문서가 완성되지는 않았지만, API에 대해 흥미로운 정보를 몇 가지 제공하고 있습니다. 우리는 규약에 맞고 구조화된 설명을 통해 리소스의 경로와 HTTP 메서드를 설명하였고, 각자의 목표들이 어떠한 액션을 통해 어떻게 동작하는지 알아낼 수 있게 되었습니다. 전부 description 속성 덕분에 가능해졌습니다.

그렇지만 이 문서는 단순히 어떠한 입력을 필요로 하고 어떤 결과가 출력되는지는 애매하게 설명하고 있습니다. 하지만 우린 이미 앞에서 이러한 입력과 출력에 대해서 상세하게 디자인을 해뒀습니다. 이제 OAS 문서에 어떻게 이러한 내용을 반영할 수 있는지 살펴보겠습니다.

4.3 OpenAPI와 JSON Schema로 API 데이터 표현하기

앞 장에서 우리는 식별된 목표에 부합하는 프로그래밍 인터페이스를 디자인했습니다. 리소스 경로와 HTTP 메서드를 정하는 것만으로 디자인 과정을 멈추지는 않았습니다. 3.3절에서 우리는 액션의 파라미터들과 리스폰스들을 전부 열거했습니다. 거기서는 데이터의 계층적 구조와 속성들에 대한 설명도 포함했습니다. (그림 4.11)

▼ 그림 4.11 그림과 표에서 상세한 OAS 문서로 변환하기

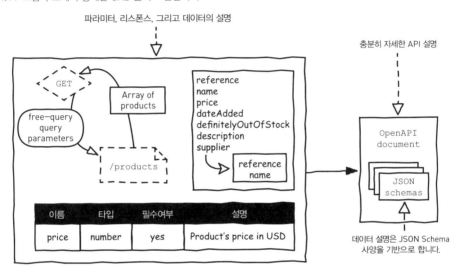

OAS는 JSON Schema 사양(http://json-schema.org/)을 기반으로 모든 데이터를 표현합니다. 예를 들면 쿼리 파라미터, 바디 파라미터, 또는 리스폰스의 바디 등을 말입니다. JSON Schema의 목표는 기계와 사람이 이해할 수 있도록 데이터를 설명할 수 있는 포맷을 제공하는 것입니다. 이를 통해 JSON Schema에 부합하지 않는 JSON 문서를 검증할 수 있으며, 데이터에 관한 설명 또한 JSON Schema로 할 수 있습니다. 이 포맷은 OAS와 독립적으로 사용하며 JSON 타입의 데이터에 대한 설명과 검증을 진행할 수 있습니다.

Note OAS는 JSON Schema의 하위 그룹을 도입해서 쓰고 있습니다. 이는 모든 JSON Schema의 기능을 사용할 수는 없다는 것을 의미합니다. 또한, 특정 OAS 기능들이 이 하위 그룹에 추가되었습니다.

이번 장에서 JSON Schema는 JSON Schema의 사양을 의미하며 JSON 스키마는 실제 데이터 스키마를 의미합니다. 같은 단어라도 영문으로 쓰인 Schema와 한글로 쓰인 스키마에 유의하기 바랍니다. 이제 API 데이터를 OAS와 JSON Schema를 통해 설명하는 법을 살펴보겠습니다. 우리는 상품을 쿼리 파라미터를 통해 조회하는 것부터 살펴볼 것입니다.

4.3.1 쿼리 파라미터 묘사

API 사용자가 상품을 조회하려면 찾고 있는 상품을 가리키는(그림 4.12) 비정형 질의 파라미터를 제공해야 합니다. 앞에서, 우리는 이 파라미터를 쿼리 파라미터로 만들기로 했고 그 이름을 free-query로 붙였습니다. 상품을 찾기 위해 API를 써야 하며, 컨슈머는 GET /products?free-query={free query} 와 같은 형태로 리퀘스트를 던져야 합니다. (예를 들면, GET /products?free-query=book)

▼ 그림 4.12 비정형 쿼리 파라미터를 이용해 상품 조회하기

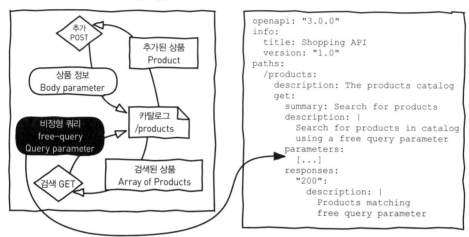

이 파라미터를 설명하기 위해서, 우리는 /products 리소스의 get 동작의 내부에 parameters라는 속성을 아래 예시와 같이 추가해야 합니다.

예제 4.6 파라미터 설명하기

```
openapi: "3.0.0"
info:
  title: 쇼핑 API
  version: "1.0"
paths:
  /products: ◄──── 리소스
    get: ◄──── 액션
      summary: 상품 조회
      description: |
        카탈로그에서 비정형 질의 파라미터로
        조회한 상품들
```

```
    parameters: ◄──────────── 액션의 파라미터 목록 (바디 제외)
    [...]
    responses:
      "200":
      description: |
          비정형 질의 파라미터에 부합하는 상품들
```

리소스 내의 액션이 바디 파라미터를 사용하지 않고 파라미터만 사용한다면 parameters 속성을 이용해야 합니다. 이럴 때는 파라미터를 표현하기 위해 이름^{name}을 free-query로 정해야 합니다. 아래 예시를 보겠습니다.

예제 4.7 쿼리 파라미터 설명하기

```
parameters:
- name: free-query ◄──────────── 파라미터 이름
  description: | ◄──────────── 파라미터 설명
      상품의 이름(name), 참조값(reference), 또는
      상품설명의 일부(partial description)
  in: query ◄──────────── 파라미터의 위치
  required: false ◄──────────── 파라미터의 필수여부
  schema: ◄──────────── 파라미터의 데이터 구조 설명
    type: string ◄──────────── 파라미터의 타입(string)
```

우리는 in 속성을 통해서 파라미터가 쿼리^{query} 안에 있음을 알려 주고 required 속성으로 필수는 아니라고 표현했습니다. 또 schema 속성을 통해 파라미터의 데이터 구조를 설명합니다. 이 스키마는 파라미터의 타입이 문자열^{string}인 것을 알려 주고 있습니다. description 속성은 상품의 이름, 참조 값, 또는 상품설명의 일부$^{partial description}$ 같은 부가 정보를 제공합니다.

parameters 속성은 리스트이거나 배열입니다. YAML에서는 배열이나 리스트에 속하는 개별 원소들은 대시(-)로 시작합니다. 파라미터를 설명하기 위해서, 우리는 적어도 세 가지 속성을 필요로 합니다. 이는 name, in, schema입니다. 이 파라미터의 설명은 또한 두 가지 선택적인 속성을 지니고 있는데, required와 description입니다.

파라미터의 name 속성은 실제 경로상 (products?free-query={free query})에서 보이는 파라미터의 이름을

의미합니다. in 속성은 파라미터가 어디에 위치하는지를 의미합니다. 이번의 경우에는, query 파라미터임을 나타내고 있습니다. 이는 경로의 맨 뒤에 ?(물음표) 다음에 위치한다는 의미입니다.

required 속성은 파라미터가 반드시 제공되어야 하는지, 아닌지를 나타냅니다. 만약 required 속성이 존재하지 않는다면 기본적으로는 false가 적용됩니다. 이는 파라미터가 필수가 아닌 선택 사항이라는 의미입니다. 즉, 파라미터가 필수가 아니면 required 속성은 적지 않아도 됩니다. 그렇지만, 파라미터가 선택 사항일지라도, required: false이라고 명시적으로 적어주는 편이 좋습니다. 이럴 경우, 여러분은 어떤 파라미터가 필수인지 아닌지 확실하게 고려하게 됩니다.

> **Tip** description은 선택 사항이지만, 언제나 내용을 채우는 편이 좋습니다. 파라미터의 이름만으로는 무엇을 기대하는지 확실하지 않은 경우들이 생각보다 제법 있습니다.

파라미터의 데이터 구조는 JSON 스키마의 schema 속성을 통해 설명됩니다. 앞서 언급했던 것처럼 JSON Schema는 OAS 문서에서 API의 데이터를 묘사하는 데 쓰입니다. 단순한 문자열 쿼리 파라미터부터 더 복잡한 구조인 바디 파라미터나 리스폰스를 설명하는 경우까지 JSON Schema를 사용할 수 있습니다. JSON Schema를 사용해 상품을 어떻게 설명할 수 있는지 3.3.1절에서 했던 디자인을 예로 살펴보겠습니다.

4.3.2 JSON Schema를 통한 데이터 묘사

그림 4.13처럼 기본적인 상품의 정보부터 다루겠습니다. 상품의 데이터는 reference, name, price 로 구성되어 있습니다. reference와 name 속성은 string 타입이고, price는 number 타입입니다.

▼ 그림 4.13 상품의 기본적인 데이터 구조 설명

상품 데이터의 설명

이름	타입
reference	문자열
name	문자열
price	숫자

상품 데이터의 예제

```
{
  "reference": "ISBN-9788931463224",
  "name": "The Design of Web APIs",
  "price": 44.99
}
```

앞에서 단순한 string 쿼리 파라미터를 JSON Schema로 표현할 때 type: string이라고 쓴다고 언급했습니다. 이제는 단순한 string이 아닌 상품을 나타내는 오브젝트^{object}를 표현하려 합니다. 이럴 경우 type의 값에 object라고 써주고 properties 속성에는 리스트 형태로 object가 지닌 속성을 열거해 주어야 합니다. 각각의 속성들은 이름^{name}과 타입^{type}이 있으며, 상세한 내용은 다음 예시를 참고하기 바랍니다.

예제 4.8 JSON Schema를 따르는 매우 기본적인 상품 데이터의 묘사

```
type: object ◄──────── 이 스키마는 오브젝트를 설명합니다.
properties: ◄──────── 이 안에는 속성이 있습니다.
  reference: ◄──────── 속성의 이름
    type: string ◄──────── 속성의 타입
  name: ◄──────── 속성의 이름
    type: string ◄──────── 속성의 타입
  price ◄──────── 속성의 이름
    type: number ◄──────── 속성의 타입
```

그렇지만 앞 장에서 API의 데이터에 대해 디자인하며 논의했던 내용을 되돌아보면, 여러분은 어떤 속성이든 필수 여부를 표시해야 한다는 걸 알고 있을 겁니다. 왜냐하면, reference, name, price 속성은 모두 필수이기 때문입니다. 예시를 들기 위해 부가적인 설명 description을 추가해 보겠습니다. (그림 4.14 참고)

▼ 그림 4.14 필수 여부 표시가 추가된 상품의 데이터 구조 설명

상품 데이터의 설명

이름	타입	필수여부
reference	문자열	예
name	문자열	예
price	숫자	예
description	문자열	아니오

상품 데이터의 예제

```
{
  "reference": "ISBN-9788931463224",
  "name": "The Design of Web APIs",
  "price": 44.99,
  "description": "A book about web API design"
}
```

이제 상품은 필수인 reference, name, price 속성과 선택 사항인 description 속성으로 구성되었습니다. 이를 JSON Schema에 표현하기 위해서는 required라는 속성에 위의 필수 사항인 속성 reference, name, price를 열거해 주어야 합니다. 이런 조치가 끝나면 아래 예시와 같아질 겁니다.

예제 4.9 상품의 필수 또는 선택 속성들

```
type: object
required: ◄──────── 필수 속성 리스트
  - reference
```

```
     - name
     - price
  properties:
    reference: ◄──────┐
      type: string    │
    name: ◄───────────┼──────── 필수인 속성들
      type: string    │
    price: ◄──────────┘
      type: number
    description: ◄───────────── 선택 사항인 속성
      type: string
```

JSON Schema를 사용하면 오브젝트에서 필수인 속성을 required 리스트를 통해 표시할 수 있습니다. 이 리스트에 속성의 이름이 포함되어 있다면, 해당 속성은 필수 속성이 되는 식입니다. 반대로 이 목록에 없는 모든 속성은 선택 속성으로 간주합니다. 위 예시의 경우에는 description만 선택적인 속성입니다.

우리가 만드는 스키마가 점점 정확해져 가고 있습니다. 그렇지만 상품의 리소스를 보면, 속성의 이름만 가지고는 충분히 설명 되지 않는 것들이 있습니다. 이제 오브젝트에 대한 설명으로 하나의 상품이라는 내용을 추가해 보겠습니다. 마찬가지로 상품 오브젝트의 reference라는 속성이 무엇인지 설명할 수 있을 것이며, 아래와 같이 속성값의 예시[example]들도 더 추가할 수 있을 겁니다. 다음 예시는 이런 설명들이 추가되었습니다.

예제 4.10 JSON Schema 문서화

```
type: object
description: ◄──────────── 하나의 상품 오브젝트의 설명
required:
  - reference
  - name
  - price
properties:
  reference:
    type: string
    description: ◄────────── 상품의 고유 식별자 속성의 설명
    example: ISBN-9788931463224 ◄────── 속성 값의 예시
  name:
```

```
    type: string
    example: The Design of Web APIs  ◀━━━━━ 속성 값의 예시
  price:
    type: number
    example: 44.99  ◀━━━━ 속성 값의 예시
  description:
    type: string
    example: A book about API design  ◀━━━━━ 속성 값의 예시
```

OAS와 마찬가지로 JSON Schema에는 유용한 문서화 기능들이 있습니다. 하나의 오브젝트와 거기에 속한 모든 속성은 설명을 추가할 수 있으며, 각 속성에는 예시 값을 추가할 수 있습니다.

여전히 부족한 점이 있습니다. 이전 장에서 디자인한 상품의 리소스는 단순 형태(숫자나 문자열)의 속성만을 지니고 있지 않습니다. 그림 4.15를 보겠습니다.

▼ 그림 4.15 공급자(supplier) 설명이 포함된 상품

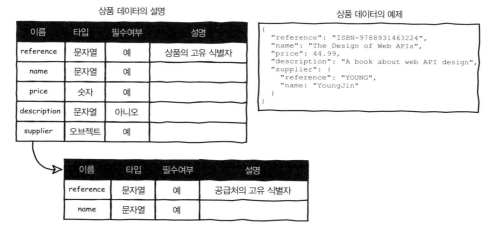

사실 복잡한 supplier 속성도 존재하며, 이는 필수입니다. supplier reference와 name으로 구성되며, 이 역시 필수입니다. 아래의 예시는 JSON Schema를 수정한 겁니다.

예제 4.11 JSON Schema로 복잡한 속성 묘사

```
type: object
description: A product
required:
    - reference
    - name
    - price
    - supplier        ◄─────── 공급처가 필수임
properties:
    reference:
        type: string
        description: Product's unique identifier
        example: ISBN-9788931463224
    name:
        type: string
        example: The Design of Web APIs
    price:
        type: number
        example: 44.99
    description:
        type: string
        example: A book about API design
    supplier:  ◄─────── 공급처 오브젝트 속성
        type: object
        description: Product's supplier
        required: ◄─────── 공급처의 필수 속성
            - reference
            - name
        properties:  ◄─────── 공급처 속성에 대한 설명
            reference:
                type: string
                description: Supplier's unique identifier
                example: YOUNG
            name:
                type: string
                example: YoungJin
```

supplier 속성을 상품의 JSON Schema에 추가하기 위해 다음 과정을 진행합니다. 먼저 properties 목록에 supplier를 추가해 이것이 object임을 명시합니다. 그리고 supplier를 구성하는 속성들과 내부적으로 필수인 속성 reference, name에 관해서도 설명을 추가합니다. 그런 뒤에 이 속성들에 대한 상세한 설명도 하나씩 추가합니다. supplier의 reference 속성을 설명하기 위해 type, description, example 속성을 제공합니다. supplier의 name 속성을 설명하기 위해서 마찬가지로 type과 example 속성을 제공합니다. 마지막으로 완성된 supplier 속성을 상품의 required 리스트에 추가합니다.

보다시피, JSON Schema로 데이터를 설명하는 것은 단순합니다. 어떠한 데이터 구조라도 이 포맷을 사용해서 묘사할 수 있습니다. 그렇지만 불행하게도 이 책에서 그에 관한 모든 기능을 다루지 않습니다. 만약 흥미가 있다면, OAS(https://github.com/OAI/OpenAPI-Specification/tree/master/versions)에서 Schema Object Description에 대한 자세한 내용을 읽기를 추천합니다. 그런 뒤에 JSON Schema 사양(http://json-schema.org/specification.html)도 보기를 권합니다. 이로써 JSON Schema를 이용해서 데이터 구조를 설명하는 법에 대해서 알게 되었습니다. 이제 상품 조회결과 리스폰스를 묘사하는 법을 다뤄보겠습니다.

4.3.3 리스폰스 묘사

사용자가 상품을 조회할 때, 서버로 제공된 비정형 질의에 일치하는 상품을 가져옵니다. (그림 4.16) GET /products?free-query={free query}와 같은 형태의 API 리퀘스트는 200 OK HTTP 상태 코드를 반환하고 응답 바디로 상품이 포함된 배열을 반환할 것입니다.

▼ 그림 4.16 상품 조회 응답의 묘사

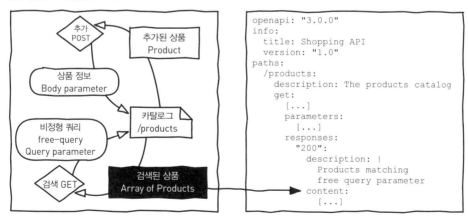

OAS 문서에서 동작 때문에 HTTP 리스폰스로 내려오는 바디에 대한 정의는 예제 4.12와 같이 content 속성에서 벌어집니다. content에 리스폰스 내용을 묘사할 때, 응답 바디에 포함되는 문서가 어떠한 미디어 타입$^{media\ type}$인지 표시해 주어야 합니다. 미디어 타입은 HTTP 리스폰스를 통해서 제공됩니다. 지금까지 앞에서 언급해왔던 것처럼 우리는 API가 반환하는 문서가 JSON이라고 이미 정했습니다. 따라서 응답에 application/json 이라고 표시해 주어야 합니다. (이와 관련된 HTTP 기능은 6장에서 다룰 예정입니다.)

예제 4.12 리스폰스의 데이터 묘사하기

```
openapi: "3.0.0"
info:
  title: 쇼핑 API
  version: "1.0"
paths:
  /products:
    get:
      summary: 상품 조회
      description: |
        비정형 질의 파라미터를 통한 상품 조회
      parameters:
        [...]
      responses:
        "200":
          description: 비정형 질의에 일치하는 상품들
          content: ◄─────── 리스폰스 바디의 정의
            application/json: ◄─────── 리스폰스 바디의 미디어 타입
              schema: ◄─────── 리스폰스 바디의 JSON Schema
                [...]
```

이 작업이 완료되면 예제 4.13 같이 JSON Schema를 사용하여 반환된 JSON 문서의 스키마를 설명할 수 있습니다. GET /products 액션은 상품의 배열을 반환합니다. 우리는 이미 JSON Schema를 이용해서 상품의 스키마를 표현하는 방법을 알고 있습니다. 그렇지만 상품의 배열은 어떻게 표현해야 하는 걸까요? 다음 예시를 보면 알 수 있듯이, 배열은 array 타입으로 표현할 수 있습니다. items 속성은 배열의 요소들의 스키마를 포함하고 있습니다. array는 상품들을 포함하고 있습니다. 이쯤에서 여러분은 우리가 전에 만들었던 상품의 JSON Schema를 떠올려야 합니다.

예제 4.13 상품의 배열 묘사하기

```
responses:
  "200":
    description: 비정형 질의에 일치하는 상품들
    content:
      application/json: ◄──────── 리스폰스 바디의 미디어 타입
        schema: ◄──────── 리스폰스 바디의 JSON 스키마
          type: array ◄──────── 리스폰스의 타입은 배열이다
          description: 상품의 배열
          items: ◄──────── 배열의 아이템 Schema
            type: object
            description: 하나의 상품
            required:
              - reference
              - name
              - price
              - supplier
            properties:
              reference:
                description: 상품을 식별하는 고유 ID
                type: string
              name:
                type: string
              price:
                description: 가격(USD)
                type: number
              description:
                type: string
              supplier:
                type: object
                description: 상품의 공급자
                required:
                - reference
                - name
                properties:
                  reference:
                    type: string
                  name:
                    type: string
```

다음은 JSON Schema에 맞추어 반환된 JSON 문서의 예시입니다.

예제 4.14 상품 배열의 JSON 예제

```
[
  {
    "reference": "123-456",
    "name": "a product",
    "price": 9.99,
    "supplier": {

      "reference": "S789",
      "name": "a supplier"
    }
  },
  {
    "reference": "234-567",
    "name": "another product",
    "price": 19.99,
    "supplier": {
      "reference": "S456",
      "name": "another supplier"
    }
  }
]
```

여러분도 보셨다시피 응답된 데이터를 표현하는 방법은 매우 단순합니다. 그리고 그거 아시나요? 바디 파라미터를 묘사하는 것도 마찬가지입니다.

4.3.4 바디 파라미터 묘사

상품 추가 액션을 같이 살펴보겠습니다. 상품을 카탈로그에 추가할 때 API의 사용자는 그림 4.17과 같이 서버로 전송하는 리퀘스트 바디에 상품의 일부 정보를 포함시켜 전달합니다.

▼ 그림 4.17 상품 추가 액션의 바디 파라미터 묘사하기

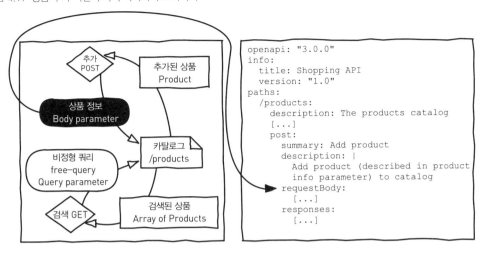

상품 추가의 바디 파라미터는 다음 예시에서 볼 수 있듯이 상품 조회를 묘사하는 것과 거의 같은 방식으로 수행됩니다.

예제 4.15 액션의 바디 파라미터 묘사하기

```
openapi: "3.0.0"
info:
  title: 쇼핑 API
  version: "1.0"
paths:
  /products:
  description: 상품 카탈로그
  [...]
  post:
    summary: 상품 추가
    description: 상품을 카탈로그에 추가한다
    requestBody: ◄──────── 바디 파라미터의 정의
      description: 상품의 정보 ◄──────── 바디 파라미터의 설명
      application/json: ◄──────── 바디 파라미터의 미디어 타입
        schema: ◄──────── 바디 파라미터의 스키마
          [...]
    responses:
      "200":
        description: 상품이 카탈로그에 추가 되었음
```

HTTP 리퀘스트의 바디 파라미터는 reqeustBody 속성에 묘사됩니다. 리스폰스의 바디처럼 바디 파라미터도 미디어 타입 application/json을 지니고 있으며, 콘텐츠는 JSON Schema로 표현됩니다. 파라미터들의 자세한 묘사는 아래 예시에서 볼 수 있습니다.

예제 4.16 바디 파라미터의 상세한 설명

```
requestBody:
  description: 상품의 정보
  content:
    application/json:
      schema:  ◄─────── 바디 파라미터의 스키마
        required:
          - name
          - price
          - supplierReference
        properties:
          name:
            type: string
          price:
            type: number
          description:
            type: string
          supplierReference:
            type: string
```

바디 파라미터의 스키마(또는 바디의 스키마)는 OAS로 표현되는 다른 데이터처럼 JSON Schema로 표현됩니다. 앞서 디자인했던, 상품을 추가하는데 필수적인 정보들은 name, price, supplierReference가 있습니다. description은 선택 사항입니다. 아래 예시는 JSON 문서의 모습에 대한 예시입니다.

예제 4.17 상품 정보 JSON 예시

```
{
  "name": "a product",
  "price": 9.99,
  "supplierReference": "S789"
}
```

어떠신가요? 예상하기 쉽지 않았나요? 왜일까요? 리퀘스트와 리스폰스의 바디를 묘사도 거의 같은 방법으로 진행하기 때문입니다. 다른 일을 하는 공통의 방법을 제공하는 것은 디자인의 기본 원리입니다. 이 접근 방식은 일의 시작에서 API 설명 형식에 이르기까지 모든 항목을 만들 때 사용자 친화적으로 사용하기에 편리합니다. 우리는 이런 방식에 대해서는 나중에 다룰 6장에서 더 깊이 있게 다룰 예정입니다.

카탈로그 리소스의 설명을 마치려면 상품의 추가에 대한 리스폰스의 설명만 마무리 지으면 됩니다. 어떻게 하는지는 앞에서 이미 배웠습니다. 우리는 액션의 리스폰스와 데이터를 표현하는 방법을 이미 알고 있습니다. 다행스럽게도 상품을 조회하고 상품을 추가하는 것 역시 같은 타입의 데이터를 이용합니다.

따라서 우리는 이미 JSON Schema로 리스폰스 데이터를 표현할 수 있습니다. 그렇지만 이미 배웠던 대로 한다면 우리는 상품의 OAS 문서에 정의한 JSON Schema를 중복해서 만들어야 합니다. 이런 경우에 대해 어떻게 효율적으로 처리할 수 있을지 살펴보겠습니다.

4.4 OAS에서 API를 효율적으로 묘사하기

API 명세 포맷의 세부내용을 살피다 보면 늘 유용한 팁과 트릭을 배울 수 있습니다. 여러분이 프로그래밍 언어를 배울 때와 똑같습니다. OAS 문서를 보다 보면 아래 두 가지는 기본적으로 배울 수 있습니다.

- JSON Schema, 파라미터, 리스폰스 등을 재사용하는 법
- 효율적으로 파라미터를 정의하는 법

4.4.1 컴포넌트 재사용하기

상품 조회하기와 상품 추가하기는 모두 상품 리소스를 반환합니다. 이렇게 같은 것을 두 번 쓰는 경우는 조금 답답할 수 있습니다. 다행스럽게도, OAS는 일부 컴포넌트들을 재사용할 수 있게 되어 있습니다. 이를 테면 스키마, 파라미터, 리스폰스 등을 재사용할 수 있습니다. 그러기 위해서는 reference라는 속성을 이용하면 됩니다. (그림 4.18)

▼ 그림 4.18 OAS 문서에서 재사용 가능한 컴포넌트 표시

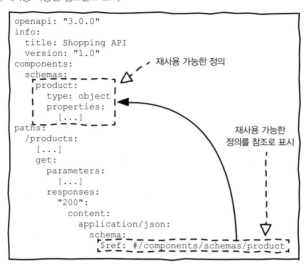

상품 리소스의 JSON Schema를 두 번 설명하지 않으려면 재사용 가능한 스키마로 선언만 하면 됩니다. 재사용 가능한 컴포넌트는 OAS 문서의 최상단 기준으로 components절에서 정의할 수 있습니다. 이 components절에 재사용이 가능한 스키마는 schemas에 정의됩니다. 이 속성은 재사용 가능한 컴포넌트를 JSON Schema의 형태로 포함하고 있습니다. 아래의 예시는 우리가 전에 생성했던 상품^product의 JSON Schema를 포함하고 있습니다.

예제 4.18 재사용 가능한 스키마 정의하기

```
openapi: "3.0.0"
[...]
components: ◄─────── 재사용 가능한 컴포넌트
  schemas: ◄─────── 재사용 가능한 스키마
    product: ◄─────── 재사용 가능한 스키마의 이름
      type: object ◄─────── JSON Schema
      description: 상품
      required:
        - reference
        - name
        - price
        - supplier
      properties:
```

```
reference:
   description: |
      상품의 고유 식별자
   type: string
name:
   type: string
price:
   description: 가격(USD)
   type: number
description:
   type: string
supplier:
   type: object
   description: Product's supplier
   required:
      - reference
      - name
   properties:
      reference:
         type: string
      name:
         type: string
```

이제 상품의 같은 JSON Schema를 중복해 정의하는 대신 JSON 참조를 이용해서 사전에 정의된 스키마라면 불러서 쓸 수 있습니다. JSON 참조는 속성의 이름이 $ref이고 해당하는 값은 URL입니다. 이 URL은 문서 안(또는 다른 문서)의 어떤 컴포넌트 경로든 지정할 수 있습니다. 이번의 경우에는 우리가 오직 로컬 컴포넌트만 쓰므로 우린 로컬 URL을 쓰면 됩니다. 필요로 하는 요소가 위치한 경로만 그림 4.19처럼 제공해 주면 됩니다. 여기서 상품[product]은 schemas에 있고, 문서 최상위인 components 하위에 있습니다.

▼ 그림 4.19 로컬 컴포넌트의 JSON 참조

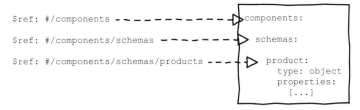

아래 예시는 어떻게 참조를 POST /products의 리스폰스에서 쓰는지 보여 줍니다.

예제 4.19 사전에 정의된 컴포넌트를 reference를 이용해서 사용하기

```
post:
  summary: 상품 추가
  description: 상품을 카탈로그에 추가한다
  [...]
  responses:
    "200":
      description: 카탈로그에 추가된 상품
      content:
        application/json:
          schema: ◄──────── 리스폰스의 스키마
            $ref: "#/components/schemas/product" ◄─────── 사전에 정의된 스키마를 참조
```

사용자가 카탈로그에 상품을 추가하면 사용자들은 추가된 상품을 반환받습니다. 그래서 리스폰스 스키마를 정의할 때 이전에 정의했던 상품 JSON Schema를 중복해서 재정의하는 대신, $ref 속성으로 기존에 정의된 스키마를 참조하는 값을 지정해 주면 됩니다. 상품 조회를 통해 배열 형태로 반환되는 상품 목록에서도 같은 방법으로 아래 예시와 같이 처리할 수 있습니다.

예제 4.20 사전정의된 컴포넌트를 배열의 참조로 이용하기

```
get:
  summary: 상품 조회
  description: |
    카탈로그에서 비정형 질의를 이용해서 조회(쿼리 파라미터)
  parameters:
    [...]
  responses:
    "200":
      description: 비정형 질의에 일치하는 상품들
      content:
        application/json:
          schema: ◄──────── 리스폰스 스키마
            type: array ◄─────── 배열
            items: ◄─────── 배열 속 아이템의 스키마
              $ref: "#/components/schemas/product"◄─────── 사전 정의된 스키마에 대한 참조
```

시전 정의된 스키마는 상품 배열이 아닌 상품만 설명하므로 여기서는 미리 정의된 스키마를 사용하여 배열의 items 스키마에 적용해야 합니다. 이전과 마찬가지로 스키마를 미리 정의된 스키마에 대한 참조($ref)로 교체하기만 하면 됩니다. 즉, 작성 시점에 내용을 정의하는 인라인 정의와 사전 정의된 내용에 대한 참조를 조합합니다. 필요하다면 사전 정의된 정의를 여러 개 사용할 수도 있습니다. /products 경로로 식별된 카탈로그 리소스와 get, post의 두 가지 액션에 대한 작업을 완료했습니다. OAS 및 JSON Schema 덕분에 풍성하고 효율적으로 설명할 수 있습니다. 마지막으로 한 가지 조사해야 할 사항이 남았습니다. 기본 REST API를 이용해 가변 경로를 사용하는 리소스를 설명하는 방법을 제대로 설명하기 위해 다시 한 번 OAS를 살펴보겠습니다.

4.4.2 패스 파라미터[Path parameter] 묘사하기

삭제[delete], 수정[update], 교체[replace]가 가능한 상품 리소스는 경로로 식별할 수 있습니다.(그림 4.20) 가져오기[get], 수정[update], 교체[replace]의 경우에서 같은 구조의 상품을 반환하듯, 마찬가지로 수정, 교체의 경우도 같은 구조의 파라미터를 사용합니다. 또한 /products/{productId} 경로에는 productId를 변수로 취급하는데, 이를 패스 파라미터[Path paramter]라고 합니다.

▼ 그림 4.20 상품 리소스와 가능한 액션들

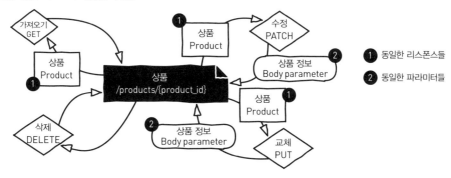

이미 우리는 GET /products?free-query={free query}를 예시로 파라미터를 액션 레벨에서 정의하는 방법을 배웠습니다. 따라서 동일한 과정을 통해서 DELETE /products/{productId}를 정의해 보겠습니다. 아래 OAS 문서에서는 delete 액션을 정의하고 있습니다.

```yaml
paths:
  /products:
  [...]
  /products/{productId}:    ◀──────── 상품 리소스와 파라미터
    description: 상품
    delete:    ◀──────── 상품 삭제 액션
      summary: 상품 삭제
      parameters:    ◀──────── 상품 삭제 액션의 파라미터들
        - name: productId    ◀──────── 패스 파라미터의 이름
          in: path    ◀──────── 파라미터의 위치
          required: true    ◀──────── 파라미터의 필수 여부
          description: 상품의 식별자
          schema:
            type: string
```

먼저 우리는 /products/{productId} 경로 정의를 product 리소스에 추가했습니다. 여러분이 볼 수 있듯 패스 파라미터는 {productId} 형태로 경로 안에서 식별됩니다. 그런 뒤에 우리는 이 패스 파라미터를 삭제 액션의 parameters 리스트에 추가했습니다. 이 파라미터는 다른 위치에 존재하는 parameters와 거의 동일하게 구성됩니다. 그렇기에 우리는 name(이름), location(위치), schema(스키마)를 정의해야 합니다. 파라미터의 name은 언급했던 것처럼 경로상에 중괄호로 감싸져야 하기에 productId를 그렇게 처리했습니다. 위의 예시에서 in은 어디에 속해있냐는 의미로 명백하게 path(패스)를 알려 주는 패스 파라미터입니다. 그리고 스키마에 선언된 파라미터의 타입은 바로 string입니다.

거의 다 왔습니다. 그렇지만 절대 잊어서는 안 될 일이 하나 있습니다. in은 패스 파라미터입니다. 따라서 이 파라미터의 필수[required] 여부를 반드시 true로 해 주어야 합니다. 그렇지 않으면 파서[parser]가 에러를 발생시킬 겁니다.

패스 파라미터를 정의하는 건 쿼리 파라미터를 정의하는 것과 큰 차이가 없습니다. 상품의 수정이나 교체 액션을 정의하려면 무엇이 필요할까요? 패스 파라미터를 같은 방식으로 정의할 수 있을 겁니다. 하지만 이 말은 곧 각각의 새로운 액션마다 패스 파라미터를 중복되게 생성한다는 의미입니다. 어떻게 해야 더 효율적으로 정의할 수 있을까요?

앞에서 OAS 문서의 components절에 대해 배웠습니다. 이 components절은 우리가 재사용 가능한 컴포넌트를 정의할 수 있게 해 줍니다. 여기에 재사용할 스키마, 리스폰스, 파라미터를 기술할 수 있습니다. 아래 예시는 이 components를 어떻게 활용하는지 보여 주고 있습니다.

예제 4.22 재사용 가능한 컴포넌트 묘사하기

```
components: ◀─────────── 재사용 가능한 컴포넌트
  parameters: ◀──────────── 재사용 가능한 파라미터
    productId: ◀──────────── 재사용 가능한 파라미터의 이름
      name: productId
      in: path
      required: true
      description: 상품의 참조값
      schema:
        type: string
```

재사용 가능한 파라미터를 정의하기 위해서는 재사용 가능한 스키마를 정의했던 작업과 똑같이 하면 됩니다. 재사용 가능한 컴포넌트는 OAS 문서 최상단의 components 절에서 정의할 수 있습니다. 여기서 각각의 파라미터들은 parameters 속성에 name을 통해서 식별됩니다. productId 속성에는 DELETE /products/{productId}에 대해 정의한 productId 패스 파라미터의 정의가 포함되어 있습니다.

간단하지 않습니까? JSON Schema처럼 우리는 이 사전 정의된 파라미터를 JSON 참조를 이용해서 아래 예시처럼 쓸 수 있습니다.

예제 4.23 사전 정의된 파라미터 사용하기

```
components:
  parameters:
    productId:
      [...] ◀──────── 패스 파라미터 정의
paths:
  /products:
  [...]
  /products/{productId}: ◀──────── 상품 리소스의 경로와 패스 파라미터
    delete:
      parameters:
```

```
      - $ref: #/components/parameters/productId ◄──────── 사전 정의된 파라미터의 참조
    [...]
  put:
    parameters:
      - $ref: #/components/parameters/productId ◄──────── 사전 정의된 파라미터의 참조
    [...]
  patch:
    parameters:
      - $ref: #/components/parameters/productId ◄──────── 사전 정의된 파라미터의 참조
    [...]
```

같은 파라미터를 세 번 반복해서 정의하는 대신에, 단순하게 $ref 속성을 이용해서 이미 정의한 파라미터 컴포넌트인 productId를 지정했습니다.

훨씬 보기 좋네요! 한 번 정의한 productId 파라미터가 다른 세 군데에서도 쓰이고 있습니다. 그런데 그거 아시나요? 이거보다 더 잘할 수 있습니다. 좀 더 엄밀하게 말하자면, productId 파라미터는 액션의 파라미터가 아니라, 사실 리소스의 파라미터입니다.

OAS 문서에서 파라미터는 액션 레벨에서만 정의할 수 있는 게 아니라 리소스 레벨에서도 정의할 수 있습니다. 다시 parameters절을 살펴보겠습니다. 이 절의 구조는 액션의 레벨과 완전히 똑같습니다. 모든 파라미터는 리소스 레벨에 정의되어 있고, 거기에 모든 액션이 아래에 정의되어 있습니다. 다음에 제시되는 예시를 살펴보자면, 우리의 문서를 더 단순화할 수 있는데, productId 패스 파라미터를 /products/{productId} 경로의 parameters절에 정의할 수 있습니다.

예제 4.24 리소스 레벨의 파라미터들

```
components:
  parameters:
    productId: ◄━━━━━━ 패스 파라미터 정의
      [...]
paths:
  /products:
  [...]
  /products/{productId}: ◄━━━━━ 상품 리소스의 패스 파라미터
    parameters: ◄━━━━━ 리소스 레벨 파라미터
      - $ref: #/components/parameters/productId ◄━━━━ 이미 정의한 파라미터에 대한 참조
    delete: ◄━━━━━ 더 이상 필요하지 않은 파라미터 정의
      [...]
    put: ◄━━━━━ 더 이상 필요하지 않은 파라미터 정의
      [...]
    patch: ◄━━━━━ 더 이상 필요하지 않은 파라미터 정의
      [...]
```

축하드립니다! 이제 OAS에 대해 발견한 모든 것을 이용해 상품 리소스의 액션에 대한 설명을 마무리 지을 수 있게 되었습니다. 그렇지만 더 중요한 것은 여러분은 이제 OAS를 이용해서 규격에 맞는 기본적인 REST API 문서를 작성해 프로젝트에 연관된 모든 구성원과 함께 공유할 수 있게 되었다는 사실입니다. OAS 문서에 대한 보다 상세한 내용을 보는 걸 주저하지 말기 바랍니다.(https://github.com/OAI/OpenAPI-Specification/tree/master/versions) 저의 OpenAPI Map(https://openapi-map.apihandyman.io/)도 사용해 보시기 바랍니다. 그리고 다른 기능들에 대해서도 탐험해 보길 바랍니다.

이번 장은 1부의 이야기를 마무리 짓기도 합니다. 여러분은 지금까지 API 디자인의 기본 기술들을 습득해 다음과 같은 것들을 알게 되었습니다.

- API는 무엇인가
- 컨슈머 관점에서 목표를 식별하는 방법
- 식별된 목표를 프로그래밍적인 관점으로 변화하는 방법
- 프로그래밍적인 관점을 OAS를 이용해서 문서화하는 방법

다음은 스킬을 향상시켜 모두가 별 어려움 없이 사용할 수 있는 API를 만들고자 합니다. 다음 장에서는 이해하기 쉬운 API를 디자인하는 방법을 조사함으로써 API의 사용성^{usability}에 대해 심도 있게 다룰 겁니다.

> **요약**
>
> - API 명세 포맷은 프로그래밍 인터페이스를 단순하고 구조화된 방식으로 설명하고 공유하는 방법입니다.
> - API 명세 문서는 기계가 읽을 수 있어 다양하게 사용할 수 있습니다. 한 예로 API 참조 문서를 자동으로 만들 수도 있습니다.
> - API 명세 포맷은 API의 프로그래밍적인 표현과 데이터에 대해서 충분한 디자인을 거친 이후에 사용해야 합니다. 그전에는 고려하지 마세요.
> - API 명세 포맷의 문서 기능을 사용해서 여러 가지 장점을 누리시기 바랍니다. API 명세 포맷의 공식 문서를 더 살펴보고 효율적인 방법을 습득하기 바랍니다. 특히, 컴포넌트의 재사용을 많이 활용하길 바랍니다.

2 부

사용하기 좋은
API 디자인

사람들은 API가 단순히 동작하는 것보다 그 이상을 원합니다. 사용하기 어려운 API에 가치란 없습니다. API가 사용성이 좋다면 사용하는 데 필요한 시간이 더 줄어들며, 많은 선택을 받게 될 겁니다.

일상에서 만나는 모든 사물이 그렇듯, API 역시 사용성이 중요합니다. 프로바이더 관점을 최대한 피하더라도 Kitchen Radar 3000 같은 끔찍한 API 디자인이 탄생할 수 있습니다! 다행히 우린 일상 속 사물을 관찰하며 사용성의 기본 원리를 배울 수 있습니다. 컨슈머는 API를 언제 사용해야 할지 고민하고 싶어 하지 않습니다. 매우 직설적인 디자인과 간결하고 체계적인 목표로 구성된 API를 원합니다. 표준과 일반적인 관행을 준수하는 API를 디자인해 필요한 모든 것을 알려줘 사용자가 마치 집에 있는 것 같은 데자뷔(déjà-vu)를 느낄 수 있도록 해야 합니다.

5

직관적인 API 디자인하기

지금까지 API가 어떤 방식으로 실제로 컨슈머의 목표를 달성할 수 있게 해 줄 수 있는지 배웠습니다. API 디자인의 핵심 기초를 이해하게 되셨군요. 그렇지만 불행하게도 기초에 의존한다고 컨슈머에게 실제로 "쓸모있는 API"를 제공할 수 있는 건 아닙니다. 그림 5.1에 보이는 UDRC 1138 기억하시나요? 주어진 일을 수행하기만 할 뿐 끔찍한 인터페이스 디자인이 돌아왔습니다.

▼ 그림 5.1 그저 주어진 일을 수행하기만 할 뿐인 끔찍한 인터페이스

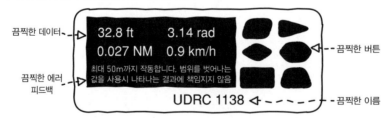

만약 일상 속 사물 중에 낯선 것을 마주하면 여러분은 어떻게 하나요? 먼저 관찰을 합니다. 그리고 사물의 목적과 현재 상태, 어떻게 동작하는지 등을 이해하기 위해 형태와 라벨, 아이콘, 버튼 또는 기타 조작 수단을 분석할 겁니다. 사물로 이루고자 하는 바를 달성하기 위해서는 무언가를 입력하거나 응답을 수신해야 할 때도 있습니다. 이 중 하나라도 불확실한 상황은 바라지 않을 겁니다. 과정 중의 하나도 빠짐없이 명백

해야 합니다. 여러분은 시간을 낭비하기 원하지 않으며, 그렇기에 모든 것들은 신속하고 효율적으로 처리되어야만 합니다. 우리는 일상 속 사물에 가급적이면 복잡하지 않은, 명료한 경험을 바랄 겁니다. 장담컨대 UDRC 1138 같은 인터페이스를 더 접하고 싶은 사람은 없을 겁니다. 이것이 **사용성**의 기본입니다. API도 마찬가지로 그 기본을 지켜야 합니다.

사람들은 API에 사용성을 기대합니다. 그들은 직관적인 표현과 직관적인 상호작용과 직관적인 흐름[Flow]을 기대합니다. 우리는 일상적 사물을 다양한 상황에서 관찰함으로써 사용성에 대한 기본 원리를 발견한 다음, 그 원리를 API 설계에 적용하고자 합니다. 우리는 지금부터 가상의 은행에서 가상의 소매 은행 API를 제공해 볼 겁니다. 예를 들어, 잔액이나 거래와 같은 현재 계좌에 대한 정보를 얻고 한 계좌에서 다른 계좌로 돈을 송금하는 동작을 하는 모바일 은행 애플리케이션이 사용하는 API입니다. 먼저 이러한 목적에 부합하는 표현들을 만드는 법부터 배워보겠습니다.

5.1 직관적인 표현

디자이너의 컨셉과 정보의 표현 방법에 대한 의사결정에 따라 사용성이 엄청나게 증가 또는 감소하는 경우를 보겠습니다. 우리가 2장에서 배웠듯 사용성의 첫 단계는 프로바이더 관점을 피하고 컨슈머 관점에 집중하는 것입니다. 표현을 간단하게 하기 위해서는 몇 가지 다른 부분들도 고려해야 합니다. 간단한 알람 시계의 예시를 통해서 무엇인지 알아보도록 하겠습니다.

그림 5.2에서 알람 시계의 외형을 바꿔보겠습니다. 우리에게 익숙한 현재 표현을 사용하기 어려운 형태로 만들면 어떻게 되는지 보겠습니다.

▼ 그림 5.2 알람 시계의 사용성을 엉망으로 만들기

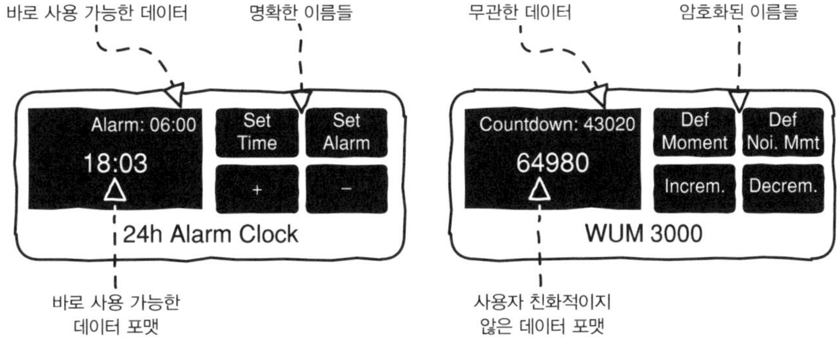

우선 목적을 전혀 상상할 수도 없는 이름으로 바꿀 수 있습니다. 24시간 알람 시계는 이제 WUM 3000입니다. Set Time, Set Alarm, +, − 버튼을 각각 Def Moment^{Define Moment}, Def Noi. Mnt^{Define Noise Moment}, Increm^{Increment}, Decrem^{Decrement}로 바꿨습니다. 여기에 더해 사용자 친화적인 현재 시간 포맷을 자정부터 지금까지 흐른 초를 표시하도록 변경하겠습니다. 즉 18:03은 이제 64,980로 바뀝니다. 마지막으로 알람 시간을 표시하지만 별로 유용하지 못한 형태로 바꿔보겠습니다. 이제 알람 시간까지 남은 초를 카운트다운으로 보여 줍니다. 예를 들자면, 현재 시간이 오후 6시 3분이고 알람 시간은 오전 6시라면 화면은 알람 시간까지 남은 초인 43,020초를 보여 줄 겁니다. (카운트다운 되는 겁니다.)

WUM 3000도 일반적인 24시간 알람 시계와 마찬가지로 내부의 복잡성을 노출하지는 않습니다. 둘 다 시간을 보여 주며 더 중요하게도 정해진 시간에 끔찍한 소리를 냅니다. 그렇지만 표현은 미묘하게 다릅니다. 그리고 이 차이가 사용성의 차이를 만듭니다. 24시간 알람 시계는 사용자가 이 장치가 무엇인지 이해할 수 있고, 현재 상태가 어떤지, 어떻게 사용하는지는 라벨과 버튼, 디스플레이의 글씨만 읽으면 알 수 있어 편하게 사용할 수 있습니다. 반면에, WUM 3000의 경우에는 장치를 구성하고 있는 요소가 모두 암호처럼 난해하고 혼란스러워 사용성이 많이 떨어집니다.

API도 마찬가지입니다. 이름, 데이터 포맷 및 데이터와 관련된 여러분의 의사결정은 API의 사용성을 크게 향상시킬 수도 반대로 크게 손상시킬 수 있습니다. 우리는 이미 디자인하는 방법을 알고 있습니다. 컨슈머 관점에 초점을 맞추고 사용자를 염두에 두고 설계하면서 선택한 표현이 합리적인지 그리고 컨슈머가 쉽게 이해할 수 있는지 고려하기만 하면 됩니다. 이러한 주제들을 좀 더 자세히 살펴보고 간단한 표현을 만드는 방법을 자세히 알아보겠습니다.

5.1.1 명확한 이름 정하기

WUM 3000이라는 이름만으로 무엇인지 알아내는 건 사실상 불가능하며, 마찬가지로 Def Moment와 Def Noi. Mnt 버튼들이 무엇을 의미하는지는 알 방도가 없습니다. 만약 이름이 24시간 알람 시계였다면… 알람 시계란 건 알 수 있었을 겁니다. 코드화된 이름과 어색한 표현들, 그리고 암호에 가까운 약어들은 일상 속 사물마저도 혼란스럽게 만들어 낼 수 있습니다. API에서도 같은 일이 벌어질 수 있습니다.

여러분이 API 목표 캔버스를 이용해 필요한 것들을 분석할 때, 입력과 출력의 이름도 정해야 합니다. 이 입력과 출력은 리소스와 리스폰스 또는 파라미터로 표현되며, 이들은 모두 저마다의 이름을 갖고 있어야 합니다. 이러한 요소들은 속성을 지니고 있는데, 여기도 이름이 있어야 합니다. 이 모든 것들을 OpenAPI Specification^{OAS} 같은 것으로 표현하게 되면, 여러분은 JSON Schema로 재사용 가능한 이름을 정해야 합니다. 여러분이 어떠한 API 스타일을 선택하느냐에 따라서 목표는 함수로 표현될 수도 있으며 이 또한 마찬가지로 이름을 가져야 합니다. 이처럼 모든 것에는 이름이 존재합니다. 그렇다면 이름은 어떻게 정해야 할까요?

2.2.2절에서 컨슈머와 프로바이더의 관점에 대해 알아봤습니다. 이름은 반드시 컨슈머 입장에서 의미가 있는 것으로 정해야 한다는 건 이미 배웠습니다. 그렇지만 그 사실을 알고 있음에도, 이름을 정할 때는 반드시 신중을 거듭해야 합니다.

이를 위해서 가상의 금융 회사에서 현재 계좌에는 옵션인 초과 인출 제한 기능이 있다고 가정해 보겠습니다. 초과 인출 제한이 활성화되어 있을 때 고객이 초과 인출을 시도할 경우 수수료가 발생하지 않습니다. 이 회사에서 제공하는 은행 API에서 정보를 가져오는 과정에서 이 옵션이 활성화 또는 비활성화되어 있는지 이해하는 것은 흥미로운 주제일 수 있습니다. 그림 5.3은 이를 API로 어떻게 표현하는지 보여 주고 있습니다.

▼ 그림 5.3 속성의 이름 짓기

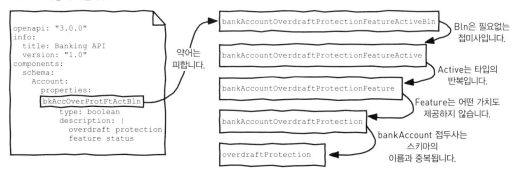

첫 번째 아이디어는 bkAccOverProtFtActBln이라는 이름을 가진 boolean 속성입니다. 이 속성의 값이 true일 경우 기능은 활성화되고 false라면 그 반대 상황이 벌어집니다. Boolean으로 값을 취급하는 건 충분히 납득할 만하지만, bkAccOverProtFtActBln라는 속성 이름은 아무리 봐도 사용자 친화적으로 느껴지진 않습니다. 약어를 사용하면 보통은 이해하기 어렵기 때문에 좋은 생각이 아닙니다. (그렇지만 max나 min 같은 일상적으로 쓰이는 약어는 괜찮습니다. 이런 약어들에 대해서는 6.1.3절에서 다시 다루겠습니다.)

약어를 덜어내고, 이제 이 속성의 이름은 bankAccountOverdraftProtectionFeatureActiveBln이 되었습니다. 덜 암호같고 읽을만한 이름이 되었습니다. 그렇지만 너무 깁니다. 이제 이해하기 쉬운 동시에 더 나은 대안을 찾아내는 방법을 다뤄보겠습니다.

Bln 접미사는 이 속성이 Boolean 값임을 의미합니다. 어떤 코딩 규칙은 이렇게 접두사나 접미사를 붙이기를 권장합니다. (예: bln, dto, sz, o, m_) 기술적인 이유로 속성이나 클래스나 구조를 설명하려는 목적 때문입니다. 이미 프로바이더의 관점에 대해 인지하고 있는 여러분은 이런 식으로 내부 코딩 규칙을 노출하는 것은 현명하지 못할 수도 있다는 생각이 들었을 것입니다. 그렇지만 프로바이더 관점을 배제하더라도 이런 기술적 디테일은 컨슈머에게 유의미한 역할을 하지 않을까요? 물론 아닙니다.

컨슈머들은 API 문서를 통해 이런 사항들을 알 수 있습니다. 문서에는 이 속성이 Boolean값이라고 명시되어 있을 겁니다. API를 테스트를 하다 보면, 속성이 주는 값이 true와 false 밖에 없다는 사실도 금방 눈치 챌 것입니다. 따라서 우리는 이 속성의 이름을 좀 줄여서 bankAccountOverdraftProtectionFeatureActive로 변경할 수 있습니다.

마찬가지로 속성이 Boolean이라는 사실을 API 컨슈머가 알고 있으므로 Active라는 접미사도 제거할 수 있습니다. Active는 Boolean이나 다를 것 없는 표현입니다. 게다가 유용한 정보를 지니고 있지도 않습니다. 그러므로 한 번 더 줄여서 bankAccountOverdraftProtectionFeature로 줄일 수 있습니다.

유용한 정보에 대해 이야기해서 말인데, Feature라는 단어에 무슨 의미가 있어 보이나요? 그다지 큰 의미는 없는 것 같습니다. 기능적인 관점에서, 은행 계좌의 재산/서비스라고 간단히 명시되어 있을 뿐입니다. 이런 설명은 문서에서 충분히 설명할 수 있습니다. 속성의 이름을 더 줄여서 bankAccountOverdraftProtection 로 만들겠습니다.

마지막으로 이 속성이 은행 계좌^{bank account}에 종속되는 것은 당연한 이야기입니다. 따라서 이렇게 당연한 내용을 군이 포함할 필요가 없겠죠. 이런 과정을 통해서 이름은 overdraftProtection으로 단순화 할 수 있습니다. 일곱 단어를 두 단어로 줄였습니다.

> **Tip** 이름을 정할 때는 (그 목적이 무엇이건) 세 단어에서 두 단어의 조합까지만 하기를 권합니다.

기본적으로 우리는 컨슈머들이 쉽게 이해할 수 있는 이름을 짓기 위해서 대상을 포함하는 컨텍스트를 이용하여 짧고 분명한 이름을 지었습니다. 또한, 약어를 피했으며, 내부의 코딩 규칙이 노출되는 것 또한 피했습니다. 리소스, 파라미터, 속성, JSON Schema 또는 여러분이 이름 짓고자 하는 어떤 것이든 명확한 이름을 지을 때는 이것만 기억하면 됩니다.

종종 API를 디자인할 때 선택하는 이름 중 일부는 데이터를 식별할 때 유용할 수도 있습니다. 방금 우리가 봤듯 overdraftProtection이라는 Boolean 속성은 데이터 타입을 이해하는 데 큰 도움을 줍니다.

5.1.2 사용하기 쉬운 데이터 타입과 포맷 정하기

WUM 3000은 우리에게 부적절한 데이터의 표현이 사용성을 망친다는 것을 보여 줬습니다. 64,980이라는 값은 아무리 봐도 시간 같다는 생각이 들지 않았습니다. 혹여나 사용자가 이 숫자를 초로 표현한 시간이라는 걸 알더라도 진정한 의미를 파악하기 위해서는 암호를 풀듯 계산을 통해 난해한 정보를 해독해 내야만 합니다. 결과적으로 18:03이 나오겠네요. 컨텍스트가 너무 빈약합니다. 이처럼 잘못된 데이터 타입이나 포맷은 사용자의 이해와 사용성을 저해시킵니다.

하지만 그건 일상 속 사물을 예로 들어서 그런 겁니다. API에서 데이터는 단순히 소프트웨어가 처리를 위해 존재할 뿐만 아니라 결국 완벽하게 다른 형태로 변환도 가능합니다. 필요하다면 데이터는 최종 사용자에게 보여 줄 때 알맞은 형태로 변환해 줄 수도 있습니다. 그런데도 왜 군이 API를 디자인할 때 데이터 타입과 포맷을 신경 써야 하는 걸까요?

우리는 API 역시 사용자 인터페이스^{User Interface}라는 사실에서 멀어져서는 안 됩니다. 개발자는 API를 이해하고 사용하기 위해 이름뿐만 아니라 API의 데이터에도 의존합니다. 개발자들이 API를 이해하기 위해서 샘플 리퀘스트나 리스폰스를 분석하는 건 매우 당연한 일입니다. 이들은 API를 수동으로 호출하거나 그들이 작성한 학습 코드나 테스트 코드나 디버깅 중에 반환된 데이터를 분석할 수도 있습니다. 이를 위해서는 기본적으로 데이터를 이해할 수 있어야 합니다. 만약 API가 복잡하고 암호화된 데이터 포맷만을 사용한다면, 위에 언급한 과정들은 매우 힘들어질 겁니다. 따라서 이름은 첫눈에 이해할 수 있어야 하듯, API가 사용하는 원시 데이터^{raw data}는 개발자들이 명확히 이해할 수 있어야만 합니다.

> **Tip** API를 디자인할 때 적절한 데이터 포맷을 선택하는 것은 API를 명시적으로 표현하기 위해 적절한 이름을 선택하는 것만큼 중요합니다.

3.3.1절에서 봤듯이 API는 기본적으로 포터블 데이터 타입(string, number, boolean 등)을 사용해야 합니다. 속성의 타입을 정하는 방법은 비교적 간단합니다. 앞선 절에서 우리가 은행 계좌 컨셉으로 디자인을 했던 내용으로 돌아가 본다면, 계좌의 이름^{name}이나 잔액^{balance}을 추가하는 건 쉬운 일입니다. 그리고 계좌의 name은 분명히 string일 것이고, balance는 number 일 겁니다. 그렇지만 어떤 경우에는 데이터 타입과 포맷을 정하는 데 있어서 사람이 이해하기 쉽도록 디자인하기 위해서는 그림 5.4처럼 주의해야 하는 때도 있습니다. 그림은 은행 계좌에서 사용될 두 가지 형태의 데이터를 보여 주고 있습니다. 왼쪽은 사용하기 어려운 형태의 데이터이고, 다른 오른쪽은 사용하기 좋은 형태의 데이터입니다.

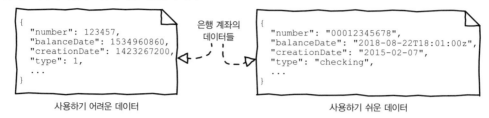

▼ 그림 5.4 데이터 타입과 포맷에 따른 사용성의 차이

사용하기 어려운 데이터   사용하기 쉬운 데이터

1534960860이 어떤 값인지는 접미사인 Date를 통해 알 수 있습니다. 숙련된 개발자라면 balanceDate 가 UNIX의 타임스탬프^{timestamp} 인걸 눈치챌 수 있습니다. 그렇지만 아무리 숙련된 개발자라도 이 숫자 를 보고 바로 어떤 의미인지 알아낼 수 있을까요? 아마 아닐 겁니다. 이를 ISO 8601 문자열로 변경하면 "2018-08-22T18:01:00z"이 됩니다. 이는 좀 더 사용자 친화적이며 별다른 컨텍스트에 대한 지식이 없거 나 노력 없이도 누구나 이해할 수 있습니다. (거의 노력을 들일 필요가 없습니다. "년-월-일"이고 "년- 일-월" 이 아니라는 사실만 알면 됩니다.)

creationDate에도 마찬가지의 일이 벌어졌습니다. 왼편의 creationDate의 값은 1423267200입니다. 그렇지만 ISO 8601 값은 시간을 제외한 일자만 보여 줍니다. "2015-02-07" 처럼요. 타임존에 대한 처리 실수로 인한 데이터 오염을 방지하기 위해서 저는 굳이 필요한 경우가 아니라면 시간은 포함하지 않는 것을 권합니다.

type 속성은 이 은행 계좌가 당좌^{checking} 예금 계좌인지 저축^{saving} 예금 계좌인지를 구별 짓습니다. 일단 사용 하기 힘든 형태의 경우에서 그 값은 암호화된 숫자 1입니다. 쉽게 사용하기 위해 만든 경우에서 값은 문자 열 checking입니다. 일반적으로 숫자로 된 코드를 이용하는 것은 좋은 생각이 아닙니다. 사람들이 이해하 기 쉽지 않을뿐더러 개발자들은 문서를 읽거나 여러분이 만든 숫자 코드의 명명법을 배워야만 데이터를 이 해할 수 있게 됩니다. 가능하다면 여러분이 데이터 포맷을 정할 때 단순히 읽기만 해도 이해할 수 있는 데 이터 포맷이나 타입을 사용하는 것이 좋습니다.

그리고 마지막으로 좀 복잡한 경우를 들겠습니다. 만약 계좌번호가 숫자로 제공되는 경우(1234567), 컨슈 머는 주의하고 때에 따라서는 앞에 필요한 만큼 숫자 0을 추가해야 합니다. 문자열 값 "00012345678"은 사 용하기도 쉬울 뿐 아니라 값이 잘 오염되지도 않습니다.

따라서 데이터 타입과 포맷을 정할 때는 여러분은 반드시 인간 중심적인 사고를 바탕으로 정해야 하며, 정 말 중요한 것은 항상 정확한 표현을 제공하려고 해야 합니다. 복잡한 포맷을 사용하는 경우 정보를 확실하 고 충분하게 제공하려 노력해야 합니다. 그리고 가능하다면, 컨텍스트에 대한 이해 없이도 이해할 수 있도 록 노력해야 합니다.

좋습니다. 이제 이름을 정하고 데이터 타입과 포맷을 정하는 법을 알게 되었습니다. 그렇지만 표현을 통한 사용성은 우리가 어떤 데이터를 선택하느냐에 따라서 크게 달라집니다.

5.1.3 바로 사용할 수 있는 데이터 선택하기

WUM 3000은 잘못된 데이터를 보여줌으로써 사용성에 영향을 주고 있습니다. 우리가 API를 디자인할 때, 반드시 연관성이 있고 도움이 되는 데이터를 제공하기 위해 신중을 기해 3.3절에서 다뤘던 것처럼 단순 기본 데이터를 제공하는 수준을 넘어서야 합니다. API가 이해를 도우려고 더 많은 데이터를 제공할수록 컨슈머 입장에서는 힘든 작업을 피할 수 있습니다.

그림 5.5는 계좌정보 읽어오기의 REST API의 목표 달성을 위한 방법을 보여 줍니다.

▼ 그림 5.5 바로 사용 가능한 데이터를 제공하여 컨슈머의 작업을 단순화하기

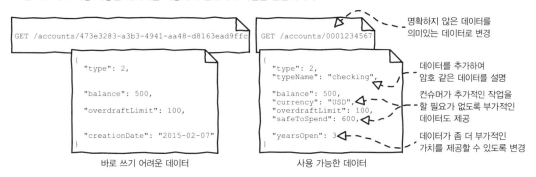

앞선 절에서 여러분은 type에 당좌 예금임을 알려 주는 checking처럼 사람이 읽기 쉬운 형태의 데이터를 제공하는 게 더 좋은 생각이라는 것을 경험했습니다. 그렇지만 모종의 이유로 숫자로 된 명명법을 사용해야 한다면 어떻게 해야 할까요? 이럴 경우 저축 예금 계좌의 type 값은 1이고, 당좌 예금 계좌의 경우는 2라고 합시다. 이런 숫자로 된 데이터를 명확하게 하기 위해서는 우리는 추가적으로 typeName이라는 속성을 이용할 수 있습니다. 여기에 포함된 값은 savings(저축 예금) 또는 checking(당좌 예금)일 수 있습니다. 이렇게 컨슈머에게 어떠한 유형의 계좌인지 정보를 제공하면 따로 숫자로 된 명명법이나 API 문서를 읽을 필요없이 이해할 수 있게 됩니다. 추가적인 정보를 제공하는 것은 암호화된 데이터를 이해하는 데 분명 도움이 됩니다.

초과 인출 보호는 일종의 한계를 정하는 기능입니다. 만약 은행의 계좌의 잔고가 음수로 정해진 한계까지 가게 되면(예를 들면 100달러) 수수료가 발생하게 됩니다. 여러분의 계좌에 500달러가 있다면, 계좌의 소

유주는 600달러까지 사용할 수 있다는 의미입니다. 우리는 safeToSpend(사용 가능 한도) 속성으로 컨슈머가 이러한 계산을 별도로 할 필요가 없이 했습니다. 마찬가지로 컨슈머에게 balance(잔액), overdraftLimit(초과 인출 한도), safeToSpend를 currency 속성을 이용해 US 달러임을 알려 주었습니다. 컨슈머들에게 확정된 또는 사전에 계산된 값을 제공해 주면 컨슈머들은 별다른 추측이나 부수적인 작업을 해 줄 필요가 없게 됩니다. 또한, 기본 데이터를 더 연관성이 높은 데이터로 변경하는 것도 좋은 생각입니다. 예를 들자면, 계좌의 creationDate(생성일자)도 컨슈머의 입장에서는 실제 개설일이 궁금한 게 아니라 계좌 개설 후 몇 년이 지난 것인지가 더 알고 싶은 정보일 수 있습니다. 이런 경우 계좌의 생성 일자보다 필요한 정보를 바로 제공해 주는 편이 더 좋습니다. 이런 방법을 통해 컨슈머는 연관성이 있고 즉시 사용 가능한 데이터만을 받게 됩니다.

REST API를 디자인할 때는, 각 리소스는 반드시 유일한 경로로 식별되어야 합니다. (3.2.3절을 참고하세요.) 이런 URL들은 보통 리소스의 콜렉션의 이름과 리소스의 식별자로 구성됩니다. 계좌정보를 식별하기 위해서는 우리는 /accounts/{accountId} 와 같은 URL을 사용해야 합니다. 은행 계좌는 accountId로 식별되고 accounts 콜렉션에 포함된 것입니다. 그렇다면 이 accountId는 어떠한 형태의 데이터이어야 할까요? 이 식별자는 기술적인 식별자로 473e3283-a3b3-4941-aa48-d8163ead9ffc 형태일 겁니다. 이 형태는 Universal Unique Identifier[UUID]라고 부릅니다. 이러한 ID는 임의로 생성되며, 동일한 ID가 중복돼서 생성될 가능성은 0에 가깝습니다. 이러한 까닭으로 /accounts/473e3283-a3b3-4941-aa48-d8163ead9ffc 경로는 유일할 것이지만, 읽기만 해서는 이게 실제로 어떠한 은행 계좌를 가리키는지 절대로 알아낼 수 없을 겁니다!

어쩌면 우리는 좀 더 사용자 친화적인 은행 계좌번호를 사용하는 편이 좋을 수도 있습니다. 은행 계좌번호 역시 유일합니다. 이 방법을 따르면 /accounts/{accountNumber}가 됩니다. 이 /accounts/0001234567 경로는 여전히 유일하면서 이제 의미도 더 분명하게 전달됩니다. 이렇게 하는 것은 경로 매개변수를 사용하는 일반적인 방법은 아닙니다만 의미 있는 데이터를 제공하는 것은 모든 값에 대한 사용성과 이해를 용이하게 합니다.

여러분이 보셨다시피, 디자인을 어떤 관점에서 다루어야 하는지 알게 되면, 직관적인 표현을 디자인하기란 상대적으로 명쾌해집니다. 그렇지만 API는 단순히 확정된 데이터만을 의미하는 것이 아닙니다. 사람들은 API와 상호작용을 통해서 그들의 목표를 달성합니다. 그리고 이러한 상호작용 역시 직관적이어야 합니다.

5.2 직관적인 상호작용

어떤 사물이나 API와 상호작용을 할 때 사용자는 그들이 무엇을 원하는지 입력을 이용해서 표현해야 합니다. 이후 그들은 어떻게 처리되었는지에 대한 피드백을 반환받습니다. 디자이너가 상호작용을 어떻게 디자인했는가에 사용자의 만족도가 달려있습니다. 이번에는 세탁기로 이 두 가지 경우를 모두 다뤄보겠습니다.

여러분이 지금 막 휴가를 끝마치고 세탁을 해야 하는 상황이라고 가정해 보겠습니다. 운이 좋아 아래 그림 5.6의 왼편처럼 직관적인 세탁기를 갖고 있다면, 여러분의 작업(세탁)은 몹시 간단할 것입니다.

▼ 그림 5.6 직관적인 세탁기 대 난해한 세탁기

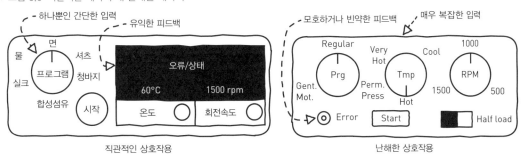

먼저 세탁기의 문을 열고, 빨랫감을 그 안에 넣습니다. 그리고 세제를 넣습니다. 그런 뒤에 어떤 종류의 세탁을 할 건지 선택할 겁니다. 다이얼을 돌려서 울, 실크, 면, 청바지, 셔츠 아니면 합성섬유 중 맞는 세탁을 선택합니다. 기계는 선택된 세탁 종류에 따라 직접 적절한 세탁/헹굼 주기와 적절한 물의 온도와 회전 속도 등을 정할 겁니다. 물의 양 또한 무게 센서를 이용해 빨랫감의 무게를 측정해서 조절할 겁니다. 원한다면 파라미터를 통해 수온이나 회전속도를 변경할 수도 있습니다. 이 경우 명확히 온도와 회전 속도라고 쓰인 버튼이나 다이얼을 조절하면 될 겁니다. 하지만 보통 잘 만지지 않습니다. 자동으로 선택된 파라미터가 95%는 정확하기 동작하기 때문입니다.

모든 것들이 제대로 준비됐다면, 여러분은 시작 버튼을 누릅니다. 하지만 불행하게도 세탁기는 작동하지 않는군요. 경고음이 울리면서 LCD 화면에 "문이 열려 있습니다."라는 메시지가 표시되었습니다. 여러분은 문을 닫았지만 세탁기는 여전히 작동하지 않습니다. 이번에도 경고음이 울리면서 LCD 화면에 "물이 없습니다."라는 메시지가 표시됩니다. 휴가 전에 수도를 잠궈놨다는 사실을 깜빡했습니다! 잠겨있던 집의 수도를 열고 시작 버튼을 다시 눌렀습니다. 이제 기계는 작동하고 LCD 화면은 남은 시간과 분을 표시합니다. 직관적인 세탁기마저도 아쉬운 점이 있다는 사실을 깨닫게 되었습니다. 만약 에러 메시지 두 개를 한번에 보여 줬으면, 한꺼번에 모든 문제를 해결할 수 있었을 겁니다.

안타깝게도 세탁은 늘 그리 단순한 일이 아닙니다. 그림 5.6의 오른편에 있는 사용하기 난해한 세탁기의 경우를 보겠습니다.

사용하기 난해한 세탁기의 경우 사용자 편의적이지 않기 때문에 더 많은 정보를 입력해야 할 수도 있습니다. 세탁 종류를 나타내는 다이얼의 경우에는 Prg라고 적혀 있고, 거기에는 regular(일반), Perm. Press(구김 방지), Gent Mot(부드러운 움직임)이 표시되어 있습니다. 또한, 무게 센서가 없어 세탁물이 가득 차지 않았을 경우 여러분이 직접 Half load라는 버튼을 눌러줘야 합니다. 또한, 온도와 회전 속도를 Tmp와 RPM 다이얼로 조절해야 합니다. 어떻게 운이 좋아서 Cool과 Very Hot 사이에서 온도를 적절하게 선택했을지라도 이 세탁기는 사용자 친화적이지 않아 에러나 성공 피드백이 유용하지 않습니다. "문이 열려 있습니다." 또는 "물이 없습니다." 같은 정보도 알려 주지 않고 그냥 작동하지 않습니다. 여러분이 운이 좋아서 붉은 LED에 불이 들어와 있다는 사실을 눈치채고 모든 문제를 찾아내 해결하더라도 세탁과정이 언제 끝날지 알 수 있는 방도는 없습니다.

두 가지 예시들을 바탕으로 본다면 어떤 상호작용이 올바르게 보입니까? 직관적인 최소한의 이해하기 쉬운 입력과 유용한 에러와 유의미한 성공 피드백을 보여 주는 세탁기일까요? 아니면 여러 가지 모호한 입력을 요구하고 무슨 일이 벌어지는지 도저히 알 수 없는 난해한 세탁기일까요? 너무 당연하고도 무의미한 질문에 불과합니다. 이 사례를 바탕으로 어떻게 하면 은행 API에서 송금 입력과 피드백의 디자인에 직관적인 상호작용을 적용할 수 있는지 살펴보겠습니다.

2장과 3장의 내용에서 어떻게 프로바이더 관점을 피하고 컨슈머 관점으로 목표를 디자인하고 파라미터와 리스폰스를 디자인하는지 배웠습니다. 이에 대해서 굳이 다시 언급하진 않을 겁니다.

5.2.1 직관적인 입력 요청하기

상호작용의 첫 단계는 사용자로부터 시작됩니다. 하고 싶은 일을 입력해서 전달하는 것은 순전히 사용자의 몫입니다. 우리는 API 디자이너로서 앞선 장에서 배운 것처럼 직관적인 입력을 제공하여 사용하기 쉬운 세탁기와 같이 편안한 환경을 사용자에게 제공해 줄 수 있습니다.

우리가 만드는 은행 API에서 송금 과정은 보내는 계좌에서 받는 계좌로 금액이 이동하는 것으로 구성되어 있습니다. 송금은 즉시 이체^{immediate}, 예약 이체^{delayed}, 자동 이체^{recurring}가 가능합니다. 즉시 이체의 경우에는 분명히 즉시 이체가 발생할 것이며, 예약 이체의 경우 미래의 어느 시점에 송금이 벌어질 겁니다.

마지막으로 자동 이체의 경우에는 시작 일자부터 종료 일자까지 반복적으로 (매주 또는 매월) 송금이 수행될 겁니다. 그림 5.7은 자금 이체를 위한 간단한 입력을 디자인하기 위해 지금까지 배운 것을 적용하는 과정을 보여 주고 있습니다. 이름은 명확할수록 좋으며, 모호한 약어는 피해야 합니다. 데이터 타입과 포맷은 이해하기 쉬워야 합니다. 또한, 데이터는 제공하는 사용자가 입력하기 쉬워야 합니다.

▼ 그림 5.7 직관적인 입력 디자인하기

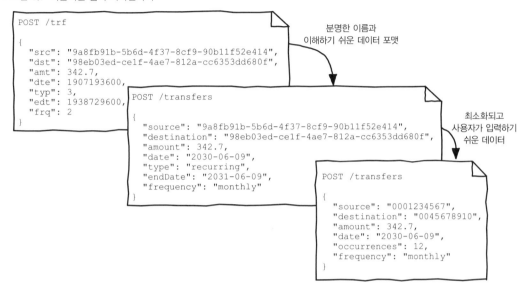

직관적인 디자인을 하기 위해서 지켜야 하는 제일 첫 번째 규칙은 명확한 이름을 짓는 것입니다. 송금이라는 목표는 REST 명령으로 정의를 하며 POST /transfers라는 것이 POST /trf(약어)로 구성하는 것보다 좋습니다. 마찬가지로 속성의 이름도 명확하게 짓는 것이 좋은데, 보내는 계좌를 뜻하는 source와 받는 계좌를 의미하는 destination으로 이름 짓는 것이 src와 dsc와 같은 약어로 짓는 것보다 좋습니다.

다음 규칙은 이해하기 쉬운 데이터 포맷을 사용하는 것입니다. 우리는 UNIX 타임스탬프(예: 1528502400) 대신에 ISO 8601 데이트 포맷(예: 2019-06-09)을 모든 데이트 포맷(예: 예약 이체 실행 일자 또는 자동 이체의 첫 실행 일자)에 사용했습니다. 또한, 숫자 코드로 되어 있던 frequency와 type의 값을 사람이 읽을 수 있는 표현인 weekly(매주), monthly(매월)과 immediate(즉시), delayed(예약), recurring(자동)으로 바꿨습니다.

세 번째 규칙을 따르면 제공하기 쉬운 데이터를 요청하여 입력을 더 간단하게 만들 수 있습니다. 보내는 계좌와 받는 계좌는 모호한 UUID 대신에 계좌번호 같은 의미있는 값을 쓰는 것이 더 좋습니다. 마찬가지로 자동 이체의 경우에 자동 이체 종료 시점의 endDate를 계산해서 입력하는 것 보다 occurrence로 몇 회의 반복이 발생하는지 숫자로 넣어주는 편이 훨씬 간단합니다. 그리고 마지막으로 type으로 구분되는 송금 유형인 즉시^{immediate}, 예약^{delayed}, 자동^{recurring}은 리퀘스트를 받아서 처리하는 백엔드 입장에서는 다른 속성의 데이터를 통해서도 충분히 유추할 수 있으므로 제거했습니다.

이러한 방식으로 완전히 직관적으로 만들었습니다. 사용자는 문서를 보거나 예제를 보는 것만으로도 충분히 모든 것을 이해할 수 있을 겁니다. 정말 중요한 점은 이 API는 목표가 단순해서 발동시키기도 쉽다는 점입니다. 그렇다면 사용자가 이 직관적인 입력을 사용하면 어떤 일이 벌어질까요? 자, 이 다음에는 상호작용의 두 번째 부분을 다루도록 하겠습니다. 바로 피드백^{feedback}입니다.

5.2.2 발생 가능한 모든 에러 피드백 식별하기

세탁기를 예시로 들 때 받았던 최초의 리스폰스는 에러로 인한 피드백이었습니다. 이게 API 디자인에서 무슨 의미를 가질까요? 앞에서 다뤄왔던 것들과 다르게 API 상호작용은 언제나 성공하지는 않습니다. 그렇기에 우리는 반드시 각 목표별로 발생할 수 있는 모든 에러를 식별해 내야 합니다. 송금 목표도 그림 5.8과 같이 여러 가지 에러 피드백이 발생할 수 있습니다.

▼ 그림 5.8 규격에 맞지 않는 리퀘스트 에러와 기능 에러

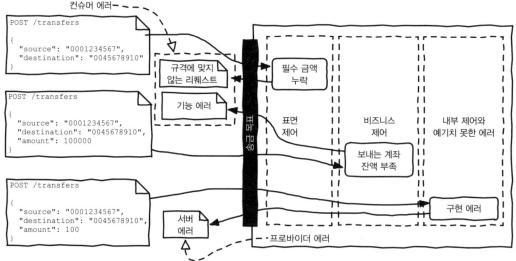

가령 컨슈머가 amount(금액) 같은 필수 속성을 제공하지 않는 경우에 에러 피드백이 발생해야 합니다. 또한, 컨슈머가 잘못된 데이터 포맷이나 타입으로 데이터를 제공해도 에러 피드백이 발생해야 합니다. 예를 들자면 ISO 8601 문자열을 입력받는 date(일자) 속성에 UNIX 타임스탬프가 잘못 들어오는 경우를 들 수 있습니다. 이런 에러들은 **규격에 맞지 않는 에러**^{malformed request error}라고 합니다.

그렇지만 서버가 이해할 수 있는 형태로 리퀘스트를 보내도 리스폰스가 언제나 성공일 거라는 보장은 없습니다. 송금 금액은 계좌 잔액이 부족하거나 당일 최대 송금 한도에 걸릴 수도 있으며, 내부 계좌의 금액을 외부로 송금하는 것이 금지되어 있을 수도 있습니다. 이러한 에러들은 기능적 에러$^{functional\ error}$라고 칭하며, 비즈니스 규칙의 구현 때문에 발생합니다.

리퀘스트가 규격에 맞지 않는 에러와 기능적 에러는 모두 컨슈머에 의해서 발생합니다. 그렇지만 프로바이더는 종종 리퀘스트와 관련된 사항이 전부 문제가 없을 때도 에러를 발생시킬 수 있습니다. 가령, 데이터베이스 서버의 장애나 구현의 버그로 인한 문제가 생길 수 있는데 이를 서버 에러$^{server\ error}$라고 합니다.

규격에 맞지 않는 에러, 기능적 에러, 서버 에러 이렇게 세 가지 타입의 에러들이 있습니다. 여러분은 목표별로 발생할 수 있는 모든 에러 타입들을 식별해 내야 합니다. 이외의 다른 에러 타입들에 대해서는 8장과 10장에서 다룰 예정입니다.

규격에 맞지 않는 에러는 서버가 리퀘스트를 이해할 수 없는 경우에 발생합니다. 컨슈머가 리퀘스트를 API를 통해서 전달해야 하는데, 이러한 에러는 어떠한 상호작용에서든 발생할 수 있습니다. 이 에러들은 단순히 프로그래밍 인터페이스를 디자인만 해도 식별해 낼 수 있습니다. 이 시점에 우리는 컨슈머가 보내야 하는 리퀘스트와 언급된 에러의 원인이 될 수 있는 리퀘스트의 모든 부분을 자세히 볼 수 있습니다.

기능적 에러는 일반적으로 컨슈머가 데이터를 생성하거나 수정하거나 삭제할 때나 어떠한 액션을 실행시킬 때 주로 발생합니다. 각 목표는 기능적 관점에서 완전히 설명되므로 일반적으로 API 목표 캔버스가 채워지면 식별할 수 있습니다. 이런 잠재적인 에러들을 식별해 내는 비법 같은 것은 없습니다. 잠재적 에러를 예측하는 것은 당신에게 달려 있습니다. 목표의 이면에 있는 업무 규칙을 알고 있는 사람들에게 도움을 받아 추측할 수도 있습니다. 서버 에러는 모든 목표에서 발생할 수 있습니다. 컨슈머의 관점에선 서버 에러를 하나라도 찾아내면 충분합니다.

에러를 나열할 때는 항상 컨슈머의 관점으로 바라봐야 합니다. 각각 2.4절에서 논의한 바와 같이, 컨슈머의 처리해야 할 문제인지 아닌지를 반드시 살펴야 합니다. 예를 들어 서버 에러의 경우, 컨슈머는 리퀘스트를 처리할 수 없으며 그들의 잘못이 아님을 알아야 합니다. 이러한 이유로 단일 제네릭 서버 에러는 충분하다고 생각됩니다. 그러나 가능한 에러를 식별하는 것만으로는 충분하지 않습니다. 각 에러를 유용하게 쓸 수 있도록 디자인해야 합니다.

5.2.3 유용한 에러 피드백 반환하기

세탁기의 예를 볼 때 우리가 문제를 이해하고 해결할 때 더 쉽게 또는 더 어렵게 처리하도록 영향을 미치는 결정적인 요인은 에러의 표시 방식이었습니다. API의 에러 피드백은 최대한 유용한 정보를 제공해야 합니다. 에러 피드백은 반드시 컨슈머에게 무엇이 문제인지 알려 주어야 하며, 컨슈머가 곧바로 해결할 수 있는데 도움이 되는 정보를 제공해야 합니다.

3.3.1절에서 보셨듯이 REST API는 HTTP 프로토콜을 이용하여 HTTP 상태 코드를 이용하여 성공했는지 실패했는지 그림 5.9와 같이 보여 줍니다.

▼ 그림 5.9 적절한 HTTP 상태 코드를 선택하기

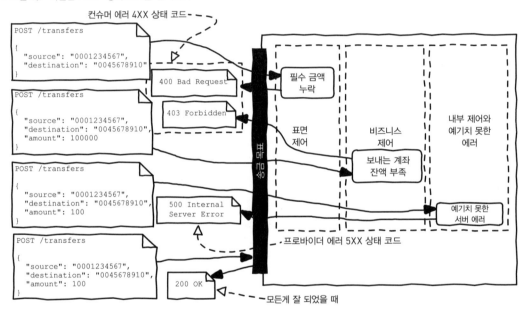

여러분은 이제 HTTP 200 OK 상태 코드가 리퀘스트가 정상적으로 처리되었음을 의미한다는 것은 당연히 알고 있을 겁니다. 만약 리퀘스트에서 필수인 금액^{amount}이 누락되었다면 400 Bad Request(잘못된 요청) 상태 코드를 반환할 것이고, 만약 지나치게 큰 금액이 입력되었다면 403 Forbidden(금지됨)을 반환할 겁니다. 그리고 만약 서버에 의도치 않게 문제가 생긴다면 500 Internal Server Error(내부 서버 에러)를 반환할 겁니다.

200 OK는 그렇다 치고 다른 세 가지의 HTTP 상태 코드는 어디서 왔을까요? RFC 7231 "Hypertext Transfer Protocol (HTTP/1.1): Semantics and Content"의 HTTP 상태 코드 부분 (https://tools.ietf.org/

html/rfc7231#section-6)에 따르면 4XX 상태 코드는 컨슈머가 유발한 에러에만, 5XX 상태 코드는 프로바이더가 유발한 에러에만 쓰인다고 나와 있습니다.

각 계열에는 기본 상태 코드인 X00이 있습니다. 예를 들자면 500 Internal Server Error는 5XX 계열의 모든 서버 에러를 포함하는 기본 상태 코드입니다. 400 Bad Request는 컨슈머가 유발하는 모든 에러에 사용할 수 있습니다. 그렇지만 이렇게 된다면 컨슈머는 요청이 적합하지 않다는 사실만 알 뿐 문제 원인에 대한 힌트를 알 수가 없습니다. "필수 사항인 금액이 누락된 경우"와 "보내는 계좌에 잔액이 부족한 경우"를 구별하는 것은 꽤 흥미로운 문제입니다. 다행스럽게도 HTTP 프로토콜에는 400 Bad Request보다 더 정확한 4XX 코드가 있습니다.

필수 속성이 빠지거나 데이터 타입이 틀렸을 경우 400 Bad Request를 계속 써도 좋습니다. 그렇지만 사용자가 송금 가능한 금액을 초과하는 금액을 송금하려고 한다면 이 송금 요청은 허가되지 않은, 권한이 없는 요청이 됩니다. 따라서 이 경우에는 403 Forbidden 상태 코드를 사용할 수도 있습니다. 이 상태 코드는 요청의 형태가 유효하지만 실행할 수 없다는 것을 의미합니다.

그 외에도 다양한 4XX 상태 코드들이 있습니다. 예를 들면 우리가 잘 아는 404 Not Found가 있습니다. 리소스가 없는 경우를 의미합니다. 가령 GET /accounts/123 리퀘스트에 응답할 때 그에 맞는 123이라는 계좌가 존재하지 않으면 발생합니다.

그리고 더 다양한 HTTP 상태 코드들이 존재합니다. 여러분은 항상 어떤 상태 코드가 더 정밀한 에러 피드백을 제공할 수 있는지 확인해야 합니다. 표 5.1은 이것들이 어떤 경우에 쓸 수 있는지 보여 줍니다.

▼ 표 5.1 규격에 맞지 않는 리퀘스트 에러와 기능적 에러에 대한 HTTP 상태 코드

유즈케이스	사용 예	HTTP 상태 코드
잘못된 파라미터	GET /accounts/123 리퀘스트에 존재하지 않는 계좌에 대해서 조회	404 Not Found
필수 속성의 누락	amount가 누락됨	400 Bad Request
잘못된 데이터 타입	"startDate":1423332060	400 Bad Request
기능적 에러	금액이 소비 한도를 초과	403 Forbidden
기능적 에러	보내는 계좌에서 받는 계좌로의 이체가 금지됨	403 Forbidden
기능적 에러	지난 5분이내에 동일한 송금이 발생한 전력이 있음	409 Conflict
예견치 못한 서버 에러	구현에 버그가 숨겨져 있음.	500 Internal Server Error

컨슈머가 HTTP 상태 코드로 에러 피드백을 받을 때 4XX의 에러 코드라면 문제가 컨슈머 쪽에서 유발되었다는 점과 이 코드를 바탕으로 더 상세한 원인에 대한 정보를 알아낼 수 있을 겁니다. 만약 에러가 404라

면, 컨슈머 측에서 경로 파라미터를 이용한 호출 등에 부합하는 리소스가 존재하지 않는다는 사실을 알 수 있을 겁니다. 만약에 403이라면, 리퀘스트 자체의 구조는 올바르지만, 비즈니스 규칙에 부합하지 않아 거부당했음을 알 수 있습니다. 409는, 리퀘스트가 과거의 다른 리퀘스트와 충돌이 발생하고 있음을 알려 줍니다. 그리고 400 에러를 받게 된다면, 리퀘스트에 잘못된 데이터가 있거나 필수인 속성이 누락되었다고 추측할 수 있을 겁니다.

이 정도도 충분하지만, HTTP 상태 코드를 상황에 최대한 적합한 것을 사용하더라도 부족한 경우가 있습니다. HTTP 상태 코드만으로는 문제 해결에 필요한 모든 정보를 제공할 수 없기 때문입니다. 그렇기에 우리는 에러 메시지를 리스폰스 바디에 포함해서 같이 제공해야 할 필요가 있습니다. 아래 예제를 보겠습니다.

예제 5.1 리스폰스 바디의 기본 에러

```
"message": "금액은 필수입니다."
```

컨슈머가 400 Bad Request 상태 코드를 반환받을 때 "금액은 필수입니다."라는 메시지를 포함한 오브젝트를 같이 받는다면 문제 해결은 훨씬 수월해질 겁니다. 사람이라면 쉽게 이해할 수 있겠지만 기계라면 어떨까요?

은행 API가 모바일 애플리케이션에서 쓰이는 상황에 대해서 이야기해 보겠습니다. 분명하게도, 최종 사용자end user에게 "금액은 필수입니다."라고 보여 주는 편이 Bad Request(잘못된 요청)라고 보여 주는 편보다 나을 겁니다. 그렇지만 금액 항목을 좀 더 강조해서 보여 주는 편이 최종 사용자가 문제를 인지하고 조치하는데 더 편하지 않을까요? 모바일 애플리케이션은 어떤 항목이 문제가 된다는 점을 알아낼 수 있을까요? 아마도 서버의 응답에 포함된 에러 메시지에서 알아내야 할 겁니다. 하지만 이 과정은 제법 복잡할 겁니다. 이런 과정을 해소하기 위해 프로그래밍적인 방법으로 문제를 유발하는 속성을 알려 주는 편이 더 좋습니다. 다음 예제를 보겠습니다.

예제 5.2 상세한 에러 리스폰스

```
{
  "source": "amount",
  "type": "AMOUNT_OVER_SAFE",
  "message": "금액이 사용가능 금액을 초과합니다."
}
```

에러 메시지의 source 속성에 문제를 유발하는 속성의 이름을 넣어 줄 수 있습니다. 예제의 경우는 amount 입니다. 이렇게 하면 프로그램에서 규격에 맞지 않아 문제를 일으키는 값을 식별할 수 있습니다. 그렇지만 기능적 에러의 경우 여전히 모바일 애플리케이션 입장에서는 어떤 종류의 에러가 발생하는지 알 수 없습니다. 그러므로 우리는 type 속성과 그 값에 미리 정의한 에러 값을 입력해야 합니다. 인출을 시도하는 금액이 사용 가능 금액을 초과하면 예제에서는 AMOUNT_OVER_SAFE와 같은 타입을 미리 정의해 두었다고 볼 수 있습니다. 고객에게는 "금액이 사용 가능 금액을 초과합니다."란 메시지가 전달됩니다. 이러한 방식으로 진행하면 API를 소비하는 사람과 프로그램 양쪽 다 발생한 에러를 정확하게 해석할 수 있습니다.

이번에는 직관적인 표현 원칙을 다시 적용해 에러를 설계했습니다. 에러를 정의할 때 에러마다 특정 타입을 정의할 필요는 없습니다. 다음 예제처럼 좀 더 포괄적인 타입$^{generic\ type}$을 정의하는 편이 좋습니다. 예를 들면 MISSING_MANDATORY_PROPERTY 타입은 필수인 속성 중 하나라도 없을 때 사용 가능합니다.

예제 5.3 포괄적인 타입(generic type) 형태의 자세한 에러 리스폰스

```
{
  "source": "amount",
  "type": "MISSING_MANDATORY_PROPERTY",
  "message": "금액은 필수입니다."
}
```

지금까지 예시로 든 에러는 정말로 일부에 불과합니다. 프로바이더는 컨슈머가 문제를 직접 해결하는 데 도움이 되도록 필요한 만큼의 데이터를 자유롭게 제공할 수 있습니다. 예를 들어, BAD_FORMAT 에러가 발생하는 경우 예상 데이터 형식을 설명하는 정규식을 제공할 수도 있습니다.

입력이 복잡해질수록 리스폰스의 source 속성만으로는 부족할 가능성이 큽니다. 예를 들자면 소유자가 여럿인 단일 계좌를 만들고 싶은 경우를 가정해 볼 수 있습니다. 입력 파라미터는 아마 owners 리스트일 겁니다. 아래 예제는 리스트 중 하나의 아이템에 에러가 있을 경우를 어떻게 다루어야 하는지 보여 주고 있습니다.

예제 5.4 에러 발생 지점을 알려 주는 구체적인 에러 리스폰스

```
{
  "source": "firstname",
  "path": "$.owners[0].firstname",
  "type": "MISSING_MANDATORY_PROPERTY",
  "message": "Firstname is mandatory"
}
```

여기에 JSON path 같은 것을 추가하면 보다 정확해질 겁니다. JSON path(https://goessner.net/articles/JsonPath/)는 여러분이 JSON 문서 내부 노드들의 위치를 표현할 수 있게 해 줍니다. 만약 필수항목인 firstname 이 소유자 리스트에서 첫 번째 아이템에서 누락이 되어 있다면, JSON path를 이용해 해당 아이템의 위치를 표현한다면 $.owners[0].firstname 이 됩니다.

유익하고 효율적인 에러 피드백은 문제를 설명하고 필요한 정보를 사람과 기계가 읽을 수 있는 형식으로 제공해서 (가능하다면) 컨슈머가 문제를 스스로 해결할 수 있도록 제공해야 합니다. REST API를 디자인할 때라면 적절한 HTTP 상태 코드와 직관적인 리스폰스 바디를 제공하는 것으로 이를 충족할 수 있습니다. 그런데 이는 한 번의 요청에 에러가 하나만 발생할 때 통합니다. 그렇다면 한 번의 요청에 여러 가지 에러가 포함된다면 어떻게 해야 할까요?

5.2.4 철저한 에러 피드백 반환하기

가장 좋은 시나리오는 직관적인 세탁기가 동시에 두 가지 문제(문이 열려있고, 물이 없음)에 대해서 알려 주는 걸 겁니다. 이는 여러분이 유용한 API를 만들고자 한다면 반드시 있어야 하는 기능입니다. 예를 들자면, 송금 리퀘스트 역시 여러 개의 규격에 맞지 않는 에러를 포함하고 있을 수도 있습니다. 좀 더 구체적인 상황을 가정해 보자면, 고객이 보내는 계좌와 받는 계좌에 대한 정보를 누락시켰다고 보겠습니다. 이럴 때 사용자인 고객은 필수인 보내는 계좌source 속성이 없다는 에러 피드백을 받게 될 겁니다. 그리고 그 에러를 고친 이후에, 다시 리퀘스트를 하면 또 다른 에러가 받는 계좌destination 속성 역시 없다는 에러 피드백을 받

게 될 겁니다. 컨슈머를 크게 실망하게 할 작정이 아니라면 이래서는 안 됩니다. 웬만하면 이러한 정보들은 한 번의 에러 피드백에 최대한 많이 포함해 전달해야 합니다!

너무 많은 리퀘스트/에러의 반복과 컨슈머의 분노를 일으키지 않기 위해서라도, 에러 피드백은 가능한 철저하게 제공하는 편이 좋습니다. 다음 예제를 참고해 보겠습니다.

예제 5.5 여러 개의 에러 반환하기

```
{
  "message": "Invalid request",
  "errors": [
    {
      "source": "source",
      "type": "MISSING_MANDATORY_PROPERTY",
      "message": "Source is mandatory"},
    {
      "source": "destination",
      "type": "MISSING_MANDATORY_PROPERTY",
      "message": "Destination is mandatory"}
  ]
}
```

규격에 맞지 않는 리퀘스트 에러 두 개를 에러 목록 하나에 포함시켜 반환해야 합니다. 각각의 에러는 예제 5.3과 비슷하게 자세하게 설명되어야 합니다. 마찬가지로 규격에 맞지 않는 리퀘스트에 대한 처리뿐만 아니라 여러 개의 기능적 에러도 유사하게 처리해야 합니다.

그렇다면 규격 에러와 기능 에러가 함께 발생한다면 어떻게 해야 할까요? 그림 5.10은 이런 경우 어떻게 되는지를 보여 주고 있습니다.

▼ 그림 5.10 다른 타입의 에러들 다루기

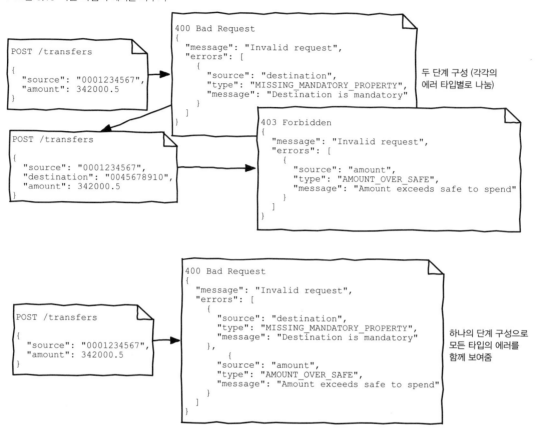

이 예제에서는 리퀘스트는 유효한 보내는 계좌source는 있으나 받는 계좌destination가 없고 금액amount은 허용된 금액을 초과하고 있습니다. 에러별 상태 코드를 사용하도록 디자인할 때는 400 Bad Request를 이용하여 잘못된 유형의 리퀘스트 에러를 조치하고 403 Forbidden을 이용하여 기능적 에러를 조치할 겁니다. 우리는 이렇게 두 가지 에러를 구분하여 누락된 대상을 먼저 알리기 위해 에러 피드백을 반환한 다음 조치 후 다시 요청을 받게 되면, 기능 오류를 보고하는 두 번째 에러 피드백("금액이 사용 가능 한도를 초과합니다.")을 반환할 수 있을 겁니다. 그런데 이게 컨슈머가 납득할 수 있는 흐름Flow일까요? 컨슈머들이 이런 엄밀한 분리를 통해 무엇을 얻을 수 있을까요? 적어도 이런 예제처럼 처리에 필요한 모든 정보를 한 번에 컨슈머가 제공한다면 에러 코드를 분리한 의미가 없을 겁니다.

따라서 제가 추천하는 방법은 400 Bad Request로 한 번에 잘못된 유형의 요청 에러와 기능적 에러에 대한 피드백을 한 번에 반환하는 것입니다. 그렇지만 이 해법이 만능은 아닙니다. 각자 처한 상황을 분석해 에러를 카테고리에 따라 나눌지 하나로 처리할지 선택해야 합니다.

여러 개의 에러를 하나의 피드백 메시지로 그룹화를 통해 상호작용을 단순화하는 것은 리퀘스트/에러 사이클의 횟수를 줄여 줍니다. 그렇지만 REST API를 설계한다면 일반적인 HTTP 상태 코드와 각 에러에 대한 상세한 리스폰스 데이터를 제공하는 것을 우선으로 삼아야 합니다. 모든 문제가 해결되고 난 이후에야, 비로소 상호작용은 성공 피드백과 함께 끝날 겁니다.

5.2.5 유용한 성공 피드백 반환하기

유용한 성공 피드백은 사용자에게 매우 도움이 됩니다. 세탁 과정이 언제 끝날지 알려 주는 것은 정말 유용한 정보였습니다. 비슷하게, API의 성공 피드백도 컨슈머가 단순히 리퀘스트가 전달되었음을 인지하는 것 이상의 정보를 제공해 줘야 합니다.

REST API 스타일을 사용할 때에는 유용한 성공 피드백을 제공하는 것은 에러 피드백을 만들어 내는 것과 동일한 것에 달려 있습니다. 정확한 HTTP 상태 코드와 직관적인 리스폰스 바디입니다. 그림 5.11을 보겠습니다.

▼ 그림 5.11 완전하고 유용한 성공 피드백

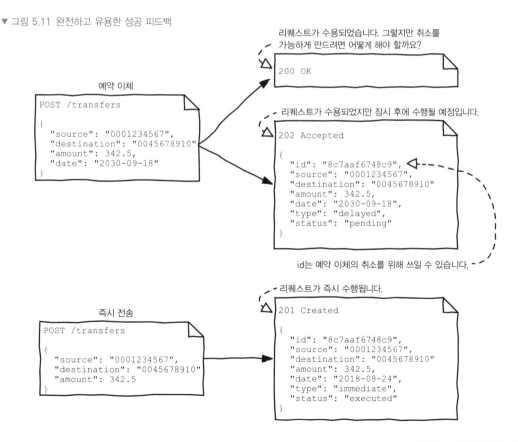

RFC 7231(https://tools.ietf.org/html/rfc7231#section-6.3)에 언급된 내용으로 "2XX(성공) 계열의 상태 코드는 클라이언트의 요청이 성공적으로 접수, 이해 및 수락되었음을 나타낸다."는 내용이 있습니다. 따라서, 200 OK는 모든 성공의 경우에 사용할 수 있습니다. 그렇지만 4XX 계열의 상태 코드 사례처럼 2XX 계열의 상태 코드 역시 유즈케이스를 더 분명하게 설명하는 세부적인 코드가 존재합니다.

만약 즉시 이체를 해야 하는 경우라면 201 Created HTTP 상태 코드를 이용할 수 있습니다. 이는 송금에 대한 요청이 즉시 처리되었음을 의미합니다. 예약 이체를 해야 하는 경우라면 202 Accepted 리스폰스를 쓸 수 있습니다. 이 코드는 요청은 접수되었지만 수행은 아직 되지 않았음을 의미합니다. 이때 요청한 일시에 이체가 수행될 것이라 볼 수 있습니다. 마찬가지로 자동 이체에도 이런 접근이 가능합니다. 202 Accepted 는 컨슈머에게 송금이 필요한 시기에 수행된다고 알릴 수 있습니다. 하지만 다시 한번 말씀드리지만, 상태 코드만으로 모든 것을 표현할 수는 없습니다. 직관적이고 유용한 피드백 메시지가 함께해야 진정으로 사용할 수 있게 됩니다.

이러한 리스폰스에는 이전 장에서 배운 것과 같이 생성된 리소스에 대한 모든 정보가 포함되어 있어야 합니다. 서버에서 계산된 속성(예를 들면 송금의 종류나 상태)이 반환되는 것은 흥미롭습니다. 마치 세탁기가 세탁이 끝날 시간을 알려 주는 것과 같습니다. ID 속성은 리퀘스트에 의해 생성된 특정 예약 이체에 대한 요청을 취소할 때 유용하게 쓸 수 있습니다. 이 속성이 없다면 요청 취소는 수행할 수 없을 겁니다.

기본적으로, 성공 피드백이 유용해지기 위해서는 무슨 일이 벌어졌는지, 그 뒤 무엇을 해야 하는지를 알려 줘야 합니다. 지금까지 다룬 직관적인 상호작용을 위한 규칙들을 요약해 보겠습니다.

- 입력과 출력은 반드시 직관적이어야 한다.
- 모든 가능한 에러는 반드시 식별되어야 한다.
- 에러 피드백은 반드시 무엇이 문제인지 알려 주고 가능하다면 컨슈머 스스로 해결할 수 있게 도와 주어야 한다.
- 여러 개의 에러를 하나씩 따로 응답하는 것은 피해야 한다.
- 성공 피드백은 무슨 일이 벌어졌는지와 그 다음에 무엇을 해야 하는지에 대한 정보를 제공해 주는 것이 좋다.

이제 직관적인 개별적 상호작용을 설계할 수 있습니다. 그렇다면 이렇게 만든 직관적인 상호작용을 모아 직관적이고 간단한 흐름Flow으로 만들어 낼 수 있을까요?

5.3 직관적인 흐름

오브젝트나 API를 사용할 때, 사용자는 여러 상호작용을 연쇄적으로 사용해야 할 때도 있습니다. 사용성은 이러한 상호작용들로 구성되는 흐름^{Flow}에 크게 영향을 받습니다.

여러분이 엘리베이터를 타고 5층에서 16층으로 이동하려 합니다. 그림 5.12는 여러분이 탈 엘리베이터가 4단계에 거쳐 변화하는 모습을 설명합니다.

▼ 그림 5.12 엘리베이터 사용 흐름(Flow) 개선하기

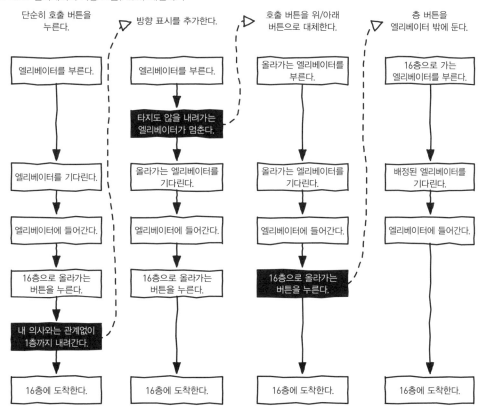

만약 단순한 엘리베이터 시스템이라면, 모든 엘리베이터 앞에 호출 버튼 단 하나만 부착되어 있을 겁니다. 버튼을 누르면 빛이 들어오지만 기다리는 동안 어떤 엘리베이터가 오고 있는지 알 수는 없습니다. 엘리베이터 하나가 도착하면 벨이 울릴 뿐입니다. 도착한 엘리베이터에 탑승한 여러분은 올라가기 위해 16층을 누릅니다. 불행하게도 이 엘리베이터는 내려가는 엘리베이터였습니다. 여러분은 별수 없이 아래까지 내려 갔다가 다시 16층으로 올라가게 되었습니다.

엘리베이터가 어떤 방향으로 이동할지 모른다면 짜증이 날 겁니다. 운 좋게도 엘리베이터 제조사가 시스템을 개선해 이제 엘리베이터가 어느 방향으로 움직이는지 전등과 LCD 스크린 등을 이용해서 엘리베이터 외부에 표시하게 되었습니다. 훨씬 나아졌습니다만 왜 내려가는 엘리베이터가 올라가고 싶은 사람 때문에 멈춰서야 할까요? 엘리베이터를 밖에서 기다리는 사람이나 엘리베이터에 타고 있는 사람 모두가 좋아할리 없는 상황입니다. 이런 고통은 호출 버튼을 위와 아래를 나타내는 방향 버튼으로 대체해 제거할 수 있습니다. 여러분은 이제 엘리베이터를 위 또는 아래 방향에 맞추어 호출할 수 있습니다. 이로 인해 방향이 맞는 엘리베이터만 여러분 앞에 멈춰 설 겁니다.

그렇지만 여러분이 엘리베이터에 발을 디딤과 동시에 여러분은 여전히 가려는 층을 눌러야 한다는 사실을 깨닫게 됩니다. 일부 시스템에서는 위아래 버튼 대신에 엘리베이터 안에 있던 층 버튼이 바깥으로 나오게 되었습니다. 이제 여러분은 16층을 엘리베이터 밖에서 누르고 엘리베이터를 호출합니다. 이제 단순히 층 버튼 하나만 누르기만 해도 엘리베이터를 부를 수 있고, LCD 스크린이 어떤 엘리베이터를 사용해야 하는지 알려 줍니다.

보셨다시피 16층으로 이동하는 상호작용의 흐름^{Flow}은 피드백과 입력을 향상하고 에러를 예방하고, 마지막으로 액션을 통합함으로 단순화시킬 수 있었습니다. 이렇게 단순화된 상호작용은 완벽하게 직관적입니다. 이런 원칙들을 은행 API에 적용하여 어떻게 직관적인 API를 만들어 내는지 살펴보겠습니다.

5.3.1 직관적인 목표 연쇄 만들기

입력과 피드백을 호출 버튼을 위아래 버튼으로 변경하고 엘리베이터의 진행 방향 표시를 추가하여 건물의 16층으로 이동하는 연쇄적인 액션들을 향상시켰습니다. 입력과 피드백에 주의를 기울여야 하는 것은 API도 동일합니다. 그러면 직관적인 목표의 연쇄를 만들어 낼 수 있습니다.

연쇄란 연결이 존재하는 경우에만 가능합니다. 컨슈머가 API를 특정한 목표를 위해서 사용할 때, 필요한 모든 정보를 가지고 있어야 합니다. 이 정보는 컨슈머들이 원래부터 알고 있거나, 이전에 호출된 목표의 출력을 통해서 제공받은 것입니다. 이는 2.3절에서 다룬 내용입니다. 그림 5.13은 이러한 정보들의 일부를 보여 주는 API 목표 캔버스입니다.

▼ 그림 5.13 은행 API의 목표 캔버스

누가	무엇을	어떻게	입력 (원천)	출력 (사용처)	목표
컨슈머	계좌에서 가지고 있는 계좌나 외부 계좌로 돈을 송금한다	계좌 목록 조회		계좌 목록 (송금)	계좌 목록 조회
		기존에 등록된 받는 계좌 목록 조회		기존에 등록된 받는 계좌 목록 (송금)	등록된 받는 계좌 목록 조회
		송금	보내는 계좌 (계좌 목록 조회) 받는 계좌 (계좌 목록 조회, 기존에 등록된 받는 계좌 목록 조회), 금액 (컨슈머)	송금 결과	송금

이 캔버스는 우리에게 즉시 이체에 대해 설명합니다. 컨슈머는 금액과 보내는 계좌, 그리고 받는 계좌를 제공해야 합니다. 컨슈머는 당연히 송금할 금액까지 알아야 합니다. 보내는 계좌는 계좌 목록을 조회하는 목표에서 가져올 수 있습니다. 만약 이 API가 모바일 은행 애플리케이션에서 쓰인다면, 보내는 계좌는 애플리케이션 사용자의 계좌가 될 겁니다. 받는 계좌 역시 마찬가지로 사용자의 계좌 중 하나(가령, 현재 계좌에서 저축 계좌로 송금)이거나 사전에 정의된 다른 사람의 계좌(가령, 친구나 아파트 임대료 계좌)일 수 있습니다.

왜 금융 회사가 강제로 고객에게 보내는 계좌를 미리 지정하도록 하는지 의문이라면, 보안과 사용성 때문이라고 답변드리겠습니다. 외부 은행에 있는 계좌를 받는 계좌로 등록하려고 할 때 실제 고객만 할 수 있는 2단계 인증(일반적인 암호와 확인 SMS나 이메일, 또는 임의의 암호를 생성하는 보안토큰)을 거쳐야만 합니다. 이렇게 받는 계좌를 추가하고 나면 송금은 상당히 쉬워집니다. 앞으로 받는 계좌를 매번 조심스럽게 입력하고 그 때마다 2단계 인증을 진행할 필요가 없습니다. 컨슈머는 자신이 소유한 계좌들의 목록을 볼 수 있고, 마찬가지로 송금을 받을 계좌들의 목록 역시 볼 수 있습니다. 이렇게 우리는 API의 연쇄를 갖게 되었습니다.

그렇지만 API 연쇄라는 사슬의 강도는 가장 약한 연결고리에 따라 결정되는 법입니다. 흐름에 포함되는 상호작용들은 반드시 직관적이어야 합니다. 이는 앞선 5.2절에서 여러분이 배운 사실로 그림 5.14가 송금의 흐름Flow을 보여 주고 있습니다.

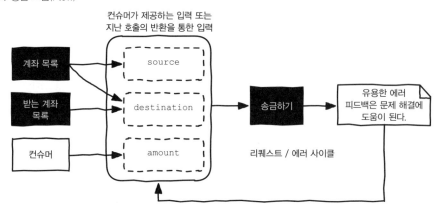

계좌 목록과 받는 계좌 목록 목표들은 상당히 직관적인데 이 목표에는 별다른 입력이나 반환이 없어서 별다른 에러도 없습니다. 송금 목표를 위한 입력들은 직관적입니다만 이 목표는 다양한 에러를 반환할 수 있습니다. 만약 400 Bad Request 에러만 반환 받는다면, 컨슈머는 성공적으로 송금하기까지 여러 번 고생을 해야 할 수도 있습니다. 그렇지만 이번 장을 읽은 덕분에 이제 여러분은 컨슈머가 직면하는 문제를 해결하는 걸 도울 수 있는 유용하고 철저한 에러 피드백을 제공해야 한다는 사실을 알고 있습니다. 이 덕에 리퀘스트/에러로 인한 사이클을 굉장하게 줄일 수 있으며, 인위적으로 API 호출의 연쇄가 길어지는 것을 예방할 수 있습니다.

따라서 간단한 API 목표의 연쇄로 가는 첫 번째 단계는 컨슈머가 제공할 수 있는 간단한 입력이나 연쇄에 포함된 다른 목표를 요청하고 리퀘스트/에러 사이클을 제한하기 위해 완전하고 유용한 에러 피드백을 반환하는 것입니다. 이는 우리가 여태까지 배운 사실로는 직관적인 목표의 연쇄를 만들어 낼 수 있어야 합니다. 그렇지만 에러를 방지함으로써 더 짧고 더 유연하게 만들 수는 없을까요?

5.3.2 에러 방지

엘리베이터 사례에서 방향 표시등을 추가함으로써 의도치 않게 아래로 내려가는 일을 예방할 수 있었습니다. 에러 예방을 통해서 API 목표의 흐름을 부드럽고 짧게 할 수 있습니다. 그렇지만 에러는 어떻게 예방해야 할까요? 직관적인 표현 원칙 중 하나인 사용 가능한 데이터를 제공하면 됩니다. 이 목표를 달성하기 전에 데이터를 제공해 예방할 수 있는지 확인하려면 각각의 오류들을 분석해야 합니다.

송금 목표는 다음과 같은 다양한 기능적 에러를 유발할 수 있습니다.

- 금액이 사용 가능 한도를 초과하는 경우

- 금액의 누계가 1일 송금 한도를 초과하는 경우

- 보내는 계좌가 송금이 불가능한 계좌인 경우

- 받는 계좌가 보내는 계좌와 동일한 경우

먼저 보내는 계좌가 송금이 불가능한 계좌인 경우 발생하는 에러를 예방해 보겠습니다. 우리는 먼저 for-biddenTransfer라는 Boolean 속성을 추가해 계좌 목록에 해당 정보를 추가로 보여 줍니다. 이렇게 되면 컨슈머는 해당 속성값이 false인 계좌들만 인출계좌로 쓸 수 있습니다. 그렇지만 이 말은 곧 컨슈머가 일일이 관련된 필터링을 직접 해야한다는 의미입니다. 그림 5.15는 좀 더 나은 대안을 보여 주고 있습니다.

▼ 그림 5.15 송금 흐름에서 에러 예방하기

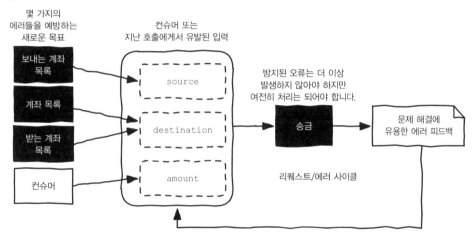

이제는 송금이 가능한 계좌들만 반환하는 새로운 목표가 추가되었습니다. 이 목표는 사용 가능 한도와 당일 인출 가능 금액의 누계를 기반으로 송금 가능한 최대 금액을 계산해 각 계좌를 반환해 오류를 예방해 줍니다. 컨슈머는 이렇게 즉시 사용 가능한 값들을 이용해 제어의 앞 단만 신경쓰면 됩니다.

아주 좋습니다. 이 새로운 목표를 통해 서너 가지의 에러를 예방할 수 있습니다! 그렇지만 이런 에러들이 예방되었다고 해도 송금 목표는 계속해서 해당 에러들을 다뤄야 합니다. 어떤 컨슈머들은 제어의 앞 단 부분도 구현할 수 없거나 적절한 파라미터를 사용하지 않고 곧바로 해당 목표를 호출하기도 하기 때문입니다.

여러분이 보았듯이 에러를 예방하는 것은 목표들의 흐름을 보다 유동적으로 할 수 있게 해 줍니다. 이를 위해서는 다음과 같은 것들을 해야함을 명심하기 바랍니다.

- 가능한 오류를 분석하여 이를 예방할 수 있는 추가 값 데이터를 결정합니다.
- 기존 목표의 성공 피드백을 향상시켜 이러한 데이터를 제공합니다.
- 이러한 데이터를 제공하기 위한 새로운 목표를 수립합니다.

REST 제약 사항: 코드 온 디멘드(Code on Demand)

웹 사이트가 브라우저에서 실행가능한 코드를 담고 있는 JavaScript 파일을 제공하면 Code on Demand 제약 조건을 충족합니다. 이는 모든 소비자가 프로그래밍 언어와 상관없이 이해할 수 있는 코드를 제공한다는 것을 의미합니다. 이러한 시나리오는 상당히 비현실적으로 보이지만, 여러분은 방금 송금을 위해 했던 것처럼 특정한 도움을 주려는 목적의 목표나 규칙적인 목표를 통해 적절한 데이터를 제공함으로써 일종의 "Code on Demand"를 달성할 수 있습니다. 많은 비즈니스 규칙을 단순하거나 복잡한 데이터로 표현함으로써 컨슈머가 비즈니스 규칙을 코드처럼 사용할 수 있도록 해 줍니다.

게다가 목표의 흐름^{Flow}도 훨씬 개선되었습니다. 그렇지만 모든 계좌와 송금 가능한 모든 계좌의 목록을 보여 주는 게 정말 효율적이고 컨슈머를 고려한 결정일까요?

5.3.3 목표 통합

층계 버튼을 엘리베이터 바깥에 배치하면 기존에 호출 버튼을 누르고 엘리베이터에 타서 16층 버튼을 누르는 것을 단 한 번의 행동으로 대체시켜 줄 수 있습니다. 16층에 가는 버튼을 엘리베이터 외부에서 누르면 엘리베이터가 오는 것입니다. 이런 식의 통합은 API 목표 흐름을 효율적으로 만드는 데 유용합니다.

여러분은 받는 계좌가 계좌 목록과 받는 계좌 목록 목표 양쪽에서 등장할 수 있다는 점이 신경 쓰일 겁니다. 이런 식으로 컨슈머 입장에서 한 번 더 무언가를 해야 하는 디자인은 프로바이더 관점이 아직 남아있다는 증거이기도 합니다. 또한, 출금 계좌/송금 계좌 간의 연결이 금지되었다고 가정하면 이것이 프로바이더 관점이 남아있는 상황에 대한 완벽한 예라는 것이 분명해집니다. 그림 5.16처럼 우리는 출금 계좌에 대응되는 송금 계좌 리스트를 제공하는 목표를 새로 만들어 기존의 혼란스러운 계좌 목록과 받는 계좌 목록을 대체하게 하여 받는 계좌 속성의 값으로 쓸 수 있게 만들어 이 문제를 해결할 수 있습니다.

▼ 그림 5.16 선택된 출금계좌에 대응되는 송금계좌들을 가져오는 건 호출 한 번으로 충분합니다.

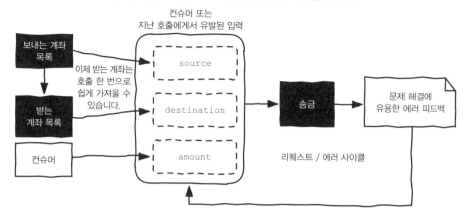

새롭게 통합된 목표는 목록으로 주어지는 출금 계좌에서 가능한 송금 계좌만 반환해 줍니다. 새로운 목표는 목표의 흐름을 보다 단순하게 할 수 있을 것이며 거기에 보너스도 하나 더 있습니다! 이러한 접근 방법은 "이 받는 계좌는 이 보내는 계좌에서 이용할 수 없습니다." 에러를 예방할 수 있습니다. 이제 컨슈머는 사용해야만 하는 목표들이 좀 더 줄었음에도 에러 피드백을 피할 때 필요한 모든 정보에 접근 가능해졌고 목표인 송금을 달성할 수 있습니다.

이렇게 끝일까요? 그림 5.17에서 마지막 최적화를 확인할 수 있습니다.

▼ 그림 5.17 한 번의 호출로 보내는 계좌를 선택하고 받는 계좌를 선택하는 데 필요한 모든 데이터를 제공합니다.

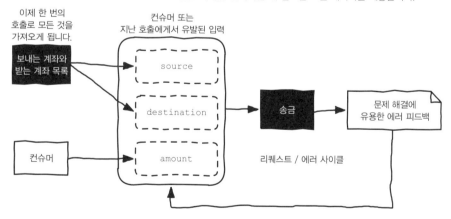

보내는 계좌마다 송금이 가능한 받는 계좌를 조합하면 그 수는 제한되어 있기 때문에 모든 조합을 목록화 시켜서 보내는 계좌에 따라 송금이 가능한 받는 계좌를 반환해 줄 수도 있습니다. 물론 가능성을 말씀드릴 뿐 꼭 그렇게 하라는 말은 아닙니다.

주의할 사항은 이러한 통합은 반드시 결과로 나오는 목표가 컨슈머 입장에서 기능적인 관점으로 온전히 이해할 수 있어야 한다는 점입니다. 또한, 이런 통합은 성능적인 이슈를 발생시킬 수도 있다는 점을 분명히 명심해야 합니다. 이 주제에 대해서는 10장과 11장에서 다룰 예정입니다. 그렇지만 지금 시점에서는 온전히 직관적인 흐름을 만들기 위해서는 이제 단 하나의 주제만 더 다루면 됩니다.

5.3.4 상태가 없는 흐름 디자인하기

이 주제에 대해서는 엘리베이터로는 예로 들 수는 없습니다. 3.5.2절에서 다루었던 REST 제약 사항에 대한 이야기 바탕으로 이야기를 해 보겠습니다.

다음과 같은 흐름^{Flow}으로 송금이 이뤄진다고 상상해 보겠습니다.

1. 보내는 계좌의 목록을 보여준다.
2. 선택한 보내는 계좌에서 송금할 수 있는 받는 계좌의 목록을 보여준다. (선택된 보내는 계좌의 정보는 서버 측 세션에 저장되어 있습니다.)
3. 받는 계좌에 일정 금액을 송금한다. (서버 측 세션에 저장되었던 보내는 계좌를 이용합니다.)

이러한 흐름은 상태가 존재한다고 말할 수 있습니다. 분명히 말하는데 상태가 있는 구조는 좋은 생각이 아닙니다. 이런 구조는 디자인 되어서도 구현되어서도 안 됩니다. 게다가 송금 목표는 단독으로 동작할 수 없고 언제나 그 전 세션에 데이터를 저장하는 다른 호출에 의존하게 됩니다. 어떤 똑똑한 컨슈머는 받는 계좌의 목록을 나열하는 등의 절차 없이 자신만의 방법으로 보내는 계좌와 받는 계좌를 정확하게 선택할 수 있을지도 모릅니다. 그렇기에 이런 식으로 필요한 모든 입력이 이미 명확하게 정의된 목표는 다른 목표에 의존할 필요 없이 단독으로 사용할 수 있어야 합니다.

REST 제약 사항: 상태 없음(Statelessness)

상태 없음은 서버와 리퀘스트 사이에 (세션 등을 통해) 중간에 저장하는 컨텍스트가 존재하지 않아야 한다는 것을 의미합니다. 리퀘스트는 오직 리퀘스트가 제공하는 정보를 통해서만 처리되어야 합니다. 이는 세션에 해당 정보를 들고 있는 특정 인스턴스만이 리퀘스트를 처리하는 방법과는 다르게 여러 대의 인스턴스 중 어떤 인스턴스에서나 리퀘스트를 처리할 수 있게 해 줍니다. 그리고 이렇게 API 목표를 독립적으로 사용할 수 있게 해 주는 것은 다른 컨텍스트에서도 얼마든지 해당 API를 재사용 할 수 있게 해 줍니다.

따라서 완벽하게 직관적인 흐름을 디자인하려면 다음 규칙들을 따라야 합니다.

- 각 목표가 직관적인 상호작용을 제공하는지 확인합니다.
- 목표의 호출에서 입력과 출력이 한결 같은지 확인합니다.
- 가능한 경우 기존 목표에 데이터를 추가하여 오류를 방지하여 새로운 목표를 만듭니다.
- 가능한 경우 컨슈머의 관점에서 기능적으로 합리적이라면 목표들을 통합합니다.
- 연쇄되어 있는 모든 목표는 상태가 없어야[stateless] 합니다.

지금까지 직관적인 API 디자인에 필요한 모든 것을 확인했습니다! 다음 장에서는 본능적으로 사용할 수 있도록 예측 가능한 API를 디자인하는 법을 배우기 위해 사용성에 대해 계속 알아볼 것입니다.

요약

- 어떠한 표현이건 사람과 프로그램이 쉽게 이해할 수 있어야 합니다.
- 어떠한 표현이건 최대한 유익한 정보를 포함해야 합니다.
- 에러 피드백은 반드시 이해하고 문제를 조치하는 데 충분한 요소들을 제공해야 합니다.
- 성공 피드백은 반드시 무엇이 완료되었는지 설명해 주어야 합니다.
- 에러 방지를 위해 데이터나 새로운 목표를 추가하여 목표 흐름(Flow)을 최적화 할 수 있습니다.
- 목표 흐름(Flow)은 목표들의 통합으로 단순화 할 수 있으나, 이는 기능적 관점에서 납득할 수 있는 경우에만 시도해야 합니다.

6

예측 가능한 API 디자인하기

이 장의 내용

■ 일관성을 유지하여 직관적인 API 만들기

■ 사용 간소화 및 사용자 적응 기능을 추가하기

■ 사용자 가이드를 위한 메타데이터(metadata)와 메타골(metagoal) 추가

이전 장에서는 사용 가능한 API를 만들며 보다 이해하기 쉽고 사용하기 쉬운, 직관적인 API들을 만드는 데 필요한 기본적인 원칙들을 찾아내기 위한 여정을 떠났습니다. 그 결과, 우리는 괜찮은 API를 디자인하는 방법을 알게 되었습니다. 그렇지만 아직 끝난 게 아닙니다. 어떻게 하면 끝내주는 API를 만들 수 있을까요? API를 처음 사용하는 사람이라도 아무 생각 없이 본능적으로 사용할 수 있는 설계는 어떨까요? 어떻게 하면 그런 API를 만들 수 있을까요?

혹시 여러분은 익숙하지 않은 물건이나 응용 프로그램을 처음 사용하며 엄청난 즐거움을 느낀 경험이 있습니까? 모든 것이 매우 직관적이고 쉬워서 사용법을 바로 깨우쳐서 스스로가 터무니없는 천재가 아닌가 싶었던 적이 있습니까? 이건 여러분이 단순히 똑똑한 덕이 아니라 모든 것이 예측할 수 있도록 디자인되어 있기 때문입니다. 물론 모든 제품이 그렇게 큰 느낌을 줄 수 있는 것은 아닙니다. 그렇지만 일상에서 여러분이 마주하는 상황은 예측 가능성을 통해 여러분이 깨달을 필요 없이도 도움을 줍니다. 우린 어떻게 한 번도 가본 적 없는 건물의 문을 열 수 있는 걸까요? 이전에 문을 경험해 본 적이 있기 때문입니다. 이해할 수 없는 언어로 된 ATM은 어째서 사용할 수 있는 걸까요? 해당 인터페이스가 여러분에게 필요한 것을 제공해 주기 때문입니다. 어떻게 거대한 미궁 같은 지하철 노선에서 길을 찾을 수 있는 걸까요? 그 이유는 지하철에서 여러분에게 필요한 정보를 표지판으로 제공하기 때문입니다.

우리도 이렇게 직관적인 API를 만들 수 있을까요? 물론 할 수 있습니다! 다른 일상 속 사물과 마찬가지로 API도 예측할 수 있게 만들 수 있습니다. 과거 경험했던 것과 유사하게 만들거나 사용자의 의도에 맞게 만들거나 제대로 사용할 수 있도록 정보를 제공함으로 말입니다.

6.1 일관성 유지하기

만약 그림 6.1과 같이 오른쪽으로 향하는 삼각형 모양의 아이콘이 있는 세탁기를 접한다면 여러분은 쉽게 이 버튼의 목적이 무엇인지 유추해 낼 수 있을 겁니다. 왜냐고요? 여러분은 이미 같은 아이콘을 음향 기기에서 자주 봐왔기 때문입니다.

▼ 그림 6.1 같은 아이콘을 공유하는 세탁기와 카세트 플레이어

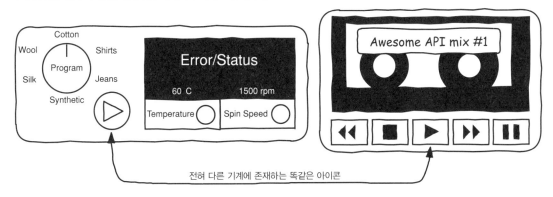

전혀 다른 기계에 존재하는 똑같은 아이콘

1960년대 중반부터 모든 음향 기기는 같은 아이콘을 사용해 왔습니다. 카세트 플레이어부터 콤팩트 디스크 플레이어 및 미디어 플레이어 소프트웨어에 이르기까지 모든 장치는 재생 버튼으로 똑같이 생긴 삼각형 아이콘을 사용해 왔습니다. 그렇기에 여러분은 세탁기의 버튼이 시작 버튼임을 추측할 수 있는 겁니다.

Note 일관된 디자인에는 변형이나 모순이 없습니다. 일관된 디자인은 사용자의 이전 경험을 활용하여 직관적인 인터페이스를 만드는 데 도움이 됩니다.

일시 중지 버튼 또한 어떻게 생겼는지 알고 계실 거라 믿습니다. 만약에 음향 기기가 일반적인 일시 중지 버튼을 사용하지 않는다면 어떻게 될까요? 사용자는 당황해 재생 중인 오디오나 비디오를 일시 중지하는 방법을 이해하기 위해 노력해야 할 겁니다.

Note 일관성 없는 디자인은 다양성 또는 모순을 불러들여 인터페이스를 이해하고 사용하기 어렵게 만듭니다.

다시 말해, 실제 휴먼 인터페이스에 적용되는 원칙은 API에도 적용됩니다. API 디자인을 일관되게 유지하는 것은 중요합니다. 일관성을 통해 예측할 수 있기 때문입니다. 모든 API가 지닌 규정된 표준을 사용하고 충족시키거나 다른 이들이 만들어 둔 형태를 그대로 모방하는 훈련을 하면 데이터와 목표^{Goal}의 일관성을 만들어 낼 수 있습니다. 하지만 훌륭한 API를 만들겠다는 생각으로 일관성에 치중한 나머지 사용성을 대가로 지불해서는 안 됩니다.

6.1.1 일관된 데이터 디자인하기

데이터는 API의 핵심입니다. 리소스^{resource}, 파라미터^{parameter}, 리스폰스^{response} 그리고 프로퍼티^{property}는 API를 빚어내는 요소들입니다. 이 모든 요소의 의미를 컨슈머가 쉽게 이해할 수 있도록 이름, 타입, 포맷, 조직화에 심혈을 기울여야 합니다. 그러므로 일관적인 API를 만드는 첫 단계는 일관적인 이름을 짓는 것으로 시작합니다. 그림 6.2를 보겠습니다.

▼ 그림 6.2 일관성 있는 이름과 일관성 없는 이름

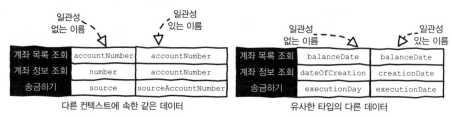

조악하게 디자인된 은행 API의 경우 계좌번호를 목표마다 다른 속성으로 표현합니다. 여러 계좌정보를 가져오는 목표에서는 accountNumber로, 단일 계좌의 정보를 가져오는 목표의 경우에는 number로, 송금의 입력으로는 source로 표현합니다. 세 개의 다른 맥락에서 동일한 정보가 완전히 다른 이름으로 표현됩니다. 따라서 사용자들은 이 세 가지가 사실은 같은 속성이라는 연관성을 쉽게 알아내지 못할 겁니다.

사용자가 accountNumber로 계좌번호를 표현한 것을 봤다면, 그들은 이런 형태의 정보는 모두 account-Number로 표현될 거라 기대할 겁니다. 사람들은 디자인에서 통일성에 익숙합니다. 따라서, 속성이 전체 계좌 목록의 일부건, 계좌 목록의 요약이건, 경로 파라미터건, 계좌번호는 언제나 accountNumber로 불려야만 합니다.

같은 컨셉을 여러 가지 다른 이름으로 표현해야만 하는 경우가 있다면, 유사한 것을 선택해야 합니다. 송금 시 출금 계좌를 식별해야 한다면, 원래의 속성 이름을 알아볼 수도 있어야겠지만 더 많은 정보를 제공하기 위해 적절한 이름으로 바꿀 수도 있습니다. 이 경우를 예로 들면, sourceAccountNumber가 적당할 겁니다. 이제 컨슈머들은 이 속성들이 같은 컨셉을 공유하고 있다는 사실을 알아낼 수 있을 겁니다.

이러한 접근은 직접적으로는 관련이 없는 데이터들이 유사한 타입이나 유사한 컨셉을 공유할 때도 적용 가능합니다. 예를 들면, balanceDate, dateOfCreation, executionDay는 모두 날짜를 표현합니다. 그렇지만 첫 번째는 Date를, 두 번째는 dateOf, 세 번째는 Day를 썼습니다. 일관성만 유지된다면 일반화된 접미사나 접두사를 통해 속성의 본질에 대한 추가 정보를 제공하는 것이 좋은 연습이 될 수 있습니다. 그림 6.2의 좋은 디자인은 모든 일자를 Date라는 접두사로 표현하고 있습니다. 그렇지만 여러분은 일관성을 유지하는 선에서 다른 해법을 선택할 수도 있습니다. 그렇지만 적절한 이름을 가진 속성조차도 그림 6.3처럼 불일치할 수도 있습니다.

▼ 그림 6.3 일관성이 있는 데이터 타입과 포맷과 일관성이 없는 데이터 타입과 포맷

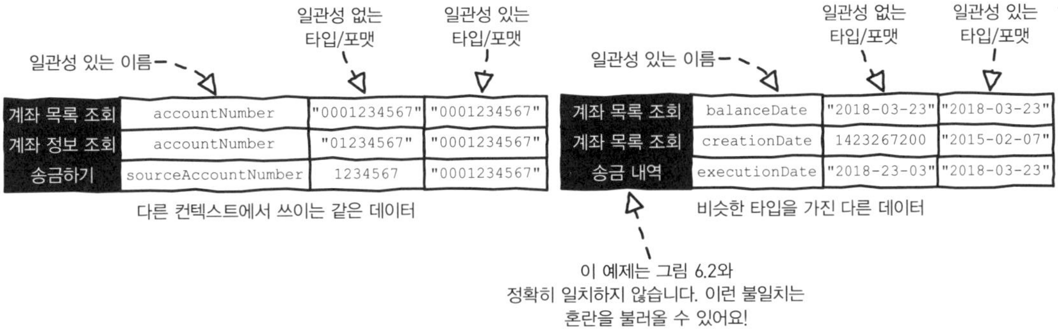

계좌번호를 여러 개 조회할 때 계좌번호는 문자열 "0001234567"이고, 한 건의 계좌번호를 조회할 때는 문자열 "01234567"이며, 송금 대상 계좌는 숫자인 1234567로 입력하게 됩니다. 이러한 차이는 필연적으로 컨슈머 영역에서 버그를 유발하게 만듭니다. 이를 고치기 위해 컨슈머는 반드시 서로 다른 타입들을 표준화하거나 상황에 따라 어떠한 포맷을 사용해야 하는지 정확히 알고 있어야 합니다.

사람이나 소프트웨어나 이러한 불일치가 일으키는 예기치 못한 상황을 좋아하지 않습니다. 컨슈머가 한 번이라도 accountNumber라는 속성이 문자열로 특정한 포맷으로 지정된 것을 본 적이 있다면, 컨슈머는 다른 모든 계좌번호들 역시 문자열이며 같은 포맷일 거라 기대하게 됩니다. 이는 이름이 다를 경우에도 같습니다. 이름은 다르더라도, 대상이 본질적으로 같다면 타입과 포맷은 일치하는 편이 좋습니다.

데이터 타입과 포맷의 선택은 API의 전반적인 사항들에도 큰 영향을 줍니다. 만약 컨슈머가 은행 계좌에 종속된 balanceDate라는 값에 ISO 8601 문자열 포맷(예: 2018-03-23)으로 주고, creationDate에

는 UNIX 타임스탬프(예: 1423267200)로 주고, executionDate에는 YYYY-DD-MM 형태의 일자(예: 2019-23-03)를 준다면 어떨까요? 이런 불일치는 그 누구도 반기지 않을 겁니다.

사람들은 전반적인 통일성을 추구합니다. 컨슈머가 ISO 8601 문자열을 보는 순간 모든 날짜와 시간은 ISO 8601 포맷이길 기대합니다. 특정 데이터 타입에 대한 포맷이 정해졌다면 같은 데이터 타입은 모두 같은 포맷을 적용하는 편이 좋습니다.

컨슈머들도 마찬가지로 API 관점에서 전반적인 통일성을 추구합니다. 그렇지만 이는 단순히 데이터 타입과 포맷에 국한되는 이야기가 아닙니다. API의 URL을 살펴보자면, /accounts/{accountNumber}는 계좌를 표현하는 것과 /transfer/{transferId}으로 송금을 표현하는 것에서 어떠한 문제가 있을까요? 이는 /accounts 대 /transfer의 문제로 복수형 대 단수형 표현의 문제가 있습니다. 컨슈머가 복수형으로 콜렉션을 표현하는 것에 익숙하다면, 그들은 모든 콜렉션은 복수형 명사로 표현하는 것을 기대할 겁니다. 그렇지만 여러분이 원하신다면 얼마든지 단수형으로도 콜렉션을 표현할 수 있습니다. 하지만 명심하세요. 하나를 선택했다면 그 방법을 쭉 견지해야 합니다! 이건 오직 URL에만 국한되는 이야기가 아닙니다. 여러분이 선택하는 모든 이름과 값들에도 같은 방법을 유지해야 합니다.

> **Note** 네이밍 컨벤션은 속성의 이름, 쿼리 파라미터의 이름, 코드, OpenAPI 파일의 JSON Schema 등에 대해서도 정의할 수 있습니다. 일단 네이밍 컨벤션을 정했다면, 엄격하게 따를 의무가 생깁니다.

그림 6.4에 보이는 두 URL과 데이터 구조가 지닌 문제가 무엇인지 아시겠습니까? 데이터가 일관되지 않게 조직화되어 있다는 겁니다.

▼ 그림 6.4 조직화의 불일치

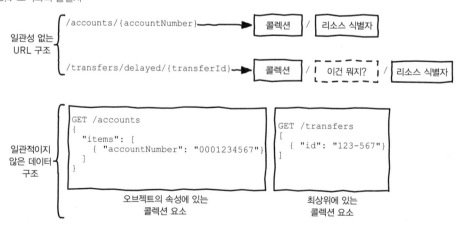

/accounts/{accountNumber}와 /transfers/delayed/{transferId}는 URL의 조직화가 다르게 되어 있습니다. /transfers/delayed/{transferId}의 URL은 콜렉션의 이름과 리소스의 ID가 예기치 못한 형태로 되어 있습니다. 이 때문에 URL만으로 의미하는 내용을 이해하기가 쉽지 않습니다. 그렇기에 예를 들자면, /delayed-transfers/{transferId}를 사용하는 편이 좋습니다.

URL은 각 계층은 항상 같은 뜻을 포함하는 것이 좋습니다. 컨슈머가 조직화된 패턴에 익숙해진다면, 자신들이 접할 모든 API도 그런 식이길 기대하게 됩니다. 거듭 말하지만, 이는 오직 API에만 국한된 이야기가 아닙니다. 입력과 출력값에 대한 구조화된 데이터도 충분히 패턴으로 표현할 수 있습니다. 그림 6.4의 하단을 보면, 두 콜렉션의 개별 요소들이 다른 두 가지 방법으로 표현되고 있습니다. 지금까지 디자인한 모든 콜렉션 리소스가 items라는 배열 속성이 포함된 객체로 표시됐다면 이를 간단한 배열로 디자인해서는 안 됩니다. 왜냐고요? 컨슈머는 이러한 변화에도 충분히 놀랄 것이기 때문입니다.

일단 데이터의 구조에 대한 컨벤션이 결정되면 마찬가지로 엄격하게 지켜야 합니다. 기본적으로 모든 API의 데이터에는 언제나 일관성이 있어야 합니다. 그렇지만 API가 언제나 값이 정해진 static 데이터만 사용하는 것은 아닙니다. 각자만의 목표가 있죠. 이러한 행위들도 마찬가지로 일관성을 유지해야 합니다.

6.1.2 일관적인 목표 디자인하기

API 동작은 목표에 따라 결정됩니다. API의 목표들은 입력을 기다리다가 성공 또는 오류 피드백을 반환하며, 이러한 모든 목표는 다양한 절차적 흐름을 구성하는 데 사용할 수도 있습니다. 당연히 이 목표들도 일관되어야 합니다.

계좌 읽기와 사용자 정보 가져오기라는 목표에는 어떠한 문제가 있을까요? 이 두 목표의 이름끼리 일관성이 없습니다. 이들은 같은 유형의 동작을 하지만 읽기와 가져오기라는 서로 다른 동사를 이용해 일관성을 걸여시켰습니다. 이름을 계좌 읽기read account와 사용자 정보 읽기read user information로 지었다면 더 좋았을 겁니다. 이를 코드로 생각해서 보면 더욱 분명히 알 수 있습니다. readAccount( )와 readUserInformation( )이 될 테니깐요. 다행스럽게도 REST API는 HTTP 프로토콜 바탕으로 표현되는 덕분에 프로그래밍적 표현이 일관적으로 구성됩니다. 따라서 이 두 가지 목표는 바라보는 경로만 다를 뿐 모두 GET /resource-경로 형태의 표현으로 같은 HTTP 메서드를 사용합니다.

6.1.1절에서 확인한 것처럼, 데이터는 반드시 일관적이어야 합니다. 마찬가지로 목표의 입력값들도 일관적이어야 합니다. 예를 들자면, GET /accounts/{accountId}/transaction 리퀘스트로 특정 계좌의 거래 내역을 조회할 때 두 날짜 사이에 발생한 거래만 조회할 수 있다면 훨씬 좋을 겁니다.

이를 위해 쿼리 파라미터를 이용해 fromDate=1423267200와 untilDay=2015-03-17을 이용한다면 누가 보기에도 이상하게 느껴질 겁니다. 이럴 때는 fromDate=2015-02-07과 toDate=2015-03-17로 쓰는 것이 좋을 겁니다. 여러분은 API 목표의 입력을 디자인할 때는 반드시 일관적인 이름을 사용해야 하며, 마찬가지로 데이터의 타입, 포맷, 조직화에도 신경을 써야 합니다.

성공이나 실패 피드백을 응답으로 반환할 때도 일관성은 지켜져야 합니다. 모든 목표가 201 Created나 202 Accepted 같은 유용한 코드들을 반환하지 않고 200 OK만을 반환했다면 새로운 목표는 200 OK 외에 다른 성공 HTTP 상태 코드를 반환하지 않는 것이 더 현명할 수도 있습니다. 실제로 여러분은 HTTP 상태 코드 중에서 극히 일부만 자유롭게 사용할 수 있습니다. 이는 어떤 상황에서는 이해할 만한 상황입니다. 그렇지만 컨슈머가 예상치 못한 2XX 상태를 암묵적으로 200 OK로 처리한다고 할지라도 이러한 불일치는 일부 컨슈머들을 놀라게 할 수 있습니다.

일관성은 에러 메시지에도 적용되어야 합니다. 오류를 나타내려면 반드시 일관된 HTTP 상태 코드를 반환해야 합니다. 그러나 반환되는 정보 데이터도 일관성이 있어야 합니다. 여러분은 5.2절에서 이미 이러한 데이터를 디자인하는 법을 배웠습니다. 필수 속성이 누락되었음을 나타내기 위해 MISSING_MANDATORY_PROPERTY와 같은 일반 코드를 정의했다면 API에서 필수 속성이 빠졌을 땐 무조건 이 코드만을 사용해야 합니다.

일관성이란 단순히 API 형태뿐만 아니라 작동 방식에도 영향을 미칩니다. 이전에 설계된 모든 민감한 행동(예: 송금)이 통제 〈액션〉 및 실행 〈액션〉 목표[Goal](첫 번째 행동)로 구성되어 있다면, 첫 번째 행동은 액션을 실행하지 않고 가능한 모든 검증을 수행하고, 두 번째 행동은 실제 행동을 실행하는 목표(예: 새로운 감각적 행동이 동일한 목표)로 표현되어야 합니다. API를 디자인할 때는 일관된 목표 흐름을 생성하도록 신중히 처리해야 합니다.

따라서 인터페이스 계약의 모든 측면과 API의 모든 동작은 일관성이 있어야 합니다. 그러나 여태까지 우리는 API 내부에서 일관성이 유지되는 것에 대해서만 언급했습니다. 실제로, 여태까지 다룬 내용은 API 디자인에서 일관성에 대한 첫 단계의 고려 사항일 뿐입니다.

6.1.3 일관성의 나단계

여러분이 일상에서 마주하는 TV 리모컨을 들여다보면 일관성을 발견할 수 있을 겁니다. 당장 숫자 버튼만 봐도 모두 동일한 형태로 생겼을 겁니다. 만약 같은 제조사에서 만든 TV 리모컨과 Blu-Ray 또는 DVD 플레이어를 보게 된다면 미묘한 차이는 있어도, 공유하는 공통된 기능 등(가령, 같은 형태의 숫자 버튼)을 통해서 일관성을 발견할 수 있을 겁니다. 여러분이 만약 아무 종류의 미디어 장치나 플레이어를 들여본다면, 대부분 일관된 제어 형태를 지니고 있다는 사실을 쉽게 눈치챌 수 있을 겁니다. 특히 재생 버튼이 그렇지요. 약간의 차이는 있을 수 있습니다. 그렇지만 차이가 있다고 해서 하나의 기기에서 다른 기기로 옮겨가는데 크게 불편함을 느끼지 않을 겁니다. 그리고 마침내 여러분이 다시 세탁기에서 재생 버튼과 유사하게 생긴 시작 버튼을 마주하게 될 때, 여러분은 이 버튼이 어떤 목적으로 존재하는지 다른 미디어 플레이어 등에서 이미 경험한 바가 있어 알고 있을 겁니다. 다음 예시들은 우리에게 4단계의 일관성을 보여 줍니다.

- 1단계 – API 내부에 일관성이 존재
- 2단계 – 팀 API / 회사 / 조직 간의 일관성이 존재
- 3단계 – 도메인 간의 API의 일관성이 존재
- 4단계 – 외부 세계와 일관성이 존재

우리가 방금 확인한 상황은 1단계에 해당합니다. 하나의 API가 일관된 데이터와 목표, 행동 등을 제안함으로써 어떻게 스스로 일관성을 부여하는지 봤습니다. 매번 여러분이 디자인적 의사결정을 하는 순간마다, 여러분은 API가 일관성을 잃지 않도록 또는 더 나빠지거나 모순되지 않도록 주의해야 합니다. API의 전반적인 부분을 살펴보면, 컨슈머는 반드시 정규화된 인터페이스를 봐야 합니다. 컨슈머가 보던 부분에서 다른 부분으로 넘어가더라도 반드시 새로 보게 된 부분 역시 친숙하게 느껴져야 합니다. 새로운 부분이 기존에 다뤄본 적이 없었어도 어떻게 동작하는지 반드시 추측할 수 있어야 합니다.

API 내부에서 유지되는 일관성이 중요하듯 조직에서 제공하는 API 전체의 일관성도 중요합니다. 이것이 일관성의 2단계입니다. 조직마다 구성원은 다를 수 있습니다. 팀은 하나에 API 디자이너가 한 명일 수도 있고 여러 팀으로 구성되어 팀마다 많은 디자이너가 있을 수도 있습니다. 조직 내에서 API를 사용하는 컨슈머는 이런 API를 디자인한 디자이너가 여러 명인지 혼자인지는 관심을 두지 않습니다. 그들은 API가 공통 기능을 공유해 API의 한 부분을 익힌 후에는 다른 부분들도 쉽게 이해하고 사용할 수 있는가에 관심을 둡니다.

API 내에서 서로 다른 목표끼리 공통 기능을 가져야 하는 것처럼, 조직 내의 API 간에도 공통 기능을 공유해야 합니다. 공통 기능(가령, 데이터 조직화, 데이터 타입 또는 포맷)을 공유하면 API 간의 상호 운용성을 증진시킵니다. 만약 기능사이에 일관성이 존재한다면, 한 API에서 다른 API로 데이터를 전달하고 처리하기 훨씬 쉬워질 겁니다.

3단계는 API가 사용하거나 쓰이는 도메인 내에서 일관성을 지니는 겁니다. 예를 들자면, 고객 주소를 표현하는 경우라도 편지 봉투에 인쇄할 주소 양식에 맞춘 결과를 가져오는 것과 단순히 저장되어 있던 데이터를 가져오는 경우는 분명히 다릅니다. 또한, 여러분이 해군의 내비게이션 시스템에서 거리를 계산해야 하는 경우, 보통 해리를 사용해서 표현하지 마일이나, 킬로미터 같은 단위를 사용하진 않습니다. 일반적으로 특정 도메인에서 작업할 때는 반드시 따라야 하는 표준이나 관행이 존재하기 마련입니다.

마지막 4단계입니다. API가 외부세계와도 일관성을 유지하는 단계입니다. 원하면 바로 사용할 수 있는 일반적인 관행, 바로 표준입니다. 표준을 준수하면 이전에 API를 사용해 본 적이 없는 사람들마저도 여러분의 API를 예측할 수 있을 뿐만 아니라 외부세계의 API와의 상호 운용성을 향상시킵니다. 이렇게 표준을 준수하면 API 디자이너의 공정도 훨씬 쉬워집니다. 이것이 가능해지는 과정을 함께 살펴보도록 하겠습니다.

6.1.4 타인을 따라하자: 일반적인 관행과 표준을 준수하기

왜 이미 다른 사람이 발명한 바퀴를 다시 발명하려 하나요? API에서 사용할 수 있는 수천 가지의 표준들이 존재합니다. 디자이너들이 일반적인 관행에 맞추어 디자인한 수천 가지의 API가 있으며, 여러분이 양심의 가책을 느끼지 않고 그대로 복사해서 사용해도 되는 좋은 참조 API도 많습니다. 그림 6.5에서 재생과 일시 정지에 관련된 기호를 이해할 수 있는 이유는 이미 다양한 다른 장치에서 해당 기호를 많이 봤기 때문입니다.

▼ 그림 6.5 ISO 7000 표준에 정의된 재생과 일시 정지 기호

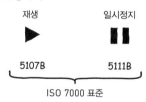

이 기호를 처음 봤던 장치의 설명서에서 기호의 의미를 처음 접했을 겁니다. 그 이후로는 기호를 마주할 때마다 의미를 추측해 낼 수 있었을 겁니다. 이 기호를 사용하는 장치가 무엇이건 기호들이 목적하는 바는 같았을 겁니다.

재생과 일시 정지에 대한 기호와 의미는 ISO 7000 표준(https://www.iso.org/obp/ui/#iso:pub:-PUB400008:en)에 정의되어 있습니다. 사용자들이 이 기호들을 어떤 장치에서 접했다면, 그들이 어떤 다른 장치에서 이 기호를 접할지라도 그 목적을 쉽게 유추해 낼 수 있을 겁니다. 이들은 동일한 표준을 사용

하는 다른 장치에 대한 경험이 있으므로 사전 경험 없이도 새 장치를 사용할 수 있습니다. 재생/일시 정지 버튼을 만들려는 모든 디자이너는 아마도 새로운 기호를 재발명하는 대신 이 기호를 재사용할 것입니다. 현실 세계의 장치들이 그렇듯 API 역시 (광의의) 표준을 따르면 이해하기가 쉬워집니다.

우리의 은행 API는 다양한 통화를 이용해서 금액 정보를 제공해야 할 수도 있습니다. 자체적으로 통화에 대한 분류 표준을 별도로 정의하고 사용하는 편이 우리의 은행 API와 국한된 경우라면 좋을 수도 있습니다. 그렇지만 이러면, 일관성은 오직 우리 조직 내부에서만 유효할 것입니다. 그러므로 ISO 4217 국제 표준(https://www.iso.org/iso-4217-currency-codes.html)을 따르는 편이 사용하기 더 나을 겁니다. 이 방법은 환종을 세글자 코드(USD, EUR)로 표현하거나 세 자리 숫자 코드(840, 978)로 표현하게 됩니다. 이러한 표준을 사용해 우리는 전 세계와 일관성을 유지할 수 있습니다! 다른 곳에서 이미 ISO 4217 표준을 사용해 본 사람은 별도의 비표준 분류를 배울 필요 없이 ISO 4217 통화 코드를 통해 의미를 이해할 수 있습니다. 비슷하게 우리가 앞서 봤던 ISO 8601 표준 역시 일자와 시간을 단순히 사람이 읽기 쉽게 해 주는 데에만 국한되지 않고, 소프트웨어 산업 전반에서도 넓게 채택하고 있는 표준입니다.

> **Note** 컨슈머가 의미에 익숙할 가능성이 있으므로 표준을 사용하면 이해가 쉬워집니다. 또한 이 경우 API의 데이터는 표준을 따르는 다른 API에서도 쉽게 수용할 수 있어 API가 가진 상호 운용성도 크게 증가될 것입니다.

표준은 단순히 데이터의 포맷과 이름과 조직뿐만 아니라 심지어는 프로세스에도 존재합니다. 또한, 모든 표준이 ISO를 통해서만 정의되는 것도 아닙니다. ISO 이외에도 수많은 조직이 여러분의 API 디자인에 참고할 만한 표준과 제안을 하고 있습니다. 각자 좋아하는 검색엔진에서 "〈무슨 데이터〉 standard" 또는 "〈무슨 데이터〉 format"이라고 검색해 보시면, 생각하던 "〈무슨 데이터〉"를 표현할 수 있는 포맷을 찾을 수 있을 겁니다. 한번, 전화번호를 표현하는 방법을 찾아보세요.[1]

그러나 표준이 항상 ISO 또는 다른 조직의 명세를 따르는 것은 아닙니다. 만약 우리의 은행 API의 예약 송금이 /delayed-transfers/{transferId} URL로 표현된다면, DELETE 메서드는 아마 예약 송금이 취소되는 것으로 생각하게 될 겁니다. 여러분이 DELETE 리퀘스트를 보내고 410 Gone 리스폰스를 받게 된다면, 여러분은 예약 이체가 이미 처리되었거나 삭제되었다는 사실을 알게 될 겁니다. 어떻게 추측할 수 있을까요? 왜냐하면, 여러분은 REST API로 만들어진 은행 API에 HTTP 프로토콜을 엄격히 지킬 것을 기대하며, 곧 RFC 7231(https://tools.ietf.org/html/rfc7231)에 정의된 사항들을 따를 것이라 기대하기 때문입니다.

1　ITU-T(ITU Telecommunication Standardization Sector)에서 제안한 E.164 포맷을 찾게 될 겁니다.

DELETE HTTP 메서드는 리소스를 삭제하거나 돌이키거나 취소하는 컨셉을 URL로 표현한 것입니다. 410 Gone 리스폰스는 매우 명백합니다. 표준에 따르자면 410 Gone이 의미하는 바는 다음과 같습니다. "요청한 리소스를 더 이상 사용할 수 없으며 이후에도 사용할 수 없음을 나타냅니다." 더 읽어보면 이런 내용이 있습니다. "의도적으로 리소스를 제거하고 해당 리소스에 관한 내용을 깔끔히 없애야 할 때 사용해야 합니다."

따라서 REST API는 문서화된 HTTP 프로토콜의 규칙을 준수만 한다면 일관성을 가질 수 있습니다. 이러한 연유로 누구든지 REST API를 빠르게 시작할 수 있습니다.

REST 제약 사항: 균일한 인터페이스

REST 아키텍쳐의 스타일 정의에 따르면 "모든 상호작용은 식별된 리소스를 대상으로 리소스 상태와 표준 메서드를 통해서만 유발되어야 한다."라고 되어 있습니다. 특히 표준 메서드 부분은 일관성을 확보하는 데 매우 강력한 개념으로 작용합니다. 기본적으로는 모든 HTTP 프로토콜은 (특히 HTTP 메서드와 HTTP 상태 코드) REST API에 대한 일관된 프레임워크를 제공하여 온전히 예측 가능하게 해 줍니다.

API 디자인의 세계에는 따라할 수 있는 일반적인 관행들이 있습니다. 그림 6.6을 보겠습니다.

▼ 그림 6.6 일반적인 URL 패턴

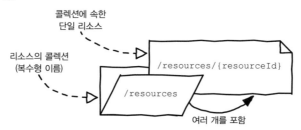

여러분이 3.2.3절에서 보셨듯 REST API에 URL 구조에 대한 표준은 없습니다만, 많은 이들이 /resources/{resourceId} 패턴을 따릅니다. 여기서 resources는 복수형 명사로 리소스의 콜렉션입니다. 여기에는 요소로 resource가 포함되어 있습니다.

비록 API 디자인 세계에 모든 것이 다 표준화되어 있지는 않더라도 대부분은 표준에 가까운 관행들이 존재합니다. 컨슈머가 다른 인기 있는 API에 대한 경험을 바탕으로 우리의 API 역시 쉽게 이해할 수 있도록 이를 따르는 편이 현명한 결정입니다.

마지막으로 대다수의 경우 다른 사람들이 이미 해놓은 일을 단순히 복사만 할 수도 있습니다. 다른 많은 API 디자이너들이 문제를 다룰 때 페이지 매김 매개변수를 처음부터 다시 고민해야 하는 이유는 무엇입니까? 잘 알려진 일부 API를 참고하여 원하는 디자인을 재사용할 수 있습니다. 이렇게 한다면 API 디자이너의 삶은 단순해질 것이고, 참고한 API를 이용한 경험을 가진 사용자들은 여러분이 만든 API를 처음 사용할지라도 집처럼 편안한 기분을 느낄 수 있을 겁니다. 모두가 만족스러운 결과를 얻는 겁니다.

이번엔 연습문제입니다. 이미지를 처리해 딱 맞는 색상표를 제공하는 API를 디자인 한다고 가정해 보겠습니다. 무료 계정 사용자는 한 달에 10개의 팔레트만 리퀘스트 할 수 있으며, 만약 더 많은 팔레트가 필요하다면, 서비스를 구독해야 합니다. 무료와 유료 사용자 모두 초당 한 번의 리퀘스트만 보낼 수 있습니다. 또한, 전송 이미지는 10MB를 초과할 수 없습니다. 이제 다음 질문을 어떻게 해결해야 하는지 고려해 보겠습니다.

- 색상을 표현할 때 웹 개발자가 선호하는 표준은 무엇입니까?
- 명시적인 HTTP 상태코드를 이용하여 다음 상황을 표현해 보세요.
- 무료 사용자에게 더 많은 혜택을 위해서는 서비스를 구독해야만 한다는 사실을 어떻게 알려 줄 것입니까?
- 사용자가 초당 리퀘스트 허용량을 초과했다면 어떻게 알려 줄 것입니까?
- 사용자가 리퀘스트에 포함시킨 이미지가 너무 크다면 어떻게 알려 줄 것입니까?
- 어떤 RFC[Request For Comments]가 직관적인 에러 피드백을 제공할 수 있게 해 줄까요?
- 보너스: OpenAPI 명세를 이용해서 이 API 전체를 디자인해 보세요.

이번 장에서 설명했듯, API 내부와 외부에서 일관성을 유지하는 것이 좋습니다. API를 사용하는 이들이 우리의 API에 익숙해지도록 별도의 훈련을 필요하게 만드는 대신 우리는 일반적으로 사용되는 표준이나 관행을 따르고 심지어 다른 사람들을 (양심의 가책이 들 정도로) 복사할 겁니다. 이를 통해 우리의 API는 상호 운용성을 획득하게 됩니다. 특히 전통적인 표준을 따른다면 더욱 그러할 겁니다. 거기에 금상첨화로 우리 API 디자이너들이 바퀴를 재창조하는 시간 낭비를 하지 않게 해 줍니다. 일관성은 모든 것을 단순화시킵니다. 그렇지만 불행하게도 언제나 가능한 일은 아닙니다.

6.1.5 유지하기 어렵고 현명하게 적용해야 하는 일관성

여러분이 일관성에 대해서 고려할 때 두 가지를 고민하게 될 겁니다. 일단 일관성을 유지하는 것 자체가 어렵습니다. 그리고 맹목적으로 일관성을 적용하는 것도 피해야 합니다. 여러 API 간의 일관성을 유지하려면 다른 API를 디자인할 때도 동일한 규칙을 따라야 합니다. 이것이 의미하는 바는 어떠한 API가 실제로 존재하는지 알아야 합니다. 이 과정은 엄청나게 힘들고 훈련이 필요합니다.

여러분은 자신의 규칙이 적용된 디자인 문서를 "API 디자인 지침" 이나 "API 스타일 가이드"라고 칭할 겁니다. 만약 여러분이 조직 내의 유일한 디자이너일지라도 이러한 지침은 필요하기 마련인데, 시간이 지날수록 우리는 과거에 무엇을 했었는지 (그게 설령 단 하나의 API 일지라도) 망각하기 때문입니다. 이러한 지침을 정의하는 것은 단순히 조직 전체의 일반적인 API의 표층을 일반화하는 것 이상으로, API 디자이너의 역할을 건강하게 해 줍니다. 13장에서 지침을 만드는 방법을 배우게 될 겁니다.

또한, 여러분의 API가 조직 내부의 다른 API와 일관성을 유지하기 위해서는 기존 API 디자인에 부합해야 합니다. 여러분이 API 디자인 치트시트와 그간 디자인한 API에 대한 디렉토리를 가지고 있다면, 여러분은 실제로 해결해야 하는 문제 그 자체에만 집중할 수 있고 불필요하게 바퀴를 재발명하면서 시간을 낭비할 필요가 없게 됩니다.

일관성은 중요하지만, 그 대가로 사용성을 저해시키거나 상식에 반대되어서는 안 됩니다. 때로는 일관성에만 치중하면 유연성이 떨어지고 디자인 프로세스가 엄청나게 복잡해져 일관성만 있고 사용할 수조차 없는 API가 될 수도 있다는 걸 깨닫게 될 겁니다. 여러분은 때로 주어진 컨텍스트에 맞추어 사용성을 제공하기 위해서 일관성을 포기할 수도 있어야 한다는 점(우리가 3.4절에서 논했던 디자인적인 절충안)을 잊지맙시다. 11장에서 API를 만드는 방법이 하나가 아님을 발견하게 될 겁니다. API를 디자인한다는 것은 컨텍스트에 적응한다는 것과 같습니다.

따라서 일관성을 유지하는 것은 예측할 수 있게 만든다는 것과 같은 뜻으로 컨슈머가 직관적으로 여러분의 API를 사용하는 데 도움이 되도록 하는 좋은 방법입니다. 여러분은 또한 API의 사용자들이 직접 원하는 것을 선택하고 가져가게 함으로써 훨씬 더 예측할 수 있게 할 수도 있습니다.

6.2 적응 가능하게 하기

온라인 서점에서 이 책을 구매하는 경우, 여러분은 종종 다른 판본의 책을 선택해서 구매할 수 있습니다. 실제 인쇄된 책과 전자책, 또는 오디오북이 있을 수 있고, 어쩌면 프랑스판(번역은 제가 하고 싶군요!)처럼 다양한 언어로 구성된 책이 있을 수 있습니다. 이 모든 판본은 같은 책의 다른 표현에 불과합니다. 장바구니에 책을 추가할 때 어떤 책을 구매할지 결정하는 것은 순전히 여러분의 몫입니다.

여러분이 주문한 책을 단숨에 모두 읽어 내려가는 경우는 거의 없을 겁니다. 여러분은 페이지를 한 장 한 장 읽거나 잠시 멈추었다가 책갈피를 꽂고 전에 읽었던 페이지부터 다시 읽을 겁니다. 여러분이 책을 읽다가 다른 일을 하고 다시 책 읽기로 돌아왔을 때, 맨 처음부터 다시 읽는 것이 아니라 마지막에 읽었던 페이지부터 읽을 겁니다. 이렇게 어떠한 책을 읽든지 간에, 특히나 기술서적이라고 가정한다면, 여러분은 곧장 특정한 장이나, 세부 항목이나 페이지로 곧장 뛰어드는 경우가 허다할 겁니다. 한 장 한 장 페이지를 순서대로 성심껏 보는 경우는 거의 없을 겁니다. 이럴 때 대부분은 관심 있는 주제만 선택해서 읽는 경우가 더 많을 겁니다.

같은 개념에 대하여 다르게 표현하거나 취사 선택하거나 대상에 맞추어 표현을 바꾸는 것은 책에 국한되는 이야기만은 아닙니다. 이러한 접근은 API에도 동일하게 적용할 수 있습니다. 우리는 이렇게 적응 가능한 API 디자인을 함으로써 API를 예측할 수 있게 하고 또한 다른 유형의 유저들까지 고려해서 제공해 그들을 만족시킬 수도 있습니다. 이는 컨슈머들이 원하는 것을 특정할 수 있거나 예측할 수 있다면 원하는 바를 얻을 수 있음을 의미합니다.

이제부터 우리는 API 디자인을 적용할 수 있게 만드는 3가지 일반적인 방법을 논의해 볼 겁니다. 그 방법들은 다른 포맷으로 제공하거나 응답하는 방법, 국제화와 현지화, 필터링과 페이지 처리 및 정렬 기능입니다. 물론 절대적인 목록은 아닙니다. 다른 방법을 더 찾아내거나 원한다면 새로 만들어서 추가할 수 있을 겁니다.

6.2.1 다른 포맷으로 제공하거나 응답하기

JSON은 은행 API에서 하나의 계좌에서 발생한 거래 내역을 보여 줄 수 있는 확실한 표현 방법입니다. 그림 6.7의 왼편을 보면, 거래 내역은 JSON 오브젝트의 배열로 표현될 수 있으며, 개별 오브젝트들은 세 가지 속성 date, label, amount로 구성되어 있습니다.

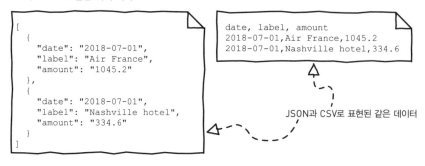

JSON과 CSV로 표현된 같은 데이터

JSON이 유일한 선택지는 아닙니다. 그림의 오른편을 보면 같은 데이터가 Comma-Separated Values^{CSV} 포맷으로 되어 있는 것을 볼 수 있습니다. 이러한 경우에, 거래 내역은 텍스트 줄 단위로 표현됩니다. 각 줄은 3가지 값들이 콤마(,)로 구분되어 이체 개별 건을 표현합니다. 첫 번째 값은 이체 일자^{date}를 표현하고 두 번째 값은 표시 이름^{label}, 마지막 값은 금액^{amount}을 의미합니다. 거래 내역은 또한 PDF 파일로 표현할 수도 있을 겁니다. 여러분은 컨슈머들로 하여금 그들의 필요에 따라 다양한 포맷으로 선택할 수 있게 할 수 있습니다. 여러분의 상상력을 마음껏 펼쳐봅시다.

REST 제약 사항: 유니폼 인터페이스(Uniform interface)

REST 아키텍처 스타일에서는 모든 상호작용이 리소스의 상태와 표준 HTTP 메서드, 그리고 이것들이 무엇을 의미하는지와 해당 리소스에서 무슨 일이 벌어졌는지 알 수 있는 모든 메타데이터를 제공해야 한다고 명시하고 있습니다.[a] 하나의 리소스는 컨슈머에게 프로바이더를 통해서 JSON. CSV 등과 같은 다양한 표현을 이용해 매우 다양한 포맷으로 제공할 수 있습니다. 이러한 접근은 REST API의 컨슈머들이 적응할 수 있고 API를 예측 가능하게 만드는 강력한 메커니즘입니다. 이럴 경우 응답 헤더는 실제 반환된 표현의 포맷이 무엇인지를 포함하고 있습니다.

그렇지만 계좌의 송금 정보를 가져오는 목표가 다양한 포맷을 제공한다면, 컨슈머에게 어떤 포맷이 필요하다고 알릴 수 있을까요? 그림 6.8은 이를 해결하는 두 가지 다른 방법을 보여 주고 있습니다.

그림 6.8의 왼편에는 목표에 어떠한 포맷(JSON, CSV, PDF 등)으로 이체 내역을 내려받고 싶은지 컨슈머가 선택할 수 있는 format이라는 파라미터를 더해 줍니다. 이 목록을 CSV 문서로 받고 싶다면, 컨슈머는

---

a   로이 토마스 필딩, 〈아키텍처 스타일과 네트워크 기반 소프트웨어 아키텍처 설계〉, 2000 (https://www.ics.uci.edu/~fielding/pubs/dissertation/rest_arch_style.htm#sec_5_2)

GET 리퀘스트 끝자락에 format=CSV를 붙이면 됩니다. 리퀘스트는 다음과 같을 겁니다.

GET /accounts/{accountId}/transactions?format=CSV

하지만 은행 API가 REST API라는 사실을 상기해본다면 HTTP 프로토콜과 콘텐츠 네고시에이션^{Content} ^{Negotiation}을 이용하는 장점을 외면해서는 안 됩니다.

▼ 그림 6.8 CSV 문서를 리퀘스트하기 위한 두 가지 선택지

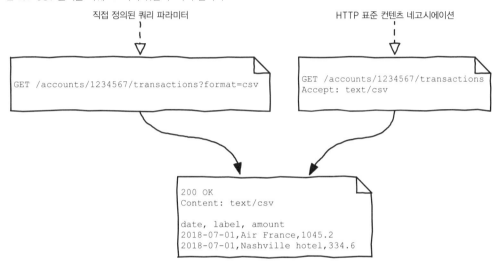

API 서버에게 GET /accounts/{accountId}/transactions 리퀘스트를 할 때 컨슈머가 Accept: text/csv를 HTTP 헤더에 포함해 HTTP 메서드와 지정된 URL로 전달하면 거래 내역을 CSV 데이터 형태로 받고 싶다고 전달이 됩니다. (그림 6.8의 오른쪽이 이러한 접근 방식을 보여 줍니다) 만약 아무 문제가 없다면, API 서버는 200 OK HTTP 상태 코드와 함께 Content-type: text/csv라는 리스폰스 헤더와 함께 거래 내역을 CSV 문서로 제공해 줄 겁니다.

마찬가지로 컨슈머는 Accept: application/json이나 Accept: application/pdf를 이용해 JSON 데이터나 PDF 파일을 받을 수 있습니다. 이럴 경우, 각 리퀘스트에 대해서 Content-type: application/json이나 Content-type: application/pdf가 포함된 리스폰스 헤더를 통해 적절한 포맷의 문서를 반환합니다. 이러한 예제는 HTTP 프로토콜에서 우리에겐 낯선 두 가지 기능을 소개해 줍니다. 하나는 HTTP 헤더이고 다른 하나는 콘텐츠 내비게이션입니다. 이 두 가지를 좀 더 자세히 살펴보겠습니다.

HTTP 헤더는 콜론(:)으로 이름과 값의 쌍을 구분합니다. 이 헤더는 리퀘스트와 리스폰스 양쪽에서 추가적

인 정보를 제공할 때 주로 쓰입니다. 리퀘스트의 경우에는 이 헤더들은 HTTP 메서드와 URL 다음 줄에 있습니다. 리스폰스의 경우에는 HTTP 상태 코드와 상태 설명 문구 다음 줄에 있습니다. 대략 200여 가지의 표준 HTTP 헤더가 있고 필요하다면 여러분만의 헤더를 만들어 추가할 수 있습니다. 이 헤더들은 여러 가지 목적으로 사용되며, 그중의 하나가 콘텐츠 네고시에이션입니다.

콘텐츠 네고시에이션이란 단일 리소스에 대해서 여러 가지 표현을 통해서도 상호작용을 가능하게 해 주는 HTTP 메카니즘입니다. (REST API로 구성된) HTTP 서버가 리퀘스트에 대한 응답을 보낼 때는 반드시 반환하는 문서의 미디어 타입^{media type}을 명시해 줘야 합니다. 이를 위해서 리스폰스 헤더에 Content-type 이 쓰입니다. 대부분의 REST API는 application/json이라는 미디어 타입을 쓰는데, 그 이유는 JSON 문서가 반환되기 때문입니다. 그렇지만 컨슈머는 Accept 리퀘스트 헤더를 이용해서 받고 싶은 미디어 타입을 리퀘스트에 포함하여 요청할 수 있습니다. 그림 6.9와 같이 은행 API에서는 계좌의 거래 내역과 관련해서 application/json, application/pdf, text/csv 와 같이 3가지 미디어 타입을 제공하고 있습니다.

▼ 그림 6.9 계좌의 거래 내역에 대한 3가지 다른 표현 요청

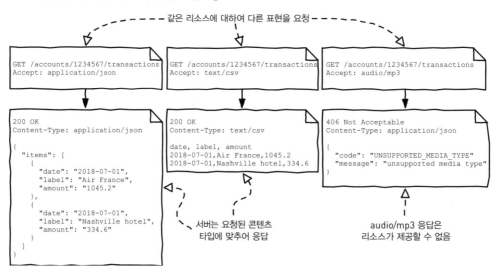

만약 컨슈머가 audio/MP3처럼 프로바이더가 다루지 않는 미디어 타입을 요청하면 서버가 406 Not Acceptable 에러로 응답할 겁니다. 리퀘스트에 Accept 헤더가 누락된다면 컨슈머는 그 어떤 미디어 타입이든 응답으로 받을 수 있다는 데에 주의해야 합니다. 이럴 경우, 서버는 JSON같이 기본으로 정의된 표현형식에 맞춰 응답합니다.

이는 컨슈머가 리퀘스트 바디에 정보를 넣어 제공해야 할 때도 마찬가지입니다. 앞서 5.2.1절에서 송금을 생

성하기 위해 컨슈머가 POST /transfers 리퀘스트와 해당 리퀘스트의 바디에 보내는 계좌와 받는 계좌와 금액 정보를 포함하는 걸 기억할 겁니다. 이 때 바디를 JSON 문서일 거라 가정했지만 다른 미디어 타입일 수도 있습니다. 예컨대 컨슈머는 송금에 필요한 정보를 XML 문서로 전달할 수도 있습니다.[2] 그러기 위해서 컨슈머는 반드시 Content-type: application/xml 헤더를 제공해야 합니다. 만약 API 서버가 XML 문서를 이해할 수 없다면 415 Unsupported Media Type 에러를 반환할 겁니다. 컨슈머가 응답도 마찬가지로 JSON이 아닌 XML이길 원한다면 반드시 Content-type과 Accept: application/xml 헤더를 함께 제공해야 합니다. 이 경우는 "내가 너에게 XML을 보내니까, 응답도 XML로 주면 좋겠어."라는 의미입니다.

좋습니다. 콘텐츠 네고시에이션은 수동으로 제공되든 프로토콜에 의해 제공되든, 프로바이더가 지원만 한다면 컨슈머가 원하는 포맷으로 API의 요청과 응답을 선택할 수 있게 해 줍니다. 그렇지만 단순히 이런 것뿐만 아니라 더 많은 것들을 할 수 있습니다.

6.2.2 국제화와 현지화

이 책이 프랑스에서 Le Design des APIs Web이란 제목으로 번역되어 전자책이 나오더라도 이는 여전히 같은 책의 다른 표현에 불과합니다. 어떻게 해야 은행 API 예시에 이런 개념을 적용할 수 있을까요?

5.2.3절에서 직관적인 에러 피드백을 디자인하는 것을 배웠습니다. 가령, 컨슈머가 송금을 시도할 때 API는 "금액이 소비 한도를 초과하였음"과 같은 에러 메시지를 반환해 줄 수 있습니다. 이런 메시지는 모든 엔드 유저[End user]들에게도 고스란히 보여 주어야만 합니다. 그런데 나라마다 다른 언어를 쓰는 모든 엔드 유저가 다른 언어로 적혀있는 메시지를 이해할 수 있을까요? 애플리케이션이나 웹 사이트를 개발하는 개발자가 이 은행 API를 사용한다면 경우에 따라 메시지를 자기 언어에 맞추어 번역해야 일이 생깁니다. 기술적인 관점에서 이러한 처리가 충분히 가능한 것이 에러 타입이 AMOUNT_OVER_SAFE로 별도 정의가 되어 있기 때문입니다. 그런데 만약, API 디자이너인 우리가 디자인할 API에서 요청 언어에 맞추어 번역된 응답을 줄 방법을 제공해 준다면 개발자들을 도울 수 있을 겁니다.

은행 API 목표에 language라는 파라미터를 추가해야 합니다. 이 파라미터에 들어갈 수 있는 값은 ISO 639 언어 코드(http://www.loc.gov/standards/iso639-2/php/code_list.php)가 되겠습니다. 예를 들면, ISO 639 코드에서 fr은 프랑스어를 의미하며, en은 영어를 의미합니다. 6.1.4절에서 여러분은 표준을 준수하는 것이 쉽게 이해할 수 있으며, 상호운용성을 증진시킨다는 사실을 배운 적이 있습니다. 그런데 en이 영어를

---

2   XML (eXtensible Markup Language)은 사람과 기계가 읽을 수 있도록 하는 목적으로 등장한 마크업 언어입니다. XML은 JSON 등장하기 전까지만 해도 사실상 표준이었습니다. XML에서 금액과 같은 속성은 <amount>123.4</amount> 같은 식으로 표현할 수 있습니다.

의미한다고 하지만 영국 영어와 미국 영어는 엄연히 다른 언어로 취급됩니다. 프랑스어와 캐나다 프랑스어도 마찬가지입니다. 그렇기에 ISO 639만 사용하는 건 좋은 아이디어가 아닙니다. 따라서 언어를 식별하기 위해서는 보다 정확한 식별이 가능한 표준을 찾는 편이 좋습니다.

이에 대한 적절한 대안으로 언어를 태그로 정의하는 RFC 5646(https://tools.ietf.org/html/rfc5646)이 있습니다. 이 포맷은 ISO 639 언어 코드와 ISO 3166 국가 코드를 함께 사용합니다. 미국 영어라면 en-US, 영국 영어라면 en-UK, 프랑스어라면 fr-FR, 캐나다 프랑스어라면 fr-CA입니다.

이미 보셨다시피, 표준을 선택해도 직관적이지 않을 수 있습니다. 따라서 여러분이 표준을 선택할 때 해당 표준이 정말 여러분이 의도하는 바에 부합하는지 신중해질 필요가 있습니다.

이제 올바른 표준도 찾아내었고, 직접 에러 메시지를 번역해 제공할 준비도 끝났습니다. 예를 들자면, 송금 목표에 language 파라미터를 fr-FR로 설정하고, AMOUNT_OVER_SAFE라는 에러 타입 발생할 때, 판독 가능한 에러 메시지로 "Le montant dépasse le seuil autorisé."를 제공할 겁니다. 여기서 주의할 점은 API를 통해서 텍스트 메시지를 반환할 때 이것이 어떤 언어로 제공되고 있는지 역시 language 파라미터로 함께 명시되어야 한다는 점입니다. 또 다른 방법으로는 언어를 쿼리 파라미터로 표현할 수도 있습니다. 그렇지만 은행 API가 REST API를 표방하는 이상, 굳이 HTTP 프로토콜에서 제공하는 장점을 마다하고 다르게 구성할 필요는 없습니다.

> **Note** 저는 기계 번역을 추천하지 않습니다. 번역의 결과는 의도했던 바와 멀어지는 경우가 많으며, 이러면 여러분이 컨슈머와 엔드 유저 친화성을 위해 공들인 모든 경험을 망칠 수 있습니다.

콘텐츠 네고시에이션은 오직 데이터 포맷에만 국한되는 이야기가 아니며 언어에도 역시 마찬가지로 적용됩니다. 컨슈머가 Accept와 Content-type을 HTTP 헤더를 이용해 특정 미디어 타입을 요청했던 것처럼 Accept-Language와 Content-Language 헤더를 이용해 어떠한 언어가 있어야 하는지 그림 6.10과 같이 보여 줄 수 있습니다.

▼ 그림 6.10 API 상에서 언어에 대한 콘텐츠 네고시에이션

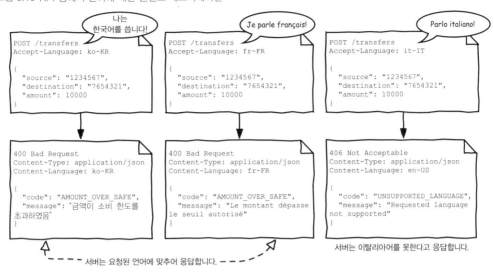

▼ 그림 6.10 API 상에서 언어에 대한 콘텐츠 네고시에이션

POST /transfers를 이용하여 송금 요청을 할 때, 컨슈머가 별다른 헤더를 포함하지 않으면 API 서버는 리스폰스를 줄 때 Content-Language: ko-KR 헤더처럼 서버에 정의된 기본 값을 반환하게 됩니다. 반면에 컨슈머가 Accept-Language: fr-FR을 HTTP header에 포함시켜 프랑스어를 요구한다고 명시한다면, API 서버는 Content-Language: fr-FR 헤더로 프랑스어로 작성된 응답 텍스트 데이터를 포함시켜 응답하게 됩니다. 만약 요청된 언어가 이탈리아어 it-IT라면, 지원하지 않는 언어라 서버는 406 Not Acceptable 이라는 HTTP 상태 코드로 에러를 반환할 겁니다. 이 상태 코드는 컨슈머가 요청한 미디어 타입이 지원되지 않음을 의미를 가지고 있기 때문입니다. 그렇지만 명시적으로 UNSUPPORTED_LANGUAGE와 같은 에러 코드와 명확한 피드백 메시지 "해당 언어는 지원하지 않습니다.Requested language not supported"를 명시적으로 제공하는 것도 좋은 방법입니다.

개발자나 애플리케이션 그리고 엔드 유저에 맞추어 데이터의 값을 제공하는 것은 단순 번역 수준으로 끝나는 일이 아닙니다. 미국은 야드파운드법을, 프랑스의 경우에는 미터법을 쓰고 있습니다. 따라서 미국과 프랑스 사람들은 다른 도량형을 사용하고 있습니다.

다른 도량형 체계 안에서는 날짜나 숫자의 표시 방법도 다르고 심지어 인쇄 용지의 크기도 다릅니다. API 가 국제화나 현지화를 지원한다면 이러한 모든 다양한 변형에 맞추어 적응할 수 있습니다. (이런 지원을 i18n과 l10n이라 칭하며, 각 이름에 있는 숫자는 국제화와 현지화를 뜻하는 영단어 internationalization, localization에서 첫 글자와 마지막 글자 사이에 있는 글자 수를 의미합니다.)

REST 은행 API에서 국제화가 의미하는 바는 Accept-Language: fr-FR 헤더는 소비자가 프랑스어와 규약에 맞추어 현지화 된 리스폰스를 기대한다는 의미입니다. 서버는 접수된 리퀘스트가 현지화를 지원한다면 반환할 콘텐츠에 Content-Language: fr-FR 헤더를 추가해서 반환할 겁니다. 반대로 지원하지 않는 현지화에 대한 요청에는 406 Not Acceptable 상태 코드를 반환할 겁니다.

은행 API에서 현지화란 fr-FR에 해당하는 현지화 요청을 다룰 수 있게 된다는 의미입니다. 예를 들면, 데이터는 프랑스어와 미터법에 충실해야 하며, PDF를 요청하면 US 레터 사이즈가 아니라 A4 사이즈 출력에 맞추어 제공되어야 합니다. 이런 주제가 특정한 API에만 국한되는 것은 아닙니다. 이러한 이슈는 모든 소프트웨어 개발 분야 전역에서 발생하고 있습니다.

> **Note** 국제화(i18n)은 소프트웨어와 애플리케이션 또는 API가 현지화를 할 수 있도록 해 주는 메커니즘입니다. 현지화(l10n)는 특정 지역에 맞추어 제어할 수 있도록 적응시킬 수 있는 것을 의미합니다. 이는 기본적으로 언어와 지역이나 국가를 합쳐서 구성하는 것을 의미합니다.

그렇지만 API 디자이너와 프로바이더에게, 국제화와 현지화가 정말 중요한 고려 사항일까요? 이 질문은 조만간 API를 본격적으로 디자인하기 전에 스스로 답해야 할 아주 적절한 질문입니다. 이에 대한 대답은 전적으로 API가 대상으로 삼는 컨슈머나 그들의 엔드 유저에 따라 달라집니다. 만약 운이 좋다면, API는 현지화와 관련된 고민을 전혀 하지 않아도 될 수 있습니다. 그렇다면 이에 대한 고려는 넘어가서도 좋습니다. 마찬가지로 여러분의 API의 대상인 사람들이 다른 지역에서 다른 언어를 사용하지 않는다면, 국제화에 대해 고려할 필요가 없습니다. 하지만 주의해야 합니다. 때로는 같은 국가나 지역 내에 있어도 다른 언어를 쓰는 이들이 있기 때문입니다. (미국의 경우에는 en-US와 es-US가 있습니다.)

그렇지만 이런 고려가 정말로 불필요하다면, 국제화와 관련된 기능들은 배제하고 나중에 필요해지면 추가할 수도 있습니다. 그렇지만 국제화를 고려하고 디자인한 API를 수정하는 것과 고려된 적 없는 API를 수정하는 것은 다른 차원의 문제입니다.

콘텐츠 네고시에이션에 있어서 리소스와 콘텐츠 인코딩에 대해서 우선순위와 관련된 내용이 있지만, 이 책에서는 다루지 않을 겁니다. 만약 이에 대해 더 궁금하다면 RFC 7231(https://tools.ietf.org/html/rfc7231)을 읽어보길 권합니다.

우리는 컨슈머가 단순히 그들이 원하는 데이터 포맷뿐 아니라 딱 맞는 언어와 단위를 제공하는 방법을 예시로 같이 살펴보았습니다. 이 API를 컨슈머의 입장에서 볼 때 더 예측하기 쉽고 입맛에 맞게 만들 수 있을까요? 그럼요!

6.2.3 필터, 페이지, 정렬 적용하기

아주 오래 전에 개설된 은행 계좌가 있다면 해당 계좌에는 수천 개가 넘는 거래 내역이 있을 수도 있습니다. 은행 API를 이용해서 계좌의 거래 내역을 보려고 하는 고객은 아마 이런 엄청나게 많은 기록을 한 번에 보는 것보다 적당히 나누어서 받기를 원할 겁니다. 아마도 그들은 최근 10건의 거래 기록부터 더 과거의 기록까지 파고 들어가기를 선호할 겁니다. 그림 6.11에서처럼 이러한 처리를 위해서는 약간의 추가적인 파라미터를 목표에 더해 주면 됩니다. 이 경우엔 pageSize와 page가 되겠습니다.

▼ 그림 6.11 간단한 페이지 처리

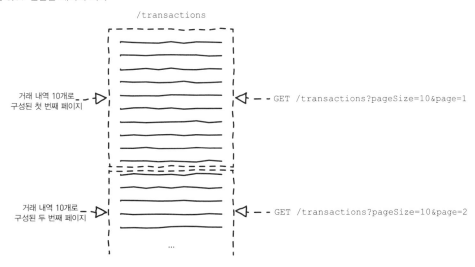

거래 내역은 서버에서 가상의 페이지로 나눕니다. 이때 각 페이지는 pageSize를 지니게 됩니다. 만약 page-Size를 제공하지 않으면, 서버는 기본값을 이용해 처리하고, 만약 page가 제공되지 않는다면, 서버는 기본적으로 첫 번째 페이지를 반환할 겁니다. 한 페이지에 10개의 거래 내역을 담아 페이지를 나누고 그 중 첫 페이지를 가져오고 싶다면, 그들은 pageSize=10으로 주고 page=1로 설정하여 요청하면 됩니다. 마찬가지로 10개의 거래 내역을 한 페이지로 잡고 두 번째 페이지를 가져오고 싶다면, pageSize=10으로 설정하고 page=2로 요청을 할 겁니다.

REST 은행 API는 GET /accounts/1234567/transactions?pageSize=10&page=1 형태의 쿼리 파라미터로 페이지 처리 파라미터를 취급합니다. 그렇지만 이 대신 HTTP 헤더인 Range를 이용하는 방법도 있습니다. 첫 페이지로 10개의 거래 내역을 가져오기 위해서는 리퀘스트의 헤더에 Range: items=0-9를 사용하는 것도 가능합니다. 이 경우 다음 페이지를 가져오려면 헤더에 Range: items=10-19를 사용하면 됩니다.

Range 헤더는 본래 웹 브라우저에서 이진 파일의 위치를 표시하기 위해 만들어졌습니다. 리퀘스트에서 Range 헤더는 〈단위〉=〈처음〉-〈마지막〉을 의미합니다. 표준 단위는 bytes였고, 따라서 bytes=0-500은 바이너리 파일의 처음부터 500 byte를 반환 받는다는 의미입니다.

여기에 items 같은 커스텀 단위도 쓸 수 있습니다. Range 헤더의 items=10-19는 서버에게 "나는 10번째부터 19번째 아이템 콜렉션을 원합니다."라고 말합니다. 원한다면 단위의 명칭을 transactions처럼 다른 것으로 할 수 있습니다. 그렇지만 이렇게 할 경우엔 /accounts 콜렉션 리소스에서 데이터를 가져올 때는 단위가 accounts가 되어야 합니다. 페이지 번호를 표시하기 위해 사용된 단위의 이름은 콜렉션 이름에서 추측할 수 있지만, 일반적인 이름인 items를 선택하는 편이 선호됩니다. 그렇게 하면 페이지 번호를 표시할 때마다 단위를 추정할 필요가 없어지게 됩니다. 언제나 items로 동일하면 되니까요.

만약 컨슈머가 거래 내역의 일부만을 원하는 경우, 이때는 일부에 더 많은 제어 요소를 포함하고 싶을 수도 있습니다. 어쩌면 음식점restaurant 카테고리에 포함된 거래 내역만을 원할 수도 있습니다. 이러한 특정한 거래에 대한 정보를 가져오기 위해 GET /accounts/1234567/transactions?category=restaurant와 같은 형태로 리퀘스트를 보내야 할 수도 있습니다. 여기서 category 쿼리 파라미터는 거래 내역 중에 오직 음식점만 반환하도록 하는 필터 역할을 합니다.

이러한 필터링은 매우 기본적인 사례입니다. 연습을 더 하길 원하신다면 API 디자이너로서 조만간 마주할 만한 문제를 하나 드리겠습니다. 숫자 값들로 이루어진 콜렉션의 필터링입니다. 여러분이 중고차 거래와 관련된 API를 디자인한다고 가정해 보겠습니다. 사용자는 GET /cars 리퀘스트에서 일정 범위의 두 값 사이의 주행기록을 보유한 차들의 목록을 조회하는 기능을 필요로 할 수도 있습니다. 자연어로 표현한다면, 쿼리는 다음과 같을 겁니다. "15,000에서 30,000마일 사이의 주행거리를 지닌 차들의 목록이 필요합니다." 다음 예제를 진행해 보기 바랍니다.

- 이런 필터를 디자인하는 방법을 찾으세요.
- 현존하는 API들(또는 지침)을 통해서 동일한 결과를 제공해 주는 최소 두 가지 이상의 다른 방법을 찾아 보세요.
- 여러분에게 적합한 방법을 선택하세요.
- 보너스: 모든 방법마다 리퀘스트와 파라미터들을 OpenAPI 명세로 표현해 보세요.

기본적으로 거래 내역은 최신부터 과거 순으로 정렬되어 표현됩니다. 컨슈머가 리퀘스트를 하면, 그들은 가장 최근 거래 정보를 첫번째로 받게 됩니다. 컨슈머는 마찬가지로 거래 금액 내림차순(큰 금액부터 낮은 금액순) 정렬하고 오래된 정보부터 최근 정보순으로 정렬을 원할 수도 있습니다. 이러한 형태의 목록을 얻기 위해서는, 리퀘스트를 다음과 같은 형태로 보내는 걸 고려해 볼 수도 있습니다.

GET /accounts/1234567/transactions?sort=-amount,+date

sort 쿼리 파라미터는 거래 내역을 어떠한 형태로 정렬할 것인지를 의미합니다. 여기에는 정렬 방향과 해당 속성이 쌍으로 존재합니다. 방향이 + 이면 오름차순이고 - 이면 내림차순입니다. -amount와 +date는 서버에게 금액 기준 내림차순으로, 기간 기준 오름차순으로 정렬하도록 요청합니다. 주의할 점은 이 방법은 정렬에 관한 파라미터를 제공하는 방법 중 하나일 뿐이라는 것입니다. 이 외에도 다른 방법들이 있습니다.

페이지 처리, 필터 처리, 정렬 처리 기능은 category=restaurant&sort=-amount,+date&page=3 와 같은 방식으로 동시에 사용할 수도 있습니다. GET /accounts/1234567/transactions 리퀘스트에 방금 언급한 쿼리 파라미터를 추가해서 리퀘스트를 보내면 레스토랑과 관련된 거래 내역의 3번째 페이지를 반환받는데, 이 목록은 금액 기준 내림차순으로 기간 기준 오름차순으로 정렬됩니다. 이번 절에서 설명했듯이 API를 친숙하게 만드는 것 외에도 예측 가능하게 만드는 좋은 방법은 컨슈머가 원하는 정보를 말하면 그들이 말한 그대로를 제공하는 것입니다. API를 예측 가능하게 만드는 세 번째 방법은 컨슈머들에게 API가 무엇을 할 수 있는지 가늠할 수 있는 단서를 제공하는 것입니다.

6.3 탐색 가능하게 하기

일반적으로 책을 읽다가 몇 페이지인지 알고 싶다면 해당 페이지에 적혀있는 숫자를 보면 됩니다. 때로는 현재 장이나 절에 대한 정보가 페이지 최상단이나 최하단에 표시되기도 합니다. 우리는 책의 앞부분에서 여러분이 책을 읽을 때 순차적으로만 읽는 것이 아니라 직접 특정 장이나 절로 바로 뛰어들 수 있다는 사실을 확인했습니다. 이 책은 장과 절 및 시작 페이지를 나열한 편리한 목차와 함께 제공되므로 가능합니다. 따라서 책을 읽을 때 내용을 읽는 것뿐 아니라 내용에 대한 추가 정보에도 접근할 수 있습니다. 물론, 이러한 추가 정보가 없어도 책을 읽을 수는 있습니다. 이 추가 정보가 전부 제거되어도 내용은 영향을 받지 않습니다. 그렇지만 책을 읽기는 훨씬 불편해질 겁니다.

만약 소설책이라면, 이런 목차(또는 페이지 번호)가 없어도 그렇게 큰 문제가 되지는 않을 겁니다. 소설이라면 페이지별로 한 장, 한 장씩 읽어보는 편이 더 흥미로울 겁니다. 목차가 지나치게 친절하다면 '11장: 당신이 좋아하던 캐릭터가 죽는다.' 같은 내용으로 스포일러를 할 수도 있기 때문입니다. 그렇지만 지금 읽고 있는 책처럼 소설이 아닌 정보를 위한 책이라면 여러분에게 적합한 내용을 다루는지 확인하기 위해 목차를 먼저 살펴보면 됩니다. 또한, 책의 목차를 통해서 여러분이 관심 있는 특정한 문제의 내용을 바로 찾아 펼쳐볼 수도 있습니다. 목차나 페이지 번호가 없다면, 여러분이 찾고자 하는 정보를 찾아내기는 쉽지 않을 겁니다. 추가 정보가 책을 탐색할 수 있게 해 줍니다. 필수적이지 않지만, 이런 사소한 차이가 독자의 경험을 비약적으로 향상시킵니다.

API 역시 책처럼 탐색할 수 있게 디자인할 수 있습니다. 이는 다양한 방법으로 추가 정보를 제공해 달성할 수 있는 주제이지만, 탐색을 가능하게 하도록 사용하는 프로토콜의 이점을 활용하는 수도 있습니다. REST API는 탐색과 관련된 기능이 태생적으로 존재하는데, URL과 HTTP 프로토콜을 채택하여 사용하고 있기 때문입니다.

6.3.1 메타데이터 제공하기

6.2.3절에서 페이지 처리 기능을 확인했습니다. 은행 API에서 컨슈머는 계좌의 거래 내역 리스트에 접근할 때, 어떤 페이지를 원하는지 지정해서 요청할 수 있습니다. 그렇다면 여러 페이지를 한 번에 필요로 할 때 는 어떻게 해야 할까요?

지금은 컨슈머의 리퀘스트에 대한 서버의 리스폰스는 오직 items 속성으로 배열 형태의 거래 내역 객체를 반환할 뿐입니다. 마치 페이지 번호와 목차가 없는 책과 같습니다. 이러한 리스폰스는 페이지 처리와 관련 된 데이터를 추가해 주면 그림 6.12처럼 개선될 겁니다.

▼ 그림 6.12 "내가 현재 어느 페이지를 보고 있고 무얼 할 수 있는지" 메타데이터로 제공하기

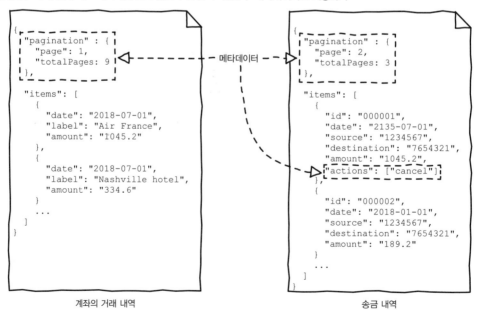

계좌의 거래 내역   송금 내역

계좌의 거래 내역 목표에 해당하는 리퀘스트를 처음 할 때 페이지에 관련된 파라미터를 주지 않고 요청한 다면, 서버는 현재 페이지 번호(첫 페이지 1)와 전체 페이지의 개수(totalPages, 이 예제의 경우에는 9)를 items 배열 속성과 함께 제공하게 될 겁니다. 이 경우 컨슈머에게 8페이지의 거래 내역이 남아 있다는 것을 알려 주는 것입니다.

이런 추가적인 데이터 덕분에 이체 목록이 탐색 가능해졌습니다. 컴퓨터 공학 분야에서는 이러한 데이터를 메타데이터metadata라고 칭합니다. 이는 데이터를 위한 데이터입니다. 메타데이터는 컨슈머들에게 현재 그들이 어느 페이지에 있으며, 무엇을 할 수 있는지도 알려 줄 수 있습니다.

또 다른 예시를 하나 보겠습니다. 메타데이터로 할 수 있는 일은 페이지 처리뿐만이 아닙니다. 은행 API 를 사용하면, 컨슈머는 돈을 특정 계좌에서 다른 계좌로 즉시 또는 지정된 일시에 송금할 수 있습니다. 송금 내역을 리퀘스트로 요청할 경우, 서버는 실행되거나 예정된 송금 요청을 반환할 수 있습니다. 이미 처리된 송금 요청은 취소할 수 없지만, 예약 송금은 아직 실행 처리가 되지 않았으니 취소할 수 있습니다. 그림 6.12처럼 우리는 가능한 동작actions을 개별 송금 요청에 추가할 수 있습니다. 만약, 이미 처리된 송금 요청의 경우에는 할 수 있는 일이 없으니, 가능한 동작actions의 리스트가 텅 비어 있을 겁니다. 반대로 예정된 요청의 경우에는 취소cancel가 가능한 동작으로 존재할 겁니다. 이로 하여금 컨슈머에게 아직 수행되지 않은 송금 요청 목표에서는 취소가 가능하다는 사실을 알려 주는 것입니다. 여러분도 보셨듯이, API는 메타데이터를 통해서 컨슈머에게 현재 어디에 있는지와 무엇이 가능한지를 알 수 있게 도와줍니다. API에서 이러한 추가 정보들이 필수는 아니지만, 메타데이터는 API의 사용성을 크게 향상시켜 줍니다. 이렇게 메타데이터를 추가함으로써 5.1절에서 배웠던 사실을 적용할 수 있게 되었습니다. 이제 우리는 즉시 사용할 수 있는 데이터를 제공하게 된 겁니다. 이는 웹 API뿐만 아니라 모든 API에도 적용할 수 있습니다. API의 종류에 따라 해당 API가 제공하는 프로토콜의 일부 기능을 사용하여 이러한 정보를 제공할 수 있습니다.

6.3.2 하이퍼미디어 API 만들기

REST 은행 API를 사용할 때, 컨슈머들은 계좌의 목록을 GET /accounts를 호출하여 가져올 수 있습니다. 각각의 계좌들은 고유한 id를 지니고 있어, 이를 이용해서 URL(/accounts/{accountId})을 만들 수 있으며, 개별 계좌의 상세 정보를 HTTP GET을 이용해 가져올 수 있습니다. 이 id를 이용해 GET /accounts/{accountId}/transactions와 같은 방식으로 계좌의 거래 내역도 가져올 수 있습니다. 우리가 전에 추가한 페이지 처리 메타데이터 덕분에 컨슈머는 처음에 요청한 거래 내역 이외에도 다른 거래 내역이 있음을 알 수 있을 겁니다. 이런 경우에 컨슈머들은 GET /accounts/{accountId}/transactions?page=2 리퀘스트를 이용해 거래 내역의 다음 페이지를 가져올 수 있습니다. 필요하다면 거래 내역의 가장 마지막 페이지를 곧장 가져올 수도 있을 겁니다. 컨슈머는 마지막 페이지^{lastPage} 번호를 GET /accounts/{accountId}/transac-tions?page={lastPage 값}으로 요청만 하면 됩니다.

잘 디자인된 API와 명백한 URL, 메타데이터가 하나로 뭉치면 이렇게 유용합니다. 이제 다른 상황으로 여러분들이 은행의 웹 사이트에 접속했고 모든 하이퍼링크가 제거되어 있다고 가정하겠습니다. 만약 여러분들이 본인 계좌의 자세한 정보를 보기 위해서 일일이 URL에 여러분들의 계좌 번호를 입력해야 한다면 기꺼이 하시겠습니까? 하이퍼미디어의 링크가 없는 월드 와이드 웹^{World Wide Web}은 사용하기에 끔찍할 겁니다.

다행스럽게도 그런 일은 없습니다. 일반적으로 웹 사이트에서는 여러분들은 단순히 링크를 클릭만 하면 다른 페이지로 쉽게 이동할 수 있습니다. REST API가 월드 와이드 웹 원칙에 종속되었는데, 이를 따라서 얻을 수 있는 장점을 마다할 필요가 있을까요? 그림 6.13을 보시면, 하이퍼미디어 은행 API는 href 속성으로 각각의 계좌들을 가져올 수 있는 하이퍼링크를 제공해 주고 있습니다.

▼ 그림 6.13 하이퍼미디어 은행 API

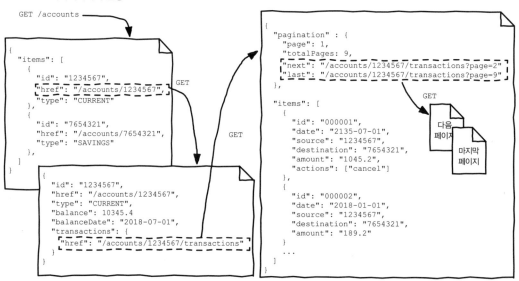

계좌 번호 1234567의 경우, href의 값은 /accounts/1234567일 겁니다. 이 계좌의 상세 정보를 원하는 컨슈머는 즉시 사용 가능한 URL을 별도의 가공 없이 그대로 GET으로 호출만 하면 됩니다. 이 리퀘스트의 리스폰스는 transactions이라는 속성을 지니고 있을 것이고, 여기에는 오브젝트 형태의 값이 href라는 속성을 마찬가지로 포함한 형태로, /accounts/1234567/transactions 일 겁니다.

거듭 말하지만, 컨슈머는 계좌의 거래 내역을 가져오기^{GET} 위해서는 href로 값을 요청해야만 합니다. 그리고 당연하게도, 페이지 메타데이터는 다음 페이지와 마지막 페이지가 무엇인지 속성의 값으로 제공하여 (각각 /accounts/1234567/transactions?page=2, /accounts/1234567/transactions?page=9) 다음 페이지와 마지막 페이지를 호출할 수 있게 해야 합니다. 그렇게 되면 컨슈머는 사용 가능한 URL이나 URL의 구조를 몰라도 API를 다룰 수 있게 됩니다.

REST API에서 제공하는 링크는 웹 페이지의 링크와 마찬가지입니다. 이를 통해 API를 컨슈머가 탐색할 수 있게 해 주며, 이 책의 뒤에서 보게 될 API 갱신에도 도움이 됩니다. 하이퍼미디어에 대한 메타데이터를 다루는 방법에 아직까지 표준은 없습니다. 대신에 일상적으로 쓰는 방법들이 몇 가지 있습니다. 주로 HTML 페이지와 HTTP 프로토콜에서 링크가 표시되는 방식을 기반으로 합니다.

하이퍼미디어 메타데이터는 주로 href, links, _links 같은 이름으로 표현되곤 합니다. 비록 표준은 없지만, 몇 가지 하이퍼미디어 포맷은 정의되어 있습니다. 가장 잘 알려진 포맷으로는 HAL, 콜렉션 + JSON, JSON API, JSON-LD, Hydra, Siren 이 있습니다. 이러한 포맷들은 각자 데이터 구조와 관련한 제약 조건이 있습니다.

HAL(http://stateless.co/hal_specification.html)은 상대적으로 단순합니다. 기본적인 HAL 문서는 links 속성에 가능한 링크들을 포함하고 있습니다. 각각의 링크들은 현재 리소스 기준으로 관계(_rel)를 식별한 오브젝트로 되어 있습니다. self 관계의 경우 리소스 자체를 나타내는 링크를 위해 쓰입니다. 링크 오브젝트는 반드시 절대경로이건 상대경로이건 하나의 href 속성이 있습니다. 은행 계좌 리소스의 경우에, 거래 내역의 링크는 transactions에 있을 것이며 상세한 내용은 다음과 같습니다.

예제 6.1 HAL 문서로 표시된 은행 계좌

```
{
  "_links" : {
    "self": {
      "href": "/accounts/1234567"    ◀——— 은행 계좌 리소스 스스로를 가리키는 링크
    },
    "transactions": {
      "href":"/accounts/1234567/transactions"    ◀——— 은행 계좌의 거래 내역을 가리키는 링크
    }
  }
  "id": "1234567",
```

```
    "type": "CURRENT",
    "balance": 10345.4
    "balanceDate": "2018-07-01"
  }
```

HAL 명세에 링크 관계에 대한 개념은 구체적으로 존재하지는 않습니다. 이에 관한 설명은 RFC
5988(https://tools.ietf.org/html/rfc5988)에서 찾을 수 있습니다. 하이퍼미디어 API는 URL만 제공하는
것이 아닙니다. 이들은 마찬가지로 사용가능한 HTTP 메서드들도 제공합니다. 예를 들자면, Siren 하이
퍼미디어 포맷(https://github.com/kevinswiber/siren)에서 우리는 cancel 액션을 이용해 예약 송금 취소
에 대해 묘사할 수도 있습니다. Siren은 또한 데이터 구조에 대한 제약이 있습니다. 속성들은 그룹화되어
properties에 포함되어야 하며, 다른 리소스와 연결해 주는 링크들은 links에 있어야 하며, 액션들은 actions
에 있어야 합니다. 다음 예제는 Siren 문서에 대한 예제입니다.

예제 6.2 Siren 문서로 표시된 이체

```
{
    "properties" : {  ◀━━━━━━  리소스의 속성들은 properties 밑에 그룹화되어 포함됩니다.
      "id": "000001",
      "date": "2135-07-01",
      "source": "1234567",
      "destination": "7654321",
      "amount": "1045.2"
    },
    links: [  ◀━━━━━━  HAL 포맷의 _links와 동일합니다.
      { "rel": ["self"],
        "href": "/transfers/000001" }
    ],
    actions: [  ◀━━━━━━  액션의 이름과 URL, HTTP 메서드를 묘사합니다.
      { "name": "cancel",
        "href": "/transfers/000001",
        "method": "DELETE" }
    ],
}
```

REST 제약 사항: 유니폼 인터페이스(Uniform Interface)

REST 아키텍쳐 스타일은 모든 상호작용이 자원의 상태 및 표준화된 방법의 표현을 통해서 조작되는 식별된 자원의 개념에 맞추어 안내되어야 하며, 표현과 해당 자원으로 수행할 수 있는 작업을 이해하는 데 필요한 모든 메타데이터를 제공해야 합니다.[a] REST API는 컨슈머가 웹 사이트를 탐색하는 데 필요한 모든 메타데이터를 제공하는 하이퍼미디어 API와 같습니다. 메타데이터는 단순한 리소스 간의 링크뿐만 아니라 가능한 동작들도 묘사할 수 있습니다. REST 아키텍쳐 스타일 유니폼 인터페이스는 발음할 수는 없지만 HATEOAS(hypermedia as the engine of the application state)라고 불립니다.

하이퍼미디어 메타데이터를 제공하는 것은 웹 기반의 REST API를 예측 가능하게 만드는 일반적인 방법입니다. 그렇지만 HTTP 프로토콜이 제공하는 몇 가지 기능을 이용하면 REST API를 보다 더 예측 가능하게 만들 수 있습니다.

6.3.3 HTTP 프로토콜의 장점 이용하기

지금까지 우리는 GET, POST, PUT, DELETE, PATCH라는 HTTP 메서드를 사용해 왔습니다. 다음 예제에서는 OPTIONS라는 메서드를 이용하여 /transfer/000001 리퀘스트를 보내면, 해당 리소스에서 사용할 수 있는 HTTP 메서드를 가져오는 방법을 알아보겠습니다.

예제 6.3 HTTP OPTIONS 메서드 사용하기

```
OPTIONS /transfers/000001

200 OK
Allow: GET, DELETE
```

만약 API 서버가 이 HTTP 메서드를 지원하고, 해당 리소스가 존재한다면, Allow: GET, DELETE 를 헤더로 반환할 겁니다. 이 리스폰스가 분명하게 의미하는 바는 GET과 DELETE 메서드가 /transfer/000001 리소스에서 사용 가능함을 의미합니다. 메타데이터가 데이터에 대한 정보를 제공(6.3.1절)하듯, 메타골[meta-goal]은 API 목표[Goal]에 대한 정보들을 제공합니다.

---

a   로이 토마스 필딩, 〈아키텍처 스타일과 네트워크 기반 소프트웨어 아키텍처 설계〉, 2000 (https://www.ics.uci.edu/~fielding/pubs/dissertation/rest_arch_style.htm#sec_5_2).

이번 장의 앞부분에서 우리는 계좌의 이체 내역을 JSON, CSV, PDF 포맷 문서로 받을 수 있다고 했습니다. 다음 예제는 GET /accounts/1234567/transactions 리퀘스트의 리스폰스를 받을 때 API 서버가 Link 헤더를 이용해 쓸 수 있는 다른 포맷들을 보여 주는 예제입니다.

예제 6.4 리스폰스에서 링크 헤더를 이용해 제공 가능한 포맷들을 표현

```
200 OK
Allow: GET
Content-type: application/json  ◄──── JSON 형태로 반환되는 거래 목록
Link: </accounts/1234567/transactions>;  ◄──
        type=application/pdf,  ◄──                     마찬가지로 거래 목록을 PDF와 CSV로 제공할 수
    </accounts/1234567/transactions>;  ◄──            있음(실제로는 한 줄임에 주의합시다.)
        type=text/csv  ◄──
{
  "items" : [
    ...
  ]
}
```

주의할 점은 HTTP 프로토콜을 REST API에서 적극적으로 활용하는 방법은 그다지 널리 알려지지 않았다는 것입니다. 표준을 선택할 때처럼 이러한 기능들을 선택할 때 컨슈머들에게 정말 도움이 되는지 판단해 보는 것이 우선입니다. 그렇다면, 이러한 사항들을 HTTP 프로토콜의 전문가가 아닌 컨슈머들도 이해하고 사용할 수 있도록 문서를 통해 자세히 설명해야 합니다.

> **Tip** 항상 API에서 사용하는 프로토콜의 가능성을 검토해 보시기 바랍니다. 그렇지만 사용자가 매우 드물게 사용하는 기능까지 고려 대상으로 하는 검토는 피해야 합니다. 다양한 기능들을 검토하고 적용할 수 있지만, 그럴 경우 반드시 문서화에도 신경써야 합니다.

이번 장에 대해서 연습을 해 보고 싶다면, 3장과 4장에서 다루었던 쇼핑 API를 OpenAPI 명세를 이용해서 다음과 같이 업데이트해 보시길 바랍니다.

- HAL이나 Siren을 통해 하이퍼미디어 기능을 추가해 리소스 간의 링크를 표현해 보세요.
- 페이지, 필터, 정렬 기능과 관련된 메타데이터와 하이퍼미디어 컨트롤로 추가해 보세요.
- 콘텐트 네고시에이션 기능을 추가해 CSV 포맷을 지원해 보세요.
- 필요한 경우 HTTP OPTIONS 메서드를 추가해 보세요.

다음 장에선 사용성과 관련된 마지막 장으로 여러분들의 API를 구성하고 크기를 조정하는 법을 배울 겁니다.

요약

- 동작을 추측할 수 있는 API를 작성하려면 일관된 규칙을 정의하고 일반화된 사례나 표준을 준수하십시오.
- 일관된 API를 디자인하면 API의 사용을 용이하게 할 뿐만 아니라 디자인도 더 단순하게 만듭니다.
- 항상 API가 다른 표현을 지원하거나 현지화 또는 국제화를 지원해야 하는지 확인하십시오.
- 목록 형태의 목표를 제공해야 한다면 페이지, 필터, 정렬 기능이 추가될수록 사용성이 증진됩니다.
- 컨슈머에게 API를 안내하기 위해 가능한 많은 메타데이터를 제공하십시오.
- 항상 프로토콜에서 제공하는 기능 활용을 고려해 API가 예측 가능하게 하고, 사용자가 혼란을 겪지 않도록 지나치게 복잡하거나 전혀 익숙지 않은 기능을 제공하십시오.

7

간결하고 체계적인 API 디자인하기

이 장의 내용
- API의 데이터, 피드백, 목표의 구성
- 데이터, 목표 및 API의 세분성 관리

이제 여러분은 API를 직관적이고 예측할 수 있도록 디자인하는 방법을 알고 있습니다. 이제 사용 가능한 API를 디자인하기 위해 마지막으로 다룰 내용이 하나 남았습니다. TV 리모컨은 종종 잘 정리되지 않고 압도적으로 많은 버튼들로 위협적으로 느껴질 때가 있습니다. 어떤 전자레인지나 세탁기는 일반 사람들에게 너무 많은 기능을 제공할 때가 있습니다. 압도적이고, 무질서하며, 명확하지 않거나 뒤범벅된 일상의 인터페이스들은 최선의 경우라도 사용자에게 난해한 퍼즐 같을 것이며, 최악의 경우에는 겁에 질리게 할 겁니다.

"적을수록 좋다."와 "모든 물건은 맞는 자리에 있어야 한다"란 두 격언은 모든 API 디자이너가 반드시 따라야 합니다. API의 데이터, 피드백, 목표에 대해서 구성하고 크기를 정하는 것은 이해하기 쉽고 부담스럽지 않은 API를 만드는 데 매우 중요한 역할을 합니다. 이 과정을 거치지 않으면, 지금껏 배운 직관적이고 예측 가능한 API를 만드는 방법이 모두 무의미해집니다.

7.1 API 구조화

여러분이 TV 리모컨을 사용해 본적이 있다면, 그림 7.1에서 보이는 버튼 중에 유사한 것을 본 경험이 있을 겁니다. 리모컨은 15개의 버튼을 이용해 완전히 동일하게 작동합니다. 다만, 버튼 배치의 구조에 따라서 사용성은 끔찍한 수준에서 최고까지 다양하게 달라집니다.

▼ 그림 7.1 구조화의 정도가 TV 리모컨 버튼이 사용성에 영향을 미칩니다.

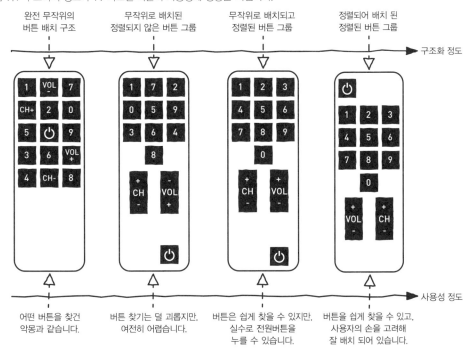

위의 첫 번째 리모컨의 경우(그림에서 맨 왼쪽), 버튼들은 무작위로 배치되어 있으며, 이로 인해 무엇 하나 마음대로 찾기 어렵습니다. 두 번째 리모컨은 버튼들이 그룹 단위로 되어 있어 그나마 찾기가 더 쉽습니다. 예를 들어 사용자가 7 버튼을 찾으려면, 먼저 숫자 버튼들의 그룹을 찾아야 합니다. 채널^{CH} +/- 버튼과 볼륨^{VOL} +/- 버튼은 숫자 버튼처럼 그룹화되어 같이 있습니다. 그렇지만 단순히 버튼들을 그룹화만 하고 끝나기엔 아쉽습니다. 세 번째 리모컨을 보면 각 버튼 그룹들이 정렬되어 있습니다. 이제 숫자 7은 오름차순 ascending 정렬 덕에 숫자 버튼 그룹에서 찾기가 훨씬 수월해졌습니다. 볼륨의 + 버튼을 그룹에서 위쪽에 배치하게 되었는데 다음 두 가지 이유 때문입니다.

- +/- 는 일반적으로 위/아래 표현을 모방해서 표현합니다.
- 채널의 + 버튼이 이미 그룹 내에서 위쪽에 배치되어 있습니다. 만약 둘이 다르면 볼륨 그룹과 채널 그룹 사이의 일관성이 깨지기 때문입니다.

마침내, 네 번째 리모컨에 버튼 그룹들은 재배치되어 훨씬 더 사용하기 좋게 변경되었습니다. 전원 버튼은 가장 위에 배치되어 사용자가 리모컨을 손에 쥐었을 때 실수로 누를 우려가 사라졌습니다. 채널과 볼륨 버튼 그룹은 리모컨들의 관습적인 배치에 맞추어 자리 잡았습니다. 이제 버튼들은 직관적으로 배치되었으며, 여러분은 이제 영화를 보느라 집안이 깜깜한 순간에도 리모컨을 쉽게 다룰 수 있을 겁니다.

이 예제에서 보았듯이, 논리적으로 그룹화되고 정렬된 경우 원하는 요소를 쉽게 찾아내고 그 목적도 이해하기 쉽게 해 줍니다. 이와 마찬가지로 API에서도 구조가 중요합니다. 일상에서 마주하는 다른 사물들이 그렇듯, API도 마찬가지로 사용할 수 없을 수 있고 반대로 매우 직관적일 수도 있습니다. 이는 순전히 데이터와 피드백과 목표의 구조화 정도에 달렸습니다.

7.1.1 데이터 구조화하기

잘 구조화된 API를 디자인하는 첫 단계는 데이터에서 시작하므로 구체적인 예부터 살펴보겠습니다. 초기 은행 계좌에 대한 표현은 그림 7.2의 ⓐ에 포함되어 있습니다.

▼ 그림 7.2 데이터의 그룹화를 통한 은행 계좌 데이터의 연관성 표현

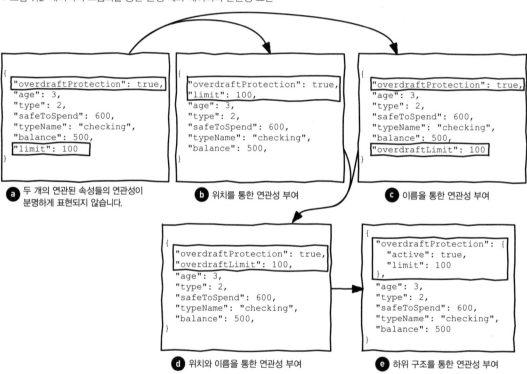

여기서 강조된 두 개의 속성들이 있습니다. overdraftProtection과 limit입니다. overdraftProtection 속성은 계좌의 초과 인출 방지의 활성화 여부를 의미하며, limit 속성은 초과 인출의 한도를 의미합니다. 만약 한도 금액에 100이 입력되면, 계좌의 총액에서 $100 이상의 초과된 인출이 발생할 때 해당 인출이 중단됩니다. 이 두 속성은 밀접하게 연관되어 있으나, 디자인만 봐서는 그 관계를 알아내기 쉽지 않습니다.

우리는 약간의 변화를 통해 이 두 속성의 관계를 좀 더 분명하게 만들 수 있습니다. 첫 번째 아이디어는 두 속성을 서로 가깝게 배치ⓑ하는 것입니다. 그렇지만 여전히 이 둘의 관계가 확실하게 느껴지진 않습니다. limit를 overdraftLimit로 이름을 바꿔ⓒ보았습니다. 앞선 두 방법을 합쳐ⓓ서 표현해 봤습니다. 이렇게 하면 이 두 가지 속성을 중심으로 가상의 경계를 만들 수 있습니다. 우리는 이제 좀 더 나아가 이 가상의 경계를, overdraftProtection라는 하위 구조를 만들어 내어 견고한 실제 경계ⓔ로 만들어 낼 수 있습니다.

데이터 그룹화는 첫걸음에 불과합니다. 스크롤을 위아래로 옮겨가면서 API 응답 내부에서 가장 중요한 데이터가 무엇인지 식별하기란 상당히 짜증나고 성가십니다. 데이터를 정렬하면 사람들의 가독성을 향상시켜줄 수 있습니다. (프로그램은 데이터의 순서에 크게 연연하지 않습니다.)

그림 7.3에서 볼 수 있듯, type과 typeName 그리고 safeToSpend와 balance를 가까이 배치했습니다. 이 개별 그룹 내 속성은 위에서부터 아래로 중요한 순에서 덜 중요한 순으로 정렬되어 있습니다. 이 모든 그룹은 중요도에 따라 정렬되어 있습니다.

▼ 그림 7.3 은행 계좌 표현 데이터의 정렬

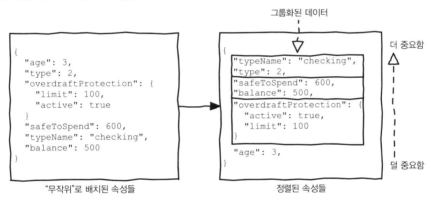

이 구조는 API 명세를 통해 생성된 문서나 코드에서도 볼 수 있습니다. 속성을 사전에 정의된 구조로 그룹화하면 무엇이 필수이고 아닌지 확실히 구분할 수 있게 됩니다. 그림 7.4를 보시겠습니다.

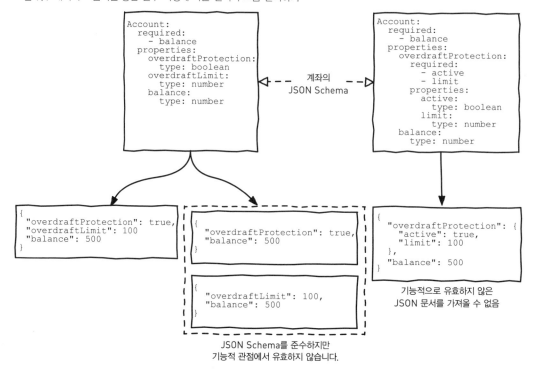

이 예제에선, 왼쪽의 JSON Schema를 따르자면 overdraftProtection, overdraftLimit 둘 다 필수가 아닌 선택 사항입니다. 그렇지만 기능적인 관점에서, overdraftProtection의 값이 true이면, overdraftLimit은 필수가 됩니다. 이러면 선택 사항인 overdraftProtection 오브젝트 그룹에 active와 limit 속성을 필수로 넣어주면 문제가 해결됩니다.

이러한 전략은 프로바이더의 관점을 노출하지 않습니다. 이 상황에서 전략이란 필수/선택 속성을 섞어서 사용하지 못하도록 하는 JSON Schema에 제약을 두는 것입니다. 그렇지만 이 방법을 알고 있다면 여러 경우에 도움이 될 겁니다. 때로는 매우 정확한 JSON Schema를 제공하도록 큰 도움을 줄 수도 있습니다.

사용 가능한 데이터를 디자인하기 위해 반드시 데이터 그룹을 만들어 데이터를 구조화해야 합니다. 관련된 속성들은 서로 가깝게 배치해야 하며, 일반적인 접두사를 사용하고 필요하다면 하위 구조를 만들어야 하며, 데이터의 그룹은 중요한 순서부터 덜 중요한 순서로 배치해야 합니다.

7.1.2 피드백 구조화하기

구조화가 잘 된 API의 경우 피드백도 구조화가 잘 되어 있습니다. 5.2절에서 HTTP 상태 코드를 이용해서 유용한 피드백을 제공하는 법을 배웠습니다. 표 7.1에서 복습 차원으로 몇 가지 유즈케이스를 보여드리겠습니다.

▼ 표 7.1 HTTP 상태 코드 예제

유즈케이스	HTTP 상태 코드	클래스	의미
송금 생성	201 Created	2XX	즉시 송금이 생성됨
송금 생성	202 Accepted	2XX	예약 송금이 생성됨
송금 생성	400 Bad Request	4XX	필수 속성이 누락되었거나 잘못된 데이터 타입
계좌 정보 조회	200 OK	2XX	요청한 은행 계좌가 반환됨
계좌 정보 조회	404 Not Found	4XX	요청한 은행 계좌가 존재하지 않음

HTTP 상태 코드는 클래스[class]로 그룹화되어 있습니다. 리스폰스가 2XX 클래스일 경우, 모든 게 정상이라는 의미입니다. 반대로 4XX 리스폰스가 의미하는 것은 리퀘스트에 오류가 있으니 컨슈머가 이를 조치해야 할 필요가 있음을 의미합니다. HTTP 상태 코드를 그룹화하는 것은 이해하기 더 쉽게 해 줍니다.

만약 여러분이 보낸 리퀘스트에 API가 413 상태 코드를 반환한다면, 이 코드를 전에 본 적이 없어도 문제가 여러분 쪽에 있다는 것을 알 수 있게 됩니다.[3] 왜냐고요? 4XX 클래스의 상태 코드이기 때문입니다. 우리가 잘 모르는 4XX 코드는 400 상태 코드를 취급하는 것과 비슷하게 다루어야 합니다. (5.2.3절 참조)[4]

피드백을 구조화하는 일은 단순히 상태 코드에만 국한되지 않습니다. 원한다면 더 상세한 피드백을 만들거나 여러분만의 피드백을 만들 수도 있습니다. 5.2.4절에서 한 번에 여러 에러를 반환하면 에러를 카테고리화하는 데 도움이 된다고 설명했습니다. 그림 7.5는 예약 송금 생성 리퀘스트에서 amount(금액)에 송금 한도를 초과하는 금액이 들어갔고 destination(받는 계좌)가 누락되었으며 date(실행일시)가 UNIX 타임스탬프로 제공되었다는 설명을 하고 있습니다.

---

3   413 상태코드는 사용자의 요청이 서버가 처리할 수 있는 한도보다 크다는 의미입니다. (https://tools.ietf.org/html/rfc7231#section-6.5.11)
4   RFC7231 에서 언급하길, "...클라이언트는 상태코드의 첫글자를 보고 어떠한 클래스인지 이해할 수 있어야 하며, 만약 세부 상태 코드가 의미하는 바를 이해할 수 없다면, 상태 코드 클래스의 X00에 준한다고 취급한다..." (https://tools.ietf.org/html/rfc7231#section-6)

▼ 그림 7.5 그룹화하고 정렬한 에러들

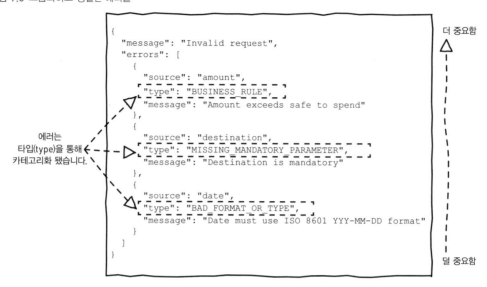

```
{
    "message": "Invalid request",
    "errors": [
        {
            "source": "amount",
            "type": "BUSINESS_RULE",
            "message": "Amount exceeds safe to spend"
        },
        {
            "source": "destination",
            "type": "MISSING_MANDATORY_PARAMETER",
            "message": "Destination is mandatory"
        },
        {
            "source": "date",
            "type": "BAD_FORMAT_OR_TYPE",
            "message": "Date must use ISO 8601 YYY-MM-DD format"
        }
    ]
}
```

더 중요함

에러는
타입(type)을 통해
카테고리화 됐습니다.

덜 중요함

보다시피 각 에러는 타입을 지니고 있습니다. 이 타입들은 문제 해결을 위해 어느 쪽을 살펴봐야 하는지 단서를 제공해 줍니다. 첫 번째 에러는 BUSINESS_RULE 그룹으로 비즈니스 컨트롤에 의해서만 발생합니다. MISSING_MANDATORY_PARAMETER 에러는 이름처럼 누락된 필수 파라미터가 있음을 의미합니다. 그리고 BAD_FORMAT_OR_TYPE 에러는 프로퍼티의 값이 의도했던 타입이나 포맷이 아님을 의미합니다. 에러도 마찬가지로 매우 치명적인 에러에서 덜 치명적인 에러 순서대로 정렬해서 반환합니다. 맨 위에 있는 Amount exceeds safe to spend(허용 금액 초과) 에러는 가장 심각한 에러이며, 그 뒤에 Destination is mandatory(받는 계좌번호 필수) 에러가 뒤따르며, 가장 덜 치명적인 에러인 Date must use ISO 8601 YYY-MM-DD format (일시는 ISO 8601 YYY-MM-DD 포맷이어야 함)이 맨 뒤를 따릅니다. API를 디자인할 때는 기본 프로토콜의 피드백 구성을 활용하여 쉽게 해석할 수 있도록 피드백을 구성하고 여러분만의 구조화된 피드백 구조를 만들어 낸 뒤, 이 에러들을 심각한 에러부터 사소한 에러 순으로 정렬하면 됩니다.

7.1.3 목표 구조화하기

앞서 언급했던 것들과 목표도 마찬가지로 구조화할 가치가 있습니다. 만약 객체지향object oriented 프로그래밍에 익숙하다면, 클래스의 메서드 구성과 비교해 볼 수 있을 겁니다. API의 목표는 가상이든 실제 물리적으로든 조직화하여 나눌 수 있습니다. 그림 7.6에서 볼 수 있듯, 여러분이 4장에서 발견한 OpenAPI 명세는 API의 목표를 가상적으로 구분 짓는 데 쓸 수 있습니다.

그림 7.6의 왼쪽은 완전히 구조화가 되지 않은 은행 API의 정의입니다. 오른쪽은 각각의 동작에 tag(태그)라는 속성을 추가하여 Account(계좌)와 Transfer(송금)라는 두 개의 카테고리로 그룹화했습니다.

▼ 그림 7.6 OpenAPI 명세에서 태그를 이용해 그룹화된 목표들

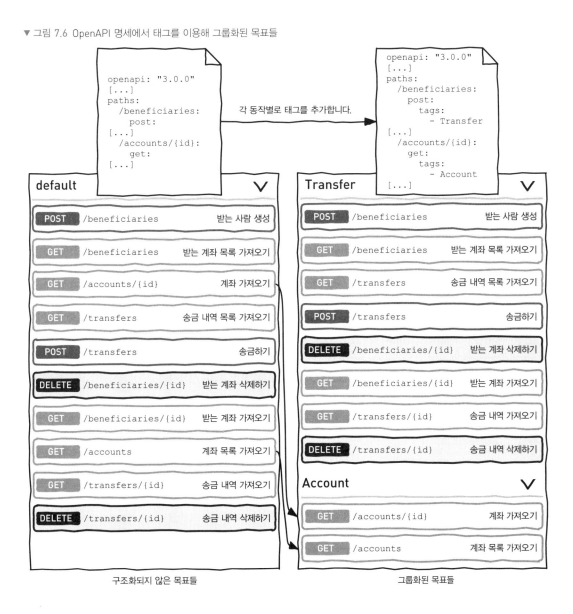

구조화되지 않은 목표들   그룹화된 목표들

Note 하나의 동작은 필요하다면 여러 개의 카테고리에 포함될 수 있습니다.

그렇다면 목표의 그룹은 어떻게 정해야 할까요? 여기에 정답은 없습니다. 대신 팁을 드리자면, 목표들을 기능적인 관점에서 그룹화하라는 것입니다. 여러분이 REST API를 디자인한다면, URL 경로가 바로 목표를 대변한다고 착각해서는 안 됩니다. 여러분은 반드시 각 목표의 기능적인 측면에 집중해야지, 표현에 집중해서는 안 됩니다. 그림 7.7을 보겠습니다.

▼ 그림 7.7 URL 표현 관점 대 기능적 관점으로 태그를 통한 구조화

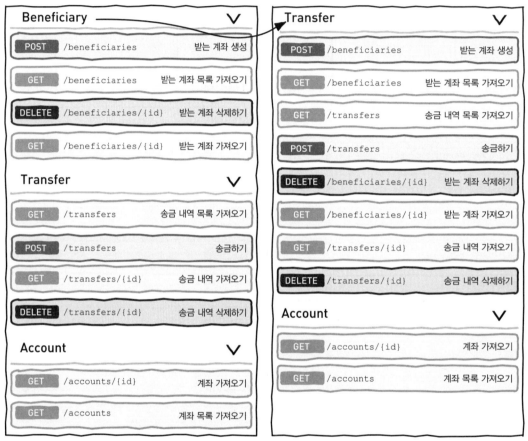

URL 표현 바탕의 잘못된 구조화 사례   기능적 측면에서 구조화한 올바른 사례

여러분이 그림의 왼쪽에서 보듯 경로에 집중하게 되면, Beneficiary(경로 /beneficiaries)(받는 계좌), Transfer(경로 /transfers)(송금), Account(경로 /account)(계좌)와 같은 세 가지 카테고리로 나뉘게 될 겁니다. 그렇지만 이 목표 중에 /transfers와 /beneficiaries를 나누는 것은 합리적이지 않습니다. 이 두 가지 목표는 모두 서로가 없으면 성립할 수 없기 때문입니다.

반대인 오른편을 보면, 목표들은 단 두 가지의 카테고리로 나뉘게 됩니다.

이편이 훨씬 좋습니다. 그렇지만 Transfer 카테고리 이전에 Account 카테고리는 사람들이 이 API를 어떻게 써야 할지 감을 잡을 수 없을 겁니다. 사용자들은 API로 돈을 보내기 전에 먼저 계좌 도메인과 관련된 동작들에 먼저 관심을 가질 겁니다.

그림 7.8에서처럼 우리는 tags 정의를 최상위^{root} 레벨에 추가하여 카테고리를 정렬할 수 있습니다. tags 속성은 이름^{name}과 설명^{description}으로 구성된 아이템의 목록으로 구성되어 있습니다.

▼ 그림 7.8 정렬된 태그 정의를 추가해 목표 그룹 정렬하기

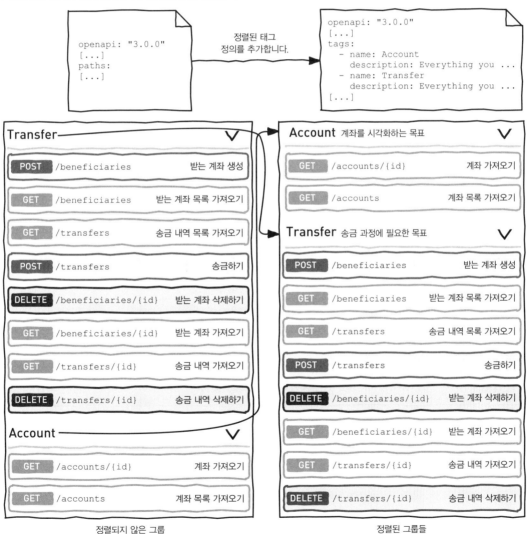

Account와 Transfer를 정렬하기 위해 필요했던 것은 tags라는 태그 정의 목록 안의 tag입니다. 그러고 나서 우리는 각 태그에 대한 설명을 description을 이용해 각 태그나 카테고리에 대한 설명을 추가할 수 있습니다. 이제 그룹이 정렬되었으니, 우리는 그룹 내부의 동작들도 그림 7.9와 같이 정렬할 수 있습니다.

▼ 그림 7.9 OpenAPI 명세 문서 상에서 목표를 정렬하기

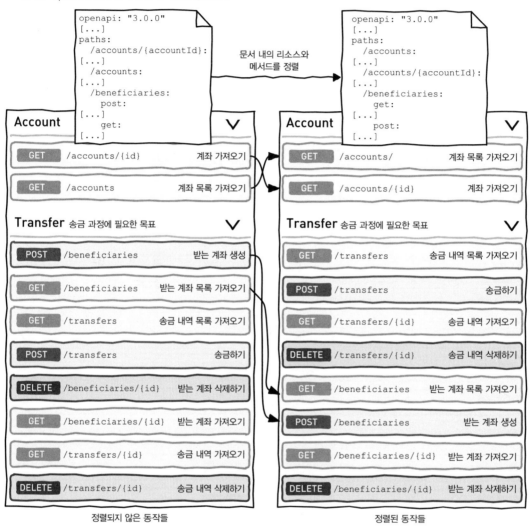

명세 문서 자체에서만 중요도에 따라 목표를 정렬해서 표시할 수 있습니다. (애초에 이렇게 처음부터 접근했어야 합니다.)

GET /accounts 는 GET /accounts/{id} 보다 더 중요하기에 우선해서 작성해야 합니다. 일반적으로 컨슈머들은 계좌에 대한 세부 조회 이전에 계좌 목록을 조회할 것이기 때문입니다. 주의할 점은 HTTP 메서드의 순서도 모든 리소스 간에 순서가 동일해야 한다는 점입니다. 여기서는 GET, POST, DELETE 순입니다. POST와 GET /beneficiaries의 순서는 바뀌어야 합니다. 여러분이 6.1절에서 배웠던 내용을 아직 기억하시나요? HTTP 메서드를 정렬하는 방법을 하나 정했다면 그 방법을 쭉 견지해야 합니다! 그렇지만 지금 이 내용은 가상의 구조화에 대한 이야기일 뿐 API 그 자체의 디자인에는 반영되지 않았습니다. 우리는 최상위 경로에 /account/transfer와 같은 리소스 경로를 추가해 그림 7.10과 같이 실제로 그룹화를 이뤄낼 수 있습니다.

▼ 그림 7.10 경로를 이용하여 리소스를 그룹화하기

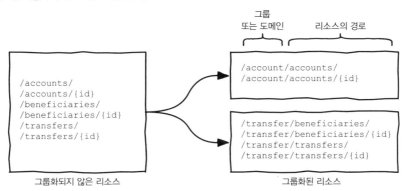

사용자들은 현재 들여다보고 있는 경로에서 리소스를 찾는 것이 가능하길 기대합니다. 그렇지만 주의해야 합니다. 때로는 상위 그룹 경로가 없는 편이 추측해 내기 더 좋을 때도 있습니다.

이제 여러분의 차례입니다. 그림 7.11의 API가 Imagebook이라는 유명한 이미지 공유 소셜 네트워크의 API라고 가정해 보겠습니다. 지금까지 배운 것을 이용해서 구조화한다면 어떤 형태가 될까요?

▼ 그림 7.11 구조화되지 않은 Imagebook의 API

구조화되지 않은 이미지북 API 목표

API의 목표를 가상 또는 물리적으로 구조화하면 컨슈머가 API를 이해하는 데 큰 도움이 됩니다. 이는 API를 정의하는 문서에서 목표를 정렬해서 배치하면 API 명세 포맷을 준수하는 이점을 활용해 쉽게 성취할 수 있습니다.

그리고 여러분은 이를 바탕으로 프로그래밍 인터페이스를 디자인할 때 구조 레벨을 추가할 수 있습니다. (예를 들면, REST HTTP 메서드를 위해 경로 레벨을 추가할 수 있습니다.)

이제 어떻게 잘 구조화 된 API를 만드는지 알게 되었습니다. 그렇지만 모름지기 API 디자이너라면, API를 간결하게 작성하는 법도 알아야 합니다.

7.2 API 사이징

조 단테[Joe Dante]의 1984년 영화인 그렘린[Gremlins]에서 주인공의 아버지 역할의 캐릭터 랜달 펠처[Randall Peltzer]는 "세기의 발명"인 화장실 친구(그림 7.12)를 팔려고 합니다.

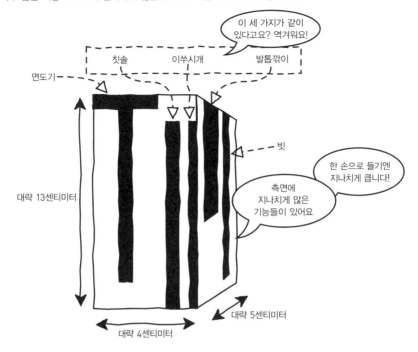

화장실 친구는 모든 것이 하나로 합쳐진 여행용 도구입니다. 면도날과 쉐이빙 폼, 면도용 거울, 칫솔, 치약, 이쑤시개, 치아용 거울, 빗, 발톱깎이 같은 다양한 기능이 하나에 들어 있습니다.

화장실 친구는 시연을 할 때마다 발명가에게 치약이나 쉐이빙 폼이 뿌려져 실패한 물건이 아닙니다. 상품이 가진 진정한 문제는 해결하려는 목표가 너무 많은 나머지 개별 기능들이 불편해져 버린다는 겁니다. 일단 제품이 너무 커서 한 손에 들어가지 않고, 각 기능을 사용하기도 꽤 어렵습니다. 일단 빗이 어디에 숨겨져 있는지 한 눈에 알아내기도 어려울 뿐 아니라, 빗과 칫솔과 엄지발톱을 깎는 장치가 같이 있다는 사실은 역겹기까지 합니다. 칫솔과 발톱깎이가 별도로 있는 편이 더 사용하기 편리할 (그리고 덜 혐오스러울) 겁니다!

Note 객체가 지나치게 많은 기능을 제공하거나 너무 많은 제어나, 너무 많은 정보를 제공하면 일반적으로 사용성이 심각하게 떨어져서 사용할 수 없습니다. 이러한 객체들은 지나치게 비대하고, 불편한데다가, 사용자를 겁에 질리게 만드는 경향이 있습니다.

이러한 사이즈 문제가 일상 속 사물에서만 발생하는 것은 아닙니다. 데이터베이스 테이블의 올바른 사이즈는 어느 정도일까요? 클래스에서는요? 메서드에서는요? 함수에서는요? 애플리케이션에서는요? 이러한 질문들은 소프트웨어 업계에서 일을 하다 보면 꾸준히 마주하는 문제입니다. 마찬가지로 API에도 예외란 없습니다. API의 관점에서 볼 때, 데이터와 목표들까지도 사려 깊게 사이즈를 정해야 합니다. 때로는 여러분은 하나의 API라고 생각했던 것을 다른 여러 개로 나누는 게 더 가치가 있다는 사실을 깨닫는 경우도 있습니다. 마치 화장실 친구의 칫솔과 발톱깎이처럼 말이죠.

7.2.1 데이터 세분화 선택하기

은행 계좌의 JSON 표현은 그림 7.13에 표시된 32개의 속성으로 이뤄져 있으며 속성 중 깊은 것은 4단계까지 들어가야 합니다.

▼ 그림 7.13 은행 계좌에 대한 표현의 속성의 개수와 최대 깊이

```
{
  "balance": 123.78,
  "type": {
    "code": "CURRENT",
    "label": "Current Account"
  },
  "holders": [
    { "firstName": "John",
      "lastName": "Doe",
      "birthDate": "1975-05-25",
      "addresses": [
        { "type": "main",
          "street": "123",
          "zip": "",
          "city": "",
          "country": ""}
      ]}
  ],
  "cards": [                           ← 32개의 속성
    { "type": "DEBIT",
      "number": "XXXXXXXXX5412",
      "holder": {
        "firstName": "John",
        "lastName": "Doe",
        "birthDate": "1975-05-25",     ← 최대 4단계 깊이
        "addresses": [
          { "type": "main",
            "street": "123",
            "zip": "",
            "city": "",
            "country": ""}
        ]}
    }
  ],
  "transactions": [
    { "date": "2019-09-15",
      "amount": "45.2",
      "label": "Restaurant API Food",
      "category": "restaurant"}
  ]
}
```

32개의 속성을 지닌 건 얼핏 그럴 수 있다는 생각이 들 수도 있습니다. 그렇지만 개념을 되짚어 보면, 너무 많다는 걸 깨달을 수 있습니다. 만약 이 표현을 목록 형태로 나열해서 보여줘야 한다면 어떨까요? 요약된 정보가 있어야 하는 사용자에게 계좌에 대한 모든 정보를 제공하는 것은 적절하지 않습니다. 또한, 좀 더 자세히 들여다보면, 적어도 하나의 잠재적 문제를 발견할 수 있습니다. 이 은행 계좌는 이체 목록을 지니고 있습니다.

이대로라면 이 표현은 한 번에 너무 많은 것을 제공하려 들 것입니다. 그리고 이렇게 될 경우, 계좌와 연관된 이체 목록을 제어하기란 쉬운 일이 아니게 될 겁니다. 이러한 표현은 분리되는 편이 좋습니다.

데이터의 깊이가 권장하는 단계보다 조금 넘어선 4단계인 점에는 합당한 이유를 댈 수 있습니다. 데이터의 가독성을 유지하기 위한 그룹화의 결과로 4단계의 구조가 만들어졌기 때문입니다 그림 7.14를 보면 알 수 있듯이, 데이터의 세분화는 다음 두 가지에 의해 구성됩니다. 하나는 속성의 개수며, 다른 하나는 깊이입니다.

▼ 그림 7.14 속성의 개수와 최대 깊이 선택하기

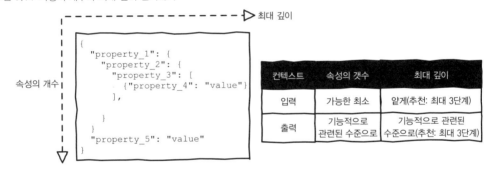

컨텍스트	속성의 갯수	최대 깊이
입력	가능한 최소	얕게(추천: 최대 3단계)
출력	기능적으로 관련된 수준으로	기능적으로 관련된 수준으로(추천: 최대 3단계)

API에서 데이터 구조에 담겨 반환될 속성의 개수는 기능적 연관성에 따라 달라집니다. 제공되는 속성들은 컨텍스트 상에서 기능적으로 적절해야 합니다. API가 더 많은 데이터를 반환해야 한다면 디자이너는 데이터의 구조화와(7.1.1절을 떠올리세요.) 연관성 관점에서 더 많은 것을 고려해야 합니다. 설령 이것들이 적절하다고 판단되었을지라도, 많은 수의 속성을 지니는 건 사용성을 증가시키는 데 아무런 도움도 되지 않습니다.

제 경험에 비추어볼 때 보통 속성이 20개가 넘어가는 순간 데이터를 구조화하거나 속성을 하나씩 검토해 볼까 하는 생각이 들기 시작할 겁니다. 하지만 그런 방법으로 모든 걸 해결할 수는 없습니다. 때로는 정말 많은 속성이 필요한 영역이 존재합니다. 여러분만의 규칙을 여러분의 도메인 바탕으로 정의하기 바랍니다.

5.2.1에서 봤던 것을 돌이켜보면, 우리는 가능하다면 최소한의 데이터를 입력 시 요구해야 사용성을 보장할 수 있게 됩니다. 이런 맥락에서 보자면 속성의 개수가 중요한 요소로 작용하게 됩니다.

깊이를 잠시 살펴봅시다. 우선 입력과 출력을 쌍으로 갖게 됩니다. 이 두 가지 경우 모두 3단계를 넘는 깊이를 쓰는 건 추천하지 않습니다. 만약 그 이상의 깊이에 도달하게 된다면, 원시 데이터$^{raw\ data}$를 다루거나, 코딩하거나 거기에 대한 문서를 읽는 행위마저도 복잡해집니다. 거듭 말씀드리지만, 이 규칙은 여러분이 처해있는 상황에 따라 다르게 변형될 수 있습니다.

데이터를 구조화하는 것은 여러분의 API를 이해하기 쉽게 만드는 데 도움이 됩니다. 그렇기에 여러분은 균형을 맞춰야 할 겁니다. 데이터의 세분화에서 말하는 세분화란 기능적 관점의 세분화일 뿐 제공하는 데이터 수는 중요하지 않습니다. 세분화란 단순히 데이터에만 국한된 이야기는 아닙니다. 목표도 마찬가지로 세분화를 고려해야 합니다.

7.2.2 목표 세분화 선택하기

그림 7.15를 다시 보기 바랍니다. 은행 계좌에 이체 내역이 포함되는 게 좋아 보이나요? 아마 아닐 겁니다.

▼ 그림 7.15 데이터 읽기와 쓰기에 따른 목표의 세분화

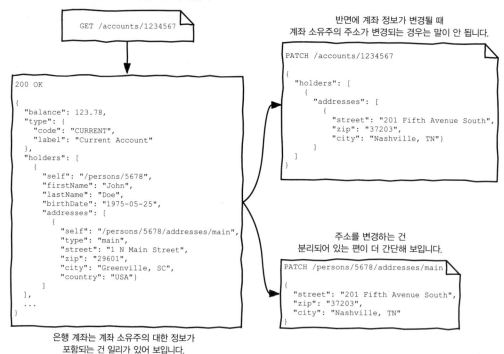

만약 은행 계좌를 가져오는 목표가 계좌에다가 이체 목록까지 반환하면, 매우 많은 수의 이체 내역을 관리해야 할 수도 있습니다. 항상 모든 이체 내역이 반환된다면 성가실 뿐 아니라 (이미 6장에서 배운) 이체 내역의 페이지 처리까지 복잡해질 겁니다. GET /accounts/{id}?page=2나 GET /accounts/{id}/?transaction-Page=2 두 리퀘스트 모두 REST API 관점에서 보면 많이 어색하게 느껴집니다. 이보다는 목표를 나누어 은행 계좌를 조회하는 목표와 계좌의 이체 내역을 조회(GET /accounts/{id}/transactions)하게 나누는 편이 좋습니다.

올바른 세분화를 택하면 API의 목표가 이질적인 두 가지(혹은 그 이상)의 동시에 다른 일들을 하지 않도록 합니다. 주의하실 점은 목표의 세분화가 늘 일관되지는 않는다는 점입니다. 그림 7.15에서 보셨다시피 예를 들면, 읽는 경우와 수정하는 경우 바라보는 목표가 달라질 수도 있습니다. 현재 은행 API는 계좌 소유주의 주소를 은행의 계좌 리소스에 접근하여 변경해야 합니다. 이 리소스가 계좌 소유주의 주소 정보 등을 제공하는 것은 바람직해 보입니다. 그렇지만 계좌 리소스에서 계좌 소유주의 주소지 변경을 수행하는 건 전혀 자연스럽지 않습니다. 이런 식으로 주소를 수정하면 주소를 수정한다는 또 다른 목표를 의도치 않게 숨기게 됩니다.

여기서 두 가지 이슈가 발생합니다. 첫째로, 은행 계좌를 통해서 주소를 수정하는 것이 가능하다는 점을 한눈에 파악하기는 어려워 보입니다. 둘째로, 은행 계좌 소유주의 데이터가 계좌별로 존재하게 될 겁니다. 만약 한 명이 여러 개의 계좌를 소유한다면, 계좌 중에 하나를 통해서 주소를 변경하는 건 많이 어색하게 느껴집니다. 만약 여기다가 초과인출 관련된 속성 변경으로 계좌 정보를 수정해야 한다면 어떻게 될까요?

필요로 하는 최소한의 입력과 관리해야 하는 에러의 수준이 단순히 계좌 정보를 수정한다는 목표가 지나치게 많은 하위 목표 때문에 디자이너와 컨슈머 입장에서 매우 복잡하게 될 겁니다. 이럴 경우 그림 7.15의 오른쪽처럼 주소를 수정하는 목표를 별도의 목표로 독립시키는 편이 더 현명할 겁니다. 그렇지만 계좌에서 주소 정보를 조회하는 건 기능적인 관점에서 전적으로 납득할만한 상황입니다.

거듭 말하자면 목표의 세분성은 맥락적 상황과 사용성에 의해서 결정됩니다. 이에 관한 더 자세한 이야기는 8장에서 다룰 예정입니다. 그러기에 앞서 세분화가 데이터와 목표에 있어 중요한 것이라면, API의 경우에도 마찬가지일 겁니다.

7.2.3 API 세분화 선택하기

우리는 7.1.3절에서 은행 API 목표를 구조화하면서, 목표 간의 경계를 식별해 냈었습니다. 그림 7.16에서 볼 수 있듯, Account(계좌)와 Transfer(이체)라는 카테고리로 목표를 나누었습니다.

▼ 그림 7.16 하나의 은행 API가 은행 계좌와 송금 API로 분리되는 모습

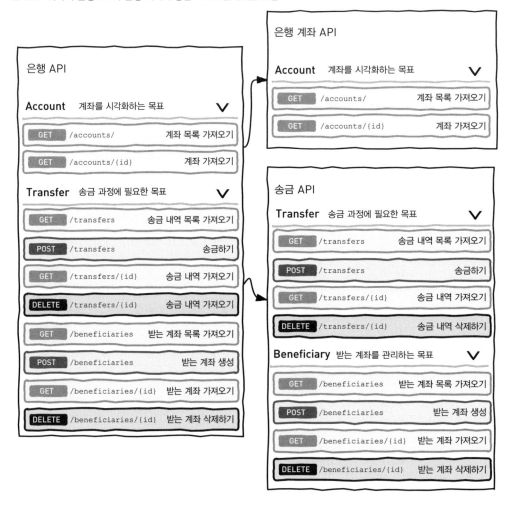

단순히 카테고리에 대한 이야기로 끝나지 않습니다. 각 그룹은 상호독립적입니다. 그렇다면 은행 API를 더 작고 기능적으로 유용한 두 개의 API로 나누지 않을 이유가 있을까요? 송금과 계좌로 API를 나눔으로써 관리하기도 쉽고, 다양한 상황에서 독립적으로 더 쉽게 사용할 수 있을 겁니다. 여기서 주의할 점은 송금 API는 송금 카테고리는 송금[Transfer]과 받는 계좌[Beneficiary]로 구성되어 있다는 점입니다. 이제 더 작은 그룹으로 구성하는 게 좋습니다.

지금까지 프로그래밍 인터페이스에 대한 표현을 생각하며 이야기해왔지만, 사실 구조화하고 작게 나누는 과정은 목표를 식별하는 디자인의 첫 번째 단계에서 진행할 수 있습니다. 여러분이 3장과 4장에서 디자인했던 쇼핑 API에 이번 장에서 배운 내용을 적용해 보시기 바랍니다. 목표 리스트를 잘 조직화하고 나누어 아래 표 7.2에 있는 상호독립적이고 작은 API로 식별한다면 어떻게 될까요? 이제 카테고리와 API 열을 채우는 것은 여러분의 몫입니다. 적어도 다른 두 가지의 버전을 만들어 보시기 바랍니다. (힌트: 사용자가 누구인지 생각하면 맞는 버전을 찾는 데 도움이 됩니다.)

▼ 표 7.2 이 쇼핑 API 목표 목록을 어떻게 구성하고 분할하겠습니까?

목표	카테고리	API
사용자 생성		
상품조회		
상품 정보 가져오기		
상품을 카트에 담기		
상품을 카트에서 제거		
카트 상품 결제		
카트 상세 조회		
주문 목록		
상품을 카탈로그에 추가		
상품정보 수정		
상품 교체		
상품 삭제		
주문 정보 가져오기		
사용자 수정		
사용자 삭제		

API의 목표를 식별하거나 프로그래밍 인터페이스를 디자인하는 동안 목표에 따라 API가 그룹화됐더라도, 여전히 기능적으로 유용하고 독립적인 단위로 나눌 수 있다는 점을 기억하기 바랍니다.

이렇게 2부가 마무리됩니다. 여러분은 사용성있는 API를 디자인하는 방법을 알게 되었습니다. 이것만으로도 충분히 굉장한 일입니다. 그렇지만 여기서 멈춰서는 안 됩니다. 여전히 다뤄야 할 넓은 영역이 남아 있습니다. 이 책의 3부에서는, API를 중심으로 하는 모든 영역들을 고려하는 법에 대해 배우게 될 겁니다.

요약

- 데이터의 이름에 패턴을 이용하거나 관련 있는 데이터들끼리 그룹화하고 정렬하여 데이터를 구조화하십시오.

- 피드백을 카테고리화하고 중요도에 따라 정렬하십시오.

- 표현 수준이 아니라 기능 수준으로 목표를 그룹화하십시오. API 명세 포맷의 기능(OpenAPI의 태그)을 활용하거나 네이밍 패턴(REST API의 URL 접두사)을 사용하면 좋습니다.

- 데이터 구조에서 속성의 수는 최대한 적게, 깊이는 최대한 얕게 유지하십시오.

- 모든 걸 다 하는 목표는 좋지 않습니다.

- 데이터 구조와 목표, 심지어 API까지 모두 기능적으로 유의미한 수준에서 쪼갤 수 있다면 더 작게 쪼개도록 하세요.

3 부

상황에 맞는
API 디자인

지금까지 여러분은 API가 컨슈머에게 의미 있게 다가가기 위해서는 이해하기 쉽고 사용하기 쉬워야 한다는 점을 배웠습니다. 이게 API 디자인의 전부일까요? 당연히 아닙니다. 전반부에 선 API를 둘러싼 전체 컨텍스트를 크게 신경 쓰지 않고 API를 디자인했습니다.

- 의도된 기능과 노출 방식을 고려하면, API의 디자인은 정말 안전한가요?
- 품질이 좋지 않은 3G 네트워크 모바일 환경에서 사용할 수 있나요?
- 컨슈머에게 이 디자인이 정말 최선인가요?
- 다른 문서가 전혀 필요하지 않을 정도로 디자인이 좋나요?
- 이 디자인은 지금까지 만든 모든 API와 일관성을 갖나요?
- 이미 운영 환경에 출시된 API를 쉽게 수정할 수 있나요?

API 디자이너는 위와 같이 API를 둘러싼 모든 주제에 관심을 가져야 합니다. 지금부터 하 나씩 배워봅시다.

8

안전한 API 디자인하기

> **이 장의 내용**
> - API 보안과 API 디자인의 교차점
> - 접근 제어를 위한 사용자 친화적인 스코프 정의
> - 접근 제어를 충족시키기 위해 API 디자인 적용
> - 민감한 정보를 처리하기 위한 API 디자인 적용

API 디자인에 있어서 사용자가 이해하기 쉽고 사용성이 좋도록 만드는 건 두말할 필요 없이 중요하지만 보안에 대한 고민이 없다면 끝난 것이 아닙니다. API 보안은 언젠가는 누군가 처리할 것이라고 가정해서는 안 됩니다. 실제로 API가 되었든 다른 어떤 것을 만들든 소프트웨어의 세계에서 보안은 뗄레야 뗄 수 없습니다.

뉴스를 보면 API를 통해 기업들이 "해킹당했다"는 기사가 등장합니다. 그중에서도 특히 모바일 애플리케이션에서 쓰이는 전용 API가 많습니다. 제가 굳이 큰따옴표까지 써가며 해킹당했다는 표현을 강조한 까닭은 가끔 이런 해킹은 유치원 수준으로 간단하기 때문입니다. 해커가 단순히 API 응답만 뒤적이다 리스폰스에 노출된 민감한 정보를 발견하는 일도 있는데, 이런 일은 보통 프로바이더 시스템의 데이터 취급 관점이 컨슈머에게까지 전달됐을 때 벌어집니다. 물론 고전적인 상황도 있습니다. "리퀘스트에 유저 ID를 바꿔본다면 어떨까?" 같은 호기심에 ID를 입력한 사람이 곧 "내가 지금 다른 사용자의 정보를 손에 넣었어!"라 외치게 되는 상황 말이죠.

해당 API가 비공개private이거나 파트너와 신뢰할 수 있는 소비자만 사용한다는 이유로 보안에 대한 고려 없이 무엇이든 노출시킨 탓이 아닙니다. 관련자들이 API 보안의 의미를 실제로 알고 있다면 공개public API의 보안은 더 엄중하게 취급됩니다. 모든 유형의 API는 보안이 중요합니다. 그건 API 디자이너에게도 마찬가

지이며, 여러분이 API 보안을 위해 수행해야만 하는 역할이 있습니다.

여러분이 안전한 API를 디자인하고 관련된 사람들과 효율적으로 의사소통을 하기 위해서라도 최소한 API 보안에 관한 기본 지식이 있어야 합니다. 이를 논하려면 책의 모든 내용을 할애해야 합니다. 이번 장의 목적은 API 보안을 실현하기 위해 필요한 세부내용이 아니라 개요를 제공하는 것이니 상세하게 알고 싶다면 《OAuth 2 in Action》(Justin Richer, Antonio Sanso 공저, Manning)과 《API Security in Action》(Neil Madden 저, Manning) 두 권의 책을 추천합니다.

이 주제에 대해 완전히 다루려면 매우 오랜 시간이 걸릴 것이므로, 지금은 API 디자이너가 **안전한 API 디자인**을 생성할 수 있는 방법을 충분히 이해하는 걸 목표로 하겠습니다. 그림 8.1은 API 호출을 보안 관점에서 API 디자인과 보안이 충돌하는 부분의 예시를 확대하여 보여 주고 있습니다.

▼ 그림 8.1 API 호출을 보안 관점에서 확대한 모습

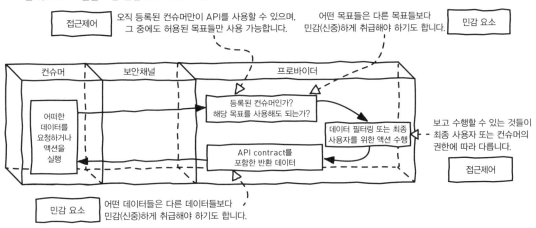

은행 API 프로바이더가 API 호출을 받게 되면, 컨슈머가 요청한 API 목표^{Goal}를 접근 가능하며 사용할 수 있도록 만들기 위해 일종의 고급 접근 제어를 수행해야 합니다. 예를 들자면, 최종 사용자는 오직 자기가 소유한 계좌만 볼 수 있어야 한다는 의미입니다.

어떤 경우에는, 리퀘스트와 리스폰스에 개인정보 같은 민감한 정보가 포함될 수 있어 주의가 필요합니다. 마찬가지로 목표도 민감한 사안을 다룰 수도 있는데, 가령 송금의 경우 각별한 주의가 필요할 겁니다. 접근 제어와 민감 요소들에 대한 고려는 API 보안과 API 디자인을 관통하는 매우 중요한 영역입니다. 우리는 이 두 가지를 깊이 살펴볼 것이며, 그러기에 앞서 먼저 API 보안에 대해 파고들 필요가 있습니다.

8.1 API 보안의 개요

안전한 API를 디자인하기 위해, 반드시 기초적인 API 보안 원칙들을 알아야 합니다. 또한, 이 원칙들이 무엇을 의미하는지 알아야 하며, 단순하게 프로바이더와 컨슈머 수준으로 끝낼 것이 아니라, 최종 사용자까지 고려해야 합니다. 우린 이 모든 과정을 세 단계로 나누어 하나씩 따라 탐험할 겁니다. 첫 번째 단계는 API 호출입니다. 컨슈머를 등록하고, API 소비를 허용하는 자격 증명을 획득해오는 것과 이를 통해 API를 호출하는 과정까지입니다. 지금부터 API의 생태환경뿐 아니라 RFC 6749(http://tools.ietf.org/html/rfc6749)에서 정의한 OAuth 2.0 인증 프레임워크에 대한 내용을 요약해 소개해드릴 겁니다. 이 수단이 유일한 방법은 아니지만, 일반적으로 웹 API를 보호하는 데 널리 사용되고 있습니다.

8.1.1 컨슈머 등록하기

API를 안전하게 만들기 위해서는 허용된 컨슈머만 API를 사용하도록 해야 합니다. 개발자들이 API를 컨슈머 애플리케이션에서 사용하고자 한다면, 모바일 애플리케이션 또는 백엔드 먼저 컨슈머로 등록을 해야 합니다. 그러기 위해서 개발자들은 API 제공자의 **개발자 포털**을 사용할 수 있어야 합니다.

개발자 포털은 웹 사이트로 문서와 예제, FAQ, 포럼, 지원, 그 외의 유용한 여러 가지 자원이나 도구들을 제공해 API에 대해 이해하고 어떻게 사용하는지 알 수 있게 해 줍니다. 또한, API 사용 이력에 대한 정보를 제공해 주기도 합니다. 개발자는 그들이 만드는 컨슈머가 API를 호출하거나 사용했을 때 호출에 연관된 로그들에 접근할 수 있습니다. 개발자들은 스스로 API 포털의 사용자로 등록할 수 있어야 합니다. (만약 유료 API라면 결제 정보를 추가로 제공해야 할 수도 있습니다) 이 과정이 모두 끝나면, 그들이 만드는 컨슈머도 마찬가지로 등록할 수 있습니다. 그림 8.2는 은행 API의 경우 기본 컨슈머 애플리케이션의 등록 절차를 보여 주고 있습니다.

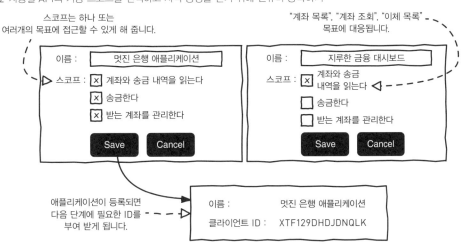

각각의 컨슈머는 고유한 이름이 있습니다. 여기에서는 멋진 은행 애플리케이션과 지루한 금융 대시보드가 있습니다. 개발자들은 컨슈머가 API의 어느 스코프까지 사용할지 선택하도록 합니다. 여기서 **스코프**란 API에 속한 하나에서 여러 목표^{Goal}들을 의미합니다. 지루한 금융 대시보드는 계좌 조회와 이체 조회 스코프만 사용합니다. 이는 계좌 목록과 계좌 조회, 이체 목록 목표에 대응됩니다. 멋진 은행 애플리케이션은 모든 스코프를 사용하므로 API의 모든 영역을 사용할 수 있습니다. 이러한 설정이 모두 완료되면, 개발자는 그들의 애플리케이션을 위한 클라이언트 ID$^{client\ ID}$를 부여받게 됩니다. 이는 바로 다음 단계에서 쓰입니다.

물론 모든 API가, 특히 내부망 API가 개발자 포털을 함께 제공하는 것은 아닙니다. 이런 경우에는 데이터베이스에 응용 프로그램 이름, 범위 및 자격 증명을 안전하게 저장하는 등의 방식으로 동일한 구성을 수행할 수 있습니다. 어떤 수단을 썼건 컨슈머가 등록되면 개발자는 다음 단계를 진행할 수 있습니다. 컨슈머가 API를 사용할 수 있게 자격 증명을 가져와야 합니다. 이제 이 멋진 은행 애플리케이션에서 확인해 보겠습니다.

8.1.2 API 사용을 위해 자격증명 가져오기

'Google/Twitter/GitHub/Facebook으로 가입하기' 버튼을 눌러본 적이 있다면, 지금부터 보실 내용이 익숙하게 느껴질 겁니다. 멋진 은행 애플리케이션은 멋진 회사란 업체가 만든 서드파티 애플리케이션입니다. 이 애플리케이션의 최종 사용자는 금융 회사가 제공하는 은행 API를 사용하는 고객입니다. 최종 사용자는 토큰^{token}을 이용해서 반드시 인증해야 합니다. 토큰에는 애플리케이션이 은행 API를 사용할 수 있도록 해주는 자격 증명이 포함되어 있습니다.

그림 8.3은 관련된 회사 간의 역할을 보여 줍니다. (이는 OAuth 2.0을 단순화한 부분적인 예로, 여러 다른 방법 중에서 API 사용을 허용하기 위해 자격 증명을 얻는 방법 한 가지를 보여 줍니다. 이 그림은 예시일 뿐, 이렇게 해야만 한다는 처방 같은 게 아닙니다. 보안과 관련된 사항 언제나 보안전문가가 판단해야 합니다. 보안에 대해 정확히 모르는 상태에서 특정한 방법을 선택해서는 안 됩니다.)

▼ 그림 8.3 OAuth 2.0의 암시적인 흐름(Flow)과 관련 역할들

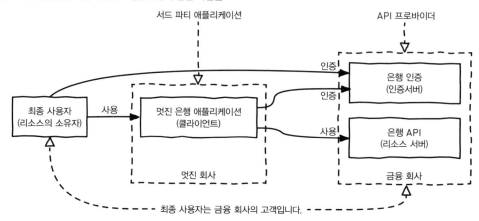

리소스 서버는 은행 API를 제공하는 애플리케이션입니다. 클라이언트는 서드파티 멋진 은행 애플리케이션으로, 은행 API를 사용하는 컨슈머입니다. 리소스 소유자는 최종 사용자로 멋진 은행 애플리케이션을 사용하는 사람입니다. 마지막으로 인증 서버는 소비자와 최종 사용자의 신원을 확인하는 애플리케이션입니다. 그림 8.4는 이것들이 어떻게 함께 작동하는지 보여 줍니다.

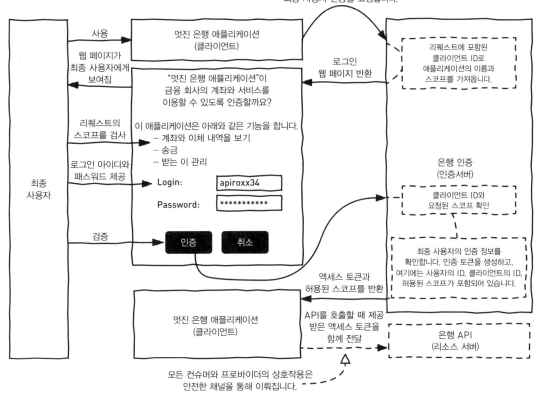

멋진 은행 애플리케이션은 인증 정보를 받아오기 위해 금융 회사의 인증 서버로 최종 사용자의 인증 정보를 리퀘스트를 통해 전달해야 합니다. 이런 경우 보통 웹 브라우저 창이 인증 서버의 URL을 가리키고, URL에는 클라이언트 ID가 쿼리 파라미터로 주어지는 형태로 구성됩니다. (https://auth.banking.com?client_id=XTF129DHDJDNQLK 같은 식입니다.)

인증 서버가 리퀘스트를 받게 되면, 제공받은 클라이언트 ID가 알려진 컨슈머가 맞는지 확인을 합니다. 그리고 그림 8.2의 배치를 보면 컨슈머의 이름(멋진 은행 애플리케이션)과 리퀘스트의 스코프(계좌와 이체 가져오기, 송금, 받는 이 관리)를 가져옵니다. 이 리퀘스트의 리스폰스는 찾아낸 정보들을 가진 로그인 페이지를 반환합니다. 최종 사용자는 응용 프로그램이 원하는 작업내용(요청된 스코프)이 적절히 적혀있는지 확인해야 합니다. 그게 맞다면 로그인 정보와 암호를 입력한 다음 인증 단추를 클릭합니다.

이 버튼을 클릭하면 사용자의 로그인 아이디와 비밀번호가 스코프 목록과 함께 인증 서버로 전달됩니다.

요청된 스코프가 클라이언트 (멋진 은행 애플리케이션) 구성에 정의된 스코프와 일치하는지 확인합니다. 그 이후에 최종 사용자의 로그인 아이디와 비밀번호가 적합한지 확인합니다. 이 모든 것들이 올바르다면, 인증 서버는 액세스 토큰을 생성합니다. 이 인증 정보를 통해 멋진 은행 애플리케이션이 은행 API를 사용할 수 있게 됩니다. 인증 서버는 이 토큰에 최종 사용자의 ID와 클라이언트 ID, 허용된 스코프를 포함하여 애플리케이션으로 전달합니다.

주의할 점은 컨슈머와 프로바이더 사이의 그 어떤 상호작용이라도 안전한 채널 상에서 이뤄져야 한다는 점입니다. 중간에서 주고받는 데이터를 다른 누군가가 탈취하거나 변경할 수 없어야 합니다. HTTP 프로토콜을 이용할 경우 이를 위해 전송 계층 레이어 보안 (Transport Layer Security: TLS)의 암호화(일반적으로는 Secure Sockets Layer, SSL)로 지켜낼 수 있습니다. 만약에 여러분이 https://example.com처럼 https로 시작하는 URL을 본 적이 있다면 여러분은 이미 TLS를 써본 경험이 있는 겁니다.

OAuth 2.0과 OpenID Connect

RFC 6749 (https://tools.ietf.org/html/rfc6749)에 따르면, "OAuth 2.0 인증 프레임워크는 리소스 소유자와 HTTP 서비스 간의 상호 승인 작용을 조정하여 제한된 서드파티 애플리케이션이 HTTP 서비스를 이용해 액세스를 사용할 수 있게 해 주거나 타사 애플리케이션이 자체적으로 액세스 권한을 얻도록 허용합니다."

이러한 프레임워크는 리소스 소유자를 대신해 API에 액세스하기 위해 다양한 인증 흐름을 제공합니다. 각흐름별로 장점과 단점이 있는데 상황에 따라 적절한 인증 흐름을 선택해야 합니다. 이것은 인증 프레임워크에 불과할 뿐입니다. OAuth 2.0은 어떻게 사용자가 인증(식별)되는지에 대한 정보는 일절 제공하지 않습니다. OpenID Connect(https://openid.net/connect/)는 OAuth 2.0을 기반으로 하는 인증 프로토콜로 이러한 기능들을 이미 제공해 주고 있습니다.

이제 멋진 은행 애플리케이션은 자신만의 액세스 토큰을 갖게 되었습니다. 이제 은행 API를 사용할 수 있습니다. 이에 대해서는 다음 절에서 다루겠습니다.

8.1.3 API 호출하기

은행 API를 처음으로 호출할 때, 그림 8.5처럼 멋진 은행 애플리케이션은 사용자의 계좌 목록을 요청할 수 있습니다.

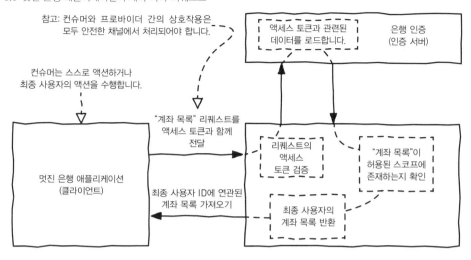

그렇게 하기 위해서는, 은행 계좌 API에 계좌 목록 리퀘스트를 (당연히 안전한 채널을 통해) 보내야 합니다. 또한, 이 리퀘스트에는 전에 받은 액세스 토큰도 포함되어 있어야 합니다. 은행 API가 이 리퀘스트를 받게 되면, 이는 인증 서버에게 액세스 토큰이 유효한지 확인합니다. 인증 서버가 데이터와 필요한 정보를 추가하여 반환하는데, 이때 최종 사용자 ID와 클라이언트 ID, 허용된 스코프 등 추가 정보가 포함됩니다.

은행 API의 구현은 먼저 계좌 목록 목표가 멋진 은행 애플리케이션에 부여된 스코프에 포함되는지 확인하는 데서 시작합니다. 왜냐하면, 계좌 조회와 이체 내역 조회 권한이 최종 사용자에게 부여되기 때문이며, 이전 절에서 설명했듯 다음 단계로 진행하게 됩니다.

컨슈머는 추가 설명 없이 계좌 목록 목표를 리퀘스트를 통해 요청합니다. 구현체는 모든 계좌를 반환해 줘야 할까요? 당연히 아닙니다! 컨슈머의 리퀘스트는 액세스 토큰으로 추가된 데이터라는 컨텍스트에 묶여 있습니다. 최종 사용자의 ID가 액세스 토큰에 있으니 구현체는 이 ID를 계좌에 필터로 삼아야 합니다. 그렇게 한다면, 반환되는 것은 오직 리퀘스트를 요청한 사용자의 계좌밖에 없을 겁니다.

이제 우리는 첫 번째 API를 호출하는 데 필요한 모든 정보를 알게 되었습니다. 우리는 메카니즘을 알게 되었지만, 이 모든 게 디자이너의 관점에서 어떤 의미를 지니고 있는지는 아직 잘 모릅니다.

8.1.4 보안성 관점에서 API 구상하기

그림 8.6에서는 지금까지 알아본 기본적인 보안 원칙을 정리하고 어떤 원칙이 API 디자인에 영향을 미치는지 요약합니다.

▼ 그림 8.6 API 보안과 중요한 지점

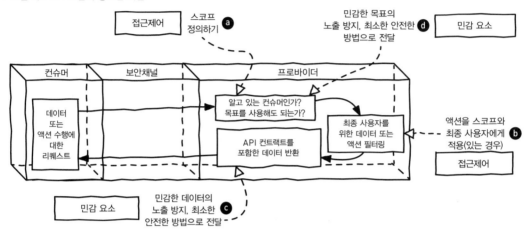

컨슈머와 프로바이더 사이의 모든 커뮤니케이션은 안전한 채널 상에서 데이터의 탈취나 위변조 우려 없이 진행되어야 한다는 걸 알았습니다. API 디자인과는 관련이 없지만 상호 간의 커뮤니케이션이 항상 안전하도록 유지하는 편이 좋습니다. 또한, API에서 등록된 컨슈머만 최종 사용자에게 부여된 권한만큼 딱 필요한 수준의 접근만 허용되어 있음을 확인했습니다.

다르게 보면, 구현체는 어떤 컨슈머가 목표를 사용하려 하는지 그 컨슈머가 실제로 목표를 사용할 수 있는지를 확인해야 합니다. 선택된 목표에만 액세스 권한을 부여하기 위해 API를 나누는 스코프 정의 활동ⓐ은 API 디자이너의 개입 없이 진행할 수 없습니다. 이러한 목표들의 그룹은 최종 사용자들이 느끼는 수준만큼 개발자들도 납득이 되게 구성되어야 하기 때문입니다. 컨슈머가 목표를 사용할 수 있는지 확인하는 작업 외에도 구현체 ⓑ 또한 최종 사용자의 권한에 맞는 액션의 범위와 대상 등을 조정해야 하므로 누가 리퀘스트 했는지 알아야 합니다. 물론 최종 사용자의 정보가 필요하다고 해서 늘 그럴 필요는 없습니다. 이는 구현하는 사람의 몫이지만 API 디자이너는 API 디자인에 어떠한 파급효과를 불러올지 알아두는 편이 좋습니다.

이게 전부일까요? API 디자이너는 단순히 접근 제어를 통해 안전한 API를 디자인하면 끝일까요? 다른 게 더 있습니다. API 디자이너에게 보안적 측면은 아무래도 덜 명확한 영역입니다. 멋진 은행 애플리케이션은 보안 연결로 유효한 액세스 토큰이 주어질 때만 계좌 목록을 제공합니다. 그리고 토큰에 포함된 스코프를 통해 이 목표를 가리킵니다. 반환되는 계좌는 액세스 토큰에 포함된 최종 사용자에게 종속된 계좌뿐입니다. 매우 안전해 보이지 않나요? 그런데 각 계좌의 데이터마다 모든 직불 카드 목록이 포함되어 있다면 어떨까요? 그리고 각 카드 데이터에는 카드 번호, 보안 코드, 만료일, 소유자의 이름이 적혀있다면 어떨까요? 데이터가 매우 민감한 데이터가 되어 버려 이는 심각한 문제로 이어집니다.

은행 API에서 그런 데이터들을 제공해야 할까요? 아마 아닐 겁니다. API 디자인을 보안 관점에서 본다는 건 단순히 접근 제어만 이야기하는 게 아닙니다. 이런 질문도 생각해 봐야 합니다. "우리가 정말 이 데이터 ❻를 API로 반환할 필요가 있나요?" 그리고 이 질문은 데이터뿐 아니라 목표❹에도 동일하게 적용할 수 있습니다.

따라서 설계상 안전한 API를 만들려면 API 디자이너가 응용 프로그램 접근 제어, 최종 사용자 접근 제어 및 민감한 자료를 관리해야 합니다. 이제 이걸 어떻게 해낼 수 있는지 살펴보겠습니다.

8.2 API 분할을 통한 접근 제어 활성화

API 디자인 보안적 측면에서 가장 확실한 것부터 시작해 보겠습니다. 접근 제어를 더 활성화시키기 위해 어떻게 API를 분할해야 할까요? 앞서 먼저 선택한 목표에만 컨슈머에게 접근 권한을 부여하기 위해 스코프 내에서 목표를 그룹화해야 하는 이유와 이러한 그룹의 디자인을 관리해야 하는 이유에 대해 이야기하겠습니다.

현실 세계에서 호텔을 예로 들겠습니다. (고객 입장에서 볼 때) 호텔은 객실부터 시작해서, 수영장, 피트니스 센터, 사우나, 스파도 포함한 모든 것을 제공하는 존재로 보입니다. 이러한 서비스들은 일반적으로는 모든 투숙객들에게 사용의 기회를 고르도록 합니다. 이미 객실 가격에 포함되어 있기 때문입니다. 그런데 때로는 이러한 서비스들이 선택적인 부가 서비스인 경우가 있습니다. 이럴 경우 투숙객들은 호텔 직원들에게 별도의 서비스들을 더 사용하기 위해서 추가 비용을 지불하고 싶다고 말해야 합니다. 이런 고객들은 보통 호텔의 다른 서비스(기능)들은 필요 없고 그들이 원하는 서비스만 제공받기를 원합니다. 호텔 투숙객이나 기타 고객의 관점에서 보자면, 호텔은 여러 가지 독립적인 서비스를 한데 모아서 제공해 주는 비즈니스 입니다. 호텔의 안내소는 고객들이 일부 또는 전체의 서비스에 대해 리퀘스트 할 수 있는 공간입니다. 그 후 고객은 자신에게 권한이 부여된 서비스들만 사용할 수 있게 됩니다.

API의 세상에서 같은 일이 벌어질 수도… 아니, 무조건 벌어집니다. 8.1.1절에서 봤듯, 두 컨슈머가 같은 목표를 사용하지 않을 수도 있습니다. 그림 8.7은 멋진 은행 애플리케이션과 지루한 금융 대시보드가 다른 목표를 사용하는 모습을 보여 주고 있습니다.

▼ 그림 8.7 컨슈머에 따라 서로 다른 목적이 있으며 같은 목표를 사용하지 않습니다.

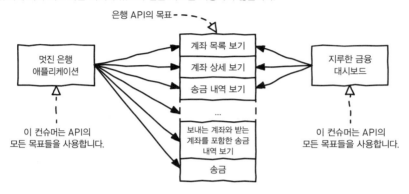

멋진 은행 애플리케이션은 가능한 모든 목표들을 사용하며, 지루한 금융 대시보드는 불필요한 다른 목표엔 손대지 않고 오직 계좌 리스트 조회와 계좌 상세, 그리고 이체 목록 목표들을 사용합니다. 그렇다고 컨슈머가 다른 목표를 사용하면 안 될까요? API에 군이 이러한 접근 제어를 일일이 구현해야만 할까요? 소프트웨어 보안 향상을 목표로 하는 세계적인 비영리 단체인 OWASP^{Open Web Application Security Projects} (https://owasp. org)는 다음과 같이 서술합니다.

"애플리케이션에 추가 되는 모든 기능은 애플리케이션 전체에 위험(risk)을 가중시킵니다.
안전을 추구하는 개발의 목표는 공격이 가능한 영역을 줄여 전체적인 위험을 줄이는 것입니다."

OWASP

컨슈머가 접근 가능한 영역을 꼭 필요한 수준으로 제한을 둠으로써, 공격에 대한 가능성을 줄일 수 있습니다. 이것이 최소 권한의 원칙입니다. 이 원칙은 목표뿐 아니라 데이터에도 적용할 수 있습니다. 웹 API들은 인터넷을 통해 외부 세계에 노출되기 때문에, 열려 있는 문의 수가 적을수록 더 안전하게 되는 이치입니다. 그리고 호텔과 마찬가지로 API의 일부 기능들은 결제와 구독 같은 것들을 요구할 수도 있는데, 이런 경우에는 대가를 지불하지 않은 컨슈머들이 이러한 기능들을 자유롭게 사용하지 못하도록 제한할 필요가 있습니다. 접근 제어를 활성화하면 선택된 컨슈머에게만 API의 다른 영역에 대한 접근 권한을 부여하는 절차가 쉬워집니다. 이런 이유 때문에 API 디자인에서 스코프를 고려해야 합니다. 스코프를 어떻게 정의하고 제공할 것이냐는 개발자와 최종 사용자의 경험이라는 두 가지를 고려해 신중하게 진행해야 합니다.

개발자가 API를 사용할 컨슈머를 등록할 때, 최대한 적절한 스코프를 선택해야 합니다. 이는 최종 사용자를 등록할 때도 마찬가지입니다. 최종 사용자들이 서드 파티 애플리케이션을 이용해 API에 접근하게 될 때, 서드 파티 애플리케이션들은 요청된 스코프에 대해 스스로 확인하고 선택해야 합니다. 따라서 다양한 그룹이 존재하는 상황에서 접근 제어를 적용하려면, 이러한 스코프들은 신중하게 디자인해야 합니다. 이제 우리가 무엇을 해야 하는지 보겠습니다.

8.2.1 유연하고 정제된 스코프 정의하기

스코프를 정의하는 가장 단순한 방법은 무식하게 목표별로 스코프를 나누는 것입니다. 은행 API를 개발자 포털에서 설정한다고 가정한다면, 개발자는 그림 8.8과 비슷한 화면을 보게 될 것이며, 그들이 개발하는 컨슈머마다 적합한 스코프를 선택해야 합니다. (지금의 경우에는 스코프가 하나의 목표와 마찬가지입니다.)

멋진 은행 애플리케이션을 설정하기 위해서는 은행 API에서 제공하는 모든 서비스에 대해서 권한을 부여해 줘야 하므로 보이는 모든 스코프를 선택해 줘야 합니다. 반대로 지루한 금융 대시보드는 계좌에서 벌어지는 활동들의 분석에 중점을 두고 있으므로, 계좌 목록과 계좌 상세 그리고 거래 내역 스코프만 선택하면 됩니다. 여기서 PayFriend 앱이 새로 등장합니다. 최종 사용자가 친구에게 손쉽게 송금하도록 해 주는 앱입니다.

▼ 그림 8.8 목표 기반으로 스코프를 정의해서 정제된 접근 제어

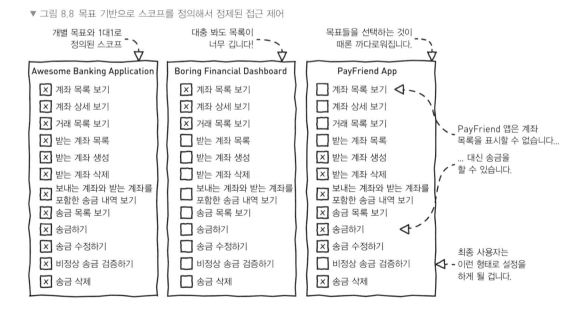

이 앱의 목적을 달성하는 스코프의 조합을 구성하기는 까다롭습니다. 송금과 관련된 목표를 선택할 때는 신중해야 합니다. 이 애플리케이션은 비정상 송금에 대한 검증 스코프를 선택하지 않았습니다. 왜냐하면, 관리자가 특정 송금 행위가 금액이나 받는 계좌 등의 정보를 바탕으로 비정상적인지 판단할 것이기 때문입니다. 즉, PayFriend 앱은 계좌 목록을 가져올 수 없어도 송금을 유발[trigger]할 수는 있습니다.

위의 12가지 스코프를 이용해 목표의 접근 제어를 설정하기엔 매우 유연하지만, 한편으로는 지나치게 복잡해 보이기도 합니다. 각 스코프는 신중하게 선택되어야 합니다. 만약 목표가 더 많다면 스코프를 더 정의해야 할까요? 그럴 경우 복잡도가 증가할 겁니다. 서드 파티 애플리케이션이 최종 사용자 대신 API를 사용하도록 허용해야 하는 경우에는 어떻게 될까요? 이렇게 되면 최종 사용자들의 복잡한 구성도 고려해야 합니다.

어쩌면 이런 컨셉과 액션을 바탕으로 적당히 정제되고 사용자 친화적인 스코프를 정의할 수 있을 겁니다. 3.2절에서 다뤘던 방법을 사용하여 API를 디자인했다면 이미 이와 유사한 작업을 수행해 봤을 것이기 때문에 매우 간단할 겁니다. 그림 8.9는 은행 API의 스코프를 정의하는 방법을 보여 주고 있습니다.

▼ 그림 8.9 컨셉과 액션 바탕으로 정제

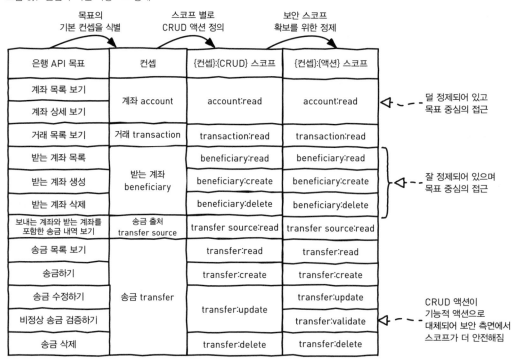

첫 번째 단계는 각 목표에 대한 주요 컨셉 (또는 자원) 식별입니다. 가장 먼저 목표를 대표할 수 있는 일반 명사를 식별해야 합니다. 예를 들자면, 계좌 목록과 계좌 상세 목표는 모두 계좌라는 컨셉을 다룹니다. 그런 뒤에 목표의 대표 동사를 표현하기에 적합한 생성^{Create}, 읽기^{Read}, 수정^{Update}, 삭제^{Delete}에 CRUD 액션을 식별해 냅니다. 방금 언급한 계좌와 관련된 두 목표는 모두 읽기에 해당합니다. 그러므로 이 목표들은 account(계좌):read(읽기) 스코프에 속하게 됩니다. 주의할 것은 스코프 명명 규칙인 {컨셉}:{액션}이 일반적이어도 사용자 친화적이진 않다는 점입니다. 따라서 스코프 이름에는 다음과 같이 사용자에게 유용한 설명이 함께합니다.

> `"account:read"`: 계좌 목록과 계좌의 상세한 정보에 접근할 수 있습니다.

그렇지만 불행하게도 이 기법이 언제나 스코프의 개수를 줄여 주진 않습니다. 받는 계좌와 관련된 목표들의 스코프들은 받는 계좌 목록, 받는 계좌 생성, 받는 계좌 삭제 목표의 액션별로 존재합니다. 경우에 따라서는 이런 액션으로만 나누는 접근방법이 문제를 일으킬 수도 있습니다.

송금 수정과 비정상 송금 검증 목표는 모두 송금과 관련된 수정을 유발하는 목표들이니 transfer(송금):update(수정) 스코프로 묶을 수 있을 것 같습니다. 그렇지만 이는 매우 안전하지 않습니다! 컨슈머에게 송금에 대한 수정 권한을 주면 더욱더 엄중한 비정상 송금에 대한 권한을 같이 부여하는 것입니다. 이럴 경우, CRUD만 사용하기보다 transfer:validate 스코프를 표현하는 커스텀 액션을 하나 더 추가하는 편이 현명합니다.

컨셉과 액션을 이용해 스코프를 나누면 여전히 유연성을 유지하지만, 구성은 이전처럼 지나치게 정제되거나 복잡해지지 않습니다. 신중하게 수행해야 하는 작업이지만 의도치 않게 매우 중요한 목표에 접근 권한을 부여하는 일을 피하다 보면 개선되는 지점은 매우 미미할 겁니다. 우리가 7장에서 배운 것들을 잠시 되짚어 간결하고 잘 구조화된 API를 디자인하는 과정을 떠올려 보겠습니다. 이러한 컨셉들을 적용해 우리의 목표들을 굵직한 스코프로 구조화하면 더욱 사용성 있는 해법이 되지 않을까요?

8.2.2 단순하지만 더 굵직한 스코프로 정의하기

7.1.3절에서, 여러분은 구조화된 목표^{Goal}들을 카테고리화하는 법을 배웠습니다. 이걸 스코프에 적용해 보면 어떨까요? 그림 8.10은 카테고리 기반으로 스코프를 만들면 은행 API가 어떻게 표현되는지 보여 주고 있습니다.

▼ 그림 8.10 카테고리 기반의 스코프를 정하는 것은 좋은 생각은 아닙니다.

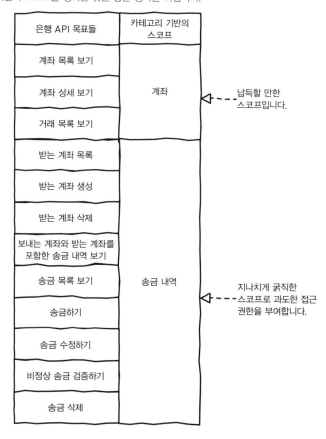

계좌와 관련된 스코프는 괜찮아 보입니다. 그렇지만 송금과 관련된 카테고리는 지나치게 비대해 보입니다. 이럴 경우에 받는 계좌와 관련된 목표라던가 비정상 송금 검증과 같은 목표들이 의도치 않게 과도한 권한 부여로 이어질 가능성이 있습니다. 카테고리는 스코프와 기초적으로 존재 목적이 다르기 때문에 적절하지 않은 경우가 많습니다.

- 카테고리Category: 기능적 관점으로 목표들을 구조화하여 API를 어떻게 쓰는지 컨슈머에게 도움이 되고자 하는 목적
- 스코프Scope: 컨슈머가 그들에게 필요한 목표에만 접근할 수 있도록 통제하고자 하는 목적

카테고리로 제대로 해결하기 힘들다면, 목표를 의미가 있는 안전한 그룹으로 나누는 건 어떨까요? 우선 사용자가 API를 이용해 달성할 수 있는 것들을 기반으로 나눠볼 수 있습니다. 이러한 스코프는 API 목표 캔버스를 작성할 때 식별했던 것과 다소 비슷할 겁니다. (2.3절 참조) 그림 8.11은 은행 API의 송금 목표만을 부분적으로 떼어와서 API 목표 캔버스로 옮긴 그림입니다.

▼ 그림 8.11 역할(role)과 기능성(functionality) 기반의 스코프 정의

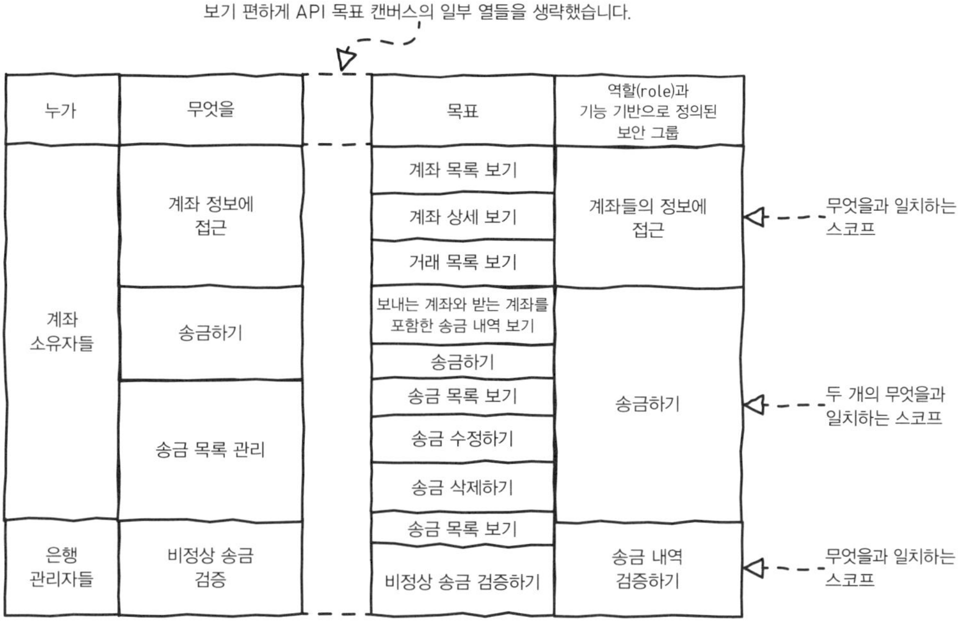

보기 편하게 API 목표 캔버스의 일부 열들을 생략했습니다.

누가	무엇을		목표	역할(role)과 기능 기반으로 정의된 보안 그룹
계좌 소유자들	계좌 정보에 접근		계좌 목록 보기	계좌들의 정보에 접근
			계좌 상세 보기	
			거래 목록 보기	
	송금하기		보내는 계좌와 받는 계좌를 포함한 송금 내역 보기	송금하기
			송금하기	
	송금 목록 관리		송금 목록 보기	
			송금 수정하기	
			송금 삭제하기	
은행 관리자들	비정상 송금 검증		송금 목록 보기	송금 내역 검증하기
			비정상 송금 검증하기	

무엇을과 일치하는 스코프

두 개의 무엇을과 일치하는 스코프

무엇을과 일치하는 스코프

이 캔버스는 계좌 소유주는 계좌 정보에 접근하기 위해 계좌 목록을 확인하고 계좌 정보를 상세 조회한 뒤 거래 목록을 확인한다고 설명합니다. 따라서 계좌 정보에 접근하는 스코프를 만들어 이 세 가지를 포함시킬 수 있습니다. 마찬가지로 은행의 관리자는 비정상 송금을 검증할 책임이 있습니다. 여기에 부합하는 목표를 비정상 송금 검증으로 그룹화할 수 있습니다. 우리는 이와 동일한 과정으로 송금과 송금 관리를 구분할 수 있지만, 이것을 둘로 나누는 데는 큰 의미가 없을 수도 있습니다. 예를 들면, 반복적인 송금을 만들었으나 컨슈머에서 더 이상 필요하지 않으면 삭제해야 하는 경우도 있을 겁니다. 따라서 이 두 가지를 하나로 통합한 일반적인 송금 관련 스코프를 만드는 편이 타당할 수 있습니다.

API 목표 캔버스의 나머지 목표들은 연습을 위해 여러분이 스코프를 적절히 정의해 보시기 바랍니다. 보시다시피 이 과정의 결과로 유연성이 좀 저해되는 부분이 있지만, 스코프는 보다 사용자 친화적이 됩니다.

굵직한 스코프는 컨슈머에게 여러 목표에 대한 권한을 적절한 수준에서 한 번에 제공하는 일종의 지름길 역할을 할 수 있습니다.

Note 역할(role)과 기능성(functionality) 기반의 스코프 전략은 실수로 중요한 목표에 대한 접근 권한을 부여하지 않을 수 있지만, 그래도 항상 만일의 사태를 대비해서 항상 확인하셔야 합니다.

또한 여러분은 완전한 임의의 스코프를 정의할 수 있습니다. 특정한 유즈케이스의 경우에는 이런 접근 방법이 더 올바르게 느껴질 수 있습니다. 예를 들자면, 여러분이 관리자 수준의 스코프로 개별 리소스에 대해서 스코프를 정의한다면, beneficiary(받는 계좌):admin(관리자) 스코프는 받는 계좌와 관련된 모든 목표의 접근 권한 등을 허용하게 됩니다. 스코프를 정의할 때 적절한 고려 없이 권한을 부여하게 되면, 과도한 접근을 허용 할 수 있으므로 신중해야 합니다.

지금까지 스코프를 정의하는 몇 가지 방법들을 보았습니다. 어떤 방법을 택하겠습니까?

8.2.3 스코프 전략 선택하기

API 접근 제어를 위해 스코프를 정의할 때 어떠한 전략으로 접근해야 최선일까요? 유연하지만 세분하게 정제해야 할까요? 덜 유연하더라도 더 사용자 친화적이고 굵직하게 정제해야 할까요? 각 전략에서는 어떤 접근법을 취하시겠습니까? 불행하게도 이 질문에는 정답이 없습니다. API 컨슈머들과 개발자들, 그리고 최종 사용자들에 따라서 가장 적합한 방법이 달라질 수 있습니다. 그렇지만 여기 한 가지 좋은 소식이 있습니다. 사실 여러분은 이 중 하나를 택해야 할 필요가 없습니다! 굵직하고 사용자 친화적인 스코프를 만드는 접근 전략에서, 한 발자국 더 나아간, 무엇들 기반의 접근 전략은 스코프에 대한 흥미로운 점들을 보여 줍니다. 그림 8.12에서 방금 정의한 두 가지 범위에서 다루는 목표들을 볼 수 있습니다.

▼ 그림 8.12 같은 목표들이 각기 다른 스코프들에 포함될 수 있습니다.

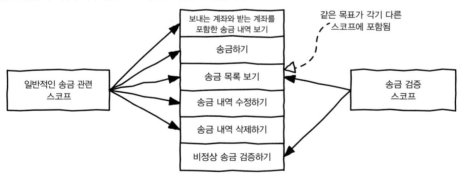

송금 목록 목표는 두 스코프에 포함되어 있습니다! 이 말은 스코프 간에는 일부 겹치는 영역이 있을 수 있다는 의미입니다. 꽤 좋은 소식입니다. 이를 통해 다양한 수준의 스코프를 정의할 수 있습니다.

우린 컨셉과 액션 기반의 접근을 할 수도 있습니다. 가령 beneficiary(받는 계좌):read(읽기)와 beneficiary(받는 계좌):delete(삭제)와 임의의 스코프가 함께 있는 경우, 그 외에도 이 스코프들에서 다뤄지는 모든 목표는 beneficiary:admin 스코프에 포함됩니다. 여기에 최종 사용자와 관련된 타사 통합을 위한 무엇 기반의 접근 전략을 만들어 사용자 친화적인 세 번째 레벨의 스코프를 추가할 수 있습니다. 우리에게 모든 API 범위를 모든 컨슈머에게 보여 주거나 허용할 의무는 없습니다. 또한, 이전과 마찬가지로 API 설명 포맷을 이용해 이러한 스코프들을 정의할 수 있습니다.

8.2.4 API 명세 포맷으로 스코프 정의하기

API 디자인이 API 명세 포맷을 사용하고 있다면 스코프를 설명하고 있는지 확인해야 합니다. OpenAPI 명세 3.0에선 아래 예제처럼 스코프를 정의할 수 있습니다.

예제 8.1 스코프 표현하기

```
components:
  securitySchemes:
    BankingAPIScopes:  ◀──  재사용 가능한 스코프는 components.securitySchemas에 정의되어 있습니다.
      type: oauth2
      flows:
        implicit:
          authorizationUrl:  ◀──  여러분은 필요하다면 더미(dummy) URL을 디자인 단계에 사용할 수
                                   있습니다. (주의: URL은 한 줄로 표시하는 편이 좋습니다.)
            "https://auth.bankingcompany.com/authorize"
          scopes:  ◀──  보안 스키마(scheme)는 하나 이상의 스코프를 포함할 수 있습니다.
            "beneficiary:create": Create beneficiaries
            "beneficiary:read": List beneficiaries
            "beneficiary:delete": Delete beneficiaries
            "beneficiary:manage": Create, list, and delete beneficiaries
```

스코프 정의는 OpenAPI 문서 components.securitySchemas 절에 이미 정의되어 있습니다. BankingAPI-Scopes 스키마는 oauth2 보안 타입을 이용해 은행 API가 할 수 있는 모든 흐름[Flow]과 스코프[scope]들이 정의되어 있습니다. 지금은 implicit 흐름에 대한 작성만 완료되어 이 흐름이 사용되면, 오직 beneficiary와 관련된 동작만 허용될 겁니다.

이 예제에는 네 가지의 스코프가 정의되어 있습니다. 각 스코프의 정의들은 설명을 포함하고 있습니다. 먼저 첫 번째 세 개의 목표 기반의 스코프들은 beneficiary:create, beneficiary:read, beneficiary:delete입니다. 마지막인 네 번째 스코프는 beneficiary:manage로, 디자이너가 임의로 정의한 스코프로 앞선 (목표 기반의)

세 가지 스코프를 전부 포함하고 있습니다. 이렇게 스코프만 정의하는 것만으로 충분하지 않습니다. 이제 이 스코프들이 전에 정의했던 목표들과 다음 예제와 같이 연결^{link}되어야 합니다.

예제 8.2 목표와 스코프의 연결

```
paths:
  /beneficiaries:
    get:
      tags:
        - Transfer
      description: Gets beneficiaries list
      security: ◀─────── 사용되는 보안 스키마들의 목록
        - BankingAPIScopes: ◀──── components.securitySchemas를 참조하여 이 목표에서 필요로
          - "beneficiary:read"         하는 스코프들의 열거
          - "beneficiary:manage"
      responses:
        "200":
          description: The beneficiaries list
```

받는 계좌 목표의 목록은 GET /beneficiaries로 표현됩니다. 경로는 beneficiary:read와 beneficiary:manage 스코프로 예제 8.1의 BankingAPIScopes 보안 스키마에 정의됩니다. 이는 두 스코프 중 하나 이상의 권한이 허용이 된 컨슈머만이 이 목표를 사용할 수 있다는 의미입니다.

만약 하나의 API가 두 가지 타입의 스코프를 사용한다면, API 명세에서 중복을 줄일 수 있어서 유용할 겁니다. 예를 들어 API를 사용하는 사람에 따라서 더 명확한 문서를 제공하거나 특정 유형의 범위만 표시할 수도 있습니다. 다음 예제는 다른 관점의 스코프 그룹을 보여 주는 방법입니다.

예제 8.3 스코프 그룹 정의하기

```
components:
  securitySchemes:
    ConceptActionBasedSecurity: ◀─────── 목표 기반의 스코프만 포함
      type: oauth2
      flows:
        implicit:
          authorizationUrl: "https://auth.bankingcompany.com/authorize"
```

```
        scopes:
          "beneficiary:create": Create beneficiaries
          "beneficiary:read": List beneficiaries
          "beneficiary:delete": Delete beneficiaries
  ArbitraryBasedSecurity: ◄---------- (디자이너가 임의로 정의한) 상위 관점의 스코프를 포함
    type: oauth2
    flows:
      implicit:
        authorizationUrl: "https://auth.bankingcompany.com/authorize"
        scopes:
          "beneficiary:manage": Create, list, and delete beneficiaries
```

다시 우리는 7장에서 발견한 사실을 적용해야 합니다. 간결하고 구조화가 잘 된 API를 디자인해 이해하기 쉽고 사용하기도 쉽게 해야 한다는 점입니다. 이를 위해서는 API의 컴포넌트를 이용해서 보안 스키마를 구조화해야 합니다. BankingAPIScopes의 보안 스키마는 이제 각각 주어진 타입으로 구성된 새로운 두 가지 보안 스키마(ConceptActionBasedSecurity와 ArbitraryBasedSecurity)로 나뉘었습니다. 다음 예제는 이 보안 스키마를 사용하는 방법을 보여 주고 있습니다.

예제 8.4 목표에 다른 그룹으로 지정된 보안 스코프들 연결하기

```
paths:
  /beneficiaries:
    get:
      tags:
        - Transfer
      description: Gets beneficiaries list
      security: ◄---------- security(보안)에는 다른 보안 스키마 참조를 포함할 수 있습니다.
        - ConceptActionBasedSecurity:
          - "beneficiary:read"
        - ArbitraryBasedSecurity:
          - "beneficiary:manage"
      responses:
        "200":
          description: The beneficiaries list
```

security(보안) 절에는 이제 ConceptActionBasedSecurity와 ArbitraryBasedSecurity 보안 스키마가 추가되어 있으며, 이 스키마에 포함된 요소들은 예제 8.2와 동일합니다.

다른 은행 API 목표에도 세 가지 단계인 목표 기반 스코프, 디자이너가 임의로 정의한 스코프, 액션 기반의 스코프를 추가하며 연습해 볼 수 있습니다. 또한, 다른 타입의 OAuth 흐름^{Flow}도 추가할 수 있습니다. 예를 들자면 클라이언트 인증서(힌트: OpenAPI 명세서(https://github.com/OAI/OpenAPI-Specification)의 "OAuth Flows Object"를 참조하세요.) 같은 것입니다.

지금까지 스코프를 어떻게 정의하는지 살펴봤으니, 이제 하위 수준의 접근 제어 문제가 API 인터페이스 계약에 어떠한 영향을 미치는지 확인해 보겠습니다.

8.3 접근 제어를 고려한 설계

요즘 호텔은 투숙객들에게 고풍적인 열쇠 대신 카드키로 호텔의 여러 편의시설을 사용할 수 있게 해 줍니다. 이 카드만 있으면 엘리베이터를 이용해 객실이 있는 층까지 이동할 수 있습니다. 당연한 이야기지만, 카드키가 있으면 객실에도 들어갈 수 있을 겁니다. 분명하게도 카드 키는 자신의 객실 문만 열 것이며, 다른 객실의 문을 열 수 없을 겁니다.

호텔 관리인들도 비슷한 카드키를 갖고 있을 텐데, 그들의 카드키는 직원실과 객실의 문을 열 수 있을 겁니다. 관리인 중에서도 모든 객실에 접근 가능한 사람이 있을 수도 있고, 특정 층에만 권한이 부여되는 사람도 있을 겁니다. 투숙객과 관리인 모두 호텔의 층과 방에 접근 가능한 것은 같습니다. 다만 각자 가진 접근 권한은 다릅니다.

API의 세계에서도 이런 저레벨의, 정제된 접근 제어가 존재합니다. 이런 부분은 보통 구현 쪽에서 담당하지만, API 디자이너도 해야 할 역할이 있습니다. 모든 것들이 탈 없이 진행되기 위해서는, API 디자이너는 실제로 접근 제어를 구현하는 데 필요한 데이터들과 디자인에서 조정되어야 할 부분이 어디인지를 알고 있어야 합니다.

8.3.1 접근 제어에 필요한 데이터 이해하기

멋진 은행 애플리케이션이 계좌 목록에 대한 권한을 부여받았다고 해서 모든 계좌에 접근이 허용되었다는 의미는 아닙니다. 이는 API를 사용할 때 금융 회사의 고객인 최종 사용자 한 명에게 종속된 모든 데이터를 가져올 수 있음을 의미합니다. 금융 회사에서 고객의 계좌를 관리하기 위해 은행 API를 이용한 은행 관리자용 앱을 만든다면 어떻게 해야겠습니까? 계좌 목록 목표는 컨슈머에게 목록을 어떻게 제공해야 할까요? 모든 고객의 계좌를 제공해 줘야 할까요? 아니면 은행 관리자가 관리해야 하는 고객들의 계좌만 제공해야 할까요? 어떤 대답을 하셨든 계좌 목록을 제공한다는 동작은 관리자와 일반 고객 대상의 경우와 다르게 동작할 겁니다. 그림 8.13에서 볼 수 있듯, 각 컨슈머들은 계좌 목록의 목표에서 은행 계좌에 대한 다른 접근 권한을 갖고 있습니다.

▼ 그림 8.13 다른 결과를 제공하는 두 개의 동일한 요청

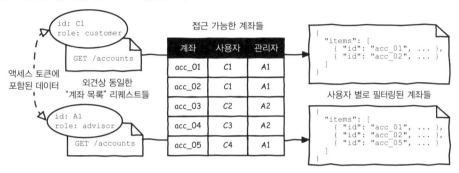

이 예제에서는 API 디자인은 영향 받지 않는 것으로 보입니다. 두 경우 모두 계좌 목록 목표의 표현은 동일합니다. REST API의 형태인 GET /account 형태가 파라미터가 붙는다거나 하는 변형 없이 유지되었습니다. 이것들의 동작은 오로지 최종 사용자에 의해서만 달라졌습니다. 그렇지만 endUserId 같은 파라미터가 GET /account 리퀘스트에 별도로 붙지 않았음을 볼 수 있습니다. 그렇다면 어떻게 API는 최종 사용자를 식별했을까요? 사실, 이 최종 사용자에 대한 파라미터는 존재합니다. 단지 보이지 않게 숨겨져 있을 뿐입니다.

8.1.3절에서 보셨듯 컨슈머는 반드시 액세스 토큰을 리퀘스트에 포함하여 API를 호출해야 합니다. 마치 호텔의 투숙객이 문을 열기 위해 자신의 카드키를 사용하는 것과 마찬가지입니다. 이 액세스 토큰이 생성되었을 때, 이 토큰들은 어딘가에 저장이 되는데, 이 토큰 속에는 최소한의 보안과 관련된 데이터들도 포함되어 있습니다. 이 데이터는 API 인터페이스 계약 속에 숨겨져 있는 부분입니다. API 디자이너로서 API가 제대로, 안전하게 동작하게 하기 위해서 이 부분은 반드시 알아야 합니다.

이런 데이터는 필연적으로 표준에 속해 있습니다. 이 안에는 일반적으로 컨슈머의 ID와 허용된 스코프, 그리고 최종 사용자의 ID와 가능하면 그들의 역할(또는 사용자 타입) 또는 권한(특정 사용자에게만 허용된 무언가)이 포함되어 있습니다. API 서버의 구현체가 이런 토큰이 포함된 리퀘스트를 받게 될 경우, 보안 데이터와 필요한 모든 접근 제어(리퀘스트로 요청 받은 데이터 또는 제공할 데이터에 대하여)를 즉시 제공하게 됩니다.

멋진 은행 애플리케이션이 GET /accounts/1234567란 리퀘스트를 보냈다면, API 서버는 액세스 토큰에 포함된 최종 사용자의 ID를 확인하여 계좌 번호 1234567의 소유주와 동일한지 반드시 확인해야 합니다. 이런 내용을 분명하게 하기 위해서는, 구현 담당자가 아닌 보안 영역의 담당자와 이야기를 나누어야 합니다. 예시에서는 매우 단순한 상황이었지만, 실제 세상에서는 접근 제어의 메카니즘이 그렇게 투명하지 않습니다. 또한 목표도 최종 사용자나 그들의 역할에 따라 아마 조금씩 형태가 다를 겁니다.

8.3.2 필요에 따른 디자인 조정

5.2절에서는 송금이라는 목표에 집중했었습니다. 여기서 송금이란, 보내는 계좌에서 받는 계좌로 일정 금액이 이체되는 것을 의미합니다. 송금은 항상 고객의 요청이 있어야만 수행됩니다. 보내는 계좌는 고객에게 종속되어 있습니다. 받는 계좌는 보내는 계좌와 동일한 고객에게 종속되어 있을 수도 있으며, 아니면 사전에 고객에 의해 지정된 계좌일 수도 있습니다. REST 표현은 이 목표를 POST /transfers 리퀘스트로 표현되며, 이 리퀘스트의 바디[body]에는 세 가지 속성이 존재하는데 각각 amount(금액), source(출금 계좌), destination(입금 계좌)입니다.

이 목표는 멋진 은행 앱에서 쓰이며, 이 앱은 금융 회사의 고객이 사용하는 것으로, 고객의 ID는 리퀘스트 시 토큰에 포함되어 같이 전달됩니다. 따라서 API의 구현체는 모든 것이 적합한지 쉽게 확인할 수 있습니다. 이는 출금 계좌가 고객에게 종속되어 있는지와 입금 계좌가 같은 고객 소유인지, 아니면 별도로 고객이 등록한 계좌인지 판단할 수 있습니다.

그렇지만 이 송금 목표를 은행 관리자 앱에서 사용한다면 어떨까요? 이 애플리케이션은 일반적인 고객이 아닌 은행의 관리자들만 사용합니다. 그렇지만 고객이 은행의 관리자에게 연락해 대신 송금을 해달라고 요청할 수도 있습니다. 이런 경우 토큰에는 고객의 ID 대신 관리자의 ID가 포함되어 있을 겁니다.

구현체의 제어는 단순해지지 않겠지만, 여전히 감당할 수 있는 수준입니다. 이제 구현체는 출금 계좌의 소유주가 은행 관리자가 관리하는 고객인지 확인해야 합니다. 받는 계좌는 보내는 계좌와 소유주가 같거나, 보내는 계좌의 소유주가 사전에 받는 계좌로 등록해 둔 계좌여야만 합니다. 여기까지만 보면 모든 게 정상적으로만 보입니다. 그렇지만 문제가 하나 있습니다. 이런 종류의 시스템은 어떤 고객이 송금을 요청했는지 추적 관리가 가능해야 합니다.

만약 은행 계좌가 한 명의 고객에게 속한 계좌라면 고객의 ID를 찾는 것은 은행 계좌에 한 명의 고객 정보만 붙어 있을 테니 찾기도 쉬울 것이며, 소유주가 한 명이니 송금 요청도 누가 했는지 분명합니다. 하지만 한 계좌를 한 명 이상의 고객들이 공동으로 소유하고 있다면 이런 접근은 불가능해질 겁니다. 올바른 고객

ID를 구현체에 전달하기 위해 목표를 변경할 필요가 있습니다.

먼저, POST /transfers 리퀘스트에 선택 사항인 customerId라는 속성을 바디에 추가할 수 있습니다. 거기에 transfer(송금) 리소스에 대한 표현을 새로 만들어 POST 메서드를 이용해 다음과 같이 표현할 수도 있을 겁니다.

POST /customers/{customerId}/transfers

한발 뒤로 물러나 API를 더 고차원적인 수준에서 관찰해 보면 다음 선택지가 납득하기 좋을 겁니다. 은행 관리자들은 아마도 고객들의 이체 목록이 필요할 테니 아래와 같은 리소스 경로를 이용하는 편이 훨씬 유용할 겁니다.

GET /customers/{cusotmerId}/transfers

선택한 해법이 무엇이든 이제 구현체는 은행의 관리자가 송금 목표를 수행시킬 때, 이체를 수행할 권한이 있는 고객에게만 송금을 수행해 줄 겁니다.

사실, 2.3절에서 설명한 API 목표 캔버스와 그 과정에 대한 설명을 참고하면, API 디자인과 API 보안의 균형을 잘 맞춰 변환할 수 있을 겁니다. 이미 캔버스를 통해 모든 사용자와, 그들이 무엇을 하는지, 어떻게 하는지, 그리고 특히 그들이 무엇을 필요로 하는지 이미 알아냈기 때문입니다. 복습 겸, 다시 과정을 그림 8.14로 보여드리겠습니다.

▼ 그림 8.14 API 목표 캔버스

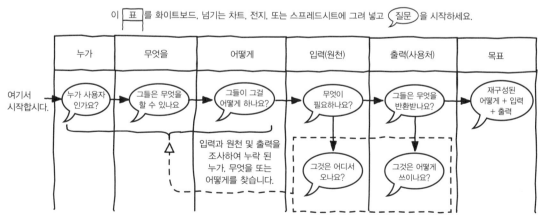

스코프를 고려하며 작업을 하다 보면 API 디자이너가 디자인 과정 중 프로바이더 관점을 배제하고 디자인을 하고 있음에도, 실제 구현에서 무슨 일이 일어날지 알고 있어야 하는 경우가 있습니다.

이제 API 보안에 대한 주제는 하나만 남았습니다. 아마 API 디자이너에게는 이 주제가 가장 중요할 겁니다. API는 데이터와 가능한 행위를 외부로 노출합니다. 따라서 해당하는 데이터나 행위가 민감한 성격을 띠는지, 정말로 노출될 필요가 있는가를 확인해야 하고, 노출되어야 한다면 가능한 방법 중 가장 안전한 수단을 택하는 것은 API 디자이너의 몫입니다.

8.4 민감 요소의 취급

사람들이 호텔에 투숙할 때, 굳이 일상의 소지품들을 전부 갖고 오진 않습니다. 만약 누군가가 환급받은 세금을 갖고 오거나, 가문 대대로 내려오는 보석을 가져온다거나, 구하기도 힘들다는 고전 게임 삼바 데 아미고의 마라카스 컨트롤러 세트(게다가 이걸 쓰려면 세가 드림캐스트와 게임 소프트까지 필요합니다.)같이 귀하고 중요한 물건을 가져오진 않을 겁니다. 대부분 물건이 호텔 투숙에는 불필요할 테고 가져오더라도 잃어버리거나 도난당할 여지가 있습니다. 그렇지만 호텔에 올 때는 이런 물건들 말고도 가져와야 할 중요한 물건들(신분증, 여권, 전화, 카메라 기타 등등)이 따로 있습니다. 이런 물건들은 사람들이 지니고 있어야 합니다. 호텔 객실에는 투숙객이 이런 귀중품들을 두고 외출을 해야 할 때 안전하게 보관을 할 수 있도록 금고를 마련해 두고 있습니다. 현금이나 신용카드도 마찬가지 방법으로 안전하게 보관되어야 합니다.

API의 세계에서는 일반적인 소프트웨어의 세계와 마찬가지로 API를 통해 요청, 제공 또는 수행할 수 있는 작업에 민감한 요소가 포함되는지 항상 확인해야 합니다. 민감한 요소가 포함된 경우, 우리는 반드시 이 요소가 정말 취급될 필요가 있는지 확인한 뒤 가장 안전한 방법으로 디자인해야 합니다. 이는 민감한 요소가 취급되는 방식을 조정하거나 이미 적용된 접근 제어 범위를 적절하게 선택하여 수행할 수 있습니다. 이 문제는 주로 API의 데이터, 목표 및 피드백feedback과 관련이 있지만, API가 사용하는 기반인 프로토콜이나 아키텍처 자체도 반드시 고려해야만 합니다.

8.4.1 민감한 데이터 취급하기

컨슈머가 계좌 정보 조회 목표를 사용하면 해당 계좌에 대한 상세 정보를 받을 수 있습니다. 여기에는 계좌번호가 포함될 수도 있으며, 잔고balance가 있을 수도 있으며, 보유 중인 신용카드 목록이 포함될 수도 있습니다. 금융 회사의 시스템에서는 기본정보가 카드 소유자의 이름과 번호(기본 계좌 번호), 유효기간, CV-V(Card Verification Value, 카드 뒷면에 적힌 카드 식별 번호)와 연결됩니다. 금융 회사에서 제공하는 카드는 거래정지가 가능합니다.(카드가 분실 또는 도난당하는 경우를 생각해 보면 상당히 유용합니다.) 또한, 고객이 원한다면, 월 사용 한도(월간 총 결제 금액이 이 수준을 초과하면 SMS, 이메일 또는 알림을 통해 알림을 받습니다.)를 설정할 수 있습니다. 반환되는 데이터는 그림 8.15의 왼쪽과 같이 생겼을 겁니다. 그렇지만 이 데이터가 안전한 연결(8.1.3절 참조)을 통해서 전달되었다 할지라도, 연관된 모든 데이터를 반환하는 것이 정말 현명한 선택일까요?

▼ 그림 8.15 은행 카드의 안전한 표현 디자인하기

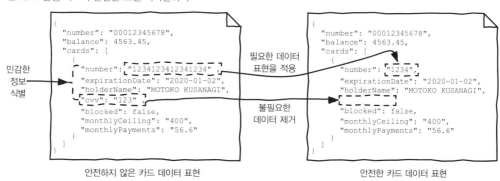

월간 한도, 현재까지의 월별 지불 예정일 및 거래정지 여부는 민감한 데이터는 아닙니다. 이런 데이터는 외부에 노출이 되어도 위협이 되지는 않습니다. 반면에, 카드 번호, CVV, 소유자의 이름, 만료일자와 같은 정보는 매우 민감합니다. 이러한 정보들은 온라인이나 전화로 결제를 할 때 쓰입니다. 우리는 이런 정보들을 반환하기 전에 다시 한 번 생각을 해 볼 필요가 있습니다.

CVV는 온라인 결제에서만 쓰이며 이 정보는 카드에 직접 기입되어 있습니다. 따라서 제공해 줄 필요가 없습니다. 카드 번호는 카드를 식별할 때 도움이 되지만, 모든 번호 대신 마지막 4자리만으로도 충분히 식별할 수 있습니다. 이 정보만으로도 은행 계좌 컨텍스트 상에서 카드 번호를 식별하는 데에는 충분합니다. 합리적으로 필요성이 느껴지는 카드 소유주의 이름과 만료 일자는 그대로 두어도 되겠습니다. 이제 CVV 값은 제거했고, 카드 번호는 보안 관점에서 문제가 없도록 가공했습니다. 이제 이 데이터를 가지고 악의적인 목적으로 사용할 수 있는 이들은 없을 겁니다. 여러분도 보셨다시피 민감한 데이터 항목을 식별하고 그중 일부를 제거하고 그 외의 것들은 안전하게 표현을 변경함으로써, 의미 있고 적절한 수준의 직불 카드 데이터를 안전하게 표현할 수 있습니다.

따라서 안전한 API 디자인의 첫 단계는 요청받거나 제공하는 데이터에서 민감한 데이터를 식별하는 것부터 시작합니다. 여기서 문제는 민감한 데이터라는 표현은 상당히 넓은 의미로 해석될 수 있으며, 여러분의 도메인이나 업계에 따라 다르게 받아들일 수 있다는 점입니다. 때로는 민감한 정보를 식별하는 것이 상당히 쉬운 예도 있습니다. 직불 카드의 예가 그러한데 어떤 정보가 민감한지 상당히 명확하기 때문입니다. 비슷한 관점에서, 그 누구도 고객의 실명과 비밀번호 같은 민감한 정보는 노출하지 않으려 할 겁니다. 그렇지만 때로는 그렇게 명확하지 않은 경우도 있습니다.

국가, 도메인, 국제 규정, 표준 또는 모범 사례 같은 다양한 것들이 여러분이 데이터를 다루는 방식에 영향을 줍니다. 어떤 시스템이건 은행 카드를 다루게 된다면, 예외 없이 국제 결제 카드 산업 데이터 보안 표준^{PCIDSS: Payment Card Industry Data Security Standard}을 준수해야 합니다. 미국에서는 개인 건강 정보^{PHI: Protected Health Information}를 보호하고자 보건 의료 제공자들에게 건강보험정보 활용 및 책임에 관한 법^{HIPAA: Health Insurance Portability and Accountability Act}을 적용합니다. 유럽 연합 소속 국민의 데이터를 취급하는 회사라면 일반 데이터 보호법^{GDPR: General Data Protection Regulation}을 준수해야 합니다.

이러한 규제나 표준이 존재하는 이유가 무엇이건 API를 통해 조작되는 데이터에 영향을 줄 수 있습니다. 물론 기능에만 국한되는 문제가 아닙니다. 기술적인 부분에서도 모범 사례는 존재하며, 이를 API 디자이너와 구현을 담당하는 이가 이것들을 따라야 합니다. 예를 들면, 순차적인 데이터베이스 키를 반환하는 것은 치명적인 데이터에 대한 힌트를 제공하는 것과 마찬가지라 가령 현재 회사 고객의 숫자 같은 걸 의도치 않게 노출할 수 있습니다. 이러한 순번이 존재하는 데이터는 다른 사람의 데이터에 액세스를 시도하는 데 쓰일 수 있습니다. (만약 여러분의 API 구현이 접근 제어를 완벽하게 수행한다면, 문제가 되진 않을 겁니다.)

> **Note** 항상 여러분의 회사의 최고 보안 책임자(CISO: Chief Information Security Officer), 데이터 보안 담당자(DPO: Data Protection Officer), 최고 데이터 담당자(CDO: Cheif Data Officer), 또는 법무 조직과의 확인을 통해 해당 데이터가 민감 정보로 취급되는지 확인하기 바랍니다.

여러분이 취급하는 데이터가 민감 정보라고 판명이 난 경우, 두 번째 단계는 해당 데이터에 적절한 표현을 선택하는 것입니다. 복습 차원에서 말하자면 이러한 적응 과정이 바로 API를 디자인하는 것입니다. 그러므로 데이터 자체가 아니라 컨슈머가 API를 사용하여 수행할 수 있는 작업에 집중해야 합니다.

표현이 어떻게 알맞게 적용되는지는 데이터가 어떻게 사용되느냐에 따라 달라집니다. 직불 카드의 유즈케이스의 경우에는, 목표는 하나의 계좌와 그 계좌에 연결된 카드들에 대한 상세 정보만 제공해 줄 뿐 직접 지불 실행을 허용하지는 않습니다. 이런 경우, 지불을 하지 않으니 지불과 연관된 카드 번호나 CVV 정보는 제공하지 않는 게 합리적입니다. 이러한 목표 중심적인 태도를 보이는 것은 민감 정보의 순화 과정을 단순하게 해 줍니다. 그림 8.16은 표현을 안전하게 하는 네 가지 기법을 보여 주고 있습니다.

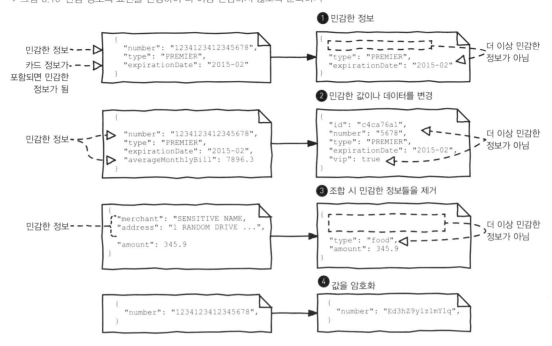

첫 번째 기법은 단순합니다. 민감한 데이터이지만 필수 요소가 아니라면 제거❶해 버리면 됩니다. 이럴 경우 근사한 부수적인 효과도 있습니다. 민감한 정보와 연결 지어서 민감한 정보라고 취급되는 또 다른 데이터가 더 이상 민감한 정보가 아니게 됩니다. 그림 8.16을 보면, 민감한 정보인 number 속성(카드 번호)을 제거함으로써, expirationDate(유효기간)이 더는 민감한 정보가 아니게 되었습니다.

만약 민감한 정보를 제거할 수 없다면, 민감하지 않은 형태로 표현을 순화할 수 있습니다. 이는 ❷에서 카드 번호에 가한 변경과 같은 것입니다. 이 경우에는, number라는 값이 앞부분을 생략해 내 더 이상 민감한 정보가 아니게 되었습니다. 또한, 민감 정보였던 averageMonthlyBill(월평균 결제액)은 vip라는 플래그 값으로 바뀌었습니다. 이 vip 값은 모종의 함수 averageMonthlyBill − Bill의 결과입니다. 이러한 경우, 목표 지향의 디자인 과정을 따랐다면 처음부터 이 문제는 해결되었을 겁니다.

값과 데이터의 대치 혼용이 유용한 때도 있습니다. 예를 들면, 민감한 데이터가 식별자로 쓰이고 있는 경우, 의미를 가진 민감한 식별자를 사용하기보다 의미없는 새로운 식별자를 만들어 리소스를 식별하는 것이 더 실용적일 수 있습니다. 카드 번호를 잘라낸 숫자 5678 같은 것들이 그러한 예시입니다. 이렇게 하면 최종 사용자에게 정보를 보여 주면서 동시에 리소스의 고유 식별자를 외부로 노출하지 않아도 됩니다. / card/5678이라는 리소스는 고객의 컨텍스트에서는 충분히 고유한 값으로 동작할 겁니다. 그렇지만 컨텍스트의 영역을 확장해서 관리자의 영역으로 넓힌다면 유효하진 않을 겁니다. 이런 경우까지 고려하면 카드 번호에 대한 표시를 c4ca76a1와 같이 완전히 새로운 ID로 표현하는 편이 유용할 수 있습니다. 이렇게 되면 /cards/c4ca76a1 리소스 경로는 일반 고객이나 관리자 영역 모두에서 고유할 것이며, 사용 목적에 따라서 이 새로운 ID가 카드 번호를 대체하거나, 카드 번호 표현의 부가 사항이 될 수 있습니다. 민감 정보를 제거하는 때와 마찬가지로 민감 정보의 표현을 바꾸면 다른 민감 정보가 더 이상 민감하지 않게 될 수 있습니다. 카드 번호가 새로운 식별자로 대체되며 expirationDate(유효기간) 역시 더는 민감 정보가 아니게 되었습니다.

데이터의 교체는 여러 속성에 영향을 줄 수 있습니다❸. 구체적이고 민감한 값들을 모호해도 의미 있는 값으로 교체하면 이 기법을 실행해 볼 수 있습니다. 그림 8.16에 표현된 이 기법은 민감 정보인 merchant(상호)와 address(사업장) 속성을 지닌 카드 거래내역을 합성하여 민감하지 않은 type 속성으로 만들어 냈습니다. 이 값은 모종의 함수의 결과일 겁니다.

마지막으로 민감한 정보가 정말로 필요하고, 컨슈머와 프로바이더가 상호작용을 하는 채널의 암호화가 충분하지 않다면, 민감 정보 자체를 암호화❹하는 방법이 있습니다. 그림 8.16에서 number의 값이 본래 1234123412345678였다면, 암호화를 거친 후엔 Ed3hZ9ylz1mYlq 이 됩니다. 그렇지만 이 기법에는 단점이 있습니다. 특히 컨슈머가 이 데이터를 사용하기 위해서는 암호화 과정을 되돌리는 복호화를 수행해야 합니다. 이렇게 되면 컨슈머와 프로바이더 사이의 안전한 연결을 확보해 모든 메시지의 전체 내용을 암호화하는 편이 더 단순하고 효율적입니다. 가장 안전한 선택지는 각 컨슈머를 위해 별도로 데이터를 암호화하고 데이터를 해독할 수 있는 올바른 키를 저마다 제공해 주는 것입니다.

이 모든 것은 보안 계층을 관리하는 이들과 API를 구현하는 이들의 몫입니다. 그렇지만 API 디자이너로서도 여러분은 이 모든 보안적인 것들이 컨슈머 친화적으로 바뀌도록 관여해야 합니다.

보안 담당자와 대화를 나누고 여러분이 배운 API 디자인 기법을 사용함으로써, 여러분은 안전한 표현을 만들 수 있습니다. 그렇지만 API를 통한 데이터 교환만이 API와 관련된 민감한 요소가 아닙니다. API 목표 역시 민감 요소로 취급할 수 있습니다.

8.4.2 민감한 목표 취급하기

민감한 목표에는 두 가지 유형이 있습니다. 하나는 민감한 데이터를 조작하고 그 결과로 민감한 동작을 유발하는 것입니다. 민감한 데이터가 포함되어 있다면, 목표가 무엇이건 민감한 요소로 취급되어야 합니다. 그렇다면 여러분이 가장 먼저 해야 하는 질문은 "이것이 정말 필요한가?"입니다. 만약 정말 필요한 존재가 아니라면, API를 안전하게 유지하기 위해서 해당 요소를 포함하지 않는 것이 이를 달성하기 위한 가장 쉬운 방법일 겁니다. 그렇지만 이런 방식이 항상 가능하지는 않습니다.

은행 API가 몹시 중요한 이유로 카드의 민감한 정보(가령, 번호, CVV, 유효기간, 소유주의 이름)를 컨슈머나 최종 사용자에게 제공해야만 한다고 가정해 보겠습니다. 이런 상황에서는 이 데이터에 접근할 수 있는 권한을 확실하게 통제하는 편이 현명할 겁니다. 그림 8.17에서는 이를 달성하기 위해 네 가지 다른 방법을 택했습니다.

▼ 그림 8.17 목표의 민감한 데이터 노출을 제어하는 방법

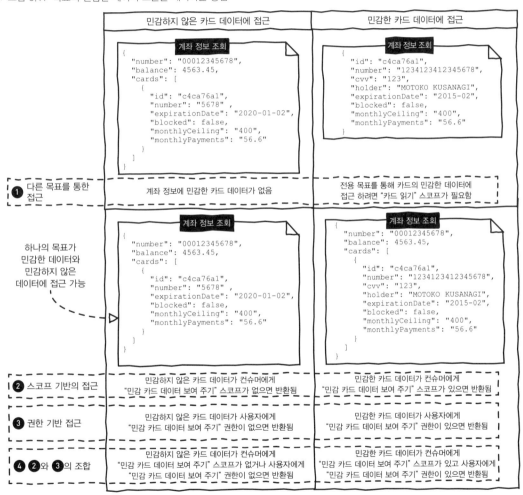

첫 번째 선택지 ❶는 카드의 민감한 데이터에 접근할 수 있는 전용 목표를 별도로 만들어 분리하는 것입니다. 이 새로운 목표는 정말 이 데이터가 필요한 컨슈머들만을 위하여 카드 데이터 읽기 스코프가 정의되고 보호받아야 합니다. 기존의 계좌 조회 목표는 그대로 유지하여, 이쪽은 여전히 민감하지 않은 버전의 카드

데이터를 제공할 수 있습니다.

두 번째 선택지❷는 스코프를 이용하여 민감한 데이터를 반환하게 하는 것입니다. 계좌 조회는 컨슈머에게 민감한 카드 데이터를 표시해도 되는 스코프가 부여된 상황이 아니라면, 민감하지 않은 표현 방식의 카드 데이터를 기본으로 제공할 것입니다. 반대로 민감한 카드 데이터 표시에 관한 스코프가 부여된 상황이라면, 민감하지 않도록 순화되어 표현된 데이터가 날 것 그대로의 민감한 형태의 데이터로 반환되게 될 것입니다.

앞선 두 가지 선택지에서 최종 사용자 정보를 반영하면, 컨슈머가 적절한 스코프를 통해 필요한 민감한 정보를 볼 수 있습니다. 그렇지만 이러한 접근방법은 보안적인 요구 사항을 충족하지 못하는 경우가 있습니다.

이런 사유로 세 번째 선택지❸가 등장합니다. 이 또한 같은 일을 하더라도 앞선 선택지들이 스코프를 통해 접근을 제어한다면, 이번에는 액세스 토큰에 포함된 최종 사용자의 역할이나 권한에 따라 민감 정보에 대한 취급이 달라집니다.

그렇지만 최종 사용자 권한만을 접근 통제 수단으로 사용한다면 해당 API를 최종 사용자들을 대신하여 사용하는 모든 컨슈머들이 민감 정보에 접근할 수 있게 됩니다. 이것이 문제라면 여기 네 번째 선택지❹로 컨슈머와 최종 사용자의 접근 제어를 요구되는 컨슈머의 스코프와 최종 사용자의 적절한 권한을 함께 사용한다면 민감한 정보를 제대로 취급할 수 있을 겁니다.

어떠한 선택지를 택하고 사용하느냐는 보안 제약 사항과 개발자 경험에 따라 다릅니다. 안전한 데이터 표현을 디자인하고자 한다면, 가능한 선택지를 파악하기 위해 조직의 보안 담당자와 대화를 할 필요가 있습니다. 또한, 컨슈머 경험 관점으로 민감 데이터와 민감하지 않은 데이터를 고려해 보면 그사이에 매우 큰 간극이 있습니다. 이러면 하나의 목표가 스코프나 권한에 따라 민감 정보를 그대로 또는 가공한 버전을 반환하는 대신에, 스코프와 권한에 따른 전용 목표를 제공하는 편이 좋습니다.

그렇지만 목표들은 설령 민감한 데이터를 취급하지 않는다고 하더라도 민감한 요소일 수도 있습니다. 이 관점을 우리가 카드 데이터를 안전하게 변형해서 표시하고 그 어떤 중요한 속성이 없다고 장담할 수 있는 상황인, 우리의 은행 API에 적용해 보겠습니다. 이 카드에 관한 기본 데이터에는 거래정지 여부blocked와 월 사용한도monthlyCeiling도 포함되어 있습니다. 이 두 속성은 최종 사용자나 그들의 대행자인, 엄밀히 말하자면 컨슈머들이 변경할 수 있습니다. 여기서 사용 한도를 변경하는 것은 민감한 액션이 아닐 수도 있겠지만, 거래정지는 민감한 액션이 될 수 있습니다. 따라서 카드를 거래정지 시키는 것은 최종 사용자 본인 또는 그 행위가 허가된 컨슈머만이 가능하도록 만드는 편이 좋습니다.

우리는 민감한 데이터를 다루는 목표에 사용한 선택지를 똑같이 적용해 볼 수 있습니다. 우리는 API 구현체가 최종 사용자의 권한을 확인하여 카드의 거래정지 여부를 수정할 수 있도록 허가할 수 있습니다. 마찬가지로 컨슈머의 스코프를 바탕으로 거래정지 여부를 수정할 수 있도록 허가할 수도 있습니다. 그리고 당연하게도, 이 두 가지 선택지를 혼용하는 방법도 있습니다. 이 모든 방법은 유효하며, 그렇지만 민감한 데이터와 그렇지 않은 데이터가 같은 목표에서 취급되는 것은 API를 복잡하게 만드는 경향이 있는데, 특히 민감한 데이터를 수정하는 목표는 멀티팩터 인증[Multifactor Authentication]과 같은 추가적인 보안 조치가 필요한 경우도 있습니다. 이런 경우, 월 사용 한도[monthlyCeiling] 속성은 한 번에 수정할 수 있겠지만, 거래정지[blocked] 여부는 속성을 변경코자 할 때마다 추가로 사용자의 인증이 필요하게 됩니다. 이런 목표를 다루기 위해서는 별도로 마련된 전용 목표를 두는 편이 좋습니다. 한 발자국 뒤로 물러서서 더 넓은 관점에서 API가 제공하는 데이터가 아니라 API가 할 수 있는 것이 무엇인가에 대해서 더 집중한다면, 이러한 목표들의 구성이 이해가 될 겁니다.

따라서 민감한 목표들을 취급한다는 것은 우리에게 이것들이 민감한 데이터를 조작하는지 또는 민감한 액션을 유발하는지 식별해 내는 것을 필요로 합니다. 각 목표에 대한 식별이 완료되면, 우리는 이것들이 정말로 필요한 것인지 판단하고, 정말로 필요한 존재라면 컨슈머의 스코프나 최종 사용자의 권한에 따라 이 목표들에 접근할 수 있도록 해 주어야 합니다. 그렇지만 스코프나 권한 둘 중 하나만으로는 충분하지 않을 겁니다.

때로는 민감한 부분(데이터 또는 액션)을 처리하는 명확하게 식별된 세밀한 목표를 제공하도록 분리된 인터페이스 계약을 구성하는 편이 더 좋습니다. 이러한 디자인적 허용은 접근 제어를 촉진하는 한편, API를 이해하기 쉽고 사용하기 쉬운 선을 지키면서 이루어져야 합니다. 그렇다면 컨슈머들이 허용되지 않은 행위를 시도한다면 무슨 일이 벌어질까요? 어떤 종류의 피드백을 받게 될까요? 다른 피드백을 디자인할 때도 API 디자이너는 보안에 신경을 써야 할까요?

8.4.3 안전한 에러 피드백 디자인하기

5.2절에서 여러분은 컨슈머가 스스로 문제를 해결하는 데 도움이 되도록 철저하고 유의미한 에러 피드백을 디자인하는 방법을 배웠습니다. 여기에는 두 가지 타입의 에러가 있습니다. 하나는 규격에 맞지 않는 형태[malformed]의 리퀘스트에서 발생하는 에러이며, 다른 하나는 비즈니스 규칙을 위반하여 발생하는 에러라는 것을 식별했습니다. 여기서 보안 관련 에러를 명확하게 나타내기 위해 새로운 에러 타입이 필요합니다. 이러한 에러에 대한 피드백은 동일한 종류의 표현을 사용할 수 있습니다. 바로 메시지와 코드입니다. 은행 API에 GET /cards/c4ca76a1 와 같은 리퀘스트를 던져, 소비자가 보안 관련 에러를 유발할 때 발생할 수 있는 상황은 무엇이 있을까요?

만약 컨슈머가 리퀘스트할 때 토큰을 누락시키거나 제공했지만 유효하지 않을 경우, 은행 API 서버는 401 Unauthorized 리스폰스를 줄 겁니다. 이 리스폰스는 바디에 '토큰이 누락되거나 존재하지 않습니다.' 같은 메시지를 같이 전달할 겁니다. 만약 같은 컨슈머가 동일한 리퀘스트를 토큰을 포함해 보냈으나, 컨슈머가 읽기 스코프에 대한 권한이 없다면 403 Forbidden 리스폰스와 '컨슈머가 "카드 읽기" 스코프 권한이 없습니다.' 같은 메시지가 있는 SCOPE 코드를 전달할 겁니다. 그리고 컨슈머가 놓쳤던 스코프 권한을 부여받고 리퀘스트를 시도하면, 이제 서버는 또 다른 403 Forbidden 리스폰스와 '최종 사용자가 해당 카드에 접근 권한이 없습니다.' 와 같은 메시지와 PERMISSION 코드를 전달할 겁니다. 이 마지막 리스폰스는 명백하게 최종 사용자가 특정 카드에 대한 읽기 권한이 없음을 알려 주고 있습니다.

상황에 따라서 마지막의 에러는 정보 유출로 판단될 수도 있습니다. 이 카드(c4ca76a1)에 대해서 사용자가 접근 권한이 없다는 의미는 암시적으로 해당 카드가 존재한다는 것을 알려 주기 때문입니다. 이러한 정보 유출을 막으려면 은행 API는 최종 사용자에게 해당 카드가 존재하지 않는다는 것 정도로만 알려 주는 편이 좋습니다. 이런 표현은 404 Not Found 리스폰스를 반환하면서 '카드가 존재하지 않습니다.'라는 메시지를 함께 주어 컨슈머의 리퀘스트에 대응되는 카드가 실제로도 존재하지 않는 것처럼 응답을 해 주는 것이 가능합니다.

여러분이 규격에 맞지 않는 리퀘스트나 기능적 에러 피드백을 디자인할 때는 정보 유출 방지 차원에서 주의할 필요가 있습니다. 예를 들어, 컨슈머가 카드 정보를 수정하려 할 때, PATCH /cards/c4ca76a1 리퀘스트를 기껏 안전한 카드 ID를 이용하도록 했음에도, 컨슈머가 잘못된 월 사용 한도^{monthlyCeiling}를 입력하여 카드 정보를 수정하려 할 때 암호화되지 않은 일반 카드 번호가 "카드 123412341234124의 정보 변경이 불가능합니다"같은 응답메시지로 반환된다면 이건 매우 끔찍한 발상입니다.

그리고 여기에 아직 논의하지 않았지만, 매우 치명적인 경향이 있는 또 다른 형태의 에러가 있습니다. 바로 예기치 않은^{unexpected} 에러입니다. 예를 들면, 자바 언어에서 유구한 전통을 지닌 java.lang.NullPointer-Exception(something.do( )를 수행할 때 something이 null이면 발생하는 자바의 예외) 또는 매우 짜증 나는 Unable to extend table in tablespace (온프레미스 환경의 데이터베이스 용량 부족으로 인해 테이블에 데이터를 추가할 수 없는 상황)이 발생할 수도 있습니다. 물론 모든 것들이 테스트되고, 모니터링되며, 자동화된 상황에서는 이러한 에러는 절대로 발생하지 않습니다… 만, 이런 에러가 발생하는 상황은 아마 상상할 수 있는 가장 최악의 순간일 겁니다.

HTTP 프로토콜을 사용하는 상황에서, 이러한 에러들은 5XX 클래스의 상태 코드로 반환되며, 일반적으로는 500 Internal Server Error를 반환합니다. 4XX 상태 코드들이 의미하는 바가 컨슈머의 잘못이라면,

5XX가 의미하는 것은 프로바이더의 잘못을 의미합니다. 예기치 못한 서버 에러가 발생하면 API 구현체는 세부 정보를 API 뒤에 버티고 있는 여러 기술 영역에서 정보를 가져와 제공할 수 없습니다. 여러분은 훗날을 위한 분석 용도로 에러 ID를 제공할 수 있습니다만, 여기서 주의할 점은 인터페이스 너머의 세계에서 무엇이 실제로 동작하고 있는지 실마리를 보여줘서는 안 된다는 것입니다. 그렇기에 스택 트레이스$^{stack\ trace}$와 소프트웨어 오류에 대한 상세한 설명, 서버 주소, 또는 유사한 에러 유발점 등이 포함돼서는 안 됩니다. 표 8.1은 지금까지 봐온 다양한 에러 타입들을 정리해 봤습니다.

▼ 표 8.1 에러 피드백의 유즈케이스

에러 타입	유즈케이스	HTTP 상태 코드
보안	인증 정보가 잘못되었거나 없음	401 Unauthorized
보안	유효하지 않은 스코프	403 Forbidden
보안	유효하지 않은 권한	403 Forbidden 또는 404 Not Found
규격에 맞지 않는 리퀘스트	알 수 없는 리소스(잘못된 경로 파라미터)	404 Not Found
규격에 맞지 않는 리퀘스트	필수 파라미터가 없거나 잘못된 파라미터	400 Bad Request
기능	비즈니스 규칙 침해	400 Bad Request 또는 403 Forbidden
기술	예기치 않은 서버 에러	500 Internal Server

보셨다시피, 보안 에러에 대한 피드백은 다른 타입의 에러에 대한 피드백과 유사합니다. REST API를 디자인할 때, 여러분은 적절한 HTTP 상태 코드(401, 403)를 이용해서 취급해야 합니다. 그렇지만 여러분이 보안이나 기술적인 이유로 에러 피드백(그리고 다른 모든 피드백)을 보낼 때는 실수로 민감한 정보에 대해 언급하지 않도록 포함되는 정보에 대해 신중히 처리해야 합니다. 이제 거의 다 왔습니다. 그렇지만 마지막으로 여러분의 API가 민감한 정보를 적절하게 다루기 위해 알아야 할 마지막 주제가 하나 더 있습니다.

8.4.4 아키텍처와 프로토콜 이슈 식별하기

우리가 디자인하는 API를 지원할 아키텍처와 프로토콜을 얼마나 신뢰해야 할까요? 그 정보에 대해서 잘 모른다면 별로 신뢰하지 못할 겁니다. 그림 8.18은 은행 API의 기본적인 (그리고 결함이 있는) API 아키텍처입니다. 이 예제의 프로바이더와 컨슈머의 암호화된 연결은 생각한 것처럼 안전하진 않습니다.

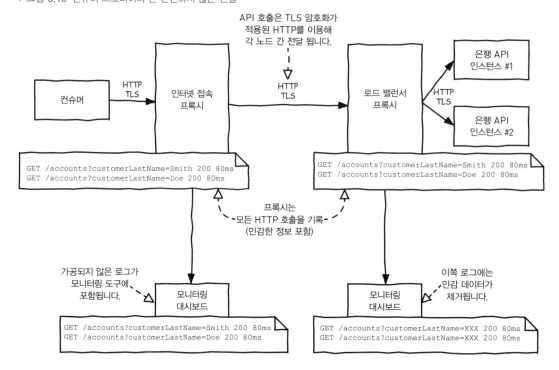

▼ 그림 8.18 컨슈머 프로바이더 간 안전하지 않은 연결

기본적인 아키텍처에서 컨슈머는 프록시를 통해 인터넷에 접속하고 은행 API에 HTTP 호출을 합니다. 은행 API는 바로 인터넷에 노출되지 않습니다. 여기에 또 다른 프록시인 HTTP 로드 밸런서가 존재합니다. 이것은 여러 리퀘스트를 은행 API 서버 애플리케이션의 여러 인스턴스로 분산시켜 줍니다. 노드 간의 상호작용은 TLS를 이용해 암호화되어 있습니다.

모든 것들이 안전해 보이지만, 사실 자세히 들여다보면, 우리는 로드 밸런서가 일부 데이터(HTTP 메서드, URL, 쿼리 파라미터, HTTP 상태 코드, 리스폰스 타임)를 로그로 남기는 사실을 알 수 있습니다. 이 로그 파일의 내용은 모니터링 툴로 보내져 깔끔하고 유용한 대시보드가 은행 API가 어떻게 쓰이고 어떻게 동작하는지 보여 주는 데 쓰입니다.

이는 누구든 로드 밸런서의 로그나 모니터링 툴에 접근할 수 있는 사람들은 리소스 경로와 쿼리 파라미터에 포함된 데이터를 볼 수 있다는 것을 의미합니다.

당연하게도 금융 회사는 보안과 관련해서는 매우 엄격합니다. 이러한 로그들에서는 반드시 민감한 정보는 제거되어 있습니다. 그렇지만 금융 회사의 경우에는 컨슈머가 프록시 상에서 무슨 일을 하는지 제어하지 않으므로 HTTP 호출 내역이 로그로 남을 수 있습니다. 분명히 이 과정을 안전하게 하는 것은 컨슈머의 역할입니다. 그렇지만 은행 API는 URL이 로그로 남게 될 때 민감한 정보는 남지 않게 디자인할 수 있습니다.

예를 들면, 계좌 목록에서 고객의 이름을 통해 필터를 할 수 있는 기능(GET /accounts?customerLast-Name=Smith)이 있다면, 로그를 남기는 상황이 문제가 될 겁니다. 이름은 민감한 정보로서 고객의 이름 customerLastName 쿼리 파라미터는 프로바이더부터 컨슈머 사이의 모든 HTTP 로그에 남게 될 겁니다. 이러한 잠재적인 데이터 유출을 막기 위해서는, 이러한 조회는 POST /accounts/search 리퀘스트로 바디에 조회 파라미터를 포함하는 편이 좋습니다.

REST HTTP API를 디자인할 때, 경로 파라미터나 쿼리 파라미터에 로그로 남을 우려가 있는 민감 정보는 포함하지 않도록 신중해야 합니다. 또한, API에서 사용하는 프로토콜이나 아키텍처 측면에서 항상 데이터 유출이 발생할 수 있는 부분이 있을지 확인하기 바랍니다. 만약 잠재적으로 민감한 정보가 유출될 가능성이 있다면, 예방할 수 있도록 API 디자인을 변경해야 합니다.

다음 장에서는 여러분의 API를 발전시킬 때, 컨슈머 측에서 오류가 발생하지 않도록 세밀한 주의를 기울이는 방법과 API를 디자인할 때 원천적으로 이러한 위험 요소를 최소화하는 방법을 배울 것입니다.

요약

- API 디자이너는 공격이 발생할 수 있는 영역을 최소화하여 API 보안에 크게 기여해야 합니다.
- API는 정말 필요한 것들만 요청하고, 정말 보여줘야 하는 것들만 외부에 노출해야 합니다.
- 컨슈머들은 그들에게 정말로 필요한 것들만 접근할 수 있어야 합니다.
- 보안을 활성화하기 위해, API의 디자인은 반드시 사용자 관점에서 출발해야 하며, 데이터는 접근 제어가 필요하다는 사실을 명심해야 합니다.
- 민감한 데이터와 목표의 범위는 매우 넓습니다. 때론 민감한 것이 무엇인지 확실치 않을 때는 기술, 보안, 비즈니스, 법률 전문가에게 도움을 청해야 합니다.
- API 디자이너는 안전한 API 디자인을 위해 사용하는 아키텍처와 프로토콜의 잠재적 위험 요소에 주의를 기울여야 합니다.

9

API 디자인 발전시키기

이 장의 내용

- 브레이킹 체인지(Breaking change)를 유발하지 않고 API 발전시키기
- 브레이킹 체인지를 관리하기 위해 API에 버전 지정하기
- 브레이킹 체인지를 유발하지 않는 확장가능한 API 디자인하기

우리는 앞서 여러 장을 통해 사용자들에게 합리적인 기능과 목표를 제공하는 API를 디자인하는 법을 배웠습니다. 또한 이러한 목표들을 사용자 친화적이고 보안적으로도 안전하게 표현하는 법도 배웠습니다. 이걸로 API 디자이너의 일이 끝난 걸까요? 천만에요! 이제 시작일 뿐입니다.

API는 살아 숨쉬는 생명체나 마찬가지로 새로운 기능을 제공하거나 기존에 있던 기능을 개선하기 위해 진화할 수밖에 없습니다. 이렇게 디자인 측면에서 진화가 가능하게 하기 위해, 그동안 배웠던 기술들을 다시 사용할 수 있습니다. 그렇지만 기술적인 진화 과정에는 극도로 세심한 주의가 필요합니다.

저는 수년 동안 책들과 만화책, CD, LP, 기타 물건들을 보관하기 위해 이케아^{IKEA}에서 BILLY 책장을 구매했습니다. 보통 BILLY 책장은 미리 구멍이 여러 곳에 파여 있고, 위치 조절이 가능한 4개의 선반이 있어서 원하는 대로 구성을 바꿀 수 있습니다. 원하는 구멍에 4개의 나무못을 꽂아 넣고 선반을 올리기만 하면 되는 구조였습니다. 이 책장에 CD나 문고판 책을 놓다보면 선반 네 개로는 공간이 많이 남았습니다. 다행스럽게도 추가 선반을 따로 구입할 수 있어서 빈 공간을 적극적으로 활용하여 더 작은 품목을 보관할 수 있습니다. 그런데 제법 오랫동안 BILLY 책장을 사용해 온 저는 최근 유쾌하지 않은 경험을 하게 되었습니다. 새로 나온 추가 선반에 포함되어 있는 나무못이 지나치게 작아서 저의 오래된 BILLY 책장에 사용할 수 없던 겁니다.

2.0 BILLY 선반 시스템의 나무못이 더 얇아져서 이전 버전의 구멍에는 호환이 되지 않았습니다. 저는 새로운 나무못이 필요하게 될 때까지 이러한 차이가 존재하리라곤 상상도 못했습니다. 새로운 선반을 구입할 때 이런 변화에 대한 설명은 어디에도 없었습니다. 정말 실망스러웠습니다. 이렇게 규격을 바꿔 기존 사용자들이 사용할 수 없게 만드는 변화를 브레이킹 체인지[Breaking change] 라 부릅니다. 이런 브레이킹 체인지는 API의 진화의 과정에서도 얼마든지 발생할 수 있습니다.

은행 API 프로바이더가 다양한 통화[currency]를 지원하기 위해서 계좌 잔액 정보에 통화를 도입하기로 결정했다면 어떠한 일이 벌어질까요? 그림 9.1에서는 은행 API의 진화가 BILLY 책장에서 나무못의 지름이 변할 때와 같은 일이 벌어집니다.

▼ 그림 9.1 컨슈머가 은행 API의 업데이트로 인해 브레이킹 체인지를 겪는 경우

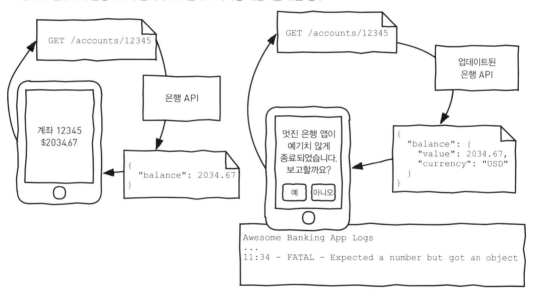

이러한 상황에서는 잔액[balance] 속성이 과거에는 단순한 숫자 였으나 이제 값(과거에는 balance)과 통화(ISO 4217 통화 코드 문자)를 포함하고 있는 오브젝트로 바뀌었습니다. 6.1.4절에서 배웠듯 ISO 4217 통화 코드는 현명한 선택이지만, 잔액에 대한 속성을 이런 식으로 바꾸는 건 단언컨대 좋은 방법이 아닙니다. 멋진 은행 앱은 반환될 데이터가 여전히 숫자 값인 balance일거라 기대할 뿐 오브젝트가 반환되리라고 기대하지 않기 때문입니다. 이런 컨슈머의 코드 구현에 책임이 있는 개발자들은 보통 의도치 않은 에러를 방지하기 위해 예외 처리를 해버리는 경우가 많습니다. 프로바이더가 변경한 사항이 컨슈머에 적용되어 있지 않아 발생하는 문제를 고치기 위해서는, 모바일 애플리케이션을 업데이트 하는 수밖에 없습니다.

브레이킹 체인지는 컨슈머가 코드를 고치지 않으면 문제를 유발합니다. 모든 컨슈머들의 업데이트와 맞춰 API의 업데이트를 진행하기란 불가능한 일이므로, API의 진화를 디자인해야 한다면, 이러한 변경은 피하거나 최소한으로는 서로가 변경점을 인식하는 것이 중요합니다. 이런 상황을 예방하기 위해 API의 진화를 바닥부터 신중하게 고려해야 합니다. 그렇지만 유감스럽게도 API의 진화를 아무리 신중하게 디자인해도, 이러한 일은 필연적으로 발생하게 됩니다.

또한 API 디자이너로서, API 컨트랙트(역주: 프로바이더, 컨슈머 사이의 응답 포맷 규칙에 대한 계약) 상에서 보이지 않는 부분도 고려해야 합니다. 관측 가능한 행위에 대한 인터페이스 컨트랙트가 이에 대해 충분히 설명하고 있지 않다면, 해당하는 부분의 조용한 진화(또는 변경)은 전혀 의도치 않은 치명적인 브레이킹 체인지를 유발할 수 있습니다. 이러한 상황에 대비하기 위해 우리의 API의 버전을 어떻게 관리할지 생각해두고 가는 편이 현명한 선택일 겁니다. 이번 장에서 이에 대한 주제를 탐험해 볼 겁니다. 어떻게 (신중하게) 진화를 디자인할 수 있는지부터 출발해 보겠습니다.

9.1 API 진화 디자인

이 장의 소개에서 설명한 은행 API의 진화는 브레이킹 체인지를 유발할 수 있는 상황을 보여 주었습니다. 컨슈머는 변경된 데이터 구조가 해석하기 불가능한 구조로 바뀐 탓(숫자가 오브젝트로 변경이 되어서)에 문제를 겪게 되었습니다. 그렇지만 브레이킹 체인지는 이 외에도 다양한 방식으로 유발됩니다. 이렇게 명백하게 보이는 데이터 구조의 변경도 있지만, 속성에 주어질 수 있는 값의 종류나 범위가 달라지는 것은 더 교묘해서 눈치채기 어려울 겁니다. 또한, 컨슈머 측에서 눈에 띄는 오류가 나타나지 않아 브레이킹 체인지의 결과가 컨슈머 영역에서 곧잘 포착되지 않는 수도 있습니다. 그리고 때론 브레이킹 체인지가 프로바이더 영역에도 영향을 주는 경우가 있습니다. 은행 API에서 통화 단위가 달러에서 센트로 바뀌었고, 컨슈머는 이 사실을 모른 채 서로 데이터를 주고 받는다고 상상해 보겠습니다. 특정지어서 송금 상황이라고 상상해 봅시다.

인터페이스 컨트랙트에 관해서는 변경이 무엇이건 API 명세 포맷으로 상세하게 도입하거나, API에 대한 문서로 브레이킹 체인지를 알려야 합니다. 브레이킹 체인지는 입력/출력 데이터와 파라미터, 리스폰스 상태나 에러, 목표, 흐름, 보안에서 유발될 수 있습니다. 이러한 브레이킹 체인지를 최대한 피하고, 불가피한 경우 적절하게 대응하는 법을 알고 있는 것은 API 디자이너에게 매우 중요한 부분입니다.

9.1.1 출력 데이터의 브레이킹 체인지 회피하기

은행 API는 거래 목록 목표를 통해서 계좌 번호에 대한 거래 목록을 제공합니다. 그림 9.2의 왼쪽을 보시면, 개별 거래의 반환 데이터가 무엇인지 보여 주고 있습니다. 그림의 오른편은 많은 부분이 새롭게 디자인되어 컨슈머로 하여금 계좌의 거래 목록을 조회할 때 브레이킹 체인지를 유발합니다.

▼ 그림 9.2 거래 목록 목표의 출력의 브레이킹 체인지를 도입하는 방법

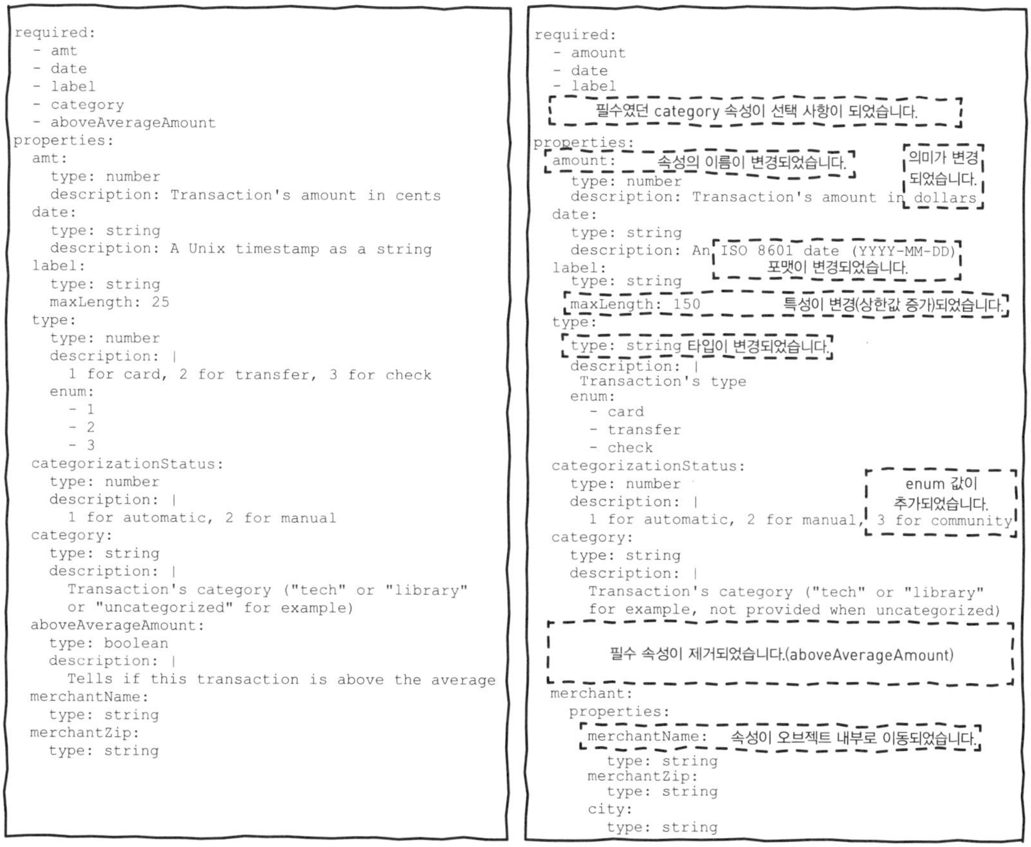

초기 거래 스키마 / 변경된 거래 스키마

```
required:
 - amt
 - date
 - label
 - category
 - aboveAverageAmount
properties:
 amt:
  type: number
  description: Transaction's amount in cents
 date:
  type: string
  description: A Unix timestamp as a string
 label:
  type: string
  maxLength: 25
 type:
  type: number
  description: |
   1 for card, 2 for transfer, 3 for check
  enum:
   - 1
   - 2
   - 3
 categorizationStatus:
  type: number
  description: |
   1 for automatic, 2 for manual
 category:
  type: string
  description: |
   Transaction's category ("tech" or "library"
   or "uncategorized" for example)
 aboveAverageAmount:
  type: boolean
  description: |
   Tells if this transaction is above the average
 merchantName:
  type: string
 merchantZip:
  type: string
```

```
required:
 - amount
 - date
 - label
```
필수였던 category 속성이 선택 사항이 되었습니다.
```
properties:
 amount:
```
속성의 이름이 변경되었습니다. / 의미가 변경되었습니다.
```
  type: number
  description: Transaction's amount in dollars
 date:
  type: string
  description: An ISO 8601 date (YYYY-MM-DD)
```
포맷이 변경되었습니다.
```
 label:
  type: string
  maxLength: 150
```
특성이 변경(상한값 증가)되었습니다.
```
 type:
  type: string
```
type: string 타입이 변경되었습니다.
```
  description: |
   Transaction's type
  enum:
   - card
   - transfer
   - check
 categorizationStatus:
  type: number
  description: |
   1 for automatic, 2 for manual,
```
enum 값이 추가되었습니다. / 3 for community
```
 category:
  type: string
  description: |
   Transaction's category ("tech" or "library"
   for example, not provided when uncategorized)
```
필수 속성이 제거되었습니다.(aboveAverageAmount)
```
 merchant:
  properties:
   merchantName:
```
속성이 오브젝트 내부로 이동되었습니다.
```
    type: string
   merchantZip:
    type: string
   city:
    type: string
```

새로 온 디자이너는 amt 속성을 amount로 변경해 의미 자체를 더 분명하게 만들었습니다. 지금까지 배운 사실로 미루어보면 좋은 디자인입니다. 그렇지만 이러한 변화는 컨슈머 영역에 심각한 영향을 줄 겁니다. 안드로이드 버전의 멋진 은행 앱이 코딩이 잘 되어 있지 않다면 유명한 java.lang.NullPointerException 에러가 발생할 수 있습니다. iOS 버전은 거래를 표현하는데 금액 표시가 없어 최종 사용자에게 매우 번거로운 상황이 벌어질 수 있습니다. 거래 기반으로 계산하는 복잡한 금융 통계 관련 컨슈머는 amt 값을 0으로

간주해서 데이터를 오염시킬 수도 있습니다. 또한 거래처명^{merchantName}과 거래처 우편번호^{merchantZip} 속성을 거래처^{merchant}라는 구조에 속하게 변경한 것 (아마 디자이너가 7.1.1절을 읽고 거래처가 어떤 도시에 속했는지를 표시하는 속성을 추가했을 것입니다) 역시 브레이킹 체인지로 파싱 에러를 일으키게 됩니다.

aboveAverageAmount 속성이 제거됐는데, 이 속성이 더 이상 필요하지 않다고 생각한 걸까요? 이것도 문제가 될까요? 분명히 문제가 될 겁니다. 이 속성은 본래 필수값이었습니다. 거래에 관한 초기 버전의 값을 보면 항상 제공되던 값이 제거된 것으로, amt나 merchantName에서 발생할 수 있는 동일한 종류의 문제를 일으킬 가능성이 있습니다.

또 다른 문제는 거래의 type(타입)에 있습니다. 본래 숫자였던 타입은 각각 카드(1), 송금(2), 직불(3)을 의미했습니다. 그랬던 값이 이제 문자열로 (왜냐하면, 새로운 디자이너는 사람이 읽기 좋은 코드가 일반적으로 암호화된 것보다 좋다는 사실을 알았기 때문에) 바뀌었습니다. 선의에서 비롯된 변경이지만, 이러한 변경은 아마도 컨슈머 영역에 파싱 에러를 유발하게 될 겁니다. 그리고 만약 운이 좋아 파싱 에러가 발생하지 않더라도, 이 새로운 값들에 대한 해석은 거의 불가능할 겁니다. 속성의 이름을 바꾸거나, 이동시키거나, 속성의 타입을 변경하는 것은 확실하게 출력 데이터로 인한 브레이킹 체인지를 유발합니다. 그렇지만 어떤 변경은 교묘하게 브레이킹 체인지를 유발합니다.

category(카테고리) 속성은 원래 필수였으나, 선택입력 값으로 변경되었습니다. 컨슈머들은 과거에는 해당 속성값을 늘 손에 넣을 수 있었으나, 변경된 이후인 현재 시점에는 선택적으로 값이 제공되므로, 종종 amt 속성에서 벌어졌던 일들을 마주하게 될 겁니다. date(거래 일자) 문자열 속성은 전과 같이 문자열이지만, 그 포맷이 변경되었습니다. 전에는 UNIX 타임스탬프에 문자열 포맷이 적용되었습니다. 기존에는 숫자 형태로 표시되었으나, 이제는 ISO 8601 date 포맷입니다. (새로운 디자이너가 어색한 디자인을 바로잡기로 한 겁니다.) 이 변경 역시 친절한 의도였으나, 컨슈머 영역에서 파싱 에러를 유발하게 될 겁니다.

label(라벨) 속성의 변경 역시 브레이킹 체인지를 유발할 수 있습니다. 이 속성은 최대 길이가 25에서 150으로 변경되었습니다. 아마도 은행 API의 뒤에 있는 코어 뱅킹 시스템이 label에서 지나치게 긴 내용의 뒷부분을 자르게 하기보다 전체 길이 텍스트를 지원키로 했나 봅니다. 그러면 전통적인 관계형 데이터베이스에 이러한 값이 저장되었다고 가정해본다면 보통 컬럼 사이즈가 25로 되어 있었을 겁니다. 이렇다면 25자보다 더 긴 길이의 값은 저장할 수 없을 겁니다. 이런 것들이 교묘하게 브레이킹 체인지를 유발합니다. 그런데 이보다 더 교묘한 것도 있습니다.

설명을 자세히 들여다보겠습니다. 오리지널 버전에는 amt의 설명은 거래 금액이 센트 단위로 표현되었으나, 새로운 버전에서는, 거래 금액이 달러 단위로 표시되게 되었습니다. 만약 amt 값이 3034 (센트)로 제공된다면, 컨슈머는 이 값을 $30.34로 취급했습니다. 이제는 갑자기 amount 값이 30.34 (달러)로 제공되어, 이 변경 사실을 제대로 모르는 컨슈머는 $0.3034로 취급할 겁니다. 이런 일이 발생한다면 컨슈머 영역에서 대혼란이 일어날 수 있습니다.

조금 덜 치명적인 경우도 있는데, categorizationStatus는 본래 숫자 형태의 코드로, 카테고리가 어떻게 구성되었는지 설명해 주고 있습니다. 1은 자동으로 구성된 카테고리를, 2는 수동으로 구성된 카테고리를 의미했습니다. 새로운 버전에서는 새로운 코드가 추가되었습니다. 이럴 경우 컨슈머는 업데이트 없이 새로 추가된 3이란 값을 제대로 처리할 수 없을 겁니다. 설령 코드가 사람이 읽을 수 있는 형태로 구성된다고 할지라도, API를 소비하는 애플리케이션에서 해당 코드를 받아들일 수 없다면 문제를 초래할 수 있습니다. 브레이킹 체인지를 유발하는 방법은 이처럼 많이 있습니다. 표 9.1은 다양한 유형의 변경과 그 결과를 요약해서 보여 주고 있습니다.

▼ 표 9.1 출력 데이터에 적용하는 브레이킹 체인지에 따른 결과

변경	결과
속성의 이름을 변경	구현에 따라 다름(UI에서 데이터가 사라짐, 데이터 오염, 충돌, 기타 등등)
속성의 위치 이동	구현에 따라 다름(UI에서 데이터가 사라짐, 데이터 오염, 충돌, 기타 등등)
필수 속성의 제거	구현에 따라 다름(UI에서 데이터가 사라짐, 데이터 오염, 충돌, 기타 등등)
필수 속성에서 선택 사항으로 변경	구현에 따라 다름(UI에서 데이터가 사라짐, 데이터 오염, 충돌, 기타 등등)
속성의 타입 변경	파싱 에러
속성의 포맷 변경	파싱 에러
속성의 특징 변경 (길이, 숫자 범위, 배열 요소의 길이 확장)	구현에 따라 다름(UI에서 데이터가 사라짐, 데이터 오염, 충돌, 기타 등등)
속성의 의미 변경	최악의 결과
enum 값 추가	구현에 따라 다름(UI에서 데이터가 사라짐, 데이터 오염, 충돌, 기타 등등)

위 목록에 모든 내용이 들어 있진 않지만, 갈피를 잡을 정도는 됩니다. 방금 보셨듯 기존 출력 데이터에 존재하던 요소를 변경하는 것은 매우 눈에 띄거나 덜 눈에 띄는 브레이킹 체인지를 유발하며, 마찬가지로 그 결과도 치명적이거나 교묘합니다. 이제 여러분은 출력 데이터의 브레이킹 체인지를 어떻게 도입해야 하는지 알게 되었습니다. 이제 어떻게 해야 이런 변경들을 안전하게 수행할 수 있는지 보겠습니다. 그림 9.3은 트랜잭션 스키마의 호환성을 유지하며 발전하는 방법을 보여 주고 있습니다.

거래처가 존재하는 도시에 대한 정보는 단순히 merchantCity라는 속성을 추가해 기존 merchant 속성을 변경하지 않도록 했습니다. 다른 고객의 정보를 바탕으로 자동으로 카테고리화해 주는 분류에 대한 카테고리

화 상태는 새로운 communityCategorization 상태 값을 추가해 기존 속성과 함께 존재하게 되었습니다. 마찬가지로 거래 타입 코드를 숫자에서 사람이 읽을 수 있는 코드로 표현해 주는 typeLabel 속성을 추가해 주었습니다. 이제 컨슈머는 새로 추가된 속성 때문에 성가신 작업을 할 필요는 없게 되었습니다.

또 다른 변경 사항으로 선택 사항이던 type 속성이 이제는 필수값이 되었습니다. 과거에는 컨슈머가 종종 받을 수 있던 이 속성이, 이제는 항상 포함하도록 변했습니다. 필수 속성을 선택 속성으로 하는 것과 달리 이러한 경우는 브레이킹 체인지를 유발하지 않습니다. 이런 경우 관련된 조치가 필요할까요? 아마 아닐 겁니다. 치명적이지 않습니다. 컨슈머는 이러한 변경 사항에 대해 별다른 알림을 받지 않고도 기존에 하던 방식대로 처리할 수 있습니다.

라벨 최대 길이는 100자에서 25자가 되었습니다. 라벨의 포맷이 바뀐 것도 (순수하게 설명을 위해) 하위 호환성Backward compatible을 고려했기 때문입니다. 또 다른 브레이킹 체인지 해결 사례로는 categorizationStatus 속성이 선택 값이 되어 제거할 수 있게 된 것입니다. 데이터가 어떻게 직렬화되었는가에 따라 (모든 API가 JSON을 쓰지는 않으니) 이 부분이 문제를 야기할 수 있습니다. 따라서 이러한 부분에는 항상 null 값을 반환하는 편이 더 좋습니다.

```
required:
  - amt
  - date
  - label
  - category
  - aboveAverageAmount

properties:
  amt:
    type: number
    description: Transaction's amount in cents
  date:
    type: string
    description: A Unix timestamp as a string
  label:
    type: string
    maxLength: 100
  type:
    type: number
    description: |
      1 for card, 2 for transfer, 3 for check
    enum:
      - 1
      - 2
      - 3
  categorizationStatus:
    type: number
    description: |
      1 for automatic, 2 for manual
  category:
    type: string
    description: |
      Transaction's category ("tech" or "library"
      or "uncategorized" for example)
  aboveAverageAmount:
    type: boolean
    description: |
      Tells if this transaction is above the average
  merchantName:
    type: string
  merchantZip:
    type: string
```

```
required:
  - amt
  - date
  - label
  - category
  - type
  - aboveAverageAmount
properties:
  amt:
    type: number
    description: Transaction's amount in cents
  date:
    type: string
    description: A Unix timestamp as a string
  label:
    type: string
    maxLength: 25
  type:
    type: number
    description: |
      1 for card, 2 for transfer, 3 for check
    enum:
      - 1
      - 2
      - 3
  category:
    type: string
    description: |
      Transaction's category ("tech" or "library"
      or "uncategorized" for example)
  aboveAverageAmount:
    type: boolean
    description: |
      Tells if this transaction is above the average
  merchantName:
    type: string
  merchantZip:
    type: string
  merchantCity:
    type: String
  communityCategorization:
    type: boolean
  typeLabel:
    type: string
    description: human-readable type
    enum:
      - card
      - transfer
      - check
  extendedCategorizationStatus:
    type: number
    description: |
      1 for automatic, 2 for manual, 3 for community
```

가능하지만 추천하진 않는 변경

선택 속성을 필수 속성으로 변경

속성의 특성값의 변경(축소)

선택 속성을 제거(categorizationStatus)하는 것은 때로는 가능하지만 추천하지는 않습니다.

기존 스키마에 영향을 안 주는 방식의 안전한 속성 추가 방식

이런 변경은 장기적으로 볼 때 데이터가 중복 복제되어 API를 이해하기 어렵게 만듭니다.

기본 거래 스키마   하위 호환성을 고려해 브레이킹 체인지를 회피하는 변경

주목해야 할 점은 브레이킹 체인지를 유발한 변경 중 일부는 초기에 만들어진 잘못된 디자인을 바로잡는 과정에서 나왔습니다. amt 속성 등이 그러한 예시입니다. 그런 이름은 존재 않는 편이 좋았을 겁니다. API 디자이너들은 이런 현실을 감내하고 살아가야 합니다. 컨슈머가 이미 운영에 대충 디자인된 API를 사용하고 있다면, 현실적으로 브레이킹 체인지를 도입하지 않고서 해결하기란 불가능에 가깝습니다.

제시된 결과가 최선의 디자인이 아닐 수도 있습니다. 그렇지만 적어도 새로운 디자이너가 새로운 기능을 도입하고, 일부의 API 초기 디자인의 실수를 컨슈머들의 코드에서 브레이킹 체인지 없이 바로 잡았습니다. 솔직히 말씀드리자면, 정말 안전한 출력 데이터의 변경 방법은 새로운 속성을 추가하는 게 제일 단순하고 안전합니다. 새로운 기능을 위해서 새로운 속성을 추가하는 것은(가령, merchantCity) 매우 간결하게 느껴집니다. 그냥 필요한 값을 옆에 추가하면 되니깐요. 그렇지만 이런 것들(가령, categorizationStatus의 값)은 조금씩 기존의 값에 변경을 요구하게 되어서 점점 답을 찾기 힘들게 만듭니다. 여기에 모든 문제를 해결하는 마법의 주문은 없습니다. 대신 그림 9.3에서 보듯 두 가지 접근법을 시도해 볼 수는 있습니다.

첫째로 그림 9.3에서 communityCategorization을 Boolean으로 설정한 것처럼 새로운 속성을 플래그[flag] 취급할 수 있습니다. 둘째로 여러분은 새로운 속성을 categorizationStatus의 상태 값들과 추가되는 상태 값을 포함하는 아예 새로운 속성 extendedCategoryStatus으로 추가할 수 있습니다. 그렇지만 이런 과정을 API가 여러 번 겪게 되면, 디자인의 결과물인 API는 중복되는 데이터가 발생해 이해하기 힘들고 몹시 어색한 형태가 되어 버릴 겁니다.

입력 데이터와 파라미터를 변경해야 한다면 어떻게 해야 할까요? 이것도 같은 방법으로 접근해야 할까요? 비슷합니다. 또한, 약간의 미묘한 차이도 이해하고 넘어가야 합니다. 출력 데이터의 수정에 대해서 이번에 배운 내용과 대비되는 송금 목표의 입력 데이터가 변경될 때 벌어지는 몇 가지 브레이킹 체인지를 도입해 보겠습니다.

9.1.2 입력 데이터와 파라미터에서 브레이킹 체인지 회피하기

그림 9.4의 왼쪽에 표시된 입력값은 이전 장에서 다룬 그림과는 약간 다른 형태로 다양한 (가능한) 브레이킹 체인지를 보여 주고 있습니다. 오른쪽 그림은 새로운 디자이너가 API를 발전시킬 때 브레이킹 체인지를 유발하고 이에 대해 알려야 할 법한 다양한 입력값들을 보여 주고 있습니다.

```
required:
  - amt
  - source
  - destination
  - type
properties:
  amt:
    type: number
    description: Transfer's amount in cents
    minValue: 0
    maxValue: 1000000
  currency:
    type: string
    description: Transfer's currency
    enum:
      - USD
      - EUR
      - GBP
      - JPY
  date:
    type: string
    description: A Unix timestamp as a string
  type:
    type: number
    description: |
      1 for immediate, 2 for delayed
    enum:
      - 1
      - 2
  source:
    type: number
  destination:
    type: string
```

초기 송금 입력 데이터 스키마

```
required:
  - amount
  - source
  - currency          선택 속성이 필수가 되었습니다.
  - target
  - description
properties:
  amount:     속성의 이름이 변경되었습니다.       의미가 변경
    type: number                                되었습니다.
    description: Transfer's amount in dollars
    minValue: 0            속성의 특성값의
    maxValue: 9000        변경(축소)
  currency:
    type: string
    description: Transfer's currency
    enum:
      - USD
      - EUR
      - GBP
      enum에서 JPY 값이 제거되었습니다.
  date:
    type: string                  포맷이 변경되었습니다.
    description: An ISO 8601 date (YYYY-MM-DD)

              type 속성이 제거되었습니다.

  source:
    type: string   타입이 변경되었습니다.
  target:
    required:
      - destination
    destination:      속성이 오브젝트 내부로 이동되었습니다.
      type: string
    bank:
      type: string
  description:                 필수 속성이 추가되었습니다.
    type: string
```

초기 송금 입력 데이터 스키마

만약 디자이너가 amt 속성의 이름을 amount로 변경하고 이를 제때 바꾸지 않은 컨슈머가 있다면, 송금에 대한 리퀘스트에 여전히 amt를 쓰는 컨슈머는 에러 메시지를 받게 될 겁니다. 구현이 어떻게 되었는가에 따라서 이제는 필수 값이 되어 버린 amount가 없는 에러 또는 amt는 이제 의도치 않은 속성[Unexpected property]이 되었기에 의도치 않은 에러가 될 수도 있습니다. REST API에서는 이런 경우들을 400 Bad Request 응답 코드를 반환하게 될 겁니다.

속성을 옮기는 경우(destination을 target의 내부로 이동)나 속성의 타입을 변경하는 경우(source 타입을 숫자에서 문자열로 변경)도, 포맷만 변경하는 때도(date의 포맷변경과 amount의 범위 변경) 같은 상황이 벌어질 겁니다.

앞서 다뤘던 출력의 유즈케이스처럼, 속성의 의미를 바꾸는 것은 조용하지만 커다란 브레이킹 체인지를 유발합니다. 앞서 든 예처럼 센트가 달러가 된 경우를 생각해 보겠습니다. 8,000센트를 보내려던 컨슈머는 8,000달러를 송금하는 일이 일어납니다. 정말 끔찍한 부작용으로써, API를 제공하는 은행에서 이러한 브

레이킹 체인지를 유발했으니 환불에 대한 책임 역시 그들의 몫이어야 할 겁니다.

브레이킹 체인지들은 데이터의 입력과 출력 양쪽 모두에서 비슷한 현상을 유발합니다. 그렇지만 필수 속성의 제거와 필수 속성이 선택 속성으로 바뀌거나, enum에 새로운 값이 추가되는 상황은 다릅니다. 필수 속성인 type 속성이 제거되면 브레이킹 체인지가 unexpected property 에러를 유발합니다. 이는 type 속성이 선택 사항이어도 마찬가지였습니다. 입력에서 필수 속성을 선택 사항으로 변경한다고 해서 프로바이더나 컨슈머에게 바로 영향이 일어나진 않습니다. 그렇지만 선택 사항이었던 것을 필수 사항으로 변경하는 것 (가령 currency)은 필수 속성의 부재로 인한 에러를 유발할 수 있습니다. 마찬가지로 enum에 값을 추가하는 것은 별다른 문제를 유발하지 않으나, enum에서 값을 하나 제거하는 것은 유효하지 않은 값의 발생으로 에러를 유발하게 됩니다.

출력 데이터의 경우와 마찬가지로 별도의 입력 데이터를 추가하는 것이 가장 안전한 방법일까요? 그렇지 않습니다. 필수 속성을 추가하면 선택 속성을 필수 속성으로 변경한 때와 동일한 결과가 발생합니다. 그러면 API는 필수 속성이 존재하지 않는다^{missing mandatory property}는 에러를 반환하게 될 겁니다.

브레이킹 체인지는 입력과 출력의 경우에 조금 다릅니다. 표 9.2는 입력의 경우에 발생할 수 있는 브레이킹 체인지와 그 증상을 보여 주고 있으며, 출력의 경우와 비교해서 같거나 다른 점을 함께 보여 주고 있습니다.

▼ 표 9.2 입력 데이터에 적용하는 브레이킹 체인지에 따른 결과

변경	결과	출력 데이터에 적용했을 때와 비교
속성의 이름을 변경	API 에러	동일
속성의 위치 이동	API 에러	동일
필수 속성의 제거	API 에러	동일
선택사행에서 필수 속성으로 변경	API 에러	반대 (필수 속성을 선택 사항으로 변경했을 때와 동일)
속성의 타입 변경	API 에러	동일
속성의 포맷 변경	API 에러	동일
속성의 특징 변경 (길이, 숫자 범위, 배열 요소의 길이 축소)	API 에러	반대(특징을 확장한 때와 동일)
속성의 의미 변경	최악의 경우(주로 프로바이더에 영향을 미침)	반대(컨슈머 영역에 영향을 미침)
enum 값 제거	API 에러	반대(값을 추가할 때와 같음)
필수 속성 추가	API 에러	에러 발생 안함(브레이킹 체인지가 아님)

하위 호환성을 고려해 입력 데이터를 변경하는 방법은 뭘까요? 그림 9.5를 분석하며 알아보겠습니다.

▼ 그림 9.5 하위 호환성을 고려한 입력 데이터의 변경

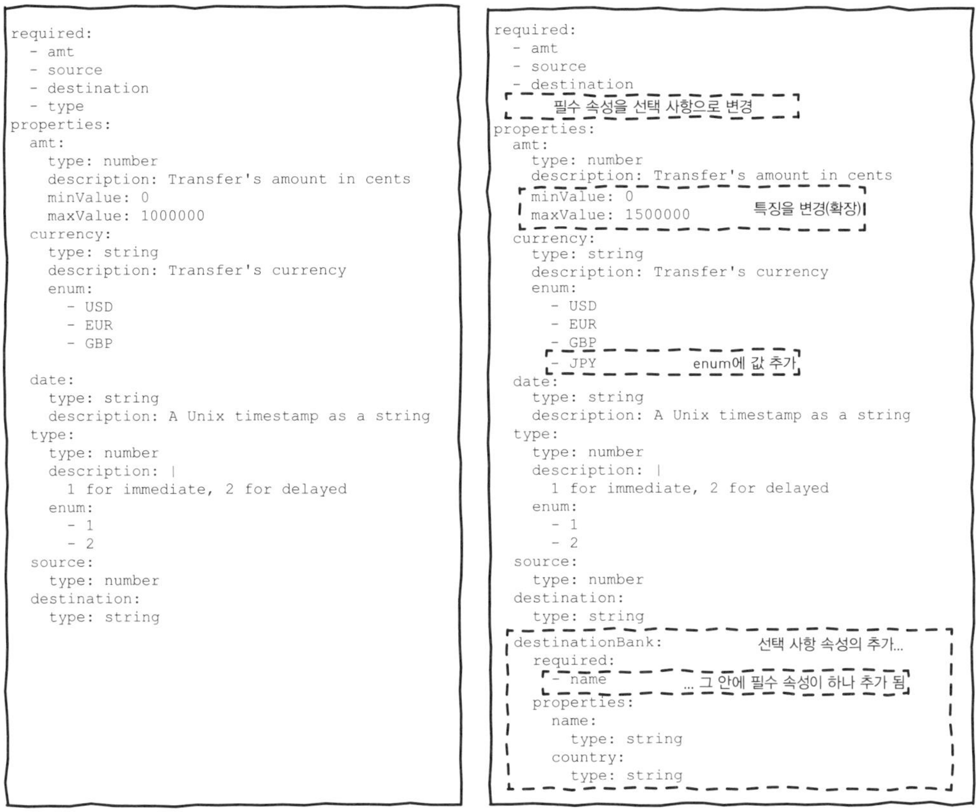

```
required:
  - amt
  - source
  - destination
  - type
properties:
  amt:
    type: number
    description: Transfer's amount in cents
    minValue: 0
    maxValue: 1000000
  currency:
    type: string
    description: Transfer's currency
    enum:
      - USD
      - EUR
      - GBP
  date:
    type: string
    description: A Unix timestamp as a string
  type:
    type: number
    description: |
      1 for immediate, 2 for delayed
    enum:
      - 1
      - 2
  source:
    type: number
  destination:
    type: string
```

초기 송금 인풋 스키마

```
required:
  - amt
  - source
  - destination
                    [필수 속성을 선택 사항으로 변경]
properties:
  amt:
    type: number
    description: Transfer's amount in cents
    minValue: 0
    maxValue: 1500000      [특징을 변경(확장)]
  currency:
    type: string
    description: Transfer's currency
    enum:
      - USD
      - EUR
      - GBP
      - JPY              [enum에 값 추가]
  date:
    type: string
    description: A Unix timestamp as a string
  type:
    type: number
    description: |
      1 for immediate, 2 for delayed
    enum:
      - 1
      - 2
  source:
    type: number
  destination:
    type: string
  destinationBank:        [선택 사항 속성의 추가...]
    required:
      - name          [... 그 안에 필수 속성이 하나 추가 됨]
    properties:
      name:
        type: string
      country:
        type: string
```

변경된 송금 인풋 스키마

속성을 추가하는 것 만이 가장 안전한 방법이라 생각할 수 있습니다. destinationBank 속성은 선택 사항입니다. 컨슈머가 리퀘스트에 포함하지 않더라도 에러는 발생하지 않습니다. 다만 destinationBank 내에 name 속성이 필수라는 게 신경 쓰일지도 모르겠습니다. 사실 추가된 속성이 오브젝트라면 내부 속성의 필수 여부는 그리 중요하지 않습니다.

우리는 또한 타입의 변경을 안전하게 할 수도 있습니다. 기존의 필수 속성과 같은 타입은 선택 사항으로 전환될 수 있으며 속성의 특성을 약간 수정할 수 있습니다. 예를 들자면, amt(센트 금액) 0에서 1000000 에서 0에서 1500000으로 증가시킬 수 있습니다. 요청된 문자열의 최대 길이 또는 배열의 항목 수를 늘릴 수도 있습니다. REST API 경우 이러한 것들이 쿼리 파라미터와 HTTP 리퀘스트 헤더에도 적용됩니다.

우리는 목표의 입력 파라미터나 데이터를 부주의하게 변경하면 에러를 유발한다는 점을 확인했습니다. 이 것들도 브레이킹 체인지의 대상이 될 수 있습니다. 더욱 넓은 관점에서 보면 성공 또는 에러건, API가 피드 백을 제공하는 방법을 수정해도 브레이킹 체인지가 발생하기 쉽습니다.

9.1.3 성공과 에러 피드백에서 브레이킹 체인지 회피하기

어떤 프로토콜을 사용하느냐에 따라서 요청 처리 방식에 대한 피드백은 다를 수 있지만, 일반적으로 피드백은 리퀘스트에 대한 리스폰스로 반환되는 데이터와 프로토콜의 일부 기능의 조합으로 구성되어 있습니다. 우선 일단 데이터에 대해서 먼저 이야기를 해 보겠습니다.

성공과 에러 피드백 모두, 여러분이 9.1.1절에서 배웠던 사항들을 잘 지키면 안전하게 변경할 수 있을 겁니다. 여러분은 이미 성공 피드백을 수정하는 것을 보셨으므로, 현재 있는 에러에 대한 응답을 수정하는 것을 시도해 보겠습니다.

그림 9.6에서 볼 수 있듯 브레이킹 체인지를 도입하기 위해 송금 목표의 에러 피드백을 변경할 수 있습니다. 새 버전에서는 items 속성이 errors라는 이름으로 변경되었습니다. 컨슈머들은 상세한 에러 정보를 기존 items에서 찾을 것이기에 문제를 해결하기 위한 정보를 찾지 못할 수도 있습니다. 마찬가지로 type 속성의 가능한 값인 MISSING_SOURCE와 MISSING_DESTINATION을 합쳐 더 포괄적인 MISSING_MANDATORY로 바뀌었습니다. 컨슈머들은 이 새로운 에러 타입을 처리 못 할 겁니다.

이는 순수히 데이터 관점에서 볼 때 브레이킹 체인지를 발생시키지 않도록 수정한다면 에러와 성공 피드백 데이터는 똑같이 취급돼야 함을 의미합니다. 기능적 관점에서 보자면, 두 번째 브레이킹 체인지는 기존에 존재하는 목표에 새로운 타입의 에러를 추가하거나 기존 에러를 변경할 수 없다는 것을 의미합니다.

type의 값을 변경하면 목표의 내부Local에만 영향을 주지만, items를 errors로 변경하면 영향은 더욱 광범위하게Global 미칩니다.

▼ 그림 9.6 에러 피드백에 브레이킹 체인지 도입하기

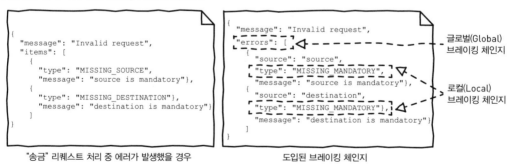

에러 메시지 데이터 구조는 아마도 모든 API에서 공통으로 다룰 것이기에 이러한 변경은 단순하게 송금 목표에서만 벌어지는 것이 아니라 모든 목표에 영향을 줍니다. 이는 모든 컨슈머들이 코드를 고치지 않고서

는 에러 피드백을 해결할 수 없다는 의미입니다. 심각한 브레이킹 체인지입니다.

오류의 변경뿐 아니라 API가 제공하는 일반 기능의 변경도 이런 광범위한 브레이킹 체인지를 유발할 수 있습니다. 예를 들면, 더욱 나은 가이드라인을 준수하기 위해 리소스 ID의 네이밍 컨벤션을 변경하면 입력과 출력에 관한 글로벌 브레이킹 체인지를 유발합니다. 따라서 이러한 변경 점은 반드시 두 번 이상 살펴보고, 이번 장에서 배우는 브레이킹 체인지를 회피하는 법을 적용해 보는 편이 좋습니다. 프로토콜 기능과 관련하여 HTTP 상태 코드를 수정하면 발생할 수 있는 일들을 살펴보도록 하겠습니다(그림 9.7).

▼ 그림 9.7 HTTP 상태코드 변경하기

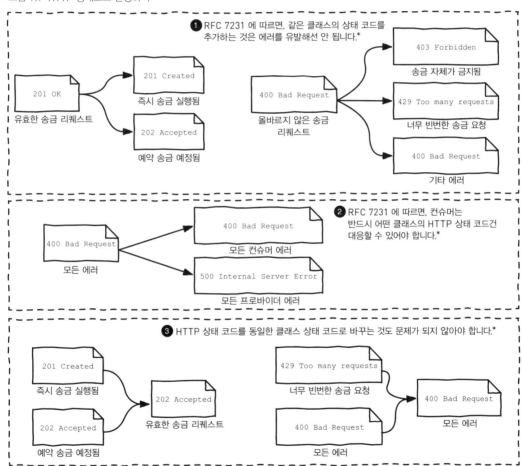

* 물론, 이상적인 세계에서나 가능한 이야기입니다. 이러한 변경들은 대부분의 컨슈머들이 RFC 7231 을 충실하게 따르지 않기 때문에 버그로 직결됩니다. 기능 인터페이스 컨트랙트와 관련하여 구현이 얼마나 엄격하게 되었는지에 따라 버그가 발생할 수도 있습니다.

RFC 7231에는 HTTP 1.1 프로토콜에 대해 다음과 같이 서술합니다.

> *"명시적인 상태 코드가 존재할지라도, HTTP 클라이언트는 모든 상태 코드를 알 필요가 없습니다.*
> *그렇지만 클라이언트들은 반드시 그 상태 코드의 첫 글자를 이용해서 클래스를 알아야 하며,*
> *이를 통해 식별되지 않는 상태 코드라도 X00이라는 상태 코드와 동일하게 취급해야 합니다."*
>
> RFC 7231

즉, 새로운 상태 코드를 추가해도 문제될 건 없습니다. HTTP 클라이언트는 식별 안 되는 상태 코드를 해당 코드의 X00 클래스 코드와 같이 취급해야 합니다. 따라서 송금 목표에서 컨슈머가 알 수 없는 (기존에는 없었기에) 201 Created 상태 코드는 반드시 200 OK로 취급되어야만 합니다. 마찬가지로 429 Too many request의 경우 컨슈머는 기본 오류 코드인 400 Bad Request로 취급해야 할 겁니다.

처음 보는 5XX 클래스의 오류에도 이같이 접근하면 전혀 문제가 되지 않습니다. "클라이언트는 반드시 상태 코드의 클래스가 무엇인지 알아야 한다." 에 따르면 설령 송금 목표가 500 Internal Server Error를 반환한다는 사실이 문서에 없을지라도, 컨슈머는 이에 대해 반드시 대비해야 합니다. 그리고 상태 코드를 같은 클래스의 범위에서 변경했다고 너무 많은 문제가 발생하면 안 됩니다. 201 Created는 성공이고, 202 Accepted도 비슷하게 결국 성공을 의미합니다. 당연한 사실이지만 429 Too Many Requests를 에러 코드 400 Bad Request로 교체하면 피드백의 정확성은 떨어질 수밖에 없습니다.

우리가 이상적인 세상 속에서 살고 있다면 이 모든 게 적절해 보일 수 있습니다. (안타깝지만 그렇지 않죠.) 어떤 컨슈머들은 오직 문서만 치중하고 RFC 7231을 충족시키지 않는 경우가 있습니다. 따라서 의도치 않은^{unexpected} 500 Internal Server Error는 이름 그대로 의도치 않은 컨슈머 에러를 유발하게 됩니다. 어떤 컨슈머들은 지나치게 기능적인 인터페이스 규약에만 치중합니다. 이럴 경우, 예약 송금에 대한 정상 응답이 201 Created 상태로 정의되었다면 202 Accepted는 버그를 일으킬 것입니다. 아무리 여러분이 일반적이고 자기 서술적인 피드백을 작성해 보냈다 할지라도, 컨슈머는 201 Created 만을 기대하고 있고 나머지에 대해서는 고려치 않았을 테니까요. 따라서 여러분은 컨슈머들이 RFC 7231을 엄격히 구현하고 기능적 인터페이스 계약에 너무 목매지 않기를 기대해야 합니다. 이것들을 늘 곁에 두고 따르지 않으면 여러분의 작업은 까다로워질 겁니다.

피드백과 관련해서 브레이킹 체인지를 유발하지 않는 유일한 방법은 HTTP 상태 코드를 제거하는 것뿐입니다. 세부구현의 일부 수정이 기본 사항에 대한 에러를 유발하진 않기 때문입니다. 그 외의 다른 수정 사항은 여러분의 컨슈머들과 여러분이 RFC 7231을 준수하였을지라도 매우 세심한 주의를 기울여서 적용해야 합니다. 여러분이 실제로 컨슈머의 코드를 눈으로 확인한 게 아닌 이상 신뢰해서는 안 됩니다. 당연한 이야기지만, HTTP 프로토콜을 사용하는 분들을 위한 이야기입니다. 만약 여러분의 API가 다른 프로토콜을 사용하면, 이번에 배운 것들을 활용하여 피드백 변경을 처리하는 최상의 방법을 결정하기 위해 해당 프로토콜의 작동 방식을 확인해야 합니다.

9.1.4 목표와 흐름에서 브레이킹 체인지 회피하기

브레이킹 체인지는 목표나 흐름 같은 상위 레벨에서도 발생할 수 있습니다. 우린 이미 목표에서 입력과 출력, 피드백을 수정하는 것이 브레이킹 체인지를 유발한다는 것을 알고 있습니다. 그렇지만 이게 전부는 아닙니다.

그 외에도 매우 명백한 두 개의 브레이킹 체인지를 유발하는 때도 있습니다. 바로 목표의 이름을 바꾸거나 제거하는 것입니다. 예를 들면, 은행 API는 송금 목표와 송금 이력을 제공해 줍니다. 이 목표들은 각기 POST /transfers와 GET /transfers로 표현됩니다. 우리가 만약 송금에 대한 리소스의 이름을 money-transfers로 바꾸게 된다면, 기존 명칭을 사용하는 컨슈머들은 404 Not Found 리스폰스를 받게 될 겁니다. 이럴 때 여러분은 301 Moved Permanently HTTP 상태 코드를 이용하여 /transfer에 들어온 모든 요청을 /money-transfer로 돌릴 수 있습니다. 그렇지만 이 방법은 컨슈머들이 실제로 리디렉션^{redirection}이 어떻게 동작하는지 알고 따를 수 있어야만 가능합니다. 다음 예제를 보겠습니다.

예제 9.1 Java HttpUrlConnection에서 리디렉션(redirection) 플래그 활성화하기

```
URL obj = new URL("https://api.bankingcompany.com/transfers");
HttpURLConnection conn = (HttpURLConnection) obj.openConnection();
conn.setInstanceFollowRedirects(true);
HttpURLConnection.setFollowRedirects(true);  ◀── 별도의 플래그를 지정하지 않은 경우
                                                 리디렉션은 동작하지 않습니다.
```

이러한 설정이 존재한다는 사실 (모두가 HTTP 전문가는 아니니)은 잘 알려지지 않는 데다가, 보안적인 이유로 보통 비활성화되어 있습니다. 컨슈머에 따라서는 리퀘스트가 그들이 모르는 곳으로 재시도 되는 것보다는 코드에서 오류가 발생하는 것을 선호하기도 합니다.

또 다른 명백한 브레이킹 체인지는 목표를 제거하는 것입니다. 우리가 GET 메서드를 리소스에서 제거하게 된다면, 컨슈머가 해당 리소스를 사용하고자 할 때, 405 Method Not Allowed 리스폰스를 받게 될 겁니다. 분명히 목표를 제거하거나 이름을 변경하지 않는 편이 좋다는 건 알겠습니다. 그렇다면 목표를 원하는 대로 추가하는 건 문제를 일으킬 수 있을까요?

보안상의 이유로 모든 송금은 SMS에서 수신한 일회용 암호^{OTP}를 사용하여 출금 계좌의 소유자가 확인해야 한다고 결정했다고 가정해 보겠습니다. 이 변경을 처리하는 방법은 송금 리퀘스트 후에 별도로 호출해야 하는 새로운 확인 송금 목표를 추가하는 것뿐입니다. 새로운 목표는 송금 ID와 송금 리퀘스트가 접수되면 발행되는 OTP 번호가 필요할 겁니다. 송금 목표의 인터페이스가 전혀 변경되지 않지만, 그로 인해 관련 코드를 업데이트하지 않은 컨슈머들은 새로 만들어진 송금 검증 목표를 호출하지 않게 될 겁니다. 그들의 리퀘스트는 이제 더 이상 송금을 유발할 수 없게 됩니다. 더 불행한 소식은 에러가 없어서 문제가 발생한 줄도 모를 거란 점입니다. 이런 변화를 **사일런트 브레이킹 체인지**$^{Silent\ breaking\ change}$라고 부릅니다.

새로 추가하는 안전한 송금 목표가 다른 무언가를 망가뜨리진 않겠지만, 컨슈머들이 계속 안전하지 않은 송금 목표를 호출할 수 있다면 안전은 아직 확보되지 않은 것입니다. 기존의 흐름에 필수 절차를 도입하는 것은 동작을 수정하는 것과 같은 수준의 브레이킹 체인지를 유발합니다. 여러분이 목표/흐름 수준에서 할 수 있는 것은 완전히 새로운 목표를 추가하는 것입니다. 그리고 이 과정에는 늘 보안에 주의를 기울여야 합니다.

9.1.5 브레이킹 체인지의 보안 취약점 발생 회피하기

API를 변경하면 브레이킹 체인지가 발생할 수 있으며, 이는 보안에 영향을 주어 보안 취약점이 발생할 수 있습니다. 따라서 모든 API 변경 사항은 보안을 염두에 두어야 합니다. 기본적으로 여러분은 API를 변경할 때 8장에서 배운 모든 것들을 반드시 적용해야 합니다. 예를 들자면, 기존에 존재하는 목표를 위한 리스폰스에 데이터가 추가될 때 해당 데이터에 혹시라도 컨슈머에게 전달되어서는 안 되는 정보가 포함되지 않도록 주의해야 합니다.

마찬가지로 스코프를 변경할 때도 세심한 주의가 필요합니다. 일부 변경은 그림 9.8처럼 보안 취약점을 발생시키거나 브레이킹 체인지를 유발합니다.

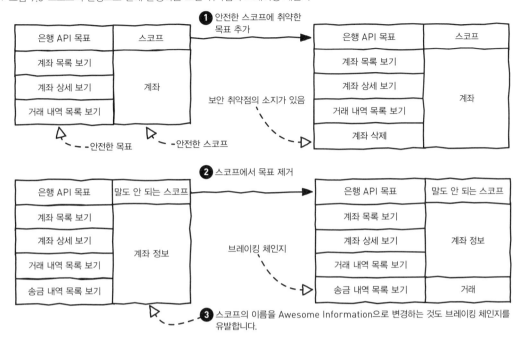

▼ 그림 9.8 스코프의 변경으로 인해 발생하는 보안 취약점과 브레이킹 체인지

첫째로, 어떤 보안 파티셔닝 전략(8.2절 참조)을 따랐는가에 따라서, 계좌 삭제 목표의 리퀘스트가 DE-LETE /accounts/{accountId} 같은 문제 있어 보이는 표현으로 나올 수도 있습니다. 만약에 파티셔닝이 리소스 기반에, 아무 컨슈머건 접근 가능한 /accounts 리소스를 이용해 액세스한다면 매우 민감하고 위험한 목표가 될 겁니다. 둘째로, 기존 스코프에 새로운 목표를 추가하는 것에 주의를 기울여야 한다면, 그 반대의 경우인 제거의 경우에는 어떨까요? 계좌 정보에 대한 접근 스코프는 계좌 목록, 계좌 조회, 거래 목록, 송금 목록 목표들을 전부 포함합니다. 8.2절에서 배운 점을 기반으로 볼 때, 보안 파티셔닝이 그저 주제별로 나누어 다루고 있다는 사실을 알기에 매우 어색하게 느껴질 겁니다. 어쩌면 송금 목록에 대한 스코프를 별도로 하는 편이 이해하기 더 쉬울지도 모릅니다. 그러나 이 경우 계좌 정보에 대한 스코프로 접근 제어를 수행하는 컨슈머들은 더 이상 이 스코프를 사용하지 못합니다. 따라서 스코프에서 목표를 제거하면 브레이킹 체인지를 유발합니다. 마지막으로, 스코프의 이름을 바꾸거나 제거하면 컨슈머들이 해당 스코프에 포함되어 있던 모든 목표에 접근할 수 없게 될 겁니다.

API를 실제 보안 목표 달성은 일반적으로 디자이너에게 달려있지는 않지만, API의 주요 보안적 사항이 변경되면 브레이킹 체인지가 발생할 수는 있습니다. 다음 문장들을 읽기 전에 8장에서 배웠던 보안적 변경 사항이 어떠한 브레이킹 체인지나 보안 취약점을 발생시킬 수 있을지 먼저 생각해 보시기 바랍니다. 저는 잠시 후에 돌아오겠습니다. 이에 대한 생각을 끝마친 뒤에, 다음 문장들을 읽어보시기 바랍니다.

그간 배워왔던 사항들을 기반으로, 토큰을 취득하는 방법(가령, OAuth 2.0 흐름에서 다른 것으로 변경)을 변경하면 매우 중대한 브레이킹 체인지를 유발할 수 있다는 점을 알고 있을 겁니다. 이 리퀘스트를 전달하는 방법이나 내부의 데이터를 변경해도 브레이킹 체인지가 발생합니다. 그리고 마지막으로 가장 중요한 것은, 애플리케이션/시스템 제어의 식별 과정은 API에서 독립적일 수 있으므로, API 구현 담당자의 지식 없어도 수정을 할 수 있습니다. 이러한 방식으로 토큰에 첨부된 보안 데이터를 수정하면 구현에 심각한 결과를 초래할 수 있습니다.

예를 들어, 최종 사용자의 ID가 포함되어 있던 토큰에서 ID를 제거해버렸다고 생각해 봅시다. 이때 나올 수 있는 가장 좋은 결과는 예기치 않은 서버 에러가 발생하는 것이며 최악의 결과는 보안 취약점이 발생하는 것입니다. 최종 사용자의 정보가 없는 경우 관리자[admin] 타입이라고 생각하는 컨슈머도 있기 때문입니다. 이 점은 늘 주의하는 편이 좋으며, API를 통해 함께 일하는 모두가 이러한 변경에 영향을 받는다는 사실을 항상 상기하고 있어야 합니다.

9.1.6 보이지 않는 인터페이스 컨트랙트에 주의하기

지금까지 다뤘던 것들은 인터페이스 컨트랙트에서 보이는 부분에 관한 것들이었습니다. 모두 API 명세 포맷으로 표현하거나 문서화로 표현할 수 있습니다. 그러나 일부 컨슈머들은 API 인터페이스 컨트랙트에서 보이지 않는 부분에 의존할 수도 있습니다.

예를 들자면, 계좌의 소유주가 다른 주소를 갖고 있을 수도 있습니다. 이 주소는 목록으로 반환되는데, 주소마다 type 속성이 있어서 이것이 집인지, 사무실인지, 또는 임시 주소인지를 나타냅니다. 어떤 영리한 개발자가 주소가 언제나 집[home], 사무실[office], 임시 주소[temporary]순으로 정렬된다는 사실을 깨달았다고 가정해 보겠습니다. 그래서 집 주소를 받고 싶을 때 리스트에서 주소의 type이 home인 주소를 찾지 않고 첫 번째 인덱스값(0)을 이용했다고 해 보겠습니다. 우리 모두 이게 의도되지 않은 것이라는 사실에 동의할 겁니다. 그렇지만 컨슈머들은 그렇지 않습니다. 만약 한 컨슈머가 인덱스를 사용했는데 주소의 정렬 순서가 바뀌면 부지불식중에 잘못된 주소를 보여 줄 것입니다.

보이지 않는 인터페이스 컨트랙트의 또 다른 예시는 다른 세부 사항에 대한 설명 없이 문자열이라고만 적혀있는 트랜잭션 레이블을 본 컨슈머가 여태까지 발생한 데이터 기반으로 50자를 초과할 수 없다고 단정하는 경우입니다. 우리는 이미 이 레이블의 길이가 확장되면 무슨 일이 벌어질지 알고 있습니다.

데이터베이스 에러가 유발됩니다. 여러분이 보셨다시피 컨슈머들은 명시적으로 설명되지 않은 사항들은 API의 내용에 의존할 수 있습니다. 실제로 하이럼의 법칙에는 다음과 같은 이야기가 있습니다.

> *"API를 이용하는 사용자가 많다면, 명세에 지정한 내용은 아무런 의미가 없다.*
> *시스템에서 관측될 수 있는 모든 행동 양식은 다른 이에게 종속될 것이다."*
>
> 하이럼의 법칙(Hyrum's law)

만약에 송금 목표가 순수하게 내부 동작 관점에서만 변경이 있고(눈에 보이는 인터페이스 컨트랙트의 아무런 변화 없이), 이로 인해 응답 시간이 미묘하게 느려졌다면 아무런 문제가 없을까요? 어떤 컨슈머는 타임아웃을 그동안의 응답 시간 기준으로 산정해버려 시간이 더 걸리는 새로운 버전의 목표가 추가되면 타임아웃이 발생할 수도 있습니다. 이러한 고려 사항은 명확하긴 어렵습니다. 그렇지만 모든 API 디자이너는(또는 API를 이용하는 누구든) API 변경 사항의 중요도를 올바르게 파악하기 위해서 인터페이스 컨트랙트에서 보이지 않는 부분까지 신경 써야 합니다.

지금까지 무서운 브레이킹 체인지를 유발하는 다양한 방법들에 대해서 다뤄봤습니다. 그렇지만 우리가 두려워만 할 필요가 있을까요?

9.1.7 브레이킹 체인지를 유발하는 것이 항상 문제는 아닙니다.

브레이킹 체인지란 컨슈머들이 코드를 수정하지 않으면 문제가 일어나는 변경을 의미합니다. 보셨다시피 이 문제는 프로바이더 영역에도 영향을 줍니다.

만약 은행 API 컨슈머들이 다른 회사들이 개발한 서드 파티 애플리케이션이라면, 브레이킹 체인지를 유발하는 것은 선택 사항이 아니게 될 겁니다.

컨슈머는 동작에 실패할 것이며, 그들의 개발자는 분노할 테고, 은행 API는 신뢰를 잃어, 어쩌면 경쟁사의 API가 선택받을지도 모릅니다. 따라서 금융 회사는 더 나빠지지 않는다고 해도 금전적 손해를 볼 겁니다.

그렇지만 모든 API가 공개 API도 아니며, 수천 개의 서드 파티 컨슈머들에 의해 소비되고 있습니다. 만약 은행 API가 개인 용도였다면, 단일 페이지 응용 프로그램 (SPA)에 대한 간단한 백엔드 역할을 수행하고 금융 회사 자체에서 구축한 모바일 응용 프로그램을 통해 브레이킹 체인지를 도입하는 것은 해 볼 만합니다. 이 경우에 필요한 것은 SPA 파일을 호스팅하는 금융 웹 서버에서 SPA를 업데이트하고 이 애플리케이션에 강제 업데이트 기능이 포함된 경우 모바일 애플리케이션을 강제로 업데이트하는 것입니다.

여러분도 보셨다시피, 컨텍스트에 따라 모든 소비자가 API를 사용하여 동기적으로 업데이트할 수 있다면 주요 브레이킹 체인지를 도입해도 문제가 되지 않을 수 있습니다. 그런데 솔직히 말하자면, 그렇게 쉽지는 않습니다. 브레이킹 체인지가 불가피할 때 선택할 수 있는 가장 안전한 선택지는 API 버전입니다.

9.2 API 버전 정하기

마침내 그날이 왔습니다! 금융 회사에서 유명한 API의 2번째 버전을 출시했습니다. 그림 9.9는 이러한 변화를 다루는 시나리오 중 하나입니다.

▼ 그림 9.9 금융 회사가 은행 API를 2번째 버전으로 업데이트 했습니다.

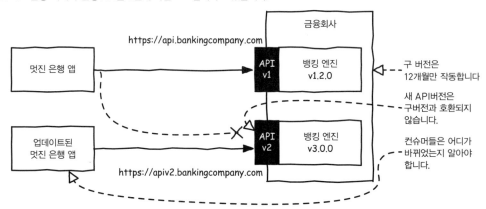

새로운 버전의 은행 API는 apiv2.bankingcompany.com입니다. 컨슈머들은 어느 환종이건 자유롭게 송금이 가능한 기능을 사용하려면 이 새로운 버전의 API로 변경해야 합니다. 이 API는 Go 언어로 새롭게 작성된 금융 3.0.0 엔진으로 구성됐습니다. 오랫동안 사랑받았던 COBOL로 만들어진 1.2.0 엔진과는 이제 작별을 고할 시간입니다. 그렇지만 불행하게도 하위 호환은 불가능합니다.

이 새로운 버전의 API로 변경하려면 컨슈머들은 그들의 코드를 일부 수정해야 합니다. 거래 목록^{Goal}과 같은 것들은 새로운 기능이 하위 호환성을 보장하지 않으면서 같은 역할을 하는 기능으로 변경되었습니다. 금융 회사는 버전 1의 API api.bankingcompany.com를 앞으로 12개월 동안만 지원하겠다고 안내했습니다. 이 말은 컨슈머들이 변경된 기능을 필요로 하지 않거나 새로운 기능을 사용할 의도가 없을지라도 12개월 안에 코드를 업그레이드해야만 한다는 의미입니다. 그리고 또한 12개월 동안은 두 가지 버전의 API가 백엔드에서 함께 작동된다는 의미이기도 합니다.

이런 상황에서 API 디자이너 관점에서 버전 관리 작업은, 이전 버전과 호환되지 않는 디자인을 만드는 데 있습니다. API의 두 가지 버전을 별도로 구분하기 위해 브레이킹 체인지를 도입하고 도메인 이름을 다르게 변경합니다. 그러나 API 버전 관리란 단순한 API 디자인을 넘어서는 주제이며, API를 통해 일하는 다른 사람들과 마찬가지로, API 디자이너는 모든 의미를 알고 있어야 합니다.

API 버전 관리는 디자인 외에도 세부구현과 제품 관리에 영향을 미칩니다.

실제로 버전 관리 전략을 선택하면 API를 디자인하는 방법뿐 아니라 이를 구현하는 방법에도 영향을 줍니다. (금융 회사는 두 개 버전의 API를 별개의 백엔드로 제공합니다.) 또한, 새로운 제품이 등장해도 컨슈머들이 언제나 전환할 의향이 있는 것은 아닙니다. 대부분은 과거 버전에 안주하는 편을 오히려 더 선호합니다. API 버전 관리와 그에 따른 영향을 나타내는 다양한 경우를 살펴보기 전에 API 버전 관리와 구현상의 버전 관리와 명백히 다르다는 것을 확실히 할 필요가 있습니다.

9.2.1 API 버전 관리와 구현 버전 관리 비교

은행 API의 초기 버전은 오직 계좌 정보에 대한 접근만 제공했습니다. 그렇지만 매우 빠르게 진화해 더 많은 기능이 생겨났습니다. 그림 9.10은 이 API의 진화와 구현에 대해서 보여 주고 있습니다.

출시 직후, API에 송금 기능이 추가되었습니다. 그에 대한 세부구현은 당연히 새로운 송금과 관련된 목표를 제공했습니다. 이 업데이트 이후에, API와 세부구현은 같은 1.1버전 번호를 공유했습니다. 그렇지만 불행하게도, 첫 번째 버전의 송금 세부구현은 실제로는 쓸만하지 못했습니다.

각각의 송금은 각각의 API 호출을 동기적으로 처리했습니다. 이러한 결과로 응답 시간은 오래 걸려야 했으며, 특히 초당 100건 이상의 송금이 발생하면 현저히 느려졌습니다. 그 이후 송금 요청을 메시지 큐에 담아 비동기적으로 처리하여 API에 영향을 주지 않게끔 변경하기로 했습니다. 새로운 1.2버전의 세부구현은 보다 효율적이며, 여전히 사용법은 1.1 API와 같았습니다.

얼마 뒤 금융 회사의 CTO가 Go에 빠져버리며 COBOL을 걷어내기로 결정했습니다. 첫 번째 시도는 Go 언어로 COBOL로 작성된 코드를 기계적으로 변경하는 것이었습니다. 은행 API의 구현 버전 2.0은 완전히 다른 프로그래밍 언어를 사용했지만, 여전히 버전 1.1과 같은 사용법으로 제공할 수 있었습니다. 따라서 컨슈머들은 내부적인 변화를 눈치챌 수 없었습니다. 불행하게도 운영 환경에 들어가기 전에 기계적으로 작성된 코드가 비효율적이며 잘못 작성되었다는 사실이 확인되었습니다. 그래서 전체 코드를 직접 새롭게 작성하였고, 오랫동안 기다려온 새로운 기능도 추가했습니다. 그중에서도 가장 중요한 변경 사항은 가장 오래된 API의 목표들이었습니다. 계좌 정보와 관련된 디자인 규칙들이 버전 1.1에 도입된 송금 기능과 일치하도록 변경되었습니다. 이 브레이킹 체인지가 금융 회사의 API를 하위 호환이 불가능한 2.0 버전으로 업데이트를 하도록 만들었습니다.

▼ 그림 9.10 은행 API와 구현의 발전

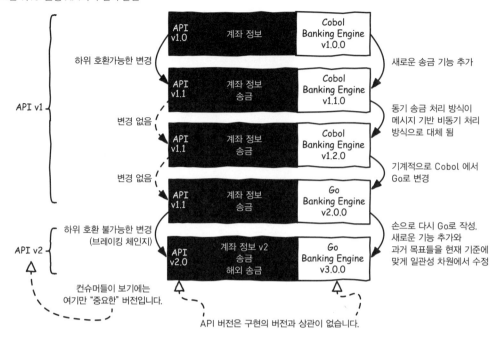

API 역시 다른 소프트웨어처럼 버전이 있습니다.

그렇지만 이 버전은 흔히 아는 세부구현에 대한 버전과는 아무런 상관이 없습니다. API의 버전은 인터페이스 컨트랙트에 영향을 주느냐(컨슈머들이 변화를 인지할 수 있는지)에 따라 바뀔 뿐 구현이 어떻게 나아가는지는 관계가 없습니다. 따라서 완전히 다르게 구현된 두 구현체 일지라도 같은 API 버전을 사용할 수 있습니다. 이번 예제에서는 API 버전 v1.1과 세부구현의 버전 v3.0.0은 소프트웨어 컴포넌트 개발에 있어서 잘 알려진 버전 체계인, **시멘틱 버저닝**Semantic versioning(https://semver.org/)을 따르고 있습니다.

이 버전 체계에서는 버전 번호를 구성할 때 세 자리 숫자를 이용하여 메이저.마이너.패치의 형태로 만듭니다. 각 숫자는 다음과 같은 경우에 값이 증가합니다.

- 메이저Major 숫자는 브레이킹 체인지가 발생할 때만 올라갑니다. 필수 파라미터가 추가되는 경우가 그러한 경우입니다. (9.1절 참조).
- 마이너Minor 숫자는 새로운 기능이 추가되고 하위 호환성이 유지되는 경우에 올라가며, HTTP 메서드나 리소스 경로가 REST API에 추가되는 경우를 예로 들 수 있습니다.
- 패치Patch 숫자는 하위 호환이 가능한 버그 수정의 경우에 올라갑니다.

이런 버전 체계는 구현의 경우에는 합리적이지만, API의 경우 그렇지 않습니다. API 세계에서의 시멘틱 버저닝은 단 두 자리의 숫자로만 구성되어 있습니다. 브레이킹.논브레이킹입니다. 이 두 레벨의 버저닝은 프로바이더 관점에서 흥미롭습니다. 이 숫자들만 가지고도 하위 호환과 하위 호환이 되지 않는 API의 변경 사항을 추적할 수 있기 때문입니다. 그렇지만 컨슈머들은 이러한 세부적인 사항들엔 별다른 관심을 보이지 않습니다.

계좌 정보와 관련된 목표를 사용하는 컨슈머는 논브레이킹^{Nonbreaking} 변경인 1.1버전 업데이트로 아무것도 변경되지 않은 듯 자연스레 전환할 수 있습니다.

컨슈머는 v1.1에 추가된 새로운 송금 기능을 사용하기로 하더라도 정확한 버전 번호에 대해 신경 쓰지 않고(또는 전혀 알 필요 없이) "은행 API"를 사용하면 됩니다.

컨슈머는 은행 API가 2.0버전이 출시될 때쯤에나 변화를 알아챌 겁니다. 그때는, 컨슈머도 그들의 코드에서 관련 부분을 실제로 변경해야 할 겁니다. API 컨슈머 관점에서, 그들은 버전 1과 버전 2를 사용한다고 볼 수 있습니다. 컨슈머들은 두 번째 레벨의 버전(논브레이킹)은 의미가 없습니다. 그들에게 중요한 것은 오직 브레이킹 버전 숫자뿐입니다.

> **Note** 브레이킹 체인지는 하위 호환이 불가능한 변경을 의미합니다. 인터페이스 컨트랙트의 명백한 변경 또는 보이지 않는 컨트랙트로 인한 교묘한 변경이 브레이킹 체인지를 유발할 수 있습니다.

만약 목표를 제거하거나 이름을 변경하면, 메이저 버전을 올리게 될 겁니다. 우리가 9.1.6절에서 다뤘던 보이지 않는 변경에 대해서 메이저 버전을 올리는 것은 확신이 들지 않을 수 있습니다. 이것에 대해서는 경우마다 논의가 필요한 사항으로, 새 버전을 출시해야 하는지 결정하기 위해서는 컨슈머에게 실제로 어떠한 영향을 미치는지 평가해야 합니다.

만약 컨슈머 관점으로 단일 레벨로 버전을 관리할 경우라면, 버전 명은 무엇을 쓰건 상관없습니다. 우리는 2017-10-19와 같은 포맷으로 ISO 8601 일자를 버전 1로 사용해오다가, 2018-22-12와 같은 형태로 버전 2로 정했습니다. 우리가 원한다면, 유명한 애니메이션 사운드트랙 작곡가의 이름도 버전 명으로 사용할 수 있습니다. (가령, Yoko Kanno, Kenji Kawai가 버전 1, 버전 2가 될 수도 있습니다.)

API와 세부구현의 버저닝은 서로 다르며, 컨슈머들은 오직(대부분) 브레이킹 체인지에 대한 버전만 신경을 씁니다. 그렇다면 컨슈머들은 어떻게 사용하고 싶은 특정 API 버전을 우리에게 알릴 수 있을까요?

9.2.2 컨슈머 관점에서 API 버전 표현 선택하기

금융 회사가 새로운 API v2.0을 출시했습니다. 다행스럽게도 송금 관련된 목표는 하위 호환이 가능합니다. 따라서 이전 버전의 API를 사용하는 컨슈머들은 이 새로운 버전으로 전환하기 위해서는 리퀘스트 중 일부만 조정하면 됩니다. 그림 9.11은 금융 회사에서 서로 다른 버전의 API를 실제로 노출하기 위해 선택할 수 있는 선택지를 보여 줍니다.

은행 API는 리소스의 경로를 이용해서 API 버전을 제어하고 있습니다. 송금 목록을 원하는 컨슈머들은 GET /v1/transfers 나 GET /v2/transfers 리퀘스트로 같은 api.bankingcompany.com 도메인에서 각각의 버전 1, 버전 2 API를 요청할 수 있습니다. 도메인이나 서브 도메인을 이용해서 각 버전의 API를 제공하는 접근도 가능합니다. 예를 들어, api.bankingcompany.com 이 버전 1이라면, apiv2.bankingcompany.com 는 버전 2를 위한 것입니다. 마찬가지로 버전을 쿼리 파라미터를 이용(GET /transfers?version=2)해서 하거나 커스텀 헤더(Version: 2)로 같이 표현할 수 있습니다.

▼ 그림 9.11 API 리퀘스트에 대한 다양한 버전 지정 방법

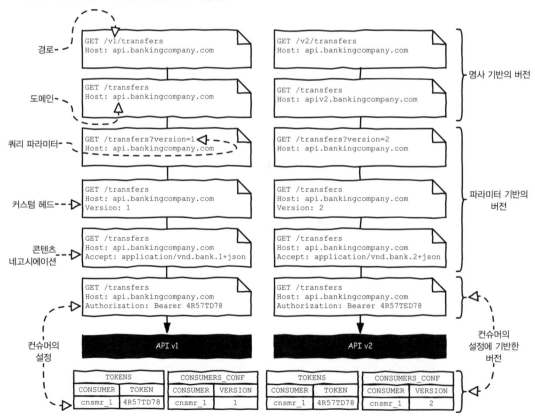

6.2.1절에서 배웠듯 콘텐츠 네고시에이션 레벨에서 필요한 API 버전을 명시하는 것도 방법입니다. 이 방법을 사용하기 위해서는 커스텀 미디어 타입으로 Custom-type 헤더를 사용해 application/vnd.bank.2와 같이 필요로 하는 것이 버전 2라는 것을 지정할 수 있습니다. 그리고 마지막 방법으로 API 버전에 대한 표시를 리퀘스트에 직접 포함하지 않는 방법이 있습니다. API의 보안 차원에서 컨슈머들은 각각의 리퀘스트에 암호화된 인증 정보가 포함됩니다. 이런 식의 접근에서 리퀘스트에는 Authorization 헤더에 토큰(이 경우엔 4R57TD78)이 포함되게 됩니다. 그리고 프로바이더의 시스템 테이블에 존재하는 TOKENS 테이블에는 이 토큰이 cnsmr_1 컨슈머를 위해 생성되었다는 사실을 알 수 있습니다. (현실 세계에서는 누구도 민감한 정보를 암호화하지 않고 보관하지 않을 겁니다.) 여기서 해당 컨슈머가 어떠한 버전의 API를 사용하는지는 CONSUMERS_CONF 테이블의 VERSION 열에 존재합니다.

이렇게 여섯 가지 다른 방법으로 HTTP 기반의 API의 버전을 지정하는 것을 봤습니다. 어떤 방법을 택하시겠습니까? 이러한 선택도 역시 컨슈머의 관점에서 진행해야 합니다.

가장 단순한 선택 방법은 경로나 도메인을 이용한 버저닝일 겁니다. 도메인명을 변경하거나 URL의 경로를 변경하는 것은 매우 직관적입니다. 특히나 API를 curl과 같은 커맨드라인으로 테스트할 때 더 진가를 발휘합니다. 컨슈머들이 어떤 버전의 API를 사용하는지 확인하기 위해 그저 그들의 URL만 확인하면 되기 때문입니다. 따라서 이 방법이 가장 일반적인 선택지가 될 겁니다. 그리고 여러분이 6.1.4 절에서 배운 것에 따르면, 충분히 고려할 가치가 있습니다. 여러분의 컨슈머들은 아마도 이러한 동작 방식이 익숙할 것이고, 따라서 사용하기에 편하다고 여길 것입니다.

쿼리 파라미터를 이용하는 선택지도 제법 단순한 옵션이지만, API 디자이너 관점에서는 이 방식은 깔끔하지 않아서 추천하지 않습니다. 예를 들자면 우리가 환종에 대한 필터를 추가하면 GET /transfers?currency=eur&version=2와 같이 쿼리들이 섞여서 기술적으로 추가된 파라미터와 기능적으로 추가된 파라미터와 혼재되기 때문입니다.

Content-type 버저닝은 HTTP 전문가 관점에서는 흥미로운 방법이지만, 대부분 사람은 HTTP 헤더가 전혀 복잡하지 않아도 사용하기 꺼리는 게 현실입니다. 게다가 이 문제는 표준이 아닌 커스텀 헤더 때문에 더 악화되고 있습니다.

컨슈머에 대한 설정은 컨슈머가 설정할 필요가 없다는 점에서는 완전히 컨슈머 친화적이긴 합니다. 한 가지 작은 단점은 한 버전에서 다른 버전으로 전환하기 위해서는 이 구성을 업데이트해야만 한다는 점인데, 이는 다른 버전의 API를 테스트할 때 성가시게 작용합니다.

그렇다면 어떤 것을 택해야 할까요? 순전히 개인적인 의견으론, 경로와 컨슈머에 대한 설정을 통한 버저닝을 선호합니다. 그렇지만 한발 물러서서 REST, HTTP, 그리고 개인의 취향을 넘어서는 관점에서 살펴보겠습니다.

우리가 얘기했던 API를 노출하는 방법은 세 가지가 있습니다. 첫 번째는 단순하게 새로운 버전의 새로운 API는 새로운 엔드포인트로 노출하는 방법입니다. 두 번째는 엔드포인트는 하나로 유지한 채로, 리퀘스트에 파라미터를 추가하거나, 프로토콜에 존재하는 기능을 이용하거나, 리퀘스트 데이터에 메타데이터를 포함하여 어떤 버전의 API가 있어야 하는지 알리는 식입니다. 그리고 세 번째 방식 역시 엔드포인트는 하나로 유지한 채로 컨슈머마다 어떠한 버전을 이용하는지 프로바이더 영역에서 관리하는 방식입니다.

어떠한 기술적인 해결책을 적용하든, 어떻게 API 버전을 지정하든지, 그 의사 결정의 배경에는 표준과 컨슈머들이 이해할 수 있으며 사용하기 좋아야 하는 사용성이 필요합니다.

지금까지 API 버저닝에 대하여 이야기해 보았습니다. 그렇지만 API 전체에 대한 버저닝만이 유일한 해답일까요?

9.2.3 API 버저닝의 세분화 정하기

API의 버저닝을 할 때 API 전체의 버전을 관리하는 것이 관행이지만 반드시 그럴 필요는 없습니다. 유즈 케이스와 API의 타입에 따라 다른 선택지가 더욱더 효과적일 수도 있습니다. REST API의 경우, API 수준 이외에도 목표/운영 수준, 그리고 데이터/메시지 수준에서도 얼마든지 버저닝이 가능합니다. 그림 9.12 는 API 버저닝과 리소스 버저닝에서 언제 브레이킹 체인지가 유발되는지를 보여 주고 있습니다. 9.1 절에서 배운 내용에 따라 이 예제의 브레이킹 체인지를 회피할 수도 있습니다.

예제를 좀 간단하게 만들기 위해서, 은행 API를 다음 세 가지 목표로 줄여 보겠습니다. 송금, 송금 목록, 송금 삭제입니다. 왼쪽에는 버저닝을 API 전체로 적용하는 경우이고, 오른쪽은 버저닝을 경로로 식별된 리소스별로 하는 경우를 보여 주고 있습니다. 양쪽 모두 버전 번호는 경로의 첫 번째 레벨에 있습니다. 이 그림에서 제일 상단을 보겠습니다. 거기서 왼편을 보시면, API 버전이 v1입니다. 오른편을 보시면 송금 리소스 두 개(/v1/transfers와 /v1/transfers/{id})의 버전이 v1이라고 쓰여 있습니다.

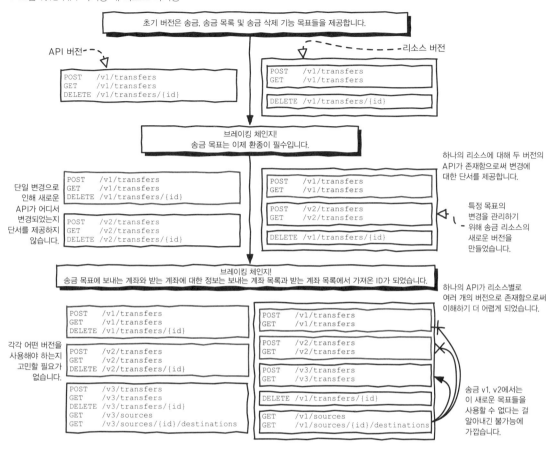

▼ 그림 9.12 API 버저닝 대 리소스 버저닝

송금 목표는 보내는 계좌^{source}와 받는계좌^{destination} 번호와 금액^{amount}으로 구성됩니다. 첫 번째 브레이킹 체인지는 환종^{currency} 속성이 송금 목표의 필수 입력값이 되어 유발되었습니다. API 버저닝의 경우 이러한 단일 브레이킹 체인지가 우리가 별수 없이 모든 API를 새로운 v2로 만들게 합니다. 만약 컨슈머가 이 두 가지 버전의 API를 비교한다면 API 릴리즈 노트를 읽어보지 않는 한 어디가 어떻게 바뀌었는지 알아낼 단서라곤 없을 겁니다. 리소스 버저닝의 경우에는, API가 새로 만들어질 필요는 없습니다.

대신 /v2/transfers 동작의 변경을 관리하기 위해 새로운 /v2/transfers 리소스가 추가됩니다. 이는 소비자에게 힌트를 제공하지만, 릴리즈 노트를 읽지 않고서는 리소스 내에서 어떠한 동작이 변경되었는지 알 수는 없습니다.

Note 릴리즈 노트가 항상 있더라도 정작 필요할 때 사용하지 못할 수도 있으며, 전혀 읽지 않는 사람들도 있습니다! 변경 사항이 무엇인지 알도록 만드는 건 프로젝트에 관련된 컨슈머나 사람들에게 큰 도움이 됩니다.

새로운 목표도 두 개 도입되었고, 송금의 간편화와 외부 계좌로의 송금 관리를 위해서 송금 목표도 수정되었습니다. 보내는 계좌 목록 목표는 컨슈머가 송금을 할 수 있는 가능한 자금 출처를 모두 나열할 수 있습니다. 받는 계좌 목록은 선택된 보내는 계좌에서 송금 가능한 계좌들을 보여 줍니다. 이 두 개의 목표 도입은 브레이킹 체인지를 유발하지 않습니다. 대신 불행하게도, 보내는 계좌와 받는 계좌 모두 숫자로 식별되는데, 송금 목표는 문자열로 된 계좌 번호를 취급합니다. 입력 데이터가 변경되었기 때문에 브레이킹 체인지가 발생합니다.

리소스 버저닝을 하는 쪽에서는 새로운 v3 송금 리소스가 /v3/transfers 경로에 추가되었으며, GET /v1/sources와 GET /v1/sources/{id}/destination 동작도 함께 추가되었습니다. 이제 API는 세 가지 다른 버전의 송금 리소스로 구성되며, 보내는 계좌와 받는 계좌에 대한 리소스는 오직 버전 3에서만 쓰입니다. 이쯤 되면 컨슈머들이 무엇을 언제 써야 하는지 파악하기 쉽지 않습니다.

API 버저닝을 하는 쪽에서는, 새로운 v3 API가 또 만들어졌습니다. 그렇지만 이럴 땐 어떤 버전을 같이 써야 하는지 고민할 걱정은 없습니다. 각각 독립적인 API 버전들이 호환되는 리소스들을 포함하고 있기 때문입니다.

버저닝의 세계에 목표와 동작 관점에서 좀 더 깊숙이 들어가 보겠습니다. 그림 9.13은 API 버저닝과 목표/동작 버저닝에서 같은 브레이킹 체인지가 유발되는 상황입니다.

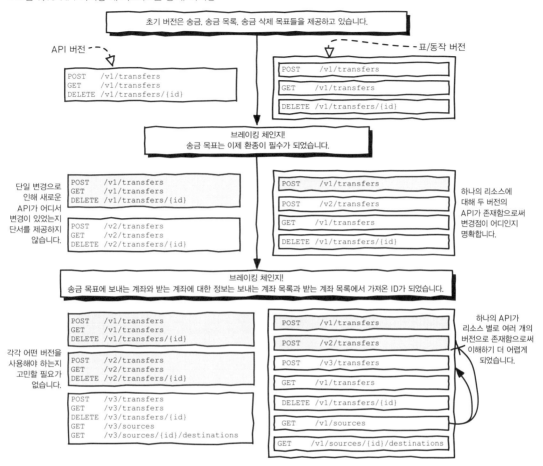

▼ 그림 9.13 API 버저닝 대 목표 (또는 동작) 버저닝

API 버저닝 영역에서는 완전히 동일합니다. 그렇지만 반대 영역에서는 동작별로 고유의 버전을 갖게 되었습니다. 그래도 여전히 버전은 vX 형태로 경로를 이용하여 표현하고 있습니다. 양쪽 버저닝 방법 모두 송금 목표에 브레이킹 체인지가 발생했으며, 새로운 리퀘스트가 API에 추가(POST /v2/transfers에서 POST /v3/transfers) 되었습니다. 버전 표시는 어떤 목표가 변경되었는지 명확하게 표시되므로 유용합니다. 그렇지만 리소스 버저닝의 경우에는 API 안에 서로 다른 3가지 송금 목표를 갖게 되었습니다. 그로 인해 컨슈머들은 GET /v1/sources와 GET /v1/sources/{id}/destinations 가 오직 POST /v3/transfers에서만 사용할 수 있다는 사실을 알아낼 길이 없을 겁니다. 단언컨대 전혀 컨슈머 친화적이지 않습니다.

이제 버저닝의 마지막 레벨을 살펴보겠습니다. 데이터/메시지 레벨의 버저닝입니다. 그림 9.14는 우리가 데이터/메시지 레벨의 버저닝 전략을 송금 목표에 적용할 경우 발생할 수 있는 일들을 보여 주고 있습니다.

이 전략은 데이터가 오직 리퀘스트와 리스폰스 바디에 있을 때만 유효하다는 점을 유의하길 바랍니다. 데이터가 헤더나 쿼리 파라미터에 있을 때 이 전략은 유효하지 않습니다.

▼ 그림 9.14 콘텐츠 네고시에이션 시 데이터(또는 메시지) 버저닝

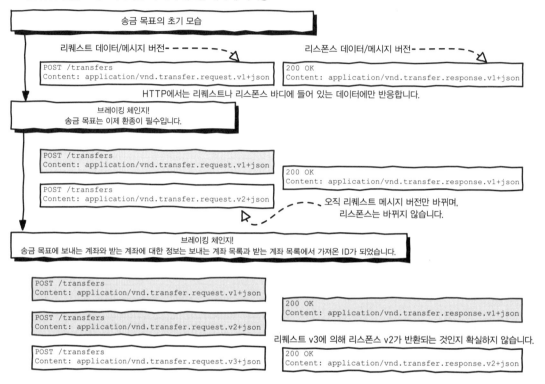

은행 API가 HTTP 프로토콜을 사용하므로, 우리는 콘텐츠 네고시에이션 기능을 이용해 목표마다 리퀘스트, 리스폰스 버전에 대한 고민을 덜어낼 수 있습니다. API의 초기 버전에서 POST /transfers의 리퀘스트와 리스폰스는 application/vnd.transfer.request.v1+json이라는 커스텀 미디어 타입을 사용합니다. 송금 목표의 입력이 변경될 때마다, 미디어 타입의 버전은 v2(application/vnd.transfer.request.v2+json), v3(application/vnd.transfer.request.v3+json)로 올라갑니다. 이 상황에서 리스폰스에 대한 버전이 바뀌는 경우는 두 번째 브레이킹 체인지에서만 발생할 것이며, 이때 리스폰스의 미디어 타입의 버전이 v2로 바뀌게 됩니다.

두 가지 경우 모두, 리퀘스트와 리스폰스의 버전은 더 이상 상호 연관성이 존재하지 않게 됩니다. 그리고 두 번째 업데이트 이후에는 어떤 리퀘스트 버전과 리스폰스 버전이 상호 연관성이 있는지 불확실해집니다. 단순하게 리퀘스트나 리스폰스 어느 쪽이건 메시지가 변경되면, 대비되는 쪽 메시지의 미디어 타입 버전도

같이 올려 주었다면 연관성을 완벽하게 유지할 수 있었을 겁니다. 이럴 경우, 이 전략은 목표/동작 버저닝 전략에 더 가까운 전략이 됩니다. 표 9.3은 버저닝 세분화의 수준별로 어떠한 장단점이 있는지 요약한 것입니다.

▼ 표 9.3 REST API의 버저닝 세분화 선택하기

세분화 정도	장점	단점	추천 여부
API	어떠한 버전의 동작이나 리소스가 함께 하는지 고민할 필요가 없습니다.	브레이킹 체인지를 유발한 변경이 무엇인지 단서를 제공할 수 없습니다.	(관습적으로) REST API의 기본입니다.
리소스	변경에 대한 힌트를 제공합니다.	어떤 버전끼리 같이 동작하는지 추측이 불가능합니다.	REST API에는 추천하지 않습니다. 리소스가 완전히 독립적일 때만 사용하십시오
목표/동작	어떤 목표가 변경되었는지 표시가 가능합니다.	어떤 버전끼리 같이 동작하는지 추측이 불가능합니다.	REST API에는 추천하지 않습니다. 동작이 완전히 독립적일 때만 사용하십시오.
데이터/메시지	어떤 데이터/메시지가 변경되었는지 표시가 가능합니다.	데이터/메시지가 어떤 버전끼리 같이 동작하는지 추측이 불가능합니다. HTTP에서 리퀘스트/리스폰스 바디에만 유효합니다.	REST API에는 추천하지 않습니다. API 레벨 세분화 과정에서 병용할 수는 있습니다.

각 세분화 레벨별로 장단점이 존재합니다. 그렇지만 적어도 REST API의 세계에서는, 가장 일반적으로 채택되는 전략은 API 레벨의 버저닝입니다. 대부분의 컨슈머들이 이러한 버전 관리 전략에 익숙하지 않기 때문에 다른 세분화 전략을 택해서는 안 됩니다. 그렇지만 이 말이 절대로 다른 전략을 사용하지 말라는 의미는 아닙니다. 특히 여러분이 디자인하는 API가 REST가 아니라면 이 지침은 잊으셔도 됩니다.

여러분은 때론 다른 버저닝 세분화 전략을 혼용해야 할 때도 있습니다. 예를 들자면, 여러분이 금융업에 종사하고 있다면, 여러분은 ISO 20022 표준으로 정의된 XML(역주: 이제 JSON도 가능합니다.) 메시지를 사용해야 합니다. 이 표준에서는 메시지는 버전화된 리퀘스트와 리스폰스 쌍으로 존재합니다. 여러분이 이러한 메시지를 사용하는 API를 디자인해야 한다면, 여러분의 API의 버저닝과 ISO 20022 메시지 버저닝 사이에서 적절한 조율을 해야만 하게 될 겁니다.

아직 여러분을 위해 언급하지 못한 API 버저닝에 대한 비밀들이 몇 가지 더 있습니다. 그렇지만 API 디자이너로서 여러분은 버저닝이 API 디자인 그 이상의 영역에도 영향을 미친다는 사실을 주의해야만 합니다.

9.2.4 API 버져닝이 디자인을 넘어 미치는 영향들

여기서 논의하는 내용은 API 프로덕트 매니저들, 테크 리더들, 아키텍트들이 가장 많이 논의하는 내용이지만 API 디자이너들도 알고 있으면 좋습니다. (때론, API 디자이너는 하나 이상의 직책을 가질 수도 있습니다.) 비록 API 디자인의 변경이 브레이킹 체인지를 유발하지 않더라도, 변경 사항들은 신중하게 기록으로 남겨 컨슈머들에게 전달할 수 있어야 합니다.

여러분은 이제 API의 버전을 변경(좀 더 엄밀하게는 브레이킹 체인지를 유발할 경우)하면 컨슈머 영역에서의 일관성이 영향을 받으며, 컨슈머들은 이러한 변경을 반기지 않는다는 사실을 알고 있습니다. API의 새로운 버전을 만든다는 것은 여러 버전의 API가 동시에 존재하는 것을 의미하는데, 컨슈머들은 기존에 동작하던 과거 버전이 여전히 지원하면 새로운 버전으로의 전환을 고려하지 않을 수 있습니다. 따라서 API의 브레이킹 체인지가 도입될 때는 신중하게 고려할 필요가 있습니다.

예를 들어, 브레이킹 체인지는 컨슈머에게 아무런 가치를 제공하지 않습니다. 가령 OAuth 1을 2로 보안 프레임워크를 변경한다고 하면, 이는 정말 좋은 생각이 아닐 겁니다. API 버전 변경 과정을 덜 불편하게 느끼게 해 주기 위해서라도, 컨슈머가 원하는 새로운 기능을 같이 도입함으로 변경에 대한 불편함을 완화시키는 편이 좋습니다.

구현과 관련된 사항으로, 여러 버전의 API를 노출해야 할 때는 추가 작업이 필요합니다. 몇 개까지의 버전을, 언제까지 지원할 것인지에 대한 의사 결정은 중요합니다. 이는 순전히 여러분의 컨텍스트에 달려있습니다. API로만 서비스를 제공하는 일부 API 회사는 모든 버전을 무기한으로 지원하는 정책을 선택할 수도 있습니다. 반면에, 비공개^{private} API 같은 경우에는 오직 두 가지 버전만 지원하는 정책을 선택할 수도 있습니다. 여기에 정해진 답은 없습니다.

여러분의 상황에 적합한 해결책을 선택하면 됩니다.

기술 수준에서는 세부구현 버전 관리에는 두 가지 선택지가 있습니다. 첫 번째 선택지는 각 버전이 특정 세부구현에 따라 처리되는 것입니다. 즉, 이전 버전의 각 세부구현은 해당 버전이 계속 사용되는 한 계속 구현(적어도 버그를 고치거나 보안 이슈를 해소하는 개발)되어야 한다는 의미입니다. 이를 구성하는 인프라역시 반드시 유지보수 되어야 합니다. 여러분의 회사가 속한 컨텍스트에 따라서 이것이 문제가 될 수도 있고 안 될 수도 있습니다. 이 컨텍스트가 여러분의 컨슈머들이 얼마나 오랫동안 구버전의 API를 사용할 수 있을지 결정짓는 요소로 작용합니다. 두 번째 선택지는 모든 버전을 하나의 세부구현에 따라 처리하는 것입니다. 다시 말하자면, 컨텍스트에 따라서 하나의 세부구현이 여러분의 API의 모든 버전을 제어한다면 문제가 될 수도, 되지 않을 수도 있습니다.

버저닝은 생각보다 까다롭습니다. API 버전을 변경해야 할 때, 브레이킹 체인지로 인한 리스크를 줄일 방법이 있을까요?

9.3 API를 디자인할 때 확장성^{Extensibility}을 명심하기

지금까지 최대한 브레이킹 체인지를 유발하지 않는 방법과 API 변경을 피할 수 없는 경우 버전 관리를 하는 법에 대해 다뤘습니다. 좋습니다. 그런데 소프트웨어 디자인의 기본 원칙 중 하나를 잊어서는 안 됩니다. 바로 확장성^{Extensibility}입니다.

> "확장성이란 소프트웨어 엔지니어링과 시스템 디자인 원칙으로 세부구현 고려 사항에
> 미래의 성장을 포함하는 것이다. 확장성이란 용어 자체는 시스템적인 계측 단위로도 쓸 수 있는데,
> 시스템을 얼마나 확장할 수 있을지나 확장을 위해 얼마나 많은 자원을 투입해야 하는가를
> 의미한다. 확장은 새로운 기능의 추가하거나 기존에 존재하던 기능을 변경해 달성할 수 있다.
> 확장성을 관통하는 중요 주제는 기존 기능에 영향을 최소화하며 변경을 제공하는 것
> (일반적으로는 개선)이다."
>
> 위키피디아

데이터, 상호작용, 흐름, 적절한 수준의 버저닝 세분화에 대한 신중한 디자인을 통해 확장 가능한 API를 구성할 수 있습니다. 이를 통해 API의 진화를 촉진시킬 수 있으며, 더 중요한 것은 브레이킹 체인지에 대한 위험성을 줄일 수 있습니다.

9.3.1 확장 가능한 데이터 디자인하기

그림 9.15는 API를 확장 가능하게 만들기 위해 데이터 봉투^{envelop}를 디자인하는 법을 보여 줍니다.

▼ 그림 9.15 확장 가능한 데이터 봉투 선택하기

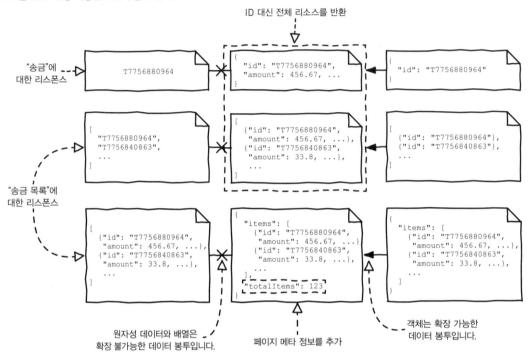

만약 송금 목표의 리스폰스로 송금의 ID인 "T775688964"라는 문자열만 덩그러니 반환한다면 어떤 생각이 들 거 같으십니까? 먼저, 컨슈머는 리스폰스의 Content-type이 application/json이나 application/xml 로 반환되는 게 일반적인데, text/plain으로 리스폰스가 반환되어서 혼란스러울 겁니다. 이는 어색하지만 어찌 어찌하면 사용할 수는 있을 겁니다... 만 금융 회사는 송금 목록 목표의 많은 후속 호출들을 피하기 위해 한 번에 전체 리소스에 대한 응답을 보내기로 결정해 버렸습니다. text/plain이었던 순수한 문자열인 리스폰스 는 이제 application/json 리스폰스로 오브젝트를 담게 되었습니다. 이는 브레이킹 체인지입니다. 리스폰스 가 처음부터 id 속성을 포함하는 오브젝트였다면, 다른 송금에 대한 속성 추가는 전혀 문제가 되지 않았을 겁니다. 마찬가지로 송금 목록 목표도 송금에 대한 ID 목록을 일반 문자열로만 갖고 있습니다.

목록에 대해 말하자면, 이러한 것 중 하나를 반환하는 것은 좋은 생각이 아닙니다. 만약 페이지에 대한 정 보나 목록에 포함된 아이템의 개수와 같은 메타데이터^{Metadata}를 추가해야 한다면 어떤 일이 벌어지겠습니 까? 또 브레이킹 체인지가 발생하게 될 겁니다. 이러한 경우를 예방하기 위해서는 items라는 캡슐화^{Encapsu-}

^{lation}된 오브젝트를 리스트의 속성으로 단순 문자열이었던 속성과 대치시켜야 합니다.

여러분이 보셨다시피, 모든 고레벨의 데이터(REST API의 리소스들)은 반드시 오브젝트라는 봉투에 담겨 확장성을 보장하고 브레이킹 체인지의 위협을 줄여야 합니다. 그렇지만 봉투 안의 데이터 자체는 어떻게 해야 할까요? 그림 9.16에서는 여러분이 불리언^{Boolean}의 사용에 주의해야 하는 것과 자기 설명적^{Self Descriptive}인 데이터를 제공하는 것에 대해 보여 주고 있습니다.

▼ 그림 9.16 타입 선택은 현명하게 해야 하며, 자기 설명적(Self Descriptive) 데이터를 사용해야 합니다.

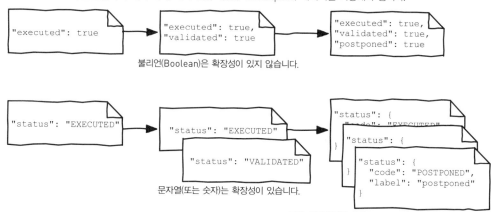

송금 목표^{Goal}를 이용하여 송금이 생성되어도, 즉시 실행되지 않습니다. 이러한 실제 거래에 대한 정보를 제공하기 위해 executed 불리언 속성이 true면 실제로 송금이 실행된 것이고, false면 아직 수행되지 않은 상황입니다. 만약에 여기에 새로운 상태가 도입되어야 한다면 어떻게 해야 할까요?

송금 실행 전에 모종의 이유로 검증을 해야 한다고 가정해 보겠습니다. 우리가 이걸 어떻게 다뤄야 할까요? 우리는 validated 불리언 속성으로 이것을 확인할 수 있을 겁니다. 만약 제3의 상태인 연기됨^{postponed}이 추가된다면 어떻게 될까요? 또 다른 불리언 속성값을 추가해야 할까요? 이러한 새로운 속성을 리스폰스에 추가해도 브레이킹 체인지가 발생하지 않지만, 컨슈머들은 이러한 새로운 상태에 대해서 코드를 업데이트 하지 않고서는 알 수가 없습니다.

여러 개의 불리언 상태 속성을 추가하는 상황을 피하기 위해서 status라는 속성을 추가할 수 있습니다. 이렇게 만들면 새로운 상태가 추가될 일이 있어도 속성을 그때마다 추가할 필요가 없습니다. 이러한 상태는 숫자나 문자열일 수 있습니다. 불리언이 숫자나 문자열보다 확장성이 떨어진다는 사실을 주목하기 바랍니다. 그렇지만 9.1절에서 보셨다시피, 값을 enum에 추가하는 행위는 브레이킹 체인지를 유발합니다.

상태를 자기 설명적인 오브젝트로 만들어서 코드와 사람이 이해가 가능한 레이블로 구성되게 하는 것이 위험을 줄이는 방법입니다.

따라서 속성의 타입은 확장성을 고려해 신중하게 선택하고, 브레이킹 체인지 유발 가능성을 줄이기 위해 항상 자기 설명적인 데이터를 제공하는 것도 고민하기 바랍니다. 이 모든 것은 단일 속성이 여러 속성을 대체하기에 충분한 경우에만 작동합니다. 그림 9.17은 그렇지 않은 경우 어떻게 해야 하는지 보여 줍니다.

▼ 그림 9.17 유사한 데이터 목록으로 묶기

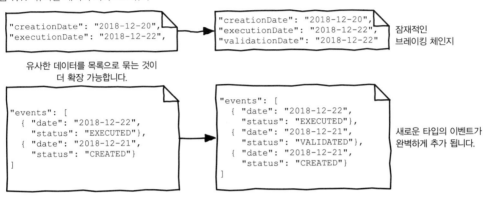

송금은 생성 일자creationDate와 실행 일자executionDate 속성을 갖고 있습니다. 방금 본 상태에 대한 유효성 검사에 대한 정보 제공을 위해서는, 검증 일자validationDate 속성이 추가되어야 합니다. 그러나 방금 본 것과 같은 문제가 발생하게 됩니다. 이 서로 다른 일자 속성들은 하나의 이벤트events 목록 속성으로 대체될 수 있습니다. 이 목록 안에는 일자date와 상태status가 있습니다. 예를 들면 EXECUTED는 실행 일자입니다. 목록에 새 날짜를 추가하는 것은 매우 간단합니다. 물론 상태status는 자기 설명적인 포맷으로 제공할 수 있습니다.

만약 속성들이 유사하다면, 항상 이것들을 하나의 리스트로 제공하는 것을 고려해 보시고 가능하다면 자기 설명적인 데이터를 이용해 보기 바랍니다. 이는 새로운 요소를 추가하는 것을 쉽게 해 주고 브레이킹 체인지의 위험을 감소시켜 줄 겁니다. 그림 9.18은 브레이킹 체인지를 도입할 위험을 줄이는 자기 설명적인 포맷에 대해서 우리에게 표준을 사용하여 확장 가능한 API를 디자인하는 방법을 보여 주고 있습니다.

▼ 그림 9.18 표준과 광범위한 자기 설명적인 값 사용하기

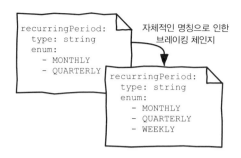

주기적으로 반복되는 송금에서 기간을 설명하기 위해 자체적인 명칭을 사용할 수 있습니다. 바로 사용 가능한 값들로 MONTHLY(월)나 QUARTERLY(분기)가 있습니다. 그렇지만 새로운 값으로 WEEKLY(주)가 추가된다면 필연적으로 브레이킹 체인지가 발생하게 됩니다. 이 접근 방식은 너무 엄격합니다. 만약에 고객들이 송금을 매 10일마다 하고 싶다면 어떻게 될까요? 여러분은 다시 또 새로운 값을 추가해야 할 겁니다. ISO 8601 기간 포맷이 어쩌면 문제를 해결해 줄 수 있을지도 모릅니다. 이는 그 어떤 기간도 단순한 포맷으로 표현할 수 있습니다. 예를 들면, P1M은 월을 의미하며, P10D는 10일에 해당합니다.

비슷하게 ISO 4217 환종 코드를 이용해 이해하기 쉬울 뿐만 아니라 확장성도 좋은 장점을 이용하는 걸 이미 목격하셨습니다. 만약 은행 API가 새로운 환종을 다뤄야 한다면, 컨슈머는 이러한 내용을 쉽게 이해할 수 있을 겁니다. 컨슈머들도 이미 ISO 4217을 알고 있으니깐요. 따라서 표준을 사용하는 것과 넓은 범위의 자기 설명적인 값을 제공하는 것은 확장성이 향상되고 브레이킹 체인지를 유발할 위험이 줄어들게 됩니다.

9.3.2 확장 가능한 상호작용 디자인하기

포스텔의 법칙Postel's Law은 다음과 같습니다.

"당신이 하는 일은 엄하게, 남의 것을 받아들일 때는 너그럽게."[5]

포스텔의 법칙(견고함의 원칙)

견고함의 원칙을 API 디자인에 적용하면, "반환하는 것은 일관성을 유지하고 에러를 피하도록 노력하십시오"라고 이해할 수 있습니다. 9.3.1절에서 API가 반환한 데이터와 관련하여 일관성을 유지하고 확장성을 확보하는 방법을 살펴봤으므로 이번에는 에러에 중점을 두겠습니다.

---

5   종종 "보내는 것은 엄하게, 받는 것은 너그럽게"로도 불립니다.

에러 데이터와 관련하여 반환하는 내용과 일관성을 유지하기 위해서는 그간 배운 내용을 일반적으로 적용해 보면 됩니다. 여러분은 5.2.3절에서 의미 있는 피드백을 제공하는 것을 봤으며, 우리는 다음 예제처럼 에러들에 타입을 줄 수 있습니다.

예제 9.2 의미있는 에러 메시지

```
{
  "errors": [
    { "source": "amount",
      "type": "MISSING_MANDATORY_ATTRIBUTE",
      "message": "필수값인 금액이 누락되었습니다." }
  ]
}
```

이러한 타입은 포괄적^{generic}이기 때문에, 우리는 이를 다른 필수 속성에도 유사하게 쓸 수 있습니다. 우리가 MISSING_AMOUNT라는 타입으로 만들었다면, 우리는 그것을 재사용할 수는 없으며 대신 컨슈머가 코드를 업데이트하지 않고서는 해석할 수 없는 새로운 유형의 에러를 도입해야 할 겁니다. 일반적으로 type(타입) 값이 포괄적일수록 에러 피드백의 확장 가능성이 커집니다.

컨슈머가 송금 목록을 요청할 때 처음 보는 test=2라는 파라미터로 리퀘스트를 전송하면 에러 방지를 위해서 어떻게 해야 할까요? API는 엄격하게 "죄송합니다. test라는 파라미터를 이해할 수 없습니다."라고 에러 메시지를 반환할 수도 있습니다. 유익한 에러 피드백을 제공하는 것은 분명히 컨슈머 친화적인 일이지만, API는 단순하게 이런 이해할 수 없는 파라미터는 취급하지 않고 리퀘스트를 처리해 결과를 반환할 수도 있습니다. 이 역시 여전히 컨슈머 친화적인 디자인이며, 동시에 확장 가능합니다. 이 경우는 test를 무시해도 컨슈머 측에 의도치 않은 부작용이 발생하지 않는 경우에만 가능하다는 걸 기억해둡시다. 실제로 이 test라는 파라미터가 이전 버전에 존재했고, 업데이트하지 않은 컨슈머가 그대로 리퀘스트에 이런 파라미터를 포함해 전달할 경우 예상치 못한 에러를 유발할 수도 있습니다.

다른 타입의 에러들에 대해서도 고려해 보도록 하겠습니다. 만약에 은행 API의 컨슈머가 pageSize=150 파라미터로 송금 목록 리퀘스트를 보냈는데, 실제로 최대 전송 가능한 페이지는 100페이지가 최고라면 어떻게 해야 할까요? 마찬가지로, API는 에러 메시지를 반환하는 대신에 100개의 요소만 반환할 수 있습니다. 하루 치의 송금 목록의 경우에는 (아마도 성능상의 이유로) 이 최대 개수가 50개로 줄어들어도 컨슈머들은 불평을 하지 않을 겁니다. 페이지 메타데이터는 컨슈머가 변경된 목표를 원활하게 사용할 수 있도록 필요한 모든 정보를 제공해야 합니다. 그렇지만 필요하다면, 에러와 동일한 형식을 사용하여 일부 경고성 메타데이터를 응답과 함께 추가하여 리퀘스트에 대한 변경이 있었음을 알릴 수도 있습니다.

또한, 은행 API가 최대 송금 금액이 $10,000(출금 계좌 잔액이나 소유주 여부와 상관없이)인데, amount(금액)를 15000으로 입력한다면 어떻게 해야 할까요? $15,000 대신에 $10,000달러를 송금해야 할까요? 당연히 안 됩니다!

API 디자이너로서(또한, 세부구현을 담당하는 사람으로서), 우리는 에러 반환을 생략할 수도 있습니다. 그렇지만 모두 그래서는 안 됩니다.

여러분이 보셨다시피 이 부분은 세부구현의 몫입니다.

그렇지만 API 디자이너로서, 여러분은 에러와 알 수 없거나 잘못된 파라미터(쿼리 파라미터, 헤더, 또는 바디의 속성들)에 대한 정책을 정의해야 합니다. 문제를 별도로 고려하지 않고 기본값을 우선으로 사용하여 브레이킹 체인지의 위험을 줄이시겠습니까? 아니면 더 안전하게 컨슈머의 정확성을 높이도록 엄격한 에러를 반환하시겠습니까? 변경이 발생한다면 컨슈머는 업데이트를 해야 합니다. 여러분의 접근방법은 API와 그 API에 속한 각각의 목표들이 처한 컨텍스트에 따라 달라질 겁니다.

9.3.3 확장 가능한 흐름 디자인하기

여러분이 흐름에 속한 각 목표를 어떻게 디자인하는가와 흐름 그 자체는 API의 확장성에 영향을 미칩니다. 은행 API는 처음에 금융 회사의 모바일 애플리케이션을 위해서 만들어졌습니다. 이 애플리케이션을 통해, 송금하는 최종 사용자는 보내는 계좌를 선택한 다음 받는 계좌를 선택한 후 금액을 입력해야 합니다.

API의 관점에서 볼 때 이는 송금이 가능한 출금 계좌를 나열하기 위해 출금 계좌 목록 목표를 사용함을 의미합니다. 그 후, 특정 출금 계좌의 ID를 이용하여 송금 시 받는 계좌로 쓸 수 있는 계좌 번호를 가져올 수 있습니다. 마지막으로 송금 목표는 제공된 금액과 보내는 계좌 ID와 받는 계좌 ID를 이용해 송금을 수행할 수 있습니다.

이제 금융 회사의 몇 사람들이 내부 업무용을 위해 자금 이체 도구를 추가로 구축하기로 했다고 가정해 보겠습니다. 그들은 이미 송금 API가 존재한다는 사실을 발견했을 때 매우 기뻐했을 겁니다.

그들의 세부구현에서는 이미 보내는 계좌와 받는 계좌 번호를 갖고 있었으므로, 그들은 단순하게 이 값들을 이용해 송금 목표만 호출하면 됐습니다.

그렇지만 불행하게도, 그들의 모든 호출은 "알 수 없는 보내는 계좌"라는 에러 메시지와 함께 종료되었습니다.

약간의 조사 과정 끝에, 그들은 송금 목표는 보내는 계좌와 받는 계좌 양쪽의 ID가 필요하다는 사실을 알게 되었습니다. 이것은 일반적인 계좌 번호와는 거리가 멀었습니다. 그들은 보내는 계좌 번호에 해당하는 ID를 찾기 위해 보내는 계좌 목록을 호출한 다음 모바일 애플리케이션에서와 동일한 흐름을 따라야 했습니다. 이 얼마나 안타까운 일입니까. 흐름이 모바일 애플리케이션 유즈케이스에 중점을 두지 않았다면, 또한 송금과 연결된 다양한 목표들이 일반적인 계좌 번호를 사용했다면 훨씬 단순했을 겁니다. 여러분이 보셨다시피 디자인에서 확장성이란 브레이킹 체인지를 겪을 위험을 적게 하면서, 수정을 수행할 수 있도록 하는 것에만 국한되는 것이 아닙니다. 확장성은 API가 최초에 의도된 목적보다 더 넓은 의미의 유즈케이스에 대응할 수 있게 해 주는 것이기도 합니다.

항상 작업 중인 현재의 특정한 유즈케이스나 흐름에 매몰되지 않고 더 넓게 봐야 합니다. 특히 UI 흐름 같은 것들은 프로세스와 상관이 없습니다. 또한, 각 디자인 시 단계별로 독립적으로 동작할 수 있게 해야 합니다. 보다 범용적으로 쓸 수 있는 입력과 출력을 택하면, 특히 ID를 이용하면, 이를 달성하는 데 도움이 됩니다.

9.3.4 확장 가능한 API 디자인하기

어떻게 API의 확장 가능성에 단계를 부여할 수 있을까요? 은행 API가 계좌 정보, 은행 서비스 가입, 송금, 개인 재무 관리와 같은 다양한 주제를 다루는 등 수십 가지 목표들을 제공할 수 있을 정도로 성장하면 어떻게 될까요? 단언컨대 브레이킹 체인지가 발생하게 될 겁니다. 우리가 지금껏 보아온 모든 API 디자인 원칙을 준수해도 브레이킹 체인지가 일어날 겁니다. 왜냐고요? 이유는 단순합니다. 너무 크기 때문이죠!

API가 커질수록, 발전의 횟수가 늘어날수록, 당연하게 브레이킹 체인지의 위험도 커집니다. 이는 이해하기 매우 간단한 데다가 해결 방법도 분명합니다. 큰 API를 만드는 대신에, 작은 API를 여러 개 만드는 겁니다.

그렇지만 연관 있는 목표의 그룹을 정의하고 그것들이 쉽게 결합할 수 있게 하는 것은 그렇게 단순한 일이 아닙니다. 이것은 API 디자인에만 국한되는 이야기가 아닙니다. 이 같은 점은 소프트웨어 디자인 영역에서 자주 마주하는 문제이기도 합니다. 다행스럽게도 7.2.3절을 떠올리셨다면 이미 목표를 구성하고 API를 더 작은 부분으로 나누는 데 도움이 되는 기본 사항을 이미 알고 계신 겁니다. 여러분은 또한 기존 API에 추가하려는 각 목표를 분석하여 동일한 원칙을 사용하여 다른 API 일부가 되어야 하는지 여부를 평가해야 합니다.

요약

- API의 진화는 브레이킹 체인지를 회피하기 위해 반드시 신중하게 디자인되어야 합니다. 브레이킹 체인지는 컨슈머뿐만 아니라 프로바이더에게도 문제를 일으킬 수 있습니다.

- API 디자이너는 과거의 허술한 디자인 탓에 제대로 된 디자인을 도입하면 브레이킹 체인지가 발생할 수 있기에, 낡은 디자인과 공존을 추구해야 할 수도 있습니다.

- 컨텍스트에 따라서, 브레이킹 체인지가 허용될 수도 있습니다. (예를 들어, 비공개 API의 컨슈머는 조직 내부의 통제하에 있을 겁니다.)

- API의 버저닝은 디자인 + 구현 + 제품 관리가 더해진 영역입니다.

- 확장성을 염두에 두고 API를 디자인하면 API의 발전에 대한 디자인은 쉬워지고, 브레이킹 체인지의 위험은 줄어들고, 재사용성은 올라갑니다.

네트워크 효율적인 API 디자인하기

지금까지 우리가 디자인한 API는 컨슈머에게 합리적이면서, 내부의 고려 사항들은 숨기고, 사용 가능하고 안전하며, 발전 가능한 목표를 제공하는 데 중점을 두었습니다. 그렇지만 현실적으로 이런 API는 너무 이상적이라 연구실에나 있을 법한 디자인입니다. API가 관여하는 가장 중요한 컨텍스트를 여태껏 무시해온 셈입니다. 바로 네트워크입니다.

네트워크 커뮤니케이션의 효율성이란 주제는 모든 API 디자이너가 항상 중요하게 다뤄야 합니다. 하루하루 생존에 있어 커뮤니케이션의 효율성은 매우 중요합니다. 만약 여러분이 누군가와 대화할 일이 생기면 인스턴트 메시지나 이메일을 쓸 것이며, 때에 따라 대화의 주제에 대한 모든 이야기가 필요한 경우도, 대화 상대방과 바로 본론으로 들어가 요점만 대화하는 경우도 있을 겁니다. 여러분과 관련된 모든 이야기를 듣게 되는 일도 있는데, 사실 필요한 부분은 아주 일부일 때도 있습니다. 이런 경우 원하는 것을 얻기 위해 계속해서 쓸모 없는 이야기를 듣거나 읽는 데 시간을 낭비해야 할 것입니다. 이런 경험은 실망스러울 수밖에 없습니다. 그리고 이런 시간 낭비 때문에 중요한 기회를 놓치게 되는 심각한 결과도 초래할 수 있습니다. 잘못된 방법으로 정보를 주고받는다면 일상에 부정적인 영향이 발생할 수 있습니다. 그림 10.1과 같이 비효율적인 네트워크 커뮤니케이션을 제공하는 API도 그런 사례와 마찬가지입니다.

▼ 그림 10.1 API 디자인에 영향을 미치는 네트워크 고려 사항들

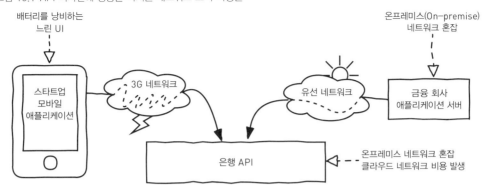

네트워크 비효율적인 API는 휴대폰에서 개발자 경험에 큰 영향을 미칩니다. 느린 네트워크는 사용자 인터페이스를 느리게 만들고 장치의 배터리 낭비를 유발하며, 이 탓에 API가 소비하기 어려워지거나 사용할 수 없어져 사용자 경험에도 부정적인 영향을 미칩니다. 최신의 장치와 네트워크를 이용하면 고민의 수가 줄어들 수는 있으나 서버 컨슈머에 대해서도 같은 고민을 해야 합니다. 이러한 비효율적인 API는 네트워크 대역폭^{bandwidth} 사용에 큰 영향을 줄 수 있습니다. 이런 경우 용량이 제한된 온프레미스 인프라에서는 문제가 될 수 있습니다. 이는 프로바이더 영역까지도 영향을 미칠 수 있습니다. 온프레미스 인프라에서는 네트워크 혼잡이 발생하고 클라우드 인프라에서는 지나치게 큰 비용이 청구될 수 있습니다.

네트워크 커뮤니케이션의 효율은 중요한 고려 사항이 될 수 있습니다. 그리고 API 디자이너라면, 여기에 기여해야 합니다. API 디자이너들은 반드시 네트워크 커뮤니케이션에 대한 고려 사항에 대한 배경 지식을 어느 정도 갖춰야만 합니다. 이번 장은 API 기본 프로토콜을 활용하거나 디자인상 네트워크 효율적인 API를 만들어 네트워크에서 발생 가능한 문제를 회피하거나 해결하는 방법을 담고 있습니다.

10.1 네트워크 커뮤니케이션의 고려 사항의 개요

이 책에서는 원격 API와 웹 API에 대해서 중점적으로 다루고 있습니다. 1.1절에서 API를 통한 컨슈머와 프로바이더의 상호작용을 보셨습니다. 잊었을지도 모르겠지만, 네트워크의 능력이 아무리 향상돼도, 여전히 컨슈머와 프로바이더 양측 모두에게 네트워크 커뮤니케이션의 효율성은 중요한 역할을 합니다. API 디자이너로서, 네트워크 커뮤니케이션이 디자인에 지대한 영향을 미칠 수 있다는 걸 염두에 두고 세심한 주의를 기울여야 합니다. 이 주제를 조사해 보기 전에, 네트워크 관점에서 멋진 은행 앱에 대해서 분석할 예정입니다. 이 앱은 그다지 좋지 않은 3G 네트워크를 이용하는 휴대폰의 모바일 애플리케이션으로, 은행 API를 살짝 변경해서 사용하고 있습니다.

10.1.1 장면 설정

먼저 장면의 처음부터 설정해 보겠습니다. 그림 10.2는 은행 API가 제공하는 목표들을 보여 주고 있습니다. 그림 10.3과 10.4는 멋진 은행 앱이 이 모든 목표를 이용하는지 세 가지 화면으로 보여 주고 있습니다.

▼ 그림 10.2 은행 API

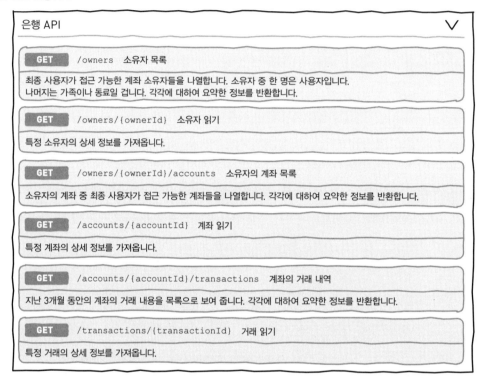

대시보드 화면 (그림 10.3)은 사용자에게 접근 권한이 있는 계좌를 가진 모든 소유자를 표시하고 사용자 본인 소유 계좌를 강조 표시합니다. 소유자에게는 각자 직책과 이름을 표시해 주며, 자신의 당좌 예금 계좌와 저축 계좌의 잔액을 합산하여 총 잔고를 보여 주고, 지난 3개월 동안의 그들의 계좌에서 행해진 모든 거래의 합계를 종류별로 제공합니다. (단순하게 만들기 위해서, 모든 거래는 출금만 있었다고 가정하겠습니다.)

▼ 그림 10.3 멋진 은행 앱이 소비(consume)하는 은행 API 목표들

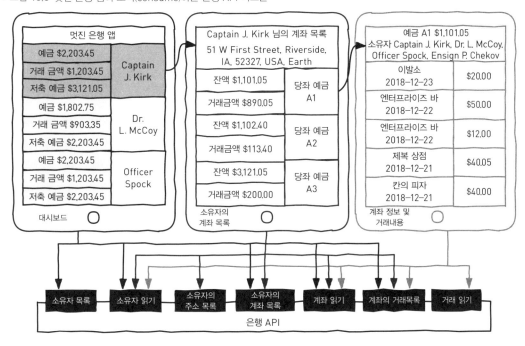

▼ 그림 10.4 멋진 은행 앱은 지나치게 많은 API 호출을 합니다.

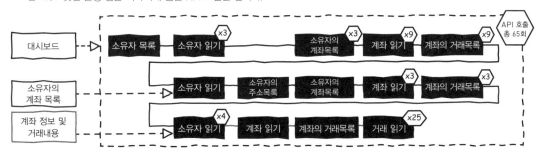

이를 위해 먼저 소유자를 표시하여 ID와 이름 및 사용자 플래그를 얻습니다. 여기서 사용자 플래그는 이중어느 소유자가 사용자에 해당하는지를 나타냅니다. 소유자 읽기 목표를 사용하여 열거된 각 소유자의 직함등 정보를 가져옵니다. 그런 뒤에 계좌를 열거해 각 소유자의 계좌의 ID와 잔액을 얻어옵니다. 이후 계좌읽기 목표를 사용하여 각 계좌의 종류를 가져옵니다. 마지막으로 각 계좌에서 발생한 거래를 열거하여 금액들을 가져와 모두 더합니다.

사용자가 소유자 라인을 탭하면, 애플리케이션은 소유자의 계좌들의 목록 화면으로 전환됩니다. 이 화면은선택된 소유자의 직함, 이름, 주소, 그리고 소유한 계좌들을 보여 줍니다. 각 계좌는 계좌별 유형(당좌 예금

또는 저축 예금)을 보여 주며, ID(예 A1), 잔액, 그리고 지난 3개월 동안의 거래 대금의 합계를 보여 줍니다.

애플리케이션은 소유자 읽기 목표에서 소유자의 직급과 이름을 가져옵니다. 그런 뒤에 소유자의 주소 목록에서 집 주소를 가져옵니다. 다음에는 계좌의 목록에서 ID, 잔액들을 얻기 위해 계좌들을 나열하고 계좌 읽기 목표를 사용하여 각 계좌의 계좌 유형을 가져옵니다. 그리고 마침내, 각 계좌의 거래 목록에서 거래 금액들을 가져와 합산해 보여 줍니다.

사용자가 계좌 라인을 탭 하면, 애플리케이션은 계좌의 상세 정보와 거래 내역 화면으로 전환됩니다. 이 화면에서는 계좌의 유형, ID, 잔액, 그리고 소유주(들)의 정보를 표시해 줍니다. 해당 정보들은 애플리케이션이 소유자 읽기 및 계좌 읽기 목표를 사용하여 가져옵니다. 그런 뒤에 최근 거래 목록(엄밀하게는 최근 3개월)을 나열하고, 거래 목록 목표를 이용하여 거래 ID와 거래 후 잔액을 개별적으로 가져옵니다. 그리고 마침내 최근 25개의 거래만 남게 되었습니다. 여기에 거래 읽기 목표를 이용하여 각 거래의 내용과 일시를 가져옵니다. 이는 가장 최근 5건의 거래를 보여 주게 됩니다. (그 외 거래 내용은 사용자들이 화면을 스크롤하여 목록의 끝에 도달하면 가져옵니다.)

이러면 너무 많은 양(정확하게는 65회)의 API 호출이 일어나게 됩니다. API 디자이너로서의 감각이 이쯤뭔가 잘못되었다고 경종을 울릴 겁니다. 실제로 멋진 은행 앱의 사용자가 앱이 속도가 너무 느리고 배터리를 낭비하며 소중한 데이터를 너무 많이 가져간다며 불평합니다. 게다가 다른 쪽에서도 전혀 좋은 부분이 없습니다! API를 제공하는 금융 회사는 클라우드 서비스 제공업체의 청구서 금액이 걱정될 겁니다.

10.1.2 문제 분석하기

왜 멋진 은행 앱의 사용자들은 불평하는 걸까요? 왜 이 애플리케이션은 느리고 비효율적인 걸까요? 그리고 왜 금융 회사는 클라우드 서비스 제공업체의 청구서를 걱정해야 할 지경에 이르렀을까요? 이 모든 이야기는 네트워크의 호출 횟수와 교환되는 데이터의 양에 달려 있습니다. 이번 절에서는 이 문제를 분석해 보겠습니다.

이번 절에서 다루는 이야기가 현실을 정확하게 반영하지 않았다는 것을 명심하기 바랍니다. 지금부터 다룰 예시는 API 디자인 시 디자이너가 고려해야 하는 네트워크 커뮤니케이션 문제에 대한 폭넓은 정보를 제공하기 위해서 가능한 모든 문제를 강조한 특정 유즈케이스에 대한 간략한 설명입니다. 모바일 애플리케이션의 행동과 API 디자인은 어리석게 되어 있을 것이며, (부디 바라건대) 그 누구도 이런 끔찍한 혼종을 실제로 만들어 내진 않을 겁니다!

먼저 모바일 네트워크를 통한 API 네트워크 호출에 대한 분석부터 시작해 보겠습니다. 그림 10.5는 멋진 은행 앱에서 최근 3개월의 거래 목록을 제공할 때 어떤 일이 벌어지는지 보여 주고 있습니다.

첫 단계로 은행 API 호스팅 서버에 접속합니다. 이 과정은 저수준의 네트워크 커뮤니케이션의 개시와 암호화 같은 휴대폰의 무선신호 안테나와 관련된 동작들이 포함됩니다.

▼ 그림 10.5 모바일 네트워크를 통한 API 네트워크 호출 분석

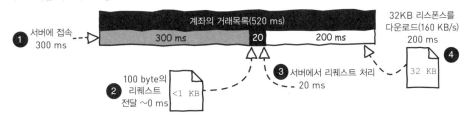

기본적으로 항상 300ms 정도 소요된다고 가정하겠습니다. 그렇지만 모바일 네트워크의 종류나 무선신호 품질, 이 호출 전에 무슨 일이 있었는가에 따라서 처리 시간은 수 초까지 늘어날 수도 있습니다. 우리는 이를 두고 지연시간[latency]이라고 부릅니다.

일단 한 번 연결이 성립되면, API 리퀘스트를 보낼 수 있게 됩니다. GET /accounts/{accountId}/transactions 리퀘스트는 고작 100byte밖에 하지 않기 때문에, API 서버로 업로드하기 까지는 1ms도 걸리지 않습니다. 리퀘스트를 받은 서버는 리퀘스트를 처리해야 합니다. 이를 위해서는 데이터베이스에서 거래 내용을 로드해오고, 그런 뒤에 JSON 문서를 생성합니다. 이 작업에 대략 20ms 정도의 시간이 발생한다고 보겠습니다. 그렇지만 실제 처리 시간은 무엇이 리퀘스트 되었느냐와 서버의 가용성[capability]에 따라 달라질 겁니다.

마지막, 네 번째 단계는 서버의 리스폰스를 다운로드하는 단계입니다. 우리는 생성된 JSON 문서가 대략 32KB라고 가정해 보겠습니다. 따라서 160KB/s(1.3Mb/s)의 다운로드 속도에서는 200ms 정도가 필요하게 됩니다. 지연시간과 마찬가지로 다운로드 속도는 네트워크의 종류와 무선신호의 품질에 영향을 받습니다. 평균적인 리퀘스트는 520ms를 소요합니다. 이는 조금 길게 느껴집니다. 그렇지만 적대적인 네트워크 환경이 주어져 있다면, 우리는 주어진 환경에 맞추는 수밖에 없습니다. 이 리퀘스트 한 건만 보면 그렇게까지 나쁘지는 않습니다. 멋진 은행 앱에서 대시보드 화면을 열면 어떤 일이 벌어지는지 보겠습니다. 유즈케이스를 단순화해서 한 명의 사용자와 하나의 계좌에 하나의 소유주만 존재하는 경우로 하겠습니다.

그림 10.6은 어떤 API가 호출되는지와 호출 방법을 보여 줍니다. 설명을 단순하게 하기 위해 네트워크 대역폭이 160KB/s를 보장하며 처리지연은 늘 300ms라고 가정해 보겠습니다. 또한, 리퀘스트 전송 속도는 늘 0ms이며, 서버가 처리하는 데는 무조건 20ms만 소요된다고 가정하겠습니다.

▼ 그림 10.6 단일 계좌를 가진 계좌주 한 명에 대한 접근 권한을 가진 사용자의 일반 유즈케이스

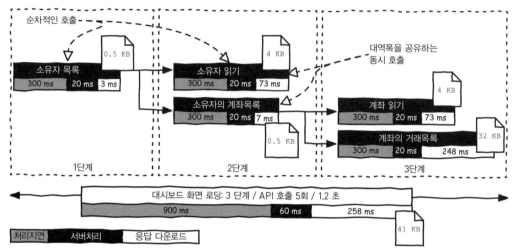

데이터를 로드해 대시보드 화면에서 보여 주기 위해, 멋진 은행 앱은 먼저 사용자가 볼 수 있는 계좌를 가진 소유자를 나열합니다. 이 단계에서 사용자에 해당하는 단일 소유자를 반환합니다. 그런 뒤에 소유자의 상세한 정보를 읽어오고, 소유자의 계좌 목록을 병렬로 읽어오려 할 겁니다. 이 경우에는 단일 계좌로만 구성되어 있어서 해당 계좌의 세부 정보를 읽어오는 것과 동시에 거래 목록도 함께 가져옵니다.

전체 API 호출 연쇄는 5개의 API 호출로 구성되며, 그나마 병렬 호출 덕분에 3단계로 분산됩니다. 불행한 점은 이 처리가 1.2 초가 소요되어 허용 가능한 처리지연 범위(인간의 뇌가 대기 시간을 견딜 수 있는 시간)인 500ms 이상이 걸린다는 점입니다. 지금 말한 건 매우 단순한 유즈케이스였습니다! 이제 여기서 좀 더 복잡한 예로 넘어가 보겠습니다. 그림 10.7은 4명의 계좌 소유주들과 그들의 8개의 계좌에 대해서 접근할 수 있는 사용자에 대한 경우를 보여 주고 있습니다.

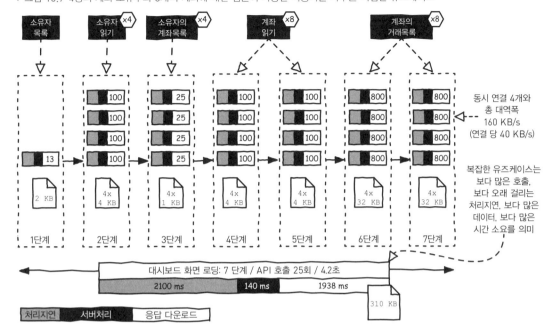

▼ 그림 10.7 4명의 계좌 소유주와 8개의 계좌에 대한 접근이 가능한 사용자를 다루는 복잡한 유즈케이스

소유자
목록

소유자 x4
읽기

소유자의 x4
계좌목록

계좌 x8
읽기

계좌의 x8
거래목록

동시 연결 4개와
총 대역폭
160 KB/s
(연결 당 40 KB/s)

복잡한 유즈케이스는
보다 많은 호출,
보다 오래 걸리는
처리지연, 보다 많은
데이터, 보다 많은
시간 소요를 의미

1단계   2단계   3단계   4단계   5단계   6단계   7단계

대시보드 화면 로딩: 7 단계 / API 호출 25회 / 4.2초

2100 ms   140 ms   1938 ms

310 KB

처리지연   서버처리   응답 다운로드

앱은 소유자를 나열하는 것부터 시작하지만 이번에는 소유자가 4명입니다. 이 모바일 애플리케이션은 운영체제에 의해 HTTP 동시 연결을 4개까지로 제한하고 있습니다. 이는 계좌의 소유주들의 상세 정보를 병렬 리퀘스트 4개로 처리한다는 의미입니다. 마찬가지로 계좌 목록을 가져올 때도 병렬로 처리합니다. 여기서 주의할 점은 전체 네트워크 대역폭이 160KB/s이면, 병렬 리퀘스트들은 속도가 1/4로 떨어져서 40KB/s 정도로 하락한다는 점입니다.

다음 단계에서는 애플리케이션은 소유주 4명이 소유 중인 서로 다른 8개의 계좌를 불러오고 각 계좌의 거래 목록을 4단계의, 4개의 병렬 리퀘스트로 가져옵니다. 이런 경우에는, 7단계에 걸친 순차적인 호출을 하므로 4.2초 동안 총 25회의 API 호출을 통해 310KB의 데이터를 가져오게 됩니다. 직전의 유즈케이스에 비하면 약 20회의 호출을 추가하고, 전체 소요시간을 3.5배 늘렸습니다. 이는 매우 큰 지연으로 애플리케이션이 로딩하는 동안 스피너를 보여준다해도 사용자에겐 분명 지루한 시간일 수밖에 없습니다.

각각의 애플리케이션 화면들이 이런 종류의 문제를 얼마든지 발생시킬 수 있습니다. 애플리케이션이 각 거래에 대한 자세한 정보를 얻기 위해 개별 호출을 해야 한다면 계좌 화면에서 어떤 일이 벌어질지 상상해 볼 기회를 여러분께 잠시 드리겠습니다. 상황은 더욱 심각해질 겁니다. 사용자들이 애플리케이션을 탐색하여 모든 데이터를 볼 수 있다면, 이로 인해 그림 10.8처럼 다른 문제들이 유발될 수도 있습니다.

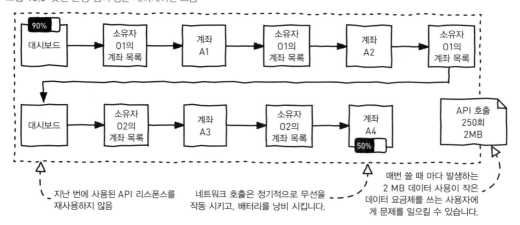

멋진 은행 앱 팀이 분석 데이터를 살펴본 끝에 사용자들은 평균적으로 두 명의 계좌 소유자 정보를 조회하고, 각 계좌 소유자들은 계좌를 두 개씩 보유하고 있음을 알게 되었습니다. 또한, 일반 사용자들은 앱을 사용할 때 모든 데이터를 탐색한다는 사실도 알아냈습니다. 하지만 앱은 직전에 호출한 API의 리스폰스를 재사용하지 않았습니다. 이 데이터가 다시 재사용되지 않으리라 판단했기 때문입니다. 따라서 데이터가 이미 조회되어 전달되었더라도 각 화면에서 매번 새로운 API 호출이 수행되고 있었습니다. 이런 연유로 많은 API 호출이 발생(평균적으로 한 세션당 250회 호출)하고 지나치게 많은 데이터(약 2MB)가 오가게 되었습니다. 사용자가 그들의 계좌에 대해서 얼마나 자주 확인하느냐에 따라서, 멋진 은행 앱은 한 달에 60MB에서 90MB까지 소요하게 됩니다.

요즘 대부분 국가에서는 데이터 사용량이 크게 문제가 되는 주제가 아닙니다. 물론 그렇다고 모든 사용자에게 문제가 안 된다는 의미는 아닙니다. 가령 국외에서 여행하는 사용자에게 로밍 데이터는 금처럼 귀하기 때문에, KB 단위도 문제가 될 수 있습니다. 그렇지만 데이터 요금제를 떠나서, 가장 성가신 것은 모든 화면의 API 호출이 장치의 배터리를 낭비하게 한다는 것입니다. API를 호출한다는 말은 곧 무선 기능을 켜고 일정 시간 동안 유지한다는 의미입니다. 분명히 호출 횟수, 응답까지의 시간 및 주고받는 데이터의 크기 등은 컨슈머 영역에서 고려할 수 있지만, 프로바이더 영역에서도 고민할 수 있습니다.

은행 API를 호스트하고 있는 바바리안 클라우드 서비스(본래 온라인 서점으로 출발했는데 그렇게 중요하지는 않습니다.)에 대해 이야기해 보겠습니다. API는 새로운 서버리스 서비스인 Functions에 구현되어 있습니다. 각 목표는 독립적인 함수로 구현되어 있으며, 이로 인해 서버나, 애플리케이션이나 스케일링에 대한 고민은 불필요하게 되었습니다. 이젠 시스템이 모든 것을 다룹니다. 호출이 들어오면, 책임이 부여된 함수들이 구동됩니다. 서비스의 비용은 이 함수들이 몇 번 호출되었는지, 처리 시간이 얼마나 있었는지, 외부로 전송되는 데이터의 크기가 어떻게 되는지에 따라 달라집니다. 이 말인즉슨, API 호출이 빈번해질수록, 비용이 더더욱 커진다는 것이며, 곧 금융 회사가 지불해야 할 돈이 많아진다는 사실입니다. 따라서 모두 최적화하는 것이 중요하고 필수적입니다.

지금까지 든 예시는 고작 두 개입니다. API는 방금 본 것과 다른 컨텍스트를 가질 수 있지만, 네트워크 효율성 차원에서는 다음과 같은 요소들을 중심으로 문제를 해결할 수 있을 겁니다. 그 요소들은 속도, 데이터의 크기, 그리고 호출 횟수입니다. 우리는 API 디자이너로서 이를 명심하고 효율성과 일반적인 디자인 원칙 사이에서 균형을 유지해야 합니다. 다음 절에서는 이러한 균형을 추구하는 방법과 프로토콜 레벨에서 네트워크 커뮤니케이션을 최적화하는 방법을 조사해 보겠습니다.

10.2 프로토콜 레벨에서 네트워크 커뮤니케이션 효율성 보장하기

네트워크 커뮤니케이션의 최적화는 프로토콜 레벨에서부터 시작합니다. 실제로 프로토콜이 제공하는 장점을 취한다면, 이상적인 디자인에 대해 너무 많이 고민할 필요 없이 네트워크 효율적인 API를 만들 수 있습니다. HTTP 기반의 API라면, 압축 Compression 을 활성화하고, 지속적인 연결 Persistent connection 을 통해 데이터 크기와 처리지연 문제를 감소시킬 수 있습니다. 캐싱 Caching (컨슈머에게 리스폰스를 얼마 동안 보존해도 되는지 알려줌)과 조건부 리퀘스트 Conditional request (컨슈머가 지닌 데이터가 최신 데이터인지 알려 주어 재요청할 필요가 없음을 알림)를 활성화하면 단순히 데이터 크기뿐만 아니라 호출 횟수도 감소시킬 수 있습니다.

10.2.1 압축 Compression 과 지속적인 연결 Persistent connections 활성화하기

HTTP 기반의 API에서는 디자인에 영향을 주지 않고 수행할 수 있는 일반적인 최적화 방법이 두 가지 있습니다. 바로 압축과 지속적인 연결입니다. 일단 은행 API 서버에서 압축이 활성화되면, 310KB의 데이터였던 4명의 계좌 소유주의 8개 계좌에 대한 우리의 두 번째 유즈케이스의 경우가 2KB 이하로 절감될 수 있습니다. 좋지 않은 3G 네트워크를 사용하는 휴대폰에서 동작하는 멋진 은행 앱의 경우에는, 데이터가 작아지고, 호출이 더 짧아짐을 의미합니다. 작은 리스폰스 용량은 다운로드를 더 빠르게 만들 것이고, 최종 사용자의 데이터 요금제를 위협하지 않게 될 겁니다. 표준 HTTP 라이브러리를 사용하는 모든 컨슈머들은 대부분 코드를 변경하지 않고도 이 기능을 활용할 수 있습니다.

이 서버 수정은 컨슈머 영역에도 도움이 됩니다. 만약 은행 API가 온프레미스 인프라 환경에서 호스팅 되고 있다면, 적은 데이터 크기는 네트워크 연결이 더 적은 시간 동안 개방되므로 대역폭 문제가 발생할 가능성이 줄어듦을 의미합니다. 클라우드 인프라 환경에서라면 청구되는 비용이 줄어들 겁니다.

지속적인 연결이 은행 API 서버와 성립이 되면, 25회의 API 호출을 7단계에 걸쳐서 수행하던 작업의 소요 시간이 4.2초에서 2.4초로 줄어들게 될 겁니다. 6 x 300ms의 처리지연을 절약하기 때문입니다. 지속적인 HTTP 연결이 활성화되면, API 호출의 처리지연은 첫 연결 성립 과정에서만 발생하게 됩니다. 그 후에 발생하는 호출은 이미 맺어진 연결을 사용합니다. 이 연결은 서버 설정에 따라 지정된 호출 횟수 동안만 유효하거나, 주어진 시간 동안만 유효하게 동작하게 됩니다.

또 다른 대안으로 HTTP/2 로 바꾸는 방법도 있습니다. 이미 검증되었으며, 효율적인 지속적인 연결과 병렬 리퀘스트 처리를 지원하며, 바이너리 트랜스포트를 제공하며, 금상첨화로 HTTP/1.1의 하위 호환도 지원합니다! API 디자이너 관점에서는 HTTP/2 는 압축 및 지속적인 연결 활성화와 거의 동일한 효과를 갖습니다. HTTP/2 는 신뢰할 수 있는 데다가 별도의 수정이 필요하진 않습니다. 어떤 방법을 택하든 모든 아이디어는 처리지연, 주고받는 데이터의 크기, API 호출 횟수를 줄이려 합니다.

> **Note** API 디자이너가 일반적으로 이러한 종류의 최적화를 담당하는 기술 리더나, 아키텍트, 개발자가 아닌 경우라도 발생 가능한 네트워크 커뮤니케이션 성능 문제 해결을 제안하기 위해서는 프로토콜 최적화 방안(가령, 압축 또는 지속적인 연결) 정도는 인지하고 있어야 합니다.

API 디자이너는 네트워크 커뮤니케이션 성능 문제로 인해 기존 디자인을 수정하기에 앞서 이러한 최적화가 고려되었는지 API 개발팀과 확인하는 것이 중요합니다. 일반적으로는, 효율성을 고려한 커뮤니케이션 최적화는 디자인에 영향을 미치기 때문에 처음부터 수행해야 합니다. 실제로 컨텍스트에 따라서는 다른 유형의 API를 사용하거나 아예 다른 커뮤니케이션 방법을 사용하는 것이 현명할 수도 있습니다.

10.2.2 캐싱^{Caching}과 조건부 리퀘스트^{Conditional request} 활성화하기

커뮤니케이션을 최적화하는 두 번째 방법은 단순하게 커뮤니케이션을 하지 않거나, 더 적게 하는 방법입니다. 10.1.1절에서 여러분은 멋진 은행 앱이 지난 호출에 대한 리스폰스를 재사용하지 않았기 때문에 불필요한 호출을 여러 번 하는 것을 봤습니다. 특히, 대시보드 화면을 구성하기 위해서, 멋진 은행 앱은 많은 양의 데이터를 로드해 오는데, 이는 소유자의 계좌 목록을 보여 줄 때도 재사용할 수 있습니다. 그림 10.9는 리스폰스 캐싱을 사용하지 않는 경우와 리스폰스 캐싱을 사용하는 경우를 비교하고 있습니다.

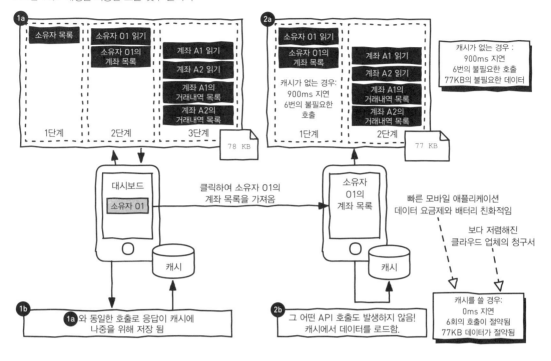

그림에서 맨 위의 시나리오는 전혀 최적화가 되지 않은 멋진 은행 앱이 API 호출에 대한 리스폰스를 재사용하지 않는 경우 ⓐ를 보여 주고 있습니다. 그림 상 아래의 시나리오에서는 애플리케이션이 모든 리퀘스트의 리스폰스를 캐시 하여 대시보드 화면을 구성하는 상황 ⓑ을 보여 주고 있습니다. 이렇게 한다면 소유자의 계좌 목록을 화면에서 보여 줄 때, 필요한 모든 데이터를 캐시에서 가져올 수 있어 6번의 API 호출을 절약할 수 있습니다. 이는 멋진 은행 앱과 그 사용자 모두에게 좋은 이야기입니다. 애플리케이션은 대시보드에서 계좌 목록 화면으로의 전환을 빠르게 대응해 줄 것이며, 더 적은 네트워크를 사용하고, 배터리를 아낄 것이며, 데이터 요금도 절약할 겁니다. 이는 마찬가지로 API를 제공하는 금융 회사에게도 좋은 이야기입니다. 이 시나리오에서 6번의 API 호출 절약은 은행 API가 46%의 호출을 절감하고, 데이터 사이즈는 50%나 줄어들게 되기 때문입니다.

캐싱은 네트워크 커뮤니케이션을 보다 효율적으로 하는 데 가장 큰 도움을 줍니다. 모바일 개발자라면 무의식적으로 캐싱은 수행할 겁니다. 컨슈머들은 API 리스폰스를 캐시하도록 선택할 수 있지만, API에서 정확하고 효율적인 캐싱을 하도록 도와 줄 수 있습니다. API 디자이너는 어떤 데이터가 얼마나 오랫동안 캐싱되어야 하는지 산정할 책임이 있습니다. 그림 10.10은 이를 HTTP 프로토콜을 이용하여 어떻게 달성하는지 보여 줍니다.

▼ 그림 10.10 HTTP 프로토콜의 캐싱 기능들 이용하기

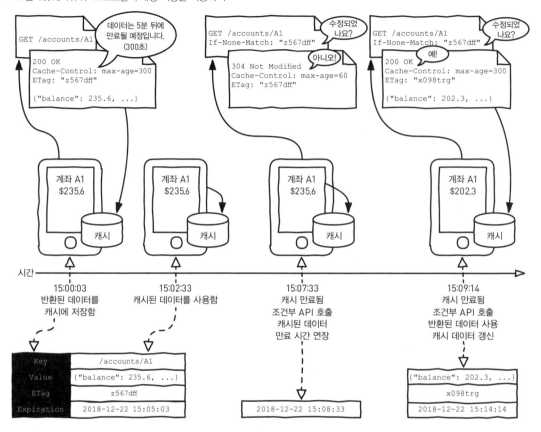

멋진 은행 앱에서 GET /accounts/A1 HTTP 리퀘스트로 첫 번째 계좌의 정보를 가져올 때, API는 200 OK 리스폰스에 Cache-Control, ETag 내용이 들어 있는 HTTP 헤더와 데이터를 담아 반환합니다. 여기서 Cache-Control 헤더의 값은 max-age=300으로, 이 헤더 값의 의미는 리스폰스가 300초 (5분) 동안 캐시되어 보존될 수 있음을 의미합니다. 따라서 애플리케이션은 5분 동안 계좌 데이터가 다시 필요하면, API 호출을 다시 하는 대신 캐시된 리스폰스를 사용하게 됩니다.

그리고 5분이 지나면, 캐시는 만료됩니다. 그렇게 되면 애플리케이션이 첫 번째 계좌의 정보가 필요해질 때 GET /accounts/A1 HTTP 리퀘스트를 다시 호출합니다. 하지만 처음처럼 완전히 새로운 리퀘스트를 던지는 대신, 조건부 리퀘스트가 전달합니다. "계좌 A1의 데이터가 바뀌었다면 보내주세요." 이는 최초에 반환받은 리스폰스의 헤더의 ETag 값인 z567dff을 이용하면 됩니다. 두 번째 리퀘스트의 헤더에 If-None-Match: "z567dff" 와 같이 보내면 됩니다.

은행 API 서버가 리퀘스트를 수신하는 경우, 계좌의 데이터가 변경되었는지 판단하는 용도로 z567dff 값을

사용합니다. 이 값은 첫 번째 리퀘스트 때 보냈던 리소스의 상태를 묘사하고 있습니다. 이는 데이터의 해시나 일자 또는 버전 번호 또는 서버가 전에 어떠한 버전의 리소스를 제공할 수 있는 무언가일 수 있습니다. 컨슈머는 실제로 이 값이 무엇을 의미하는지 알 필요는 없습니다.

만약 데이터가 변경되지 않았다면, 서버는 다른 데이터 없이 304 Not Modified 리스폰스를 보냅니다. 이렇게 하면, 불필요한 데이터 로딩을 절약할 수 있습니다. 애플리케이션은 캐시 만료시간을 갱신할 것이며, 이로 인해 처음 호출로 받았던 만료시간은 바뀌게 될 겁니다. 이는 Cache-Control 헤더와 304 리스폰스 덕분에 가능합니다. ETag 헤더는 데이터가 변경되지 않는 이상 값은 바뀌지 않습니다.

같은 리퀘스트라도 정보가 바뀌었다면 "맞아요. 데이터가 변경되었어요. 여기 있습니다."라는 200 OK 리스폰스를 반환하는데 이때 리스폰스에는 갱신된 데이터와 Cache-Control, ETag 헤더가 들어 있습니다. 우리의 예제에서는 Cache-Control 값은 max-age=300으로 전과 같지만, ETag 값은 이제 x098trg가 되었습니다. 이 값이 바뀌게 된 까닭은 리소스의 데이터가 변경되었기 때문입니다.

만약 애플리케이션이 오직 데이터의 변경 여부에만 관심이 있고, 실제로 데이터를 가져오는 것에는 관심이 없다면, GET /accounts/A1 대신 HEAD /accounts/A1 리퀘스트를 사용할 수 있습니다.

HEAD HTTP 메서드는 GET과 동일하지만 서버가 리소스의 콘텐츠는 반환하지 않고 오직 헤더만 반환합니다.

REST 제약 사항: 캐싱(Caching)

REST 아키텍처 스타일에서는 리퀘스트의 리스폰스는 저장이 가능한지(그래야 클라이언트가 같은 호출을 반복하지 않고 재사용할 수 있으므로) 여부와, 가능하다면 얼마나 오래 저장할 수 있는지 명시하라고 나와 있습니다. 컨슈머가 불필요한 호출을 하지 않아도 되고 프로바이더에서 컨슈머가 이미 지닌 너무 많은 리소스를 무의미하게 보내지 않도록 하기 위해서는 이러한 기능은 어떤 API건 필요합니다. 우리는 오직 HTTP 캐싱의 가능성 일부만을 보았습니다. 이 이상을 원하신다면 RFC 7234(https://tools.ietf.org/html/rfc7234)에서 캐싱에 대해 친절하게 설명하고 있으니 참고하길 권합니다.

API는 일부 메타데이터만 주고받거나 데이터 없이 메타데이터만 주고받는 방식으로 리스폰스에 대한 캐싱을 활성화하고 조건부 리퀘스트를 보낼 수 있습니다. 이를 통해 네트워크 커뮤니케이션을 최적화할 수 있으며 호출 횟수와 반환되는 데이터의 크기를 많이 절약할 수 있습니다. 캐싱은 또한 데이터의 최신 여부와 정합성을 보장해 주는 역할도 합니다.

여러분이 선택한 프로토콜이나 API가 태생적으로 이러한 기능들을 지원한다면, 망설임 없이 사용하기 바랍니다. 하지만 이는 캐시가 가능하다는 의미일 뿐 실제로 컨슈머가 데이터를 캐싱한다는 보장은 없습니다. 더욱이 캐싱은 항상 가능한 것도 아닙니다. 한 예로, 이 책을 쓰고 있는 현재 gRPC 프레임워크는 캐싱 기능을 지원하지 않고 있습니다. 이럴 때, 캐싱을 정말 중요한 사안이라 결정했다면 여러분에겐 두 가지 선택지가 있습니다. 첫 번째는 프로토콜과 API 타입을 재검토해 보는 것입니다. 컨텍스트에 맞는 더 나은 수단이 있는지 확인해 보시기 바랍니다. 두 번째 방법은 비정상적이거나 (또는 비효율적인) 방법으로 API에 캐싱과 동일한 기능을 만드는 것입니다. 하지만 컨슈머들은 이런 기능들은 사용할 엄두도 내지 못할 겁니다.

HTTP 기반의 REST API를 디자인하다 보면 캐싱은 상대적으로 쉬운 영역에 속합니다. 우리는 그저 적절한 HTTP 메서드에 상태 코드, 그리고 API를 설명하는 헤더를 더하기만 하면 됩니다. 이를 위해 우리는 사소하지만 한 가지 더 알아야만 하는 것이 있습니다. 캐시 시간 5분이라는 이 수치는 어디서 오는 걸까요? 왜 15분이나 2일이 아닐까요? 캐싱이 허용되는 이유는 무엇일까요? 캐싱에서 어려운 부분은 캐싱의 가능성에 대해서 목표별로 따져야 한다는 점입니다. 더 엄밀하게 말해 보자면, 목표별로 반환되는 속성들별로 계산해 볼 필요가 있습니다.

10.2.3 캐시 정책 선택하기

컨슈머가 계좌의 정보 리퀘스트를 통해 반환받는 데이터가 계좌의 생성 일자, 이름, 잔액일 수 있습니다. 생성 일자는 한 번 만들어지고 나면 변경되지 않습니다. 이름은 어쩌면 바뀔 수도 있습니다. 그렇지만 매우 드물게 벌어질 겁니다. 반대로 잔액은 해당 은행 계좌와 관련된 거래가 일어날 때마다 얼마든지 바뀔 수 있습니다. 잔액이라는 속성은 다른 누군가에 의해 얼마든지 바뀔 수 있기 때문입니다. 이것이 유효기간$^{Time to}$ ^{live}이며, 이 목표로 반환되는 은행 계좌 데이터 캐시의 기간으로 결정할 수 있습니다. 그렇다면 올바른 캐시 기간은 어떻게 결정해야 할까요? 글쎄요. 상황에 따라 다릅니다.

데이터가 캐시될 수 있는 시간은 얼마나 자주 수정되는지에 달려 있습니다. 초기에 금융 회사는 계좌의 거래 목록과 거기에 속한 잔액을 하루에 몇 차례 변경하는 수준에 그쳤을 겁니다. 따라서 이 경우에는 캐시 기간을 길게 한 시간 정도로 잡아도 합리적이었을 겁니다. 그렇지만 금융 회사의 시스템이 개선되었습니다. 다른 은행과의 거래는 여전히 이런 처리를 하루에 몇 차례의 배치 작업으로 처리합니다만, 이제 내부 거래는 실시간으로 처리할 수 있게 되었습니다. 따라서 정확한 데이터를 제공하기 위해서는 적절한 캐시 기간이 은행 시스템의 작동 방식뿐만 아니라 사람들이 실제로 은행 계좌를 사용하는 방식에 따라 결정되어야 합니다.

금융 회사는 통계적으로 5분짜리 캐시가 계좌 정보를 가져올 때 정확성과 효율성 사이에서 적절한 균형을 제공한다고 판단했습니다. 그렇지만 머지않은 미래에 모든 은행 간의 커뮤니케이션이 실시간으로 이루어지고, 사람들이 항상 은행에서 정보를 실시간으로 얻는 데 익숙해지면 데이터 캐싱은 전혀 불가능해질 수 있습니다. 이런 경우에는 Cache-Control 헤더의 값은 "0"이 될 겁니다. 그래도 여전히 변경되지 않은 데이터를 로드하지 않도록 ETag 값을 이용하여 조건부 리퀘스트를 수행할 수 있습니다.

데이터의 캐시 여부는 그 외의 다른 요소에도 영향을 받습니다. 예를 들자면, 부정확한 잔액을 보여 주게 되면 서드파티의 애플리케이션이라 할지라도, 법이나 보안적인 이유로 문제를 야기할 수 있습니다. 따라서 은행 API의 문서에 따르면 컨슈머들이 늘 최신의 데이터를 사용해야 한다고 명시되어 있을 수 있습니다. 실시간 잔액 정보와 마찬가지로, 이러한 시나리오에서는 API의 Cache-Control의 헤더 값은 "0"이 될 것이며, 여전히 조건부 리퀘스트를 사용할 수 있습니다.

법이나 보안적인 고려 사항으로 컨슈머가 데이터를 저장을 못 하거나 저장 방식의 캐싱이 아니라 중개지를 경유한 캐싱이 있을 수도 있습니다. 이러한 시나리오에서는 Cache-Control이 "60, no-store" 일 수 있습니다. 이는 데이터를 휘발성 저장소에는 60초 동안 보관할 수 있으나 비휘발성 저장소에는 저장할 수 없음_{no-store}을 의미합니다.

이미 8.4.1절에서 보았듯, API를 디자인할 때는 보안 부서나 법무 부서로부터 사전에 조언을 받아야 합니다. 따라서 조건부 리퀘스트를 사용하는 것은 매우 간단합니다만, 효율적이고 정확한 캐싱을 위해서는 실제로 캐싱이 가능한지 판단해야 하며, 가능한 경우에는 선택할 수 있는 유리한 캐시 기간을 결정하기 위한 작업이 필요합니다.

이러한 종류의 최적화는 처음부터 기본 제공될 수 있지만, 인터페이스 계약이나 API 디자이너의 작업에 큰 영향을 미치지 않는다면 API가 이미 사용 중인 경우에도 구현할 수 있습니다. 그렇지만 API 디자이너는 압축과 지속적인 연결의 활성화 여부와 컨슈머가 실제로 캐시를 사용하고 있는지 확인하는 그것보다 더 많은 책임을 부담하고 있습니다. API 디자인 자체에 문제가 있으면 컨슈머와 프로바이더 사이의 비효율적인 네트워크 커뮤니케이션이 일어나기 때문입니다.

10.3 디자인 레벨에서 네트워크 커뮤니케이션 효율성 확보하기

컨슈머와 프로바이더 간의 커뮤니케이션이 프로토콜 수준에서 최적화될 수 있다고 해서 디자인 수준에서 부주의해도 된다는 것은 아닙니다. 기본적으로 API 디자인에는 컨슈머가 목표를 달성하는 데 필요한 API

호출 횟수와 컨슈머와 프로바이더 간에 주고받는 데이터의 크기를 포함하고 있습니다. 이전 장에서 배운 내용을 적용하면 여러분은 최적화된 데이터 세분성 및 구조화와 커뮤니케이션 효율성을 보장하는 충분한 유연성을 제공하는 정확한 목표를 제공하는 API를 디자인할 수 있습니다. 복습 차원에서 우리는 현재 상태 가 그림 10.11에 표시된 은행 API에 대해 작업을 해 볼 겁니다.

▼ 그림 10.11 은행 API 목표들

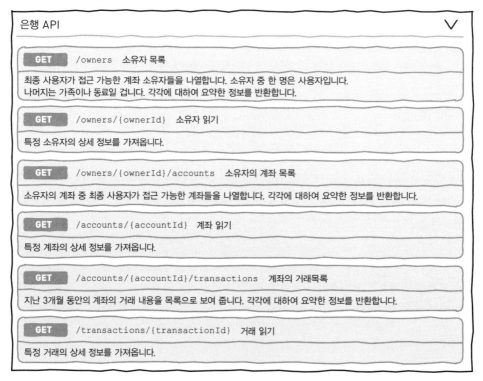

이 디자인은 이해하기 쉬워보이고 적어도 표면적으로 적절하고 체계적으로 보입니다. 그렇지만 네트워크 커뮤니케이션의 효율성 측면에서 보면, 완벽과는 거리가 멉니다. 멋진 은행 앱이나 다른 컨슈머들이 은행 API를 사용할 때, API 호출 횟수를 최적화하거나 주고받는 데이터의 크기를 절약할 수 있는 전략들에 대해서 살펴보겠습니다.

10.3.1 필터링Filtering 활성화하기

필터링을 제공하면 컨슈머들은 정말 필요한 것들만 요청하게 되어 주고받는 데이터의 크기를 절약할 수 있습니다. 거래 목록 목표는 항상 가장 최신 거래내역부터 과거 순으로 최신 3개월의 거래내역을 정렬해서 반환해 줍니다. 멋진 은행 앱의 컨텍스트에서 사용자가 이러한 모든 거래를 스크롤 하지 않더라도 대시보드와 계좌 목록 화면에 거래 금액의 누적 합계를 표시하려면 이러한 데이터상의 깊이가 필요합니다. 캐싱 기능 덕분에 우리는 이러한 대량의 거래 목록을 계좌 화면에서 재사용할 수 있습니다. 그렇지만 안타깝게도, 캐시가 만료된다면 그동안 거래가 단 1건이 발생했을지라도 애플리케이션은 3개월짜리의 거래내역을 다시 가져와야 합니다. 이 목표는 멋진 은행 앱의 대시보드 및 계좌 목록 화면의 특정 요구 사항에 맞추어 만들어진 듯 보이지만, 그 결과는 그렇게 효율적이지 않습니다.

6.2.3절에서는 매번 필요한 모든 데이터를 제공해 주는 것이 좋은 생각은 아니라는 점을 배웠습니다. 컨슈머들이 처한 상황에 따라 모든 데이터가 꼭 필요하지는 않기 때문입니다. 필터링을 선택지로 제공하면 컨슈머가 실제로 필요한 데이터만 리퀘스트 할 수 있으므로 API를 보다 유용하고 효율적으로 사용할 수 있습니다. 지금 상황에서 우리에겐 이 기능이 절실히 필요합니다. 캐시에 저장된 자잘한 바이트들이 적대적인 네트워크라는 상황에서도 커뮤니케이션 효율성을 향상시켜 줄 수 있게 될 겁니다.

배워온 것을 기반으로 돌아볼 때, page와 size 쿼리 파라미터를 오프셋 기반의 페이징 기능에 더해 줄 수 있습니다. 그러나 이미 API를 사용 중인 경우라면, 목표는 이러한 파라미터 없이도 3개월 분량의 거래를 모두 반환하도록 해 이전 버전과의 호환성을 유지할 수 있습니다. 이러한 기능은 계좌 화면에서 유용하게 사용할 수 있을 것 같습니다. GET /accounts/A1/transactions?page=1&size=25 리퀘스트는 A1 계좌의 최근 25건의 거래내역을 반환합니다. 만약 사용자가 아래로 스크롤을 한다면, 애플리케이션은 다음 페이지에 대한 리퀘스트로 GET /accounts/A1/transactions?page=2&size=25를 보낼 겁니다. 그런데 만약 이 두 리퀘스트를 보내는 사이 새로운 거래가 발생한다면 되면 어떻게 될까요? 첫 번째 페이지에 포함되었던 거래 중의 일부가 다음 페이지인 두 번째 페이지로 넘어가게 될 것입니다. 이런 경우라면 어떤 거래내역은 부득이하게 이미 가져왔던 데이터를 다시 가져오게 됩니다. 이미 가져왔던 거래내역인지 판단하고 중복된 내용을 무시하게 하는 것은 컨슈머의 몫입니다.

이러한 경우는 그렇게 자주 발생하지는 않지만, 금융 회사 입장에서는 용납할 수 없는 부정확한 정보를 발생시킬 수도 있습니다. 이런 방식의 거래내역 페이지 처리는 현재 상황에서는 적합지 않으며, 다른 화면에서도 3개월 분량의 거래를 모두 다시 가져와야 하는 문제를 해결하지도 못합니다. 그렇다면 어떤 종류의 필터를 이용해야 우리가 처한 문제를 해결할 수 있을까요?

컨슈머라면 누구든 기본적으로 그들이 선택했던 데이터의 전이나 후의 거래내역을 그들이 원하는 만큼 정확히 가져올 수 있어야 합니다. 그림 10.12는 커서 기반의 페이지 처리를 통해 이게 가능함을 보여 주고 있습니다.

▼ 그림 10.12 거래내역 조회에서의 커서 기반의 페이지 처리

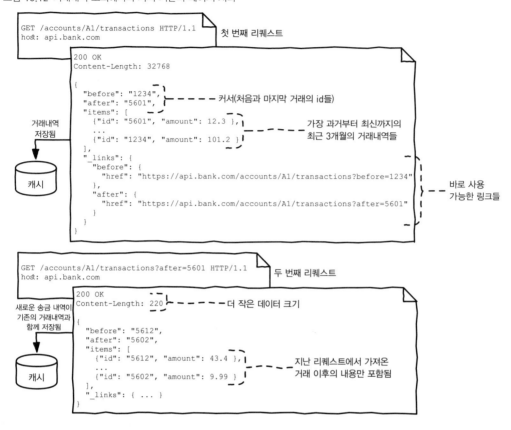

멋진 은행 앱의 최초 리퀘스트는 여전히 GET /accounts/{accountsId}/transactions로 최근 3개월의 모든 거래 내역을 가져옵니다. 그렇지만 이제 리스폰스에 페이지와 관련된 메타데이터가 포함되어 있습니다. before와 after 속성은 커서 값으로 가져온 데이터 중에서 더 전이나 후의 거래내역을 가져올 때 쓰이게 됩니다. 이 값들이 각각 의미하는 바는 리스폰스에 포함된 거래에서 첫 번째(가장 과거)와 마지막(가장 최신) 거래의 ID를 의미합니다. 현재의 거래 목록이 검색된 후 발생한 거래만 검색하려면 애플리케이션은 다음과 같이 두 번째 리퀘스트를 보내야 합니다.

GET /accounts/{accountId}/transactions?after={latestTransactionId}

after의 값은 마지막으로 알려진 거래의 ID[latestTransactionId]이거나 앞서 커서로 제공된 값입니다. 더 좋은 것은 컨슈머들이 바로 사용 가능한 before 링크가 있다는 점입니다. 이 리퀘스트에 대한 리스폰스에는 오직 새로운 거래만 포함되므로 크기가 훨씬 작습니다. 이러한 디자인은 멋진 은행 앱에서 다운로드하는 데이터의 양은 크게 줄이고, 다운로드가 필요한 데이터의 수량 자체를 줄여 주며, 이로 인해 서버에서 리퀘스트를 처

리하는 데 필요한 시간도 덜 걸리게 되므로 응답 시간이 더 짧아지게 됩니다.

이 솔루션은 계좌 거래 목록 화면에서 사용자가 3개월 분량의 캐시된 거래 목록을 스크롤할 가능성이 거의 없는 경우에도 통합니다. 이런 경우에는 리퀘스트에 before를 연결하여 사용하면 됩니다. GET /accounts/{accountId}/transactions?before={earliestTransactionId}&size=25은 25개의 거래를 조회해 가져올 때, before 로 식별된 가장 오래된 거래의 ID^{earliestTransactionId} 이후에 발생한 거래만 가져오게 됩니다. 필터링을 제공하는 것은 교환되는 데이터의 양을 줄이고 사용성을 향상시키는 좋은 전략입니다. 그렇지만 정확하고 효율적인 필터를 제공하려면 먼저 데이터의 특성과 사용 컨텍스트를 고려해야 합니다.

10.3.2 목록 표현을 위한 연관된 데이터 선택하기

목록으로 반환하기로 선택한 데이터는 커뮤니케이션 효율성에 큰 영향을 줄 수 있습니다. 은행 API는 연관성이 있는 데이터를 한 번에 제공해 주지 않기 때문에 그다지 효율적이지 않습니다. 그림 10.13에서 볼 수 있듯이 멋진 은행 앱은 계좌 소유자들의 직급과 이름을 대시보드 화면에서 보여 주고 있습니다.

만약 소유자의 이름을 오직 소유자 목록 목표에서만 가져올 수 있다면, 요약된 데이터에서는 직급을 가져올 수 없을 겁니다. 이 정보를 가져오기 위해서 애플리케이션은 각 소유자의 상세 정보를 조회하는 수밖에 없습니다. 이런 일이 발생한다는 것은 주로 목록 형태로 반환되는 리소스의 요약 표현과 특정 리소스에 접근할 때 반환되는 세부 정보 사이에 균형이 잘못되어 있다는 의미입니다. 요약된 버전에 직급을 추가함으로써 우리는 소유자 조회 호출을 하지 않아도 됩니다.

계좌 목록 목표에서도 같은 일이 벌어집니다. 이 목표는 계좌의 유형을 반환하지 않는데, 기본적인 정보들을 가져오기 위해 계좌 읽기 목표를 추가로 호출해야만 했습니다. 마찬가지로 요약된 정보를 제공해 주는 계좌 목록 목표에 type이라는 속성을 추가해 줌으로써 추가적인 API 호출을 예방하게 됩니다.

거래 목록 목표도 같은 방식으로 수정해야 합니다. 그렇지만 우리는 여기서 더 나아가겠습니다. 그림 10.14에서 계좌 화면은 거래 목록을 호출하고 가져오게 된 거래별로 거래 읽기 목표를 호출해야 하는 상황을 보여 주고 있습니다.

▼ 그림 10.13 목록에서 연관성 있는 요약 표현 선택하기

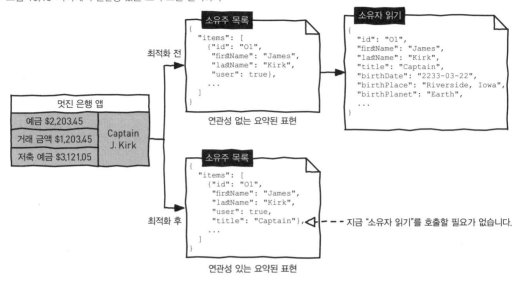

▼ 그림 10.14 모든 정보를 표현하는 리스트 사용하기

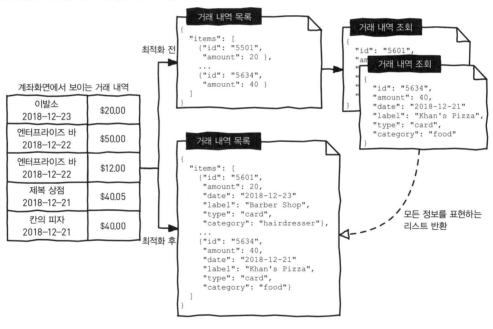

요약된 거래 표현에는 id와 label만 포함되어 있습니다. 이 표현에 금액과 거래의 유형 정보는 없습니다. 이러한 상황은 컨슈머에게 각 거래 별로 상세 정보에 대한 별도의 리퀘스트를 요청하게 만듭니다. 거래가 지닌 특성상, 거래는 수시로 일반적으로 매우 많은 데다가 그때마다 일괄적으로 검토됩니다. 이러한 특성 탓에 거래 목록 목표는 단순한 요약이 아니라 거래에 대한 모든 정보를 한 번에 반환해야 합니다.

다른 목록에도 소유자 목록과 같은 수정을 해 보면 어떨까요? 소유자 리소스는 훨씬 많은 데이터를 포함하고 있으며, 이 정보는 목록으로 작업할 때는 대부분 연관성이 없습니다. 그런데도 소유자 목록에 있는 모든 데이터를 반환하면 데이터양은 불필요하게 증가합니다.

리소스에서 가장 대표적이고 유용한 속성들을 포함하는 표현을 선택하면 사용성 있는 API를 만들 뿐 아니라 목록의 데이터를 가져온 이후에 벌어질 수 있는 불필요한 API 호출을 많이 회피할 수 있습니다. 일반적으로 무언가의 목록을 요청하면 요약된 정보로 목록을 반환하는 것이 일반적이지만, 이것이 의무 사항은 아닙니다. 때에 따라서는 모든 정보가 포함된 완전한 표현을 반환하는 것이 더 효율적인 경우가 있습니다.

10.3.3 데이터 집합체 만들기^{Aggregating}

잘 정제된 리소스는 유연하고 가치 있는 방법으로 다른 형태의 데이터 컨셉의 부분집합을 제공해 줍니다. 그렇지만 컨슈머가 너무 많은 API 호출을 하게끔 이끌 수도 있습니다. 앞에서 우리가 진행한 최적화는 생각하지 않았을 때, 멋진 은행 앱이 소유자의 데이터를 로드하는 방법을 보겠습니다.

소유자의 데이터는 소유자 읽기 목표로 접근 가능한 소유자^{owner} 리소스와 주소 목록 목표로 접근 가능한 주소^{addresses} 리소스로 나뉩니다. 컨슈머는 하위 집합 또는 그 외의 것을 선택해서 가져올 수 있음을 의미하는데, 그러나 이는 밀접하게 연관된 매우 적은 데이터 세트를 얻기 위해서 두 개의 API 호출이 필요함을 의미합니다. 매우 성가십니다. 네트워크 사정이 적대적인 상황에서는 우리는 추가적인 호출이 여의치 않습니다. 이것과 유사한 유즈케이스를 이미 7.2절에서 봤습니다. 주소 목록을 소유자의 데이터에 포함시켜 한 번의 소유자 읽기 호출로 필요한 모든 데이터를 가져오는 편이 더 나은 디자인일 겁니다.

▼ 그림 10.15 하위 리소스와 부모 리소스를 집합체로 만들기

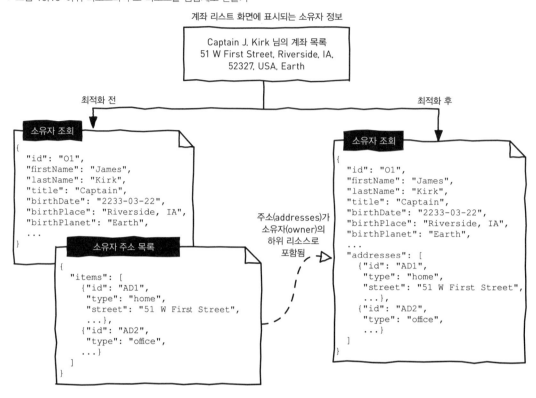

한 걸음 더 나아가서 계좌와 거래를 한데 모은다면 어떨까요? 사실 이 방법은 몇 가지 이유에서 좋은 생각은 아닙니다. 계좌별로 많은 거래가 있을 수 있으며, 컨슈머는 거래 유형 또는 날짜별로 거래를 필터링할수 있으며, 가장 중요한 점은 거래 목록이 정기적으로 갱신된다는 점입니다. 소유자의 데이터는 데이터양이 비교적 적고 주소가 그렇게 자주 변경되지 않기 때문에 주소 목록을 소유자의 데이터에 통합하는 편이더 좋습니다. 만약 컨슈머가 주어진 유형의 주소를 선택해야 할지라도 최대 10개 정도 되는 요소 목록만 필터링하면 됩니다. 그리고 만약 데이터가 변경될지라도, 가져와야 할 데이터가 그렇게 많은 것도 아닙니다.그렇지만 계좌 거래의 경우는 별도의 접근으로 분리해두는 편이 더 좋습니다. 계좌의 데이터에 거래 내용을 포함할 수 없다면, 더 큰 개념의 테두리에 데이터를 통합하는 건 가능할까요? 한 번의 거래 목록 호출로모든 데이터를 전부 가져오는 건 어떨까요? 그림 10.16은 사용자가 4명의 소유자와 8개의 계좌에 접근할수 있는 유즈케이스에서 집합체 만들기에 영향을 보여 줍니다.

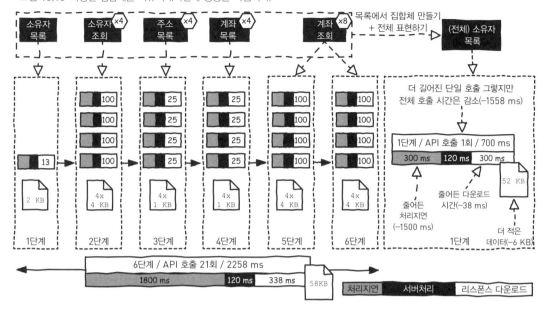

▼ 그림 10.16 확장된 집합체는 커뮤니케이션에 영향을 미칩니다.

단 한 번의 호출로 거래를 제외한 모든 데이터를 가져온다는 것은 계좌 목록에서 계좌의 모든 정보가 포함된 표현이 반환됨을 의미합니다. 이 모든 데이터를 소유자 리소스에 주소 목록과 함께 집합체를 만들면, 그것이 바로 소유자 목록에서 각 소유자에 대한 완전한 표현을 반환하는 것이 됩니다. (여섯 단계로 분산되었으며, 2.2초가 걸리며, 58KB의 데이터로 표현되는) 17번의 API 호출을 단 한 번의 호출로 변경함으로써 무엇을 얻을 수 있을까요?

처리 단계가 6단계에서 단 한 번으로 바뀌면서, 1,500ms였던 처리지연 시간이 300ms까지 감소하게 됩니다. 놀랍게도 다운로드 받는 데이터의 크기도 58KB에서 52KB로 감소하게 됩니다. 이는 요약된 목록에서 중복된 데이터가 더 이상 반환되지 않기 때문입니다. 데이터는 오직 소유자 읽기 또는 계좌 읽기 목표를 호출할 때만 반환됩니다. 서버의 처리 시간은 120ms입니다. 그렇지만 현실에서는, 이보다는 줄어들 겁니다. 전체적인 시간은 2.2초에서 700ms까지 줄어들었습니다. 이제 여러 번의 짧은 호출 대신에, 우리는 상대적으로 긴 한 번의 호출을 하게 됐습니다. 그 결과는 제법 인상적입니다. 리스폰스에 걸리는 시간이 거의 70% 절감됩니다!

우리는 이 새롭게 만들어진 집합체 소유자 목표 목록과 거래 목록 목표를 유지하고 은행 API에서 다른 모든 목표를 제거할 수 있습니다. 그렇지만 대부분의 감소는 지연시간에 영향을 숩니다. 만약 지속적인 연결을 API 서버상에 활성화해두었다면, 집합체를 이용하는 전략은 그다지 효율적이지 않을 겁니다.

특정 상황에서 집합체는 캐싱 가능성을 방해할 수도 있습니다. 집합체가 구성된 데이터의 수명은 모든 개별 속성 중에서 가장 작은 수명을 지니는 속성(이 경우에는, 가장 빈번하게 변경되는 계좌의 잔액이 됩니다.)의 수명과 같습니다. 따라서 단일 계좌의 잔액이 변경되면, 소비자는 많은 양의 데이터를 다시 로드해야 합니다. 대수롭지 않게 보일 수도 있지만, 적대적인 네트워크 조건에서는 한 번에 매우 오랫동안 리퀘스트를 하는 것이 짧게 여러 번 호출하는 것보다 문제가 발생하기 쉽습니다. 3G 네트워크에서 오랫동안 리퀘스트를 유지하는 것은 연결 유실의 위험성을 증가시킵니다. 또한, 95% 정도 다운로드가 된 상태에서 연결이 유실되었다면, 컨슈머는 처음부터 다시 받아야 할 겁니다.

마지막으로 덧붙이자면 성능적인 부분에서 집합체는 사용성 측면에서 영향을 줄 수 있습니다. 컨슈머에게 소유자 목록과 거래 목록 목표만 제공하고 있다면, 컨슈머는 API의 작동 방식을 이해하기가 쉽지 않을 수 있습니다. 따라서 데이터를 집합체로 구성하는 것은 가능한 커뮤니케이션 성능 문제에 대한 유효한 솔루션이 될 수 있지만, 모든 시사점을 잘 파악하고 이해한 상태에서 신중하게 수행해야 합니다. 리소스 및 목표를 디자인할 때 API를 사용성뿐만 아니라 효율적으로도 사용할 수 있도록 세밀하게 선택해야 합니다.

10.3.4 다른 표현 제안하기

현명하게 집합체를 사용하거나 목록에서 더 완전한 표현을 사용함으로써 우리는 보다 효율적인 API를 디자인할 수 있습니다. 그러나 이 솔루션은 매우 융통성이 없습니다. 모든 컨슈머들이 모든 경우에 모든 데이터를 필요로 하지 않습니다. 보다 융통성 있는 API를 만들고 컨슈머의 요구에 가장 잘 맞는 표현을 선택하는 방법을 제공하려면 어떻게 해야 할까요? 여러분은 이 질문에 대한 답을 알고 있습니다.

6.2.1절에서 발견했던 것처럼 리소스에 대한 다양한 형태를 제공할 수 있다면, 그림 10.17과 같이 우리는 요약summarized, 전체complete, 확장extended 이렇게 세 가지 다른 레벨로 리소스를 표현할 수 있습니다.

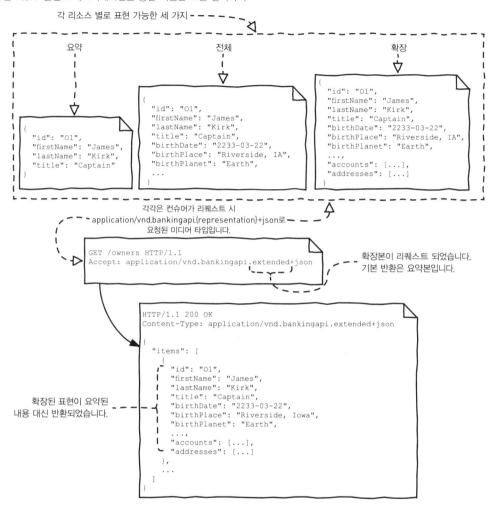

우리는 그 사이 소유자 목표 GET /owners/{ownersId}처럼 특정 리소스를 읽을 때마다 전체 정보를 포함한 표현을 사용하는 데에 익숙해졌습니다. 데이터의 요약된 표현은 전체 표현의 부분집합입니다. 이는 소유자 목록 목표 GET /owners에서 주로 보아왔던 데이터 표현입니다. 마지막으로 확장된 표현은 리소스와 해당 리소스의 하위 리소스(계좌 리소스와 주소 리소스의 완전한 표현)의 집합체와 같습니다. 이제 멋진 은행 앱이 대시보드 화면에서 소유자 정보를 읽기 위해 리퀘스트를 보낼 때, 기본 리스폰스 데이터 형태인 요약된 표현 대신 확장된 표현을 원한다고 application/vnd.bankingapi.extended+json라는 값을 헤더 Accept에 명시하여 리퀘스트를 보낼 수 있습니다. 이런 식으로 소유자를 읽어오고, 계좌 목록을 읽어오고, 계좌를 읽는 호출 구조를 회피할 수 있습니다.

이런 방식의 장점이자 단점은 속도, 캐싱의 영향과 그리고 10.3.3절에서 다룬 것처럼 연결 유실에 가능성이 있습니다. 하지만 다른 컨슈머들은 필요한 경우 소유자별로 요약된 표현만 가져오도록 선택할 수 있습니다. 또한, 갱신된 계좌 잔액만을 원한다면, 컨슈머는 그저 GET /accounts/{accountId} 리퀘스트에 Accept: application/vnd.bankingapi.summarized+json 헤더만 포함하면 일반적인 전체 표현 형태의 리스폰스가 아닌 필수 데이터들만 포함된 요약된 리스폰스를 받게 됩니다. 이러한 메카니즘을 규정짓는 표준은 존재하지 않습니다. application/vnd.bankingapi.{representation}+json과 같은 미디어 타입은 순전히 커스텀의 영역입니다. 그래도 표준이 있긴 있는데 이것들의 이름은 vnd라는 접두사로 해야 하며 이는 vendor(공급업체)를 의미합니다. +json 접미사 역시 표준으로 커스텀 미디어 타입인 이것이 기본적으로는 JSON 데이터라는 것을 명시합니다. 리소스에 대한 여러 가지 표현 방식을 제공하는 것은 더욱 유용하고 유연한 API를 제공하는 데 도움이 됩니다. 그렇지만 우리는 이보다 더 잘할 수 있습니다.

10.3.5 확장 활성화하기

콘텐츠 네고시에이션을 사용함으로써, 보다 유연한 API 제공을 디자인할 수 있게 됩니다. 예를 들면, 소유자를 세 가지 다른 형태로 표현한다고 하겠습니다. 만약 컨슈머가 요약된 데이터 중에서도 계좌 정보만 취하고 주소와 관련된 정보는 필요가 없다면 어떻게 해야 할까요? 이런 경우에는 네 번째로 적당히 요약된 형태의 소유자 표현을 별도로 또 만들어 내야만 합니다. 그렇다면 다른 방법을 시도해 보겠습니다. 이번에 다룰 방법은 **리소스 확장**^{resource expansion}이라 불리며, 이는 그림 10.18에 표현되어 있습니다.

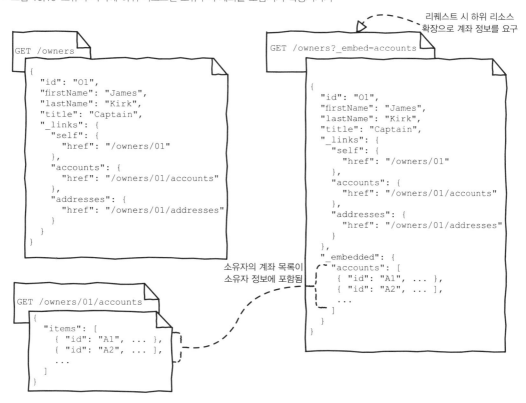

▼ 그림 10.18 소유자 목록에 하위 리소스인 소유주의 계좌를 포함시켜 확장시키기

그림의 왼쪽을 보시면 우리는 소유자 목록 리퀘스트 GET /owners가 요약된 소유자 정보를 반환하고, 계좌 목록 리퀘스트 GET /owners/01/accounts가 계좌의 요약된 정보를 반환하는 것을 볼 수 있습니다. 우리가 HAL 링크로 _link 속성을 제공하고 있다는 점을 주목하기 바랍니다. (6.3.2절 참조) 오른쪽을 보시면, 소유자 목록 리퀘스트에 _embed=accounts라는 쿼리 파라미터가 포함된 것을 볼 수 있습니다. 이 쿼리 파라미터의 의미는 "소유자의 모든 계좌 목록을 리스폰스에 포함해 주세요."와 같습니다. 이러면 리스폰스에는 _embedded.accounts 속성으로 요청된 정보들이 모두 포함돼서 반환되게 됩니다.[6] 만약 컨슈머가 리퀘스트 시에 _embed=accounts, addresses라고 쿼리 파라미터를 보내게 된다면, 이번에는 _embedded 속성 밑에 계좌와 주소 목록이 포함되어 반환될 겁니다. 이는 _embed 파라미터가 어떤 리소스를 확장하여 포함할 것인지 결정짓는 트리거로서 동작하기 때문에 가능한 일입니다. 이 방식의 단점은 리퀘스트의 길이 자체가 길어지게 된다는 것과 더 긴 응답 시간과 캐싱 비효율을 들 수 있습니다.

---

6 이 표현은 HAL 명세를 따릅니다. (https://tools.ietf.org/html/draft-kellyjson-hal-06#section-4.1.2)

이 메카니즘도 구체적인 표준은 존재하지 않습니다. 이번에 다룬 모든 내용은 철저히 커스텀의 영역입니다. 쿼리 파라미터는 embed, expand 아니면 여러분이 택하는 그 어떤 것이든 될 수도 있습니다. 데이터가 어떻게 조직화되어 있는지, 여러분이 어떠한 하이퍼 미디어(HAL, Siren, 커스텀, 기타 등등) 포맷을 선택하는지에 따라서 하위 리소스를 다루는 방법은 달라집니다. 리소스 확장은 컨슈머가 데이터 트리를 검색하기 위해 수행하는 호출 횟수를 줄이는 다른 방법입니다. 그렇지만 쿼리를 이용한다면 더욱 경제적으로 접근할 수 있습니다.

10.3.6 쿼리 활성화하기

만약 모든 바이트와 밀리초까지 고려해야 하는 사항이라면, 우리의 API에 적응력을 심어주어서 컨슈머들이 원하는 속성 하나 하나를 선택할 수 있게 해 주어서 데이터의 크기 자체를 줄이고, 가능하면 API 호출 횟수까지도 줄일 수 있는 API를 만들 수 있습니다. 예를 들자면, GET /owners?_fields=id 리퀘스트는 소유자 목록을 반환할 겁니다. 그렇지만 반환되는 소유자 목록에는 오직 소유자의 id만 포함되어 있을 겁니다. 이런 식으로 데이터를 REST API에서 제공하는 메카니즘에 대한 표준은 없습니다. 그렇지만 fields나 properties와 같은 쿼리 파라미터로 거기에 속성의 이름(예: 직위)이나, JSON 경로(예: $.accounts[*].id 모든 계좌의 ID 가져오기) 등을 값으로 받는 것이 일반적입니다.

또 다른 방법으로는 데이터 크기를 줄이기 위해 보다 복잡한 쿼리가 필요한 경우라면 다른 선택지를 고려할 수 있습니다. 이미 존재하는 쿼리 언어를 사용하는 겁니다. REST만이 유일한 API가 아닙니다. 이미 우리는 짧게나마 gRPC와 같은 것도 언급했습니다. 여기 여러분이 흥미를 가질만한 또다른 API 스타일이 하나 있습니다. 바로 GraphQL입니다. Facebook에서 2012년도에 만들고 2015년도에 오픈소스가 된 GraphQL은 다음과 같이 스스로를 규정짓습니다.

"API에 대한 쿼리 언어이자, 기존 데이터로 이러한 쿼리에 대응하는 런타임"

https://graphql.org

이번 절은 여러분에게 어떻게 GraphQL을 만드는지 가르치려는 목적은 아닙니다. 순전히 GraphQL을 언급한 이유는 컨슈머가 그들이 원하는 데이터를 스스로 구성하고 요청하는 쿼리 언어가 이미 존재한다는 사실을 알려드리고자 함입니다. 다음 예제는 기본 GraphQL 호출이 어떻게 소유자 목록을 쿼리하는지 보여주고 있습니다. 이는 GET /owners?_fields=id 리퀘스트와 동일합니다.

예제 10.1 GraphQL API 호출과 리스폰스

```
POST /graphql

{
  "query": "{ owners { id } }"
}

HTTP/1.1 200 OK
{
  "owners": [
    {"id": "01"},
    {"id": "02"},
    ...
  ]
}
```

GraphQL API 호출은 POST 리퀘스트와 하나로 일반화된 graphql 경로 호출로 구성됩니다. 리퀘스트의 바디에는 JSON 문서가 포함되어 있으며, 이 데이터를 읽어보면 query 속성이 문자열 형태로 존재합니다. 이 속성의 값을 실제로는 GraphQL의 쿼리이며, 이를 바탕으로 데이터를 가져옵니다. 중괄호[(), braces]에 현혹돼서는 안 됩니다.

이 쿼리는 JSON이 아닙니다! { owners { id } } 쿼리문은 소유자의 ID만 원한다는 뜻으로 이해하면 됩니다. 다음 예제는 좀 더 긴 GraphQL 쿼리입니다. 이도 마찬가지로 query 속성에 들어가는 내용으로 이번에는 좀 더 자세한 소유자의 정보와 그들의 계좌에 대한 정보를 요구하고 있습니다.

예제 10.2 소유자의 일부 데이터 및 계좌 데이터 가져오기

```
{
  owners {
    id
    title
    firstName
    lastName
    accounts {
      id
```

```
      balance
    }
  }
}
```

이 리퀘스트는 선택된 내용을 포함하여 소유자 정보를 반환합니다. REST API를 이용해서 이러한 정보를 (집합체를 구성하지 않고) 제공하기 위해서 우리는 여러 가지 API를 연쇄적으로 호출할 필요가 있습니다. 우리는 먼저 소유자 목록을 GET /owners 로 가져온 뒤에 소유자별 계좌를 GET /owners/{ownerId}/accounts 리퀘스트로 가져와야 합니다. 이제 은행 API가 우리에게 근처에 있는 ATM 기기 목록을 제공해 주는 목표를 제공해야 한다고 상상해 보겠습니다. REST API를 이용하면, 리퀘스트는 다음과 같을 겁니다.

GET /atms?latitude=48&longitude=2&distance=2 (역주: 위도 48, 경도 2는 프랑스 파리입니다.)

이 리퀘스트는 특정 장소에서 2마일 내외의 ATM 기기들을 가져옵니다. 다음 예제에서는 별도의 두 개의 쿼리를 한 번의 GraphQL을 이용해서 소유자와 그들의 계좌 정보, 그리고 근처 ATM 정보를 무리 없이 호출할 수 있습니다.

예제 10.3 여러 쿼리 한 번에 수행하기

```
{
  owners {
    id
    title
    firstName
    lastName
    accounts {
      id
      balance
    }
  }
  atms (latitude: 48, longitude: 2, distance: 2) {
    address
    longitude
    latitude
  }
}
```

컨슈머는 여러 번의 쿼리가 될 수 있는 질의를 한 번의 호출로 해결할 수 있습니다. 그렇지만 GraphQL은 오직 HTTP의 POST 메서드만을 사용하기 때문에 리퀘스트는 HTTP 표준 캐싱 방법으로 GET /atms?latitude=48&longitude=2&distance=2 리퀘스트라면 가능했을 캐시가 불가능합니다.

이 책을 쓰는 시점에는 GraphQL은 캐싱과 관련된 기능을 제공하지 않고 있습니다. 따라서 데이터를 캐시할 수 있는 기간을 추측하는 것은 컨슈머의 몫입니다. 또한, 데이터 집합체를 구성하던 것과 마찬가지로 리스폰스를 전체적으로 캐싱하는 것은 매우 다른 TTL$^{Time to live}$ 값을 지닌 이종의 데이터를 포함할 수 있으므로 별다른 의미가 없을 수 있습니다. 이러한 솔루션을 택하기 전에 먼저 고려해 봐야 하는 또 다른 구현체가 하나 있습니다. 여기에 대한 좀 더 자세한 이야기는 11.3.1절에서 다루겠습니다.

데이터 쿼리를 활성화하는 것은 어떠한 경우에는 적절한 방법이지만, 그렇지 않을 수도 있습니다. 데이터 쿼리의 활성화는 전송되는 데이터의 크기와 API 호출 횟수를 줄일 수 있지만, 캐싱의 여지마저 감소시켜 버립니다.

10.3.7 보다 연관성 있는 데이터와 목표 제공하기

방금 보셨듯, 멋진 은행 앱은 API 쿼리 언어를 사용하여 한 번의 호출로 화면에 필요한 모든 데이터를 가져올 수 있습니다. 그렇지만 은행 API의 타입을 REST에서 GraphQL로 변경을 고려하기 전에 우리는 이 디자인에 대해서 재고해 볼 필요가 있습니다. 게다가 비효율적인 커뮤니케이션은 컨슈머의 진정한 요구 사항을 반영하지 않은 디자인으로 인한 증상에 불과할 수 있습니다.

이미 10.3.2절과 10.3.3절에서 리소스의 세분성에 대한 선택과 어떤 데이터가 요약된 표현에 포함되는지에 대한 여부가 단순히 커뮤니케이션의 효율성뿐만 아니라 더욱 중요한 사용성에도 영향을 미친다는 것을 목격했습니다. 그렇지만 사용성이 뛰어나고 네트워크 효율도 뛰어난 API 디자인을 제공하려면 단순히 어떠한 데이터를 목록에 넣어서 반환할지라던가 리소스를 어떻게 쪼갤지에 대한 고민으로는 부족합니다. 연관성 있는 데이터와 목표를 제공하는 것이 이러한 디자인을 제공하는 데 있어서 중요한 열쇠입니다.

컨슈머들이 계좌에 대한 정보를 요청해서 가져올 때, 일반적으로는 계좌의 유형, 이름, 잔액, 거래 이력이 필요합니다. 은행 API는 이 모든 것들을 계좌 읽기와 거래 목록 목표 덕분에 가져올 수 있습니다. 그렇지만 계좌의 잔액은 새로운 거래가 발생할 때마다 수시로 변경됩니다.

현재의 디자인으로는 커서 기반의 페이지 처리(10.3.1절 참조) 리퀘스트나 조건부 리퀘스트(10.2.2절 참조)를 통하지 않고는 이 정보들을 갱신하는 방법이 없습니다. 만약 새로운 거래가 발생한다면, 컨슈머는 계좌의 다른 정보들이 변경되지 않았더라도 계좌 정보를 다시 읽어와야 할 겁니다. 은행 API 컨슈머는 계좌의 잔액 정보를 얻어올 목적이 아니었다면 애초에 거래 목록 자체는 필요 없었을 겁니다.

분명 데이터 사이에 매우 연관성이 높습니다. 잔액은 거래 금액에 의해 발생합니다. 아래 예제처럼 갱신된 계좌 잔액을 각 거래에 작성하면 과정이 간단해집니다.

예제 10.4 거래 후 잔액을 거래에 반영하기

```
{
  "items": [
    {"id": "5601", "date": "2018-12-23", "amount": 20, "balance": 202.3,
    ...},
    {"id": "5550", "date": "2018-12-23", "amount": 20, "balance": 222.3,
    ...},
    {"id": "5548", "date": "2018-12-22", "amount": 23.7, "balance": 246,
    ...},
    ...
  ]
}
```

새로운 거래를 가져올 때 컨슈머는 갱신된 잔액을 별도의 계좌 읽기 호출 없이 한 번에 가져오게 됩니다. 거기에 보너스로, 흥미로운 이력도 같이 제공하게 되었습니다. 이제 컨슈머는 잔액이 시간이 흐르며 어떻게 바뀌는지 볼 수 있게 되었습니다. 주의할 점은 계좌 잔액이 거래에 추가되었기 때문에 계좌 읽기 목표에서 제거되어야 하는 것은 아니라는 점입니다. 잔액은 양쪽 모두에서 유용합니다.

연관성 있는 데이터를 제공하는 것이 가능한 모든 데이터를 제공한다는 뜻은 아닙니다. 실제로 컨슈머 관점에 집중하다 보면 데이터 크기의 한계를 정하는 것에도 도움이 됩니다(2.4.1절 참조). 우리의 경우에는 아마 API 제공업체의 구현에만 중요한 소유자와 계좌 리소스에서 몇 가지 중요하지 않은 속성들은 생략할 수 있을 겁니다.

> **Note** 올바른 리소스에 올바른 데이터를 추가하고 실제로 관련된 데이터만 제공하기 위해 컨슈머 관점에 초점을 맞추면 사용성과 네트워크 효율성이 향상 될 수 있습니다.

은행 API의 리소스 트리 구조의 루트^{root}에서는 소유자 목록에 접근할 수 있습니다. 모든 컨슈머들이 무엇이든 하기 위해서는 이 루트를 거쳐 가야만 합니다. API와 동일한 수준의 조직화가 된 데이터가 화면에 표시되는 멋진 은행 앱의 경우에 이런 접근 방식이 적합해 보입니다. 그렇지만 이는 모든 컨슈머들이 GET /accounts/{ownerId}/accounts 호출을 통하여 어떠한 계좌가 접근 가능한지 알아야 함을 의미합니다.

이런 상황은 계좌의 소유주가 누구인지는 전혀 궁금하지 않은 컨슈머들에겐 성가신 일이 될 겁니다. 그러나 관리자가 모든 고객의 모든 계좌에 대한 요약된 정보를 얻어야 하는 상황이 생긴다면, 현재 사용자를 기준으로 접근 가능한 모든 계좌를 반환하는 GET /accounts를 API에 추가하는 편이 더 유용할 수 있습니다.

또한, 소유자 목록 목표에서 반환되는 소유자 중 하나는 최종 사용자에 해당합니다. 현재 디자인에서, 최종 사용자에 해당하는 소유자 정보를 가져오려면 반환된 소유자 목록에서 endUser 플래그가 true로 설정된 사용자를 검색해야만 합니다. 만약 me와 같이 특수한 리소스 ID를 만들어 낸다면, 바로 최종 사용자의 정보를 소유자 목표에서 가져올 수 있게 GET /owners/me 와 같이 리퀘스트를 이용해 소유자 목록에서 최종 사용자의 ID를 이용해 찾아내야 할 필요가 없게 됩니다.

여러분이 보셨듯이, 동일한 리소스에 대한 다른 접근을 제공하거나 더 직접적인 접근이 가능한 목표를 추가한다면, 다른 상황에서도 사용성과 효율성을 향상시킬 수 있습니다. 예를 들자면, 멋진 은행 앱에서 기본 대시보드 화면을 구성한 방식으로 기존 목표에 데이터를 추가하거나 보다 구체적인 목표를 만들 수도 있습니다. 소유자별 거래 금액과 계좌 잔액의 집합체는 API의 구현과 소유자의 데이터에 추가함으로써 제공할 수 있습니다. 계좌 읽기와 거래 목록 목표를 통해 반환된 거래 금액의 집합체 또한 계좌 잔액과 나란히 추가될 수 있습니다.

다른 컨슈머들에게도 유용할 수 있도록 우리는 대시보드 전용의 목표를 만들어 GET /dashboards/me와 같은 리퀘스트로 멋진 은행 앱의 대시보드 화면에 필요한 데이터를 읽어올 수 있게 만드는 것도 고려할 수 있습니다. 만약 많은 컨슈머들이 이러한 변경 때문에 이익을 취할 수 있다면, API에 추가되는 편이 좋습니다.

또한, 여러분은 컨슈머들이 얼마든지 API를 의도하지 않은 방식으로 사용할 수 있음을 주의해야 합니다. 초기 디자인의 허점이나 몇몇 컨슈머들이 여러분이 전혀 생각지도 못한 발상으로 사용하고 있을 수 있으므로 예상치 못한 사용처를 분석하고 필요에 따라서는 디자인을 수정하는 편이 좋습니다. 실제로 API 디자이너가 API 디자인의 효율성을 평가하는 것은 중요합니다.

10.1.2절에서 확인했듯, 유즈케이스에 따라 은행 API의 효율성은 크게 달라집니다. 대시보드의 데이터를 불러오기 위해 5번의 API 호출로 1.2초를 소요하거나 25회의 호출로 4.2초가 걸릴 수도 있습니다. 커뮤니케이션의 효율성을 증진시킬 때는 여러분은 기본 유즈케이스 이외의 다른 유즈케이스들도 반드시 고려해

야 합니다. API의 목표 흐름은 매우 기본적이고 이상적인 사용 사례로는 완벽해 보일 수 있지만 현실 세계나 엣지 케이스의 경우를 직면하면 악몽이 될 수도 있습니다. API 디자이너는 효율성을 실제로 평가하기 위해 항상 실제 유즈케이스를 바탕으로 디자인을 테스트해야 합니다.

10.3.8 다른 API 레이어 생성하기

네트워크 효율성을 위해 API를 최적화하는 것은 좋은 일입니다. 그렇지만 API 디자이너는 아니라고 말해야 할 때를 알아야 합니다. 커뮤니케이션 효율도 중요하지만 사용성과 재사용성을 희생해가면서까지 API를 최적화해서는 안 됩니다. 모든 컨슈머들을 만족시키기 위해서 여기 저기에 특정한 수정을 가하거나 매우 특수한 목표를 추가하는 것은 API를 재사용하기 힘들 정도로 복잡하게 만들 수 있습니다. 다행스럽게도, 이번 장에서 다루었던 다양한 기법들을 이용한다면, 여러분은 효율적인 API를 디자인할 수 있을 것이며, 여러분에게 필요할 때 뒤로 물러날 수 있는 자신감을 줄 겁니다.

컨슈머가 정말로 특수한 기능을 원한다면, 여러분은 프로바이더 상에 그들만을 위한 API를 구현해야 할 겁니다. 모바일 앱과 웹 사이트에서는 이런 컴포넌트를 BFF(Best Friends Forever가 아니라 Backend For Frontend, 프론트엔드를 위한 백엔드의 약자)라고 부릅니다. 예를 들면, 멋진 은행 앱의 개발팀은 Graph-QL 기반의 BFF를 구축할 수 있습니다. GraphQL 라이브러리를 이용하면 개발자들은 많은 코드 없이 이러한 목표를 간단하게 달성할 수 있습니다.

프로바이더는 자체 시스템 상에 새로운 API 레이어를 만들어 API를 제공할 수도 있습니다. 이러한 특수 API는 때때로 API 형식(REST, GraphQL 등)에 관계없이 **익스피리언스 API**experience API라고 부르며, 그 디자인은 기능적 또는 기술적 (일반적으로 네트워크) 관점에서 특정 사용 상황에 맞게 최적화되어 있습니다. 익스피리언스 API 밑에서 여러분은 오리지널 또는 특화되지 않은 API를 찾을 수 있을 겁니다. 이들은 소비자 지향적인 디자인이지만 좀 더 범용적인 상황에 쓰이는 API입니다. 그리고 여러분은 이 레이어 밑에 존재하는 시스템의 코어에 접근이 가능한 시스템 API를 찾을 수 있을 겁니다. 2.1절에서 다루었던 전자레인지 예제가 생각해 보신다면, 마그네트론에 접근 가능한 API를 익스피리언스 API라고 생각하면 됩니다.

다음 장에서는 보다 유용하고 구현 가능한 API를 디자인하기 위해서 컨슈머와 프로바이더 측 모두에서 API 전체를 둘러싼 컨텍스트에 대해 자세히 살펴보겠습니다.

요약

- API 디자이너는 네트워크 커뮤니케이션 효율성에서 중요한 역할을 합니다.

- 네트워크 최적화의 첫 단계는 프로토콜 수준이 아니라 디자인 수준부터입니다.

- API의 세분성과 적응성은 네트워크의 효율성에 영향을 미칩니다.

- 네트워크 효율성 문제는 API에서 누락되거나 부적절한 목표가 있다는 신호입니다.

- API 디자인 최적화는 사용성과 재사용성을 희생해가며 수행해서는 안 됩니다. 여러 계층의 API 레이어를 제공함으로써 이러한 함정을 피해 갈 수 있습니다.

⑪ 컨텍스트에 맞는 API 디자인하기

> **이 장의 내용**
> - 목표와 데이터에 맞게 커뮤니케이션 적용하기
> - 컨슈머와 프로바이더의 요구 사항과 한계를 고려하기
> - 컨텍스트에 맞는 API 스타일 선택하기

지난 장에서 우리는 그동안 디자인한 API가 그것들을 둘러싼 컨텍스트를 외면한 채 만들어져 왔다는 사실을 발견하기 시작했습니다. 우리는 네트워크에 관한 컨텍스트를 살펴봤고, 이것이 API 디자인에 어떠한 영향을 미치는지 함께 탐험했습니다. 그러나 실제로 모든 컨슈머의 요구를 충족시키고 구현 가능한 API를 설계하기 위해 고려해야 할 다른 컨텍스트가 남아있습니다. 앞에서 살펴본 것처럼 API를 디자인하려면 먼저 컨슈머에 초점을 맞춰야 하지만, 프로바이더에서도 눈을 떼어서는 안 됩니다. QWERTY 레이아웃 키보드가 19세기 말에 발명된 사실을 알고 계셨나요? 가장 일반적인 이야기는 기계적 문제를 해결하기 위해 만들어졌다는 것입니다. 타자기의 경우에 인접한 두 개의 키를 동시에 또는 빠르게 연속해서 누르면 문자가 부착된 금속 팔끼리 충돌하거나 걸리게 될 수 있습니다. 이러한 기계적 문제를 피하고 사용자가 빠르게 입력할 수 있도록, 자주 쓰이는 문자 쌍들은 서로 멀리 떨어지도록 만들었습니다. 이 이야기가 사실이라는 전제하에 본다면, QWERTY 디자인은 내부적인 디자인 고려 사항이 외부까지 영향을 준 사례입니다. 그렇지만 교토대학의 야스오카 코이치安岡孝一와 야스오카 모코토安岡素子의 이야기를 들어보면 이야기가 좀 다릅니다.[7]

---

7 야스오카 코이치, 야스오카 모코토, 〈QWERTY에 관한 선사학 (On the Prehistory of QWERTY)〉, 교토대학교, 2011년 3월 (https://doi.org/10.14989/139379)

"초기의 타자기 키보드는 Hughes-Phelps 전신 인쇄에서 비롯되었으며, 이는 모스 부호 수신기에서 기인했습니다. 키보드의 배열은 개발 과정 중 매우 빈번하게 변경되었는데, 어느 날 갑자기 QWERTY가 다른 요구 사항에 의해 대세가 되었습니다. QWERTY는 1910년대에 전신(Teletype)에 적용되었으며, 전신은 훗날 컴퓨터 터미널까지 영향을 미쳤습니다."

야스오카 코이치와 야스오카 모코토

이들의 연구에 따르면 디자인은 실제로 타자기 사용 환경에 영향을 받은 게 됩니다. 어떤 기원이 사실이든 재밌는 점은 과거의 유물이 오늘날에도 여전히 쓰인다는 사실입니다. 저는 제 스마트폰의 그 어디에도 타자기 시절의 금속 팔은 없다는 걸 확인했음에도 과거의 잔재를 목격했습니다. 대부분 국가에서 라틴 또는 로마 알파벳 디지털 키패드는 여전히 QWERTY 레이아웃 또는 그들만의 로컬 버전을 사용하고 있습니다. 예를 들면 프랑스에서는 AZERTY를 쓰고 있습니다. 이젠 더 그럴 필요가 없음에도, 사람들은 여전히 그 방식을 고수하고 있으며 감히 유구한 전통이 되어버린 습관을 바꾸려 노력한 소수의 사람은 고배를 마셔야만 했습니다. 따라서 그림 11.1에서 볼 수 있듯이 대상이 어떻게 만들어지고, 어떻게 동작하는지 그리고 어떻게 쓰이며, 대상의 사용자가 무엇을 목적으로 그것을 사용하는지에 따라 디자인에 영향을 줍니다. 그리고 이 사실은 API에서도 똑같이 벌어집니다.

▼ 그림 11.1 프로바이더 및 컨슈머 컨텍스트는 API 디자인에 영향을 줍니다.

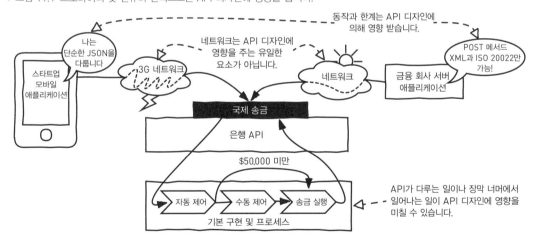

대부분 개발자는 JSON 기반 API를 소비하는 데 익숙하고, HTTP 프로토콜의 장점을 취하는 데도 익숙할 테지만, 소프트웨어 산업의 후미진 구석은 여전히 XML이 지배하고 있어 사용 가능한 HTTP 메서드가 POST뿐인 경우도 있습니다. 금융 업계는 복잡한 데다가 사용자 친화적이지도 않은 ISO 20022 표준 메시지를 애용했습니다. 그러나 금융 회사에 비교적 단순한 다른 포맷을 지원하는 API를 제공하려고 하면 오히려 풀어야 하는 문제들이 더 많아질 수도 있습니다.

컨텍스트에 영향을 주는 디자인이라면 컨슈머의 컨텍스트에도 부합되지 않습니다. 마찬가지로 프로바이더의 컨텍스트도 디자인에 영향을 줄 수 있습니다. 이는 비록 API 디자이너가 수단과 방법을 총동원하여 프로바이더 관점을 숨겨도(2.4절 참조) 벌어질 수 있습니다. 사람의 손을 타는 영역(예: 국제 송금 같은 특정 상황)에서는, 동기화된 리퀘스트/리스폰스 메커니즘을 사용하는 것이 제일 나은 선택이 아닐 수 있습니다. 그러므로 API를 디자인할 때 컨슈머와 프로바이더 사이의 잠재적인 한계를 모두 고려하고, 필요하다면 REST API를 벗어나는 다른 디자인도 고려해가며 제일 나은 선택을 해야 하는 이유입니다. 만약 우리가 이와 같은 작업에 실패한다면, 우리가 만들어 낸 API는 사용성이 부족하거나 구현하기 어려울 겁니다.

11.1 데이터와 목표와 성격에 맞는 커뮤니케이션 적용하기

지금까지 우리는 동기화synchronous 된 웹 API만을 프로바이더에게 보내고 리스폰스를 즉시 받아오는 것만 다뤄왔습니다. 그러나 API의 목표와 데이터의 특성에 따라 단일unitary하고 동기적인 리퀘스트/리스폰스 기반의 메커니즘은 효율적인 표현이 아닐 수도 있습니다. 어쩌면 처리시간이 오래 걸리거나, 컨슈머에게 이벤트를 보내야 하거나, 요청 하나로 여러 가지 요소를 한번에 처리해야 할 수도 있습니다. 이런 경우에 API 디자이너인 여러분들의 연장통에서 다룰 수 있는 수단이 동기화된 리퀘스트/리스폰스뿐이어서는 안 됩니다.

11.1.1 처리 시간이 오래 걸리는 작업 관리하기

동기화된 리퀘스트/리스폰스 메커니즘이 항상 성공적인 방법은 아닙니다. 때로는 여러분들은 비동기화된 목표를 제공해야 할 때가 있습니다. 예를 들면 은행 API가 송금 목표를 국내와 해외 양쪽 모두에 제공하는 때도 있습니다. 은행 규제에 따르면 송금하는 은행과 입금받는 은행의 거래 금액에 대해서 거래 내용을 증빙하는 일종의 문서가 제공되어야만 한다는 사항이 있습니다. 따라서 컨슈머(이 경우에는 멋진 은행 앱)는 반드시 보내는 계좌와 받는 계좌에 대해 각 거래(5.3절 참조)별 내용을 유효한 출금과 입금 정보를 결정하기 위해 보내는 계좌 목록과 받는 계좌 목록의 집합체를 사용해서 제공해야 합니다. 이 목표는 단순히 송금을 보내고 받을 수 있는 계좌들의 조합과 송금 가능 금액만 반환하는 것이 아니라, 거래 증빙이 필요 여부역시 반환합니다. 만약 문서가 필수인 경우라면, 컨슈머는 거래 관련 문서 업로드 목표를 이용해 이 증빙 문서를 전달하거나 받아볼 수 있습니다. 그림 11.2는 그 뒤에 무슨 일이 벌어지는지 보여 주고 있습니다. 바로 사람이 직접 그 문서들을 하나씩 살펴보는 것입니다.

▼ 그림 11.2 사람의 확인이 필요한 송금

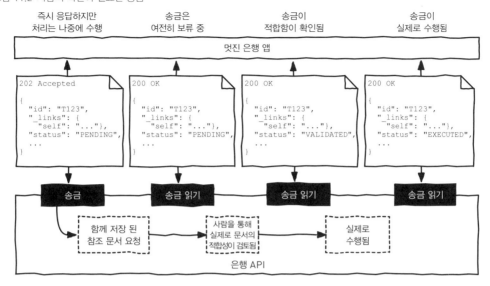

필요한 문서가 업로드된 후에는, 컨슈머는 보내는 계좌, 받는 계좌, 금액, 그리고 문서 참조를 지정해서 송금 목표를 사용할 수 있습니다. 그러나 안타깝게도, 송금 목표는 제공된 문서를 사람이 일일이 확인해야 하므로 즉시 수행될 수 없습니다. 이러면 송금 목표는 202 Accepted(201 Created와 달리 검증이 필요 없는 경우)라는 리스폰스 상태 코드를 보냅니다. 이는 송금 리퀘스트가 받아들여졌지만 나중에 처리될 것임을 의미합니다.

반환된 데이터는 송금의 현재 상태 PENDING와 송금 ID(T123) 그리고 _links에 "self" 값으로 스스로를 가리키는 URL을 갖고 있습니다. 컨슈머는 나중에 이 송금 읽기 목표를 이용하여 제공된 ID나 self URL을 이용해 송금의 현재 상태를 가져올 수 있습니다. 여기서 제공되는 상태^{status}는 PENDING(아직 필요한 조치가 수행되지 않음), VALIDATED(사람에 의해 문서 내용을 검증받았지만, 아직 송금이 수행되지 않은 상황) 또는 EXECUTED(송금이 완료됨)가 있을 수 있습니다. GET /transfers/T123으로 송금의 상태를 가져올 때 주의 사항이 있는데, 캐시 디렉티브(directive, 지시자) (10.2.2절 참조)를 이용해 힌트를 제공하면 보다 현명한 시점에 재시도하도록 할 수 있습니다.

목표의 특성에 따라서 동기화된 리퀘스트/리스폰스 메카니즘이 불가능할 수도 있습니다. 여기서 컨슈머는 몇 분(또는 며칠까진 아니어도 몇 시간) 동안 리스폰스를 받기 위해 대기해야 한다면, 이는 처리까지 오랜 시간이 걸린다는 것을 의미하므로 리퀘스트의 처리 상태를 나중에 받는 방법이 있습니다. 언제 다시 후속 리퀘스트를 보내면 되는가에 대한 정보는 프로토콜에서 제공하는 기능을 선택해 사용하거나 단순히 관련

데이터를 반환해 컨슈머와 프로바이더 사이의 불필요한 호출을 피할 수 있게 해 줄 수 있습니다.

11.1.2 컨슈머에게 이벤트 알리기

컨슈머에서 프로바이더까지의 통신은 항상 효율적인 방식으로 이뤄지진 않습니다. 그리고 때로는 프로바이더가 주도권을 갖는 편이 더 유용하게 돌아갈 수도 있습니다.

지난 절에서, 우리는 컨슈머가 반복적으로 API를 호출하며, "이 송금 아직도 안 끝났나요?"와 같이 호출하는 것을 봤습니다. 이런 행위를 폴링^{polling}이라고 부릅니다. 그리고 이 폴링은 컨슈머나 프로바이더 양쪽 모두에게 성가신 방법이기도 합니다. 불필요한 호출이 빈번하게 발생하게 됩니다. 따라서 은행 API가 실제로 송금이 수행될 때 이를 컨슈머들에게 알려 준다면 매우 좋을 겁니다.

컨슈머/프로바이더의 통신 방향을 역으로 뒤집는 것은 웹훅^{webhook}을 통해 할 수 있으며, 이는 종종 "리버스^{reverse} API"라고도 불립니다. 그림 11.3은 이러한 메커니즘이 멋진 은행 앱에서 컨슈머들에게 송금이 실행되었음을 알릴 때 쓸 수 있음을 보여 줍니다.

▼ 그림 11.3 송금이 수행되었음을 컨슈머에게 웹훅으로 알리기

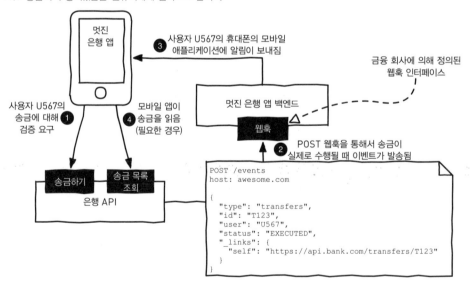

이전과 마찬가지로 멋진 은행 앱은 은행 API를 호출하여 (사람의) 검증❶이 필요한 송금을 리퀘스트합니다. 은행 API는 다시 202 Accepted 상태 코드로 리퀘스트가 수용되었으며 나중에 곧 처리될 것임을 응답합니다. 이제 모바일 애플리케이션은 규칙적으로 송금 상태를 묻는 폴링을 할 필요가 없어졌습니다. 대신

에, 송금이 실제로 수행되면, 은행 API(아마 실제로는 금융 회사의 또 다른 시스템)는 POST 리퀘스트로 멋진 은행 앱의 웹훅 URL(예를 들면, https://awesome-banking.com/events)에 이벤트를 발송❷할 겁니다. 리퀘스트의 바디에는 발생한 이벤트에 대한 정보가 들어 있으며, 구체적으로는 송금 ID, 이벤트의 상태, 그리고 송금 자체의 "self" 링크같은 것들이 포함되어 있을 겁니다.

멋진 은행 앱의 백엔드 구현에서 웹훅 이벤트를 수신하면, 사용자에 해당하는 휴대폰 식별자를 찾고, iOS 또는 Android 알림 시스템을 통해서 모바일 애플리케이션으로 알림을 전송하여 송금 T123이 실행되었음을 표시할 수 있습니다❸. 마지막으로 모바일 애플리케이션은 송금 읽기 목표를 이용하여 이벤트나 알림에 포함되지 않은 추가적인 정보를 가져올 수 있습니다❹.

이러한 메커니즘은 컨슈머가 유발하는 비동기 통신으로만 제한되지는 않습니다. 컨슈머와 아무런 상호작용 없이도 이벤트가 생성되어 컨슈머에게 알려야 하는 때도 있습니다. 예를 들면 새로운 거래가 은행 계좌에 발생하면, 이 이벤트를 보낼 수도 있습니다. 멋진 은행 앱은 이러한 장점을 대시보드, 소유자, 그리고 계좌 화면(10.2절 참조)에 접목할 수 있습니다. 그러한 이벤트가 전송되지 않는 한 캐시 된 데이터에 의존하게 할 수도 있습니다.

보다 구체적이고 커스텀한 이벤트들도 보낼 수 있습니다. 예를 들면, 은행 API의 경고 시스템에 거래나 계좌 잔액 데이터 기반한 이벤트를 발송할 수도 있습니다. 이러한 기능을 이용한다면, 멋진 은행 앱은 사용자들에게 저마다의 경고를 설정할 수 있게 해 줄 수 있게 됩니다. 구체적인 예를 들자면, "내 계좌 잔액이 $200 이하로 내려가면 알려줘."나 "카드 청구금액이 $120에 도달하면 알려줘."와 같은 명령을 수행할 수 있게 될 겁니다. 은행 API는 경고 이벤트를 구성한 사용자에 대해서만 웹훅을 이용해 경고를 보낼 겁니다.

매우 멋진 이야기처럼 들립니다만, 이러한 API를 제공하는 프로바이더인 금융회사는 웹훅과 URL 인터페이스를 어떻게 알 수 있을까요? 8.1절에서는 컨슈머가 API를 사용할 수 있도록 등록하는 방법과 리퀘스트를 보낼 때 식별될 수 있게 하는 방법을 살펴보았습니다.

이러한 웹훅은 멋진 은행 앱 팀에서 구현한 API이지만, API 컨트랙트와 그 동작에 대한 정의는 은행 API 팀에서 정의해 모든 컨슈머들이 동일한 웹훅 API를 공개하도록 했습니다. 어찌 보면 당연한 이야기로, 만약 모든 컨슈머들이 저마다의 웹훅 인터페이스 컨트랙트를 정의했다면 금융 회사 입장에서 각 컨슈머에 대한 웹훅 호출을 다르게 코딩해야 한다면 악몽과도 같을 겁니다.

다른 API들과 마찬가지로, 여러분들은 웹훅 API를 디자인할 때도 프로바이더의 관점을 지양해야 하며, 사용 가능하고 발전 가능하게 디자인해야 합니다. 여러분들이 필요한 것이 무엇인지에 따라서 하나의 웹훅이 가능한 모든 이벤트를 수용하거나, 여러 개의 웹훅이 각 이벤트별로 하나씩 존재하게 될 수도 있습니다. 각 이벤트는 약간의 데이터를 제공할 수도 많이 제공할 수도 있습니다. 이는 순전히 여러분들에게 어떤 것이 더 적합하냐에 따라 달라집니다. 가볍고 일반적인 이벤트를 수신하는 단일 웹훅을 갖는 것이 일반적으로는 좋은 전략이 되곤 합니다. 웹훅 API가 단순해서 구현하고, 소비하기 편하다면, 새로운 이벤트를 추가하는 것도 쉬울 겁니다. 이런 디자인적 선택에 앞서 항상 여러분들이 속한 컨텍스트를 고려하기 바랍니다.

웹훅 API를 다룰 때 간과해서는 안 되는 또 다른 중요한 특성이 있습니다. 바로 보안입니다. 웹훅은 인터넷을 통해 외부 세계로 노출되기 때문에 수많은 사람이 가짜 이벤트를 보내 프로바이더의 시스템을 침해하려 들 수도 있습니다. 그렇기에 가볍고 일반적인 이벤트를 이용하는 선택지가 권해지는 겁니다. 더욱 자세한 정보가 필요하면 컨슈머는 관련된 호출을 프로바이더에게 별도로 하게 될 겁니다.

웹훅 API를 안전하게 유지하도록 실제로 사용하는 API 프로바이더에서만 사용할 수 있게 보호해야 합니다. 이는 다양한 기술을 통해 이뤄질 수 있습니다. 가령, IP 주소 화이트 리스트(허용 목록인 화이트 리스트를 관리하기 어려울 수 있음을 명심하세요.), 보안 토큰 적용, Mutual TLS를 통한 리퀘스트 암호화 같은 것들이 있을 겁니다.

8장에서 보았듯, API 디자이너는 API 보안에 대해서 기술적인 부분에서는 언급할 부분이 많지 않습니다. 그렇지만 기능적 관점에서는 매우 많은 부분을 기여하고 있습니다. 여러분들은 이벤트에 민감한 데이터가 없도록 하고 제공된 데이터를 통해 컨슈머가 안전하게 반응할 수 있음을 보장할 수 있어야 합니다. 예를 들어 이벤트가 특정 사용자 대상으로 발생한다면, API 컨슈머들은 이벤트 데이터를 통해 해당 사용자를 식별할 수 있어야 합니다. 그렇지 않다면, 사용자는 다른 사용자의 데이터에 과도하게 접근할 수 있을 겁니다. 이것은 다시 이벤트의 내용이 치명적이지 않은 가벼운 내용으로 작성되어야 함을 재차 강조하는 이유가 됩니다. 이벤트가 중요한 내용이 없이 가볍게 작성되면, 설령 침해가 발생해도 발생할 수 있는 피해를 제한하게 됩니다.

WebSub

웹훅과 관련된 표준은 존재하지 않습니다. 대신 여러분들의 API에 대해서 필요하다면 직접 디자인할 수 있습니다. W3C는 WebSub 제안(https://www.w3.org/TR/websub/)을 발행했습니다. 이를 여러분들의 웹훅 기반의 시스템을 구축할 때 활용할 수 있습니다.

"WebSub은 모든 종류의 웹 컨텐츠 게시자(Publisher)와 구독자(Subscriber) 간 통신을 위해
HTTP 웹훅에 기반한 공통 메커니즘을 제공합니다. 구독(Subscription) 리퀘스트는 허브(Hub)를
통해 중개되며, 허브들은 각 리퀘스트를 검증(validate, verify)합니다. 그런 뒤에
허브들은 사용가능한 업데이트 된 콘텐츠를 구독자에게 배포합니다.
과거에는 PubSubHubbub이라고 불렸습니다."

W3C WebSub 제안

기본적으로 WebSub 추천은 어떻게 API 프로바이더(게시자)가 이벤트를 외부에 공개하고, 컨슈머(구독자)들
이 이벤트를 수신하기 위해 등록하는 안전한 방법에 대해 다루고 있습니다. 이 추천에 영감을 받은 은행 API
는 이번 절의 앞에서 설명한 경고 메커니즘과 같은 이벤트에 컨슈머를 등록할 수 있는 표준 API를 제공할 수
있습니다. Webhook은 기본적으로 API 컨슈머가 구현하지만 API 프로바이더가 이벤트 알림을 보내기 위해
정의 및 사용하는 API입니다. 이 이벤트들은 컨슈머 또는 프로바이더의 액션에 의해 유발될 수 있습니다. 웹
훅이 알림을 구현하는 유일한 방법은 아니지만, 이 모델을 활용한다면, 프로바이더들은 컨슈머들에게 이벤트
가 발생하면 바로 알릴 수 있으므로, 컨슈머들이 API 호출을 스스로 할 때까지 기다릴 필요가 없게 됩니다.

11.1.3 이벤트 흐름 스트리밍^{Streaming}하기

API가 항상 변경되는 데이터를 기본 리퀘스트/리스폰스 목표를 사용하여 컨슈머에게 제공하는 경우에는
컨슈머들이 지속적으로 폴링을 시도하리란 걸 명심해야 합니다. 이러한 반복적인 API 호출은 그저 새롭거
나 수정된 데이터를 가져오기 위해서일 뿐입니다. 은행 API가 증권 거래 계좌의 주가 정보를 제공하기 시
작한다고 가정해 보겠습니다. 이런 경우에는 그림 11.4와 같이 다른 선택지가 생깁니다.

▼ 그림 11.4 은행 API가 주가 정보를 제공하는 방법

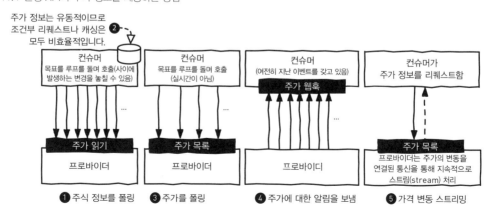

은행 API는 주식 읽기 목표로 특정 주식에 대한 정보와 가격에 대한 상세 정보를 제공❶해 주고 있습니다. 컨슈머들은 가장 최신의 주가를 루프^{loop}(주가 정보 조회가 성공하면 바로 다음 조회를 호출을 영원히 반복)를 통해 처리하고 싶어 합니다.

10.2.2절에서 여러분들은 캐싱과 조건부 리퀘스트❷를 발견했습니다. 이것들이 도움이 될까요? 불행하게도 이 경우에는 도움이 될 수 없습니다. 주식 거래가 활발하게 이뤄지는 동안에는 주가는 (더 자주 하지 않는다고 가정해도) 매 초마다 변경될 수 있습니다. 캐시의 보존 기간^{TTL}이 짧아지게 되면 캐시의 비효율성은 결국 조건부 리퀘스트가 항상 수정된 값을 제공해야 함을 의미하게 됩니다. 이 데이터는 지나치게 유동적이라 폴링을 하게 되어도, 가격 정보가 호출과 호출 사이 순간의 변동을 누락시킬 가능성이 매우 큽니다.

10.3.7절에서 목표가 실제로 컨슈머의 요구를 충족시키는지 확인해야 하는 경우를 보았습니다. 어쩌면 이 목표가 그런 경우일지도 모릅니다. API의 디자인과 제공하는 주가 목록 목표를 n개의 최신 주가 정보를 가져오도록 변수를 도입하고 커서 기반의 페이지 처리❸를 해 보면 어떨까요? 컨슈머는 마지막으로 받은 주가 ID를 표시할 수 있지만, 이렇게 하면 가격 변동을 놓칠 수 있어서 주의해야 합니다. 이 방법은 컨슈머가 정말 실시간 데이터가 필요하지 않은 상황에서는 흥미로운 접근법일 수 있지만, 그렇게 하더라도 컨슈머는 여전히 폴링을 이용해 영원히 반복적으로 리퀘스트를 보낼 겁니다.

주가가 변경되는 것이 언뜻 보기엔 이벤트로 보여 컨슈머들에게 알림을 보내면 될 것처럼 보이기도 합니다. 그렇다면 웹훅❹을 써보는 건 어떨까요? 프로바이더는 주가가 변경되는 순간을 알고 있고, 컨슈머들에게 발생하는 족족 이벤트로 보낼 수 있을 겁니다. 그렇지만 이럴 경우, 모든 가격 변동을 모든 컨슈머들에게 항상 보내고 있어야 한다는 것을 의미합니다.

지난 절에서 다룬 WebSub 시스템이나 WebSub스럽게 커스텀한 무언가를 이용한다면, 컨슈머들은 모든 정보를 알림으로 받는 대신에 주가 변동에 대한 일부 피드^{feeds}만 구독해도 됩니다. 이렇게만 해도 필요한 데이터를 모두 얻을 수는 있습니다.

그렇지만 이런 경우는 컨슈머들이 주식 포트폴리오 화면을 본다거나 하는 경우에나 실시간 데이터를 아주 잠깐만 필요로 하는데 이럴 필요까지 있을까요? 프로바이더들은 이러한 이벤트 흐름을 전달할 다른 방법을 찾아야 합니다. API(예: 은행 API)는 소비자가 리퀘스트한 이벤트들의 스트림❺을 어떻게 보내야 할까요? 그림 11.5는 기본적인 리퀘스트/리스폰스 API 호출과 Server Sent Events^{SSE}에서 스트림을 처리하는 상황을 이러한 경우에 맞추어 보여 주고 있습니다.

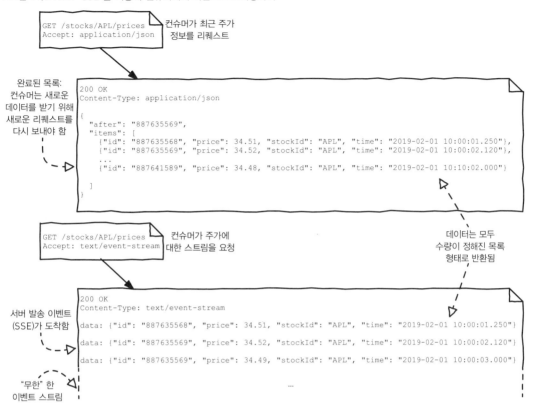

▼ 그림 11.5 HTTP SSE 를 이용해 컨슈머에게 이벤트 스트리밍하기

```
GET /stocks/APL/prices
Accept: application/json
```
컨슈머가 최근 주가
정보를 리퀘스트

완료된 목록:
컨슈머는 새로운
데이터를 받기 위해
새로운 리퀘스트를
다시 보내야 함

```
200 OK
Content-Type: application/json
{
  "after": "887635569",
  "items": [
    {"id": "887635568", "price": 34.51, "stockId": "APL", "time": "2019-02-01 10:00:01.250"},
    {"id": "887635569", "price": 34.52, "stockId": "APL", "time": "2019-02-01 10:00:02.120"},
    ...
    {"id": "887641589", "price": 34.48, "stockId": "APL", "time": "2019-02-01 10:10:02.000"}

  ]
}
```

```
GET /stocks/APL/prices
Accept: text/event-stream
```
컨슈머가 주가에
대한 스트림을 요청

데이터는 모두
수량이 정해진 목록
형태로 반환됨

서버 발송 이벤트
(SSE)가 도착함

```
200 OK
Content-Type: text/event-stream

data: {"id": "887635568", "price": 34.51, "stockId": "APL", "time": "2019-02-01 10:00:01.250"}

data: {"id": "887635569", "price": 34.52, "stockId": "APL", "time": "2019-02-01 10:00:02.120"}

data: {"id": "887635569", "price": 34.49, "stockId": "APL", "time": "2019-02-01 10:00:03.000"}

                                      ...
```

"무한" 한
이벤트 스트림

그림 상단에서는, 컨슈머는 GET /stocks/APL/prices 리퀘스트에 적절한 Accept 헤더를 넣어 APL의 주가에 대해서 application/json 문서 형태로 제공해 달라고 요청했습니다. 서버는 기본값으로 최근 5분에 해당하는 주가 정보를 반환합니다. 반환되는 문서는 items라는 목록 형태의 속성이 있어 그 안에 주가 정보들이 담겨서 옵니다. 보다 최근의 데이터를 받기 위해서 컨슈머는 커서 기반의 페이지 처리 내용을 바탕으로 또 다른 리퀘스트를 보내야만 합니다. 그림 하단에서는 이 모든 것들을 SSE 스트림으로 어떻게 처리할 수 있는지 보여 주고 있습니다. 리퀘스트는 거의 유사하지만, 컨슈머는 이제 데이터를 text/event-stream 문서로 제공해 주길 원합니다. 서버는 응답으로 200 OK로 성공 상태를 제공해 주고 이제 반환된 문서의 콘텐츠 타입은 리퀘스트 된 대로 text/event-stream입니다. 각 주가에 대한 이벤트는 data: 라는 문구로 시작되어 내려오며, 여기에는 기존에 목록으로 제공되던 것과 동일한 데이터들이 포함되어 옵니다.

가장 큰 차이점은 SSE를 통한 문제해결은 가격 정보가 스트림 형태로 제공된다는 점입니다. 반환된 데이터는 정적static이지도 않으며 아직 종결finished된 상태가 아닙니다. 서버는 계속 data: 를 덧붙이는 중입니다. 이는 APL 주식에 새로운 가격 이벤트가 발생할 때 마다 계속 발생합니다. 이 데이터 스트림은 새로운 이벤트가 더 이상 발생하지 않거나 컨슈머가 연결을 닫기 전까지 지속적으로 벌어질 겁니다. SSE를 이용하면 서버는 컨슈머에게 이벤트 데이터를 보낼 수 있습니다.

이벤트 데이터의 디자인과 관련하여 여러분들은 웹훅의 유즈케이스를 되뇌어 볼 필요가 있습니다. 이벤트에는 가능한 적은 양의 데이터를 넣고, 자세한 정보가 필요하다면 컨슈머가 정규 API를 호출하는 편이 좋습니다. 그렇지만 스트리밍 유즈케이스에서는 사용하는 기술(SSE나 기타 다른 것의 경우)에 따라서는 더 많은 데이터를 제공해 주는 편이 더 좋을 수 있습니다. 이유는 스트리밍 형태로 데이터를 제공받는 컨슈머 입장에서는 세부 정보 획득을 위해 독립적인 API를 더 호출하는 부담을 원치 않기 때문입니다. 그러나 항상 말씀드렸다시피 이런 것들이 필수는 아닙니다. 상황에 따라 달라질 수도 있습니다. 여러분들이 이 책에서 배운 모든 것들도 이 말에 예외가 될 수는 없습니다. 이벤트와 이벤트가 취급하는 데이터 역시도 컨슈머에게 합리적이어야 하며 이해하기도, 사용하기도, 발전시키기도, 그리고 보호하기에도 쉬워야 합니다.

콘텐츠 네고시에이션과 제공 과정에서 application/json과 text/event-stream 미디어 타입 모두 필수는 아닙니다. 은행 API는 오직 스트리밍 버전만 제공할 수도 있습니다. 마찬가지로 표현이 다르지만 같은 데이터를 취급한다고 이 두 개의 호출 경로를 동일하게 맞추는 것도 필수적인 이야기는 아닙니다. 은행 API는 필요하다면 /stocks/{stockId}/prices와 /stocks/{stockId}/price-events 같이 두 가지 표현으로 나눌수도 있습니다. API가 여러 주식에 대한 주가 정보를 제공해야 한다면 GET /stock-prices?stockIds=APL,APA,CTA 같은 형식으로 제공할 수도 있습니다. 이런 리퀘스트에 대한 리스폰스를 보낼 때는 각 이벤트 데이터인 data: 에 APL, APA, CTA 중 어느 주식인지 표시하는 것도 고려가 필요할 겁니다. 그렇지 않으면 컨슈머는 stockId를 통해서 다시 호출해 볼 수밖에 없습니다.

SSE 명세는 단순히 data: 라인 그 외의 기능들도 제공하지만, 내용은 간단합니다. 다음 예제에서는 SSE가 제공해 주는 다양한 형식들을 보여 주고 있습니다.

예제 11.1 SSE 명세[8]

```
 : this is a comment ◀─────── 스트림의 라인은 콜론(:)으로 시작한다.

  data: this is text data ◀─────── 각 라인은 data: 로 시작한다. 이는 이벤트이며, 하나의 이벤트
                                    데이터는 기본적으로 텍스트를 포함한다.
                          ◀─────── 빈 라인은 각각의 이벤트를 구분지어 준다.
  data: {"json": "data"} ◀─────── 데이터는 텍스트이므로, JSON이나 XML을 사용할 수 있다.
```

---

8 "W3C 워킹 드래프트(W3C Working Draft)", 2009년 4월. 이안 힉슨(Ian Hickson), Google, Inc. (https://www.w3.org/TR/2009/WD-eventsource-20090423/#event-stream-interpretation)

```
data: this is multi-  ◄──────── 여러 개의 데이터: 데이터가 여러 개면 여러 라인을 차지한다.
data: line data

id: optional event ID ◄──────── 각 이벤트는 선택 사항인 id와 type을 이용해 보다 상세히 할 수 있다.
event: optional event type
data: event data


retry: 10000 ◄────────── 재시도 주기는 컨슈머에게 연결이 유실되어도 10000ms(10초)동안
                          재연결 시도를 하지 말 것을 요청한다.
```

그리고 SSE에 대해서 알아야 할 사항이 몇 가지 있습니다.

- SSE는 HTTP 프로토콜에 의존하지만 포함되는 사항은 아닙니다. 이 표준은 W3C에서 HTML5 표준으로 만들었습니다.

- 브라우저 기반 컨슈머를 위해 디자인된 표준으로 그들이 사용하기에는 매우 편리합니다. 그렇지만 그 외의 경우에도 대부분의 언어로 만들어진 라이브러리가 존재합니다.

- 이벤트 데이터는 오직 텍스트(단순 텍스트, JSON, XML, 기타 등등)만 가능합니다. 만약 여러분들이 이미지와 같은 바이너리 데이터를 보내고 싶다면, 이들을 텍스트로 인코딩해야 합니다.

- SSE 스트림은 HTTP 압축의 이점을 활용할 수 있습니다. 이는 단방향 스트림으로 연결이 활성화되면, 컨슈머는 이 연결을 통해서는 데이터를 서버에게 보낼 수 없음을 의미합니다.

SSE는 HTTP 프로토콜에 의존하기 때문에 별도의 인프라 구성이 필요하지 않습니다. 그렇지만 주의 사항이 있습니다. SSE를 사용하면 기본적으로 HTTP 연결이 오랜 시간 동안 열려있을 수 있습니다. 그러므로 API를 호스팅하는 인프라에서는 이러한 긴 병렬연결을 유지하고 성능 이슈가 없도록 무조건 튜닝을 해야 합니다. (역주: 대부분의 인프라, 서버, 애플리케이션 환경의 기본값은 SSE에 적합하지 않습니다.) 그럼에도 불구하고 단일 SSE 스트림을 사용하여 다른 타입의 이벤트들 보내는 편이 유용할 수 있습니다. 이런 경우에 바로 event 속성을 이용하면 됩니다.

이제 금융 회사는 최종 사용자와 그들의 계좌를 담당하는 사람 또는 봇과 채팅하는 기능을 추가하고 싶습니다. 이러한 경우에는 컨슈머와 프로바이더 모두가 이벤트를 보낼 수 있도록 양방향 통신을 제공하는 편이 바람직할 겁니다. 그렇지만 불행하게도, SSE는 서버에서 컨슈머로 향하는 단방향 통신만 제공합니다. 하지만 언제나 그렇듯이 다른 솔루션이 있습니다. 이러한 요구에 부합하는 방법은 RFC 6455(https://tools.ietf.org/html/rfc6455)에 정의되어 있는 WebSocket 프로토콜로 채팅과 게임 영역에서 이미 광범위하

게 적용되어 있습니다. 여기에 대해서는 인프라 수준까지 깊이 있게 다루지는 않겠습니다만, WebSocket을 사용하겠다는 것은 HTTP 기반의 SSE 스트림 처리보다 인프라 쪽에서 해야 하는 작업이 더 많다는 점 정도는 말씀드리고 싶습니다.

WebSocket은 순수한 TCP 연결만을 사용하므로 회사 프록시 구성을 수정하지 않고서는 회사 프록시조차 통과할 수 없습니다. 이 프로토콜을 통해 어떠한 메시지를 주고받느냐는 표준과 상관없이 순전히 API 디자이너인 여러분들의 몫입니다. 그렇지만 앞선 훌륭한 이들의 작업을 복사할 수 있다는 걸 잊지 마시기 바랍니다. 대부분의 WebSocket API는 SSE와 마찬가지로 형식화된 메시지를 사용하지만, 이 경우 컨슈머와 프로바이더 모두에게 메시지를 보낼 수 있습니다.

Note WebSocket은 SSE 유즈케이스와 같이 단방향 통신에도 사용할 수 있습니다.

이벤트를 스트리밍하는 방법에는 여러 가지가 있습니다. 중요한 점은 API 디자이너가 리퀘스트/리스폰스 메커니즘만이 유일한 해법이라고 생각해서는 안 된다는 점입니다. 유동성이 매우 큰 데이터나 실시간 데이터를 취급할 때는 이벤트를 스트리밍하는 것이 프로바이더에서 컨슈머뿐만 아니라 컨슈머에서 프로바이더에게 이벤트를 스트리밍하는 때도 고려해 봐야 합니다.

11.1.4 여러 요소^{Element} 처리하기

지금까지 살펴봤던 다양한 API 예제들은 데이터를 읽는 데 두 가지 방법을 제공해 왔습니다. 하나는 단일 요소에 대한 접근을 제공하는 것이었고, 다른 하나는 여러 요소에 대한 접근을 제공하는 식이었습니다. 구체적인 예를 들자면, 은행 API는 컨슈머들이 단일 계좌에 대해 계좌 읽기 목표를 통해 조회할 수 있게 했으며, 여러 계좌에 대해서는 계좌 목록 목표를 제공해 주었습니다. 그렇지만 만약 생성, 수정, 또는 삭제와 관련된 목표에서는 여태까지는 단일 요소에 대해서만 다뤄왔습니다. 조작되는 요소 및 컨텍스트에 따라서 한 번에 하나의 요소를 처리하는 많은 API 호출을 수행하는 대신에 단일 API를 호출하여 여러 요소를 처리할 수 있게 해 주는 편이 유용할 수 있습니다.

이 주제를 탐험하기 위해서는 은행 API에 좀 더 개인화된 금융 관리 기능을 추가해 보겠습니다. 이제 컨슈머는 개인화된 카테고리로 거래를 수정할 수 있고, 거기에 대한 코멘트를 남길 수 있고, 확인도 가능해졌습니다. 거래를 확인하는 것은 이메일에 읽음 표시를 하는 것과 유사합니다. 그러기 위해서 우리는 PATCH / transactions/{transactionId} 리퀘스트로 거래 상태를 수정할 수 있는 목표를 추가해야 합니다. 다음 예제는 우리가 기대하는 JSON 스키마의 바디입니다.

예제 11.2 수정된 거래 목표의 바디에 포함된 JSON 스키마

```
openapi: "3.0.0"
...
components:
  schemas:
    ...
    UpdateTransactionRequest:
      description: |
        적어도 comment, customCategory, checked 속성 중 하나는 반드시 제공되어야 합니다.
      properties:  ◄┄┄┄┄┄┄┄  바디는 comment, customCategory, checked 세 가지 속성으로 구성되어 있습니다.
        comment:
          type: string
          example: 나의 새로운 아이바네즈 일렉 기타
        customCategory:
          type: string
          example: 악기
        checked:
          type: boolean
          description: |
            거래 확인은 이메일 읽기 표시와 유사합니다.
            거래가 확인됐을 경우 true를, 아닐 경우 false를 반환합니다.
```

comment, customCategory, checked 속성은 모두 선택 사항입니다. 컨슈머는 이 중에 하나, 둘 또는 전부에 값을 제공할 수 있습니다. 거래 ID는 리소스 경로에 포함(/transactions/{transactionId})되어 있으므로 바디에는 필요하지 않습니다. 이 경우에는 금액, 거래 일자와 같은 속성은 수정될 수 없습니다.

"모두 확인됨" 또는 "모두 읽음" 같은 기능을 멋진 은행 앱에서 제공해 각 거래별로 수정해야 한다면, 발생한 거래 횟수만큼 각 거래를 업데이트하는 API 호출을 일으켜 문제가 될 수 있습니다. 우리가 데이터를 읽기 위해 했던 작업(10.3절)처럼 파편화된 호출을 한데 모아 하나의 집합체로 구성하여 호출할 수 있습니다. 이럴 경우, 우리는 컨슈머들이 API 호출 한 번으로 여러 거래"들"을 수정할 수 있도록 허용해 주어야 합니다. 그림 11.6에서처럼, 이러한 목표는 PATCH /transactions와 같은 리퀘스트로 표현할 수 있습니다. 예제 11.3은 해당 리퀘스트의 바디에 해당하는 JSON 스키마를 보여 주고 있습니다.

▼ 그림 11.6 여러 거래의 확인을 API 호출 한 번으로 해결하기

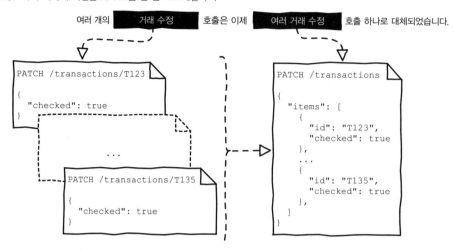

예제 11.3 여러 건의 거래를 확인 처리하는 목표 바디에 들어가는 JSON 스키마

```
openapi: "3.0.0"
...
components:
  schemas:
    ...
    UpdateTransactionRequest:
      properties:
        required:
          - items
        items:
          type: array
          minItems: 1
          maxItems: 100  ◄——————— 한 번에 최대 100건 까지만 가능
          items:
            allOf:  ◄——————— 거래 ID를 이용하는 단일 거래 수정 호출 스키마와 동일. allOf 는 JSON 스키마 집합체를
                             제공합니다.
              - required:
                  - id
                properties:
                  id:
                    type: string
                    description: Transaction ID
              - $ref: "#/components/schemas/UpdateTransactionRequest"
```

items라는 속성에 수정된 데이터를 오브젝트의 형태로 최소 1건에서 최대 100건까지 담을 수 있습니다. 이것은 거래 목록처럼 무언가의 목록을 제공하는 목표에서 제공될 수 있는 리스폰스 바디와 동일한 형태입니다. 각 거래별로 제공되는 속성은 단일 거래 수정목표에서 쓰이는 속성 comment, customCategory, checked와 동일하며 여러 거래를 수정하므로, id를 단일 수정처럼 리소스 경로를 통해 제공할 수 없으니 속성으로 추가해 줘야 합니다. 한 번에 여러 거래를 확인 처리하기 위해서 컨슈머는 id와 checked 속성을 확인된 거래별로 제공해 줘야 합니다.

여기까지는 리퀘스트에 관한 이야기였습니다. 그렇다면 리스폰스는 어떻게 해야 할까요? 하나의 거래를 수정할 때는 거래 수정 목표가 완료되면 200 OK 상태 코드로 응답하고, 리퀘스트가 잘못되었으면 400 Bad Request를, 거래 ID를 찾을 수 없으면 404 Not Found로 응답하면 되었습니다. 여러 개의 거래에 대해서 동시에 처리할 때도 성공하면 200 OK를 주는 것은 충분히 가능할 것 같습니다.

에러가 발생하는 때도 마찬가지로 가능합니다. 400 Bad Request 리스폰스는 이제 거래 ID를 잘못 제공되었을 때도 벌어질 수 있습니다. 404 상태 코드는 오직 리소스 경로를 알 수 없을 때만 사용할 수 있기에 지금 같은 경우에는 404는 더는 적절치 않습니다. 이 부분이 단일 수정과 미묘하게 다른 부분입니다. 그렇다면 일부는 수정에 성공하고 일부는 수정에 실패하면 어떻게 해야 할까요? 은행 API의 구현체는 첫 번째 에러에서 멈추고 400 리스폰스를 반환하고 그 뒤의 검증 절차는 무시해야 할까요?

만약 여러분들이 5.2.4절에서 우리의 논의를 떠올릴 수 있다면, 그것이 옳지 않다고 대답할 수 있을 겁니다. 이러한 식의 처리는 API의 사용성을 저하하기 때문입니다. 컨슈머들은 에러를 하나씩 고쳐나가기 위해서는 여러 번에 걸쳐서 호출을 해 보는 수밖에 없게 되기 때문입니다. (그리고 일부가 에러가 있다고 API가 적절한 수정 건들도 처리해 주지 않으면 몹시 짜증 납니다.) 거래 수정목표는 반드시 모든 에러를 반환해야 하며, 가능한 거래 수정 건들은 전부 처리를 해 주어야 하며, 어떤 수정들이 정상적으로 처리되었는지도 알려 주어야 합니다. 이는 여러 상태를 반환해야 함을 의미합니다. 다행스럽게도 HTTP 코드에는 이를 위한 코드가 이미 있습니다.

> *"207 (Multi-Status) 상태 코드는 여러 개별적인 동작을 위한 상태로..."*
> WebDAV

207 상태 코드는 RFC 4918에 정의되어 있으며, 이는 클라이언트의 원격 웹 콘텐츠의 저작[authoring] 작동 방식에 대해서 다루고 있습니다.[9] 해당 제안에는 새로운 메서드, 헤더, 미디어 타입 그리고 상태들로 여러 리

---

9 "웹 분산 저작 및 버전 관리(WebDAV, HTTP Extensions for Web Distributed Authoring and Versioning)", 리사 드솔트(Lisa Dusseault), 2007년 6월 (https://tools.ietf.org/html/rfc4918)

소스를 관리하기 용이하게 하고 특히 여러 리소스를 한 번의 호출로 관리하기 쉽게 해 줍니다. 이것들이 가능한 건 207 상태 코드 덕분입니다. 다음 예제는 RFC 4918에 따라 여러 리소스를 삭제할 때 WebDAV 서버가 207 응답으로 반환해야 하는 예시입니다.

예제 11.4 RFC 4918에 정의 된 207 Multi-Status 리스폰스

```
<?xml version="1.0" encoding="utf-8" ?>
<d:multistatus xmlns:d="DAV:">
  <d:response>
    <d:href>http://www.example.com/container/resource3</d:href>
    <d:status>HTTP/1.1 423 Locked</d:status>
    <d:error><d:lock-token-submitted/></d:error>
  </d:response>
  <d:response>
    <d:href>http://www.example.com/container/resource4</d:href>
    <d:status>HTTP/1.1 200 OK</d:status>
  </d:response>
</d:multistatus>
```

이것은 목록을 포함하고 있는 XML 문서입니다. 문서의 본문에는 href(처리된 리소스의 URL), status(개별 처리 건의 상태), 그리고 선택적인 error 메시지가 있습니다. 여기서 압축 및 인코딩은 보다 상위 수준(리스폰스는 API 서버에서 보내집니다.)에서 처리된다는 점에 주의해야 합니다. 따라서 각 리스폰스들은 같은 인코딩과 압축을 사용해야만 합니다.

RFC 4918 에서는 특정 HTTP 메서드(PROPPATCH와 PROPFIND)의 리스폰스를 위해 쓰지만, 이것들은 XML 기반이라 WebDAV 컨텍스트에서만 유효해 다른 컨텍스트에서는 재사용할 수 없습니다. 그렇기 때문에 그림 11.7처럼 207 상태 코드만 취하고 저만의 포맷(JSON)을 이용해 거래 수정목표의 리퀘스트와 리스폰스 바디를 구성하기로 택한 이유입니다.

207 Multi-Status 리스폰스는 items 속성이 있는 오브젝트입니다. 이 속성은 리퀘스트에 포함된 요소의 개수와 동일한 개수의 요소를 반환합니다. 이 리스폰스 목록은 정확하게 리퀘스트의 개수와 같습니다. 리퀘스트에서 세 번째 위치에 있던 요소는 리스폰스에서도 세 번째 위치를 차지하고 있게 됩니다. 각각의 요소들은 컨슈머들이 정확히 같은 정보를 단 건을 처리하는 목표에 호출했을 때와 동일한 형태의 데이터를 반환합니다. 여기서 items에 속한 각각의 status와 body는 단 건 처리 호출을 했을 때 반환되는 상태와 바디를 의미합니다.

▼ 그림 11.7 단일 거래 수정과 여러 건의 거래 수정의 목표 및 리스폰스 비교

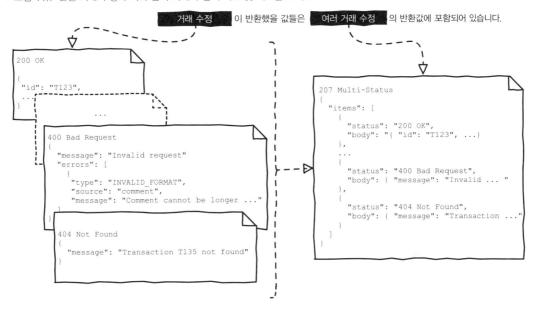

목록에서 첫번째 요소의 상태는 성공(200 OK)입니다. 이 첫 번째 요소의 바디에는 수정된 리소스도 포함되어 있습니다. 그 밑의 두개의 리퀘스트들은 처리되지 못했는데, 하나는 의견comment이 너무 길었고 다른하나는 알 수 없는 거래 ID 였습니다. 각자 가진 body에는 단일 건 수정의 리스폰스로 반환될 법한 에러 메시지 구조(5.2.4절 참조)가 그대로 들어 있습니다. 만약 컨슈머가 리퀘스트를 보낼 때 목록 자체가 잘못되었다면(가령, 100개 이상의 요소가 포함되었거나), 응답 상태코드는 400 Bad Request가 될겁니다. 또한 일반적인 단일 건에 대한 API 호출에 대한 응답처럼 headers를 이용하여 개별 요소에 대한 header에 대응되는 headers의 맵을 생성할 수 있습니다. 예제 11.5는 이 모든 것들이 반영된 JSON 스키마를 보여 주고 있으며, 11.6은 적용된 예를 보여 줍니다.

예제 11.5 Multi-status 리스폰스의 JSON 스키마

```
openapi: "3.0.0"
...
components:
  schemas:
    MultipleStatusResponse:
```

```yaml
    required:
      - items
    properties:
      items:
        type: array
        minItems: 1
        maxItems: 100
        items:          ◄──────── 각 거래 리퀘스트에 대응되는 개별 요소
          required:
            - status
          properties:
            status:      ◄──────── HTTP 상태
              type: string
              description: HTTP status
              example: 404 Not Found
            headers:
              additionalProperties:   ◄──────── 〈string, string〉 형태의 맵(map)형태로 구성됩니다.
                type: string                    (이름, 값 순입니다.)
              description: HTTP headers map
              example:
                My-Custom-Header: CUSTOM_VALUE
                Another-Custom-Header: ANOTHER_CUSTOM_VALUE
            body:
              description: |
                Transaction if status is 200 OK, Error otherwise
              oneOf:     ◄──────── 바디는 200 OK 또는 기타 에러 정보 (제공된 JSON 스키마 구조)로 표현됩니다.
                - $ref: "#/components/schemas/Error"
                - $ref: "#/components/schemas/Transaction"
              example:
                message: Transaction T135 not found
```

예제 11.6 JSON 스키마로 생성된 예제

```json
{
  "items": [
    {
```

```
      "status": "404 Not Found",
      "headers": {
        "My-Custom-Header": "CUSTOM_VALUE",
        "Another-Custom-Header": "ANOTHER_CUSTOM_VALUE"
      },
      "body": {
        "message": "거래 T135를 찾을 수 없습니다."
      }
    }
  ]
}
```

그림 11.7과 예제 11.6과 예제 11.6에서 그려지는 것은 모두 저만의 207 Multi-Status에 대한 해석입니다. 우리는 같은 디자인을 여러 개의 리소스를 교체하거나 삭제하는 PUT /resources나 DELETE /resources?ids=1,2,5,6,9 리퀘스트에도 적용할 수 있습니다. 여러 개의 리소스를 생성하는 경우에는, 이것들 보다는 고려 사항이 많이 적습니다.

POST /resources 리퀘스트를 사용할 수 있지만 만약에 컨슈머가 단 하나의 리소스만 만들려면 어떻게 해야 할까요? 리소스 생성목표가 하나 이상의 리소스를 작성할 수 있으므로, 컨슈머는 목록에 단 하나의 리소스만 넣어서 리퀘스트를 보내면 됩니다. 우리는 또한 리소스의 목록이나 단일 리소스 둘 모두를 리퀘스트 바디에 허용할 수도 있습니다. (이런 경우에 여러분들은 4장에서 설명되었던 OpenAPI 명세 바탕으로 동작과 리퀘스트 바디 및 다양한 리스폰스에 관해 설명해야 합니다.) 그러나 예를 들어서 다른 경로를 사용하여 한 건의 리소스 만들기와 여러 개의 리소스 만들기 목표 간에 보안적인 고려로, 이 둘을 명확하게 구분해야 할 때는 어떻게 해야 할까요?

한 번의 호출로 여러 개의 리소스를 생성하기 위해 POST /resources/batch 요청을 보내는 것은 드문 일은 아닙니다. 이러한 경로는 쪼개서 /collection/{resourceId} 패턴으로도 표현할 수 있습니다. 그렇지만 적어도 컨슈머는 단번에 보자마자 이해할 수 있는 경로를 원할 겁니다. 보안을 어떤 수준으로 취급하느냐에 따라서, 두 개의 별도 경로로 나누는 것을 피할 수 없을 수도 있습니다. 그렇지만 이상적인 상황이라면 저는 리소스 목록이나 단일 리소스를 생성하는 것 둘 다 하나의 POST /resources 경로를 갖는 편을 선호합니다. 이 경우에 배치 리소스 생성은 해당 스코프에 대한 권한이 있는 컨슈머만이 리소스 목록에 대해서 리퀘스트를 보낼 수 있을 겁니다.

이번 절에서 논의한 부분 처리 전략(처리 요청이 들어온 대상 중 유효한 것만 처리하는 방식)은 모든 경우에 적용할 수는 없으니 주의해야 합니다. 때에 따라서는 처리 가능한 일부만 처리하는 것은 문제가 될 수도 있습니다. 이러한 경우에 관해서 설명하기에 앞서, 항상 부분 처리의 결과에 관해서 확인하기 바랍니다. 만약 부분 처리 방식이 합당하지 않은 경우라면, API는 성공 시 전통적인 200 OK와 실패의 경우엔 400 Bad Request를 반환할 수 있습니다.

API는 단일 리소스만 처리해야 한다는 법은 없습니다. 경우에 따라서는 한 번의 호출로 여러 리소스를 처리하는 것이 유용한 컨텍스트가 있습니다. 여러분들의 디자인에서 솔루션이 무엇이든 간에, 컨슈머는 HTTP 헤더 또는 상태 코드와 같은 프로토콜 데이터와 단일 리퀘스트에 대해 발생했던 에러를 포함하여 동일한 데이터를 가져와야만 합니다. API의 리퀘스트의 각 요소와 리스폰스의 각 요소 사이에는 연결이 존재해야만 합니다. 또한, 글로벌 컨트롤과 에러들도 빼먹어서는 안 됩니다. 예를 들면, 리퀘스트에 제공 가능한 요소의 개수 제한 같은 것들 말입니다.

11.2 전체 컨텍스트 이해하기

10.1절에서 여러분들은 API를 디자인하는 것은 실제로 API가 컨슈머들에게 어떻게 쓰일지에 대한 고민이 필요하다는 것을 봤습니다. 주로 컨슈머들을 위한 이야기가 맞지만 프로바이더들을 위한 이야기이기도 합니다. 이제 효율적이고 사용 가능하며 구현 가능한 API를 제공하기 위해 목표 또는 데이터의 본질에 주의를 기울여야 한다는 사실도 알게 되었습니다(11.1절 참조). 이 모든 것들이 의미하는 바는 API를 디자인하는 것은 단순히 컨슈머에 집중하고 프로바이더 관점을 피하기만 하며 되는 게 아니라는 점입니다. API가 가능한 모든 컨슈머들의 요구를 수용할 수 있도록 (그리고 프로바이더에서 구현할 수 있도록) 하기 위해서는 소비 및 제공되는 컨텍스트를 모두 온전히 이해하고 있어야 합니다.

11.2.1 컨슈머의 기존 관행과 제약 사항 숙지하기

모든 컨슈머의 요구를 충족한다는 것은 필요한 모든 목표를 이해하기 쉽고 사용하기 쉬운 방식으로 제공하는 API를 디자인하는 것을 의미합니다. 이는 **비기능적 요구 사항**Nonfunctional requirements이라는 관점에 주의해야 합니다. 비기능적 요구 사항이란 기본적으로는 API 목표와 데이터가 어떻게 표현될 것인지에 대한 이야기입니다. 컨슈머들은 API를 디자인할 때 고려해야 할 특정 관행이나 몇 가지 제약 사항이 있을 수 있습니다.

여러분들은 5.1절과 6.1.3절과 6.1.4절을 통해서 단순하게 표현하고 표준을 따르고, 관행을 따르면 이해하기 쉽고, 사용하기 쉬우며, 상호 운용성이 뛰어난 API를 디자인할 수 있음을 봤습니다. 그러나 이는 단순히 명확한 이름과 표준 날짜 형식을 사용하거나 일반적으로 사용되는 경로 패턴을 적용하는 것 이상을 의미할 수도 있습니다. 기존 관행은 API 디자인에 더 큰 영향을 줄 수 있습니다.

예를 들어, 은행 회사가 계좌 번호가 실제로 어떤 은행에 존재하고 주어진 사람에게 속하는지 확인하는 은행 상세 검증 API를 제공하려 한다고 가정해 보겠습니다. 이런 서비스는 대금 납부 자동이체 서비스를 제공하고자 하는 회사들에는 유용할 겁니다. 대금 지불을 위해서는 회사들은 그들의 고객의 은행 계좌에서 인출을 할 수 있어야 합니다. 그때, 회사는 제공된 그들의 고객 정보가 상품이나 제품을 판매하기 전에 고객의 실제 은행 계좌에 확실히 일치한다는 걸 확인하고 싶을 겁니다.

이러한 API는 언뜻 보기엔 디자인하기 매우 간단해 보일 겁니다. 은행 계좌에 대한 검증만 제공하면 됩니다. 이 목표는 IBAN 형식의 계정 번호와 계정 소유자의 이름$^{first\,name}$과 성$^{last\,name}$을 예상합니다. 단순히 성공의 경우에는 OK 피드백을 반환하며, 그렇지 않으면 에러에 대한 상세한 정보를 제공해 줍니다. 예를 들면, 계좌 번호가 존재하지만 소유자 성명이 오타로 정확히 맞지 않는 경우가 있습니다. 여러분들이 그간 배운 걸 바탕으로 본다면 이 목표를 어떻게 표현해야 할까요? 그림 11.8은 이를 해결할 방법 3가지를 보여 줍니다.

▼ 그림 11.8 컨슈머들이 원하는 디자인 적용하기

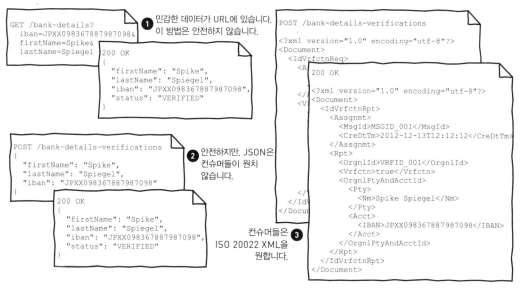

8.4절에서 배웠던 걸 바탕으로 보면, 은행 계좌의 세부 정보에 대한 검증을 GET /bank-details와 같은 리퀘스트에 firstName, lastName, iban 값을 쿼리 파라미터로 처리❶하는 것은 좋은 생각이 아니란 건 이미 알고 있을 겁니다. IBAN(계좌 번호)과 이름과 성은 민감 정보라 쿼리 파라미터로 취급해서는 안 됩니다. (그렇게 된다면 어딘가 로그에도 남게 되니깐요!) 따라서 여러분은 이 목표를 POST /bank-details-verification 리퀘스트❷로 해결하기로 했습니다. 이번에는 리퀘스트 바디가 JSON 오브젝트로 필수 속성인 iban, firstName, lastName를 포함할 겁니다. 리퀘스트가 적합할 때 200 OK 상태 리스폰스와 함께 은행 세부 정보가 적합한지 아닌지를 나타내는 확인 상태를 반환할 수 있습니다. 만약에 리퀘스트가 검증 결과 부적합(예를 들면, IBAN의 포맷이 잘못되었거나, lastName 속성이 제공되지 않는다거나)하다면, 400 Bad Request 리스폰스로 JSON 오브젝트에 유용한 정보와 마주한 문제(들)에 대한 상세 정보를, 5.2.4절에서 보았던 내용처럼 반환해 줄 수 있습니다.

이러한 API는 누구나 이해하기 쉽고 사용하기 쉬울 것처럼 보입니다. 그렇지만 이 API를 디자인하기에 앞서서 우리는 실제 컨슈머의 컨텍스트를 고려하지 않았습니다. 이는 매우 치명적인 실수입니다. 대상 컨슈머는 금융 회사로, 모든 API를 금융 COTS(상용) 소프트웨어로만 소비하고 있습니다. 금융권에서 일하는 사람들(그리고 그들이 쓰는 소프트웨어들)은 커스텀한 JSON 데이터를 사용하지 않습니다. 대신에 표준인 ISO 20022 금융 XML 메시지를 사용❸합니다. 이제 세 번째 디자인 선택지를 가까이에서 살펴보겠습니다. 리퀘스트와 리스폰스는 모두 ISO 20022 금융 XML 메시지의 형태로 예제 11.7과 11.8과 같습니다.

예제 11.7 ISO 20022 IdentificationVerificationRequestV02 XML 메시지

```xml
<?xml version="1.0" encoding="utf-8"?>
<Document>
  <IdVrfctnReq>
    <Assgnmt>
      <MsgId>MSGID_001</MsgId>
      <CreDtTm>2012-12-13T12:12:12</CreDtTm>
    </Assgnmt>
    <Vrfctn>
      <Id>VRFID_001</Id>
      <PtyAndAcctId>
        <Pty>
          <Nm>Spike Spiegel</Nm>   ◀──────  계좌 주인의 전체 이름
        </Pty>
        <Acct>
```

```
            <IBAN>JPXX098367887987098</IBAN>  ◄──────── 계좌의 IBAN
          </Acct>
        </PtyAndAcctId>
      </Vrfctn>
    </IdVrfctnReq>
  </Document>
```

예제 11.8 ISO 20022 IdentificationVerificationReportV02 XML 메시지

```
<?xml version="1.0" encoding="utf-8"?>
<Document>
  <IdVrfctnRpt>
    <Assgnmt>
      <MsgId>MSGID_001</MsgId>
      <CreDtTm>2012-12-13T12:12:12</CreDtTm>
    </Assgnmt>
    <Rpt>
      <OrgnlId>VRFID_001</OrgnlId>
      <Vrfctn>true</Vrfctn>  ◄──────── 검증 상태
      <OrgnlPtyAndAcctId>  ◄──────── 검증 정보(이름과 IBAN)
        <Pty>
          <Nm>Spike Spiegel</Nm>
        </Pty>
        <Acct>
          <IBAN>JPXX098367887987098</IBAN>
        </Acct>
      </OrgnlPtyAndAcctId>
    </Rpt>
  </IdVrfctnRpt>
</Document>
```

예제 11.7에서 보여 주는 IdentificationVerificationRequestV02 메시지는 은행 상세 정보(계좌, 이름 등) 검증 리퀘스트의 표준 메시지 규약입니다. 여기서는 IBAN이 Document.IdVrfctnReq.Vrfctn.PtyAndAcctId. Acct.IBAN 속성으로 존재하며, 소유자의 이름과 성이 Document.Vrfctn.PtyAndAcctId.Pty.Nm의 속성으로 제공되고 있습니다. 이 메시지에는 요청 ID와 날짜, 검증 ID도 포함되어 있습니다.

예제 11.8에서 보여 주는 IdentificationVerificationReportV02 메시지는 앞선 리퀘스트에 대한 표준 리스폰스입니다. 여기에는 리퀘스트로 들어왔던 데이터와 검증 결과(Document.IdVrfctnRpt.Rpt.Vrfctn)가 true, false로 들어 있습니다.

ISO 20022 표준이 오직 메시지에 대해서만 다루고 있어, 최소한 두 번째 버전 API의 의도는 유지할 수 있습니다. 은행 상세 정보 검증 목표는 여전히 POST /bank-details-verifications 리퀘스트로 표현할 수 있을 겁니다. 그렇지만 이제 바디가 IdentificationVerificationRequestV02가 되어 ISO 20022 XML 메시지가 되었습니다. 리스폰스는 IdentificationVerificationRequestV02가 유효하다면, 여전히 200 OK를 쓸 수는 있지만, 리스폰스 바디도 IdentificationVerificationReportV02 메시지로 바뀌었습니다. 리퀘스트가 유효하지 않은 경우라면, 400 Bad Request 리스폰스가 반환되고 우리가 다뤄왔던 JSON 오류 메시지가 커스텀한 XML 메시지로 매핑되어 반환될 겁니다.(ISO 20022 표준은 오류를 다루는 방법을 설명하지 않습니다.)

API 디자인의 결과가 그리 나쁘지만은 않습니다만, 여러분들이 배워온 내용, 그중에서도 5.1절에서 배운 내용을 생각해 보면, ISO 20022 XML 메시지는 복잡하다고 여겨질 겁니다. (게다가 우리는 XML이 더 이상 유행하지 않는다는 것도 알고 있습니다) 그렇지만 이런 컨텍스트에서, 대상인 컨슈머는 ISO 20022 XML을 그들의 자연어로 취급하고 있습니다. 그런 까닭으로라도 API는 이 포맷을 사용해야만 합니다. XML API를 소비하는 것은 컨슈머로 지정된 COTS 소프트웨어에는 매우 쉬울 겁니다. 만약 커스텀 JSON 메시지를 제공하는 API를 이들이 컨슈밍 해야 한다면, 컨슈머 영역에서 더욱 많은 작업이 필요하게 되며, 경우에 따라서는 아예 불가능할 수도 있습니다. 그렇기에 로마에 가면 로마법을 따르라는 말이 있습니다.

적절한 표현을 선택하는 것은 API 디자이너에게 익숙한 것, 마음에 드는 디자인, 유행하는 것 따위를 선택하는 것이 아닙니다. 컨텍스트를 따라 원하는 내용에 부합하는 표현을 선택해야 합니다. 대상 도메인이나 컨슈머가 따르는 관행이 있는지 항상 확인하며, 그런 관행이 있다면 API를 디자인할 때도 마찬가지로 따라야 할 겁니다. 이러한 관행들은 표준을 사용하거나, 데이터를 표현하거나, 이름을 지정하거나, 오류를 관리하는 방식 또는 그 외의 무언가가 될 수 있습니다.

API 디자인에 영향을 줄 수 있는 기존 관행은 그렇다 치고, 제약 사항은 어떨까요? 금융 회사가 법인도 재무관리도 하지 않는 컨슈머를 표적으로 한다고 한다면, 이들은 분명히 ISO 20022 XML을 모를 것이고 단순한 JSON을 더 많이 다뤄왔을 겁니다. 영리한 API 디자이너라면 컨텐츠 네고시에션(6.2.1절 참조)을 떠올릴 겁니다. 컨슈머는 Content와 Accept 헤더로 application/xml을 지정해 ISO 20022 표준을 사용할 수 있고, application/json을 쓰면 단순한 JSON 포맷을 사용할 수 있습니다. 멋지군요. API가 서로 다른 두 타입의 컨슈머들의 요구에 대해서 충분하게 대응하였습니다.

그렇지만 불행하게도, API의 대상 고객들인 COTS 시스템을 다루는 개발자 중 일부를 인터뷰 해 보니, 그 쪽에서는 콘텐츠 네고시에이션을 편하게 사용할 수 없다는 사실을 알게 되었습니다. 따라서 API의 기본 형식을 XML로 고려하거나, 컨슈머가 개발자 포털에 등록할 때 사용할 포맷을 지정할 수 있도록 하는 편이 더 현명합니다. 고작 단순한 헤더를 전달할 수 없다는 것이 농담처럼 보이지만 충분히 벌어질 수 있습니다.

모든 컨슈머가 여러분들이 해왔던 것들을 할 수 있다고 단정지으면 안 됩니다. COTS 소프트웨어가 HTTP 리퀘스트의 헤더를 손댈 수 없었던 것처럼 컨슈머들에겐 기술적인 제약이 있을 수 있습니다. 그 외에도 여러 가지 제약이 있을 수 있습니다. 어떤 컨슈머들은 HTTP 메서드를 오직 GET이나 POST밖에 사용할 수 없는 경우도 있습니다. 우리는 10.1절에서 모바일 애플리케이션이 네트워크 가용성에 따라 어떻게 동작하는지 확인했습니다. 11.1절에서는 웹훅에 대해서 다뤘습니다. 이 또한 모든 컨슈머들이 쉽게 구현할 수 있는 주제는 아닙니다.

여러분들이 해온 것과 대립하는 기존 관행이나 제약 사항을 너무 늦게 발견하지 않기 위해서는, 여러분들의 타겟 컨슈머에 대한 공감이 필요합니다. 여러분들의 디자인에 대해서 그들과 대화하는 것을 망설이지 말고, 질문하고, 토론해야 합니다. 이는 중요하고 좋은 일입니다.

물론 이 와중에도 우리가 10.3.8절에서 다뤘던 내용처럼 사용성과 재사용성을 희생양으로 삼아서는 안 됩니다. 하나의 API에 특정 컨슈머들에게만 필요한 매우 특수한 기능을 제공하려 시도해서는 안 됩니다. 대신에 다른 API 레이어를 만들거나 컨슈머로 하여금 그들만의 프론트엔드를 위한 백엔드[Backend for frontend] API를 구축하도록 해야 합니다.

11.2.2 프로바이더의 한계를 신중하게 고려하기

2.4절에서 여러분들은 API 디자인을 할 때 순수하게 내부적인 고려 사항을 컨슈머에게 노출하는 것을 피해야 한다고 배웠습니다. 그렇지만 프로바이더의 관점을 노출시키지 않는 것이 철저하게 그러한 사항을 외면하고 무시하라는 것은 아닙니다. 실제로 API를 디자인할 때는 사용 가능할 뿐만 아니라 구현이 가능한 디자인을 제안하기 위해 API 뒤에서 벌어지는 일들도 고려해야 합니다. 그림 11.9는 예제를 보여 주고 있습니다.

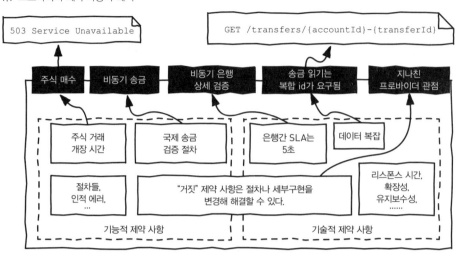

▼ 그림 11.9 프로바이더 제약 사항의 예시

만약 금융 회사가 주식 매도 주문 처리나 매수 주문 처리 같이 주식 거래와 관련된 목표를 제공하고자 한다면, API 디자이너는 증권 거래소가 항상 개장된 상태가 아니란 사실을 잊지 말아야 합니다. 컨슈머가 증권 거래소가 개장하지 않은 상태에 주식 매수를 하고자 하면, 처리가 불가능하다는 에러가 그 순간에 발생할 겁니다. 이런 경우에 쓰이는 에러는 503 Service Unavailable HTTP 상태 코드입니다. 5.2.3절에서 여러분들이 배웠던 것처럼, 컨슈머들에게 도움이 되는 데이터가 에러와 함께 제공되는 편이 좋습니다. 이번 같은 경우에는 주식 시장의 개장시간이 반환되면 좋을 겁니다. 5.3.2절에서 논의한 것처럼, 사용 가능한 증권 거래소를 나열하거나 이러한 오류를 방지하기 위해 증권 거래소의 시장 일정 및 거래 시간에 대한 세부 정보를 제공하는 목표를 추가하는 것도 유용할 수 있습니다.

> **Note** 기능적인 제약 사항을 고려하지 않으면, API는 불완전하며 컨슈머 친화적이지 않게 됩니다.

주식 거래는 우리가 만든 은행 API의 범위를 벗어납니다. 그러나 11.1.1절에서 API 디자인에 영향을 미치는 기능적 제한의 예를 보았습니다. 주어진 금액 이상의 국제 송금은 사람에 의해 검증되어야만 합니다. 따라서 기본적인 동기 방식의 리퀘스트/리스폰스 방식 목표로는 표현될 수 없습니다. 비동기 표현을 택해야만 합니다. 국제 송금에서 사람에 의한 검증을 생략할 수 있는 방법을 조사해 보는 것도 가치가 있을 겁니다. 그 방법을 찾아내기만 하더라도 비동기 목표 대신 보다 사용자 친화적인 동기화된 실시간 목표를 제공할 수 있을 겁니다.

그렇지만 프로바이더의 제약은 단순히 기능적인 영역에만 있는 것이 아닙니다. 제약 사항은 기술적인 영역에서도 얼마든지 발생할 수 있습니다. 은행에서 세부 검증 서비스는 여러분들이 11.2.1절에서 보셨듯이 단순히 해당 금융 회사뿐만 아니라 다른 은행들과도 연관이 된 문제입니다. 다른 은행에 존재하는 계좌에 대한 검증은 금융 회사가 그쪽 은행과 통신을 해야만 확인할 수 있습니다. 이러한 은행 간 통신 서비스는 비동기가 표준입니다. 이런 은행 간 세부 검증 시스템은 서비스 레벨 조약^{Service Level Agreement}에서 5초 이내에 해결되어야 한다는 수준의 규칙이 존재합니다.

이런 시스템들을 바탕으로 동기화 된 리퀘스트/리스폰스 API 목표를 구현하는 것은 문제가 될 여지가 있습니다. 이는 컨슈머가 리스폰스를 대기하는 동안 5초 정도 대기할 가능성이 있다는 의미이며, 컨슈머 입장에서는 (특히 모바일이라면) 영원처럼 느껴질 겁니다. 따라서 API는 동기 리퀘스트/리스폰스 목표 대신 컨슈머가 확인 요청을 보낸 후 나중에 결과를 얻거나 결과를 웹훅 알림으로 전달 받아야 합니다.

"앗, 특정 송금을 식별하기 위한 고유한 식별자가 없습니다." 같은 제약 사항은 사실 매우 간단할 수도 있습니다. 그러나 겁에 질릴 필요는 없습니다. 이런 경우 여러분은 여러 개의 ID를 합쳐서 고유한 식별자처럼 사용할 수 있습니다. 예를 들면 accountId와 transferId를 한 번에 GET /transfers/{accountId}−{transferId} 리퀘스트로 보낼 수 있습니다. 이 복합 ID가 여러분들의 비즈니스 전용인 경우, 여러분이 볼 수 있는 인터페이스 컨트랙트는 오직 GET /transfers/{id}이며, 여기서 id로 불리는 복합 id는 송금 목록 목표에서 반환됩니다.

기능적 제약 사항처럼 프로바이더 영역의 기술적 제약 사항 역시 질문의 대상이 됩니다. 직면한 기술적 제약 사항이 진정한 문제인지 신중하게 질문해 볼 필요가 있습니다. 방금 보신 예제와 같은 상황에 현혹되면 안 됩니다. 기술적 제약 사항들은 진짜 큰 문제인 경우도 있지만, 대부분 작은 수정만 가하면 큰 문제없이 해결되는 가짜 제약 사항인 경우가 더 일반적입니다. 이럴 때 수행하는 작은 변경은 API 디자인에는 심각한 영향을 주지 않으며, 가장 중요하게도 컨슈머들에게도 마찬가지입니다.

저는 이 말을 헤아릴 수 없을 정도로 많이 들었습니다. "이 데이터들 가지곤 집합체를 구성할 수 없습니다. 집합체를 반환하는^{unitary} 호출은 지나치게 시간이 오래 걸려요!" 이런 경우에 필요한 것은 압축(10.2.1절 참조)과 데이터베이스에 누락된 인덱스의 추가, 몇 몇 데이터베이스로 보내는 요청의 최적화 정도가 될 겁니다. 이러한 단순한 변경들이 매우 인상적인 성능개선을 가져와 설계자들이 불가능하다고 했던 기능들을 구현해 낼 수 있게 해 줍니다.

또 다른 예시는, 그리 오래전 일이 아닙니다. 매우 크고 역사가 오래된 회사에서 웹이 단순히 GET과 POST HTTP 메서드만 쓰는 웹 사이트가 아니라는 사실에 대해서 깨닫기 시작했을 무렵 이야기입니다. 아마 HTTP에서 DELETE 메서드를 쓰면 안 된다는 말을 들어본 분이 있을 겁니다. 방화벽에서 차단했기 때문이었습니다. 이 문제를 해결하기 위해서 사람들은 네트워크 보안 담당자에게 POST와 GET 이외에 다른

HTTP 메서드를 사용해야만 하는 새로운 요구 사항에 대해서 설명하고 설정을 변경해야만 했습니다. (이 특정 HTTP 메서드에 관련된 보안적 문제는 오늘날에는 존재하지 않아야 합니다. 적어도 제 바람은 그렇습니다!)

API 디자이너로서, 이는 외부 세계로 노출된 API를 통해 컨슈머가 들어오는 순간부터 실제 구현까지 도달하는 영역까지 내부적으로 무슨 일이 벌어지는 지 알고 있어야 함을 의미합니다. 그래야만 기술적 제약 사항이 발생했을 때 여러분들이 기술적 제약 사항이 발생하는 지점을 파악할 수 있고, 최대한 빠르게 해결할 수 있는 구현 방안을 내놓거나 디자인을 변경할 수 있습니다.

기술적 제약 사항은 일반적으로 응답 시간을 중심으로 시스템의 확장성^{Scalability} 또는 가용성^{Availability} 및 네트워크의 제약이 있습니다. 예를 들면, API 리퀘스트가 완료되는 데 있어서 운영환경에서 2초 이상이 걸리면 매우 성가실 것이며, CPU를 추가하거나 구현을 최적화하거나, 마지막으로는 API의 디자인을 조정하여 이 문제를 해결될 수 있었습니다. 컨슈머들은 매일 자정 15분 동안 일간 재부팅과 백업 절차 때문에 사용할 수 없다는 사실을 알게 되어 불쾌하게 놀랐습니다. 또한 여러분들이 신중하게 만든 5XX 에러가 질투심 많은 구닥다리 방화벽과 잘못 설정된 API 게이트웨이 때문에 HTML 바디에서 일반적인 500 Server Error 로 대치된다는 사실을 알게되면 불안할 겁니다.

주의해야 할 사항은 API를 디자인할 때, 리퀘스트 전후로 실제로 무슨 일이 벌어지는지 깊이 알고 있어야만 기능적 제약 사항이나 기술적 제약 사항을 포착할 수 있다는 점입니다. 잠재적인 제약 사항들은 (넓은 의미에서) 구현을 통해서 이슈가 API 디자인에 영향을 주지 않고 완전히 해결 가능한지, 부분적으로 해결 가능한지 질문이 되어야 합니다. 문제를 신중히 고려해야만 여러분들은 필요한 경우 API 디자인을 적절하게 적응시킬 수 있습니다.

프로바이더 영역에서의 기능적이거나 기술적인 제약 사항들은 다양한 형태만큼 커뮤니케이션을 적용시키거나, 특정 목적을 위한 목표 별도 구성, 입력/출력 프로퍼티들 또는 에러 처리와 같이 다양한 해법들을 갖고 있습니다. 그렇지만 택한 솔루션이 무엇이건, 이해하기 쉽고 사용하기 쉬운 API를 제공하기 위해서는 항상 프로바이더의 관점은 숨겨야만 합니다.

11.3 컨텍스트에 맞는 API 스타일 선택하기

망치를 들면 모든 게 못으로 보인다는 격언이 있습니다. 이것은 도구의 법칙, 망치의 법칙 또는 매슬로$^{Ma-slaw}$의 법칙(https://en.wikipedia.org/wiki/Law_of_the_instrument)이라고 불리는 인지 편향 사례입니다.

이러한 편향은 또 다른 영향을 미칩니다. 스크류 드라이버의 사용자는 스크류 드라이버가 더 나은 도구라고 생각하게 되며, 망치 사용자는 그 반대로 생각할 겁니다. 이런 경우를 팬들의 민속법^{fannish folk law}이라 부를 수 있습니다.

그렇지만 망치가 모든 문제를 해결해 줄 수 없으며, 스크류 드라이버도 망치보다 딱히 뛰어나지도 않습니다. 각각의 도구들은 유용한 쓰임새가 있는데 처한 상황, 즉 컨텍스트 마다 다릅니다. 이 책이 목공이나 목공예를 다루는 게 아니라 웹 API 디자인을 다루고 있지만 같은 고민을 기술 산업계에도 적용할 수 있습니다. 원격 API를 디자인하는 데 사용할 도구를 선택할 때 익숙한 것, 유행하는 것 또는 개인적 선호에 따라 결정되어서는 안 됩니다. 오직 컨텍스트에 따라서 결정되어야만 합니다. 올바른 도구를 선택하려면 적어도 둘 이상은 알아야만 합니다.

웹 API는 통일되고 동기화된 리퀘스트/리스폰스 + REST + HTTP 1.1 + JSON의 조합으로 손쉽게 축소할 수 있습니다. 요즘에는 소프트웨어끼리 통신할 수 있게 하는 가장 일반적인 방법으로 쓰이고 있습니다. 그러다 보니 API 디자이너는 모든 상황에서 이 도구 모음을 사용하고자 하는 유혹에 빠지기 쉽습니다. 이 책에서는 이러한 도구 모음을 다른 유형의 원격 API를 디자인할 때도 사용할 수 있는 기본 API 디자인 원칙을 설명하기 위해서 쓰이고 있습니다.

이미 도구 상자에는 적절한 컨텍스트에 따라 사용할 수 있는 다른 도구들도 들어 있습니다. 예를 들면, 6.2.1절에서 여러분들은 JSON 만이 유일하게 가능한 데이터 포맷이 아니란 것을 봤습니다. 여러분들은 필요하면 XML, CSV, PDF 또는 다른 포맷을 얼마든지 사용할 수 있습니다. 또한, 11.2.1절에서 XML 표준을 사용하던 컨슈머의 경우에는 JSON을 사용하는 것이 오히려 생산성을 저해시킬 수 있음을 봤습니다. 10.3.6절에서는 여러분들은 REST API만이 웹 API를 만드는 유일한 선택지가 아님을 배웠습니다. 쿼리 언어를 이용해 더욱 유연하게 (그렇지만 캐싱은 하기 어려운) 데이터를 요청할 수 있음을 봤습니다. 11.1절에서는 여러분들은 동기화된 리퀘스트/리스폰스 컨슈머에서 프로바이더까지의 메카니즘이 두 시스템 간의 유일한 통신 방법이 아니란 것을 발견했습니다. 우리는 비동기 목표를 만들 수 있으며, 이를 통해 컨슈머들에게 이벤트를 알리거나, 스트림 데이터를 처리하거나, 다중 요소를 한 번의 호출로 처리할 수 있게 되었습니다. 그리고 10.2.1절에서 여러분들은 HTTP2가 그동안 잘해온 HTTP 1.1 프로토콜을 대체할 수 있다는 사실도 배웠습니다.

우리는 이미 이러한 컨텍스트가 도구를 선택하는 데 있어서 중요한 역할을 한다는 것을 알고 있습니다. 우리는 이미 이런 여러 가지 도구들도 알고 있습니다. 그렇지만 API 디자이너이자 소프트웨어 디자이너이자, 그리고 시스템 디자이너로서 일반적으로는, 우리는 도구의 법칙을 피하도록 우리 관점을 보다 넓힐 필요가 있습니다. 이를 위해 이 절에서 REST API 및 웹 API에 대한 몇 가지 다른 대안들을 살펴보겠습니다.

11.3.1 리소스, 데이터, 함수 기반 API 비교

이 책을 집필할 때만 해도, 웹 API를 만드는 데에는 REST, gRPC, GraphQL이 세 가지 방법이 주류를 이루고 있었습니다. 이것들이 10년 뒤에도 유효할까요? 그때도 같을까요? 시간만이 답을 알고 있을 겁니다.

이 중에 특출나게 뛰어난 것이 있을까요? 전혀요! 어떤 것이 좋은지는 처한 컨텍스트와 요구 사항에 따라 다를 겁니다. 이것들에 어떻게 접근해야 하는지 그림 11.10이 각 API 버전별로 보여 주고 있습니다. REST는 리소스 기반이며, gRPC는 함수 기반이며, GraphQL은 데이터 기반이며, 이것들은 저마다 장단점을 지니고 있습니다.

▼ 그림 11.10 리소스, 데이터, 함수 기반의 API 비교

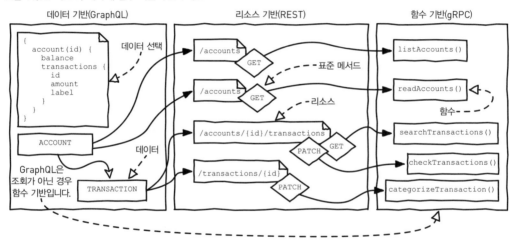

이 책을 통해 여러분들이 보셨던 것들을 통해 (특히 3.5.1절을 보셨다면) 여러분들은 이쯤 되면 REST API가 무엇인지 알아야 합니다. REST API 또는 RESTful API는 로이 필딩이 선보였던 REST 아키텍처 스타일을 준수하는 API를 의미합니다.[10] 이런 API는 리소스 기반이며, 기본 프로토콜(이 경우 HTTP 프로토콜)을 활용합니다. 이 목표는 리소스에 표준 HTTP 메서드를 사용하여 표시되며 결과는 표준 HTTP 상태 코드로 표시됩니다.

---

10 필딩의 박사 논문 〈아키텍처 스타일과 네트워크 기반 소프트웨어 아키텍처 설계〉를 읽어보세요. (https://www.ics.uci.edu/~fielding/pubs/dissertation/fielding_dissertation.pdf)

은행 API에서 계좌 상세를 읽어오기와 같은 경우는 GET /owners/123 리퀘스트와 같이 표시될 수 있습니다. 반환되는 HTTP 상태 코드가 200 OK라면 소유자 123의 계좌 정보가 존재하는 것이며, 404 Not Found 상태 코드라면 그렇지 않은 것입니다. 같은 소유자의 VIP 상태를 수정하는 것은 PATCH /owners/123 리퀘스트면 됩니다. 이 리퀘스트의 바디에는 새로운 값이 담겨 있을 겁니다.

기존 프로토콜을 사용하면 여러분들이 6.1절에서 보셨듯이 일관성을 유지할 수 있고 API를 예측할 수 있습니다. 게다가 어떤 리소스를 접하건, 컨슈머가 OPTIONS HTTP 메서드를 이용하면 어떤 동작이 가능한지 알 수 있으며, 또는 직접 GET 메서드로 읽기를 시도하거나, PUT이나 PATCH로 수정을 시도해 볼 수이 있습니다. 비록 가장 모호한 4XX HTTP 상태 코드가 반환되더라도 이것이 컨슈머 영역에서 에러가 발생했음을 모든 컨슈머들이 이해할 수 있습니다. 이 API는 가령 캐싱이나 조건부 리퀘스트와 같이 HTTP에 존재하는 모든 기능이 제공할 수 있는 장점을 취할 수 있습니다. 디자이너는 바퀴를 재발명할 필요가 없습니다. SSE(11.1.3절 참조)를 이용하면 서버에서 컨슈머 간의 스트리밍 기능도 추가할 수 있습니다. 그러나 이것이 API 디자인을 단순하게 해 주지는 않습니다.

이 책 전체에서 HTTP 프로토콜이 심지어 어떠한 프레임워크를 제공하더라도 끔찍한 REST API를 생성하는 것을 마법처럼 막지 못한다는 것을 봤을 겁니다. 리소스 경로를 정하고 데이터를 어떻게 표현할지, 유의미한 성공 및 에러 피드백을 HTTP 상태로 보내는 것들과 같은 것들은 여전히 디자이너의 몫입니다.

gRPC는 구글에 의해서 만들어진 프레임워크입니다. g는 Google을 의미하고, RPC는 Remote Procedure Call을 의미합니다. RPC API는 단순하게 함수를 외부에 노출하는 식입니다.

함수 기반의 API에서는 소유자 123의 정보를 읽어오는 것은 readOwner(123) 함수를 호출하는 식입니다. 마찬가지로 소유자 123의 VIP 상태를 수정하는 것은 updateOwner(123, { "vip": true })를 호출하면 됩니다. gRPC 프레임워크는 HTTP 1.1이나 2 프로토콜에 별도의 변경 없이 전송계층$^{transport\ layer}$으로 사용합니다. gRPC는 표준 캐싱 메커니즘을 제공하지 않습니다. 양방향 스트리밍 통신을 제공하기 위해 HTTP 2 프로토콜을 사용할 수 있다는 점을 명심하기 바랍니다. 또한, 프로토콜 버퍼$^{Protocol\ Buffers}$ 데이터 포맷을 사용할 수 있어서 XML이나 JSON과 다르게 장황하지 않습니다. (프로토콜 버퍼 데이터 포맷은 REST API에서도 사용할 수 있습니다.)

리소스 기반 API의 경우 기본 프로토콜은 특히 어떤 종류의 작업이 수행되고 있으며 결과가 무엇인지 설명하기 위해 프레임워크를 제공합니다. 반면에 함수 기반 API에서는 일반적으로 디자이너가 단어들의 의미부터 거의 모든 것들을 결정해야 합니다. 이런 경우라면 소유자의 목록 목표 같은 것들은 어떻게 표현해야 할까요? 아마도 listOwners( ), readOwners( ), retrieveOwners( )와 같은 함수가 아닐까요? 같은 식으로 데이터 수정도 할 수 있습니다. 아마도 saveOwner( ) 나 updateOwner( ) 가 되지 않을까요?

에러의 경우에는 gRPC 프레임워크는 HTTP 상태 코드와 매핑되는 몇 가지 에러 모델(https://cloud.google.com/apis/ design/errors)을 지니고 있습니다. 예를 들면, readOwner(123)을 호출했는데 NOT_FOUND 코드(HTTP 상태 코드 404 Not Found와 매핑되어 있음)가 '소유자 123이 존재하지 않습니다' 같은 메시지와 함께 반환될 수 있습니다. 에러 모델은 더욱 유익한 피드백을 제공하기 위해 데이터를 추가함으로써 더욱 완성도를 높일 수 있습니다. REST API와 마찬가지로 이를 수행하는 방법(5.2.3절 참조) 및 데이터 표현 방법을 선택하는 것은 디자이너에게 달려 있습니다.

GraphQL에 대해서는 10.3.6절에서 가볍게 다뤄본 적이 있습니다. 이는 Facebook에서 만든 API용 쿼리 언어입니다. GraphQL API는 기본적으로는 데이터 스키마에 접근하여 컨슈머가 정확히 필요한 데이터를 가져갈 수 있게 제공해 주는 것입니다. 이는 프로토콜에 구애받지 않습니다. 즉, 리퀘스트를 보내고 리스폰스를 받을 수 있다면 어떠한 프로토콜이건 다 사용할 수 있습니다. 그렇지만 HTTP 프로토콜이 가장 많이 쓰이고 있으므로 HTTP를 선택해 사용하는 것뿐입니다.

gRPC처럼, GraphQL도 일반적인 캐싱 메커니즘을 제공하지 않습니다. POST /graphql 리퀘스트에 { "query": "{ owner(id:123) { vip } }" } 와 같은 쿼리를 바디에 넣어 보내면 리스폰스가 소유자 123의 VIP 상태를 반환하게 됩니다. 그리고 생성하거나 데이터를 수정할 때는 GraphQL은 마치 RPC API처럼 동작하게 됩니다. 이 경우 뮤테이션^mutation(변이)이라 칭해지는 함수를 사용하게 됩니다.

소유자 123의 VIP 상태를 수정하는 것은 updateOwner 뮤테이션을 호출하는 것을 필요로 할 겁니다. 이 뮤테이션은 소유자의 ID와 owner 오브젝트의 변경된 VIP 상태를 포함하고 있습니다.

GraphQL은 또한 표준 에러 모델을 확장해 함께 제공해 줍니다. 예제 11.9와 11.10은 쿼리와 표준 에러를 포함한 리스폰스를 각기 보여 주고 있습니다.

예제 11.9 GraphQL 쿼리

```
{
  owner(id: 123) {
    vip
    accounts {
      id
      balance
```

```
            name
        }
    }
}
```

예제 11.10 GraphQL 리스폰스와 에러

```
{
    "errors": [
        {
            "message": "No balance available for account with ID 1002.",
            "locations": [ { "line": 6, "column": 7 } ],   ◀──────── 쿼리에서 에러가 발생한 부분
            "path": [ "owner", "accounts", 1, "balance" ]  ◀──────── 에러에 영향을 받은 결과의
        }                                                             속성을 표시
    ],
    "data": {
        "owner": {
            "vip": true,
            "accounts": [
                {
                    "id": "1000",
                    "balance": 123.4
                    "name": "James account"
                },
                {
                    "id": "1002",
                    "balance": null,   ◀──────── 실제로 에러에 영향을 받은 속성
                    "name": "Enterprise account"
                }
            ]
        }
    }
}
```

예제 11.9 리퀘스트에서 보여 주는 쿼리는 소유자 123의 VIP 상태와 계좌의 ID, 잔액 그리고 이름을 요
청하고 있습니다. 불행하게도 예제 11.10에서 볼 수 있듯이 잔액은 두 번째 계좌에서 가져올 수 없었습니

다. 표준 에러 모델이 리스폰스에 포함되어 응답하였으며, 각각의 에러를 사람이 읽을 수 있는 메시지 형태로 제공해 줍니다. GraphQL 쿼리의 에러를 유발한 것으로 추정되는 원천들을 locations(balance는 여섯 번째 줄에 있으며, 일곱 번째 글자입니다)에 표현해 주며, 선택 사항인 path에는 반환된 data (data.owner. accounts[1].balance의 balance 값이 null임)에서 어떠한 데이터가 에러에 영향을 받았는지 표시해 줍니다.

이런 에러는 프로바이더의 잘못이지 컨슈머의 잘못은 아닌 것으로 보입니다. 그렇지만 이런 정보가 보이지는 않습니다. 이런 정보는 디자이너가 어떻게 표준 에러 모델에 유익한 피드백을 제공해 줄 것인지 선택하느냐에 따라 달라질 겁니다. 그리고 당연하게도, REST와 gRPC API의 경우와 마찬가지로 데이터 모델을 디자인하는 것은 디자이너의 몫입니다.

디자인 관점에서 우리는 API를 만드는 세 가지 다른 방법이 API의 목표를 표현하는 세 가지 다른 방법을 가지고 있음을 알 수 있습니다. 리소스(REST), 함수(gRPC와 GraphQL에서 데이터 변경), 그리고 데이터 (GraphQL 읽기)입니다. 기본적으로 이러한 API 스타일 중 어느 하나에서건 읽기 목표를 나타내는 것은 가능합니다. 생성, 수정, 삭제 또는 무언가를 수행하는 목표인 경우에는 리소스/메서드 쌍이나 함수로 표현 가능합니다. 각각의 접근 방식은 일관성을 유지하여 사용성과 디자인을 용이하게 하기 위해 정도는 다르지만, 표준화된 요소를 지니고 있습니다.

Note 프로토콜의 규칙을 엄수해야 일관된 API를 만들 수 있습니다.

어떠한 프레임워크가 제공되었든, 디자이너는 견실한 API를 제공하기 위해서는 아직 해야 할 일들이 많이 남아있습니다. API 스타일을 무엇을 택했건 간에, 디자이너는 사용자, 목표, 입력, 출력, 그리고 에러를 식별해 내야 하며, 또한 프로바이더 관점이 아닌 가능한 최대한 컨슈머 지향적인 표현을 제공해야만 합니다.

기술적 관점에서 보자면, 우리는 세 가지 다른 API 도구나 기술들을 HTTP 프로토콜 상에서 사용할 수 있습니다. 왜 하필 HTTP인가하면, HTTP 프로토콜은 광범위하게 채택되어 쓰이고 있으므로 여러분들의 인프라가 HTTP 기반의 API를 제공하거나 사용하기 위해 변경할 사항이 거의 없기 때문입니다. 그렇지만 이 세 가지 도구들끼리는 몇 가지 차이점이 존재합니다.

REST API는 HTTP 프로토콜에 의존하며 컨텐츠 네고시에이션, 캐싱 및 조건부 리퀘스트와 같은 기능을 활용할 수 있습니다. GraphQL과 gRPC는 이러한 메커니즘은 제공하지 않지만 대신 다른 흥미로운 기능들을 갖고 있습니다. HTTP2와 ProtoBuf 데이터 포맷의 활약으로, gPRC 기반의 API는 기본적으로 성능이 뛰어납니다. 또한, 컨슈머와 프로바이더 간 스트리밍과 양방향 통신을 지원합니다. (REST API는 SSE를 이용해 프로바이더에서 컨슈머에게 단방향 스트리밍을 제공할 수는 있습니다.) 그리고 10.3.6절에서 보았듯이 GraphQL의 쿼리 방법은 컨슈머가 필요한 모든 데이터를, 오직 원하는 것들만 한 번의 리퀘스트로 가져올 수 있습니다. 대신 캐싱 기능을 포기했습니다.

프로바이더의 상황과 구현에 따라서 데이터 기반의 API에서 컨슈머가 수행할 수 있는 쿼리를 많이 제어할 수는 없습니다. 시스템이 무한히 확장할 수 없는 상황에서 지나치게 복잡한 리퀘스트는 기저에 있는 시스템들이 복잡한 리퀘스트에 대한 대응이 구현 수준에서 처리되어 있지 않다면, 시스템이 처리할 수 있는 것보다 더한 부하가 발생하고, 리퀘스트를 처리하기 위해 엄청나게 오랜 시간이 필요할 수도 있습니다.

리소스 기반, 함수 기반의 API의 경우에는 이러한 문제를 예방하는 것은 그렇게 어렵지 않습니다. 각 목표들의 동작들이 일반적으로 예측 가능하며, 요청하는 시스템이 무엇인지 알려져 있으며, 기저에 있는 시스템을 보호하기 위해 속도 제한 등을 사용할 수 있기 때문입니다. 각각의 컨슈머들이 초당 X회 이상 리퀘스트를 API를 통해 요청하지 못하도록 할 수 있으며, 컨슈머나 목표에 따라서 개별적인 속도 제한도 할 수 있습니다.

데이터 기반의 API도 여러분들이 쿼리의 개수나 사이즈로 제한을 걸 수 있습니다만, 복잡한 쿼리가 만들어지는 것을 제한할 수 없기에 별 의미가 없습니다. 여러분들은 리퀘스트 내의 노드의 개수를 제약하거나 사전에 등록된 형태의 리퀘스트만 받아들이는 식으로 제한할 수도 있습니다. 그렇지만 이런 경우에는 유연성을 포기하게 되어서 data 기반의 API를 택한 의사결정이 무의미하게 되어버립니다. 모든 경우 (REST, gRPC, GraphQL 상관없이) 통용되는 한 가지 좋은 제한은 기본적으로 반환되는 항목 수를 제한하는 것 정도입니다.

그렇다면 이제 어떤 접근 방법을 택하시겠습니까? 여러분들이 처한 상황과 요구 사항을 분석하기 전에는 이러한 선택을 할 수 없습니다. 여러분들의 컨슈머가 누구인지, 그들의 상황을 이해하고 난 뒤에, 그들이 필요로 하는 목표들은 무엇인지, 그것들을 어떻게 쓸 것인지, 그리고 프로바이더의 상황을 이해하고 난 뒤에야, 여러분들이 적합한 API를 선택할 수 있습니다. 이렇게 사례별로 컨텍스트는 다르겠지만, 요즘에는 REST를 기본으로 택하는 것이 첫 번째 규칙처럼 작용하고 있습니다. 만약에 매우 특수한 요구 사항이 있어서 잘 디자인된 REST API로도 대응할 수 없다면 여러분들은 GraphQL이나 gRPC를 사용하길 원하게 됩니다. 기본적으로 REST를 택하는 것은 도구의 법칙 또는 팬들의 민속법으로 볼 수 있습니다. 그렇지만 REST를 이용하는 접근 방법은 대부분의 요구 사항을 충족할 수 있습니다. 이는 가장 널리 채택된 API 작성 방법이며, 또한 대부분의 개발자가 여기에 익숙(11.2.1절 참조)합니다. 전용 API를 사용하는 모바일 환경에서 세심하게 디자인된 REST API가 잘 설정된 환경에서조차 문제를 해결하지 못하면 GraphQL을 택합니다. 아니면 다음과 같은 경우일 겁니다.

- 고급 쿼리 기능이 필요합니다.

- API를 외부에 공개하거나 파트너들과 공유할 계획이 전혀 없습니다.

- 캐싱이 필요하지 않습니다.

- 기저의 시스템들이 구현 수준에서 잘 보호 받고 있거나 무한대의 확장성을 보장받습니다.

마지막으로 내부 애플리케이션에서 또 다른 내부 애플리케이션의 통신으로 속도가 정말 중요하며, 대신 캐싱에 관심이 없거나, HTTP에 의존하지 않고 모든 것을 처리할 의사가 있거나, API를 외부에 공개하거나 파트너와 공유할 계획이 없다면 gRPC API를 택해야 합니다. 또한, 이 선택이 배타적이지 않음을 명심해야 합니다. 여러분들은 이미 10.3.8절에서 API의 다른 계층이 다른 요구 사항을 충족시킬 수 있음을 보았습니다. 필요하다면 GraphQL API 또는 더 전문화된 REST API를 노출하는 모바일 BFF 구축해도 전혀 문제가 될 것이 없습니다. 또한, 애플리케이션은 내부 컨슈머들을 위해서는 gRPC 인터페이스를 노출하고 외부 컨슈머들을 위해서는 REST 인터페이스를 노출할 수도 있습니다.

11.3.2 리퀘스트/리스폰스와 HTTP 기반의 API를 넘어서 생각하기

우리는 API 디자이너로서 리퀘스트/리스폰스를 사용하는 HTTP 기반의 API 만이 애플리케이션 간의 통신을 하는 방법이 아님을 명심해야 합니다. 우리는 이벤트와 스트리밍에 대해서 11.1절에서 이야기했지만 대부분 HTTP 관점에서 이야기를 진행했습니다. 여러분들이 이벤트 기반의 시스템을 만들게 된다면, 프로바이더는 컨슈머들에 웹훅이나 WebSub 시스템을 이용해 이벤트를 알릴 수 있습니다. 이것들은 전부 HTTP 기반입니다. 그렇지만 RabbitMQ 같은 메시징 시스템을 쓰는 것도 가능합니다. 만약 내부 사용 목적이라면 프로바이더와 컨슈머를 이러한 도구들로 직접 연결하는 것이 더 효율적일 수 있습니다.

만약 사물 인터넷[IoT]을 제공해야 한다면 에너지 소비 효율은 중요한 고려 사항이며, 신뢰할 수 없는 네트워크 환경이나 절전 모드 장치와의 양방향 통신은 거의 표준입니다. 메시지 큐 원격 분석 프로토콜[MQTP]은 메시지 기반의 프로토콜로 이러한 제약 사항을 처리하도록 디자인되었습니다. 이벤트를 스트리밍할 때, 여러분들은 HTTP를 사용하는 SSE를 이용해 프로바이더와 컨슈머 간의 통신을 할 수 있습니다. 다만 이러한 방법은 웹소켓[WebSocket] 프로토콜을 사용해야 하며, 이는 HTTP 기반이 아닙니다.(11.1.3절 참조) 그리고 여러분들이 대량의 이벤트 흐름을 처리해야 하는 경우가 있다면 Kafka Streams가 대안이 될 수 있습니다.

이벤트 기반의 시스템 디자인이나 아키텍처에 대해 다루려면 이 책만큼의 분량이 더 필요합니다. 이 책은 그러한 목적으로 쓰이진 않았습니다. 그렇지만 여러분은 최소한 이 책에서 배운 내용을 활용하여 이벤트 알림 및 스트림을 디자인할 수 있습니다. 이번 장의 핵심은 HTTP 기반 통신이 유일한 선택지가 아니라는 점입니다. 그리고 상황에 따라서는 실제로 어떠한 대가를 치르더라도 피해야 하는 경우도 있습니다. 다음 장에서는 다양한 유형의 API 문서화와 디자이너가 해당 문서 작성에 참여하는 방법을 살펴보겠습니다.

요약

- 단일(Unitary) 리퀘스트/리스폰스, 컨슈머 프로바이더 간 통신은 유일한 선택지가 아닙니다. 여러분들은 비동기 목표를 디자인할 수도 있으며, 컨슈머에게 이벤트를 발행할 수도 있으며, 데이터를 스트리밍할 수도 있으며, 다양한 요소를 한 번의 호출로 처리할 수도 있습니다.

- API를 디자인할 때 컨슈머의 컨텍스트를 고려해야 합니다. 여기에는 그들의 네트워크 환경과, 행태, 그리고 제약 사항도 포함됩니다.

- API를 디자인하려면 프로바이더의 제약 사항을 신중하게 고려해 이를 조기에 발견해, 가급적이면 디자인에 영향을 미치지 않고 문제를 해결하고, 이것이 불가능한 경우에는 디자인을 적응시켜가며 문제를 해결해야 합니다.

- API를 디자인할 때 내면의 열정이나 개인의 취향을 억눌러야 합니다. 여러분들이 좋아하거나 아는 특정 도구/디자인/방법들은 API가 해결해야 하는 모든 상황에 대해 이상적인 해법이 될 수는 없습니다.

12

API 문서화하기

이 장의 내용

- 참조 문서(Reference Documentation)
- 사용자 가이드
- 구현 명세
- 변경이력(Change Logs)

지난 장에서 API 디자인은 단순히 동작하는 API를 디자인하는 게 아니라는 사실을 배웠습니다. 실제 상황에서는 API를 디자인할 때 API를 둘러싼 전체 컨텍스트를 고려해야 합니다. 이 컨텍스트는 API 그 자체를 넘어서 API의 인터페이스 컨트랙트, 구현, 누가 어떻게 사용하는지도 고려해야 합니다. API 디자이너는 API 프로젝트의 다양한 측면에 참여해야 하는데, 이 중에 가장 중요한 것 중 하나가 바로 문서화입니다.

뛰어나거나 단순하거나 모든 API에는 문서화가 필수입니다. 그림 12.1에서 볼 수 있듯 일상 속 사물마저도 사용자에게 사용법에 대한 이해를 돕기 위해 문서를 제공합니다. 자재를 이용해 건물을 지을 수 있도록 돕는 셈이죠.

▼ 그림 12.1 문서화의 여러 유형들

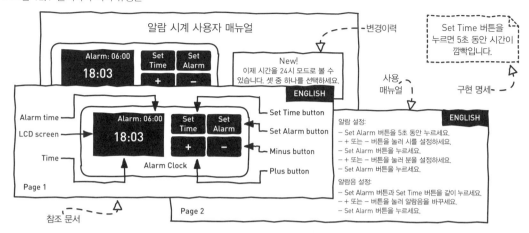

알람 시계 사용자 매뉴얼의 첫 번째 페이지는 알람 시계의 모습과 주석입니다. 이 덕분에 사용자는 어떠한 부품들이 유저 인터페이스를 구성하고 있는지와 그것들의 역할을 알 수 있습니다. 장치가 충분히 사용자 친화적으로 디자인되어 자명해 보일지라도 자세하게 설명되어 있습니다. 그렇지만 이 첫 번째 페이지만으로는 알람 시계를 다루는 데엔 충분치 않습니다. 그래서 두 번째 페이지가 있습니다. 두 번째 페이지는 어떻게 알람을 설정하고 +, − 버튼에 대해 다루는지 등 다양한 기능들을 보여 주고 있습니다.

사용자 매뉴얼의 표지도 문서화의 일부로 볼 수 있습니다. 표지에서는 대문짝만하게 "이제 24시 모드로 보여 줍니다."라고 기존 버전에서는 없었던 새로운 기능을 명시하고 있습니다. (이는 새로운 사용자에겐 흥미로운 이야기가 아니겠지만, 과거 버전을 지닌 사람들에겐 흥미로울 겁니다.) 이러한 문서화가 없었다면, 대부분의 사용자, 특히 기존에 동일한 시계를 소유했던 사람들이라면 디자인 때문에 알람 시계를 사용할 수 있습니다. 그렇지만 완전히 처음 다루는 몇몇 사용자들의 경우에는 어떻게 작동시키는지 헤매야 할 겁니다.

우리는 사용자 지향적인 세 가지 유형의 문서를 언급했지만 다른 문서가 더 있습니다. 이 사용자 매뉴얼은 알람 시계를 사용하는 데 필요한 모든 정보를 제공하고 있지만, 알람 시계를 만들기 위해서는 이 문서들 가지고는 부족합니다. 예를 들면, 사용자 매뉴얼은 LCD 화면의 시간이 Set Time 버튼을 5초 동안 눌렀을 때 깜빡이는 것을 언급하지 않았지만, 실제로는 그렇게 합니다. 알람 시계를 만들어야 하는 사람은 디자이너로부터 해당 동작을 설명하는 **구현 명세**를 받았습니다. 이러한 구현 명세가 없다면, 디자이너가 의도한 대로 디자인을 구현할 가능성은 거의 없습니다. 관련 문서가 없으면 디자인에 투입된 모든 노력은 무가치해집니다.

API 디자이너는 디자인하려는 API에 대한 해당 문서를 작성하거나 최소한 기여라도 해야 합니다. 가장 잘 알려진 API 문서는 API의 인터페이스 컨트랙트를 설명하는 참조 문서입니다. 이 참조 문서는 사용 가능한 목표를 나열하고 입력 및 출력을 설명합니다. 이것은 여러분이 API를 디자인할 때 반드시 명시해야 하는 부분입니다. 만약 모든 유즈케이스가 단일 목표로 달성될 수 있는 기본적인 API라면 이 참조 문서만으로 충분할 수도 있습니다. 그러나 그렇지 않은 경우라면, 참조 문서를 제공하는 것만으로는 해당 재료로 수행할 작업에 대한 설명 없이 재료만 나열한 요리 레시피와 같습니다. 재료 목록만 가지고는 먹을 만한 성과물이 나오기 힘들 겁니다. 그러므로 API는 다양한 유즈케이스와 이를 달성하는 방법을 설명하는 운영 매뉴얼이 제공되어야 합니다.

또한, 모든 소프트웨어와 마찬가지로 API를 수정할 때, 브레이킹 체인지가 없는 경우라도 추가되거나 변경된 기능에 대해서 변경 이력으로 알려 주는 것이 좋습니다. 디자이너는 변경 내용을 알고 있으므로 디자이너인 여러분이 변경 사항을 열거해야 합니다. 그리고 마지막으로 API에 대한 설명을 제공하는 것만으로는 누군가 API를 구현하기에는 충분하지 않을 수 있습니다. 구현 결과가 예상대로 작동하게 하도록 API 구현 담당자에게 추가 사양을 제공해야 할 수도 있습니다.

이러한 각 종류의 문서에 대한 참여는 문서 유형, 회사 또는 팀의 크기 및 API 유형(개인, 파트너, 퍼블릭)에 따라 다릅니다. 대형 회사 또는 팀에서는 기술 작가^{Technical writer}가 고품질의 문서를 작성할 수 있을 겁니다. 그런 경우라면 여러분은 기본 정보들을 제공하고 지원만 해 주면 됩니다. 컨슈머에게 제공되는 퍼블릭 API에 대한 문서화는 기술 작가에게 맡기는 것이 특히 중요합니다. 유용하고 사용하기 쉬운 문서를 작성해 최고의 개발자 경험을 보장하기 위해서는 그 분야의 전문가가 필요합니다. 비공개 API의 경우에는, 이러한 기대치를 조금은 낮춰도 되며, 문서는 조금 덜 눈에 띄어도 되지만 그래도 개발자 경험은 여전히 중요한 고려 사항입니다. 내부 개발자들을 위한 문서화는 최소한 읽을 수 있고, 철저해야 합니다. 철저하게 API를 문서화하면 긍정적인 부작용이 하나 생깁니다. 바로 디자인을 테스트하는 것입니다. 만약 여러분이 API의 사용법이나 구현 방법을 문서화 할 수 없는 경우라면, 부적절한 디자인의 징후라고 볼 수 있습니다.

이번 장에서는 참조 문서, 운영 매뉴얼과 구현 명세, 그리고 변경 이력에 포함될 수 있는 내용과 API를 디자인하는 동안 작업을 활용하여 API 디자이너로서 우리가 이바지할 수 있는 방법에 대해 알아볼 겁니다. 여기서 배우는 것은 비공개 API를 완전히 문서화하는 데에는 충분할 겁니다. 대신 컨슈머가 파트너이거나 외부 공개 API의 경우에는, 여러분이 작성한 문서가 숙련된 기술 작가들이 작업하는 데 좋은 자료가 될 것입니다.

12.1 참조 문서 만들기

API 참조 문서는 앞선 그림 12.1에서 본 주석이 달린 알람 시계 스키마와 같습니다. 인터페이스의 사용 가능한 각 구성 요소를 나열하고 설명한 그림 12.1을 보겠습니다.

▼ 그림 12.2 OpenAPI 명세 파일을 ReDoc 오픈 소스 도구를 이용해 자동 생성된 참조 문서

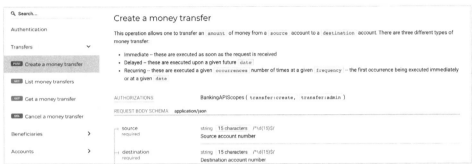

API의 경우 구성 요소는 최소한 성공 및 오류 사례 모두에 대해 사용 가능한 목표와 입력 및 출력입니다. (알람 시계의 경우 이 구성 요소는 버튼들과 LCD 화면이었습니다.) API의 문서화는 간단한 설명과 보안에 대한 정보가 포함되어야 합니다. 이러한 모든 정보는 단순한 텍스트 파일에서 위키 페이지까지 어떤 방법으로든 작성 가능합니다. 어떤 사람들은 스프레드시트면 충분하다고 말하기도 합니다. (제발 그러지 마세요!) 커스텀 포맷이라도 충분히 역할을 다 할 수 있지만, 여러분이 6.1.3절에서 API 디자인을 할 때 표준을 사용하는 편이 더 좋았던 것처럼, API를 디자인할 때도 표준을 따르는 편이 더 좋습니다.

4장에서 배웠던 표준을 떠올려 봅시다. OpenAPI 명세 같은 API 명세 포맷은 여러분이 API 참조 문서를 작성할 때 훌륭한 동반자가 되어 줄 겁니다. 이러한 포맷들은 문서화에 필요한 것들을 설명하기 위한 목적으로 만들어졌습니다. 4.1.2절에서 보셨듯, 이런 표준 문서화 포맷들은 손쉽게 저장할 수 있으며, 버전을 관리할 수 있으며, 가장 중요하게 사람이 읽기 쉬운 표현을 생성해 줄 수 있다는 점입니다. 그림 12.2에 표시된 OpenAPI 사양 파일을 기반 참조 문서를 생성하는 데 사용되는 도구를 ReDoc이라고 합니다.

Redoc CLI 실행하기

이번 장에서 보이는 모든 API 문서화의 스크린샷은 커맨드 라인에서 redoc-cli (https://github.com/Rebilly/ReDoc/tree/master/cli)라는 커맨드라인 도구를 다음 명령어로 실행한 결과입니다.

    redoc-cli serve 〈OpenAPI 파일 경로〉 --options.showExtensions

이 도구는 다음 명령어로 독립형 HTML 문서도 만들 수 있습니다.

ReDoc은 많은 도구 중에 하나에 불과합니다. 많은 API 도구들, 그중에서도 특히 API 개발자 포털은 기본적으로 OpenAPI 명세(및 기타)를 이해하므로 코드를 작성하지 않고도 이러한 렌더링들을 자동으로 생성할 수 있습니다. 그렇지만 포맷만으로는 충분하지 않습니다. API 설명에 필요한 모든 정보가 포함되지 않은 경우라면, 이러한 도구가 몇 가지 사항들을 스스로 추측해 낼 수 있는 기능이 있더라도 생성된 문서는 불완전할 겁니다.

이번 장의 그림 설명은 OpenAPI 사양 및 ReDoc을 사용했지만 얼마든지 다른 API 명세 형식과 렌더링 도구를 사용할 수 있습니다. 중요한 점은 도구가 아니라 참조 문서가 어떤 정보들을 API 명세 포맷과 그것을 화면으로 표현해 주는 렌더링 도구에 제공해 주어야 하는가입니다. 우리는 먼저 데이터 모델을 문서화한 다음, 목표(경로, HTTP 메서드, 입력, 출력)를 문서화하겠습니다. 그 뒤에는 보안에 대해서 이야기해 볼 것이고, 마지막으로 API 자체에 대한 유용한 정보를 추가하는 방법을 살펴보겠습니다.

12.1.1 데이터 모델 문서화

그림 12.3 과 12.4는 송금을 생성할 때, 상세 데이터 모델과 리퀘스트 바디의 파라미터를 각각 보여 주고 있습니다.

▼ 그림 12.3 참조 문서의 데이터 모델

▼ 그림 12.4 데이터 모델 참조 예제

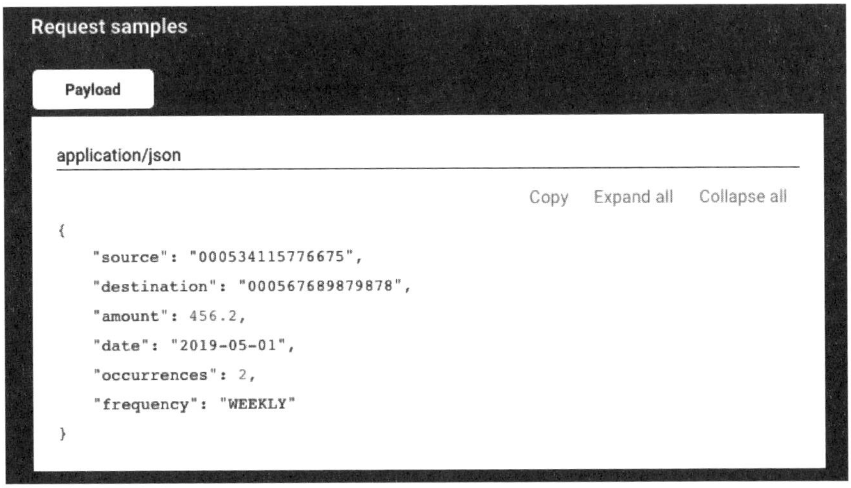

```
Request samples

 Payload

application/json
                                        Copy   Expand all   Collapse all
{
    "source": "000534115776675",
    "destination": "000567689879878",
    "amount": 456.2,
    "date": "2019-05-01",
    "occurrences": 2,
    "frequency": "WEEKLY"
}
```

그림 12.3의 참조 문서 그림은 source(보내는 계좌), destination(받는 계좌), amount(금액), date(송금일시), occurrences(자동이체횟수), frequency(반복주기) 속성을 지닌 데이터 모델 구성을 보여 주고 있습니다. 이 중에 amount는 number, occurrences는 숫자^{integer}이고, 나머지는 모두 string 타입입니다. 덧붙여서 source, destination, amount는 필수 속성입니다. 이것들은 디자인 단계에서 API를 묘사할 때와 같이 참조 문서에 필요한 가장 기본적인 정보입니다. (3.3.1절 참조) 그렇지만 이러한 참조 문서는 단순히 최소 정보만 제공해서는 안 됩니다. 참조 문서는 또한 기술적, 기능적으로 유용한 설명과 예제를 제공합니다. 이 문서는 각 속성의 포맷과 값에 대한 자세한 정보를 제공합니다. source와 destination 속성은 정규식 /^\d{15}$/ 에 따르면 반드시 15 자리여야 하며, 숫자로만 구성되어 있어야 합니다. amount는 양수로만 구성되어야 하며, occurrences는 2부터 100까지만 허용합니다. frequency의 가능한 속성값들은 "WEEKLY", "MONTHLY", "QUARTERLY", "YEARLY"입니다. 그림 12.4에 나와 있는 예는 각 속성을 시각화하는 데 도움이 됩니다.

또한 date, occurrences, frequency 설명은 이러한 속성을 사용하여 예약되거나 자동으로 반복되는 송금을 만드는 방법에 대한 유용한 정보를 제공합니다. amount는 맥락상 source(보내는 계좌)에서 destination(받는 계좌)으로 송금할 금액을 명백히 의미하므로 별도의 설명이 필요 없습니다.

이러한 모든 정보는 OpenAPI 명세 파일(예제 12.1과 12.2에 발췌됨)에 정의된 JSON 스키마에서 비롯됩니다. 여러분은 4.3.2절에서 이미 속성의 이름, 유형 및 설명을 정의하는 방법, 속성이 필수인지 여부를 설명하는 방법 및 예제를 제공하는 방법을 배웠습니다.

예제 12.1 예제가 있는 속성에 대한 완전한 설명

```
components:
  schemas:
    TransferRequest:
      description: A money transfer request
      required:
        - source
        - destination
        - amount
      properties:
        source:
          type: string
          description: Source account number
          minLength: 15    ◄──────────── source 속성의 최소 길이
          maxLength: 15    ◄──────────── source 속성의 최대 길이
          pattern: ^\d{15}$ ◄──────── source 속성의 형식(정규 표현식)
          example: "000534115776675" ◄──────── 예제 값
```

source 속성의 길이는 15자리인데, 이는 minLength(최소 길이)와 maxLength(최대 길이) 값이 모두 15이기 때문입니다. source의 정확한 형식(15자리로 구성된 문자열)은 ^\d{15}$ 정규식(예: 000534115776675)을 포함하는 패턴으로 정의됩니다.

ReDoc은 실제로 정규식을 기준으로 속성의 길이를 추측할 수 있지만 모든 도구가 이 정보를 활용하는 것은 아닙니다. 그림 12.4에서 볼 수 있는 source의 값은 12.1 예제에서 제공된 값입니다. 그렇지만 문서화 도구들은 설명에 포함된 예제 값을 통해서도 값을 추측할 수 있습니다. 다음 예제를 보겠습니다.

예제 12.2 설명 기반으로 예제를 생성하는 문서화 도구

```
[...]
date:
  type: string
  format: date ◄──────── 날짜 속성은 날짜 형식(YYYY-MM-DD)을 사용하는 문자열입니다.
                         여기에는 오늘 날짜가 문서화에 쓰입니다.
  description: |
    예약된 송금의 실행일자
    또는 자동 송금의 첫 번째 실행일자입니다
```

```
  [...]
frequency:
  type: string
  description: 자동 송금의 실행 빈도입니다.
  enum: ◄ - - - - - - - - 가능한 반복주기를 나타냅니다. 문서에는 임의의 값이 보여집니다.
    - WEEKLY
    - MONTHLY
    - QUARTERLY
    - YEARLY
```

date 속성은 date 포맷을 이용합니다. YYYY-MM-DD를 쓰는 ISO 8601 포맷을 사용을 의미합니다. (예: 2019-03-23) frequency 속성에서 가능한 값들은 ("WEEKLY", "MONTHLY", "QUARTERLY", "YEARLY")로 enum 목록에 정의되어 있습니다. date와 frequency 속성에는 예제가 설정이 안 되어 있어도, 참조 문서에서 JSON 스키마 기준으로 알아서 예제 값을 제공해 줍니다. date 속성의 경우, ReDoc은 단순하게 오늘 날짜(그림 12.4의 경우, 2019-05-01)가 들어가고, frequency의 경우 enum에서 임의의 값 (그림 12.4의 경우, WEEKLY)이 들어갑니다. 나머지 속성들은 어떻게 표시되는지는 여러분이 직접 확인할 기회를 드리겠습니다.

OpenAPI 명세의 세부 사항

4.1.1절에서 다룬 것처럼, 여러분은 OpenAPI 포맷의 모든 것을 저의 OpenAPI Map과 명세를 읽음으로써 알 수 있습니다.[a] 여기에는 특정 추가 JSON Schema 속성이 있어 모든 원자성(atomic) 타입 및 배열 (예: 배열에서 사용할 수 있는 항목의 수)을 상세히 설명하는 데 사용할 수 있습니다.

보시다시피 API의 데이터 모델에 대한 기본이지만 가치 있는 참조 문서는 API 설계 중에 수행된 작업을 재사용하여 작성할 수 있습니다. 속성, 유형 및 필수 사항이 있는 경우 예제 또는 광범위한 설명을 제공하지 않고 간단한 데이터 모델에 충분할 수 있습니다. 컨슈머들은 여러분이 이러한 기본적인 참조 문서를 제공하는 것에 따로 감사를 표하진 않겠지만, 반대로 여러분이 이런 걸 제공해 주지 않을 땐 여러분을 저주하고도 남을 겁니다.

---

a   OpenAPI Map (https://openapi-map.apihandyman.io/), OpenAPI 명세 (https://github.com/OAI/OpenAPI-Specification/tree/master/versions)

만약 여러분이 예제를 제공하면서 상세하고 연관성 있는 설명을 제공해 기계가 이해할 수 있고(포맷과 가능한 값들) 사람도 이해할 수 있는 참조 문서를 제공할 수 있다면, 컨슈머나 프로바이더 측의 모두에게 도움이 될 겁니다. 참조 문서에는 "당연한 말"을 설명으로 쓸 필요는 없습니다. 가령, "amount: the transfer's amount"나 "amount: the amount"와 같은 표현들은 쓸 필요가 없습니다.

> **Note** 사람이 읽을 수 있는 설명에는 속성의 역할과 다른 속성들과의 관계, 속성의 사용 시기 등 속성의 성격이 설명되어 있습니다.

속성의 이름, 타입, 컨텍스트를 명시하면 사용자가 그 의미를 이해하기에 충분합니다. 이런 경우에 추가적인 설명은 불필요합니다. 만약 여러분이 사용하는 API 명세 포맷과 렌더링 도구가 사람이 읽을 수 있는 명세 포맷(가령, 마크다운)을 지원한다면, 망설이지 말고 긴 설명도 쉽게 읽을 수 있게 해 주는 이 기능을 사용하기 바랍니다.

12.1.2 목표 문서화하기

목표의 참조 문서는 목표의 목적, 사용에 필요한 것, 성공 또는 실패 시 컨슈머가 얻는 피드백의 종류 및 대상 그룹의 일부인 경우를 설명합니다. 예를 들어, 그림 12.5는 송금 목표에 대한 개요를 제공합니다.

▼ 그림 12.5 송금 목표의 개요

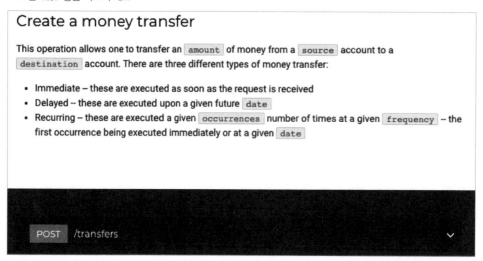

여러분이 보셨다시피, 목표는 POST /transfers 리퀘스트로 표현됩니다. 설명에 따르면, 이 목표를 통해 사

용자는 즉시 예약 또는 자동 송금을 할 수 있습니다. 각 송금 타입별로 기능적 관점에서 설명되며, 모든 타입 또는 특정 타입 때문에 공유될 수 있는 다양한 특성의 사용에 대한 정보도 포함되어 있습니다. 모든 타입의 송금은 금액[amount], 보내는 계좌[source]와 받는 계좌[destination]가 필요합니다. 또한 지정된 날짜에 예약된 이체가 실행되고 자동 이체는 날짜[date], 발생 횟수[occurrences] 및 주기[frequency]가 필요함을 알 수 있습니다.

이 설명에서 제공되는 모든 정보는 앞서 본 그림 12.3에서 제공된 그림의 리퀘스트 바디 데이터 모델을 분석하여 추론할 수 있습니다. 그렇지만 보다 사람이 읽기 쉬운 쉽도록 단순하게, "송금 생성" 또는 "즉시, 예약, 또는 자동 송금 생성"이라고 설명을 제공하는 편이 더 좋습니다. 이러한 설명은 문서를 사용자 친화적으로 만들어주지만, 훨씬 더 좋게 만들 수 있습니다. 그림 12.6에 나와 있는 리퀘스트 샘플을 보십시오.

▼ 그림 12.6 다중 목표 입력 예시

그림에는 즉시 송금, 예약 송금, 그리고 자동 송금 탭이 있으며, 나중에 선택됩니다. 이 참조 문서는 각 타입의 송금 리퀘스트에 대해 예시를 제공합니다. 이것은 필수 아이템입니다! 사용자는 다양한 유즈케이스에 대해 거의 즉시 사용할 수 있는 예제를 얻고자 헤맬 필요가 없습니다. 그저 제공된 값만 조정하면 됩니다. 이 예제는 입력에 대한 예제이지만, API 참조 문서는 그림 12.7처럼 가능한 리스폰스의 상세한 정보도 반드시 제공해 줘야 합니다.

각각의 리스폰스는 사람이 읽을 수 있는 설명이 있어야 하며, 리스폰스 바디에 대한 (리퀘스트 바디와 같은 포맷과 동일한) 설명이 있어야 합니다. 참조 문서는 성공의 경우 201 또는 202 HTTP 상태 코드가 반환된다는 것을 보여 줍니다. 송금 리퀘스트가 수용되면 201 Created HTTP 상태가 리턴되며 날짜date 속성이 제공되지 않습니다. (즉시 또는 자동 송금이 아직 실행 안 된 경우)

▼ 그림 12.7 목표의 출력들

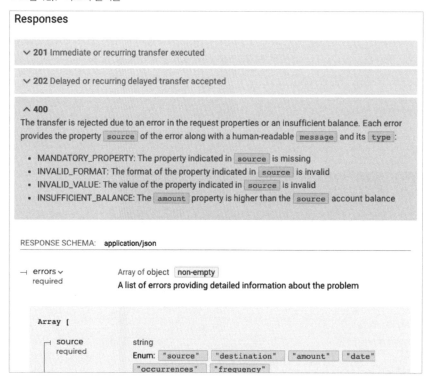

또 다른 경우에는 202 Accepted HTTP 상태가 리턴되며 날짜date 속성을 제공합니다. (예약 송금 또는 자동적인 송금이 실행된 적이 있는 경우) 그림에서는 리스폰스 바디 스키마는 보이지 않습니다. (화면 캡처 이미지의 크기를 작게 유지하기 위해 임의로 한 조치입니다.)

송금 리퀘스트에서 에러가 발생하면, 400 Bad Request HTTP 상태가 반환됩니다. 이 경우에 반환되는 리스폰스 바디가 위의 그림에서 일부 보입니다. (다시 말씀드리지만, 화면 캡처를 작게 만들었습니다.) 여기서 흥미로운 점은, 설명에 있습니다. 설명에는 가능한 모든 에러에 대한 세부 사항과 에러 표시 방법을 제공하고 있습니다.

입력과 관련하여 그림 12.8에 표시된 것처럼 각 리스폰스에 대해 여러 예제가 제공될 수 있습니다. 그림에서는 202 상태가 선택되었습니다. 예약과 자동 송금의 예제가 가능하며, 그림에서는 후자인 자동 송금이 선택되었습니다.

▼ 그림 12.8 다중 목표 출력 예제

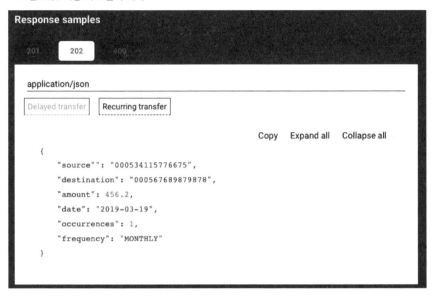

7.1.3절에서 여러분은 API가 여러 개의 목표를 제공하면 API의 체계[Organization]가 중요하다는 것을 배웠습니다. 그림 12.9에서는 이러한 API의 체계를 참조 문서에서 어떻게 표시하는지 보여 주고 있습니다.

▼ 그림 12.9 목표의 체계

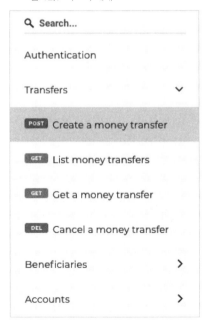

그림 12.9에서는 참조 문서에서 메뉴(그림 12.2에서 왼쪽) 목표들은 다양한 카테고리로 체계화되어 있습니다. 송금^{Transfers} 카테고리는 송금과 관련된 목표들을 (가령, 송금 생성^{Create a money transfer}, 송금 취소^{Cancel a money transfer})을 포함합니다. 데이터 모델 참조 문서와 마찬가지로 표시되는 모든 것은 기본 OpenAPI 명세 파일에서 가져옵니다. 다음 예제는 4.2.3절에서 배운 내용을 실제로 적용하여 목표를 설명하고 있습니다.

예제 12.3 송금 목표의 기본 참조 문서

```
[...]
paths:
  /transfers:  ◄——————— 리소스 경로
    post:  ◄———————— 리소스에서 쓰이는 HTTP 메서드
      summary: 송금을 진행한다  ◄——————— (리소스, 메서드) 쌍의 요약된 설명
      requestBody:  ◄———————— 목표의 입력
        content:
          "application/json":
            schema:
              $ref: "#/components/schemas/TransferRequest"
      responses:  ◄——————— 목표에서 가능한 출력들
        201:
          description: 즉시 및 자동 송금이 완료됨
          content:
            "application/json":
              schema:
                $ref: "#/components/schemas/TransferResponse"
      [...]
        400:
          description: 송금이 거절됨  ◄——————— 피드백에 대한 간략한 설명
          content:
            "application/json":
              schema:
                $ref: "#/components/schemas/Error"  ◄——————— 피드백 데이터 모델의 참조
[...]
```

목표는 요약^{summary}과 가능한 모든 리스폰스, 데이터 모델 목록을 통해 자세한 내용을 생략할 수 있습니다. 여러분이 본 다양한 참조 문서의 스크린샷은 보다 더 많은 정보를 제공해 주고 있습니다. 이는 OpenAPI 명세 파일이 더욱 더 상세한 정보를 포함하고 있기 때문에 가능합니다. 다음 예제는 송금 목표의 기본 사항

에 대한 세부 설명을 보여 줍니다.

예제 12.4 송금 목표 OpenAPI 명세 파일 개요

```
paths:
  /transfers:
    post:
      summary: Transfers money
      description: |  ◄·········· 마크다운으로 작성된 여러 줄 설명
        이 동작은 `amount` 만큼의 금액을 출금 계좌인
        `source` 에서 입금 계좌인 `destination` 으로 송금합니다.
        송금에는 세 가지 다른 타입이 존재합니다.:
        - Immediate, 즉시 송금. 리퀘스트를 수신즉시 송금을 수행합니다.
        - Delayed, 예약 송금. 지정된 일자인 `date`에 송금을 수행합니다.
        - Recurring, 자동 송금. 즉시 또는 `date`로 주어진 일자부터
        반복 주기인 `frequency` 마다 송금을 주기적으로 수행합니다.
```

예제에서는, 요약^{summary} 이후에 마크다운이 제공하는 기능을 이용해 여러 줄로 상세한 설명이 제공되고 있습니다. 다음 예제는 송금 목표 바디에서 어떻게 여러 개의 예제를 제공할 수 있는지 보여 주고 있습니다.

예제 12.5 송금 목표 리퀘스트 바디의 여러 개의 예제

```
[...]
paths:
  /transfers:
    post:
[...]
      requestBody:
        content:
          "application/json":
            schema:
              $ref: "#/components/schemas/TransferRequest"
            examples:  ◄·········· 리퀘스트 바디의 여러 개의 예제
              immediate:
                [...]
              delayed:
```

```
                    [...]
          recurring: ◄━━━━━━━━━  예제는 요약, 설명, 그리고 값과 함께 제공됩니다.
             summary: Recurring transfer
             description: |
                주어진 날짜마다 송금이 진행됩니다
             value:
                source: "000534115776675"
                destination: "000567689879878"
                amount: 456.2
                date: "2019-03-19"
                occurrences: 1
                frequency: "MONTHLY"
          [...]
    [...]
```

그림 12.6의 리퀘스트 샘플 창에는 세 개의 탭이 표시되었습니다. 이 탭들은 즉시 송금, 예약 송금, 자동 송금입니다. 이것들의 내용은 schema 속성 바로 뒤에 따르는 examples 속성에서 비롯된 내용입니다. 각 예제는 요약summary으로 탭 이름을 표현하고, 설명description과 탭의 값value을 갖고 있습니다. 그렇지만 안타깝게도 예제별 설명은 ReDoc에서는 표현되지 않습니다.

Note 일부 도구는 API 명세 포맷에서 제공하는 모든 기능을 지원하지 않을 수 있습니다.

리스폰스 바디뿐만 아니라 다른 포맷의 입력 파라미터(예: 쿼리, 헤더 파라미터)도 마찬가지로 여러 가지 예제를 제공할 수 있습니다. 리스폰스에 관해서 이야기가 나온 김에 여러분이 5.2.2절에서 배웠듯이 가능한 모든 에러도 표현해야 합니다. 이것들은 분명히 참조 문서에 단순하게 가능한 4XX 또는 5XX 상태 코드를 열거하는 것 이상으로 문서화되어야만 합니다. 다음 예제는 여러 줄로 완전한 설명을 활용하는 방법을 보여 줍니다.

예제 12.6 상세한 에러 설명

```
[...]
paths:
  /transfers:
```

```
    post:
      [...]
    responses
      [...]
      400:
        description: |
          리퀘스트의 속성이나 잔액 부족으로 인해 송금이 실패되는 경우.
          각 에러는 원인을 의미하는 `source`와 사람이 읽을 수 있는 메시지인
          `message`와 `type`을 제공합니다.

          - MANDATORY_PROPERTY: 출금계좌인 `source`가 누락되었음을 의미합니다.
          - INVALID_FORMAT: 출금계좌인 `source`의 포맷이 잘못되었음을 의미합니다.
          - INVALID_VALUE: 출금계좌인 `source`의 값이 잘못되었음을 의미합니다.
          - INSUFFICIENT_BALANCE: 금액인 `amount`가 출금계좌인 `source`의 잔액보다
큰 경우를 의미합니다.
          [...]
  [...]
```

목표 그룹도 색다를 것은 없습니다. 이미 7.1.3절에서 이것들을 어떻게 정의하는지 배웠기 때문입니다. 다음 예제를 통해 다시 살펴보겠습니다.

예제 12.7 태그(tag) 작성하기

```
[...]
tags: ◀·········· 선택 사항인 태그 정의와 설명 작성
  - name: Transfers
    description: 여러분이 송금하는 데 필요한 모든 것
paths:
  /transfers:
    post:
      summary: 송금 생성
      tags: ◀·········· 목표가 속한 태그
        - Transfers
[...]
```

따라서 데이터 모델과 같은 API 목표에 대한 좋은 참조 문서는 사람이 읽을 수 있는 관련 설명과 관련 예제가 필요합니다. (많으면 많을수록 좋습니다.) 발생 가능한 에러에 대해서 자세한 설명을 제시하는 것은 특히 중요합니다. 여러 예를 제공하는 것 외에도 API를 디자인할 때 기본적으로 설명해야 하는 사항이기 때문에 API를 디자인한 후에는 이러한 종류의 참조 문서를 쉽게 만들 수 있습니다.

12.1.3 보안 문서화하기

참조 문서에는 반드시 보안과 관련된 정보도 포함되어야 합니다. 그림 12.10과 12.11을 보겠습니다.

▼ 그림 12.10 은행 API의 보안 방법 및 사용가능한 스코프

Authentication

BankingAPIScopes

Security scheme type:	OAuth2
	Authorization URL: https://auth.bankingcompany.com/authorize **Scopes:** • `transfer:create` - Create transfers • `transfer:read` - Read transfers • `transfer:delete` - Delete transfers • `transfer:admin` - Create, read, and delete transfers
implicit OAuth Flow	• `beneficiary:create` - Create beneficiaries

▼ 그림 12.11 송금 생성을 위해 필요한 스코프

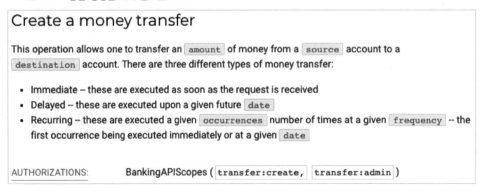

Create a money transfer

This operation allows one to transfer an `amount` of money from a `source` account to a `destination` account. There are three different types of money transfer:

- Immediate – these are executed as soon as the request is received
- Delayed – these are executed upon a given future `date`
- Recurring – these are executed a given `occurrences` number of times at a given `frequency` -- the first occurrence being executed immediately or at a given `date`

AUTHORIZATIONS: BankingAPIScopes (`transfer:create,` `transfer:admin`)

그림 12.10의 인증 섹션은 은행 API가 OAuth 2.0에 암시적인 플로우를 사용하여 보안이 적용되고 있음을 보여 주고 있습니다. 가능한 (보이는) 스코프는 transfer:create, transfer:read, transfer:delete, transfer:admin, beneficiary:create가 있습니다. 그림 12.11의 송금 생성 화면은 인증 섹션에 컨슈머가 반드시 transfer:create 또는 transfer:admin 스코프를 지니고 있어야만 송금 목표를 사용할 권한이 있음을 명시하고 있습니다. 여기에 딱히 새로울 것은 없습니다. 여러분은 OpenAPI 명세를 이용해 보안과 관련된 사항을 묘사하는지 8.2.4절에서 이미 봤습니다. 다음 예제는 기본 OpenAPI 명세 파일의 일부입니다.

예제 12.8 목표에 API 보안 정의 및 스코프 추가

```
[...]
components:
  securitySchemes: ◀──────── 보안과 스코프 정의
    BankingAPIScopes:
      type: oauth2
      flows:
        implicit:
          authorizationUrl: "https://auth.bankingcompany.com/authorize"
          scopes:
            "transfer:create": Create transfers
            "transfer:read": List transfers
            [...]
[...]
paths:
  /transfers:
    post:
      summary: 송금 생성
      security: ◀──────── 목표를 사용하기 위해서는 스코프가 필요함
        - BankingAPIScopes:
          - "transfer:create"
          - "transfer:admin"
[...]
```

ReDoc은 자동으로 인증 메뉴를 추가하여, OpenAPI 사양 파일의 components.securitySchemes 섹션에 정의된 모든 것을 보여 줍니다. 만약 security가 목표에 정의되어 있다면, ReDoc은 AUTHORIZATIONS: 항목으로 보여 줍니다. 재차 말씀드리지만 API를 디자인할 때 여러분은 이미 보안을 정의했으므로, 어떠한

보안이 적용되었는지, 사용 가능한 스코프는 무엇인지, 각 목표를 사용하는 데 필요한 스코프는 무엇인지를 설명하는 기본 참조 문서를 제공하는 것은 생각보다 많은 노력이 필요하지 않습니다.

12.1.4 API의 개요 제공하기

마지막으로 API 레벨의 참조 문서가 있습니다. 그림 12.12에서는 ReDoc이 OpenAPI 명세 파일(예제 12.9)의 info절을 사용하는지 보여 주고 있습니다.

▼ 그림 12.12 참조 문서에 기재 된 API에 대한 짧은 설명과 연락처 정보

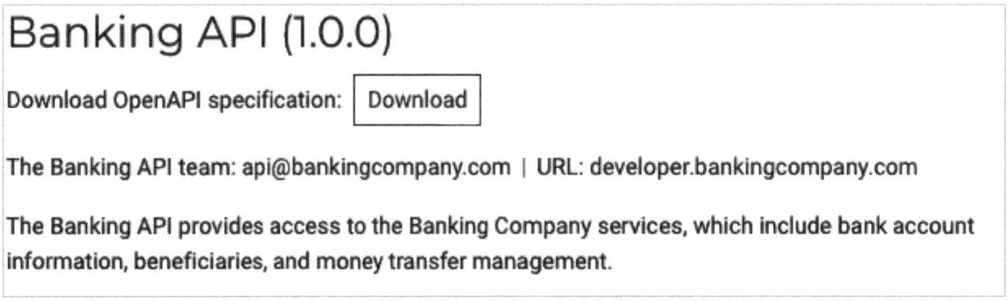

Banking API (1.0.0)

Download OpenAPI specification: | Download |

The Banking API team: api@bankingcompany.com | URL: developer.bankingcompany.com

The Banking API provides access to the Banking Company services, which include bank account information, beneficiaries, and money transfer management.

예제 12.9 OpenAPI 명세 파일의 info 절

```
info:
  title: Banking API
  version: "1.0.0"
  description: |
    은행 API는 [금융 회사](http://www.bankingcompany.com)의 서비스에
    접근할 수 있습니다. 이 API에는 계좌 정보, 수혜자와 송금 관리 기능이
    포함되어 있습니다.
  contact:
    name: The Banking API team
    email: api@bankingcompany.com
    url: developer.bankingcompany.com
```

API의 이름title과 버전version을 OpenAPI 명세에 어떻게 정의하는지는 4.2.1절에서 배웠습니다. 이번에는 설명description과 연락처contact 정보를 추가해 보겠습니다. description은 은행 API의 개요를 제공하고 마크다운의 장점을 활용하여 금융 회사의 웹 사이트 링크도 제공해 주고 있습니다. contact는 API를 제공하는 팀

의 이름^{name}과 이메일^{email}과 개발자 웹 사이트 url을 제공하고 있습니다.

API 참조 문서에는 API에 대한 간략한 설명은 필수로 들어가야 합니다. 이러한 설명은 이름만으로는 충분히 이해가 되지 않을 때 컨슈머가 API로 무엇을 할 수 있는지 알 수 있게 도와줍니다. 연락처 정보는 선택 사항이지만, 사용자가 더 많은 정보나 도움이 필요한 경우를 생각해 늘 제공하는 편이 좋습니다.

12.1.5 세부구현에서 문서 추출하기: 장점과 단점

문서는 구현 코드 단독으로 또는 코드와 애노테이션의 합작으로도 생성해 낼 수 있습니다. 이것이 Swagger 프레임워크가 처음에 추구하던 목적(4.1.1절 참조)이었습니다. 이러한 접근 방법은 구현과 문서화가 늘 동기화된다는 장점이 있지만, 몇 가지 단점이 있음을 짚고 넘어가야 합니다.

- 결과로 제공되는 문서가 사용자 입장에서는 완전하지 않기 때문에 코드 기반으로 생성된 문서에만 의존하는 것은 권장하지 않습니다.
- 적어도 제가 사용해 봤던 애노테이션 프레임워크는 API 명세 포맷이 제공하는 모든 유연성을 제공하지 않습니다. 예를 들어, API에서 공유되는 일반 데이터 구조를 사용할 때 다양한 컨텍스트에 적합한 예제를 제공하는 것은 불가능합니다.
- 코드에 문서를 포함하면 실제로 수정하기 위해 코드를 수정한다는 의미가 됩니다. 코드를 수정할 때 누가 무엇(문서 대 코드)에 관한 작업을 하는지와 여러분의 조직과 여러분의 코드 수정에 대한 자신감(네, 이 세상의 모든 조직이 커밋할 때마다 걱정 없이 바로바로 운영환경에 배포되는 환경을 가지고 있지는 않습니다.) 수준에 따라서 이것이 문제가 될 수 있습니다.
- 초기 단계에서는 문서를 생성하려면 실제로 코드를 작성해야 합니다. 이 책의 시작 부분을 기억한다면, 이것이 프로바이더의 관점을 노출시키는 접근 방법임은 이해할 겁니다.

분명하게도 코드와 문서를 별도로 두는 것도 단점은 있습니다. 가장 큰 문제는 문서와 코드의 동기화입니다. 이 문제에 대해서는 좋거나 나쁜 접근법이 없다는 것을 알고 있어야 합니다. 여러분과 조직의 입장에서 적합한 것을 택하는 수밖에 없습니다.

사실 API 디자이너로서는 무슨 수단을 쓰는지와는 상관없이 여러분이 조금만 주의를 기울여서 기계와 사람이 읽을 수 있는 자세한 설명과 (여러 개의) 예제만 제공해 준다면, 좋은 API 참조 문서를 만드는 데 별다른 노력이 필요하지는 않습니다. 디자인의 경우처럼, 좋은 문서화도 연습이 필요합니다. 따라서 참조 문서 작성이 좋은 출발점입니다. 이 문서가 파트너 또는 외부에 공개될 퍼블릭 API에 대한 것이라면 앞서 언급했던 것처럼 숙련된 기술 작가가 필요할 수 있습니다.

12.2 사용자 안내서 작성하기

API에는 완벽한 참조 문서 목록과 모든 컴포넌트에 대한 설명이 필수이지만, 앞서 언급했듯, 요리를 하고 자 할 때, 요리 방법은 없고 오직 재료 목록만 있다면, 먹을 만한 결과물을 만들려면 고생을 하게 될 겁니 다. 그림 12.13의 사용자 안내서 예제는, 실제로 어떻게 API를 사용하는지를 다루고 있습니다. 또한 API 를 전체적으로 사용하는 방법과 그 속에 담긴 원칙 및 접근 방법 (등록 및 액세스 토큰 가져오기)에 대해서 도 설명합니다. 여러분이 공개 API를 제공하는 경우라면, 이러한 문서는 상당히 역동적일 수 있습니다.

▼ 그림 12.13 API 사용자 안내서

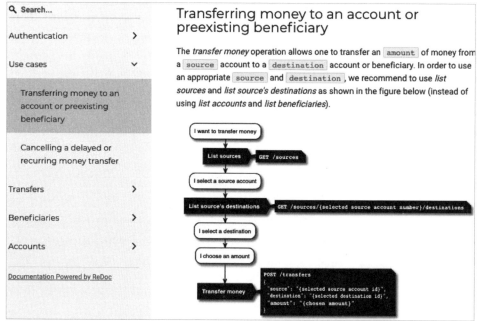

12.2.1 유즈케이스 문서화하기

그림 12.13에서 유즈케이스는 메뉴의 왼쪽 창에 있습니다. 여기에는 송금을 특정 계좌에 하는 것과 기존 수혜자에게 송금하거나 예약 또는 자동 송금을 취소하는 것, 이렇게 두 가지 항목이 있습니다. 첫 번째 선 택지가 선택되었습니다. 각 항목은 API의 다양한 목표를 어떻게 조합하여 달성할 수 있는지를 보여 주는 유즈케이스를 설명하기 위한 것이 분명합니다.

오른쪽 창에는 송금의 유즈케이스를 보여 주고 있습니다. 여기에는 amount가 무엇이고, source와 destination이 무엇인지, 그리고 어떤 목표를 이용해야 이 속성들에 적절한 값을 선택할 수 있는지 설명해 주고 있습니다. 거기에 사용 절차가 어떻게 되는지 보여 주는 그림이 아래에 포함되어 있습니다.

1 보내는 계좌 목록 목표를 호출합니다.

2 결과 목록에서 하나의 보내는 계좌를 선택합니다.

3 선택된 보내는 계좌^{source}의 받는 계좌 목록 목표를 호출합니다.

4 받는 계좌를 반환된 목록에서 선택합니다.

5 금액^{amount}을 정합니다.

6 송금 목표를 호출하여 선택된 보내는 계좌^{source}에서 받는 계좌^{destination}로 금액^{amount}만큼 이체합니다.

어딘지 익숙하지 않습니까? 이 형태는 여러분이 2.3절에서 수집하고 그림 12.14에 표시된 것과 같은 API 목표 캔버스에 넣는 방법과 같습니다.

▼ 그림 12.14 은행 API를 디자인하는 동안 만든 API 목표 캔버스 발췌

누가	무엇을	어떻게	입력 (원천)	출력 (사용처)	목표
고객	송금	보내는 계좌를 선택	고객ID(보안 데이터)	송금에 사용가능한 보내는 계좌들(보내는 계좌의 받는 계좌 목록, 송금)	출금계좌 목록
		받는 계좌 또는 받는 사람을 선택	보내는 계좌(계좌 목록)	선택된 보내는 계좌에 적합한 받는 계좌 또는 사전에 등록된 받는 사람들(송금)	출금계좌의 송금처
		송금 요청	보내는 계좌(보내는 계좌 목록), 받는 계좌 또는 사전 등록된 받는 사람(보내는 계좌의 받는 계좌 목록) 금액(고객/컨슈머 입력)	송금 ID	송금

API 목표 캔버스는 다양한 목표를 이용해 해결할 수 있는 유즈케이스를 묘사하고 있습니다. 다시 말해 API를 디자인하는 동안 수행한 작업을 재사용하여 API를 문서화 할 수 있음을 의미합니다. API 목표 캔버스는 비공개 API의 경우와 마찬가지로 파트너 또는 공개 API의 원 입력으로 쓸 수 있습니다.

API 사용 설명서에 유즈케이스를 설명하는 방법은 여러 가지 도구를 사용하여, 여러 가지 방법으로 수행할 수 있습니다. 기본적인 사용자 안내서의 경우, 형식화된 텍스트를 작성하고 도표나 그림을 추가하기만 하면 됩니다. 여러분은 간단한 콘텐츠 관리 시스템^{CMS}를 쓸 수도 있으며, 개발자 포털(보통 CMS의 기능으로 포함되어 있습니다.)이나 여러분만의 커스텀한 웹 사이트를 만들 수도 있습니다. 여기서는 설명을 위해 다음 목록에 표시된 ReDoc 및 OpenAPI 사양 파일을 계속 사용합니다.

예제 12.10 ReDoc이 OpenAPI 명세 파일을 활용하는 법

```
[...]
info:
  title: Banking API
  version: "1.0.0"
  description: | ◀─────── API의 설명

    Banking API는 [Banking Company](http://www.bankingcompany.com) 서비스를
    이용할 수 있게 해 줍니다. 계좌 정보 조회와 받는 계좌 정보, 송금 관리 등의
    기능이 가능합니다.


    # 사용 예시 ◀─────── 마크다운 레벨 1 헤더


    ## 특정계좌 혹은 기존에 보냈던 계좌로 금액 송금하기 ◀─────── 마크다운 레벨 2 헤더


    _송금하기_ 기능은 이용자가 `일정한 양`의 금액을 `보내는 계좌`에서
    `받는 계좌` 혹은 저장된 받는 사람에게 보낼 수 있게 해 줍니다.
    `보내는 계좌`와 `받는 계좌`를 정확하게 입력할 수 있도록 아래 그림을
    참고하여 _계좌 목록 조회_와 _기존 계좌 목록 조회_를 이용하길 권합니다.


    ![그림](http://developer.bankingcompany.com/diagrams/transfer.svg)
                                        ▲
                          ┄┄┄┄┄┄┄┄┄┄ 이 설명은 이미지를 포함하고 있습니다.
    ## 예약 송금, 자동 송금 취소하기 ◀─────── 단순한 텍스트 기반의 설명
    - 송금 목록 조회: 입력해 놓은 송금 예약 목록을 확인한 뒤 삭제할 송금을 고르세요.
    - 송금 취소하기: 선택한 송금을 취소하기 위해서는,
[...]
```

마크다운 형식을 활용하여 텍스트를 추가하고 OpenAPI 명세 파일의 info.description 절에 이미지를 포함했습니다. 만약 description이 1레벨, 2레벨 헤더를 갖고 있다면 ReDoc은 자동으로 왼쪽 창에 메뉴 항목과 하위 메뉴 항목으로 추가합니다. 만약 이미지를 포함하고 있다면(), ReDoc 문서가 실행되는 브라우저에 URL에 접근할 수 있는 한 계속해서 표시됩니다. 도표는 컨슈머에게 큰 도움이 될 수 있지만(속담도 있듯이, 천 마디 말보다 그림이 낫습니다.) 그렇지만 두 번째 유즈케이스(예약 또는 자동 송금 취소)에 표시된 대로 간단하게 텍스트만 사용할 수도 있습니다.

여러분의 도표를 코딩하는 법

만약 여러분이 도표를 만들기로 했는데, 그림 도구가 낯설어 한참을 헤매야 한다면, 그림 12.13의 그림은 PlantUML(또는 PUML)을 써서 그렸음을 알려드리고 싶습니다. PlantUML은 http://plantuml.com 에서 다운로드 가능합니다. 이 도구는 여러분이 도표를 코드로 그릴 수 있게 해 줍니다. 여러분은 송금 도표의 코드를 이 책의 소스 코드(영진닷컴 홈페이지에서 다운 가능)에서 볼 수 있습니다. 이 도구의 웹 사이트를 탐색하여 이 멋진 형식을 사용하는 방법을 알아보는 건 여러분의 몫으로 남겨두겠습니다.

많은 사용사례가 있는 큰 API의 경우, API의 명세 파일에 사용자 안내서를 포함하면 장기적으로 관리가 복잡해질 수 있습니다. API 설명을 유지보수하는 담당자가 사용자 안내서를 유지보수하는 담당자와 다를 수 있으며, 마찬가지로 두 문서가 동일한 라이프사이클을 갖지 않을 수 있습니다. 만약 여러분이 API 사용 설명서를 만들 때 완전히 다른 도구 또는 시스템을 사용하는 경우라면, info.contact.url을 사용하거나 설명에 해당 위치를 가리키는 링크를 추가하는 것을 잊지 마십시오.

12.2.2 보안 문서화하기

API 사용자 안내서에서 컨슈머들에게 실제로 API를 호출하기까지 무엇을 해야만 하는지도 중요한 주제입니다. 만약 컨슈머가 API 호출을 하여 송금을 유발하려 하는데, 보안 토큰을 획득하는 방법을 몰라 호출할 수 없다면 애처로울 겁니다. 따라서 API 사용자 안내서에는 반드시 어떻게 개발자로 등록하고, 컨슈머 앱을 등록하고, 이를 통해 획득한 토큰으로 가능한 OAuth 흐름 또는 보안 시스템/프레임워크에서 쓰이는지 도움이 될 수 있는 내용이 있어야 합니다. (8.1절 참조)

불행스럽게도, 이 부분에서는 디자인 단계에서 했던 것들을 재사용할 수는 없습니다. (스코프 목록은 그렇게 도움이 되지 않습니다.) 불행 중 다행인 점은, 문서에서 보안 부분은 여러분의 API 대부분이 거의 동일한 내용을 반복해서 다루게 될 겁니다. 따라서 문자 그대로 수천 개의 리소스가 존재하는 경우라도, 접근 토큰을 컨슈머로 등록된 애플리케이션에서 OAuth 흐름을 통해 획득하는 방법을 한 번만 보여줘도 도움이 될 겁니다.

12.2.3 일반적인 동작들과 원칙에 대한 개요 제공하기

API 사용자 안내서는 또한 모든 API의 일반적인 동작과 원칙을 제공해 줘야 합니다. 보안도 이 중에 하나에 불과합니다. 이러한 문서화는 어떻게 에러가 처리되는지(5.2.3절 참조) 가능한 데이터 포맷이 무엇인지,

어떤 언어를 지원하는지, 페이지 처리는 어떻게 하는지(6.2절 참조) 등을 다룹니다. 요컨대, 여러분의 API 에 관한 공통적인 모든 것들과 컨슈머들이 여러분의 API를 보다 잘 쓸 수 있게 할만한 가치가 있는 정보라 면 문서에서 제공해야 합니다.

12.2.4 정적^{Static} 문서화를 넘어서 생각하기

이 주제는 이 책의 범위를 완전히 벗어나는 이야기입니다만, 정적 문서화가 유일한 선택지가 아니라는 점 을 알리기 위해서 짚고 넘어가겠습니다. 가장 많이 사용되는 (공개) API는 일반적으로 고품질의 참조 문서 와 사용자 안내서를 포함하여 멋진 개발자 포털을 제공하고 있으며, 이 모든 것들이 완전히 역동적인^{Dynamic} 방식으로 구성되어 있습니다.

예를 들면, 어떤 API에 대한 참조 문서를 브라우징 하고 있을 때 여러분은 보통 Try It! 버튼으로 보안적인 부분은 개발자 포털이 알아서 장막 너머에 그대로 둔 채로 미리 준비된 API 리퀘스트를 호출해 볼 수 있습 니다. 비슷하게는, 어떤 사용자 안내서는 개발자 포탈 내부에서 유즈케이스를 단계별로 테스트해 볼 수 있 게 허용해 주기도 합니다.[11]

12.3 구현 담당자에게 적절한 정보 제공하기

우리는 컨슈머를 위해 문서화를 어떻게 해야 하는지 탐험해 봤습니다. 그렇지만 API를 실제로 소비하기 전 에 이것들은 구현이 먼저 되어야만 할 겁니다. 그렇다면 실제로 구현을 하는 사람들에게는 어떠한 것들이 필요할까요? 그들은 분명히 인터페이스 컨트랙트와 이것들의 사용방법에 대해서 보다 상세한 정보가 필요 할 겁니다. 그것만으로는 충분하지 않습니다. 실제로 구현하는 이들에게는 장막 너머에서 어떤 일들이 구 체적으로 벌어지는지에 대한 설명도 필요합니다.

> **Note** 아래 이야기에서 묘사된 사건들은 모두 허구입니다. 어떤 인물이나 기존 또는 이전 조직과의 유사성은 우연 의 일치일 뿐입니다.

은행 API가 구현되었을 때, 최종적으로 나온 API는 기대했던 것과는 달랐습니다. 예를 들면, 계좌 잔액은 금액은 숫자였고, 환종은 문자열이었습니다. 불행하게도, 잔액이 $123.45였던 금액이 12345 (은행 시스템 에 잔액은 센트^{cent}로 저장됨)였으며, 환종은 "C123" (내부에서 $를 의미하는 코드)였습니다. 또한 반환된

---

11 Twilio(https://www.twilio.com)와 Stripe(https://stripe.com) 뛰어난 문서화를 살펴보시기 바랍니다.

잔액은 실시간 잔액이 아니라, 하루 전의 잔액이었으며, 잔액 계산은 매일 자정에 벌어졌습니다.

에러 처리에도 문제가 있었습니다. 가령, 송금 리퀘스트가 보내는 계좌, 받는 계좌에 동시에 오류가 있을 때는 첫 번째 문제에 대해서만 에러 피드백이 발생했습니다. 그리고 계좌 잔액이 부족할 경우에는 에러 타입도 내부 에러 코드로 "0002"였습니다. 더 소름이 끼치는 점은, 컨슈머가 보안 토큰에 명시된 사용자에 속한 계좌가 아니어도 GET /accounts/{accountNumber} 리퀘스트를 던지면, 404 Not Found가 아니라 200 OK 리스폰스를 주었다는 사실입니다.

누군가 이러한 이슈들을 밝혀낸 테스트를 수행하겠다는 아이디어를 갖고 있었기 때문에 천만다행이었습니다. (여기에 대해서는 13.3.5절에서 더 자세하게 다룰 예정입니다.)

몇 차례 조사 끝에, 프로젝트팀은 구현에 책임이 있는 개발자들이 기간계 시스템과 보안 제어를 다루는 API 컨트랙트에 대해 충분한 정보를 받지 않았음이 확인되었습니다. 더욱 중요한 점은 그들은 전반적으로 API 보안에 대해서 무지했습니다. 이 모든 문제는 그림 12.15와 예제 12.11처럼, API 명세(OpenAPI 명세 파일)를 개선하고, 교육과 가이드를 제공함으로써 해결해 냈습니다.

▼ 그림 12.15 설명과 구현에 필요한 정보가 개선된 API 명세

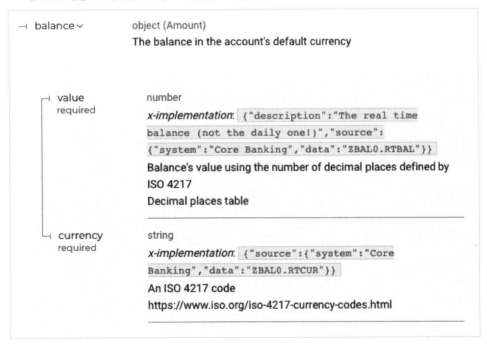

예제 12.11 OpenAPI 명세에 커스텀 속성 추가하기

```
[...]
properties:
  value:
    description: |
      ISO 4217에 의해 정의된 소수 자릿수를 사용하는
      잔액 값입니다.
    externalDocs: ◄─────── 특정 문서에 대한 링크 제공
      description: 소수 자리수 표
      url: https://www.currency-iso.org/en/home/tables/table-a1.html
    type: number
    x-implementation: ◄────── 커스텀 데이터는 표준 파서(standard parser)가 처리하지 않습니다.
      description: 실시간 잔액 (일 마감 잔액이 아님!)
      source:
        system: Core Banking
        location: ZBAL0.RTBAL
  currency:
    description: An ISO 4217 code
    externalDocs: ◄────── 설명이 없는 링크
      url: https://www.iso.org/iso-4217-currency-codes.html
    type: string
    example: USD
    x-implementation:
      source:
        system: Core Banking
        location: ZBAL0.RTCUR
[...]
```

데이터 포맷의 문제는 API 명세 파일에서 amount(금액)의 데이터 모델에 대한 설명이 부족했기 때문입니다. 만약 금액의 value(값) 속성이 소수점 이하 자릿수가 ISO 4217 표준을 따르는 숫자라는 게 명시되었다면 포맷에 대해 힌트가 되었을 겁니다. 마찬가지로 currency(환종)에 대한 설명도, ISO 4217 세글자 코드라고 명시되었어야 합니다. 이 두 가지 속성 모두 외부 문서[externalDocs]로 ISO 4217이 추가되었습니다. 여기서 첫 번째 링크인 소수점 자릿수에 대한 표는 ReDoc에서 링크로 표시됩니다.

잔액 정보의 경우, 비전문가인 컨슈머가 은행 API를 사용하므로 실시간 잔액임을 설명할 필요가 없습니

다. 즉, 프로바이더 측에서만 볼 수 있는 다른 공간에 명시해야 합니다. (디자이너와 개발자가 포함된)팀은 OpenAPI 명세에 커스텀 (또는 벤더^{vendor}) 속성으로 x-implementation을 만들기로 했습니다. 이 속성에는 원천 데이터에 대한 상세한 정보(시스템과 위치)가 포함되어 있습니다.

표준 OpenAPI 명세 파서는 이러한 x- 로 시작하는 속성들은 모두 무시합니다. 따라서 x-implementation 속성의 이름과 같이 순전히 커스텀이고 팀이 정한 속성은 파서가 무시합니다. ReDoc과 같은 도구들은 이러한 데이터가 포함된 속성들도 표시할 수 있으나 그림 12.15를 보면, JSON 오브젝트로만 표현됩니다. 보다 사람이 읽기 좋은 형태로 표시되길 원한다면 여러분은 도구를 직접 손볼 필요가 있습니다. 다음 예제와 같이 OpenAPI 명세 파일도 보안 제어에 대한 정보를 포함하도록 개선되었습니다.

예제 12.12 계좌 정보 읽기 목표에 대한 보안 제어 정보

```
[...]
paths:
  /accounts/{id}:
    get:
      summary: Get an account
      x-implementation:
        security:
          description: |
            보안 정보를 참조하여 사용자가 소유한 계좌 정보만 제공합니다.
            그렇지 않을 경우에는 404 error를 반환합니다.
          source:
            system: security
            location: jwt.sub
          fail: 404
  [...]
```

x-implementation 속성에는 수행해야 할 보안 제어, 사용할 보안 데이터 및 실패 시 반환할 HTTP 상태에 대한 설명이 포함되어 있습니다. 이 자세한 구현 문서 외에도 개발자들이 API의 보안적인 고려 사항을 이해할 수 있도록 교육받았으며, 가이드라인도 제공도 받았습니다. (12.2절에서 이에 대해 자세히 다뤘습니다) 에러 문제는 더욱 자세한 정보를 컨슈머 지향적인 문서(12.1.1절)로 제공하고 에러 처리 방법을 제공해 (12.1.2절) 해결했습니다.

따라서 API 구현 개발자에게 관련 문서를 제공하는 첫 번째 단계는 상세한 컨슈머 관련 문서(참조 문서 및 사용자 안내서)를 제공하는 것입니다. 이 문서는 화려하거나 눈길을 끌 필요는 없지만, 철저히 작성해야 합니다. 하지만 아직 그 정도만으로는 부족합니다.

구현 개발자에겐 실제로 장막 너머에선 무슨 일이 벌어지는지 알려 주는 **프로바이더를 위한 문서**도 필요합니다. 그들에게는 데이터 매핑(각 데이터의 시스템), 오류 매핑(내부 오류를 컨슈머 관련 오류로 변환하는 방법), 보안 데이터 및 제어, 내부 비즈니스/기술 규칙에 따른 예상 동작에 대한 정보가 필요합니다.

API 명세 파일로 정보들이 문서화가 가능하지만, 이는 어디까지나 선택 사항 중 하나일 뿐입니다. 함께 일하는 사람들에게 어떠한 방법으로 문서를 제공할지 정하는 것은 API 디자이너인 여러분의 몫입니다. 실제 API 문서 외에도 구현 개발자 문서는 일반 지침과 교육으로 구성됩니다. (12.2절 참조)

12.4 문서의 개정과 폐기

여러분은 9.1절에서 API 디자인을 발전시키는 방법과 브레이킹 체인지를 억제하는 법을 배웠습니다. 그렇지만 브레이킹 체인지의 여부와는 관계없이 모든 변화는 반드시 일어나게 되어 있고, 이런 변화는 모두 문서화되어야 합니다.

이러한 문서화는 컨슈머에게 새로운 기능을 알리고 특정 요소가 사용되지 않는 (또는 아예 폐기되는) 경우 코드를 수정해야 하는지 알려 주는 데 유용합니다. 또한, 프로젝트에 관련된 다른 모든 사람에게 유용할 수 있으며, 다음 버전의 향후 변경 사항에 대한 개요를 제공합니다.

모든 변경 사항을 문서화하거나 적어도 열거하는 사람은 누구일까요? 바로 여러분입니다! 변경 사항을 디자인 한 사람인 여러분 스스로가 무엇이 바뀌었는지 가장 잘 설명할 수 있습니다. 그림 12.16은 은행 API의 최신 수정 사항을 설명하는 매우 기본적인 **변경 이력**^{Change log}을 보여 주고 있습니다.

▼ 그림 12.16 각 버전의 변경에 대한 간단한 변경 이력

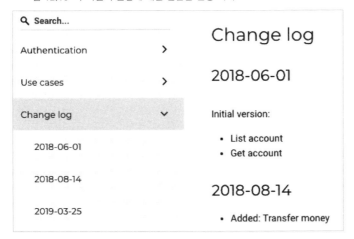

변경 이력은 어떠한 구성 요소(데이터 모델의 속성, 파라미터, 리스폰스, 보안 스코프 등)가 추가되거나, 변경되거나 만료되거나, 폐기되었는지 명시해야 합니다. 여기서는 유즈케이스와 마찬가지로 OpenAPI 명세 파일의 info.description 절을 활용하여 각 버전에 대해 레벨 2를 포함하는 변경 이력 레벨 1 헤더를 추가합니다. API 명세 포맷은 적어도 이 책을 집필하는 시점에는 이러한 변경 이력을 설명하는 방법을 제안하지 않았지만, 그림 12.17에 표시된 것처럼 더는 사용되지 않는deprecated 요소를 나타내는 방법을 제공하고 있습니다.

▼ 그림 12.17 OpenAPI 명세 파일을 사용하여 더 이상 사용되지 않는 요소 표시

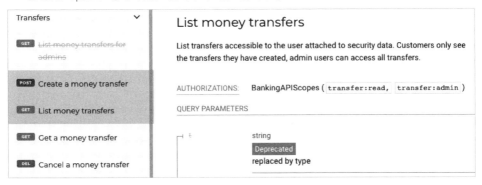

그림에서 왼쪽 메뉴의 관리자를 위한 송금 목록 목표에 취소선이 그어졌고 오른쪽 창에 표시된 송금 목록 목표의 쿼리 파라미터인 t는 더 이상 사용되지 않는 것으로 표시됩니다. 이 두 가지는 이제 사용하지 않습니다. OpenAPI 명세 파일 상에서 deprecated 플래그가 목표와 속성 모두 true로 되어 있습니다. 예제 12.13과 예제 12.14를 보겠습니다.

예제 12.13 관리자의 송금 목록 목표의 더 이상 사용하지 않음 처리

```
/admin-transfers:
  get:
    summary: List money transfers for admins
    tags:
      - Transfers
    description: Redirects to GET /transfers
    deprecated: true ◄─────── 목표 더 이상 사용하지 않음 처리 플래그
  responses:
    "200":
      description: Transfers list
      content:
        "application/json":
          schema:
            $ref: "#/components/schemas/TransferList"
```

예제 12.14 t쿼리 파라미터 더 이상 사용하지 않음 처리

```
/transfers:
  get:
    summary: List money transfers
    parameters:
      - name: t
        in: query
        description: replaced by type
        deprecated: true ◄─────── 파라미터 더 이상 사용하지 않음 처리
        schema:
          type: string
      - name: type
        in: query
        description: transfer type
        schema:
          type: string
```

OpenAPI 명세에 따르면, deprecated 플래그는 데이터 모델의 파라미터, 목표, 속성에 사용할 수 있습니다. 여기서는 더 이상 사용되지 않는 요소에 대한 설명은 대신 사용할 수 있는 항목을 나타냅니다. 이 설명

들에는 사용되지 않는 요소들이 언제 제거될 것인지 (예정되어 있다면) 명시되어야 합니다. 또한 설명에 텍스트를 사용하는 대신 일부 x- 커스텀 속성을 사용하여 더는 사용되지 않는 구조화 된 정보를 추가할 수도 있습니다.

더 이상 사용하지 않는 요소에 대한 문서화는 때론 API 응답의 메타데이터를 통해서 동적으로 제공할 수도 있습니다. 가령, RFC 8594(https://tools.ietf.org/html/rfc8594)에서 정의된 sunset 헤더는 서버가 특정 시점에 리소스가 더는 응답하지 않을 것이라는 사실을 서버가 통신할 수 있도록 합니다. 만약 금융 회사가 2019년 8월 4일에 버전 2의 새로운 API를 도입할 예정이라면, 모든 컨슈머들이 그들의 코드를 수정하는 데 6개월이 소요될 수 있습니다. 버전 1의 모든 리소스 (GET /v1/accounts 리퀘스트)에 대한 호출은 다음 예제에 표시된 리스폰스를 반환하여 2020년 2월 4일 이후에는 해당 리소스를 사용할 수 없음을 나타내고 있습니다.

예제 12.15 Sunset 헤더를 포함한 리스폰스

```
200 OK
Sunset: Tue, 4 Feb 2020 23:59:59 GMT


{ "items": [ ... ] }
```

마지막 장에서는, API 디자인에 대한 컨텍스트를 보다 확장하여 API 디자이너로서, 많은 API와 심지어는 우리가 실제로 디자인하지 않은 API를 기반으로 지속 가능한 작업을 쌓아가는 방법을 다룰 것입니다.

요약

- API 디자이너는 반드시 다양한 타입의 API 문서 작성에 참여해야 합니다.
- 상세한 참조 문서는 좋지만, 그것만으로는 부족합니다. 사용자 안내서도 반드시 만들어야 합니다.
- 사용자 안내서는 인증 및 토큰 획득 방법을 포함하여 API를 사용하는 데 필요한 모든 정보를 제공해야만 합니다.
- OpenAPI 명세와 같은 API 설명 언어를 활용하면 문서를 작성할 때 큰 도움이 될 수 있습니다.
- 변경 사항을 사용자에게 알리기 위해서는 수정 사항을 추적하는 것이 중요합니다.
- 문서를 작성하면 API 디자인을 테스트하는 데 도움이 됩니다.

13

성장하는 API

> **이 장의 내용**
> - API 생명주기(Lifecycle)
> - API 디자인 지침
> - API 리뷰
> - 소통과 커뮤니티

지금까지 우리는 API 디자인에 관한 견해를 확장했고 단순한 애플리케이션 인터페이스라고 모호하게 생각했던 API에 대한 개념을 확실하게 세웠습니다. 특히 앞선 4개의 장에서 이에 대해 상세히 다뤘었습니다. 10장과 11장에서는 실현 가능한 수준에서 컨슈머의 요구를 가장 효율적으로 충족시킬 수 있는 현실적인 API를 디자인하기 위해 컨슈머뿐만 아니라 프로바이더의 컨텍스트에 주의를 기울이는 방법을 살펴봤습니다. 그리고 9장에서 API를 수정할 때 브레이킹 체인지 유발의 위험을 감소시키는 법을 배움으로써 API의 이후 버전을 고려하는 방법도 배웠습니다.

API를 디자인하는 일은 늘 API를 넘어서는 문제들을 고민하게 만듭니다. API 역시 전체의 일부분이기 때문입니다. 그래서 12장에서 API를 둘러싼 전체를 함께 살펴봤습니다. 실제로 API 디자이너가 서로 다른 타입의 문서 작성에 참여함으로써 API를 만드는 것 이상의 일을 할 수 있다는 것을 알게 되었습니다. 이번 마지막 장에서는 API 디자이너가 그들의 API를 장기적으로 성장시키기 위해서 반드시 알거나, 숙달해야 하는 API 디자인과 관련된 세 가지 주제를 탐험해 볼 것입니다.

먼저 API가 탄생하며, 살아가고, 폐기되기까지의 순서인 API 생명주기를 먼저 다룰 겁니다. 그런 다음 홀로 작업하거나 다른 디자이너와 함께 작업할 때, 또 여러 API 혹은 단일 API의 여러 버전을 디자인할 때 반드시 알아둬야 할 API 가이드라인을 살펴보겠습니다. 그 뒤에는 API 디자인이 조직의 API 환경에 부합하는지, 요구 사항을 충족하는지, 구현이 가능한지, 소비자를 기쁘게 하기 충분한 API인지 판단하는 여러 가지 API 리뷰 방법을 살펴볼 겁니다. 그리고 마지막으로 API에 대해 소통하고 공유하며 API의 발전, 각자만의 API 원칙에 관하여 이야기하고 마무리 짓겠습니다.

13.1 API 생명주기^{Lifecycle}

API를 성장시키기 위해서는 그림 13.1과 같이 API 생명주기를 알고 다른 API와 동시에 실행되는 것을 이해해야 합니다. 지금까지 보셨듯, API 디자인은 API가 탄생하며, 살아가고, 폐기되는 API 생명주기의 한 부분에 불과합니다.

▼ 그림 13.1 API 생명주기

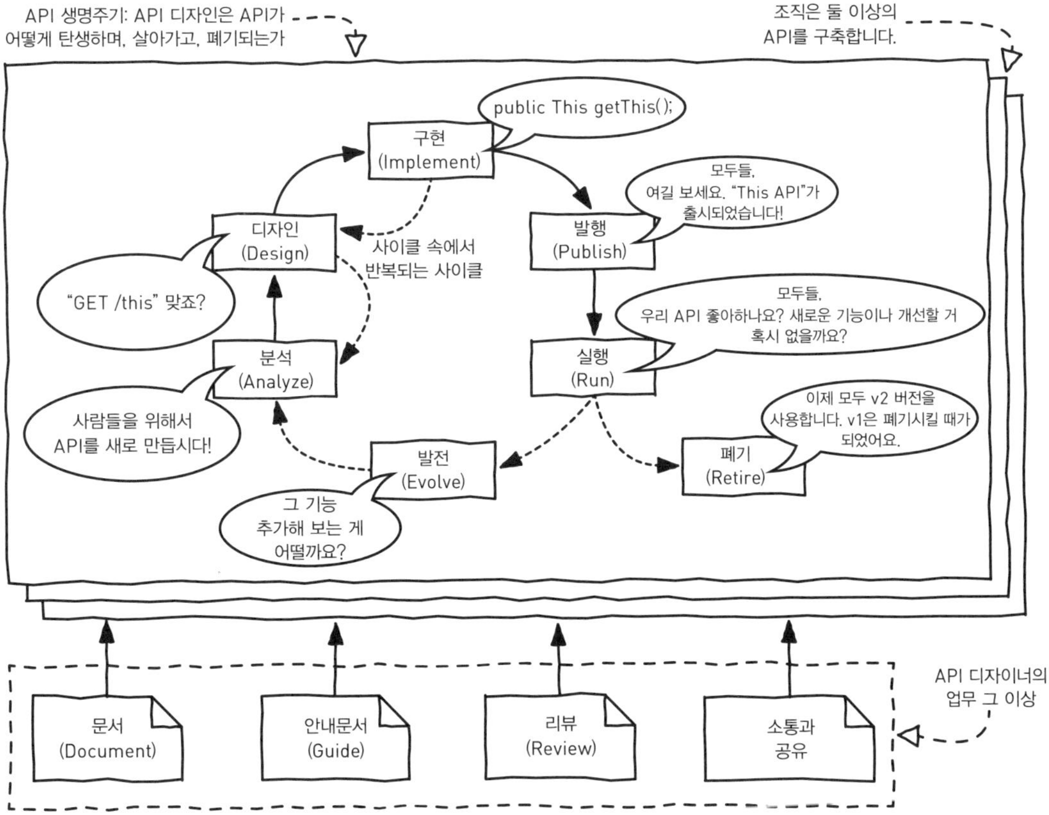

API 생명주기는 분석^{Analyze} 단계에서 시작합니다. 회사/조직/팀/개인은 사업이나 기술적 이유로 API를 제공을 고려합니다. 이 단계에서는 API의 목표, 요구 사항을 충족하는 데 필요한 것, 컨슈머가 해결하려는 것, 실제 사용자에 대한 정보, 그리고 API가 제공하는 이점과 같은 주제를 탐색합니다. 그 뒤에 디자인 단계에 접어듭니다. 여기서는 분석 단계에서 심층적으로 조사했던 내용을 프로그래밍 인터페이스 컨트랙트로 변경합니다. 그런 뒤 구현 단계에서는, 인터페이스 컨트랙트의 구현이 애플리케이션을 통해 외부로 공개됩니다.

분석, 디자인, 구현의 여정은 사실 반복적으로 벌어지는 과정입니다. 여러분은 언제든지 새로운 발견, 새로운 질문에 따라 또는 주어진 디자인적 솔루션에 대한 여러분의 의견이 바뀌는 등의 이유로 얼마든지 앞 단계로 왔다 갔다 해야 할 수도 있습니다. 이런 과정을 전부 거친 이후, 실제로 대상 컨슈머들이 API를 사용할 수 있게 되면 비로소 발행^{Publish} 단계에 접어듭니다. API는 새로운 기능을 제공해야 하므로 발전을 하기 전까지는 별 탈 없이 그대로 실행됩니다. 그렇지만 이전 버전이 새로운 버전으로 바뀌면 브레이킹 체인지가 적용된 새 버전이 필요하므로 기존 API는 폐기될 수도 있습니다. 그리고 안타깝게도 API가 성공적으로 컨슈머에 도입되지 못하거나, 더 이상 필요하지 않게 되어 폐기되는 경우도 있습니다.

API 생명주기를 자세히 살펴보려면 이 책의 전체 분량에 맞먹는 책이 여러 권 필요할 겁니다. 그렇기에 이번 장의 남은 부분에서 API 디자인과 디자이너의 시선으로 이 주제를 다뤄볼 겁니다. 그렇지만 오로지 디자인 단계에만 국한된 이야기는 아닙니다. 일반적으로 API 디자이너는 API 생명주기의 다양한 단계에 모두 개입해야 하며, 단순 API 디자인뿐 아니라 그 이상의 역할까지 수행해야 합니다.

API 디자이너는 API의 성공을 위해 스테이크홀더^{stakeholder} (이해관계자)와 프로덕트 오너^{Product owner}, 테크니컬 라이터^{Technical writer}, 개발자, 테스터와 긴밀한 관계를 유지하며 일해야 합니다. 거기다 직접 또는 API의 개발자 관계 팀을 통해 컨슈머와도 긴밀히 협력해야 합니다. 그리고 API 작업을 할 때 API 디자이너는 다양한 타입의 문서 작성에 참여하고 (이전 장에서 보았듯) 프로바이더와 컨슈머 양쪽 모두에 대한 다양한 리뷰에 참여하며 API에 관한 의사소통을 할 수 있습니다.

그렇지만 조직이 단 하나의 API만 만들고, 그것이 바뀌지 않으리란 보장은 없습니다. 오히려 항상 발전하는 여러 API를 생성하는 경우가 더 많습니다. API 디자이너는 조직을 위해 일관된 API 영역을 구축하기 위해 협력해야 합니다. (6.1절 참조) 따라서 API 디자이너는 자신이 하는 일을 공유해야만 하며, 이를 통해 API를 디자인하고 리뷰할 때 참고할 지침을 제공해 서로 도울 수 있습니다. 혼자 일하는 API 디자이너도 디자인의 일관성을 유지하기 위해 과거 자신의 작업을 주시하여 스스로 지침을 제공할 수 있어야 합니다.

13.2 API 디자인 지침 만들기

두 API 디자이너를 회의실에 불러 어떻게 REST API의 페이지를 처리할 것인지 물어보십시오. 두 API 디자이너는 서로 각기 다른 방법을 제안하고 상대방이 제안한 솔루션의 장단점을 평가하는 활발한 토론을 목격하게 될 겁니다. 결국에는 회의에 참석한 디자이너들이 했던, 혹은 또 다른 디자이너가 디자인한 기존 조직이나 팀 내부의 API에 쓰인 선택지와 다른 여러 가지 선택지들에 관한 이야기까지 모두 듣게 될 겁니다.

6.1절에서 보셨듯 API 디자인에서는 일관성이 매우 중요한 고려 사항입니다. API는 나머지 조직이나 팀, 그리고 외부의 사용자 모두가 사용하기 쉽도록 스스로 일관성을 보장해야 합니다. 단일 API에서는 단독으로 작업한다면 시간이 지나더라도 일관성을 유지하기 쉽지만, 많은 API 디자이너와 다양한 API로 구성된 조직의 API 면에서 작업할 때는 API의 영역을 완전히 매끄럽게 유지하기 어렵습니다. 우리도 사람이기 때문에 저마다 독특한 배경과 환경이 있으며, 때로는 눈치채지도 못한 채 자신의 마음을 바꾸기도 합니다.

새롭게 합류한 디자이너는 일관성을 유지하기 위해 가장 먼저 API를 어떻게 디자인해야 하는지 알아야 합니다. 그렇지만 적절한 지침이 없다면, 일관성을 유지하기 어렵습니다. 마찬가지로 API를 디자인해 본 적이 없는 사람이 디자인을 시도할 때도 일관성을 유지하고 싶다면 적절한 지침을 제공하는 편이 API 디자인 재앙을 피할 수 있는 현명한 방법이 될 겁니다.

모든 디자이너가 사용할 일련의 규칙인 지침을 정의하는 일은 조직/팀 API 내부 및 전체에 일관성을 보장하기 위한 필수 사항입니다. 모든 사람이 옳겠지만 일관성을 위해서는 하나의 솔루션을 택해야 하며, 정말로 중요한 것에 초점을 맞추어야 합니다. 즉, 컨슈머의 요구를 충족시키는 API의 표현을 가장 쉽게 이해할 수 있고, 가장 사용하기 쉬운 것을 제공해야 합니다. 또한, 지침은 처음 시작하는 API 디자이너들을 위한 훌륭한 도구입니다. 그런 지침의 내용이 어떻게 생겼는지, 실제로 어떻게 만들어야 하는지 알아보겠습니다.

13.2.1 API 디자인 지침에 포함되는 내용들

API 디자인 지침은 다음 세 가지 층으로 이루어져 있습니다. 참조 지침, 유즈케이스 지침, 디자인 절차 지침입니다. 참조 지침은 API 디자인의 기초를 설명하는 데 초점을 두고 있습니다. 유즈케이스 지침은 다양한 사용사례를 통해 이러한 기초를 적용하는 방법을 설명하고 있으며, 디자인 절차 지침은 디자인 방법에 대한 지침을 제공합니다. 이러한 지침들은 소프트웨어 아키텍처 및 구현 원칙에 대한 세부 사항과 같은, 인터페이스 컨트랙트를 넘어서는 정보를 제공할 수 있습니다. 이제 디자인 지침의 가능한 각 계층에 포함된 내용과 지침에 포함되어야 하는 이유를 자세히 살펴보겠습니다.

참조 지침

API 디자인에서 일관성을 유지하려면 API를 디자인할 때 적용할 원칙과 규칙을 정의해야 합니다. 참조 지침은 작성해야 하는 최소한의 API 디자인 지침입니다. 참조 지침은 이 모든 원칙과 규칙들을 열거하고 설명하는 문서입니다. 그림 13.2는 금융 회사의 참조 지침 중 일부입니다.

▼ 그림 13.2 금융 회사 API의 디자인 원칙

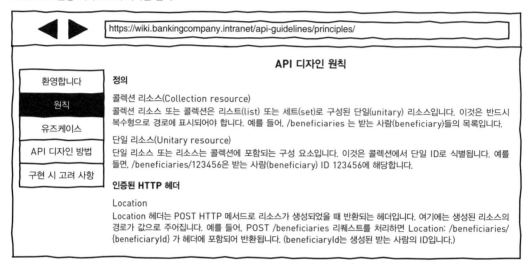

가장 기본적인 참조 지침은 언제 어떤 HTTP 메서드를 쓰는지, 어떤 상태 코드를 쓰는지, 또는 어떠한 헤더를 언제 쓰는지에 대해서 설명하고 있습니다. 여기에는 리소스의 경로 포맷도 포함되어 있으며, 에러의 경우에는 어떠한 데이터 포맷이 반환되는지, 그리고 페이지 처리는 어떻게 하는지도 포함되어 있습니다. 이러한 지침은 API를 디자인할 때 사용되는 어휘에 대한 명확하고 공유된 정의를 제공해야 합니다. 예를 들어, API란 무엇인지, 리소스나 컬렉션의 의미는 무엇인지, 경로란 무엇인지, 버전이란 무엇인지에 대한 설명이 있어야 합니다. 만약 여러분이 도메인 주도 설계Domain Driven Design라는 표현을 들어 본 적이 있다면, 이것은 API 디자인에 관련된 모든 사람이 사용해야 하는 유비쿼터스 언어Ubiquitous language와 흡사하게 느껴질 수 있습니다.

참조 지침은 API 참조 문서와 비교해 볼 수 있습니다. 여기에는 API 디자인을 할 때 필요한 모든 구성 요소들이 열거되고 묘사되어 있습니다. 참조 문서와 비슷하게 참조 지침만으로는 모든 내용을 소화하긴 어려울 수 있으며, 실제로 이를 따르는 API를 디자인하기는 쉽지 않습니다. 따라서 유즈케이스 지침을 추가하는 것도 고려해야 합니다.

유스케이스 지침

지금쯤이면 무언가를 디자인할 때는 사용성과 사용자 관점이 중요하다는 걸 알 겁니다. 이는 API와 문서를 디자인하는 법을 배울 때 확인했습니다. API 디자인 지침 역시 예외는 아닙니다. 지침을 작성할 때는 사용성과 단순성을 염두에 두어야 합니다. 이를 지키지 않을 거라면 차라리 지침을 작성하지 않는 편이 좋습니다. 기껏해야 일부 사람들이 읽을 수는 있겠으나 지침의 내용을 온전히 따르지 않을 가능성이 크기 때문입니다. 그리고 최악의 경우, 아무도 읽고 싶어 하지 않을 수도 있습니다! 유스케이스 지침은 바로 사용 가능한 "레시피" 또는 그림 13.3과 같은 솔루션들을 제공해야 합니다.

구성 요소 만들기 페이지는 일반적인 어휘를 사용하여 유스케이스를 설명하고, 여러 가지 일반적인 생성들을 제공한 다음 공유 어휘를 사용하여, REST API에서 만드는 방법을 설명합니다. 어떤 파라미터가 필요한지, 포맷은 무엇인지와 어떤 종류의 피드백이 제공될 것인지와 참조 지침에 따라 필요한 규칙이나 원칙을 언급합니다.

▼ 그림 13.3 은행 API의 디자인 지침에 있는 유스케이스 설명

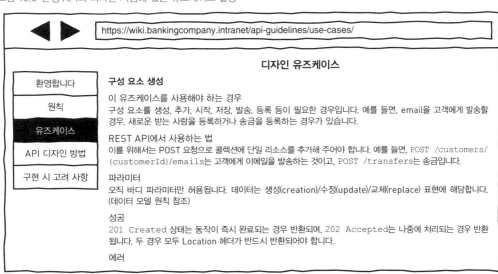

이러한 문서화는 초심자에게는 매우 중요합니다. 그렇지만 이는 숙련된 디자이너들에게도 중요하긴 마찬가지입니다. 일부 API 디자이너는 간혹가다가 문서화 작업을 수행할 수 있으며, 기술적인 API 디자이너의 어휘에 익숙하지 않을 수도 있습니다. 그들 중 일부는 CRUD 접근을 고수한 나머지 xyz를 생성하는 것과 같은 목표를 디자인하기 어려울 수도 있습니다. 그럴 경우, 그들은 POST /do-this와 같은 형태의 유혹에 빠지기 쉽습니다. 또한 참조 지침에서 인증된 HTTP 상태 코드의 인벤토리만 제공할 때 정확히 사용하는 시기에 대한 세부 정보 없이 제공만 할 경우, 어떤 HTTP 상태를 선택해야 하는지 모를 수도 있습니다. 만약 그들이 모든 원칙을 제대로 읽어보지 않았다면, Location 헤더를 리소스가 생성되었을 때 반환해야 한다는 사실을 놓칠 수도 있습니다. (숙련된 API 디자이너들도 놓치곤 합니다!)

초심자와 숙련된 디자이너 모두 이러한 정보를 모든 원칙과 규칙들을 뒤적일 필요 없이 한 페이지짜리 문서로 받는다면, 그들은 더 효율적이고 행복할 겁니다. 그런데 디자이너는 어떻게 API에 무언가에 대한 목표를 추가해야 한다는 걸 알 수 있었을까요?

디자인 절차 지침

API를 디자인하기 위해서는 메서드, 도구, 그리고 절차가 필요합니다. 그림 13.4처럼 API에 대한 디자인 절차 지침을 제공하면 유용할 겁니다.

이 책이나 다른 소프트웨어 디자인 책에 나와 있는 텍스트를 그대로 복사해서 여러분의 디자인 절차 지침에 붙여넣으면 안 됩니다. 이러한 지침은 단순히 디자인 캔버스를 제공하거나 기존 문서 또는 체크리스트 링크 또는 숙련된 API 디자이너가 제공하는 교육 세션에 대한 링크를 제공하는 것으로도 대체할 수 있습니다. 10장과 11장에서 배웠듯, API 디자인을 뜬구름 잡듯 인터페이스 컨트랙트로만 생각해서는 안 됩니다. 그 외에도 API 작성과 관련해 지침에 들어갈 수 있는 여러 가지 고려 사항들이 있습니다.

▼ 그림 13.4 금융 회사의 디자인 지침 중 API 디자인 방법 페이지

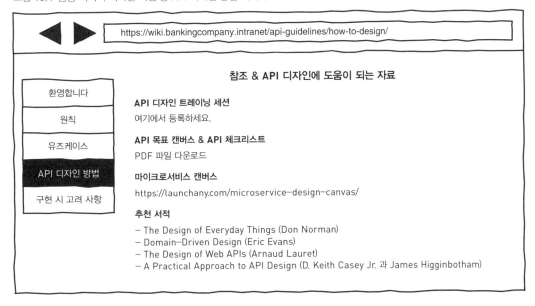

https://wiki.bankingcompany.intranet/api-guidelines/how-to-design/

참조 & API 디자인에 도움이 되는 자료

환영합니다

원칙

유즈케이스

API 디자인 방법

구현 시 고려 사항

API 디자인 트레이닝 세션
여기에서 등록하세요.

API 목표 캔버스 & API 체크리스트
PDF 파일 다운로드

마이크로서비스 캔버스
https://launchany.com/microservice-design-canvas/

추천 서적
– The Design of Everyday Things (Don Norman)
– Domain-Driven Design (Eric Evans)
– The Design of Web APIs (Arnaud Lauret)
– A Practical Approach to API Design (D. Keith Casey Jr. 과 James Higginbotham)

인터페이스 디자인 지침 이상의 것들

확장된 API 디자인 지침은 보안, 네트워크 고려 사항 또는 구현에 정보들이 그림 13.5처럼 포함되어 있어야 합니다. 여기에는 보안 토큰에 첨부된 표준 데이터, 주어진 컨텍스트에서 사용할 OAuth 흐름 또는 API를 구현할 때 실제로 예상되는 결과를 얻기 위해 프레임워크를 구성하는 방법에 대한 세부 사항이 포함될 수 있습니다.

▼ 그림 13.5 금융 회사의 디자인 지침 중 구현 고려 사항 페이지

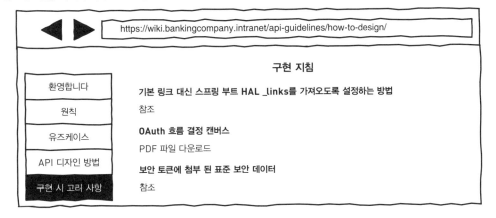

https://wiki.bankingcompany.intranet/api-guidelines/how-to-design/

구현 지침

환영합니다

원칙

유즈케이스

API 디자인 방법

구현 시 고려 사항

기본 링크 대신 스프링 부트 HAL _links를 가져오도록 설정하는 방법
참조

OAuth 흐름 결정 캔버스
PDF 파일 다운로드

보안 토큰에 첨부 된 표준 보안 데이터
참조

API에 일관성을 부여할 수 있거나 누군가 API를 디자인하고 구현할 때 도움이 될 수 있을 법한 정보들은 모두 다 디자인 지침에 포함할 수 있습니다. 그렇지만 지금까지는 실제 지침을 만드는 방법이 아니라 지침에 무엇을 넣을지만 이야기했습니다. 이제는 만드는 법에 관해 다루겠습니다.

13.2.2 지속적으로 지침 만들기

API 디자인 지침을 만드는 일은 단순히 글로 쓴다고 끝이 아니라, 사람들이 지침을 인식하고 받아들이도록 꾸준히 발전시켜야 합니다.

처음엔 작고 정확하게

API 디자인 지침을 작성할 때 한 번에 모든 가능성과 모든 엣지 케이스$^{Edge\ case}$를 다루는 최고의 지침을 만들려 하지 마십시오. 시간을 낭비하는 꼴이며, 조악한 문서를 작성하게 될 겁니다. 대신 기본 필수 주제를 간단하고 직관적으로 다루는 것으로 시작하십시오. 완전성과 정확성을 목표로 하십시오. 지금은 HTTP를 사용하는 멋진 방법을 발명하려 애쓸 때가 아닙니다!

웹 컨셉$^{Web\ Concepts}$

API를 디자인하고 API 디자인 지침을 작성하려면, HTTP 헤더 및 상태 코드와 같은 웹 컨셉을 제대로 이해해야만 합니다. 그렇지만 어떤 RFC가 특정 헤더라던가 기타 컨셉에 대해 최신의 정보를 다루고 있는지 정확하게 찾아내는 것은 항상 간단하지만은 않습니다. 다행인 점은 에릭 와일드$^{Erik\ Wilde}$가 웹 컨셉이란 사이트(http://webconcepts.info/)를 만들어 이러한 과정에 도움을 주었다는 점입니다.

> *"웹의 유니폼 인터페이스는 점점 더 많은 사양을 기반으로 합니다.*
> *이러한 사양은 웹 서비스 제공 업체와 소비자가 신뢰할 수 있는 공유 컨셉을 설정합니다.*
> *웹 컨셉은 이러한 컨셉과 컨셉을 정의하는 사양에 대한 개요를 제공합니다.*
> *이것이 작동하는 한 가지 예는 5개의 HTTP 헤더 필드, 7개의 HTTP 경고 코드 및*
> *12개의 HTTP 캐시 디렉티브(Directive)를 정의하는 HTTP / 1.1 캐싱입니다."*

에릭 와일드

6.1.4절에서 언급했듯, 사람은 좋아하는 API에서 영감을 받을 수 있습니다. 만약 사용하기 정말 좋은 API가 있다면, 그 스타일을 모방하지 않을 이유가 있을까요? 마찬가지로 여러분이 다른 회사가 외부에 공개한 API 디자인 지침이 마음에 든다면, 새로 만들 필요 없이 그들의 내용을 받아들이는 것도 가능합니다.

API 지침을 작게 시작한다는 말은 곧 지침이 짧은 시간 안에 발전할 것이라는 의미이기도 합니다. 실제로 지침은 처음에 언급되지 않았던 컨텍스트와 관련된 새로운 내용을 포함하도록 발전되어야만 합니다.

발전하고, 적응하고, 고쳐라

API 디자인 지침에서 머리에 나오는 모든 것을 점진적으로 추가하는 대신 실제 디자인 문제를 해결하는 데 사용된, 현장에서 입증된 콘텐츠만 추가하는 것이 좋습니다. 지침에서 일부 규칙, 유즈케이스 또는 기타 콘텐츠는 장기적으로 적용하기 어렵거나 불편한 점이 있다면 수정되어야 하는 경우도 있습니다. 그리고 여러분은 컨테스트에 따라 다른 유형의 지침이 필요하다는 것을 알 수 있게 될 겁니다. 만약 그렇다면, 예를 들어 내부적으로 gRPC API를 사용하고 그 외에는 REST를 사용하게 할 수도 있습니다.

발전하는 API 디자인 지침이라면 반드시 브레이킹 체인지, 버전 및 변경 이력도 다뤄야 합니다. 지침은 기본적으로 API를 묘사해야 하므로, 원래 존재하던 규칙을 변경할 경우 여러분이 9.1절에서 배운 내용을 명심해야 합니다. 발생 가능한 브레이킹 체인지를 알고 여러분의 지침에 따라 버전을 지정해야 합니다. 디자이너가 과거 버전에서 설명한 방식대로 작업을 계속하지 않도록 각 버전의 변경 사항을 반드시 나열하는 것을 잊어서는 안 됩니다.

함께 만들고 도그마^{Dogma}는 버리기

지침을 만든다는 것이 팀/조직/회사의 모든 API 디자이너들이 마법처럼 지침을 인식하거나 받아들인다는 의미는 아닙니다. 지침을 만들고 어딘가의 선반이나 위키에 꽂아 넣기만 한다면 무슨 일이 벌어질까요? 단언하는데 아무 일도 벌어지지 않을 겁니다. 여러분은 무조건 소통을 해야 합니다. 이는 곧 여러분이 작성한 지침을 홍보해야 한다는 의미입니다. 여러분은 다른 디자이너들에게 이러한 지침이 존재한다는 사실을 알리고, 다른 사람이 당신이 만든 바퀴를 재발명하는 데 시간을 낭비하지 않고 디자인 문제를 해결하도록 도와야 합니다. 왜 일관성이 중요한지 설명해야 합니다. 왜 이런 규칙이 정해졌는지 설명해야 합니다. (그래서 규칙이 생긴 이유도 함께 적어두어야 합니다!)

그러나 말만 해서는 사람들은 당신의 지침을 받아들이지 않을 겁니다. 우리 모두는 자신만의 배경과 관점을 지니고 있기 때문입니다. 여러분은 다크 사이드의 유혹에 빠져 지침 사용만을 강요하게 될 수도 있습니다. 제발 그러지 마세요.

API 디자인 지침 작성은 디자이너 홀로 수행하거나 API 제작에 참여한 적이 없는 사람이 수행해서는 안 됩니다. 이 지침은 실제 디자이너들이 의견을 취합하여 디자이너들을 위해 직접 만들어야 합니다. 여기에는 맹목적이거나 광신적인 도그마 없이, 항상 기꺼이 조정/추가/수정/발전하거나 필요하다면 폐기할 수도 있어야 합니다. API 디자인 지침은 API 경찰이 나서 희생을 치뤄가며 강제로 시행되서는 안 됩니다. 마찬가지로 API 디자인 지침은 한 개인의 아이디어와 선호도만을 반영해서도 안 됩니다. 이 모든 과정을 제대로 설명하려면 이 책의 모든 내용을 읽어야 하겠지만, 여러분이라면 이제 이 내용을 이해하고 계시리라 믿습니다.

13.3 API 리뷰하기

API를 만들다 보면 잘못될 일이 뭐가 있을까요? 모든 것들이 잘못될 수 있습니다. 심지어 이 책을 읽은 후라도 문제는 생길 수 있습니다. 물론 이 책을 읽은 여러분은 덜 위험하겠지만, 그래도 API가 리뷰되지 않았다면 여전히 잘못될 여지가 있습니다. 이것을 또 다른 이야기로 설명해 보겠습니다.

어느 날 금융 회사의 누군가가 고객에게 이메일을 보낼 필요가 있다는 결정을 내렸습니다. 따라서 API가 그렇게 할 수 있도록 디자인할 필요가 생겼습니다. 그 아이디어는 나중에 SMS나 알림 전송과 같은 다른 기능을 추가하는 것이었습니다. 이는 처음에는 좋은 계획인 것처럼 보였습니다.

해당 API 디자인에 대하여 회사 내 API 디자이너 길드에 제출하여 조언을 구했었습니다. 그렇지만 제시된 API를 분석하기도 전에 디자이너 길드의 누군가가 메일 보내기 목표가 필요한지와 어떠한 컨텍스트에서 필요한지에 관해서 물었습니다. 여기에 대한 대답은 고객이 그들의 개인 정보를 모바일 애플리케이션이나 웹 사이트에서 변경할 때, 가령 그들의 이메일 주소나 우편 주소가 변경될 경우 그들이 의도치 않은 변경이면 이메일을 확인하고 즉시 금융 회사에 연락할 수 있게끔 하기 위해서였습니다. 그 목표는 고객 정보 변경 목표가 호출된 후에 웹 사이트나 모바일 앱으로 호출하게 되어 있었습니다. 이 상황은 고객의 정보를 변경할 때 이메일을 반드시 보내야 하는 것이 컨슈머의 몫이라는 것을 의미하기 때문에 문제로 간주하였습니다. 디자인을 분석하는 단계에서 다른 심각한 문제들도 식별되었습니다.

이메일 발송 목표는 이메일 주소와 메시지를 기다리는 POST /send-email 리퀘스트로 표현되었습니다. 이런 형태의 리퀘스트는 회사의 API 지침에 부합하지 못하는 것이었습니다. 컨슈머는 이를 사용하려면 고객의 이메일 주소와 어떤 메시지를 보내야 하는지 알고 있어야만 했습니다. 그렇지만 이 API가 야기할 수 있었던 보안 취약점에 비하면 앞의 문제들은 아무것도 아니었습니다. API는 은행을 대신하여 모든 콘텐츠가 포함된 이메일을 다른 사람에게 보내는 방법을 인터넷에 노출시킬 뻔했습니다!

API는 API 생명주기의 다양한 단계에서 리뷰(검증, 분석, 정밀검사, 검사, 테스트 기타 등등)하여 의도한 대로 작동하는지 반드시 확인해야 합니다. 무엇보다도 요구 사항을 명확하게 파악하고 잘 이해해야 하며, API를 만드는 것이 실제로 최선의 솔루션인지 확인해야 합니다.

일단 API가 디자인된 이후에는, 인터페이스 컨트랙트가 에러가 없는지, 수정의 경우 브레이킹 체인지를 유발하지 않는지 확인하기 위해 린트[lint] 되어야 합니다. 그 뒤에 프로바이더 관점으로 식별된 요구 사항을 충족하고, 안전하며, 구현 가능하며, 발전을 수용할 수 있는지 반드시 검증되어야 합니다. 마찬가지로 컨슈머의 관점에서도 이것이 컨슈머의 컨텍스트에서 이해할 수 있고 사용할 수 있는지 검증이 되어야 합니다. 마지막으로 API를 구현한 후에는 의도된 인터페이스 컨트랙트가 실제로 노출되는지 구현 사항을 테스트해야만 합니다.

API 디자이너는 일반적으로 이 모든 과정에 적극적으로 참여하거나 최소한 모든 리뷰과정에 발언권이 있습니다. 디자이너는 자신이 작업하고 있는 API의 리뷰에 참여해야 하지만, 다른 API의 리뷰에 도움을 줄 수도 있습니다. 다른 이들에게서 피드백을 받는 것은 항상 가치 있는 일이며 품질을 보장하는 데도 도움이 됩니다. 또한 숙련된 디자이너의 피드백은 초심자의 성장에도 도움이 됩니다. 반대로 다른 사람의 API 디자인을 돕는 행위 역시 자신의 시야를 넓히고 새로운 디자인 사용사례와 아이디어를 발견하는 좋은 방법이기 때문에 가치 있는 일입니다.

API 디자이너로서 해야만 하는 일은 API 설계와 관련된 모든 사항을 질문하고, 질문하고, 조사하고, 검증하고, 분석하는 것입니다. 그렇지만 여러분은 전체 컨텍스트(디자인을 둘러싼 모든 것들)에 대해서도 올바른 방향을 유지하기 위해 항상 예의주시하고 있어야 합니다. (11장에서 배웠던 컨텍스트에 맞는 디자인 하는 방법이 생각나시나요?)

전달하고자 하는 아이디어는 모든 것을 알고 강압하는 적대적인 전문가로의 모습은 절대 취하지 말아야 한다는 점이며, 대신 팀/조직 내 모든 구성원이 추구하듯 초기 디자인을 뒤로 하고 성장하는 API를 가능한 최선의 상태를 유지하는 데 기여해야 한다는 깃입니다.

13.3.1 요구 사항에 도전하고 분석하기

이메일 발송 유즈케이스에서, 이 목표를 왜 그리고 어떤 상황에서 사용하는 것인지 묻는 행위가 상상한 요구 사항은 실제 요구 사항과 다르며 제안된 솔루션이 안전하지 않다는 사실을 밝혀낼 수 있었습니다. 진짜 요구 사항은 이메일을 보내는 것이 아니라 고객들의 신상정보가 변경될 경우 이를 알리는 것이었습니다. 그리고 결국 구현된 솔루션은 REST 웹 API가 아니라 발행/구독^{publish/subscribe} 시스템이었습니다. (11.3.2절 참조)

실제로 고객 애플리케이션에서 보낸 이벤트에 의존하는 새로운 고객 알림 서버 애플리케이션을 만들기로 결정되었습니다. 이 솔루션을 사용하여 (고객 정보 변경 목표를 포함한 API를 제공하는) 고객용 애플리케이션은 고객의 데이터가 수정될 때 고객 정보 변경 이벤트를 보냅니다. 고객 알림 애플리케이션은 이 이벤트를 구독하고 있습니다. 이 애플리케이션 서버는 어떻게 고객에게 알림을 보내는지, 적합한 수단(이메일, 모바일 앱 알림 또는 SMS)은 무엇인지를 알고 있으며, 관련된 데이터인 이메일 주소나 핸드폰 번호가 무엇인지도 알고 있습니다.

이렇게 분리된^{Decoupled} 아키텍처는 관심사의 분리^{Separates concerns}를 통해 유연하며, 발전시키기 쉬우며, 동시에 안전한 데다가 요구 사항도 충족시킵니다. 구현된 솔루션은 처음에 상상했던 것과 완전히 달라졌습니다. 이것은 실제 구현에 앞서서 금융 회사 내의 API 길드의 리뷰가 먼저 되었기 때문에 가능한 것이었습니다! 이메일 발송 API는 불필요한 디자인이었으며, 리뷰를 좀 더 일찍 수행했다면 이러한 시간 낭비도 피할 수 있었을 것입니다.

여러분이 2장에서 배웠던 것처럼 API는 반드시 컨슈머의 요구 사항을 충족해서 끔찍한 Kitchen Radar API 같은 것들을 만드는 것을 피하거나, 또는 더 나쁜 경우로 안전하지 않은 이메일 발송 목표 같은 것들이 나올 수 있음을 봤습니다. 실제 요구 사항을 파악하고 적절하고 구현 가능하며 안전한 솔루션을 찾기 위해서는 이러한 소비자의 요구 사항을 세심하게 평가하고 때에 따라서는 요구 사항에 맞서 도전해야 합니다.

따라서 어떤 URL 또는 HTTP 방법을 사용할지 고려하기 전에, 심지어는 API 목표 캔버스를 채우기 위해 생각하기 전에, 식별된 요구 사항에 도전과 분석을 해야 합니다. 그리고 이 행위들은 가능한 한 빨리 이루어져야 합니다. 일단 필요성이 모호하다면, 다른 무엇보다도 필요성이 먼저 논의되고 평가되어야 합니다.

그림 13.6에는 식별된 요구 사항에 도전하고 분석하는 데 사용할 수 있는 체크리스트의 예시가 나와 있습니다. 체크리스트는 기본적으로 이 책의 내용에 기반을 두고 있으며, 여러분이 처한 상황에 맞게 자유롭게 변경해도 됩니다.

요구 사항 분석은 API만을 위한 작업이 아닙니다. 요구 사항 또는 문제를 분명하게 식별하는 것은 무언가를 만들기에 앞서 반드시 해결해야 하는 것입니다. 이런 요구 사항에 도전하거나 분석하는 방법에는 왕도가 없습니다. (여러분이 좋아하는 방법을 쓰셔도 됩니다.)

가령, 무엇이 되어야 하는지, 상황이 어떤 경우인지, 어떻게 쓰일 것인지와 같은 질문을 하다 보면 진정한 요구 사항 또는 첫 번째 요구 사항에 의해 가려져 있던 요구 사항이 식별됩니다. 5 Why 분석법도 이런 경우에 좋습니다. 먼저 간단하게 "왜죠?"라는 질문으로 응답을 받습니다. 그리고 다시 "왜죠?"라고 답변에 대해서 더 심층적인 분석을 할 수 있는 질문을 던집니다. 이런 과정을 다섯 번 거치면 일반적으로 실제 근본적인 요구 사항을 찾기에 충분합니다. 이러한 모든 요소가 솔루션 및 API 디자인에 영향을 미칩니다.

그 후에는 컨슈머 및 프로바이더의 컨텍스트(10장 및 11장 참조)를 조사하고 보안(8.1.4절 참조)에 대해 생각해야 합니다. 이 모든 과정은 다양한 (요구 사항 정의에 참조, 구현, 보안 기타 등등에 참여했던) 참가자들과 함께 수행해야 하는 반복적인 절차입니다.

요구 사항을 명확하게 파악하고 컨텍스트를 조사하면 기존 API에 새로운 목표를 추가하건, 새로운 API를 만들건, API가 아닌 것을 구축하건 또는 API가 솔루션의 일부인 경우일지라도 가장 적합한 솔루션을 디자인할 수 있게 됩니다. 만약 API 자체가 솔루션이라면, 요구 사항을 명확하게 식별하면 API의 목표가 실제로 요구하는 것을 달성하는 데 도움이 되는지 확인할 수 있습니다.

▼ 그림 13.6 요구 사항 도전 체크리스트

요구 사항 도전, 분석 체크리스트 (출처: 웹 API 디자인)	

요구 사항 분석하기

질문/도구	설명
무엇을 하고 싶나요? 어떤 상황인가요?	이 질문들은 요구 사항의 개요를 파악하고 컨텍스트를 파악하기 위해 가장 먼저 묻는 질문입니다.
"이것"은 어떻게 쓰일건가요?	"솔루션"을 어떻게 사용할 것인지 명시적으로 물어보는 것을 잊지 마십시오. 이 방법은 컨텍스트에 대한 자세한 정보를 제공합니다.
컨슈머는 누가 될 건가요?	컨슈머가 누구인지와 최종 사용자가 누구인지를 아는 것은 디자인의 방향성(가령, 특정 산업 표준을 준수)을 제시해 줄 수 있으며, 경우에 따라서는 보안과 관련된 질문(아래 보안 섹션 참조)을 유발합니다.
최종 사용자는 누가 될 건가요?	누가 최종 사용자가 될 수 있는지 아는 것은 디자인(가령, 세계화나 지역화 지원)과 보안(아래 보안 섹션 참고)의 방향성을 제시해 줄 수 있습니다.
5 Why 분석법	5 Why 분석법은 "문제"의 근본 원인을 식별해 냅니다. "왜죠?"라는 질문에 대한 응답을 받고, 그리고 다시 "왜죠?"라고 답변에 대해서 더 심층적인 분석을 할 수 있는 질문을 던집니다. 이런 과정을 다섯번 거치면 일반적으로 실제 근본적인 요구 사항을 찾기에 충분합니다.
API 목표 캔버스	"진짜" 요구 사항에 대한 충분한 개요가 확보되면 API 목표 캔버스를 사용합니다.

컨슈머의 컨텍스트 조사하기

질문/도구	설명
목표로 하는 컨슈머들은 누구인가요?	컨슈머가 누구인지와 최종 사용자가 누구인지를 아는 것은 디자인의 방향성(가령, 특정 산업 표준을 준수)을 제시해 줄 수 있으며, 경우에 따라서는 보안과 관련된 질문(아래 보안 섹션 참조)을 유발합니다.
목표로 하는 최종 사용자들은 누구인가요?	누가 최종 사용자가 될 수 있는지 아는 것은 디자인(가령, 세계화나 지역화 지원)과 보안(아래 보안 섹션 참고)의 방향성을 제시해 줄 수 있습니다.
컨슈머들에게 제약 사항이 있습니까?	어떤 컨슈머들은 오직 XML만 사용 가능한 경우가 있을 수도 있고 또는 HTTP PATCH 메서드를 지원하지 않을 수도 있습니다.
혹시 업계 표준이 있나요? 있다면 목표로 하는 컨슈머들이 평소에 쓰고 있나요?	아무도 원치 않는 커스텀 된 바퀴를 재발명하는 대신에 이미 표준이 존재하고 이미 대상 컨슈머들이 쓰고 있다면, 표준을 선호합니다. API는 다양한 형식(표준 및 사용자 지정)을 지원할 수 있으므로 고객 타입별로 다른 API를 제안할 수도 있습니다.
그들은 어떠한 네트워크 환경에 속해 있나요?	API 환경에 따라 API를 디자인할 때 약간의 주의가 필요할 수도 있습니다. Experience API(또는 Backend for Frontend 컴포넌트)가 필요할 수도 있습니다.

프로바이더의 컨텍스트 조사하기

질문/도구	설명
뒷단에는 어떤 시스템/API/팀/파트너가 버티고 있습니까?	의존성을 조기에 식별하면 너무 늦게 발견해서 원래 했어야 하는 작업과 제한사항을 수행할 수 없게 되는 상황을 피할 수 있습니다. 의존성은 사내 시스템, 팀, 또는 파트너 사의 시스템일 수도 있습니다. 또한 기존 API에서 새로운 요구 사항을 그대로 충족하거나 기존 API를 발전시켜야 할 수도 있습니다.
기술적인 제약 사항이 있습니까?	의존성에는 디자인에 영향을 미치는 제한된 기능 또는 특수성이 디자인에 영향을 미칠 수 있습니다. (24/7 실행이 불가하고, 비동기만 가능하거나, 처리 또는 응답 시간이 길거나, 확장이 불가능 하다거나..)
기능적인 제약 사항이 있습니까?	의존성에는 요구 사항과 호환되지 않는 기존 비즈니스 규칙이 있을 수 있습니다.
사람이 처리해야 하는 부분이 있습니까?	만약 뒷단에서 사람이 개입하는 절차가 있다면, 이 과정을 자동화하거나 디자인을 이러한 상황에 맞추어 변경해야 할 수 있습니다.
어떤 종류의 통신이 필요합니까?	요구 사항과 컨텍스트에 따라 필요한 통신 유형(동기화, 비동기, 스트림, 이벤트)을 식별해야 합니다.
어떤 타입의 API가 필요합니까?	요구 사항과 컨텍스트에 따라 여러분은 필요한 API의 타입이 무엇인지 식별해야 합니다.
API가 솔루션이 맞습니까?	요구 사항과 컨텍스트에 따라 여러분은 필요한 API의 타입이 무엇인지 식별해야 합니다.

보안 가능성 조사하기

질문/도구	설명
API가 민감 요소를 취급합니까?	민감 정보 또는 동작을 취급하는지와 컨슈머와 최종 사용자가 누군지에 따라 디자인(그리고 구현)은 변경되어야 할 수 있습니다.

13.3.2 디자인 린트하기^{Linting}

제안된 POST /send-email 리퀘스트가 선택 값들로 문자열인 email(이메일)과 msg(메시지)를 숫자로 받는 다면 적합한 것일까요? msg를 message라고 부르고 그 값은 문자열이어야 명확하지 않을까요? 그리고 요구되는 속성들이 모두 필수가 아닌 선택 사항인 게 정상일까요? 제안된 디자인에 린트를 하면 이러한 모든 질문에 대한 답을 얻을 수 있습니다.

> *"린트(lint) 또는 린터(linter)는 소스 코드를 분석하여 프로그래밍 에러, 버그,*
> *스타일 에러, 의심스러운 구성을 표시하는 도구입니다. 이 용어는 Unix에서*
> *C언어 소스코드를 검사하는 유틸리티에서 유래되었습니다.*
>
> 위키피디아

코드와 마찬가지로, API 디자인은 에러를 포함할 수 있으며(예를 들어, 속성에 올바르지 않은 타입을 지정), err_msg 대신에 errorMessage라는 속성 이름을 사용하는 것과 같은 규칙을 따라 작성(디자인)되어야 합니다. API 린트는 이러한 에러와 기타 사항들을 찾는 데 도움이 될 겁니다.

API 린트는 디자인의 버그 검사와 디자인 지침을 준수하고 있는지, 기존 요소와 일치하는지 확인합니다. 기존에 무엇들이 있었는지 잠시 살펴보겠습니다. API 디자인을 린트하는 동안, 여러분은 API 디자인의 보안과 문서화를 함께 살펴봐야만 합니다. 즉, 기본적으로는 여러분이 API 명세 파일에 담은 것이라면 무엇이든 린트해야 합니다.

기본적으론, 각 모델과 해당 속성, 각 목표 그리고 그것들의 파라미터들과 리스폰스들을 분석해야 합니다. 또한 목표 흐름과 보안 정의도 분석해야 합니다. 이러한 체크 사항들은 대부분 매우 간단하고 결과가 예/아니오 수준으로 이진화되지만 그래도 특히 주의해야 할 세 가지 유형의 확인이 있습니다. 문서 확인, 흐름 확인, 그리고 (매우 중요한) 기존 요소와의 일관성 확인입니다.

철저하게 문서화된 인터페이스 컨트랙트가 있으면 프로바이더와 컨슈머의 관점에서 디자인 리뷰가 매우 용이하게 되므로 인터페이스 컨트랙트 문서를 확인하는 것은 중요합니다. 자세한 이야기는 다음 절(13.3.3과 13.3.4)에서 다루겠습니다.

흐름을 확인하는 방법은 여러분이 2.3절과 3.3.4절에서 배운 내용과 기본적으로 같습니다. 이는 매우 단순한 편이지만 API가 정말로 동작하려면 반드시 짚고 넘어가야 하는 부분입니다.

이름과 데이터 모델을 검증하거나 목표의 동작이 기존 요소와 일치하는지 확인하려면 실제 린트되는 API의 안과 밖의 내용에 대한 밀도있고 상세한 지식이 필요합니다. 만약 이 과정을 이뤄내지 못하면 예를 들면, 여러분은 세 가지 다른 주소 형식, 국가를 나타내는 두 가지 표준 방법, 금액이 유효하지 않음을 나타내는 너무 많은 방법과 완전히 커스텀으로 만들어진 전화번호 표기 방법을 마주하게 될 수도 있습니다.

기존 구성 요소는 대부분 API 자체, 조직 내의 다른 API 및 표준에서 비롯됩니다. 이름, 타입, 데이터 모델 및 심지어는 동작이 될 수도 있습니다. API가 스스로의 구성 요소 또는 조직 내 다른 API의 구성 요소와의 일관성을 확인하려면, API 디자이너로서의 감에 의존할지도 모릅니다. 만약 여러분이 운 좋게도 다른 API의 리뷰에 참여한 적이 있다면, 전에 했던 리뷰에 대한 기억이 있을 겁니다. 그렇지만 조직의 API 영역에서 발생할 수 있는 모든 것을 따라가기가 어렵기 때문에 가능한 한 API 문서도 함께 사용해야 합니다. 이러한 분석을 용이하게 하기 위해서 여러분의 모든 API 문서에 검색 메커니즘을 활성화하는 것이 도움이 될 수 있습니다. 커스텀 포맷을 사용하는 대신 사용할 수 있는 표준을 식별해 내는 것은 순전히 여러분의 API 디자이너로서의 센스와 여러분이 좋아하는 검색 엔진에 달려 있습니다. 날짜에 대한 ISO 8601, 통화에 대한 ISO 4217처럼 분명한 표준들이 있지만, 여러분이 세상에 존재하는 표준들을 인식할 수는 없습니다. 혹시 전화번호를 표시하는 표준에 대해서 들어 본 적이 있습니까? E.164 포맷이라고 불리는 표준으로 ITU^{International Telecommunication Union}에 의해서 정의되었습니다.

목표	
확인 사항	설명
카테고리화	이것은 의무는 아니지만, 목표를 분류하면 API를 쉽게 이해할 수 있습니다.
경로(path) 적합성	경로 포맷은 지침을 준수하고, 기존 구성 요소와 일관성을 지녀야 합니다. 여기에는 성공 리스폰스 타입도 포함됩니다. 경로 파라미터가 존재한다면 리뷰해야 합니다.
HTTP 메서드 적합성	HTTP 메서드가 지침을 준수하고, 기존 구성 요소와 일관성을 지니며, 수행해야 하는 목표에 적합합니다.
성공(success), 에러(error) 제어	목표는 성공과 실패의 경우 필요한 리스폰스를 반환해야 합니다.
보안	각 목표는 보안 메커니즘으로 보호 받아야 합니다.

목표의 파라미터	
확인 사항	설명
이름(name) 적합성	파라미터의 이름은 지침을 준수하고, 기존 구성 요소와 일관성을 지녀야 합니다.
필수 (required) 여부 적합성	파라미터의 선택/필수 상태는 지침을 준수하고, 기존 구성 요소와 일관성을 지녀야 하며, 그것의 위치(경로 파라미터는 필수입니다)도 고려해야 합니다. 만약 모든 바디 파라미터의 속성들이 선택 사항이라면 생성/변경 시에 에러를 유발할 수 있습니다(그러나 모든 파라미터가 선택 사항인 경우가 발생할 수는 있습니다).
타입과 포맷 적합성	파라미터의 타입과 포맷은 지침을 준수하고, 기존 구성 요소와 일관성을 지녀야 하며, 그것의 위치(예: 쿼리 파라미터에는 오브젝트를 사용할 수 없으며, URL에는 보이지 않는 문자는 사용할 수 없습니다.)도 고려해야 합니다.
설명 (description) 적합성	파라미터에 대한 사람과 기계가 읽을 수 있는 설명(사람은 설명, 기계는 최소값(minimum)과 같은 기타 속성들)은 유효하고 정확해야 하며, 지침을 준수하고 기존 구성 요소와 일관성을 지니고 있어야 합니다.
위치 (location) 적합성	파라미터의 위치는 지침을 준수하고, 기존 구성 요소와 일관성을 지녀야 하며, HTTP 상태 메서드를 준수(가령, 바디 파라미터는 delete 리퀘스트에서는 사용할 수 없습니다.)해야 합니다.
제공 가능여부	컨슈머가 각 목표에 이 파라미터들을 제공할 수 있어야 합니다. (목표에 제공해야 하는 파라미터를 이미 알고 있거나 다른 목표에서 가져올 수 있어야만 합니다.)

목표의 리스폰스	
확인 사항	설명
HTTP 상태 적합성	리스폰스의 HTTP 상태는 지침을 준수하고 기존 구성 요소와 일관성을 지녀야 하며, 리스폰스 타입에 적합해야 합니다. (성공, 컨슈머 실패, 프로바이더 실패)
바디(body) 적합성	리스폰스 바디의 타입과 포맷은 지침을 준수하고 기존 구성 요소와 일관성을 지녀야 하며, HTTP 상태에 접합해야 합니다. (예: 표준 에러 모델은 4xx 또는 5xx)
헤더(header) 적합성	리스폰스의 헤더 이름, 타입, 포맷은 지침을 준수하고 기존 구성 요소와 일관성을 지녀야 합니다.
사용 여부	리스폰스로 제공되는 데이터들이 실제로 쓰이는지 확인해야 합니다.
성공 설명 적합성	리스폰스와 바디의 헤더가 사람과 기계가 읽을 수 있는 설명(사람은 설명 속성, 기계는 모델 정의)이고 유효하고 정확해야 하며, 지침을 준수하고 기존 구성 요소와 일관성을 지녀야 합니다.
에러 설명 적합성	리스폰스와 바디의 에러가 사람과 기계가 읽을 수 있는 설명이고 유효하고 정확해야 하며, 지침을 준수하고 기존 구성 요소와 일관성을 지녀야 합니다. 발생 가능한 오류에 대한 상세한 정보는 사람이 읽을 수 있게 제공해야 하고, 그리고 가능하다면 기계가 읽을수 있는 설명도 함께 제공해야 합니다.

**API 린트 체크리스트
(출처: 웹 API 디자인)**

발전(모든 주제에 적용 가능)	
확인 사항	설명
브레이킹 체인지 포함여부	만약 변경이 브레이킹 체인지를 유발할 경우, 이것이 진정 필요한지 리뷰해야 합니다. 만약 그렇다면 버전 정책을 적용해야 합니다.

API의 보안 정의	
확인 사항	설명
사용 여부	모든 보안 정의가 반드시 사용되고 있어야 합니다. 만약 쓰이지 않고 있다면 목표에 적용해야 하는 걸 망각한 것인지 확인해야 합니다. 그것도 아니라면 제거하십시오.
적합성	보안 타입에 따라서 연관성이 있는 기계가 읽을 수 있는 정보가 제공되어야 하며, 반드시 지침을 준수해야 합니다.
설명 적합성	반드시 각 스코프(scope)의 관련된 설명을 제공해야 합니다.

API의 목표 흐름	
확인 사항	설명
적합성	목표의 흐름(유즈케이스)와 동작이 지침을 준수하고 기존 구성 요소와 일관성을 지녀야 합니다.
설명 적합성	목표의 흐름(유즈케이스)가 API 또는 목표의 설명에 정확하게 묘사되어야 합니다.

모델	
확인 사항	설명
사용 여부	각 모델 정의는 반드시 사용되어야 합니다. 만약 정의된 내용이 사용되지 않는다면, 목표에서 적용하는 걸 망각했는지 확인해야 합니다. 그것도 아니라면 제거하십시오.
이름 적합성	모델의 이름은 지침을 준수하고 기존 구성 요소와 일관성을 지녀야 합니다.
데이터 구조 적합성	모델의 데이터 구조/체계 그리고 깊이는 지침을 준수하고 기존 구성 요소와 일관성을 지녀야 합니다.
설명 적합성	필요한 경우 사람이 읽을 수 있는 설명 속성이 있어야 하고, 정확해야 합니다.

모델의 속성	
확인 사항	설명
이름 적합성	속성의 이름은 지침을 준수하고 기존 구성 요소와 일관성을 지녀야 합니다.
필수 여부 적합성	속성의 선택/필수 상태는 지침과 기존 구성 요소와 일관성을 지녀야 합니다. 만약 모델의 모든 속성들이 선택 사항이라면 생성/변경 시에 에러를 유발할 수 있습니다(그러나 모든 속성이 선택 사항인 경우가 발생할 수는 있습니다).
타입과 포맷 적합성	속성의 데이터 타입(원자적 또는 모델)과 포맷(예: ISO 8601 날짜)은 이름과, 값 또는 설명에 부합해야 합니다. 또한 지침을 준수하고 기존 구성 요소와 일관성을 지녀야 합니다.
설명 적합성	속성은 사람과 기계가 읽을 수 있는 설명(사람은 설명(description) 속성, 기계는 최소값(minimum)과 같은 기타 속성들)을 지녀야 하며, 유효하고 정확해야 하며, 지침을 준수하고 기존 구성 요소와 일관성을 지녀야 합니다.

주어진 데이터 항목을 나타낼 표준이 존재하는지 항상 확인해야 합니다. 만약에 표준을 찾아낸다면, 즉시 지침에 추가하기 바랍니다. 아마 처음부터 이런 내용을 추가하기란 번거로울 겁니다. 그렇지만 장기적으로 본다면, 이런 작업이 여러분의 API에 필요한 표준들을 손쉽게 뒤적일 수 있는 카탈로그로 만들어 여러분의 삶을 더욱 쉽게 만들어 줄 겁니다. 그리고 기존 API가 발전되어야 하는 경우가 온다면, 여러분이 브레이킹 체인지를 유발하는 것은 아닌지 체크하기 바랍니다. 만약 브레이킹 체인지를 피할 수 없다면 여러분의 버전 정책에 포함해야만 할 겁니다.

린트를 하는 것은 부분적으로 기계가 읽을 수 있는 API 명세 포맷을 통해 자동화할 수 있습니다만, 여전히 사람이 관여를 해야 하는 부분이 존재합니다. 경로 포맷이나 HTTP 상태 코드가 인증되었는지는 상당히 쉬운 부분이지만, 사람이 읽을 수 있는 설명이 적절한지 확인하는 것은 매우 복잡합니다. 절차를 완전 자동화할 수는 없지만 리뷰어가 실제로 사람에게 필요한 것들의 확인에만 집중할 수 있도록 나머지 영역들은 린트를 통해 자동화하는 것을 적극적으로 추천합니다.

마지막으로 API 디자인을 린트한다는 것은 본질이 아닌 형태만 검증된다는 점에 유의해야 합니다. 린트는 오직 디자인된 인터페이스가 디자인 규칙을 따르는지만 확인합니다. API가 프로바이더의 모든 요구 사항을 충족하는지, 컨슈머가 실제로 이것을 원하고 사용할 수 있는지는 검증할 수 없습니다. 따라서 API를 한번 린트하고 난 이후에는 반드시 프로바이더 관점과 컨슈머 관점에서 심층적으로 리뷰되어야 합니다.

13.3.3 프로바이더 관점에서 디자인 리뷰하기

API를 디자인하는 데 필요한 실제 요구 사항과 컨텍스트에 적합한 구성 요소를 식별했고, 디자인이 린트를 통해 충분히 검증되었을지라도, 이것들이 프로바이더 관점에서 모든 게 문제가 없음을 의미하진 않습니다. 실제로 API 디자인의 결과물은 전체 팀이 함께 살펴 프로바이더의 요구 사항을 충족하는지 살펴봐야 합니다. 여러분은 디자인이 식별된 모든 요구 사항을 충족하며, 보안적으로 안전하고, 구현할 수 있고, 확장 가능한지 확인하고 싶을 겁니다. 그림 13.8은 이 목적을 위해서 사용할 수 있는 이 책의 내용에서 영감을 받은 체크리스트의 다른 예를 보여 줍니다. 거듭 말씀드리자면, 여러분이 처한 상황에 맞게 자유롭게 변경해도 됩니다.

▼ 그림 13.8 프로바이더 관점 디자인 체크리스트

목표

확인 사항	설명
목표 적합성	요구 사항에 부합해야 합니다.
안전한 경로	지나치게 민감한 데이터를 노출해서는 안 되며, 외부 노출이 필요할 경우 안전한 표현으로 변경해 노출하십시오.
철저한 성공	요구 사항에 부합해야 합니다. (기대되는 모든 성공과 리스폰스가 정의되어 있어야 합니다.)
철저한 에러	요구 사항에 부합해야 합니다. (영역에서 벌어질 수 있는 가능한 모든 (기능, 보안, 기술)에러를 제어해야 합니다.)
보안	예정했던 스코프와 보안 메커니즘을 사용해야 하며, 과도한 접근 권한은 제공하지 않습니다.
구현 가능성	실제로 (직접적이건 의존성을 이용하건) 구현이 가능해야 합니다.
유효한 성능 추정	요구 사항에 부합해야 합니다. (추론적으로 구현할 수 있다고 판단이 가능해야 합니다.)
확장성	미래에 있을 발전을 합리적으로 수용해야 합니다.

목표의 파라미터

확인 사항	설명
필수여부 적합성	요구 사항에 부합해야 합니다.
타입과 포맷 적합성	요구 사항에 부합해야 합니다.
데이터 보안	민감한 정보를 과도하게 노출해서는 안 되며, 필요한 민감 정보는 안전한 표현이나 위치에서만 요구합니다.
위치 적합성	요구 사항과 보안적 고려 사항(데이터 보안 참조)을 충족해야 합니다. URL에는 민감한 정보를 담아서는 안 됩니다.
확장성	미래에 있을 발전을 합리적으로 수용해야 합니다.

목표의 리스폰스

확인 사항	설명
성공 데이터 적합성	요구 사항에 부합해야 합니다.
성공 데이터 보안	민감한 정보를 과도하게 노출해서는 안 되며, 민감 정보는 안전한 표현으로만 노출합니다.
성공 데이터 제공	실제로 (직접적이건 의존성을 이용하건) 구현이 가능해야 합니다.
에러 데이터 적합성	요구 사항에 부합해야 하며, 철저하게 모든 경우에 대해 제공해야 합니다.
에러 데이터 보안	민감한 정보를 과도하게 노출해서는 안 되며, 민감 정보는 안전한 표현으로만 노출합니다.
에러 데이터 제공	실제로 (직접적이건 의존성을 이용하건) 구현이 가능해야 합니다.
확장성	미래에 있을 발전을 합리적으로 수용해야 합니다.

프로바이더 리뷰 체크리스트
(출처: 웹 API 디자인)

API의 보안 정의

확인 사항	설명
스코프 범위	보안 파티셔닝 요구 사항에 일치하는 보안 스코프를 정의해야 합니다.

API의 목표 흐름

확인 사항	설명
목적 적합성	요구 사항에 부합해야 합니다.
유효한 성능 추정	(흐름 전체의 누적된 성능이) 요구 사항에 부합해야 합니다.
확장성	미래에 있을 발전을 합리적으로 수용해야 합니다.

모델

확인 사항	설명
데이터 구조 적합성	(실제 표현될 것으로 예상되는 개념이) 요구 사항에 부합해야 합니다.
확장성	미래에 있을 발전을 합리적으로 수용해야 합니다.

모델의 속성

확인 사항	설명
필수여부 적합성	요구 사항에 부합해야 합니다.
타입과 포맷 적합성	요구 사항에 부합해야 합니다.
값 적합성	요구 사항에 부합해야 합니다.
값 보안	민감한 정보를 과도하게 노출해서는 안 되며, 민감 정보는 안전한 표현으로만 노출합니다.
값 제공	실제로 (직접적이건 의존성을 이용하건) 구현이 가능해야 하거나, 파라미터로 쓰이는 경우 리퀘스트로 받아올 수 있어야 합니다.
확장성	미래에 있을 발전을 합리적으로 수용해야 합니다.

API 목표 캔버스를 사용하고 철저한 문서를 작성하고, 이 책에서 배운 내용을 인터페이스 컨트랙트 디자인에 적용했다면, 위의 리뷰들은 전혀 문제가 되지 않을 겁니다. API 목표 캔버스는 기본이 되는 요구 사항과

API 목표를 연결해 줍니다. API 리뷰 시, 여러분처럼 광범위한 지식이 없는 관련된 모두가 쉽게 리뷰할 수 있으려면 문서가 중요합니다.

다양한 목표 흐름이 식별된 요구와 일치해야 하며, 각 목표는 기대대로 동작하여 올바른 데이터를 반환하고, 올바른 에러를 유발해야 합니다. 각 요소는 합리적으로 확장할 수 있어야 합니다. (9.3 절 참조) 또한 각 목표의 동작과 반환된 리스폰스들이 실제로 구현 가능해야 하며, 각 목표와 흐름이 기대하는 성능 목표치에 부합해야 하는 점을 잊어서는 안 됩니다. 그렇지만 이 리뷰는 오로지 프로바이더 관점만 다뤘습니다. 마찬가지로 우리가 절대로 빼먹지 않고 모든 것들이 정상이어야만 하는 컨슈머 관점의 체크리스트가 아직 남아있습니다.

13.3.4 컨슈머 관점에서 디자인 리뷰하기

디자인 분석의 마지막은 컨슈머 관점의 리뷰입니다. API는 사용하기 쉽고, 이해하기도 쉬워야 하며, 효율적인가요? 프로바이더 관점을 과도하게 노출하지 않도록 주의하셨나요? 만약 그렇지 않다면 여러분이 API를 디자인하며 보낸 시간은 아무도 여러분의 결과물(1.2.3절 참조)을 원치 않을 것이기에 시간 낭비로 전락할 겁니다. 다행스럽게도 여러분이 이 책에서 배운 것들이 이 리뷰를 누워서 떡 먹기로 만들어 줄 수 있을 겁니다. 그림 13.9는 API 리뷰 시의 컨슈머 관점 체크리스트입니다. 내용은 모두 이 책에 기반하고 있으며, 평소처럼 여러분이 처한 상황에 맞게 자유롭게 변경해도 됩니다.

이 리뷰 과정에서 여러분은 API에 대해 전혀 모르는 컨슈머의 입장을 취해야 합니다. 각 목표와 그것들의 파라미터들과 리스폰스(특히 에러)들이 컨슈머에게 적합한지 확인하고 장막 너머에서 일어나는 일(말해선 안 되는 프로바이더의 관점)에 대한 구차한 설명이 아닌지 확인해야 합니다. 최소한의 데이터를 리퀘스트하기 위해 주어진 파라미터들이 정말 필수인지 확인해야 합니다. 이름과 설명에는 각별한 주의를 기울여야 합니다. 이것들이 프로바이더 영역에서만 쓰이는 특별한 용어인지 확인해야 합니다. 또한 목표의 흐름이 단순하고 효율적인지, 지나치게 단계가 많지 않고 에러를 방지하는지도 확인해야 합니다. 그리고 단일 목표 및 목표 흐름에 대한 성능 추정치가 기본 유즈케이스와 복잡한 유즈케이스 양쪽 모두에 유효한지 확인해야 합니다. (10.1절 참조)

> **Tip** 디자인을 팀 외부의 다른 사람들과 공유하는 데 망설이지 마십시오. 가능하다면 잠재적 컨슈머에게 리뷰를 부탁하기 바랍니다. 그들의 피드백은 가치있을 것이며, 디자인의 품질도 올려 줄 겁니다.

모든 검토 과정(API 린트, 프로바이더 리뷰, 컨슈머 리뷰)이 마무리되면 마지막으로 API는 구현이 가능해집니다. 그렇다고 여러분의 작업은 여기서 끝이 아닙니다. 실제로 설계한 인터페이스 컨트랙트가 기대처럼 구현되는지 확인하는 데 도움을 줄 수 있습니다.

13.3.5 구현 검증하기

API 구현을 실제로 테스트하는 방법은 이 책의 범위를 벗어나므로 자세히 설명하지는 않겠습니다. 이를 위한 많은 도구가 있으며, 일부는 API 설명 파일을 기반으로 테스트를 생성할 수도 있습니다. 그렇지만 이러한 테스트들은 구현이 기대한 모든 작업을 수행하는지 확인하기에는 충분하지 않으므로, 테스트를 작성해야만 합니다.

▼ 그림 13.9 컨슈머 관점 디자인 체크리스트

세부구현 검증 체크리스트
(출처: 웹 API 디자인)

목표	
확인 사항	설명
경로 적합성	경로 구조는 이름과 파라미터가 이해하기 쉬워야 합니다.
목적 적합성	컨슈머에게 쓸모가 있어야 합니다.
유효한 성능 추정	컨슈머의 요구 사항에 부합해야 합니다.

목표의 파라미터	
확인 사항	설명
필수여부 적합성	필수 속성은 최소한으로 있어야 합니다.
이름 적합성	이름은 쉽게 이해할 수 있어야 합니다. (예: "ts" 대신에 "source")
타입과 포맷 적합성	타입과 포맷은 이해하기 쉽고 사용하기도 쉬워야 합니다. (예: Unix timestamp 대신 ISO 8601 날짜를 쓰고, "2" 대신 "CHECKING" 사용)
값 적합성	값들은 바로 사용 가능해야 합니다. (예: 시스템 내부 ID 식별자 대신, 계좌 번호를 사용)
제공 가능여부	컨슈머가 각 목표에 이 파라미터들을 제공할 수 있어야 합니다. (그들이 이미 알고 있거나 다른 목표에서 획득할 수 있어야 합니다.)

목표	
확인 사항	설명
성공 데이터 적합성	필요한 모든 데이터가 유용한 정보와 함께 반환됩니다. (예: 수행한 작업과 다음에 수행해야 하는 작업)
에러 데이터 적합성	발생하는 모든 문제에 도움이 되는 철저하고 유용한 에러 피드백을 제공해야 합니다.

API의 보안 정의	
확인 사항	설명
스코프 범위	컨슈머에게 의미있어야 합니다.

API의 목표 흐름	
확인 사항	설명
에러 방지	목표들은 에러를 방지해야 합니다. (예: 송금할 때 받는 계좌는 보내는 계좌가 송금할 수 있는 계좌들만 보여줌)
간결성	처리 단계는 가능한 한 짧아야 합니다.
유효한 성능 추정	컨슈머의 요구 사항에 부합해야 합니다.
목적 적합성	각 단계(목표)는 컨슈머에게 의미가 있어야 합니다.

모델	
확인 사항	설명
데이터 구조 적합성	이해와 사용에 유리한 적절한 조직화와 깊이 및 세분성을 지니고 있어야 합니다. 파라미터의 경우 필수 속성이 최소화되어야 합니다.
이름 적합성	이름은 쉽게 이해할 수 있어야 합니다. (예: "aDTO" 대신 "Account")

모델의 속성	
확인 사항	설명
필수여부 적합성	(파라미터로 쓰이는 경우) 필수 속성은 최소한으로 있어야 합니다.
이름 적합성	이름은 쉽게 이해할 수 있어야 합니다. (예: "ts" 대신에 "source")
타입과 포맷 적합성	타입과 포맷은 이해하기 쉽고 사용하기도 쉬워야 합니다. (예: Unix timestamp 대신 ISO 8601 날짜를 쓰고, "2" 대신 "CHECKING" 사용)
값 적합성	값들은 바로 사용 가능해야 합니다. (예: 생년월일과 함께 제공되는 나이, 코드와 함께 현지어로 번역된 라벨 제공, 시스템 내부 ID 식별자 대신, 계좌 번호를 사용)

구현하는 개발자는 API를 완전히 검증하기 위해 다양한 레벨의 테스트(일반적으로는 단위 테스트 및 API 테스트)에 의존할 수 있습니다. 제가 여기서 하고 싶은 것은 특별히 주의해서 다루어야 할 몇 가지 사항을 여러분께 보여드리고 몇 가지 함정에 대해 경고를 드리는 것입니다.

보안 테스트를 절대로 우회하지 마십시오.

보안 테스트는 API에 있어서 매우 중요한 작업입니다. 여러분은 접근 제어 및 민감한 데이터가 실제로 올바른 방식으로 처리되도록 해야 합니다.

접근 제어의 경우, 첫 번째 테스트 레벨은 등록된 컨슈머만 API에 접근할 수 있고 허용된 스코프를 벗어나는 작업은 수행할 수 없도록 하는 것입니다. 두 번째 테스트 레벨은 컨슈머/최종 사용자 권한 제어에 대한 고려입니다. 예를 들면, 컨슈머가 최종 사용자의 계좌 목록을 리퀘스트 할 때, 해당하는 사용자의 계좌만 반환되어야 합니다. 마찬가지로 만약 계좌 12345에 대한 리퀘스트를 보내면 API는 반드시 최종 사용자가 해당 계좌에 대한 권한이 있을 때만 반환해야 합니다.

민감한 데이터와 관련하여서는 과도한 수준의 민감한 데이터가 반환되지 않도록 주의해야 합니다. 만약 민감한 데이터가 리퀘스트 되거나 반환되는 경우, 여러분은 그것들을 8.4절에서 다뤘듯이 적절한 수준으로 안전하게(가령, 덜 민감한 정보로 대체하거나, 암호화하거나) 취급해야 합니다.

생성된 문서를 사용하여 구현을 검증 할 때는 주의하십시오.

몇몇 프레임워크 구현들은 API 명세 파일을 애플리케이션을 빌드하는 시점에 생성해 주곤 합니다. 이 생성된 파일을 원래 API 설명 파일과 비교하여 구현에 의해 노출된 인터페이스 컨트랙트가 예상되던 것을 준수하는지 검증할 수 있습니다. 그러나 이러한 유효성 검증은 API 설명 파일을 생성하기 위해 특별히 작성된 애노테이션에서 오지 않은 요소에서만 수행할 수 있습니다.

만약 예를 들어, 제가 API 명세를 위한 애노테이션을 이용해 type, checking, savings 속성의 가능한 값을 표현한다면, 제 코드가 실제로 해당 값들만 반환할 것이라는 보장이 없습니다. 이 정보들은 그저 선언에 불과합니다.

그러나 일부 도구들은 규범적인 표준 애노테이션을 사용할 수 있습니다. 예를 들어, Java Spring Boot 프레임워크로 API를 노출시키는 웹 애플리케이션을 개발하는 경우라면, 표준 애노테이션을 사용하여 메소드가 POST /transfers 리퀘스트에 매핑됨을 선언할 수 있습니다. 이러한 값들은 원래 API 설명 파일과 생성된 파일을 비교하는 데 사용할 수 있습니다.

인터페이스 컨트랙트를 런타임에 확인하십시오.

여러분이 마술 같은 기법이나, 프레임워크나, 다른 어떤 도구가 인터페이스 컨트랙트를 구현해 줄지라도, 여러분은 구현이 런타임에서 기대했던 동작을 하는지 실제로 모두 확인해 봐야 합니다. 생성된 유효한 인터페이스 컨트랙트에 필수 속성이 누락된 경우 400 Bad Request 리스폰스가 반환될지라도 필수 속성이 누락된 실제 케이스를 대체할 수는 없습니다.

리스폰스에서 속성의 특성을 확인하십시오.

인터페이스 컨트랙트에 반환된 데이터 모델에서 속성이 필요하거나 필수라고 표시되면 항상 반환되어야 합니다. API 설명이 최소값과 최대값, 배열의 항목 수 등에 대한 정보를 제공하는 경우도 마찬가지입니다. 이 테스트들을 잊어서는 안 됩니다.

전체 네트워크 간의 연결을 확인하십시오.

여러분의 API를 테스트할 때, 여러분은 반드시 전체 네트워크 간의 연결을 포괄하는 테스트 호출을 수행해야 합니다. 이 네트워크 간의 연결에는 예를 들면 방화벽, 프록시, VIP 또는 API 게이트웨이를 포함합니다. 방화벽은 유명한 버그 유발자입니다. 설정이 잘못되어 있는 경우에 이런 경우들이 벌어지는데, DELETE HTTP 리퀘스트를 차단하거나 HTTP 5XX 상태 코드를 500 리스폰스로 대체하거나 HTML 페이지를 반환(농담이 아닙니다.)하는 경우가 있습니다.

또한 잘못 구성된 API 게이트웨이는 API를 노출하는 데 사용되는 API 설명 파일을 기반으로 구현을 대신하여 일부 컨트롤을 구현할 수 있지만 반드시 최상의 방법은 아닙니다. 예를 들어, 잘못 구성된 API 게이트웨이는 여러 개의 오류가 터지는 순간에 딱 하나의 오류를 반환하거나 잘못된 오류 포맷을 사용할 수 있습니다. (게이트웨이 표준 에러 포맷은 API의 에러 포맷과 다를 수 있으며, 더 안 좋은 경우에는 HTML 페이지가 될 수도 있습니다. 다시 말씀드리지만, 농담이 아닙니다.)

13.4 소통하고 공유하기

끝이 가깝습니다. 이 책의 마지막 장의 마지막 부분입니다. 저는 이 기회를 짧막하게 API 디자이너로서 소통하고 공유하는 것의 중요성을 이야기하는 데 사용하고 싶습니다. 여러분이 이 마지막 장을 읽으면서 눈치채셨겠지만, API 디자이너는 홀로 일하는 사람이 아닙니다. API 디자이너는 최소한 API를 만들 필요가 있다고 생각하는 사람들 또는 API가 솔루션이라고 여기는 사람들과 협업을 해야 합니다. 이들은 컨슈머,

구현 개발 담당자, 보안 담당자, 문서 담당자, 그리고 다른 API 디자이너들이 될 수 있습니다.

API 디자이너로서 여러분은 자신이 하는 일과 디자인 자료를 공유할 수 있어야 합니다. 공유하기 쉽게 하기 위해서는 최소한 표준 API 설명 형식 정도는 사용해야 할 겁니다. 여러분은 원한다면 Git과 같은 소스 제어 시스템을 활용하여 파일을 저장하고, 구조화가 덜 된 설명은 위키를 사용하고, 커스텀 API 카탈로그를 작성하거나, 제품화되어 있는 개발자 포털을 사용할 수도 있을 겁니다.

일관성을 유지하려면 (여러분이 제공하는) 회사의 지침은 쉽게 접근할 수 있어야 하고, 모든 API 디자이너에게 알려져 있어야 합니다. 기존 API 및 데이터 모델은 최소한 쉽게 찾을 수 있어야 하며(따라서 소스 제어 시스템, 위키 또는 API 카탈로그가 필요합니다.) 가능하면 검색도 되어야 합니다.

자신 있게 디자인을 하기 위해서는 동료가 디자인을 리뷰해 주는 것을 주저하지 마십시오. API 디자이너 커뮤니티(또는 API 길드)를 만들거나 참여하는 것도 유용하고 유익할 수 있습니다. 그리고 가장 중요한 것은 여러분의 디자인을 실제 컨슈머들에게 리뷰받는 것입니다.

요약

- 문서화는 API를 디자인, 구축 및 검증하는 데 필수입니다.
- API 디자인 지침과 문서가 없다면 API의 일관성 유지란 불가능합니다.
- 절대 혼자 API를 디자인해선 안 됩니다. 다른 이들의 리뷰를 받거나 디자이너 커뮤니티와 함께 만들어 나가십시오.
- API 디자이너는 API 생명주기의 모든 과정에 참여해야 합니다.
- API 디자이너가 효과적이고 유용한 API를 디자인하려면 API가 충족시켜야 하는 모든 요구 사항을 분석하고 맞설 수 있어야 합니다.

일상 속 사물이 알려주는

웹 API 디자인

1판 1쇄 발행 2020년 11월 10일
1판 2쇄 발행 2023년 7월 21일

저　　자 | 아르노 로렛
번 역 자 | 황건구
발 행 인 | 김길수
발 행 처 | ㈜영진닷컴
주　　소 | (우)08507 서울 금천구 가산디지털1로 128
　　　　　 STX-V타워 4층 401호
등　　록 | 2007. 4. 27. 제16-4189

©2020., 2023. ㈜영진닷컴

ISBN | 978-89-314-6322-4

도서문의처 | http://www.youngjin.com

YoungJin.com **Y.**
영진닷컴

영진닷컴 프로그래밍 도서

영진닷컴에서 출간된 프로그래밍 분야의 다양한 도서들을 소개합니다.
파이썬, 인공지능, 알고리즘, 안드로이드 앱 제작, 개발 관련 도서 등 초보자를 위한 입문서부터
활용도 높은 고급서까지 독자 여러분께 도움이 될만한 다양한 분야, 난이도의 도서들이 있습니다.

JAVA 언어로 배우는
디자인 패턴 입문

유키 히로시 저
560쪽 | 32,000원

파이썬 코드로 배우는
Git&Github

유광명 저
384쪽 | 20,000원

**KODE VICIOUS
개발 지옥**

조지 V. 네빌-닐 저
400쪽 | 28,000원

백엔드를 위한
Go 프로그래밍

탠메이 박시, 바히어 카말 저
192쪽 | 22,000원

백엔드를 위한
**Django REST
Framework** with 파이썬

권태형 저 | 248쪽 | 18,000원

코딩 테스트로 시작하는
파이썬 프로그래밍

다니엘 진가로 저
380쪽 | 24,000원

**김변수와 시작하는
코딩생활** with 파이썬

코뮤니티 운영진(휴몬랩) 저
376쪽 | 18,000원

딥러닝을 위한
파이토치 입문

딥러닝호형 저
320쪽 | 25,000원

**AWS로 시작하는
AI 서비스** with 파이썬

이노우에 켄이치 저
248쪽 | 22,000원

한 권으로 배우는
Vue.js 3

김동혁 저
396쪽 | 26,000원

**친절한 R with
스포츠 데이터**

황규인 저
416쪽 | 26,000원

단숨에 배우는
타입스크립트

야코프 페인, 안톤 모이세예프 저
536쪽 | 32,000원